EXECUÇÃO TRABALHISTA
TÉCNICAS JURÍDICAS PARA A EFETIVIDADE DA EXECUÇÃO TRABALHISTA

BEN-HUR SILVEIRA CLAUS

Prefácio
Luciano Athayde Chaves

Apresentação
Luiz Ronan Neves Koury

EXECUÇÃO TRABALHISTA
TÉCNICAS JURÍDICAS PARA A EFETIVIDADE DA EXECUÇÃO TRABALHISTA

Belo Horizonte

FÓRUM
CONHECIMENTO JURÍDICO

2024

© 2024 Editora Fórum Ltda.

É proibida a reprodução total ou parcial desta obra, por qualquer meio eletrônico, inclusive por processos xerográficos, sem autorização expressa do Editor.

Conselho Editorial

Adilson Abreu Dallari
Alécia Paolucci Nogueira Bicalho
Alexandre Coutinho Pagliarini
André Ramos Tavares
Carlos Ayres Britto
Carlos Mário da Silva Velloso
Cármen Lúcia Antunes Rocha
Cesar Augusto Guimarães Pereira
Clovis Beznos
Cristiana Fortini
Dinorá Adelaide Musetti Grotti
Diogo de Figueiredo Moreira Neto (*in memoriam*)
Egon Bockmann Moreira
Emerson Gabardo
Fabrício Motta
Fernando Rossi
Flávio Henrique Unes Pereira

Floriano de Azevedo Marques Neto
Gustavo Justino de Oliveira
Inês Virgínia Prado Soares
Jorge Ulisses Jacoby Fernandes
Juarez Freitas
Luciano Ferraz
Lúcio Delfino
Marcia Carla Pereira Ribeiro
Márcio Cammarosano
Marcos Ehrhardt Jr.
Maria Sylvia Zanella Di Pietro
Ney José de Freitas
Oswaldo Othon de Pontes Saraiva Filho
Paulo Modesto
Romeu Felipe Bacellar Filho
Sérgio Guerra
Walber de Moura Agra

Luís Cláudio Rodrigues Ferreira
Presidente e Editor

Coordenação editorial: Leonardo Eustáquio Siqueira Araújo
Aline Sobreira de Oliveira

Rua Paulo Ribeiro Bastos, 211 – Jardim Atlântico – CEP 31710-430
Belo Horizonte – Minas Gerais – Tel.: (31) 99412.0131
www.editoraforum.com.br – editoraforum@editoraforum.com.br

Técnica. Empenho. Zelo. Esses foram alguns dos cuidados aplicados na edição desta obra. No entanto, podem ocorrer erros de impressão, digitação ou mesmo restar alguma dúvida conceitual. Caso se constate algo assim, solicitamos a gentileza de nos comunicar através do *e-mail* editorial@editoraforum.com.br para que possamos esclarecer, no que couber. A sua contribuição é muito importante para mantermos a excelência editorial. A Editora Fórum agradece a sua contribuição.

Dados Internacionais de Catalogação na Publicação (CIP) de acordo com ISBD

C616e	Claus, Ben-Hur Silveira
	Execução trabalhista: técnicas jurídicas para a efetividade da execução trabalhista / Ben-Hur Silveira Claus. - Belo Horizonte : Fórum, 2024.
	463 p. ; 17cm x 24cm
	Inclui bibliografia e índice.
	ISBN: 978-65-5518-489-1
	1. Direito Trabalhista. 2. Direito Processual Civil. 3. Execução trabalhista. 4. Efetividade da execução. 5. Técnicas jurídicas de execução trabalhista. I. Título.
2022-3258	CDD 344.01 CDU 349.2

Elaborado por Odilio Hilario Moreira Junior - CRB-8/9949

Informação bibliográfica deste livro, conforme a NBR 6023:2018 da Associação Brasileira de Normas Técnicas (ABNT):

CLAUS, Ben-Hur Silveira. *Execução trabalhista*: técnicas jurídicas para a efetividade da execução trabalhista. Belo Horizonte: Fórum, 2024. 463 p. ISBN 978-65-5518-489-1.

*Este livro é dedicado ao Professor
Wagner D. Giglio.*

A igualdade parece ser a base do direito, e o é, efetivamente, mas só para os iguais e não para todos. A desigualdade também o é, mas só para os desiguais. (...) A igualdade, donde resulta a justiça, existe nas pessoas e nas coisas. Facilmente se está de acordo sobre a igualdade das coisas. É sobre a igualdade das pessoas que se levantam contestações, porque mais uma vez os homens se cegam a seu respeito e, tendo, de uma parte ou de outra, razão até certo ponto, querem dar ao seu direito uma extensão ilimitada.

(Aristóteles)

A Revolução Francesa de 1789 reduziu a sociedade a uma poeira de indivíduos.

(Arion Sayão Romita)

Uma reforma ideal do processo trabalhista abandonaria o dogma da igualdade das partes e adotaria, na execução, o princípio da execução mais eficaz, em substituição ao da execução menos onerosa.

(Wagner D. Giglio)

SUMÁRIO

PREFÁCIO
Luciano Athayde Chaves..19

APRESENTAÇÃO
Luiz Ronan Neves Koury..23

CAPÍTULO 1
A APLICAÇÃO DO CPC À EXECUÇÃO TRABALHISTA COMO TÉCNICA JURÍDICA DIRIGIDA À EFETIVIDADE DA JURISDIÇÃO 29
1.1   O direito material conforma o procedimento..................................29
1.2   O subsistema jurídico trabalhista brasileiro 32
1.3   A compatibilidade como critério científico à aplicação do processo comum..34
1.4   O critério científico da compatibilidade subsiste ao advento do novo CPC 36

CAPÍTULO 2
A RELAÇÃO ENTRE EXECUÇÃO MAIS EFICAZ E EXECUÇÃO MENOS GRAVOSA: APONTAMENTOS PARA O ESTUDO DESTA QUESTÃO JURÍDICA 41
2.1   Sob a inspiração de Wagner D. Giglio 41
2.2   A execução perdeu eficácia quando passou a ser patrimonial 42
2.3   Uma regra sob questionamento no próprio processo civil 46
2.4   Compreendendo a regra exceptiva da execução menos gravosa no âmbito do processo civil: a nova perspectiva do art. 805, parágrafo único, do CPC de 2015...49
2.5   A natureza alimentar do crédito trabalhista como fonte material de direito 53
2.6   É o resultado social negativo que muda o paradigma teórico..........55
2.7   A doutrina pela não aplicação da regra exceptiva da execução menos gravosa ao processo do trabalho 57
2.8   O dever jurídico de o executado oferecer alternativa de meio de execução menos gravoso e mais eficaz...59

CAPÍTULO 3
A RESPONSABILIDADE DOS SÓCIOS NA EXECUÇÃO TRABALHISTA. A RESPONSABILIDADE DO SÓCIO RETIRANTE 63

3.1	A fundamentação jurídica da responsabilidade dos sócios pelas obrigações trabalhistas da sociedade empresarial..63
3.2	A desconsideração da personalidade jurídica da sociedade e a responsabilização dos sócios pelas obrigações trabalhistas......................66
3.3	A responsabilidade dos sócios na execução trabalhista 68
3.4	O sócio que ingressa na sociedade assume o passivo *anterior* 71
3.5	A reforma trabalhista e o sócio retirante..72
3.6	Os antecedentes legislativos do art. 10-A da CLT reformada......................72
3.7	A interpretação da responsabilidade do sócio retirante no contexto da CLT..73
3.8	A responsabilidade subsidiária do sócio retirante é objetiva 74
3.9	A responsabilidade do sócio retirante..75
3.10	A limitação temporal da responsabilidade do sócio retirante depende de que sua saída da sociedade empresarial seja dotada de *eficácia jurídica* 77
3.11	A responsabilidade solidária do sócio retirante no caso de fraude 79
3.12	O ônus da prova quanto à fraude na alteração contratual da retirada..........81
3.13	A jurisprudência do Tribunal Regional do Trabalho da 9ª Região acerca da extensão da responsabilidade do sócio retirante....................................83
3.14	A jurisprudência do Tribunal Regional do Trabalho da 4ª Região acerca da extensão da responsabilidade do sócio retirante....................................85
3.15	O cotejo das OJs: OJ nº 40, V, do TRT9 *x* OJ nº 48 do TRT4......................87
3.16	A contagem do prazo decadencial de dois anos do art. 10-A da CLT...........90
3.17	Direito de regresso do sócio retirante. Fundamento legal. Competência. Prescrição...93

CAPÍTULO 4
A DESCONSIDERAÇÃO DA PERSONALIDADE JURÍDICA NA EXECUÇÃO TRABALHISTA. A DESCONSIDERAÇÃO INVERSA DA PERSONALIDADE JURÍDICA 95

4.1	O Direito atendeu à Economia 95
4.2	A máscara e o véu...96
4.3	A autonomia patrimonial como pressuposto teórico da sociedade personificada..98
4.4	Conceito 100
4.5	Natureza jurídica: vício estrutural ou vício funcional? 101
4.6	Uma teoria destinada à sociedade limitada e à sociedade anônima............102
4.7	Sociedades por quotas de responsabilidade limitada: a responsabilidade é a morada do sócio..103

4.8	A autêntica sociedade anônima: responsabilidade subsidiária restrita ao acionista controlador e aos administradores	107
4.9	A falsa sociedade anônima: responsabilidade subsidiária extensiva a todos os sócios ("acionistas")	109
4.10	Grupo de empresas: as distintas personalidades jurídicas das empresas do grupo econômico trabalhista x o princípio da primazia da realidade	112
4.11	Os requisitos para a desconsideração: teoria subjetiva x teoria objetiva	114
4.12	A desconsideração *inversa* da personalidade jurídica	116
4.13	Desconsideração clássica e desconsideração *inversa* da personalidade jurídica	117
4.14	O suporte fático da desconsideração *inversa*: a confusão patrimonial	117
4.15	A opção pela teoria objetiva da desconsideração da personalidade jurídica	118
4.16	O abuso da personalidade jurídica configura-se pela simples invocação da autonomia patrimonial	119
4.17	Uma histórica construção hermenêutica	120
4.18	A desconsideração da personalidade jurídica em face da pesquisa eletrônica de bens do executado	121

CAPÍTULO 5
O CUMPRIMENTO DA SENTENÇA TRABALHISTA 123

5.1	O novo paradigma do cumprimento da sentença no CPC de 2015	123
5.2	A regência legal do cumprimento da sentença de obrigação por quantia certa	131
5.3	Protesto extrajudicial da sentença e inclusão do devedor em cadastro de inadimplentes – Por que fazer ambos	135
5.4	A penhora de dinheiro na execução provisória	141
5.5	Penhora de salário e de depósito em caderneta de poupança	144
5.6	A dispensa de caução na execução provisória da sentença trabalhista é a regra	150
5.7	A nova perspectiva hermenêutica do parágrafo único do art. 805 do CPC	151

CAPÍTULO 6
EXECUÇÃO APÓS A REFORMA TRABALHISTA: AS PRINCIPAIS ALTERAÇÕES TRAZIDAS PELA LEI Nº 13.467/2017 159

6.1	Grupo econômico trabalhista	159
6.2	Sócio retirante	163
6.3	Prescrição intercorrente	169
6.4	Responsabilidade do sucessor. Responsabilidade do sucedido	177
6.5	Incidente de desconsideração da personalidade jurídica	179
6.6	Garantia do juízo na execução	183

| 6.7 | Depósito recursal | 184 |
| 6.8 | Protesto extrajudicial e inscrição do devedor em cadastro de inadimplentes | 187 |

CAPÍTULO 7
O GRUPO ECONÔMICO TRABALHISTA APÓS A LEI Nº 13.467/2017 193

7.1	A evolução do conceito de Grupo Econômico Trabalhista	193
7.2	A função social da propriedade e o conceito de Grupo Econômico Trabalhista como empregador único	197
7.3	O Grupo Econômico Trabalhista como empregador único: a lei e a doutrina	199
7.4	A responsabilidade solidária do grupo é econômica e não processual	202
7.5	A caracterização do Grupo Econômico Trabalhista	202
7.6	Como interpretar §2º do art. 2º da CLT após a Reforma Trabalhista	203
7.7	Como interpretar a *regra excetiva* do §3º do art. 2º da CLT	205
7.8	A prova da existência do Grupo Econômico Trabalhista	206
7.9	Ônus da prova e inversão do ônus da prova	207
7.10	O alcance da responsabilidade das empresas do Grupo Econômico Trabalhista	209
7.11	É modalidade de legitimidade passiva extraordinária	210
7.12	A Súmula nº 205 do TST	211
7.13	Há necessidade de prévia instauração de IDPJ? Não.	212
7.14	A empresa do grupo econômico trabalhista defende-se por meio de Embargos de Terceiro	217
7.15	Ferramentas eletrônicas para pesquisar Grupo Econômico Trabalhista	218
7.16	Pensar no IDPJ enquanto alternativa	220

CAPÍTULO 8
GRUPO ECONÔMICO E COISA JULGADA DE QUESTÃO PREJUDICIAL 221

8.1	A sede normativa da coisa julgada de questão	221
8.2	A Súmula nº 205 do TST	223
8.3	Ainda sobre a exigência de litisconsórcio prévio	225
8.4	Grupo econômico e coisa julgada	229
8.5	Coisa julgada de questão prejudicial	231
8.6	A teoria da representação virtual	233
8.7	Coisa julgada de questão prejudicial decidida na fase de execução	235

CAPÍTULO 9
HIPOTECA JUDICIÁRIA E EXECUÇÃO EFETIVA 239

| 9.1 | A Súmula nº 375 do STJ: proteção ao terceiro adquirente de boa-fé | 239 |

9.2	A hipoteca judiciária como remédio contra os males da Súmula nº 375 do STJ	241
9.3	As sete virtudes capitais da hipoteca judiciária	243
9.3.1	A primeira virtude: a publicação da sentença *constitui* a hipoteca judiciária	243
9.3.2	A segunda virtude: a implementação de ofício	244
9.3.3	A terceira virtude: confere direito de sequela sobre os imóveis gravados	245
9.3.4	A quarta virtude: inibir fraude à execução	247
9.3.5	A quinta virtude: é instituto de ordem pública	249
9.3.6	A sexta virtude: o recurso não suspende sua eficácia imediata	250
9.3.7	A sétima virtude: uma garantia que não exclui outras	252

CAPÍTULO 10
HIPOTECA JUDICIÁRIA SOBRE OUTROS BENS ... 255

10.1	A interpretação estrita	255
10.2	A finalidade da hipoteca judiciária	256
10.3	Hipoteca judiciária *x* hipoteca convencional: a dicotomia entre interesse de ordem pública e interesse de ordem privada	257
10.4	O Direito sempre foi analógico	258
10.5	Por uma hermenêutica contemporânea para a hipoteca judiciária	259
10.6	O ônus do tempo do processo	260
10.7	A efetividade da jurisdição como horizonte hermenêutico	262
10.8	Como operacionalizar a hipoteca judiciária sobre outros bens	263

CAPÍTULO 11
A APLICAÇÃO DA AVERBAÇÃO PREMONITÓRIA AO PROCESSO DO TRABALHO ... 265

11.1	A finalidade da averbação premonitória	265
11.2	A averbação premonitória pode ser aplicada na fase de conhecimento do processo civil?	269
11.3	A aplicação do art. 828 do CPC como forma de combater os efeitos da Súmula nº 375 do STJ	272
11.4	A juridicidade da aplicação do art. 828 do CPC ao Processo do Trabalho	274

CAPÍTULO 12
A APLICAÇÃO DA INDISPONIBILIDADE DE BENS PREVISTA NO ART. 185-A DO CTN À EXECUÇÃO TRABALHISTA: O RESGATE DA RESPONSABILIDADE PATRIMONIAL FUTURA ... 277

12.1	A juridicidade da aplicação subsidiária do art. 185-A do CTN à execução trabalhista	277

12.2	A *dimensão prospectiva* da medida legal de indisponibilidade de bens: o resgate da *responsabilidade patrimonial futura*	279
12.3	A indisponibilidade de bens e o princípio da proporcionalidade	283
12.4	Como fazer a comunicação de indisponibilidade de bens	284
12.5	Uma boa prática a serviço da efetividade na execução trabalhista	285

CAPÍTULO 13
O TST ATUALIZOU SUA JURISPRUDÊNCIA AO CPC DE 2015: A LICITUDE DA PENHORA EM DINHEIRO NA EXECUÇÃO PROVISÓRIA ... 287

13.1	A redação anterior da Súmula nº 417 do TST	287
13.2	A nova redação da Súmula nº 417 do TST	288
13.3	O que mudou	288
13.4	Compreendendo o itinerário da Súmula nº 417 do TST	289

CAPÍTULO 14
A ALIENAÇÃO ANTECIPADA DE BENS ... 293

14.1	Aspectos teóricos	293
14.2	O envelhecimento precoce dos bens	295
14.3	A alienação antecipada de veículos automotores passa a ser a regra legal	296

CAPÍTULO 15
A EXECUÇÃO DE OFÍCIO APÓS A REFORMA TRABALHISTA ... 299

CAPÍTULO 16
A APLICAÇÃO DAS MEDIDAS COERCITIVAS DO ART. 139, IV, DO CPC AO DIREITO PROCESSUAL DO TRABALHO ... 303

16.1	A aplicação do CPC de 2015 à execução trabalhista	303
16.2	CPC de 2015: estamos diante de um *novo* Código de Processo Civil	304
16.3	Art. 139, IV, do CPC: inspiração no *Civil Contempt* da *common law*	307
16.4	O Código de Processo Civil de 2015 apresenta-se *novo* no art. 139, IV	310
16.5	A coerção indireta é meio lícito de execução	316
16.6	A execução indireta atua sobre a vontade do executado para obter o cumprimento da obrigação	319
16.7	A licitude da interdição de direitos não fundamentais do executado para assegurar o cumprimento da obrigação	320
16.8	Não basta o mero inadimplemento: é necessário o abuso de direito	322
16.9	A necessidade de primeiro ouvir o executado	324
16.10	Dever jurídico de o executado apresentar sugestão de meio executivo alternativo	325

16.11	Necessidade de limitação temporal da medida coercitiva. Razoabilidade e proporcionalidade	327
16.12	Um novo modelo	330

CAPÍTULO 17
A FRAUDE À EXECUÇÃO NO PROCESSO DO TRABALHO 333

17.1	Fraude à execução, fraude contra credores, ineficácia da alienação de bem gravado por constrição judicial e simulação	333
17.2	As modalidades de fraude à execução no direito positivo brasileiro	336
17.3	A fraude à execução na penhora de crédito	339
17.4	Fraude à execução na averbação premonitória	342
17.5	Fraude à execução na hipoteca judiciária ou outro ato de constrição judicial	344
17.6	Fraude à execução na aquisição de bem de família mais valioso	345
17.7	Fraude à execução na execução fiscal	346
17.8	Fraude à execução fiscal: a presunção de fraude é absoluta; não se admite prova em contrário	348
17.9	A histórica opção da teoria jurídica brasileira de conferir ao crédito trabalhista privilégio legal superior àquele reconhecido ao crédito fiscal	351
17.10	Hermenêutica e método sistemático de interpretação: do postulado da unidade do sistema jurídico à compatibilização dos arts. 29, da Lei nº 6.830/80, e 186 do CTN	355
17.11	A teoria do diálogo das fontes	359
17.12	A aplicação do *sistema* legal dos executivos fiscais à execução trabalhista: uma proposta de diálogo das fontes	362
17.13	A jurisprudência do STJ acerca da aplicação da Súmula nº 375: fraude à execução fiscal x fraude à execução civil	365
17.14	A fraude à execução no novo CPC	372
17.15	O marco temporal a partir do qual a alienação é considerada ocorrida em fraude à execução trabalhista: ajuizamento x citação	374
17.16	Acórdãos pioneiros prenunciam debate na jurisprudência	375

CAPÍTULO 18
A PRESCRIÇÃO INTERCORRENTE NA EXECUÇÃO DEPOIS DA REFORMA TRABALHISTA INTRODUZIDA PELA LEI Nº 13.467/2017 379

18.1	A jurisprudência do TST sobre a prescrição intercorrente na execução	379
18.2	A prescrição intercorrente na Lei de Executivos Fiscais	389
18.3	A prescrição intercorrente na execução no CPC de 2015	395
18.4	A prescrição intercorrente na execução trabalhista – Aspectos gerais	397
18.5	A prescrição intercorrente na execução trabalhista – Aspectos específicos: a questão da execução de ofício	403

18.6	A prescrição intercorrente na execução trabalhista – Aspectos específicos: a prescrição intercorrente não retroage	406
18.7	Em favor da aplicação combinada da LEF e do art. 11-A da CLT	410
18.8	A necessidade de intimar também a parte exequente pessoalmente	415
18.9	Consumado o prazo prescricional, não cabe nova diligência para penhora	416

CAPÍTULO 19
BOAS PRÁTICAS NA EXECUÇÃO 419

19.1	Reunião de execuções contra o mesmo executado	419
19.2	Audiência de conciliação	420
19.3	Delegação de autorização aos servidores da Vara do Trabalho para a prática de atos ordinatórios na execução	420
19.4	Hipoteca judiciária	421
19.5	Remoção imediata de bens móveis penhorados	422
19.6	Alienação *antecipada* de bens móveis	422
19.7	Adjudicação antecipada	423
19.8	Adjudicação por 50% do valor da avaliação	423
19.9	Indisponibilidade de bens imóveis via CNIB	424
19.10	Protesto extrajudicial de decisão judicial	425
19.11	Inclusão do devedor em cadastro de inadimplentes	426
19.12	Receber os embargos do executado sem suspender a execução	427
19.13	Adotar, na execução trabalhista, o regime especial de fraude à execução previsto no art. 185 do CTN	428
19.14	Sentença líquida	428
19.15	Penhora da totalidade do bem imóvel do condômino	429
19.16	Desconsideração da personalidade jurídica	430
19.17	Grupo econômico trabalhista. Evolução	430
19.18	Poder geral de efetivação do magistrado	433
19.19	Falência. Redirecionamento da execução contra o responsável subsidiário de imediato	435
19.20	Penhora de bens de outros familiares beneficiários do serviço do empregado doméstico	435
19.21	Penhora de bem particular do condômino por dívida do condomínio empregador	436
19.22	Penhora de bem de família suntuoso	437
19.23	Penhora de bem de família na execução de condenação decorrente de obrigação alimentar fundada em responsabilidade civil do empregador	438
19.24	Execução contra espólio	439
19.25	Penhora no rosto dos autos de ações movidas pelo executado em outros ramos da jurisdição	439

19.26	Mandado de diligência. Medida preparatória à penhora de veículo na posse do executado, mas registrado em nome de terceiro	440
19.27	Penhora de salários, de subsídios, de proventos de aposentadoria e de valor depositado em caderneta de poupança	441
19.28	Execução provisória. Dispensa de caução. Licitude	444
19.29	Execução provisória. Alienação do bem. Licitude	446
19.30	Execução provisória. Levantamento do depósito em dinheiro. Licitude	446
19.31	Execução mais eficaz x execução menos gravosa. O resgate da primazia da regra geral da execução mais eficaz	447

REFERÊNCIAS 449

ÍNDICE ONOMÁSTICO 457

ÍNDICE DE MATÉRIAS 461

PREFÁCIO

O ano de 2005 pode ser considerado um marco, um "ponto de mutação", para lançar mão de uma célebre expressão de Fritjof Capra.[1] Naquele momento, renovou-se, de certa forma, o debate intelectual sobre a execução no cenário processual civil (no sentidode processo não criminal) e – refletindo-se sob o prisma constitucional – sobre o próprio acesso substancial à justiça, assim compreendida como a promessa, o poder-dever da ordem jurídica de oferecer, ainda que em potência, uma tutela cimentada pela garantia de entrega do bem jurídico demandado pelo sujeito ativo de uma obrigação inobservada e inadimplida.

A Lei Federal nº 11.232/2005 inaugurou uma etapa adicional ao conjunto de reformas do Código de Processo Civil de 1973, que foi revisado em ciclos de alterações legislativas que se sucederam, com maior intensidade, desde o início dos anos 1990. Naquele momento, o campo da efetividade da tutela jurisdicional mereceu maior destaque, sendo o emblema desse movimento de reforma a introdução do modelo de "cumprimento da sentença" como parte integrante de uma mesma linha de tramitação. Afastou-se, assim, o sistema de dualidade de processos (conhecimento e execução), sucedendo a implantação de diversos mecanismos de facilitação procedimental, como a extinção de uma novacitação do réu para o cumprimento de títulos judiciais de perfil condenatório, bem como medidas de estímulo à satisfação voluntária da obrigação retratada no título, como aconcessão de prazo mais elástico para o seu adimplemento e previsão de multa, caso sua inércia implicasse o cumprimento forçado da sentença.

Pouco depois, a Lei Federal nº 11.382/2006 deu sequência a esse momento, com ênfase na execução do título extrajudicial, buscando atualizar o procedimento até então em vigor na ordem processual decaída. Foram diversas alterações, desde a ordem preferencial da constrição judicial até um novo regime de expropriação judicial, com a previsão, por exemplo, da alienação por iniciativa particular, uma aposta no protagonismo do credor em obter a satisfação do crédito, em substituição ao demorado procedimento da hasta pública eseus conhecidos labirintos formais.

Outros diplomas legais se integraram a esse movimento, que deságua na substituição do Código de 1973 pelo Novo Código de Processo Civil (Lei Federal nº 13.105/2015), cujas linhas incorporaram boa parte dos traços daquele movimento de reforma da legislação revogada, inaugurado em 2005.

---

[1] CAPRA, Fritjof. *O ponto de mutação*. São Paulo: Pensamento-Cultrix, 2001.

É importante ressaltar que a função manifesta dessas reformas – e da edição de um novo estatuto processual civil – não implica garantia de resultados empíricos. Como sublinha Zaffaroni,[2] ancorado em prestigioso pensamento sociológico das instituições, é preciso distinguir o campo das intenções formais daquilo que se verifica na realidade (função latente), na dimensão do palpável, do aferível. Nesse sentido, é discutível reconhecer grandes ganhos na efetividade do sistema de justiça cível nesse período. Isso porque a série histórica da taxa de congestionamento na execução, calculada pelo Conselho Nacional de Justiça, já com um considerável distanciamento de tempo, aponta para uma linha bastante estável de altos índices na taxa de congestionamento,[3] fenômeno que não autoriza sustentar a tese de que apenas reformas legislativas são suficientes para o enfrentamento do grave problema da baixa eficácia dos títulos executivos.

Todo esse conjunto de alterações foi importante e, como disse, reascendeu o interesse no debate sobre a efetividade das tutelas judiciais, assim como a discussãoepistemológica relacionada com o diálogo entre o processo comum e o processo do trabalho, que, até então, era bem incipiente e orientado por posições desprovidas de maior rigor científico.

Independentemente das questões sobre as quais se construiu maior consenso ou daquelas em que remanescem, até hoje, fortes polêmicas, o fato é que se desenvolveu, desde então, um pensamento crítico e mais complexo, não apenas quanto aos institutos do processo comum vinculados às técnicas de satisfação das obrigações, mas também das pontes entre esse mesmo processo comum e o processo do trabalho.

De outro lado, há todo um arsenal de ações e programas voltados à aplicação de umperfil mais gerencial à administração da justiça. Uma nova gramática tem ocupado espaço na gestão judiciária, muito relacionada ao planejamento de longo prazo, programas especiais e ações temáticas centradas em etapas ou áreas mais congestionadas dos fluxos processuais. Na visão de Paulo Cezar Neves Junior,[4] cuida-se de construir um novo paradigma, não apenas apoiado na apropriação da tecnologia em favor dos serviços judiciários, mas principalmente ancorado no planejamento, inovação, horizontalização na construção de políticas públicas e nas dinâmicas de gestão em rede.

É bem verdade que, também aqui, as questões relacionadas à facticidade das decisões judiciais não têm ocupado a centralidade necessária. Em grande medida, osolhares e a atenção costumam observar o que já denominei de "mito

---

[2] ZAFFARONI, Eugenio Raul. *Poder judiciário*. São Paulo: Revista dos Tribunais, 1995.
[3] BRASIL. Conselho Nacional de Justiça. *Justiça em Números*, ano-base 2021, Brasília, 2022. Disponível em: https://www.cnj.jus.br/wp-content/uploads/2021/11/relatorio-justica-em-numeros2021-221121.pdf. Acesso em: 8 ago. 2022.
[4] NEVES JUNIOR, Paulo Cezar. *Judiciário 5.0*: inovação, governança, usucentrismo, sustentabilidade e segurança jurídica. São Paulo: Blucher, 2020.

da cognição", ou seja, o fluxo dos casos novos, o atendimento da demanda que chega, sem uma efetiva preocupação com o caráter pedagógico que a efetividade das tutelas poderia oferecer à sociedade. Em síntese, as inovações legislativas e gerenciais não têm apresentado performance suficiente para dissuadir os altos níveis de congestionamento na fase de cumprimento de sentença e de execução de títulos extrajudiciais, quer consideremos o Judiciário em seu conjunto, quer tomemos apenas o segmento da Justiça do Trabalho, em particular.

É nesse cenário que entendo se situar grande parte do esforço intelectual de Ben-Hur Silveira Claus. Seu interesse pelos temas processuais relacionados com a efetividade das tutelas jurisdicionais resultou em um conjunto de produções que tem sido publicado com louvável qualidade e regularidade. Tenho acompanhado de perto esse itinerário, em função da honra que o autor tem me concedido de prefaciar ou apresentar algumas de suas obras, distinção que me é novamente concedida aqui, incumbindo-me de convidar o leitor a navegar por mais um dos seus livros: *Execução trabalhista: técnicas jurídicas para a efetividade da execução trabalhista*.

Ao propor a ampliação da discussão sobre temas como o diálogo entre o processo civil e o processo do trabalho na fase de cumprimento de sentença, a adoção de medidas coercitivas atípicas contra o devedor, a fraude à execução, a prescrição intercorrente, a constrição em dinheiro na execução de natureza provisória, a desconsideração (inclusive a inversa) da personalidade jurídica e o procedimento executivo trabalhista após a Reforma de 2017, o autor mostra toda sua tenacidade de pesquisador, bem como sua resiliência quanto ao tema, não permitindo, assim, que a efetividade da tutela jurisdicional deixe de ocupar o lugar necessário na agenda do pensamento processual brasileiro.

Em uma sociedade informacional marcada por espaços de fluxos, como caracteriza Manuel Castells,[5] precisamos mais do que nunca fazer circular ideias consistentes sobre temas como os que são agitados nesta obra, principalmente diante do grande desafio que ainda se descortina perante a comunidade jurídica, qual seja, o de tornar mais efetiva e substancialmente justa a ordem jurídico-trabalhista, em especial frente ao recorte protetivo em que atua a legislação do trabalho, suas instituições e organizações de garantia.

Como afirma Alejandro Nieto García,[6] quando determinadas instituições – sejam institutos jurídicos ou organizações – mostram-se insistentemente disfuncionais ao longo do tempo, é nosso dever investigar se essa disfuncionalidade não seria parte delas mesmas, como um traço que lhes é ontologicamente imanente. A partir dessa abordagem, mostra-se indispensável questionar as profundas raízes da morosidade

---

[5] CASTELLS, Manuel. *A sociedade em rede*. 5. ed. São Paulo: Paz e Terra, 2001.
[6] GARCÍA, Alejandro Nieto. *El desgobierno judicial*. Madrid: Trotta, 2005.

processual, especialmente na fase de cumprimento da sentença, suas sinuosas curvas de formalidade e os percalços apresentados pelas alterações legislativas, nem sempre orientadas na direção dos ventos da realização da tutela material.

O tempo já deu conta de comprovar que apenas bons modelos legislativos não são capazes de alcançar os resultados por que todos esperamos. Se algumas políticas públicas judiciárias têm produzido bons resultados, como aquelas voltadas à efetividade da execução, a criação de centros de inteligência e a ampliação das ferramentas eletrônicas de investigação patrimonial, não menos certo é que também precisamos repensar algumas posturas hermenêuticas sobre o cumprimento da sentença e sobre a própria natureza dessa fase. Para isso, creio que esta obra, que agora ganha sua pública existência, cumpre com louvor esse papel.

Uma proveitosa leitura a todos.

Natal/RN, agosto de 2022.

Luciano Athayde Chaves

Doutor em Direito Constitucional. Professor da Universidade Federal do Rio Grande do Norte. Juiz Titular da 2ª Vara do Trabalho de Natal. Magistrado Supervisor da Secretaria de Pesquisa Judiciária e Ciência de Dados do Tribunal Superior do Trabalho. Membro do Instituto Brasileiro de Direito Processual

APRESENTAÇÃO

Agradeço o convite para apresentar uma obra que, em rigor, não necessita de qualquer apresentação, pois tem origem em trabalho do jurista Ben-Hur Silveira Claus, autor reverenciado pela sua produção jurídica, em especial em temas vinculados à execução trabalhista.

Dele, autor, e de seu livro, pode-se dizer, citando Kant, na *Crítica da Razão Pura*, que alia os elementos do conhecimento, representados pelo conceito e intuição, "de modo que nem os conceitos, sem uma intuição que lhes corresponda de alguma maneira, nem uma intuição sem conceito, podem resultar em conhecimento". É essa síntese, realizada à perfeição, que o leitor vai encontrar na presente obra.

Em relação ao seu conteúdo específico deve ser dito que o respeito ao trabalho humano, indiretamente preservado pelo processo na busca permanente do cumprimento de suas finalidades, encontra expressão nesse livro, que retrata bem o pensamento de Fourier (Tratado de Associação Doméstica e Agrícola), ao dizer que "Passamos séculos discutindo os direitos do homem sem pensar em reconhecer o mais essencial, o do trabalho, sem o qual todos os outros nada são".

O tema eleito para abordagem, desde sempre atual, refere-se às técnicas jurídicas necessárias para a efetividade da execução trabalhista, indispensável para tornar eficaz a jurisdição a fim de que possa cumprir a sua missão de entrega do bem da vida ao jurisdicionado. A matéria constante do título é tratada com maestria, iniciando pela contextualização do subsistema jurídico-trabalhista no sistema jurídico brasileiro, como também dando ênfase à "relação ontológica entre o direito material e o respectivo direito processual".

Na linha defendida por Dinamarco, Ben-Hur Silveira Claus demonstra a necessidade de adequação do procedimento à causa, exigência endereçada ao legislador, mas também às partes e ao juiz, condutores do processo, não admitindo o sistema que este último se acomode na condição de espectador da arena processual.

O jurista, neste trabalho, trata também da circularidade hermenêutica entre o procedimento e o direito material, não de forma abstrata, apenas como categorias conceituais, mas em uma relação de pertencimento que vai além de um mero diálogo das fontes. Não é sem razão que explicita a exigência de um procedimento "simplificado para ser célere. Simplificado para ser efetivo", em sua referência à necessidade de pôr fim à execução trabalhista.

Nessa linha de ideias é a doutrina de Hermes Zaneti Jr., sustentando que os planos do direito material e processual não são estanques, antes, devem ser imbricados pelo nexo da finalidade, tal qual a "música produzida pelo instrumento de quem lê a partitura se torna viva, o direito objetivo, interpretado no processo, reproduz no ordenamento jurídico um novo direito. Tal é a teoria circular dos planos" (*A teoria circular dos planos – direito material e direito processual*).

O processualista Ben-Hur Silveira Claus diz também que para o procedimento trabalhista cumprir suas finalidades é necessário reforçar o caráter científico da compatibilidade como critério a presidir a relação construída com o processo comum, tanto de um ponto de vista axiológico "sob o crivo dos valores do direito processual do trabalho" ou mesmo teleológico "sob o crivo da finalidade do subsistema procedimental trabalhista" sempre, como ensina, na ótica e com a ascendência do processo do trabalho para definir a norma a ser aplicada.

Os temas tratados neste livro dizem respeito à execução mais eficaz e à execução menos gravosa, responsabilidade dos sócios (responsabilidade do sócio retirante), desconsideração da pessoalidade jurídica (desconsideração inversa da personalidade jurídica), cumprimento da sentença, execução após a reforma trabalhista, grupo econômico trabalhista, hipoteca judiciária, averbação premonitória, indisponibilidade de bens, penhora em dinheiro na execução provisória, alienação antecipada de bens, medidas coercitivas do art. 139, IV, do CPC, fraude à execução, prescrição intercorrente e boas práticas na execução.

Como se vê, grande parte dos temas relevantes da execução são tratados neste livro, de forma original e sempre com o enfoque dado pela experiência e conhecimento privilegiados do processualista, autor do presente trabalho.

Inspirado em Wagner D. Giglio, recorrendo também às lições de Ovídio A. Baptista da Silva, no tema da execução menos gravosa, Ben-Hur Silveira Claus, com entendimento próprio, questiona os seus aspectos negativos na execução trabalhista e até mesmo no processo civil. Afirma, de forma peremptória e dialógica com a Constituição da República, a existência de fundamentos lógico e axiológico para que a execução mais eficaz prevaleça sobre a regra da execução menos gravosa que, em suas palavras, não é princípio, mas regra exceptiva, o primeiro pelo não cumprimento espontâneo da sentença e o segundo porque "o equilíbrio da ordem jurídica somente se restaura com a reparação do direito violado".

Nesse aspecto, aponta a superioridade do art. 805 do CPC vigente sobre o art. 620 do CPC/73, em seu parágrafo único, que seria uma "norma representativa da virada hermenêutica do CPC e expressão normativa concreta dos princípios da boa-fé processual (CPC, art. 5º) e da cooperação das partes para satisfação da obrigação dentro da razoável duração do processo (CPC, art. 6º)", ao determinar que cabe ao executado, quando alega a gravosidade da execução, indicar meios eficazes e menos onerosos sob pena de manutenção dos atos executivos já determinados. Em arremate, depois de lembrar da herança cultural representada pelo prestígio exagerado dado à cognição, muitas vezes em detrimento da execução, conclui, de forma irreparável, que é necessário "abandonar esse legado", porquanto "dar à execução a primazia significa pensar o direito para os jurisdicionados. São eles os destinatários da jurisdição".

No tratamento do tema relacionado às responsabilidades dos sócios, realçando que o sócio não é um terceiro no âmbito do direito material, com evidente "protagonismo na gestão empresarial", o autor acertadamente esclarece que é uma consequência da condição de beneficiário do trabalho prestado pelo empregado, com fundamento nos princípios da proteção (CLT, art. 9º) e da busca da melhoria da condição social do trabalhador (CF, art. 7º, *caput*), afirmando que a responsabilidade do sócio retirante apenas deixa de existir com a devida formalização (alteração no contrato social) e a sua respectiva averbação na Junta Comercial, a fim de que tenha "eficácia jurídica perante terceiros – aqui incluído o credor trabalhista".

A criação da pessoa jurídica obedeceu à necessidade de incrementar a atividade econômica e, segundo Ben-Hur Silveira Claus, a sua "função econômica e social não pode ser instrumento para fraude ou abuso de direito", o que justifica a desconsideração de sua personalidade em alguns casos. O jurista deixa claro que, em que pese não existir "vasos comunicantes entre o patrimônio societário e o patrimônio pessoal dos sócios", tal fato não pode servir de "salvo conduto" para isentar os sócios de qualquer responsabilidade quando se configura o que denomina de "defeito de funcionalidade da sociedade", com abuso na sua utilização para não satisfazer as parcelas trabalhistas devidas.

No tema da desconsideração da pessoa jurídica, mas tratando também da desconsideração inversa, em que são idênticas as motivações, o jurista esclarece que há a neutralização da autonomia patrimonial quando essa degenera no descumprimento de suas obrigações, concluindo por essa razão que, em muitos casos, a "teoria da desconsideração da personalidade jurídica tem por objeto o resgate do princípio da responsabilidade patrimonial (Lei nº 6.830, arts. 10 a 30; CPC, art. 789)".

No tema relativo ao cumprimento da sentença, o autor deixa clara a vocação do processo do trabalho como processo de resultados, procedendo à adoção do novo paradigma do processo comum trazida pelo CPC/2015, em especial no que se refere à execução de quantia certa como consequência da efetividade da jurisdição. Acrescenta, sempre de forma brilhante, que "as potencialidades no novo CPC para a fase de cumprimento da sentença poderão ser acolhidas de forma mais generosa" pela Jurisdição Trabalhista, exatamente por exigir uma maior atuação da magistratura trabalhista "em função da assimetria inerente à relação de emprego, em face também da "constitucionalização dos direitos sociais (CF, art. 7º)".

Nesse aspecto faz remissão ao art. 139, IV, do CPC, que prevê as possibilidades oferecidas pelo legislador ao juiz para cumprimento da sentença, assimiladas no processo do trabalho pela previsão contida no art. 3º da Instrução Normativa nº 39/2016 do TST. Como forma de operacionalizar tais medidas, Ben-Hur Silveira Claus deixa evidenciado que o bloqueio de numerário, por exemplo, pode ser determinado independentemente de requerimento, por força de leitura sistemática dos arts. 765 e 878 da CLT e que, o primeiro desses artigos, como norma de sobredireito, "irradia efeitos a todas as etapas procedimentais".

Em seguida, evidenciando a atualidade da presente obra, aprofunda-se na análise dos impactos que a Lei nº 13.467/2017, a denominada Reforma Trabalhista, produziu na execução trabalhista, sem deixar de registrar que a Lei nº 13.467/2017 opera uma espécie de punição à eficiência da Justiça do Trabalho, tratando do conceito de grupo econômico trabalhista; a responsabilidade do sócio retirante; prescrição intercorrente na execução; responsabilidade do sucessor e sucedido; incidente da desconsideração da personalidade jurídica; garantia do juízo na execução; depósito recursal; protesto da decisão judicial; inscrição do devedor em cadastro de inadimplentes e a execução de ofício.

A hipoteca judiciária é tratada como indispensável ao bom andamento da execução, evitando-se a alegação de adquirente de boa-fé, em especial como verdadeiro contraponto à Súmula nº 375 do STJ no que ela representa como garantia do terceiro e dificuldades em se chegar a bom termo na execução, valendo como forma preventiva de evitar a fraude à execução. Aliás, nesse aspecto são apontadas, com invulgar brilho e criatividade, as 7 (sete) virtudes da hipoteca judiciária, que justificam a necessidade de sua utilização nas sentenças pelos juízes.

Como forma de otimizar o instituto de direito processual e de ordem pública representado pela hipoteca judiciária, com o objetivo de impedir a fraude à execução, o autor do livro ora apresentado esclarece que aquela não pode se limitar ao objeto da hipoteca convencional em relação aos bens, podendo recair sobre outros bens do devedor. Sustenta, com indiscutível autoridade teórica, que à hipoteca judiciária cabe o escopo de assegurar a futura execução, podendo por isso transcender os limites do art. 1.473 do Código Civil para o cumprimento de seus objetivos, "compreendida a sua fecundidade para a distribuição do ônus do tempo de processo", estimulando uma interpretação extensiva do acréscimo de outros bens na hipoteca.

No tema da averbação premonitória da execução, o autor trata, também de forma original, da matéria com apoio em respeitável doutrina e vislumbrando a sua utilização no processo do trabalho, entendendo que é suficiente para obstar eventual e posterior alienação do bem, com a possibilidade de interpretação extensiva da previsão contida no §4º do art. 828 do CPC a fim de permitir a sua utilização na fase de conhecimento.

Ao tratar da juridicidade da aplicação subsidiária do art. 185-A do CTN à execução trabalhista, Ben-Hur Silveira Claus faz uma espécie de apelo para que, no enfrentamento do "déficit de efetividade na execução trabalhista", os juízes do trabalho utilizem-se de todas as medidas legais possíveis a fim de "resgatar ao processo do trabalho a sua ontológica vocação à condição de processo de resultados", agindo inclusive para garantir a indisponibilidade futura de bens do executado, a teor do art. 789 do CPC.

A possibilidade da penhora em dinheiro na execução provisória é matéria objeto de referência neste livro, com a nova redação dada à Súmula nº 417 pelo TST. O autor esclarece, de forma irretorquível, que o legislador do processo civil acrescentou uma preferência do dinheiro para penhora e uma prioridade, que não pode ser alterada com a indicação ou penhora de outro bem. Na linha de raciocínio da efetividade da execução defende também a alienação antecipada de bens móveis, considerando em especial o progresso tecnológico que torna inúmeros bens obsoletos, a sociedade de consumo e o tempo necessário para o trânsito em julgado da decisão, inspirando-se no art. 852, I, do CPC.

No tratamento dado às medidas previstas no art. 139, IV, do CPC, o autor deixa claro que se trata de um reforço para o "novo paradigma teórico de funcionalidade procedimental no sistema processual brasileiro", destacando-se pelo poder que confere ao magistrado para cumprimento das decisões, de indiscutível aplicação ao processo do trabalho. Nessa linha de entendimento, esclarece que o referido dispositivo do processo civil teve inspiração no "Civil Contempt da Common Law" como forma de evitar "a crise de finalidade" do processo, resultado da tendência que se observa de "aproximação e diálogo entre esses sistemas", promovendo-se todas as formas atípicas de execução indireta.

Nas "Boas Práticas na Execução", o autor apresenta uma variedade de iniciativas que podem ser adotadas na execução como a utilização de ferramentas tecnológicas e de práticas bem-sucedidas "realizadas no esforço da jurisdição de melhorar a performance da fase de execução do processo".

Ben-Hur Silveira Claus é jurista pronto desde muito cedo. Processualista de primeira linha, desenvolveu indispensáveis estudos sobre a execução trabalhista com inúmeros livros publicados nesta área do conhecimento jurídico. Alia, como poucos, a experiência na judicatura com a condição de incansável pesquisador e estudioso do direito processual, que a todos encanta com a sua produção jurídica.

Apenas uma generosidade sem limites justificou o seu convite para que eu apresentasse esta monumental obra, com certeza fruto de nossa amizade e identidade no estudo do processo, que me proporcionou o privilégio de ser um dos primeiros a ler mais este livro seu. Tenho certeza de que será um aprendizado prazeroso para todos quantos se debruçarem para sua leitura.

Belo Horizonte/MG, agosto de 2022.

Luiz Ronan Neves Koury.
Mestre em Direito Constitucional pela Universidade Federal de Minas Gerais (UFMG). Professor de Direito Processual do Trabalho da Faculdade de Direito Milton Campos. Dembargador aposentado do Tribunal Regional do Trabalho da 3ª Região – Minas Gerais

CAPÍTULO 1

A APLICAÇÃO DO CPC À EXECUÇÃO TRABALHISTA COMO TÉCNICA JURÍDICA DIRIGIDA À EFETIVIDADE DA JURISDIÇÃO

Perante novos dispositivos do processo comum, o intérprete necessita fazer uma primeira indagação: se, não havendo incompatibilidade, permitir-se-ão a celeridade e a simplificação, que sempre foram almejadas. Nada de novos recursos, novas formalidades inúteis e atravancadoras.

Valentin Carrion

1.1 O direito material conforma o procedimento

O art. 15 do CPC (BRASIL, 2015) prevê que, "na ausência de normas que regulem processos trabalhistas, as disposições do novo CPC lhes serão aplicadas supletiva e subsidiariamente". Ao lado dos arts. 769 e 889 da CLT, o citado art. 15 do CPC estabelece a aplicabilidade do Código de Processo Civil ao Processo do Trabalho. Trata-se de um problema teórico fundamental, a ser estudado pela ciência processual trabalhista e de um problema prático a ser equacionado pela jurisdição trabalhista, conforme assinala o estudo desenvolvido por Luiz Ronan Neves Koury na obra *Estudos de Direito Processual: a relação do processo do trabalho com o processo civil*. No que respeita às normas fundamentais do processo civil, o jurista ensina que tais normas – porque guardam a identidade da Constituição – "podem ser consideradas como normas fundamentais de todo e qualquer processo, como também, obviamente, do processo do trabalho, como se estivessem inscritas na CLT".[1] O tema é complexo. Iniciemos pela investigação da relação ontológica que se estabelece entre direito material (objeto) e procedimento (método).[2]

---

[1] *Estudos de Direito Processual*: a relação do processo do trabalho com o processo civil. Rio de Janeiro: Lumen Juris, 2021, p. 37.

[2] Aqui, me oriento pelas lições do Professor Ernildo Stein sobre o método na filosofia. Na obra *A questão do método na filosofia:* um estudo do modelo heideggeriano. 3. ed. Porto Alegre: Movimento, p. 108, o erudito professor gaúcho ensina: "o método se determina a partir da coisa mesma. A escada para penetrar nas estruturas

O sistema jurídico brasileiro compreende os subsistemas jurídicos derivados dos distintos ramos do direito material: o subsistema jurídico trabalhista, o subsistema jurídico tributário, o subsistema jurídico do consumidor, o subsistema jurídico civil, o subsistema jurídico penal etc. Cada subsistema jurídico conforma o respectivo procedimento com peculiaridades próprias ao direito material correspondente. Isso porque há uma relação ontológica entre o direito material e o respectivo direito processual. Essa relação ontológica fica mais evidente quando é percebida a natureza instrumental do direito processual: o processo é instrumento à realização do direito material. Diz-se que há uma relação ontológica entre o direito material e o respectivo direito processual porque as normas de procedimento guardam uma originária relação com o direito substancial correspondente, na medida em que as normas de procedimento têm por finalidade a aplicação das normas do direito substancial respectivo.

Depois de assinalar que o procedimento não é pura forma, Mauro Cappelletti registra que sobre o procedimento recai o imenso desafio de nossa época, cabendo-lhe articular rapidez, eficiência, justiça, liberdade individual e igualdade; uma das mais eloquentes formulações acerca da relação ontológica em que se entrelaçam procedimento (método) e direito material (objeto) (CAPPELLETTI, 1974).

Na teoria jurídica, essa genética relação entre direito substancial e procedimento é compreendida como expressão do fenômeno do pertencimento que se estabelece desde sempre entre objeto (direito material) e método (procedimento). Daí a consideração epistemológica de que direito substancial e procedimento são categorias conceituais que operam numa espécie de círculo hermenêutico: as respostas procedimentais nos remetem ao direito material a ser concretizado. Em outras palavras: somos reconduzidos ao direito material quando nos dirigimos às questões procedimentais. A circularidade entre pergunta e resposta vem à teoria jurídica enquanto legado da filosofia hermenêutica de Gadamer: o direito processual somente se deixa compreender no retorno ao direito material em que reconhece sua própria identidade; numa metáfora, o direito processual mira-se na superfície do lago do direito material em busca de sua identidade.

No estudo acerca da relação ontológica que se estabelece entre direito substancial e procedimento, a teoria jurídica percorreu um rico itinerário hermenêutico cujo inventário não tem espaço neste pequeno ensaio. Entretanto, parece indispensável lembrar, com Mauro Cappelletti, a peculiaridade desse

---

existenciais do ser-aí é manejada pelo próprio ser-aí e não pode ser preparada fora para depois dar acesso ao objeto. Não há propriamente escada que sirva para penetrar no seu 'sistema'. A escada já está implicada naquilo para onde deveria conduzir. O objeto, o ser-aí, já sempre traz consigo a escada. Há uma relação circular. Somente se sobe para dentro das estruturas do ser aí, porque a gente já se move nelas. Essa antecipação não-crítica do método é consequência inevitável da circularidade do processo hermenêutico. Quem, para desenvolver seu método, parte da compreensão como estrutura fundamental do homem, sempre pressupõe de algum modo em exercício aquilo que visa com o método".

fenômeno. Para o jurista italiano, a natureza instrumental do processo o reconduz ao direito substancial a que serve:

> Al igual de todo instrumento, tambtén ese derecho y esa técnica deben en verdad adecuarse, adaptarse, conformarse lo más estrechamente posible a la naturaleza particular de su objeto y de su fin, o sea a la naturaleza particular del derecho sustancial y a la finalidad de tutelar los institutos de ese derecho. (CAPPELLETTI, 1974, p. 5-6)

No direito processual civil brasileiro, uma das lições mais didáticas acerca da relação entre direito substancial e procedimento é recolhida na doutrina de Ada Pellegrini Grinover. A relação originária existente entre direito material e procedimento é identificada pela jurista na instrumentalidade do processo que, conquanto autônomo, está conexo à pretensão de direito material e tem como escopo a atuação da norma objetiva e a viabilização da tutela do direito violado. Daí a conclusão de Ada Pellegrini Grinover (1993, p. 87), no sentido de que "O processo, o procedimento e seus princípios tomam feição distinta, conforme o direito material que se visa a proteger".

No âmbito do subsistema jurídico trabalhista, a natureza especial desse ramo do direito exerce uma influência ainda maior na conformação do vínculo originário que se estabelece entre direito material e procedimento. Depois de afirmar que o Direito Processual do Trabalho pretende ser um direito de renovação, Mozart Victor Russomano (1997, p. 21-22) sublinha o fato de que o procedimento trabalhista " é herança recebida do Direito do Trabalho, ao qual o Direito Processual do Trabalho corresponde, como consequência histórica". Para o jurista, o caráter tutelar do direito material se projeta sobre o procedimento. Para recuperar a expressão consagrada por Héctor-Hugo Barbagelata (2009, p. 39), cumpre dizer: o *particularismo* do direito material do trabalho se comunica ao procedimento laboral. Na feliz síntese formulada por Wagner D. Giglio (2005, p. 83-4) acerca do estudo do tema, somos conduzidos à consideração superior de que "o caráter tutelar do Direito Material do Trabalho se transmite e vigora também no Direito Processual do Trabalho". Para Wagner D. Giglio (2005, p. 83-6), a autonomia do direito processual do trabalho decorre do fato de que esse ramo jurídico possui princípios próprios. O jurista destaca quatro princípios próprios ao direito processual do trabalho: princípio protecionista; princípio da jurisdição normativa; princípio da despersonalização do empregador; princípio da simplificação procedimental.

Uma das características de qualquer sistema de conhecimento – a lição é de Carlos Eduardo Oliveira Dias (2015, p. 15) – é a sua capacidade de produzir seus próprios princípios. É isso o que distingue determinado sistema " e permite que se possa identificar nesse sistema alguns dos principais atributos tendentes ao reconhecimento de sua autonomia científica". A histórica capacidade com que o

Direito Processual do Trabalho tem produzido seus próprios princípios permite afirmar – com Wagner D. Giglio (2005, p. 79) – que o subsistema jurídico trabalhista é dotado dessa autonomia científica de que fala o jurista.

Embora a pesquisa do tema não estivesse completa sem a referência à posição de Valentin Carrion, para quem o processo do trabalho é simples desdobramento do processo civil, na teoria justrabalhista brasileira prevalece a concepção de que o processo do trabalho é dotado de autonomia científica em relação ao processo civil, isso porque se apresenta conformado por princípios próprios e constitui subsistema jurídico procedimental especial, como tal reconhecido pela ciência jurídica nacional. Na pesquisa realizada por Carlos Henrique Bezerra Leite (2010, p. 89), alinham-se nessa última corrente de pensamento Amauri Mascaro Nascimento, Sergio Pinto Martins, Mozart Victor Russomano, Humberto Theodoro Júnior, José Augusto Rodrigues Pinto, Wagner D. Giglio e Coqueijo Costa.

Com efeito, a existência de princípios próprios e a condição de subsistema procedimental especial reconhecido como tal pela teoria jurídica brasileira conferem ao direito processual do trabalho a fisionomia própria sem a qual já não se poderia compreender a jurisdição trabalhista brasileira na atualidade. É neste contexto que ganha densidade hermenêutica a observação de Américo Plá Rodriguez (1996, p. 16), de que a articulação entre os princípios próprios a cada ramo do Direito conforma a especialidade de cada subsistema jurídico. Isso porque os princípios harmonizam as normas, evitando que o subsistema se converta numa série de elementos desarticulados. Assim é que se mostra precisa a conclusão do jurista quando observa que " a vinculação entre os diversos princípios contribui mais eficazmente para a sistematização do conjunto e para delinear a individualidade peculiar a cada ramo do direito". É o que ocorre também no âmbito do subsistema jurídico trabalhista brasileiro.

1.2 O subsistema jurídico trabalhista brasileiro

O subsistema jurídico trabalhista brasileiro faz revelar, com notável intensidade, a relação ontológica desde sempre estabelecida entre o direito material do trabalho e o direito processual do trabalho: à urgência do crédito trabalhista alimentar há de corresponder um procedimento simplificado, célere e efetivo. Simplificado para ser célere. Simplificado para ser efetivo. As palavras de Manoel Carlos Toledo Filho (2015, p. 330) sintetizam o projeto procedimental em formação na década de 1930: " o processo do trabalho foi desde sempre pensado para ser simples, desburocratizado e maximamente expedito".

Um procedimento complexo e moroso não atenderia à exigência de rápida realização do direito material do trabalho. O nascente Direito Processual do

Trabalho enfrentará esse desafio, no final da década de 1930, mediante a edição de normas procedimentais originais e simplificadas, porquanto as normas do então vigente CPC de 1939 caracterizavam-se pelo formalismo e individualismo e, portanto, não poderiam responder ao desafio que então se apresentava, conforme revela a pesquisa de Manoel Carlos de Toledo Filho. Para demonstrar o vínculo genético da novel ciência processual trabalhista com o cânone da simplicidade das formas, o jurista recolhe da doutrina do processualista Carlos Ramos Oliveira a seguinte passagem histórica, registrada em 1938:

> Nada de complicações processuais que possam retardar e dificultar a marcha e a solução dos casos que lhe são afetos. Nada de prazos dilatados. Nada de provas tardias. Nada de formalismos inúteis e prejudiciais. Nada disso. A jurisdição do trabalho deve ser simples e célere (OLIVEIRA, 1938, p. 65, *apud* MIESSA, 2015, p. 330).

Manifestada muito tempo depois, a preocupação do processualista Júlio César Bebber (1997, p. 132) diante dos riscos que a burocratização do procedimento pode causar ao processo parece nos remeter à época do surgimento do subsistema jurídico trabalhista e aos desafios de simplificação das fórmulas procedimentais então colocados para a ciência processual laboral nascente. Depois de lembrar que os formalismos e a burocracia são vícios que entravam o funcionamento do processo, o jurista observa que tais vícios " são capazes de abranger e de se instalar com efeitos nefastos, pelo que se exige que a administração da justiça seja estruturada de modo a aproximar os serviços das populações de forma simples, a fim de assegurar a celeridade, a economia e a eficiência das decisões".

Como já assinalado, no contexto histórico do surgimento do subsistema jurídico laboral brasileiro, disposições procedimentais originais e simplificadas são, então, concebidas para promover a consecução dos objetivos fundamentais do Direito do Trabalho, o que não seria possível se a aplicação do direito material do trabalho dependesse das normas procedimentais do então vigente CPC de 1939. É nesse contexto que ganha especial significado a expressão *melhoria procedimental* empregada por Luciano Athayde Chaves na resenha histórica dos primórdios do Direito Processual do Trabalho. A *melhoria procedimental* de que depende a realização do direito material nascente pressupõe normas procedimentais diversas das formalistas normas procedimentais do direito processual comum vigente à época. A feliz síntese do jurista justifica a transcrição:

> Naquele momento, o processo comum era mais formalista e profundamente individualista. Esta era a ideologia que orientou a sua construção. Em razão disso, não seria possível à recém-criada Justiça do Trabalho valer-se de um processo comum que não atendia às características sociais do Direito do Trabalho. Por isso, as normas processuais trabalhistas foram instituídas como uma melhoria procedimental em face do procedimento comum,

que poderia – como ainda pode – ser aplicado, mas somente em função da melhoria da prestação jurisdicional especializada. (CHAVES, 2009, p. 41-42)

Quando do surgimento da CLT em 1943, sua parte processual teve mais inspiração no Decreto-Lei nº 1.237/1939 do que no CPC de 1939, conforme a pesquisa realizada por Bruno Gomes Borges Fonseca (2015, p. 370). O jurista destaca esse antecedente normativo para "emonstrar que o compromisso histórico do processo do trabalho sempre foi diferente do processo comum".

É nesse contexto histórico que ganha sentido a afirmação teórica de que os arts. 769 e 889 da CLT foram concebidos como *normas de contenção*; normas de contenção ao ingresso indevido de normas de processo comum incompatíveis com os princípios do direito processual do trabalho; normas de contenção à influência de preceitos do processo comum que acarretem formalismo procedimental; normas de contenção a institutos que impliquem burocracia procedimental.

1.3 A compatibilidade como critério científico à aplicação do processo comum

No estudo da heterointegração do subsistema jurídico laboral prevista nos arts. 769 e 889 da CLT, a teoria jurídica assentou o entendimento de que a aplicação subsidiária do processo comum no processo do trabalho é realizada sob o critério da compatibilidade previsto nesses preceitos consolidados. Vale dizer, a compatibilidade prevista nos arts. 769 e 889 da CLT opera como critério científico fundamental para "calibrar a abertura ou o fechamento para o processo comum", na inspirada formulação adotada por Homero Batista Mateus da Silva (2015, p. 33) no estudo do Direito Processual do Trabalho brasileiro.

A especialidade do subsistema jurídico trabalhista sobredetermina essa compatibilidade, conferindo-lhe dúplice dimensão: *compatibilidade axiológica* e *compatibilidade teleológica*. Essa dúplice dimensão da compatibilidade é identificada por Manoel Carlos Toledo Filho (2015, p. 330) sob a denominação de *compatibilidade sistêmica*. Vale dizer, a compatibilidade é aferida tanto sob o crivo dos valores do direito processual do trabalho quanto sob o crivo da finalidade do subsistema procedimental trabalhista, de modo a que o subsistema esteja capacitado à realização do direito social para o qual foi concebido. O critério científico da compatibilidade visa à própria preservação do subsistema processual trabalhista, na acertada observação de Paulo Sérgio Jakutis (2015, p. 439). Com efeito, o diálogo normativo entre subsistemas jurídicos pressupõe " buscar alternativas que não desfigurem o modelo originário, pois isso o desnaturaria enquanto paradigma independente", conforme preleciona Carlos Eduardo Oliveira Dias (2015, p. 18) ao abordar o tema do diálogo das fontes formais de direito no âmbito da aplicação do processo comum ao processo do trabalho.

A norma de direito processual comum, além de ser compatível com as regras do processo do trabalho, deve ser compatível com os princípios que norteiam o Direito Processual do Trabalho, conforme preleciona Mauro Schiavi (2015, p. 57-58). Os princípios do Direito Processual do Trabalho restariam descaracterizados, caso se concluísse sempre pela aplicação automática do processo comum ao processo do trabalho, razão pela qual a observância do critério da compatibilidade se impõe quando se examina o problema da aplicabilidade do processo comum ao subsistema jurídico trabalhista. Daí a pertinência da observação de Carlos Eduardo Oliveira Dias (2015, p. 17) sobre o tema: "o que mais tem relevância, nesse processo intelectivo, é o pressuposto da compatibilidade, ou seja, o fato da norma a ser utilizada se ajustar aos fundamentos do direito processual do trabalho". Ausente o pressuposto da compatibilidade, já não se pode pretender prosseguir no processo de heterointegração: falta a ponte que comunicaria os sistemas. A compatibilidade é essa ponte que permite que alguns dispositivos do processo comum ingressem no subsistema processual laboral. Uma ponte estreita, já se percebe. Uma ponte cuja edificação estará sempre entregue à soberana consideração do Direito Processual do Trabalho enquanto ramo autônomo da processualística.

Depois de afirmar que a ideia de compatibilidade é muito cara ao processo do trabalho, Bruno Gomes Borges da Fonseca (2015, p. 369) assevera que tal compatibilidade "ocorrerá apenas na hipótese de o texto do processo comum afinar-se com o princípio da proteção". Assim, somente será possível a aplicação subsidiária quando a norma de processo comum guardar plena compatibilidade com os fundamentos do processo do trabalho. Caso isso não ocorra, de acordo com Carlos Eduardo Oliveira Dias (2015, p. 19), "sacrifica-se o processo integrativo mas não se pode afetar o núcleo principiológico do processo do trabalho". Isso porque as regras de processo comum somente podem ser aplicadas subsidiariamente se forem compatíveis com as singularidades do processo do trabalho. Se a regra do CPC for incompatível com a principiologia e singularidades do processo do trabalho, pondera Mauro Schiavi (2015, p. 56), ela não será aplicada.

No estudo do tema da heterointegração do subsistema processual trabalhista, Guilherme Guimarães Ludwig afirma que a aplicação subsidiária do processo comum ao processo do trabalho tem por fundamento a realização do princípio da eficiência, conferindo conteúdo específico à compatibilidade prevista nos arts. 769 e 889 da CLT. Ao discorrer sobre o princípio da eficiência no âmbito da heterointegração do subsistema procedimental trabalhista, o jurista ressalta que o princípio da eficiência opera tanto como fator de abertura quanto como fator de fechamento do subsistema procedimental. Pondera o autor:

> Quando analisado sob a perspectiva do processo do trabalho, o princípio da eficiência, enquanto autêntico vetor de interpretação da norma processual, deve também funcionar como um filtro que restrinja a adoção das regras do novo Código de Processo Civil e do correspondente modelo colaborativo, em caráter subsidiário ou supletivo, na medida

em que elas não guardem compatibilidade com as diretrizes fundamentais do ramo processual laboral, em que se prestigia o valor celeridade em favor do credor trabalhista. (LUDWIG, 2015, p. 108)

Fixadas algumas balizas teóricas acerca da heterointegração do subsistema processual trabalhista, cumpre agora enfrentar a questão da subsistência do critério da compatibilidade diante do advento do CPC de 2015.

1.4 O critério científico da compatibilidade subsiste ao advento do novo CPC

Diante do fato de o art. 15 do CPC não fazer referência ao critério científico da compatibilidade, surge a questão de saber se esse requisito previsto nos arts. 769 e 889 da CLT teria subsistido ao advento do novo CPC para efeito de aplicação subsidiária do processo comum ao processo do trabalho. No âmbito da teoria do processo civil, a resposta de Nelson Nery Junior (2015, p. 232) é positiva. Depois de afirmar que o novo CPC aplica-se subsidiariamente ao processo trabalhista na falta de regramento específico, o jurista pondera que, "de qualquer modo, a aplicação subsidiária do CPC deve guardar compatibilidade com o processo em que se pretenda aplicá-lo", acrescentando que a aplicação supletiva também deve levar em conta este princípio.

A resposta da teoria jurídica trabalhista também é positiva, porquanto prevaleceu o entendimento de que o art. 15 do CPC de 2015 não revogou os arts. 769 e 889 da CLT, preceitos nos quais está prevista a compatibilidade como critério científico necessário à aplicação do processo comum. Essa é a conclusão que tem prevalecido entre os teóricos do Direito Processual do Trabalho com base nos seguintes fundamentos: a) não houve revogação expressa do art. 769 da CLT pelo novo CPC (LINDB, art. 2º, §1º); b) o art. 769 da CLT é norma especial, que, por isso, prevalece sobre a norma geral do art. 15 do NCPC; c) o art. 769 da CLT é mais amplo do que o art. 15 do NCPC, não tendo o art. 15 do NCPC regulado inteiramente a matéria do art. 769 da CLT (LINDB, art. 2º, §§1º e 2º), de modo que ambos os preceitos harmonizam-se; d) o subsistema procedimental trabalhista é reconhecido no sistema jurídico brasileiro como subsistema procedimental especial informado pelas normas de contenção dos arts. 769 e 889 da CLT.

Para Wânia Guimarães Rabêllo de Almeida (2015, p. 457), não houve revogação total ou parcial do art. 769 da CLT, porquanto o preceito celetista é muito mais amplo do que o art. 15 do novo CPC, entendimento que tem a companhia de inúmeros juristas, entre os quais estão Guilherme Guimarães Feliciano (2015, p. 126), Homero Batista Mateus da Silva (2015, p. 33), Carlos Eduardo Oliveira Dias (2015, p. 15), Manoel Carlos Toledo Filho (2015, p. 332), Danilo Gonçalves

Gaspar (2015, p. 386) e Mauro Schiavi (2015, p. 56). Assim é que, para Wânia Guimarães Rabêllo de Almeida (2015, p. 457), "o CPC somente será fonte supletiva ou subsidiária do direito processual do trabalho naquilo que for compatível com suas normas, por força do art. 769 da CLT".

Nada obstante o art. 15 do novo CPC estabeleça a possibilidade de aplicação subsidiária e supletiva do Código de Processo Civil de 2015 ao processo do trabalho na ausência de normas processuais trabalhistas, tal aplicação ocorrerá somente quando estiver presente o pressuposto da compatibilidade previsto nos arts. 769 e 889 da CLT. O exame da presença do pressuposto da compatibilidade é realizado sob a óptica do Direito Processual do Trabalho, e não sob a óptica do Direito Processual Comum. Isso porque a previsão legal dos arts. 769 e 889 da CLT estabelece que tal exigência de compatibilidade é dirigida à consideração do juiz do trabalho, mas também porque se trata de uma contingência hermenêutica imposta à preservação da autonomia científica do Direito Processual do Trabalho enquanto subsistema procedimental especial. Tem razão Jorge Luiz Souto Maior quando pondera, com perspicácia, que

> [...] os fundamentos do novo CPC baseiam-se em uma visão de mundo que considera necessário conter a atuação de juízes sociais. Mas a racionalidade do processo do trabalho, obviamente, é outra, tanto que as regras de proteção do processo do trabalho são direcionadas ao juiz, a quem cumpre definir, portanto, como o procedimento deve se desenvolver, gostem disso, ou não, os elaboradores do novo CPC. Aliás, é indisfarçável o desejo dos elaboradores do NCPC de suprimir, por via transversa, práticas processuais trabalhistas. (SOUTO MAIOR, 2015, p. 38)

Para Danilo Gonçalves Gaspar (2015, p. 386), é certo que "que não se elimina a necessidade de compatibilização da norma com o processo do trabalho, tal qual previsto na CLT", entendimento no qual é acompanhado por Ricardo José Macedo de Britto Pereira (2015, p. 568). Para esse jurista, a aplicação subsidiária prevista no art. 15 do CPC de 2015 deve ocorrer "sem afetar a exigência de compatibilidade como determina o art. 769 da CLT".

A subsistência do critério científico da compatibilidade decorre da não revogação do art. 769 da CLT, mas também acaba por se impor enquanto exigência hermenêutica necessária à salvaguarda do subsistema jurídico trabalhista como ramo procedimental especial dotado de autonomia científica. Daí por que tem razão Carlos Eduardo Oliveira Dias (2015, p. 18) quando pondera que seria até desnecessário que o legislador processual comum ressalvasse a necessidade de que, na aplicação subsidiária do novo CPC, fosse observada a compatibilidade com o outro ramo do direito processual, "pois se isso não existisse, estaria inviabilizada a própria existência autônoma desse segmento". De fato, pudesse ser eliminado o critério científico da compatibilidade na aplicação subsidiária do processo comum, haveria o risco de desconstrução estrutural do Direito Processual do Trabalho, tal qual adverte Carlos Eduardo Oliveira Dias com pertinácia (2015, p. 20-21): "não se pode adotar uma solução normativa exógena que, independentemente de ser fundada em omissão da CLT, não guarde compatibilidade com o processo laboral e possa vir a ser fator de sua desconstrução sistêmica".

A posição de Iuri Pereira Pinheiro (2015, p. 496) alinha-se aos entendimentos antes referidos. Para o jurista, não se pode esquecer que o direito processual do trabalho constitui ramo dotado de autonomia científica, no qual a colmatação de lacunas exige a compatibilidade ideológica proclamada nos arts. 769 e 889 da CLT. Daí a conclusão do jurista no sentido de que, "a despeito da previsão simplista do novo CPC, a sua aplicação subsidiária ao processo do trabalho irá se operar apenas diante de sintonia principiológica, sob pena de mácula à autonomia do ramo processual especializado". A especialidade do subsistema jurídico trabalhista exige que se lhe confira um tratamento metodológico diferenciado, que preserve a identidade de sua própria fisionomia, de modo que a heterointegração seja realizada com a observância dos princípios do direito material que lhe são inerentes e que afetam diretamente a prática jurisdicional trabalhista, conforme o magistério de Carlos Eduardo Oliveira Dias (2015, p. 18).

Também para Mauro Schiavi (2015, p. 56), a exigência de compatibilidade se impõe à aplicação do CPC de 2015 ao processo do trabalho. Para o jurista, da conjugação do art. 15 do novo CPC com os arts. 769 e 889 da CLT, resulta que o novo CPC se aplica ao processo do trabalho da seguinte forma: "supletiva e subsidiariamente, nas omissões da legislação processual trabalhista, desde que compatível com os princípios e singularidades do processo trabalhista".

Nada obstante considere que o art. 15 do novo CPC configura-se como norma de sobredireito, Élisson Miessa (2015, p. 28) pondera que não ocorreu a revogação dos arts. 769 e 889 da CLT. O jurista observa que "a inserção de normas comuns em um microssistema jurídico sempre impõe a compatibilidade com o sistema em que a norma será inserida, sob pena de se desagregar a base do procedimento específico", para concluir que "os arts. 769 e 889 da CLT sobrevivem à chegada do art. 15 do NCPC". Mesmo para Edilton Meireles (2015, p. 46), jurista que considera que o art. 769 da CLT foi revogado pelo art. 15 do novo CPC, o critério da compatibilidade permanece sendo indispensável à aplicação subsidiária da norma de processo comum ao processo do trabalho, conclusão que o autor adota por ser a legislação trabalhista norma especial em relação ao CPC. O jurista considera que "a regra supletiva ou subsidiária deve guardar coesão e compatibilidade com o complexo normativo ou a regra que se pretender integrar ou complementar", para concluir que, "se a norma do novo CPC se revela incompatível com o processo do trabalho (em seus princípios e regras), lógico que não se poderá invocar seus dispositivos de modo a serem aplicados de forma supletiva ou subsidiária".

A posição de Edilton Meireles acerca do tema da autonomia do direito processual do trabalho faz evocar a precitada doutrina de Valentin Carrion.

Ambos os juristas parecem convergir quanto ao entendimento de que o direito processual do trabalho não seria dotado de autonomia científica em relação ao direito processual civil. A concepção de Valentin Carrion (2013, p. 679) sobre o tema opera sob o pressuposto teórico de que "o direito processual do trabalho não possui princípio próprio algum, pois todos os que o norteiam são do processo civil (oralidade, celeridade etc.); apenas deu (ou pretendeu dar) a alguns deles maior ênfase e relevo". O direito processual do trabalho, para Valentin Carrion, não surge do direito material laboral e, por isso, não poderia aspirar à autonomia em relação ao direito processual civil, do qual seria mera subespécie.

Nada obstante Valentin Carrion negue a autonomia do direito processual do trabalho em relação ao processo civil, o jurista conclui, nos comentários do art. 769 da CLT, que a aplicação subsidiária de normas do processo comum ao subsistema jurídico trabalhista submete-se ao requisito da compatibilidade. Vale dizer, a compatibilidade subsiste enquanto requisito científico indispensável à heterointegração, ainda quando não se reconheça autonomia científica ao processo do trabalho em relação ao processo civil.

Na formulação teórica concebida por Valentin Carrion, a heterointegração de normas de processo comum ao processo do trabalho somente será viável

> [...] desde que: a) não esteja aqui regulado de outro modo ('casos omissos', 'subsidiariamente'); b) não ofendam os princípios do processo laboral ('incompatível'); c) se adapte aos mesmos princípios e às peculiaridades deste procedimento; d) não haja impossibilidade material de aplicação (institutos estanhos à relação deduzida no juízo trabalhista); a aplicação de institutos não previstos não deve ser motivo para maior eternização das demandas e tem de adaptá-las às peculiaridades próprias (CARRION, 2013. p. 678-9)

A concepção de tutela constitucional do processo de que nos falam Tereza Aparecida Asta Gemignani e Daniel Gemignani (2015, p. 269) valoriza a compatibilidade como critério capaz de preservar a especialidade do subsistema jurídico trabalhista. Para os juristas, "essa concepção de tutela constitucional do processo, que sustenta a espinha dorsal do modelo adotado pelo processo trabalhista, nos termos do artigo 769 da CLT, vai impedir, por incompatibilidade, a aplicação das disposições contidas no novo CPC quando enveredam pela diretriz privatística".

Portanto, o critério científico da compatibilidade subsiste ao advento do novo CPC, permanecendo indispensável ao processo hermenêutico que a aplicação do processo comum ao processo do trabalho impõe ao Direito Processual do Trabalho e à Jurisdição Trabalhista. Os magistrados trabalhistas serão os condutores desse processo hermenêutico.

Nada obstante o art. 15 do novo CPC estabeleça a possibilidade de aplicação subsidiária e supletiva do Código de Processo Civil de 2015 ao processo do trabalho na ausência de normas processuais trabalhistas, tal aplicação só ocorre quando está presente o pressuposto da compatibilidade previsto nos arts. 769 e 889 da CLT. O exame da presença do pressuposto da compatibilidade é realizado sob a óptica do Direito Processual do Trabalho, e não sob a óptica do Direito Processual Comum. Isso porque a previsão legal dos arts. 769 e 889 da CLT estabelece que tal exigência de compatibilidade é dirigida à consideração do juiz do trabalho, mas também porque se trata de uma contingência hermenêutica imposta à preservação da autonomia científica do Direito Processual do Trabalho enquanto subsistema procedimental especial.

Às indagações teóricas que têm surgido quanto à aplicação do novo CPC ao Processo do Trabalho, parece que a elas já se antecipara, há muito anos, Valentin Carrion (2013, p. 679): "Perante novos dispositivos do processo comum, o intérprete necessita fazer uma primeira indagação: se, não havendo incompatibilidade, permitir-se-ão a celeridade e a simplificação, que sempre foram almejadas. Nada de novos recursos, novas formalidades inúteis e atravancadoras". O gênio antecipa-se.

CAPÍTULO 2

A RELAÇÃO ENTRE EXECUÇÃO MAIS EFICAZ E EXECUÇÃO MENOS GRAVOSA: APONTAMENTOS PARA O ESTUDO DESTA QUESTÃO JURÍDICA

> *Prevalece até hoje, herdado do processo civil, o princípio da execução menos onerosa: protege-se o devedor, que comprovadamente não tem direito (tanto assim que foi condenado) em detrimento de quem, reconhecidamente, está amparado por ele.*
>
> Wagner D. Giglio

2.1 Sob a inspiração de Wagner D. Giglio

Uma das mais nocivas influências do direito processual civil no direito processual do trabalho decorre da aplicação da regra exceptiva da execução menos gravosa no âmbito da execução trabalhista.

A invocação dessa regra tem servido para justificar diversas restrições que costumam ser opostas ao cumprimento das decisões judiciais; como se as decisões judiciais pudessem ter o seu cumprimento adiado por sucessivos argumentos vinculados ao invocado direito a uma execução menos onerosa para o devedor. Um estudo consequente sobre o déficit de efetividade na execução não pode ser realizado senão mediante o reconhecimento das deformações que a aplicação dessa regra acarretou à cultura jurídica da execução da sentença, em especial no processo civil, mas também no processo do trabalho.

Essa questão estava presente nas cogitações de *Wagner D. Giglio* quando, em 2003, o autor identificava as causas da falta de efetividade da execução trabalhista. Depois referir que *Luigi de Litala* já alertava, no início da década de 1940, que o processo de execução era feito mais para a tutela do devedor do que do credor, o processualista paulista constata que a regra da execução menos onerosa é uma herança do processo civil que compromete a eficácia do processo do trabalho: "protege-se o devedor, que comprovadamente não tem direito (tanto assim que foi condenado), em detrimento de quem, reconhecidamente, está amparado por ele".[3]

Na afirmação de que a execução trabalhista não se submete à regra da menor gravosidade prevista no art. 620 do CPC de 1973[4] (CPC de 2015, art. 805[5]) está pressuposta uma doutrina comprometida com a efetividade da execução trabalhista, sob inspiração da garantia constitucional da jurisdição efetiva (CF, art. 5º, XXXV) e da garantia constitucional da duração razoável do processo (CF, art. 5º, LXXVIII), ambas qualificadas pelo conteúdo ético que o princípio da proteção irradia para o direito material do trabalho numa sociedade marcada por severa desigualdade social.

Não se trata de uma postulação teórica original.

Mesmo antes do advento do CPC de 2015, diversos doutrinadores sustentavam devesse ser mitigada a regra exceptiva da execução menos onerosa na execução trabalhista. Já outros juristas defendiam a ideia mesma da inaplicabilidade do art. 620 do CPC de 1973 no Processo do Trabalho. Essa última corrente doutrinária está representada, por exemplo, na obra de José Augusto Rodrigues Pinto.[6] Ao lado do erudito jurista baiano, estão outros juristas de expressão: Antônio Álvares da Silva, Sérgio Pinto Martins, Carlos Henrique Bezerra Leite, Cláudio Armando Couce de Menezes e José Carlos Külzer, entre outros.

O presente estudo constitui um modesto aporte teórico para que façamos a execução trabalhista de forma mais eficaz. Essa preocupação sempre motivou a obra de Wagner D. Giglio: "Uma reforma ideal do processo trabalhista abandonaria o dogma da igualdade das partes e adotaria, na execução, o princípio da execução mais eficaz, em substituição ao da execução menos onerosa".[7]

A preocupação de Wagner D. Giglio seja a nossa inspiração.

2.2 A execução perdeu eficácia quando passou a ser patrimonial

A execução humanizou-se quando deixou de ser corporal e passou a ser patrimonial. A legislação viria a consagrar a exigência da nova consciência jurídica que se formara sob a inspiração do cristianismo: já não era mais possível

---

[3] GIGLIO, Wagner D. Efetividade da execução trabalhista. *Revista Síntese Trabalhista*, Porto Alegre, n. 172, p. 146, out. 2003.
[4] CPC de 1973: "Art. 620. Quando por vários meios o credor puder promover a execução, o juiz mandará que se faça pelo modo menos gravoso para o devedor".
[5] CPC de 2015: "Art.805. Quando por vários meios o exequente puder promover a execução, o juiz mandará que se faça pelo modo menos gravoso para o executado".
[6] PINTO, José Augusto Rodrigues. *Execução trabalhista*. 11. ed. São Paulo: LTr, 2006, p. 213.
[7] GIGLIO, *op. cit.*, p. 147.

admitir a crueldade da execução corporal do executado, que permitia ao credor escravizar o executado, repartir seu corpo e até exigir a morte do devedor. A *Lex Poetelia*[8] é um símbolo dessa viragem hermenêutica humanizadora da legislação executiva. A partir de então, altera-se a regra da execução: a execução passa a ser patrimonial. É o patrimônio do devedor que responde por suas obrigações. Já não é mais sobre o corpo do devedor que recairá, como regra geral, a execução.

Contudo, é inegável que a eficácia da execução diminuiu com o advento de seu novo perfil, de natureza patrimonial. Isso porque o êxito da execução passou a depender da existência de patrimônio do executado. Porém, não só da existência de patrimônio, mas também do registro desse patrimônio em nome do executado e da própria localização dos respectivos bens. Se era difícil a ocultação da pessoa do executado à época da execução corporal, bem mais fácil tornar-se-ia a ocultação de patrimônio com o advento da execução patrimonial, dando ensejo a simulações e fraudes, que ainda hoje caracterizam a execução, sobretudo nos países do sistema jurídico de *civil law*. Aliás, quando se trata de efetividade da jurisdição, é inevitável dirigir o olhar à experiência dos países do sistema jurídico de *common law*, no que respeita à eficácia superior lá alcançada no cumprimento das decisões judiciais.[9]

É fácil perceber que determinada perda de eficácia seria inevitável com o advento da execução de natureza patrimonial. As execuções mais eficazes sempre foram aquelas que autorizam a prisão civil do executado, como é o caso clássico da execução de obrigação de prestar alimentos devidos em face do direito de família. A cultura que se criou na sociedade é a de que não se pode dever tais alimentos. É por isso que o executado dá um jeito de pagar: para evitar a persuasiva sanção da prisão civil.

É a natureza corporal da sanção que confere eficácia à execução de alimentos. Nesses casos, a iminência da prisão civil do obrigado opera como fator de eficaz persuasão. O mesmo ocorria no caso de depositário infiel até o advento da Súmula Vinculante nº 25 do STF.[10] A referida súmula fragilizou a autoridade jurisdicional na relação com o depositário que desrespeita o encargo de direito público que, para permanecer na posse do bem penhorado, assume perante o Poder Judiciário ao ser nomeado depositário.[11] Se faltava

---

[8] Antes da *Lex Poetelia* (século V), a Lei das XII Tábuas autorizava o credor a escravizar e até matar o devedor.

[9] "Convém salientar a extraordinária e temível eficácia das decisões da justiça inglesa que não podem ser ridicularizadas, não havendo nenhuma exceção a esse princípio. Os tribunais recorrem para a execução das suas decisões a verdadeiras *ordens* que, se não são respeitadas, são passíveis de sanções muito severas (*contempt of Court*), podendo chegar até a prisão". (SÉROUSSI, Roland. *Introdução ao Direito inglês e norte-americano*. São Paulo: Landy, 2006, p. 24, grifo nosso).

[10] Súmula Vinculante nº 25 do STF: "É ilícita a prisão civil de depositário infiel, qualquer que seja a modalidade do depósito".

[11] Entre os enunciados propositivos da Jornada Nacional sobre Execução na Justiça do Trabalho realizada pela Associação Nacional dos Magistrados do Trabalho – Anamatra, em novembro de 2010, em Cuiabá – MT

argumento para remover de imediato o bem penhorado ao depósito do leiloeiro judicial, a Súmula Vinculante nº 25 do STF tornou induvidosa a necessidade da remoção do bem penhorado, sob pena de placitar-se a conduta ilícita do depositário infiel que depois não apresenta o bem penhorado quando instado pelo juízo a fazê-lo.

A crueldade com a qual o credor podia tratar o devedor não encontra qualquer possibilidade de repristinação diante da consagração dos direitos fundamentais. Contudo, uma reflexão consequente acerca da baixa efetividade da execução passa pelo reconhecimento de que o potencial de coerção na execução aumenta quando se combina a execução de natureza patrimonial, com aquela de natureza pessoal, em determinadas situações, caracterizadas quando o crédito goza de privilégio jurídico especial, como é o caso da pensão alimentícia do direito de família e como parece deva ser também o caso do crédito trabalhista, cuja natureza alimentícia é reconhecida na Constituição Federal de forma expressa (CF, art. 100, §1º).[12]

Nesse particular, a doutrina de Ovídio A. Baptista da Silva vem à lembrança. Ao criticar a monetarização das sentenças mandamentais através da multa como único instrumento de persuasão para induzir o obrigado ao cumprimento de sua obrigação, o processualista propõe o resgate da *categoria dos deveres* como forma de recuperação da autoridade de nosso sistema judiciário, identificando na ameaça de prisão do obrigado um meio próprio para exigir o cumprimento da obrigação mandamental: "A sociedade humana em que a ameaça de prisão perde a condição de meio coercitivo, capaz de induzir ao cumprimento da ordem contida na sentença, obrigando a que se recorra à multa, como único instrumento capaz de dobrar a resistência de obrigado, é uma comunidade humana individualista e mercantilizada que perdeu o respeito pelos valores mais fundamentais da convivência social, como o autorrespeito e a dignidade pessoal, transformada, afinal na 'grande sociedade', em que o único dispositivo capaz de assegurar a observância das regras jurídicas é a sua monetarização. Submeter-se à prisão

---

está a proposta de revisão parcial da Súmula Vinculante nº 25 do STF, nos seguintes termos: "PRISÃO POR 'CONTEMPT OF COURT' NO PROCESSO DO TRABALHO. PRISÃO DO DEPOSITÁRIO JUDICIAL INFIEL ECONOMICAMENTE CAPAZ. POSSIBILIDADE JURÍDICA. NECESSIDADE DE REVISÃO PARCIAL DA SÚMULA VINCULANTE Nº 25 DO SUPREMO TRIBUNAL FEDERAL (STF). A prisão civil do depositário judicial economicamente capaz, por estar autorizada pela redação do art. 5º, LXVII, parte final, da Constituição Federal, não se resume à mera 'prisão civil por dívidas'. Tem natureza bifronte, consubstanciando também medida de defesa da autoridade pública e da dignidade do Poder Judiciário, à maneira de 'contempt of court', o que não está vedado pelo Pacto de San José da Costa Rica".

[12] BRASIL. Constituição (1988): "Art. 100. Os pagamentos devidos pelas Fazendas Públicas Federal, Estaduais, Distrital e Municipais, em virtude de sentença judiciária, far-se-ão exclusivamente na ordem cronológica de apresentação dos precatórios e à conta dos créditos respectivos, proibida a designação de casos ou de pessoas nas dotações orçamentárias e nos créditos adicionais abertos para este fim.
§1º. Os débitos de *natureza alimentícia compreendem aqueles decorrentes de salários*, vencimentos, proventos, pensões e suas complementações, benefícios previdenciários e indenizações por morte ou por invalidez, fundadas em responsabilidade civil, em virtude de sentença judicial transitada em julgado, e serão pagos com preferência sobre todos os demais débitos, exceto aqueles referidos no §2º deste artigo".

poderá, quem sabe, ser até um fato jornalístico que acabará glorificando o gesto de heroísmo e rebeldia".[13]

Nada obstante o tema do presente ensaio seja a inaplicabilidade da regra exceptiva da execução menos gravosa ao Processo do Trabalho, a reflexão agora proposta serve de aporte crítico para o debate que se propõe, porquanto a aplicação da regra da execução menos onerosa ao Processo do Trabalho tem contribuído para o enfraquecimento da execução trabalhista, quando o resgate da efetividade da execução reclama crescente poder de coerção jurisdicional na exigência do cumprimento das decisões judiciais, para o que pode contribuir, significativamente, a (criativa) aplicação do preceito do art. 139, IV, do CPC de 2015 à execução trabalhista.[14]

É importante observar que os preceitos dos arts. 139, IV, e 297[15] do CPC de 2015 operam como alento hermenêutico capaz de fazer desvelar a *norma de sobredireito* do sistema jurídico laboral brasileiro que habita na morada do art. 765 da CLT.[16] Nesse particular, cumpre referir que a tendência à adoção da atipicidade dos meios executivos, que já se fazia sentir nas minirreformas introduzidas no CPC de 1973 e que vinha sendo desenvolvida pela mais avançada doutrina do Direito Processual Civil,[17] ganhou novo impulso com o advento do Código de Processo Civil de 2015. É ilustrativa dessa tendência doutrinária a afirmação de *Edilton Meireles*, no sentido de que a abertura da norma do art. 139, IV, do CPC impõe ao magistrado um rico exercício de *imaginação* destinado à escolha das medidas necessárias à efetividade da execução em cada caso concreto.

O criterioso estudo desenvolvido pelo ilustre processualista acerca do alcance do art. 139, IV, do CPC, encoraja a magistratura a extrair do novo diploma legal toda sua potencialidade para a efetivação da execução:

> O legislador, todavia, não limita as medidas coercitivas aquelas mencionadas no Código de Processo Civil. Logo, outras podem ser adotadas, a critério da imaginação do juiz. Por

---

[13] BAPTISTA DA SILVA, Ovídio A. *Processo e ideologia:* o paradigma racionalista. Rio de Janeiro: Forense, 2004, p. 200.
[14] CPC de 2015: "Art. 139. O juiz dirigirá o processo conforme as disposições deste Código, *incumbindo-lhe*:
IV – determinar *todas as medidas* indutivas, coercitivas, mandamentais ou sub-rogatórias *necessárias* para assegurar o cumprimento de ordem judicial, inclusive nas ações que tenham por objeto prestação pecuniária".
[15] CPC de 2015: "Art. 297. O juiz poderá determinar *as medidas* que considerar *adequadas* para a efetivação da tutela provisória".
[16] O desenvolvimento da compreensão do art. 765 da CLT enquanto norma de sobredireito aguarda pelos pesquisadores mais ousados da Ciência Processual Trabalhista.
[17] MARINONI, Luiz Guilherme; ARENHART, Sérgio Cruz. *Curso de Processo Civil*: execução. 6. ed. São Paulo: RT, 2014, v. 3, p. 51. Ao comentar os arts. 461 e 461-A do CPC de 1973, os autores assentam que "o juiz está autorizado a determinar a modalidade de execução adequada a cada caso concreto". Na avaliação do alcance da norma do §5º do art. 461 do CPC de 1973, os autores observam que "o juiz pode determinar a 'medida necessária', exemplificando com a busca e apreensão de pessoas e coisas, o desfazimento de obras e o impedimento de atividade nociva". E concluem que "estas normas evidenciam a superação do princípio da tipicidade, deixando claro que, para o processo tutelar de forma efetiva as várias situações de direito substancial é indispensável não apenas procedimentos e sentenças diferenciados, mas também que o autor e o juiz tenham amplo poder para requerer e determinar a modalidade executiva adequada ao caso concreto" (p. 51).

exemplo, podemos mencionar a adoção de medidas restritivas de direito. E, enquanto medidas restritivas de direito, podem ser citadas:

a) a proibição do devedor pessoa física poder exercer determinadas funções em sociedades empresariais, em outras pessoas jurídicas ou na Administração Pública;

b) proibição de efetuar comprar com uso de cartão de crédito;

c) suspensão de benefício fiscal;

d) suspensão dos contratos, ainda que privados, de acesso aos serviços de telefonia, *Internet*, televisão a cabo etc., desde que não essenciais à sobrevivência (tais como os de fornecimento de energia e água);

e) proibição de frequentar determinados locais ou estabelecimentos;

f) apreensão de passaporte (se pode prender em caso de prestações alimentares, pode o menos, isto é, restringir parte do direito de ir e vir);

g) apreensão temporária, com desapossamento, de bens de uso (exemplo: veículos), desde que não essenciais (exemplo: roupas ou equipamentos profissionais);

h) suspensão da habilitação para dirigir veículos;

i) bloqueio da conta corrente bancária, com proibição de sua movimentação;

j) embargo da obra;

k) fechamento do estabelecimento;

l) restrição ao horário de funcionamento da empresa etc.[18]

Feito o registro necessário, é hora de retomar o tema do presente capítulo.

2.3 Uma regra sob questionamento no próprio processo civil

A regra exceptiva da execução menos gravosa encontra-se sob interrogação no próprio processo civil, tamanhos são os prejuízos que causa à efetividade da execução civil. Neste particular, a eloquente crítica que Cândido Rangel Dinamarco dirige às distorções que a aplicação do art. 620 do CPC de 1973 provocou na execução civil faz lembrar a afirmação do magistrado trabalhista Marcos Neves Fava, no sentido de que o art. 620 do CPC de 1973 não pode ser lido como uma carta aberta de alforria do devedor.[19] Não pode, mas foi lido assim na prática judiciária, especialmente no processo civil, mas muitas vezes também no processo do trabalho.[20]

O ilustre processualista civil, escrevendo após mais de trinta anos de vigência do CPC Buzaid, reconhece os prejuízos que a distorcida aplicação

---

[18] Medidas sub-rogatórias, coercitivas, mandamentais e indutivas no Código de Processo Civil de 2015. *Revista de Processo*, v. 247, ano 40, p. 231-246. São Paulo: RT, set. 2015, p. 237

[19] FAVA, Marcos Neves. *Execução trabalhista efetiva*. São Paulo: LTr, 2009, p. 156.

[20] *Daniel Amorim Assumpção Neves* pondera que "(...) o processo não passa de mera enganação" quando o princípio da menor onerosidade não é interpretado à luz do princípio da efetividade da tutela executiva (*Novo CPC comentado artigo por artigo*. Salvador: Juspodivm, 2016, p. 1276).

da norma do art. 620 do CPC de 1973 causou à efetividade da execução civil, postulando a revisão da forma abusiva com que se tem invocado, compreendido e aplicado a regra exceptiva da execução menos gravosa no processo civil: "as generosidades em face do executado não devem mascarar um descaso em relação ao dever de oferecer tutela jurisdicional a quem tiver um direito insatisfeito, sob pena de afrouxamento do sistema executivo. É preciso distinguir entre o *devedor infeliz e de boa-fé*, que vai ao desastre patrimonial em razão de involuntárias circunstâncias da vida ou dos negócios (Rubens Requião), e o caloteiro *chicanista*, que se vale das formas do processo executivo e da benevolência dos juízes como instrumento a serviço de suas falcatruas. Infelizmente, essas práticas são cada vez mais frequentes nos dias de hoje, quando raramente se vê uma execução civil chegar ao fim, com a satisfação do credor".[21]

Dinamarco é enfático quanto à necessidade de alterar a cultura de descumprimento das decisões judiciais no processo civil, propondo que se utilize o método mais eficaz para realizar a execução. Isso sob pena de inviabilizar-se o próprio sistema judiciário e de frustrar o compromisso constitucional de acesso à jurisdição efetiva – porquanto jurisdição efetiva pressupõe execução efetiva.[22] Adverte o jurista: "Quando não houver meios mais amenos para o executado, capazes de conduzir à satisfação do credor, que se apliquem os mais severos".[23] Depois de sublinhar que a regra do art. 620 não pode ser manipulada como um escudo a serviço dos maus pagadores nem como um modo de renunciar o Estado-juiz a cumprir seu dever de oferecer tutelas jurisdicionais adequadas e integrais sempre que possível, o processualista retoma sua prédica: "A triste realidade da execução burocrática e condescendente, que ao longo dos tempos se apresenta como um verdadeiro paraíso dos maus pagadores, impõe que o disposto no art. 620 do Código de Processo Civil seja interpretado à luz da garantia do acesso à justiça, sob pena de fadar o sistema à ineficiência e por em risco a efetividade dessa solene promessa constitucional (CF, art. 5º, inciso XXXV)".[24]

Por outro lado, é preciso compreender que a ineficácia da execução é herdeira da congênita baixa eficácia a que o sistema jurídico nacional relegara a sentença condenatória. A pesquisa de Paulo Henrique Conti tem a virtude de trazer luz a essa questão, permitindo identificar um antecedente histórico fundamental para a compreensão desse problema central do sistema jurídico brasileiro: "A resistência do devedor tornou-se regra, e não exceção! Na prática forense, a presunção que prevalece não é a de que a sentença deve ser cumprida pronta e imediatamente

---

[21] DINAMARCO, Cândido Rangel. *Instituições de direito processual civil*. 3. ed. São Paulo: Malheiros, 2009, v. 4, p. 63.
[22] O CPC de 2015 cuidou de explicitar que a satisfação do credor integra o direito fundamental da parte à prestação jurisdicional. É o que se recolhe da previsão do art. 4º do novo CPC: "Art. 4º. As partem têm o direito de obter em prazo razoável a solução integral do mérito, *incluída a atividade satisfativa*". Sublinhamos.
[23] DINAMARCO, *op. cit.*, p. 63.
[24] DINAMARCO, *op. cit.*, p. 63.

após proferida, em toda sua extensão, mas sim de que as obrigações nela contidas devem ser satisfeitas apenas após sua 'lapidação' pelas vias de resistência do devedor, incidentais à execução ou endoexecutivas, típicas ou atípicas".[25]

O autor identifica no CPC de 1973 uma das fontes do enfraquecimento da autoridade da sentença. É que o CPC de 1973, a pretexto de conferir tratamento uniforme às execuções – tanto àquelas fundadas em sentença quanto àquelas fundadas em títulos extrajudiciais –, acabou retirando eficácia da sentença condenatória, rebaixando o grau de certeza do título executivo judicial ao nível inferior de certeza reconhecido aos títulos extrajudiciais. Esse quadro de desprestígio à sentença condenatória no processo civil é confirmado pela decisiva circunstância de que a regra no processo civil brasileiro é conferir efeito suspensivo ao recurso de apelação (CPC de 1973, art. 520, *caput*, primeira parte), regra mantida no CPC de 2015 (art. 1.012). Neste contexto, o dever de colaboração das partes na execução tem sido uma quimera, sobretudo no que diz respeito ao executado, que costuma resistir por todos os meios ao cumprimento da decisão judicial.[26]

As distorções que a aplicação do art. 620 do CPC de 1973 causaram ao Direito Processual do Trabalho foram objeto da reflexão científica de um dos juristas que mais tem se notabilizado pela preocupação com a efetividade da jurisdição trabalhista. Antônio Álvares da Silva pondera que "o art. 620 do CPC não pode ser uma porta aberta à fraude e à ineficácia do comando sentencial. A lei fala que, na hipótese de existência de 'vários modos' pelos quais o credor possa executar a sentença, o juiz escolherá o menos gravoso. Mas é necessário que existam estes 'vários modos' e que eles não importem na diminuição de nenhuma medida prevista em lei para a entrega da prestação jurisdicional. Por exemplo, se a penhora tem uma ordem preferencial, e o credor deseja a penhora em dinheiro cuja existência ficou comprovada, não se há de romper com a preferência legal, porque o executado alega prejuízo pessoal, comercial ou de qualquer espécie".[27]

O jurista sintetiza com precisão a relação de subordinação que a regra exceptiva da execução menos gravosa deve à regra geral da execução mais eficaz, na seguinte passagem: "Ao aplicar a regra do art. 620, há que se considerar o que dispõe a regra do art. 612, de que 'a execução se realiza no interesse do credor.' Este é que é o verdadeiro norte da execução e vale como orientação geral dos atos que nela se devam praticar. Quem ganhou deve executar com êxito".[28]

---

[25] CONTI, Paulo Henrique. A nova sentença condenatória: uma abordagem ideológica. *In*: SANTOS, José Aparecido dos (coord.). *Execução Trabalhista*: Amatra X. 2. ed. São Paulo: LTr, p. 77.

[26] FAVA, Marcos Neves. *Execução trabalhista efetiva*. São Paulo: LTr, 2009, p. 156. Pondera o autor: "No plano da principiologia, mais comum do que os deveres de cooperação do executado, faz-se presente a evocação do art. 620 do Código de Processo Civil, que dá ao devedor o *direito* de ter contra si a execução *menos gravosa*. Ora, o advérbio de comparação – menos – tem por pressuposto a existência de dois modos igualmente suficientes e eficazes para a realização concreta do título executivo".

[27] SILVA, Antônio Álvares da. *Execução provisória trabalhista depois da Reforma do CPC*. São Paulo: LTr, 2007, p. 65-66.

[28] SILVA, Antônio Álvares da. *Execução provisória trabalhista depois da Reforma do CPC*. São Paulo: LTr, 2007, p. 65-66.

Ao lado de Antônio Álvares da Silva, alinha-se a doutrina de Francisco Antonio de Oliveira. Para o jurista paulista, a reflexão que se impõe é pensar sobre os efeitos deletérios que o art. 620 do CPC de 1973 produziu no âmbito do processo civil: "O processo civil extrapolou em cuidados, exigindo que a execução seja feita da forma menos gravosa, quando a execução puder ser feita por vários meios (art. 620, CPC), princípio que vem sendo deturpado por interpretações incoerentes, desmerecendo o credor".[29]

2.4 Compreendendo a regra exceptiva da execução menos gravosa no âmbito do processo civil: a nova perspectiva do art. 805, parágrafo único, do CPC de 2015

Quando se examina o tema da execução menos gravosa para o executado no âmbito do processo civil, a primeira questão que se impõe examinar diz respeito à hierarquia dos princípios reitores da execução.

Para o objetivo do presente estudo, trata-se de cotejar o princípio da execução mais eficaz com o assim mal denominado princípio da execução menos gravosa; na verdade, regra exceptiva da execução menos gravosa. Nesse particular, é preciso resgatar a consideração básica de que o princípio da execução mais eficaz prevalece sobre a regra da execução menos gravosa. Essa consideração decorre tanto de fundamento lógico quanto de fundamento axiológico. O fundamento lógico radica na circunstância de que a execução forçada se impõe como sucedâneo do não cumprimento espontâneo da sentença: a execução forçada somente se faz necessária porque o executado não cumpre a obrigação espontaneamente; citado para pagar, o executado omite-se. O fundamento axiológico radica no fato de que o equilíbrio da ordem jurídica somente se restaura com a reparação do direito violado mediante o cumprimento da obrigação estabelecida na sentença; cumprimento coercitivo, regra geral.

Nesse particular, vem à memória a clássica observação feita por *Alfredo Buzaid* na Exposição de Motivos do Código de Processo Civil de 1973. Sob a inspiração das lições de Enrico Tullio Liebman, o processualista assentou: "Na execução, ao contrário, há desigualdade entre o exequente e o executado. O exequente tem posição de preeminência; o executado, estado de sujeição. Graças a essa situação de primado que a lei atribui ao exequente, realizam-se atos de execução forçada contra o devedor, que não pode impedi-los, nem subtrair-se a seus efeitos. A execução se presta, contudo, a manobras protelatórias, que

---

[29] OLIVEIRA, Francisco Antonio de. *Execução na Justiça do Trabalho*. 6. ed. São Paulo: Revista dos Tribunais, 2007, p. 40.

arrastam os processos por anos, sem que o Poder Judiciário possa adimplir a prestação jurisdicional".[30]

A superioridade hierárquica do princípio da execução mais eficaz sobre a regra exceptiva da execução menos gravosa, além de decorrer de fundamento lógico e axiológico, encontra confirmação na dimensão tópico-sistemática do ordenamento jurídico, porquanto as fontes normativas desses preceitos estão localizadas em dispositivos legais hierarquizados em uma determinada estrutura normativo-sistemática, típica das codificações. Nessa estrutura normativo-sistemática, a regra geral *precede* a exceção. Examinemos esse aspecto tópico-sistemático. A regra geral vem antes e traz a premissa básica; depois, vem a hipótese de exceção. Examinemos esse aspecto tópico-sistemático.

Enquanto o princípio da execução mais eficaz está compreendido no preceito do art. 797 do CPC de 2015, que fixa a diretriz hermenêutica básica de que *se realiza a execução no interesse do exequente*, a regra exceptiva da execução menos onerosa está prevista no art. 805 do CPC de 2015. Ambos os preceitos estão localizados no capítulo que trata das *disposições gerais* sobre a execução. Porém, o art. 797 *precede* o art. 805. Essa *precedência tópica* expressa a preeminência que o sistema normativo outorga ao credor na fase de cumprimento da sentença, ao estabelecer a diretriz básica de que "(...) realiza-se a execução no interesse do exequente" (CPC, art. 797). Além disso, o art. 797 *abre* o respectivo capítulo do CPC de 2015, fixando a *regra geral* da execução: a execução realiza-se no interesse do credor.[31] Já o art. 805 do CPC *encerra* o capítulo, estabelecendo uma *exceção* àquela regra geral: a execução será feita pelo modo menos gravoso para o devedor, *quando* por vários meios o credor puder promover a execução de modo igualmente eficaz. Daí a conclusão de que parece mais correto identificar a execução menos gravosa como regra exceptiva, o que implica recusar-lhe a condição de princípio com a qual é identificada algumas vezes na doutrina.

A natureza excepcional da regra do art. 805 do CPC torna-se ainda mais evidente quando se atenta à diretriz hermenêutica de que o preceito exceptivo deve ser compreendido à luz da regra geral. Em segundo lugar, o emprego do advérbio de tempo *quando* – "*Quando* por vários meios o credor puder promover a execução..." – indica que a regra de exceção terá cabimento somente em determinada situação específica (e sempre no caso concreto), o que exige exame casuístico para se aferir a configuração da hipótese exceptiva. Faz-se necessário que seja possível, no caso concreto, realizar a execução por vários modos igualmente eficazes.[32] E isso constitui exceção na prática, pois geralmente a execução não

---

[30] BUZAID, Alfredo. Exposição de Motivos do Código de Processo Civil de 1973, item 18.
[31] É intuitivo que a regra geral de que a execução realiza-se no interesse do exequente deve ganhar maior densidade em se tratando de execução de título executivo judicial.
[32] A lição de *Luiz Guilherme Marinoni, Sérgio Cruz Arenhart* e *Daniel Mitidiero* é neste sentido: "Observe-se que a aplicação do art. 805, CPC, pressupõe a existência de várias técnicas processuais igualmente idôneas para a

pode ser realizada por vários modos, com a mesma eficácia. Mas também é necessário que a execução seja igualmente eficaz pelos diversos modos viáveis para a sua realização, a fim de que tenha incidência o preceito excepcional do art. 805 do CPC.[33] E isso também constitui exceção na prática; é que a adoção de um determinado modo de execução costuma tornar a execução mais eficaz, conforme revela a observação da *experiência ordinária* de que trata o art. 375 do CPC.

O preceito do art. 797 do CPC induz a que o juiz já opte pelo meio mais eficaz de concretizar a execução, pois somente assim a execução será realmente realizada no interesse do exequente. Essa interpretação do art. 797 do CPC conforme à Constituição se impõe tanto em face da garantia fundamental da efetividade da jurisdição (CF, art. 5º, XXXV) quanto em face da garantia fundamental da razoável duração do processo (CF, art. 5º, LXXVIII). No âmbito do processo do trabalho, a referida interpretação tem alento hermenêutico na norma que atribui ao juiz a incumbência de velar pela rápida solução da causa (CLT, art. 765[34]). Portanto, somente em situações excepcionais caracterizar-se-á o suporte fático do art. 805 do CPC, porquanto a regra é já se adotar o modo mais eficaz para realizar a execução no âmbito da jurisdição trabalhista, o que implica descartar os modos menos eficazes de realizar a execução.

A possibilidade de incidência da regra excepcional do art. 805 do CPC tem por pressuposto já haver sido garantida a prévia observância do comando normativo que estabelece deva ser respeitada, no cumprimento da decisão judicial, a regra geral da execução mais eficaz. Não se trata, portanto, de uma norma para neutralizar a regra geral da execução mais eficaz: a exceção confirma a regra, não podendo sobrepujá-la.[35] Trata-se de uma regra exceptiva que permite, desde que esteja assegurada a realização mais eficaz da execução, que a execução seja feita por modo menos gravoso para o executado em determinado caso concreto. De acordo com a doutrina de Francisco Antonio de Oliveira, é necessário compreender que a execução trabalhista deve ser realizada no interesse do credor e não no interesse do devedor. O jurista paulista explica: "Menos gravoso não significa que, se houver

---

realização do direito do exequente. Obviamente, o juiz não pode preferir técnica processual inidônea, ou menos idônea que outra também disponível, para a realização do direito, a pretexto de aplicar o art. 805. A execução realiza-se no interesse do exequente, que tem direito à tutela jurisdicional adequada e efetiva (arts. 5º, XXXV, CF, e 797, CPC)" (*Novo Código de Processo Civil comentado*. 2. ed. São Paulo: RT, 2016, p. 877).

[33] Luiz Guilherme Marinoni, Sérgio Cruz Arenhart e Daniel Mitidiero advertem: "Todavia, o art. 805, CPC, não se aplica na concorrência de técnicas processuais idôneas e inidôneas. A aplicação do art. 805, CPC, neste último contexto, violaria os arts. 5º, XXXV, CF, e 797, CPC" (*Novo Código de Processo Civil comentado*. 2. ed. São Paulo: RT, 2016, p. 877).

[34] CLT: "Art. 765. Os juízos e Tribunais do Trabalho terão ampla liberdade na direção do processo e *velarão pelo andamento rápido das causas*, podendo determinar qualquer diligência necessária ao esclarecimento delas".

[35] Não há contradição entre as normas dos arts. 797 e 805 do CPC. Isso porque, conforme pondera *Manoel Antonio Teixeira Filho*, "a preeminência axiológica é do art. 797; ao redigir o art. 805, o legislador não teve a intenção de neutralizar o art. 797, senão que impor uma espécie de regra de temperamento em sua aplicação prática. Destarte, sem que a execução deixe de processar-se no interesse do credor, em algumas situações ela deverá ser realizada pelo modo menos gravoso ao devedor". (*Comentários ao novo Código de Processo Civil sob a perspectiva do processo do trabalho*. 2. ed. São Paulo: LTr, 2016, p. 892)

duas possibilidades de cumprimento da obrigação que satisfaçam da mesma forma o credor, escolher-se-á aquela mais benéfica ao devedor. Se existirem duas formas de cumprimento, mas uma delas prejudica o credor, escolher-se-á aquela que beneficia o credor".[36]

Se houver vários modos de promover a execução e todos forem eficazes na mesma medida, então – e somente então – a execução deve ser realizada pelo modo menos gravoso para o executado. Contudo, se a execução for mais eficaz quando realizada pelo modo mais gravoso para o executado, tem aplicação a regra geral do art. 797 do CPC: adota-se a execução desse modo, não por ser o modo mais gravoso, mas por ser o modo mais eficaz no caso concreto. Da mesma forma, adota-se o modo menos gravoso quando for ele o modo mais eficaz para a execução, não por ser o modo menos gravoso, mas por ser o modo mais eficaz no caso concreto.

Não se poderia encerrar este capítulo do presente ensaio sem fazer o registro de que o legislador do CPC de 2015 resgatou o melhor conceito de execução mais eficaz, de forma pragmática, como convém à efetividade da execução. Ao introduzir o parágrafo único no art. 805 do CPC, o legislador de 2015 equacionou de forma acertada a relação hierárquica existente entre execução mais eficaz e execução menos onerosa. A ausência de tal preceito no CPC de 1973 gerou as distorções hermenêuticas denunciadas por *Cândido Rangel Dinamarco*, distorções que poderão ser superadas diante da pragmática regra do parágrafo único do art. 805 do CPC, assim redigido: "Ao executado que alegar ser a medida executiva mais gravosa incumbe indicar outros meios mais eficazes e menos onerosos, sob pena de manutenção dos atos executivos já determinados".[37]

Note-se que o preceito exige que o executado indique um meio mais eficaz para a execução do que o meio adotado pelo juízo.[38] Não basta que o executado indique um meio menos oneroso para a realização da execução. O art. 805, parágrafo único, do CPC atribui ao executado um *ônus processual* – o ônus processual de indicar um meio mais eficaz para realizar a execução. De forma mais completa, pode-se afirmar que o preceito legal em questão incumbe o executado do ônus processual de indicar um meio que seja menos oneroso e, ao mesmo tempo, mais eficaz do que aquele adotado pelo juízo da execução.[39] Na vigência do CPC de

---

[36] OLIVEIRA, *op. cit.*, p. 93.
[37] Para Cristiano Imhof e Bertha Stecker Rezende, "Este inédito parágrafo único determina de forma expressa que é ônus e incumbência do executado que alegar ser a medida executiva mais gravosa, indicar outros meios mais eficazes e menos onerosos, sob pena de manutenção dos atos executivos já determinados" (*Comentários às alterações do novo CPC*. São Paulo: RT, 2015, p. 836).
[38] Luiz Guilherme Marinoni, Sérgio Cruz Arenhart e Daniel Mitidiero afirmam que a alegação pode ser rejeitada se o executado não se desincumbir do encargo processual de indicar outros meios tão eficazes quanto o meio executivo adotado pelo juízo: "Não havendo essa demonstração, o juiz pode rejeitar de plano a alegação" (*Novo Código de Processo Civil comentado*. 2. ed. São Paulo: RT, 2016, p. 877).
[39] Leonardo de Faria Beraldo critica a redação do preceito. Pondera que o legislador deveria ter utilizado o vocábulo "tão" eficazes ou invés do vocábulo "mais" eficazes, ao atribuir ao executado o encargo processual

1973, certa incompreensão acerca da relação hierárquica existente entre execução mais eficaz e execução menos onerosa acarretava a distorção de interpretar-se que ao executado incumbia indicar apenas um meio menos oneroso para realizar-se a execução, ainda que tal meio implicasse uma execução menos eficaz. Na prática, essa interpretação acarretava uma subversão dos valores na fase de execução de sentença: a regra exceptiva anulava a regra geral.

Ao invés de prevalecer a regra geral da execução mais eficaz, acabava prevalecendo a regra exceptiva da execução menos gravosa para o devedor, o que gerava a inversão de valores denunciada também por Francisco Antonio de Oliveira. O preceito do parágrafo único do CPC de 2015 tem o propósito de corrigir tal distorção. Ao atribuir ao executado o ônus de indicar meio executivo mais eficaz, o legislador visou esvaziar as conhecidas alegações de que a execução realiza-se de modo mais gravoso – alegações geralmente infundadas. O ônus processual de indicar meio executivo mais eficaz restou explicitamente atribuído ao executado que alegar execução mais onerosa no parágrafo único do art. 805 do CPC. Conforme preleciona Manoel Antonio Teixeira Filho na interpretação do preceito em estudo, "se o executado não se desincumbir desse encargo processual, a consequência será a manutenção dos atos executivos já determinados pelo juiz".[40] Como é de fácil intuição, será muito difícil para o executado desincumbir-se do encargo processual de indicar um modo mais eficaz para realizar-se a execução do que o modo de execução determinado pelo juízo.

2.5 A natureza alimentar do crédito trabalhista como fonte material de direito

A baixa eficácia da execução atenta contra a garantia constitucional da jurisdição efetiva (CF, art. 5º, XXXV). Daí a doutrina ter evoluído para postular uma nova interpretação para a regra exceptiva da execução menos gravosa. Isso

---

de "indicar outros meios mais eficazes" quando alegar que a execução realiza-se de modo mais gravoso para o executado (*Comentários às inovações do Código de Processo Civil*. Belo Horizonte: Del Rey, 2015, p. 309). Parece, entretanto, que o legislador objetivou estreitar a possibilidade de invocação do argumento da execução menos onerosa em face da histórica experiência de ineficácia da execução judicial, experiência essa construída sob alegações artificiosas de execução mais gravosa. Parece mais consentânea a consideração doutrinária de Guilherme Rizzo Amaral: "O atual CPC dá uma guinada importante ao afirmar a prevalência da efetividade da execução sobre o princípio da menor onerosidade. Reflexo disso é a total superação da referida Súmula [417 do STJ], com a instituição da prioridade da penhora em dinheiro (art. 835, I e §1º), da qual não pode abdicar em favor da penhora sobre outro bem, e também o parágrafo único do art. 805, segundo o qual passa a ser ônus do executado, ao ventilar a aplicação do princípio da menor onerosidade, demonstrar existirem outros meios *mais eficazes* e menos onerosos para a satisfação do crédito do exequente" (*Comentários às alterações do novo CPC*. São Paulo: RT, 2015, p. 836).

[40] *Comentários ao novo Código de Processo Civil sob a perspectiva do processo do trabalho*. 2. ed. São Paulo: LTr, 2016, p. 893.

porque a aplicação do art. 620 do CPC de 1973 dificultava o êxito das execuções, quadro que colocava em questão a própria eficiência do Poder Judiciário.[41]

No processo civil, a execução tem o executado em situação de inferioridade econômica em relação ao exequente, ao passo que, no processo do trabalho, é o exequente a parte que se encontra em situação de hipossuficiência econômica em relação ao executado. A situação inverte-se. E a hermenêutica impõe ao juiz atender aos fins sociais na aplicação da lei (LINDB, art. 5º). A parte hipossuficiente não tem condições econômicas para resistir à demora processual. Vai se tornando cada vez mais vulnerável a acordos prejudiciais.

Sendo o executado a parte hipossuficiente no processo civil, compreende-se que a regra exceptiva da menor onerosidade possa lhe socorrer eventualmente. Porém, mesmo no processo civil esse socorro somente se faz viável depois de assegurado que a execução vai de fato ser realizada no interesse do credor (CPC, art. 797). O interesse do credor não cede ao interesse do devedor para que a execução seja realizada pelo modo menos gravoso. Na execução, o credor encontra-se em posição de preeminência; o executado encontra-se em posição de sujeição à execução forçada a que dá causa. É por força dessa equação jurídica que a execução realizar-se-á no interesse do credor, o que significa dizer que a execução realizar-se-á pelo modo mais eficaz. Essa é a regra legal. Vale dizer, esse socorro está condicionado à prevalência da eficácia da execução. Nesse particular, a execução civil será realizada da forma menos gravosa somente depois de garantida a maior eficácia para sua consumação. Em outras palavras, mesmo no processo civil, sobretudo depois das referidas minirreformas legislativas realizadas no CPC de 1973, a execução deve ser realizada pelo modo mais eficaz, independentemente de ser o modo mais ou menos gravoso.

Não é a maior ou a menor gravosidade que define o modo pelo qual a execução civil realizar-se-á. A execução civil realizar-se-á pelo modo mais eficaz. Essa é a interpretação que se impunha à leitura do art. 620 do CPC de 1973 após as minirreformas legislativas realizadas no processo civil. Isso porque as minirreformas legislativas reforçaram o compromisso do sistema processual civil com a efetividade da execução, o que realça a ideia de que o preceito exceptivo do art. 620 do CPC de 1973 subordinava-se à regra geral do art. 612 do CPC de 1973. A execução civil realiza-se no interesse do credor. Esse princípio preside a execução. De modo que, para a consecução da execução, o magistrado orientar-se-á pela maior eficácia do procedimento executivo. Essa interpretação, que se impõe na execução civil, é ainda mais imperiosa na execução trabalhista.

A postulação pela não aplicação da regra exceptiva da execução menos gravosa no processo do trabalho decorre de um fundamento socioeconômico

---

[41] BRASIL. Constituição (1988): "Art. 37. A administração pública direta e indireta de qualquer dos Poderes da União, dos Estados, do Distrito Federal e dos Municípios obedecerá aos princípios da legalidade, impessoalidade, moralidade, publicidade e *eficiência*.."..

específico à relação jurídica de direito material do trabalho. Trata-se da natureza alimentar do crédito trabalhista, que opera como fonte material de direito. Esse elemento sociológico é decisivo, pois se cuida da tutela jurídica da própria subsistência da pessoa do trabalhador.[42] Não se precisa sequer recordar que o interesse econômico do empregador se subordina ao interesse de sobrevivência digna do trabalhador. Basta pensar que a execução trabalhista visa recompor, e "a posteriori", o equilíbrio decorrente do descumprimento da legislação do trabalho já ocorrida há muito tempo. Se no processo civil, o executado costuma ostentar situação econômica de inferioridade em relação ao exequente, no processo do trabalho a situação é oposta – o exequente é a parte hipossuficiente. Daí a necessidade de tutela jurídica efetiva, sem demora.

2.6 É o resultado social negativo que muda o paradigma teórico

Os modelos teóricos não costumam progredir por força de *insights* dos cientistas. Se a aplicação de determinado modelo teórico produz resultado social negativo, aí então o paradigma ingressa num ambiente de questionamento teórico, com vistas à produção de um novo resultado social aceitável. Em outras palavras, é o resultado social alcançado pelo modelo teórico adotado que interroga o paradigma científico. Boaventura de Sousa Santos sintetiza assim a influência decisiva que o resultado social tem na ruptura do paradigma científico: "Só a concepção pragmática da ciência permite romper a circularidade da teoria".[43]

A aplicação da regra exceptiva da execução menos onerosa para o devedor é uma das causas do entrave da execução trabalhista. Vale dizer, o resultado social da aplicação dessa regra exceptiva tem sido manifestamente negativo para a efetividade da execução na Justiça do Trabalho. Isso porque a referida regra tem sido invocada para justificar as principais medidas de resistência à execução trabalhista e tem sido muitas vezes acolhida em detrimento ao princípio da execução mais eficaz, numa verdadeira inversão de valores. O prejuízo à efetividade da jurisdição trabalhista é evidente. Como lembra Hermann de Araújo Hackradt, "nenhum dano se torna maior do que o próprio desvirtuamento do conceito de Justiça Social através de um

---

[42] Detentor de privilégio legal na ordem jurídica brasileira (CTN, art. 186), o crédito trabalhista tem sido identificado na jurisprudência do Superior Tribunal de Justiça como crédito *necessarium vitae* (STJ STJ. 1ª Turma. Recurso Especial nº 442.325. Relator Min. Luiz Fux. DJU 25.11.2002, p. 207).

[43] SANTOS, Boaventura de Sousa. *Introdução a uma ciência pós-moderna*. 2. ed. Porto: Afrontamento, 1990, p. 170: "A concepção pragmática da ciência e, portanto, da verdade do conhecimento científico parte da prática científica enquanto processo intersubjectivo que tem eficácia específica de se justificar teórica e sociologicamente pelas consequências que produz na comunidade científica e na sociedade em geral. Por isso, existe uma pertença mútua estrutural entre a verdade epistemológica e a verdade sociológica da ciência e as duas não podem ser obtidas, ou sequer pensadas, em separado. Porque só são aferíveis pela sua eficácia produtiva, são indirectas e prospectivas. Só a concepção pragmática da ciência permite romper com a circularidade da teoria".

procedimento ineficaz e demorado, principalmente quando se tem em contraposição uma correlação de forças absolutamente desigual".[44]

Esse aspecto não escapou à percepção de Leonardo Dias Borges. Examinando os efeitos nocivos decorrentes da aplicação da regra da execução menos gravosa no âmbito da execução trabalhista, o jurista identifica no art. 620 do CPC de 1973 uma das causas da ineficácia da jurisdição trabalhista e pondera: "Procrastinar desnecessariamente o processo, sob o falacioso argumento da ampla defesa e dos demais institutos que norteiam a execução civil, por vezes incompatíveis, em sua totalidade, com a execução trabalhista, é desumanizar o direito, bem como desconhecer-lhe a origem e a finalidade".[45]

Também Carlos Eduardo Oliveira Dias e Ana Paula Alvarenga Martins perceberam os concretos efeitos deletérios que a aplicação do art. 620 do CPC de 1973 no processo do trabalho tem causado à efetividade da execução trabalhista, conforme revela esta realista observação: "o objetivo principal da execução é a satisfação do crédito, não podendo ser invocado o art. 620 do CPC como forma de suprimir a verdadeira efetividade do processo, transformando a execução, que seria um direito do credor, em um verdadeiro suplício".[46] A cultura jurídica criada a partir da distorcida interpretação do art. 620 do CPC de 1973 tem deturpado a ideia de respeito às decisões judiciais, justificando infundados atos de resistência ao cumprimento das sentenças, de modo que resistir ao cumprimento da sentença tem se tornado um procedimento contumaz, capaz de ensejar inúmeros incidentes – a maioria, protelatórios – destinados a eternizar as demandas.

O executado tem o dever jurídico de pagar; mas na prática parece deter um direito fundamental de não pagar, tamanha é a resistência que opõe, muitas vezes sob a alegação de que a execução deve ser realizada de forma menos gravosa. Francisco Antonio de Oliveira, sempre atento às consequências práticas da aplicação da legislação, observa que, na vigência do art. 620 do CPC 1973, "em vez de honrar a obrigação, a empresa procrastina a execução com o uso de inúmeros expedientes processuais e aplica o dinheiro em seu capital de giro, cujo rendimento servirá para saldar a execução de forma vantajosa. Isso quando não vence o exequente pela demora e acaba por fazer um acordo vantajoso, com o pagamento de valor irrisório, depois de ganhar a ação e esperar vários anos".[47]

Assim compreendida a questão, a não aplicação da regra da execução menos gravosa no processo do trabalho é condição para a realização das garantias constitucionais da efetividade da jurisdição e da duração razoável do

---

[44] HACKRADT, Hermann de Araújo. Princípios da execução e o art. 620 do CPC. In: CASTRO, Maria do Perpétuo Socorrro Wanderley de. *Processo de execução*: homenagem ao Ministro Francisco Fausto. São Paulo: LTr, 2002, p. 24.
[45] BORGES, Leonardo Dias. *O moderno processo do trabalho*. São Paulo: LTr, 1997, p. 80.
[46] DIAS, Carlos Eduardo Oliveira; MARTINS, Ana Paula Alvarenga. *Os abusos do devedor na execução trabalhista*: estudos de processo de execução. São Paulo: LTr, 2001, p. 182.
[47] OLIVEIRA, *op. cit.*, p. 133.

processo. Essa conclusão se torna ainda mais consistente diante da teoria jurídica contemporânea, que extrai da ordem constitucional a existência de uma garantia fundamental à tutela executiva efetiva. Explicitando sua adesão a essa concepção doutrinária, o CPC de 2015 preceitua que "as partes têm direito de obter em prazo razoável a solução integral do mérito, incluída a atividade satisfativa". Essa norma está positivada no art. 4º do novo CPC. Inserida no capítulo que trata das normas fundamentais do processo civil, o preceito do art. 4º do CPC explicita estar a satisfação do julgado compreendida no direito das partes a uma solução integral da causa, o que revela que o novo CPC assimila a concepção contemporânea de que existe uma garantia fundamental à tutela executiva efetiva.

Mas haveria fundamento para acolher tal conclusão? Diversos juristas vêm afirmando que sim.

2.7 A doutrina pela não aplicação da regra exceptiva da execução menos gravosa ao processo do trabalho

Se alguns juristas se limitam a mitigar a aplicação da regra exceptiva da execução menos gravosa no processo do trabalho, outros juristas são categóricos em sustentar a inaplicabilidade dessa regra na execução trabalhista.

Enquanto Francisco Meton Marques de Lima pondera que a execução "deve ser econômica, da forma menos gravosa para o executado, desde que satisfaça, de maneira mais efetiva possível, o direito do exequente",[48] Carlos Henrique Bezerra Leite faz um resgate autêntico da autonomia do direito processual do trabalho e propõe "inverter a regra do art. 620 do CPC [de 1973] para construir uma nova base própria e específica do processo laboral: a execução deve ser processada de maneira menos gravosa ao credor".[49]

A posição de Cláudio Armando Couce de Menezes é semelhante àquela defendida por Carlos Henrique Bezerra Leite. Depois de fundamentar seu posicionamento na condição de inferioridade econômica do trabalhador, Couce de Menezes sustenta que "não cabe perquirir se a execução pode ser feita de forma menos onerosa ao empregador executado. Mas, sim, como fazê-lo de maneira a torná-la mais rápida, célere e efetiva, evitando manobras do devedor destinadas a impedir ou protelar a satisfação do crédito obreiro".[50]

Para José Augusto Rodrigues Pinto, a aplicação da regra da execução menos gravosa ao processo do trabalho não passa pelo crivo do art. 769 da CLT.

---

[48] LIMA, Francisco Meton Marques de. *Manual sintético de processo e execução do trabalho*. São Paulo: LTr, 2004, p. 142.
[49] LEITE, Carlos Henrique Bezerra. *Curso de direito processual do trabalho*. 8. ed. São Paulo: LTr, 2010, p. 977.
[50] MENEZES, Cláudio Armando Couce de. *Teoria geral do processo e a execução trabalhista*. São Paulo: LTr, 2003, p. 171.

Entende o erudito jurista baiano que não se faz presente no caso o requisito da compatibilidade do art. 620 do CPC de 1973 com os princípios do Direito Processual do Trabalho.

A consistência da fundamentação justifica a reprodução integral do argumento. Pondera o jurista: "Reflita-se imediatamente sobre o pressuposto da *compatibilidade*, fixado no art. 769 da CLT para autorizar a aplicação supletiva da norma de processo comum ao sistema processual trabalhista. O art. 620 do CPC é, evidentemente, *tutelar do interesse do devedor*, exposto à violência da constrição. A tutela é bastante compreensível dentro de um sistema processual que navega em águas de interesse processuais caracteristicamente privados, porque oriundos de relação de direito material subordinada à idéia da *igualdade jurídica e da autonomia da vontade*. O sistema processual trabalhista flutua num universo dominado pela prevalência da *tutela do hipossuficiente econômico*, que se apresenta como credor da execução trabalhista. Em face da evidente *oposição de pressupostos*, sustentamos que, *em princípio, o art. 620 do CPC não pode suprir a omissão legal trabalhista*, por ser incompatível com a filosofia tutelar do economicamente fraco, que lhe dá caráter. Sua aplicação coloca em confronto a proteção do interesse econômico do devedor (a empresa) e o direito alimentar do credor (o empregado), a cujo respeito não pode haver hesitação de posicionamento do juiz do trabalho ao lado do empregado".[51]

A incompatibilidade do art. 620 do CPC de 1973 com o direito processual do trabalho também é afirmada por José Carlos Külzer. Para o autor, o princípio da proteção deve ser aplicado também na fase de execução, "não podendo assim ser transposta para o Processo do Trabalho, pura e simplesmente, a recomendação do art. 620 do Código de Processo Civil de que a execução se processe pelo modo menos gravoso ao devedor, sem ser considerado que tal regra tem como pressuposto a igualdade das partes na fase de conhecimento, o que não acontece, no entanto, no Direito do Trabalho".[52]

O aperfeiçoamento do processo do trabalho postulado por Wagner D. Giglio tem em Sérgio Pinto Martins um de seus mais lúcidos defensores: "Na execução trabalhista deveria ser abandonado o princípio da execução menos onerosa para o devedor (art. 620 do CPC), para a mais eficiente e rápida, mas sempre prestigiando o contraditório e a ampla defesa".[53]

A orientação indicada pelo jurista paulista recebeu um importante reforço com o advento do CPC de 2015, cujo art. 805, parágrafo único, atribui ao executado o ônus de indicar meio mais eficaz para realizar a execução, quando alegar a gravosidade

---

[51] PINTO, *op. cit.*, p. 213.
[52] KÜLZER, José Carlos. *A contribuição dos princípios para a efetividade do processo de execução na Justiça do Trabalho no Brasil.* São Paulo: LTr, 2008, p. 39-40.
[53] MARTINS, Sergio Pinto. Novos rumos do processo do trabalho. *Justiça do Trabalho*, Porto Alegre, n. 325, p. 74, jan. 2011.

do meio de execução adotado pelo juízo. Como observa Cassio Scarpinella Bueno, o objetivo do preceito é evitar requerimentos inidôneos do executado que reclama de execução gravosa,[54] exigindo do executado o cumprimento do dever de colaboração no requerimento em que alegue execução menos gravosa.

O parágrafo único do art. 805 do CPC de 2015, conforme assinalado anteriormente, tem o mérito de resgatar a devida posição de preeminência do exequente na execução, ao atribuir ao executado, que se encontra em estado de sujeição, o encargo de indicar meio mais eficaz para realizar-se a execução, sempre que alegar ser a medida executiva adotada pelo juízo mais gravosa. Já não basta ao executado indicar meio de execução menos gravoso, como se costumava tolerar na vigência do CPC de 1973. Além de indicar meio executivo menos gravoso, o meio de execução indicado pelo executado deverá ser, também, mais eficaz do que o meio de execução empregado, sob pena de manutenção dos meios executivos adotados pelo juízo da execução.

2.8 O dever jurídico de o executado oferecer alternativa de meio de execução menos gravoso e mais eficaz

Diante de medida coercitiva adotada com fundamento no art. 139, IV, do CPC de 2015, é frequente a alegação defensiva de que a execução está sendo realizada por modo mais gravoso para o executado, numa sugestão de que haveria modo menos oneroso para realizar a execução. Essa sugestão apresentava-se vazia na maioria dos casos, à época do CPC de 1973. Foi isso o que levou à alteração da lei (CPC, art. 805, parágrafo único). A novidade está no parágrafo único do art. 805 do CPC vigente. O art. 805 do CPC de 2015 é a reprodução do art. 620 do CPC de 1973. O que não existia no CPC revogado era a norma saneadora do parágrafo único, introduzida pelo legislador de 2015 para inibir as vazias alegações de execução mais gravosa.

Agora, na vigência do CPC de 2015, sempre que o executado alegar que a execução está sendo feita por modo mais gravoso, incumbir-lhe-á indicar – de imediato; na mesma peça processual – outro modo para se realizar a execução, sob pena de ser mantido o modo executivo adotado. Isso porque, agora, a alegação de execução mais gravosa atrai de imediato a incidência da norma saneadora do parágrafo único do art. 805 do CPC, expressão normativa concreta dos princípios da boa-fé processual (CPC, art. 5º) e da cooperação das partes para a satisfação da obrigação dentro da razoável duração do processo (CPC, art. 6º).

Aliás, o parágrafo único do art. 805 do CPC de 2015 é uma das normas representativas da virada hermenêutica pretendida pelo novo Código, as quais têm

---

[54] BUENO, Cassio Scarpinella. *Projetos de Novo Código de Processo Civil Comparados e Anotados*. São Paulo: Saraiva, 2014, p. 384.

por finalidade promover a efetividade processual. Na mesma peça processual em que impugna o meio executivo empregado pelo juízo, o devedor deverá indicar meio executivo que seja menos oneroso e, ao mesmo tempo, mais eficaz do que o meio executivo empregado pelo juízo, por força do comando normativo de ordem pública do referido parágrafo único do art. 805 do CPC de 2015. Em outras palavras, o executado não se poderá limitar à vazia alegação comum à época do CPC de 1973, de que a execução é realizada por meio mais gravoso. Se o executado não indicar alternativa de meio executivo, o mérito de sua impugnação sequer será conhecido pelo juízo.

O descumprimento ao dever legal de colaboração evidenciará a conduta processual inidônea do devedor que, nada obstante alegue execução mais gravosa, deixa de apresentar meio menos gravoso e mais eficaz do que aquele adotado, violando a saneadora norma de ordem pública do art. 805, parágrafo único, do CPC. Caso o executado ofereça alternativa de meio executivo menos oneroso, esta oferta somente será acolhida quando se mostrar mais eficaz do que o meio executivo empregado pelo juízo.

Examinando esta questão – então situada no âmbito do Recurso de Habeas Corpus nº 99.606 SP – STJ (2018/0150671-9) –, a Ministra Relatora Nancy Andrighi negou provimento ao recurso no qual o executado impugnava medida coercitiva adotada pelo juízo da execução, aplicada com fundamento no art. 139, IV, do CPC. Na fundamentação, assentou: "como reflexo da boa-fé e da cooperação direcionados ao executado, sua impugnação à adoção de medidas coercitivas indiretas deve ser acompanhada de sugestão de meio executivo alternativo mais eficaz, porquanto sua alegação estará baseada no princípio da menor onerosidade da execução".

Depois, na contextualização da situação concreta, a Ministra Nancy Andrighi assentou: "na hipótese dos autos, na impugnação apresentada pelo impetrante em favor do paciente (e-STJ, fls. 1-15), a determinação do art. 805, parágrafo único, do CPC/2015 não foi atendida, o que também representa violação aos deveres de boa-fé processual e colaboração, previstos nos arts. 5º e 6º do CPC/2015. Desse modo, a despeito de se poder questionar a validade do ato que impôs a medida constritiva indireta, como o impetrante ou mesmo o paciente, ao arguirem violação ao princípio da menor onerosidade da execução para o executado, não propuseram meio menos gravoso e mais eficaz ao cumprimento da obrigação exigida, a única solução aplicável ao caso concreto é a manutenção da medida restritiva impugnada (anotação de restrição à saída do país sem prévia garantia da execução), ressalvada a possibilidade de sua modificação superveniente pelo juízo competente na hipótese de ser apresentada sugestão de meio alternativo. Com efeito, sob a égide do CPC/2015, não pode mais o executado se limitar a alegar a invalidade dos atos executivos, sobretudo na hipótese de adoção de meios que lhe sejam gravosos, sem apresentar proposta de cumprimento da obrigação exigida de forma que lhe seja menos onerosa, mas, ao mesmo tempo, mais eficaz à satisfação do crédito reconhecido do exequente.

Como esse dever de boa-fé e de cooperação não foi atendido na hipótese concreta, não há manifesta ilegalidade ou abuso de poder a ser reconhecido pela via do *habeas corpus*, razão pela qual a ordem não pode ser concedida no ponto".

Por tais razões, a alegação de execução mais gravosa somente será avaliada pelo juízo quando o devedor oferecer, já na sua peça de impugnação, sugestão de meio executivo alternativo àquele adotado pelo juízo da execução. Além do ônus processual de indicar meio executivo alternativo, recai sobre o executado o encargo processual de demonstrar que o meio executivo alternativo indicado atende à exigência legal de se tratar de meio executivo menos gravoso e, simultaneamente, mais eficaz do que o meio executivo empregado pelo juízo da execução, sob pena de manutenção do meio executivo adotado.

Se uma certa tradição moderna logrou persuadir os operadores jurídicos de que a fase de conhecimento é a mais importante, aos jurisdicionados sempre foi intuitiva a percepção de que a fase mais importante do processo é a fase de execução. É natural que assim seja: a parte quer ver seu direito realizado, e não apenas declarado. Essa tradição moderna conduziria os operadores jurídicos a acreditar que o charme está na intelecção; o *glamour* está na cognição. E já não poderíamos mais escapar da consequente distorção: à sobrevalorização da fase de cognição corresponderá velado menoscabo à fase de execução. Trata-se do "mito da cognição" de que fala Luciano Athayde Chaves,[55] uma estranha espécie de gás paralisante da execução, com deletérios efeitos colaterais; entre eles, o torpor cultural da execução menos gravosa, para o qual ainda procuramos antídoto.

O fato é que não temos cumprido a solene promessa constitucional de prestar jurisdição efetiva. A eloquente advertência de Cândido Rangel Dinamarco nos interroga sobre a própria funcionalidade do Estado.

Renunciar a uma herança nunca é fácil. Tratando-se de uma herança cultural, essa renúncia torna-se ainda mais difícil. Não sabemos se seremos capazes de abandonar esse legado. Mas é preciso fazê-lo: dar à execução a primazia significa pensar o direito para os jurisdicionados. São eles os destinatários da Jurisdição.

Uma adequada hermenêutica para a execução trabalhista tem como primeira fonte de direito a Constituição Federal. Mais precisamente, o ponto de partida está na garantia constitucional da inafastabilidade da jurisdição (CF, art. 5º, XXXV), aqui compreendida como a concreta garantia de alcançar o pagamento do crédito trabalhista previsto na sentença. Além disso, tal pagamento deve ser realizado em prazo breve (CF, art. 5º, LXXVIII). A imperatividade desses comandos constitucionais ganha ainda maior densidade sob o influxo do princípio jurídico da proteção, que inspira o direito material do trabalho, mas também se comunica

---

[55] Os desafios da Execução na Justiça do Trabalho. *In: Revista do Tribunal Regional do Trabalho da 15ª Região*. nº 36. 2010, p. 65.

ao direito processual do trabalho, porquanto se trata de execução de crédito de natureza alimentar (CF, art. 100, §1º) a que a ordem legal confere privilégio diante de créditos de outra natureza jurídica (CTN, art. 186); mais do que isso, trata-se de crédito representativo de direito fundamental social (CF, art. 7º, *caput*), qualificado na jurisprudência cível como crédito *necessarium vitae*.

No esforço hermenêutico desenvolvido para dotar a jurisdição trabalhista de maior efetividade, a jurisprudência evoluiu para afirmar que a existência de previsão legal de que a arrematação realizar-se-á pelo maior lanço (CLT, art. 888, §1º) é fundamento jurídico suficiente para afastar a aplicação subsidiária do conceito de preço vil previsto no art. 692 do CPC de 1973 (CPC de 2015, art. 891) na execução trabalhista, por inexistência de omissão do processo do trabalho nessa matéria (CLT, arts. 769 e 889).

Assim como a execução trabalhista ganhou efetividade ao rejeitar a aplicação subsidiária do art. 692 do CPC de 1973, é chegado o momento de evoluir para, agora por incompatibilidade (CLT, arts. 769 e 889), rejeitar a aplicação da regra exceptiva da execução menos gravosa na execução trabalhista, para promover o resgate da vocação do Processo do Trabalho como processo de resultados.

A propósito de efetividade da execução, é interessante recordar a consideração com a qual Wagner D. Giglio inicia o texto – histórico – que fornece a epígrafe do presente artigo: "Um hipotético observador, nos últimos anos deste século, provavelmente consideraria nosso atual processo, em geral, e o trabalhista, em particular, com o espanto e a incredulidade que, hoje, nos despertam os 'juízos de Deus' e a Justiça Medieval. E perguntaria a si mesmo como teriam os jurisdicionados de nossos dias suportado o suplício de aguardar a solução de sua demanda por anos e anos, sem desespero ou revolta".[56]

No referido artigo, publicado em 2003, Wagner D. Giglio afirmou: "Uma reforma ideal do processo trabalhista abandonaria o dogma da igualdade das partes e adotaria, na execução, o princípio da execução mais eficaz, em substituição ao da execução menos onerosa".[57] Desde então passaram-se vinte anos. Nesse período, sobreveio a Emenda Constitucional nº 45/2004, que elevou a duração razoável do processo à condição de garantia fundamental do cidadão, e o novo CPC fez clara opção pela efetividade da execução (CPC, arts. 4º, 139, IV e 297), instituindo no art. 805, parágrafo único, saneadora norma para execução, norma pela qual se resgata a devida posição de preeminência do exequente na execução, ao atribuir ao executado, que se encontra em estado de sujeição, o encargo de indicar meio mais eficaz para realizar-se a execução, sempre que alegar ser, a medida executiva adotada pelo juízo, mais gravosa.

---

[56] GIGLIO, *op. cit.*, p. 146.
[57] GIGLIO, *op. cit.*, p. 147.

A RESPONSABILIDADE DOS SÓCIOS NA EXECUÇÃO TRABALHISTA. A RESPONSABILIDADE DO SÓCIO RETIRANTE

> *É por isso que o Direito, mais talvez do que nenhum outro campo da vida, nos exige um permanente esforço de estudo para alcançar as verdades que oculta debaixo de suas aparências. Está nesse caso a questão da responsabilidade pessoal e patrimonial do sócio na execução de sentença que condena a sociedade da qual participa.*
>
> José Augusto Rodrigues Pinto

3.1 A fundamentação jurídica da responsabilidade dos sócios pelas obrigações trabalhistas da sociedade empresarial

O fundamento jurídico remoto da responsabilidade da sociedade empresarial pelas obrigações trabalhistas repousa sobre a função social da propriedade prevista no art. 170 da Constituição da República, preceito segundo o qual a ordem econômica funda-se na valorização do trabalho humano e na livre iniciativa. Para os sócios, incide o mesmo fundamento jurídico remoto, na medida em que os sócios se organizam na sociedade empresarial para explorar, com finalidade precípua de lucro, a atividade econômica na qual se utilizam dos serviços prestados pelos empregados contratados para fazer produtivo o empreendimento desenvolvido. Os sócios são os reais agentes econômicos da exploração da atividade empresarial. Do ponto de vista material, os sócios confundem-se com a sociedade, não obstante as personalidades recebam do Direito identidades formalmente distintas para cumprir, com menores riscos, as finalidades instrumentais da realização do empreendimento econômico.

Sob a inspiração do princípio da primazia da realidade, a teoria jurídica justrabalhista relativiza a existência da personalidade jurídica da sociedade empresarial e revela que os sócios figuram como os reais beneficiários dos lucros produzidos no desenvolvimento da atividade societária empresarial (CLT, arts. 2º, *caput*; 10 e 448). De acordo com o princípio da alteridade inserido no *caput* do art. 2º da CLT, os ônus do negócio empresarial incumbem diretamente ao empregador e indiretamente aos sócios. Tais ônus não podem ser transferidos aos empregados. Assim, incumbe aos sócios a responsabilidade pelas obrigações trabalhistas não satisfeitas pela sociedade empresarial, construção jurídica sem a qual haveria risco de generalização da fraude aos direitos do trabalho.

Sendo os reais beneficiários dos lucros produzidos no desenvolvimento da atividade societária empresarial, é jurídico que os sócios sejam chamados a responder pelas obrigações trabalhistas quando essas não são satisfeitas pela sociedade, conclusão que se faz imperativa quando se atenta para a circunstância de que a existência de obrigações trabalhistas insatisfeitas é decorrência de violação a direitos sociais fundamentais, tal qual se caracterizam os direitos do trabalho em nossa Constituição (CR, art. 7º).

É semelhante a lição que se recolhe da doutrina de Cleber Lúcio de Almeida. O jurista obtempera que, "como resulta do art. 2º, §2º, da CLT, todos aqueles que se associam para explorar a atividade econômica respondem pelos débitos trabalhistas dela decorrentes, valendo observar que o grupo de empresas assim como a empresa são instrumentos para o desenvolvimento de atividade econômica, o que assemelha os seus integrantes aos sócios que se unem com o mesmo objetivo. Empresas do mesmo grupo e sócios da mesma empresa podem ser equiparados para efeito de definição da responsabilidade pelos débitos trabalhistas respectivos".[58]

Cleber Lúcio de Almeida, após relacionar os dispositivos legais que, no Direito do Trabalho, operam a chamada despersonalização das obrigações trabalhistas,[59] pondera que, em se tratando de relação de emprego, "respondem pelos créditos trabalhistas todos aqueles que forem beneficiados pelos seus serviços",[60] para arrematar, em conclusão, que, "sendo os sócios beneficiários dos lucros auferidos pela sociedade e, portanto, do trabalho do seus empregados, deles não podem ser afastados os ônus da atividade econômica explorada por meio da sociedade".[61]

A responsabilidade dos sócios pelas obrigações trabalhistas não cumpridas pela sociedade também está fundada na circunstância sociojurídica de que os credores trabalhistas se caracterizam, diferentemente do que ocorre com as instituições financeiras e as empresas estabelecida no mercado em geral, como credores não negociais da sociedade que lhes contrata, conforme preleciona

---

[58] *Direito Processual do Trabalho*. 7. ed. Salvador: Juspodivm, 2019, p. 851.
[59] Os arts. 2º, §2º, 10, 448 e 455 da CLT; o art. 3º da Lei nº 2.757/56; a Lei nº 6.019/74.
[60] *Direito Processual do Trabalho*. 7. ed. Salvador: Juspodivm, 2019, p. 851/852.
[61] *Direito Processual do Trabalho*. 7. ed. Salvador: Juspodivm, 2019, p. 852.

Bianca Bastos a partir das lições do comercialista Calixto Salomão Filho. Este último, ao desenvolver o tema do Direito Empresarial, esclarece que a sociedade empresarial tem duas espécies de credores: os credores negociais e os credores não negociais. Calixto Salomão Filho explica a diferença existente esses credores e os diferentes desdobramentos que ocorrem na vida da sociedade empresarial conforme as relações jurídicas da sociedade seja com seus credores negociais ou seja com seus credores não negociais.

O comercialista registra que estes dois tipos de credores podem ser assim compreendidos: "o primeiro grupo é composto pelos credores profissionais ou institucionais, geralmente instituições financeiras. Com relação a eles é possível pressupor a existência de livre mercado. Portanto, com relação a eles pode-se presumir a possibilidade de, com emprego de diligência normal do bom comerciante, informar-se sobre o risco envolvido na transação e, ao mesmo tempo, negociar esse risco com a sociedade. (...) O segundo grupo, ao contrário, é composto de todos aqueles credores aos quais não se pode aplicar a hipótese da concorrência perfeita. Nele estão compreendidos, portanto, tanto os credores de delito, que não negociaram com a sociedade, como os credores que tiveram a possibilidade teórica mas não efetiva de informar-se sobre a situação da sociedade – ou, em termos mais técnicos; não têm o dever de informar-se em face de seus escassos meios econômicos e alto custo da informação. Esse grupo é composto tipicamente por pequenos fornecedores e por empregados".[62]

Com base na lição de Calixto Salomão Filho, Bianca Bastos sustenta que o credor trabalhista é credor não negocial porque "não possui informações acerca da situação econômica da empresa quando entabula o contrato e trabalho e, tampouco, detém poder de barganha para negociar melhor remuneração quando uma empresa não lhe dê garantia econômica de cumprimento de suas obrigações trabalhistas". Pondera a jurista que o trabalhador se encontra numa situação sociojurídica na qual não pode discutir cláusulas contratuais e avaliar a condição econômica da sociedade empresarial, assim como não consegue exigir garantia econômica do cumprimento das obrigações trabalhistas.

Bianca Bastos prossegue: "uma vez insolvente a sociedade empresarial que contrate um trabalhador (ou quaisquer dos demais credores não negociais), afasta-se a limitação da responsabilidade societária, passando todos os sócios a responder na execução trabalhista como sócios de responsabilidade ilimitada. A desconsideração da personalidade jurídica é, então, simples superação da personificação, para atingir o patrimônio pessoal do sócio".[63] No dizer da autora, afasta-se, então, a personalidade jurídica da sociedade empresarial,

---

[62] *O novo direito societário*. 3. ed. São Paulo: Malheiros, 2006, p. 245-46.
[63] *Limites da responsabilidade trabalhista na sociedade empresária*: a despersonalização do empregador como instrumento para vinculação do patrimônio do sócio. São Paulo: LTr, 2011, p. 56 e seguintes.?

para direcionar a execução contra os sócios, que passam a ter responsabilidade ilimitada.

É essa situação jurídica peculiar à relação de emprego que justifica que se realize, no entender de Bianca Bastos, a desconsideração da personalidade jurídica da sociedade empresarial, "sem o necessário cumprimento dos pressupostos do art. 50 do Código Civil brasileiro. Há, na verdade, dois passos para se chegar ao patrimônio da pessoa física que seja sócio de empresa: primeiro, elimina-se a separação patrimonial decorrente do fato de o contratante (empregador) ser pessoa jurídica; e, na sequência, considerando-se que a limitação da responsabilidade societária não se opõe ao credor não negocial (no caso, o trabalhador), considera-se que o sócio de sociedade insolvente passe a ter responsabilidade ilimitada, motivo que viabiliza que seu patrimônio pessoal responda por dívidas trabalhistas".[64]

3.2 A desconsideração da personalidade jurídica da sociedade e a responsabilização dos sócios pelas obrigações trabalhistas

A desconsideração da personalidade jurídica é uma técnica legal indispensável à satisfação de inúmeras execuções nas quais se revela a insuficiência do patrimônio da sociedade executada. Trata-se de situação ordinária na jurisdição trabalhista, que exige então o redirecionamento da execução trabalhista aos bens da pessoa natural dos sócios da sociedade empresarial executada.

Esse redirecionamento da execução aos bens dos sócios é consequência natural do *princípio da despersonalização das obrigações trabalhistas*, princípio segundo o qual os beneficiários do trabalho prestado pelo empregado respondem pelos créditos trabalhistas respectivos. Também serve de fundamento para esse redirecionamento da execução o princípio da proteção (CLT, art. 9º), assim como o princípio da busca da melhoria da condição social do trabalhador (CF, art. 7º, *caput*). Entendimento em sentido contrário implicaria transferir para o trabalhador os riscos do empreendimento econômico atribuídos ao empregador pela ordem jurídica (CLT, art. 2º, *caput*).

Essa formulação jurídica evoca o art. 2º, *caput*, da CLT, preceito que atribui à sociedade empresarial *a responsabilidade decorrente do risco da atividade econômica empreendida*, responsabilidade que se comunica da sociedade empresarial aos respectivos sócios, porque são os sócios os verdadeiros beneficiários do empreendimento econômico, os sujeitos que usufruem do lucro obtido na exploração da atividade empresarial. Na medida em que se reconhece que a

---

[64] *Limites da responsabilidade trabalhista na sociedade empresária*: a despersonalização do empregador como instrumento para vinculação do patrimônio do sócio. São Paulo: LTr, 2011, p. 56 e seguintes.?

personalidade jurídica é uma ficção criada pelo Direito para fomentar a atividade econômica, compreende-se a consideração teórica de que o Direito do Trabalho não pode perder tempo com questões de personificação jurídica, enquanto um trabalhador está sem receber os créditos de um trabalho já transformado em riqueza por quem dele se beneficiou.

Referindo-se à figura do sócio na sociedade empresarial, Luciano Athayde Chaves faz observação fundamental para o resgate da responsabilidade que deve ser atribuída ao sócio, afirmando que o sócio não é um terceiro qualquer. Embora seja tratado como terceiro pelo CPC de 2015 (arts. 133 a 137), esse tratamento do sócio, como terceiro, explica-se *para efeito processual*, já que o sócio não é parte processual na demanda movida contra a sociedade demandada, da qual participa. O incidente de desconsideração da personalidade jurídica da sociedade foi situado, pelo legislador de 2015, no Título III do Livro III, no atual CPC, parte em que está disciplinado o instituto da intervenção de terceiros. O que se explica porque, para efeitos processuais, o sócio, enquanto pessoa natural, não é parte processual na demanda movida contra a sociedade de que participa.

Todavia, no âmbito do direito material, o sócio não é um simples terceiro, caracterizando-se sujeito empenhado diretamente na exploração econômica do empreendimento, em que atua com notório protagonismo na gestão da sociedade empresarial. É preciso relembrar que a personalidade jurídica é uma criação teórica do Direito; um artifício jurídico sob o qual se encontram organizados os sócios para empreender. Em outras palavras, a personalidade jurídica não é um dado da realidade natural, diversamente do que ocorre com a pessoa natural do sócio. A personalidade jurídica é uma ficção teórica criada pelo Direito, para fomentar a atividade econômica. Sobre o tema, observa Luciano Athayde Chaves: "é preciso igualmente considerar que o sócio não é um terceiro qualquer, alheio às obrigações da empresa de cujo quadro societário faz parte. O sócio é partícipe do empreendimento (considerando que a pessoa jurídica é uma *ficção legal*), quando não raro o responsável direto pela atitude de desprezo quanto à tutela emanada do Poder Judiciário, pois a pessoa jurídica é uma ficção legal, administrada e gerida por pessoas naturais, seus sócios, diretores e administradores".[65]

A plena assimilação da técnica legal da desconsideração da personalidade jurídica no âmbito da ciência justrabalhista deve ser compreendida a partir do caráter fundante que o princípio da primazia da realidade adquire no âmbito do Direito Material do Trabalho. A fecunda presença do princípio da primazia da realidade revela-se, entre outros dispositivos, no §2º do art. 2º da CLT e nos arts. 10 e 448 da CLT. Superando aspectos meramente formais e valorizando aspectos

---

[65] "O novo Código de Processo Civil e o processo do trabalho: uma análise sob a ótica do cumprimento da sentença e da execução forçada". O artigo é uma versão adaptada da exposição realizada pelo autor no I Seminário Nacional sobre a Efetividade da Execução Trabalhista, promovido pelo Conselho Superior da Justiça do Trabalho (CSJT) e pela Escola Nacional de Formação e Aperfeiçoamento de Magistrados do Trabalho (ENAMAT), no dia 7 de maio de 2015.

substanciais da relação jurídica de direito material vivenciada pelos sujeitos do contrato de trabalho, o princípio da primazia da realidade faz o resgate dos dados concretos da realidade, superando aspectos jurídicos formais em favor de uma clara opção pela tutela do interesse do sujeito contratual hipossuficiente, de modo a impedir que a autonomia patrimonial de sócios e sociedade seja manipulada em detrimento à proteção devida aos direitos do trabalho.

A desconsideração clássica da personalidade jurídica é técnica legal destinada a inibir a utilização indevida da autonomia patrimonial da sociedade e visa responsabilizar o sócio por obrigações da sociedade. A desconsideração *inversa* da personalidade jurídica é técnica legal destinada a inibir a confusão patrimonial entre sócio e sociedade e visa responsabilizar a sociedade por obrigações do sócio, que oculta seu patrimônio pessoal no patrimônio da sociedade de que participa.

3.3 A responsabilidade dos sócios na execução trabalhista

No silêncio da CLT acerca da responsabilidade dos sócios, o subsistema jurídico trabalhista remete o intérprete à norma do art. 4º, V, §3º, da Lei nº 6.830/1980, isso por força da previsão do art. 889 da CLT, já que esse dispositivo legal celetista estabelece que à execução trabalhista se aplicam os preceitos que regem o processo dos executivos fiscais. Assim, a responsabilidade dos sócios na execução trabalhista é definida pelo art. 4º, V, §3º, da Lei nº 6.830/80, que tem a seguinte redação:

> Art. 4º. A execução fiscal poderá ser promovida contra:
> (...)
> V – o responsável, nos termos da lei, por dívidas, tributárias ou não, de pessoas físicas ou pessoas jurídicas de direito privado;
> (...)
> §3º. Os responsáveis, inclusive as pessoas indicadas no §1º deste artigo, poderão nomear bens livres e desembaraçados do devedor, tantos quantos bastem para pagar a dívida. Os bens dos responsáveis ficarão, porém, sujeitos à execução, se os do devedor forem insuficientes à satisfação da dívida.

Da previsão do referido preceito legal (Lei nº 6.8030/80, art. 4º, V, §3º), a teoria jurídica extraiu a diretriz hermenêutica de que o sócio é *responsável* pelo cumprimento da obrigação trabalhista e pode ter a execução redirecionada contra a sua pessoa – *rectius*: contra seu patrimônio – quando o empregador *devedor* não satisfaz a obrigação trabalhista. Essa separação entre *devedor* e *responsável* é inerente à teoria das obrigações e correspondente à dissociação, realizada no âmbito da teoria do direito, entre *débito* e *responsabilidade*. À *dívida* corresponde o *devedor*; à *responsabilidade* corresponde o *responsável*, assim considerado o sujeito ao qual a lei imputa essa qualidade jurídica. Se o *devedor* é sempre responsável pela obrigação, o *responsável* somente o será quando a lei lhe imputar a condição jurídica de responsável pela obrigação. Se a obrigação é da sociedade empresarial, a sociedade figura como *devedora*, enquanto o sócio pode ser *responsável* pela obrigação, nada obstante não ostente a condição jurídica de *devedor*.

Na execução fiscal, a sociedade é a *devedora* da obrigação fiscal e o sócio é o *responsável* pela obrigação fiscal não cumprida pela sociedade devedora (Lei nº 6.830/1980, art. 4º, V). Por força da previsão do art. 889 da CLT, essa fórmula jurídica acaba se fazendo idêntica na execução trabalhista: a sociedade empresarial é a *devedora* da obrigação trabalhista e o sócio é o *responsável* pela obrigação trabalhista. Essa responsabilidade do sócio deve estar necessariamente prevista em lei, conforme impõe a norma de ordem pública do art. 4º, V, da Lei nº 6.830/1980, o que justifica a elaboração de um breve inventário de tais diplomas legais.

São diversos os diplomas legais que, no sistema de direito brasileiro, atribuem ao sócio responsabilidade pela obrigação não satisfeita pela sociedade de que participa. A teoria jurídica relaciona, entre outros, os seguintes diplomas legais, quando do inventário das leis que atribuem ao sócio responsabilidade pelas obrigações inadimplidas pela sociedade: a) Lei nº 8.078/90 – Código de Defesa do Consumidor, art. 28, §5º;[66] b) Lei nº 9.605/98 – Lei do Meio Ambiente, art. 4º;[67] c) Lei nº 10.406/2002 – Código Civil, art. 50[68] e art. 1.016;[69] d) Lei nº 12.529/2011 – Lei de crimes contra a ordem econômica, art. 34;[70] e) Lei nº 13.105/2015 – Código de Processo Civil, art. 790[71]

Esses diplomas legais estabelecem hipóteses de *responsabilidade* dos sócios pelas obrigações da respectiva sociedade. Por consequência, esses diplomas legais podem ser integrados – mediante o processo hermenêutico denominado de *heterointegração* – ao comando normativo do art. 4º, V, da Lei nº 6.830/80, exatamente porque tais

---

[66] "Art. 28. O juiz poderá desconsiderar a personalidade jurídica da sociedade quando, em detrimento do consumidor, houver abuso de direito, excesso de poder, infração da lei, fato ou ato ilícito ou violação dos estatutos ou contrato social. A desconsideração também será efetivada quando houver falência, estado de insolvência, encerramento ou inatividade da pessoa jurídica provocados por má administração.
(...)
§5º. Também poderá ser desconsiderada a pessoa jurídica sempre que sua personalidade jurídica for, de alguma forma, obstáculo ao ressarcimento de prejuízos causados aos consumidores".

[67] "Art. 4º. Poderá ser desconsiderada a pessoa jurídica sempre que sua personalidade for obstáculo ao ressarcimento de prejuízos causados à qualidade do meio ambiente".

[68] "Art. 50. Em caso de abuso da personalidade jurídica, caracterizado pelo desvio de finalidade, ou pela confusão patrimonial, pode o juiz decidir que os efeitos de certas e determinadas relações de obrigações sejam estendidos aos bens particulares dos administradores ou sócios da pessoa jurídica".

[69] "Art. 1.016. Os administradores respondem solidariamente perante a sociedade e os terceiros prejudicados, por culpa no desempenho de suas funções".

[70] "Art. 34. A personalidade jurídica do responsável por infração da ordem econômica poderá ser desconsiderada quando houver da parte deste abuso de direito, excesso de poder, infração da lei, fato ou ato ilícito ou violação dos estatutos ou do contrato social.
Parágrafo Único. A desconsideração também será efetivada quando houver falência, estado de insolvência, encerramento ou inatividade da pessoa jurídica provocados por má administração".

[71] "Art. 790. São sujeitos à execução os bens:
II – do sócio, nos termos da lei".

diplomas legais preenchem o suporte fático do art. 4º, V, da Lei de Executivos Fiscais; uma vez que tais diplomas legais tipificam hipóteses concretas configuradoras de responsabilidade dos sócios da sociedade. Isso ocorre porque o sócio é identificado, nos referidos diplomas legais, na condição jurídica de "responsável, nos termos da lei, por dívidas, tributárias ou não, de pessoas físicas ou pessoas jurídicas de direito privado" (Lei nº 6.830/80, art. 4º, V). Em resumo, por força da incidência do art. 889 da CLT, o art. 4º, V, §3º, da Lei nº 6.830/1980 tem aplicação à execução trabalhista no que respeita à *responsabilidade* do sócio pelas obrigações da sociedade devedora, quando esta não cumpre as obrigações trabalhistas.

A título de explicitação do raciocínio jurídico, talvez seja oportuno recuperar aqui o núcleo do comando do §3º do art. 4º da Lei nº 6.830/80. De acordo com o preceito legal em questão, "os responsáveis (...) poderão nomear bens livres e desembaraçados do devedor, tantos quantos bastem para pagar a dívidas. Os bens dos responsáveis ficarão, porém, sujeitos à execução, se os do devedor forem insuficientes à satisfação da dívida".

O §3º do art. 4º da Lei nº 6.830/80 faculta aos sócios – no preceito identificados como "os responsáveis" – nomear à penhora bens desembaraçados da sociedade devedora, para evitar a penhora de seus bens particulares. Essa faculdade conferida aos sócios é conhecida como *benefício de ordem*. A palavra *benefício* tem significado evidente: trata-se de beneficiar os sócios responsáveis mediante a prévia constrição do patrimônio da sociedade devedora que ele integra(va), de modo que o patrimônio pessoal dos sócios permaneça a salvo quando a sociedade tenha patrimônio para responder por suas obrigações.

A expressão *de ordem* empresta à locução – *benefício de ordem* – o significado de que a responsabilização dos atores econômicos obedece a uma sequência predeterminada na lei, que se estrutura numa determinada *ordem*. É nessa *ordem* – nessa *sequência* de sucessivos sujeitos de obrigações – que se legitima a cadeia das constrições patrimoniais, formando-se um itinerário ordenado de sucessivas constrições que atingem *antes* o sujeito que se apresenta na condição jurídica de *devedor* e, só depois, os sujeitos que se apresentam na condição jurídica de *responsáveis*. Noutras palavras, na relação de responsabilidade existente entre a sociedade e seus sócios, a sociedade executada apresenta-se na condição jurídica de *devedora primária*, ao passo que os sócios se apresentam na condição jurídica de *responsáveis secundários*. Na teoria jurídica das obrigações, essas duas posições jurídicas costumam ser sintetizadas nas expressões *devedor* e *responsáveis*.

Se os bens do *devedor* forem insuficientes para satisfazer a dívida, os bens do sócio responderão pela obrigação, na medida em que o sócio é considerado *responsável* pela dívida da sociedade, de acordo com a norma do §3º do inciso V do art. 4º da Lei nº 6.830/80, preceito que deve ser integrado pelos diplomas legais antes referidos, mediante o processo hermenêutico de heterointegração dos diplomas legais antes referidos à norma do §3º do inciso 4º da Lei de Executivos

Fiscais. Esses diplomas legais estabelecem previsão de responsabilidade do sócio pela dívida da sociedade, no pressuposto de que a personalidade jurídica é uma ficção criada pelo Direito para estimular a atividade empresarial.

No que diz respeito à sociedade anônima, as respectivas obrigações incumbem à própria sociedade, cabendo responsabilidade subsidiária ao acionista controlador (Lei nº 6.404/76, art. 117[72]) e aos administradores (Lei nº 6.404/76, art. 158[73]).

É de se registrar o fato de que a Lei nº 6.830/80 não delimita a responsabilidade do sócio a determinado lapso temporal, diversamente do que ocorre no art. 10-A da CLT. O que significa dizer que o art. 10-A da CLT complementa o subsistema jurídico trabalhista de responsabilidade do sócio pelas dívidas da sociedade, no que respeita à situação peculiar do sócio que se retira da sociedade empresarial.

3.4 O sócio que ingressa na sociedade assume o passivo *anterior*

O sócio que ingressa na sociedade torna-se responsável subsidiário pela totalidade dos débitos constituídos *antes* de seu ingresso. Essa conclusão decorre da expressa previsão do art. 1.025 do Código Civil. Diz o preceito: "Art. 1.025. O sócio, admitido na sociedade já constituída, não se exime das dívidas sociais anteriores à admissão". Essa previsão legal é indispensável à segurança jurídica na vida de relação e opera indiretamente no saneamento da ordem econômica, ao impedir que os sujeitos econômicos logrem se desvencilhar de suas responsabilidades para com terceiros.

A teoria jurídica é pacífica na interpretação desse preceito legal.[74] Conforme assentado na doutrina, a responsabilidade do sócio abrange tanto as obrigações trabalhistas constituídas *antes* de seu ingresso na sociedade quanto as obrigações trabalhistas constituídas *durante* o período em que o sócio integrou a sociedade.

---

[72] "Art. 117. O acionista controlador responde pelos danos causados por atos praticados com abuso de poder.
§1º. São modalidades de exercício abusivo de poder:
(...)
c) promover alteração estatutária, emissão de valores mobiliários ou adoção de políticas ou de decisões que não tenham por fim o interesse de companhia e que visem a causar prejuízos a acionistas minoritários, aos que trabalham na empresa ou aos investidores em valores imobiliários emitidos pela companhia".

[73] "Art. 158. O administrador não é pessoalmente responsável pelas obrigações que contrair em nome da sociedade e em virtude de ato regular de gestão; responde, porém, civilmente, pelos prejuízos que causar, quando proceder:
I – dentro de suas atribuições ou poderes, com culpa ou dolo;
II – com violação da lei ou do estatuto".

[74] Antonio Umberto de Souza Júnior, Fabiano Coelho de Souza, Ney Maranhão e Platon Teixeira de Azevedo Neto sugerem, corretamente, que a responsabilidade do sócio é objetiva, independe de culpa: "Partindo da premissa de que a responsabilidade trabalhista do sócio independe da apuração de ato ilícito, o indivíduo, ao ingressar na sociedade, passa a responder subsidiariamente por todas as obrigações componentes de eventual passivo trabalhista da empresa. Deste modo, a expressão 'obrigações trabalhistas da sociedade relativas ao período em que figurou como sócio' engloba tanto as obrigações pretéritas ao ingresso do sócio como o passivo trabalhista produzido no período em que foi sócio. Com isso, a retirada do sócio mantém sua responsabilidade em relação a todo o passivo trabalhista existente na sociedade ao tempo de sua saída, independente da época em que tais direitos foram violados ou reconhecidos". (*Reforma trabalhista*: análise comparativa e crítica da Lei nº 13.467/2017. São Paulo: Rideel, 2017, p. 25)

Por isso, tornou-se lugar-comum a ponderação de que o sócio deve ter a cautela de investigar a situação patrimonial da empresa antes de ingressar na sociedade, para não ter a surpresa de assumir responsabilidade pelas dívidas constituídas *antes* de seu ingresso na sociedade.

3.5 A reforma trabalhista e o sócio retirante

A denominada reforma trabalhista foi instituída pela Lei nº 13.467/2017, que alterou diversos dispositivos da Consolidação das Leis do Trabalho e introduziu outros no subsistema jurídico trabalhista. A Lei nº 13.467/2017 introduziu o art. 10-A na CLT. Esse preceito não tinha dispositivo legal correspondente na redação anterior da CLT. O art. 10-A da CLT trata da responsabilidade do sócio que se retira da sociedade empresarial. Esse sócio é conhecido como sócio retirante. A retirada do sócio ocorre quando da alteração do contrato social em que o sócio se retira da sociedade empresarial. Entretanto, perante os credores do sócio retirante, a validade jurídica dessa retirada está condicionada pela lei à averbação da respectiva alteração do contrato social da sociedade empresarial na Junta Comercial. Sem essa averbação da alteração do contrato social em que o sócio se retira da sociedade, ele não se desvincula de sua responsabilidade, conforme será examinado no presente capítulo.

O legislador de 2017 delimitou, no art. 10-A da CLT, a responsabilidade do sócio retirante no tempo, fato que a teoria jurídica compreendeu como um "benefício razoável e garantidor de um mínimo de segurança jurídica para aquele que não mais participa da vida da empresa e, de repente, vê-se forçado a saldar dívida que, na dinâmica natural das coisas, deveria ser sido regularmente quitada por quem continuou no empreendimento".[75]

3.6 Os antecedentes legislativos do art. 10-A da CLT reformada

A teoria jurídica identifica o preceito legal do art. 10-A da CLT, reformada com os arts. 1.003, parágrafo único, e 1.032 do Código Civil de 2002.[76] Outrossim,

---

[75] A ponderação teórica é dos magistrados Antonio Umberto de Souza Júnior, Fabiano Coelho de Souza, Ney Maranhão e Platon Teixeira de Azevedo Neto e encontra-se exposta na pág. 25 da obra reforma trabalhista: análise comparativa e crítica da Lei nº 13.467/2017. São Paulo: Rideel, 2017.

[76] "Art. 1.003. A cessão total ou parcial de quota, sem a correspondente modificação do contrato social com o consentimento dos demais sócios, não terá eficácia quanto a estes e à sociedade".
Parágrafo único. Até (2) dois anos depois de averbada a modificação do contrato, responde o cedente solidariamente com o cessionário, perante a sociedade e terceiros, pelas obrigações que tinha como sócio".
Art. 1.032. A retirada, a exclusão ou morte do sócio, não o exime, ou a seus herdeiros, da responsabilidade pelas obrigações sociais anteriores, até 2 (dois) anos após averbada a resolução da sociedade, nem nos dois primeiros casos, pelas posteriores e em igual prazo, enquanto não se requerer a averbação".

essa identificação está implícita na justificativa do projeto de lei respectivo. Embora não se tenha feito referência expressa aos referidos dispositivos legais do Código Civil, na justificativa do projeto de lei afirmou-se que o prazo de dois (2) anos foi "extraído da legislação civil, comercial e empresarial em vigor no País".

Se a limitação da responsabilidade do sócio retirante era controvertida em razão da divergência existente – na doutrina e na jurisprudência – acerca da aplicabilidade dos arts. 1.003, parágrafo único, e 1.032 do Código Civil à execução trabalhista, a reforma trabalhista instituída pela Lei nº 13.467/2017 superou a controvérsia anterior, ao positivar a delimitação da responsabilidade do sócio retirante no art. 10-A da CLT, preceito que passou a ser a fonte normativa da regência legal da matéria no âmbito da jurisdição trabalhista.

3.7 A interpretação da responsabilidade do sócio retirante no contexto da CLT

O art. 10-A da CLT disciplina a responsabilidade do sócio que se retira da sociedade empresarial. O preceito legal apresenta a seguinte redação:

> Art. 10-A. O sócio retirante responde subsidiariamente pelas obrigações trabalhista da sociedade relativas ao período em que figurou como sócio, somente em ações ajuizada até dois anos depois de averbada a modificação do contrato, observada a seguinte ordem de preferência:
> I – a empresa devedora;
> II – os sócios atuais;
> III – os sócios retirantes;
> Parágrafo único. O sócio retirante responderá solidariamente com os demais quando ficar comprovada fraude na alteração societária decorrente da modificação do contrato.

A interpretação do dispositivo legal em questão deve ser realizada sob perspectiva sistemática, tomando-se em consideração o sistema tutelar dos créditos trabalhistas instituído pelos arts. 2º, *caput*, 10 e 448 da CLT, os quais fixam a responsabilidade dos sujeitos econômicos – sociedade empresarial e sócios – e consagram a intangibilidade dos direitos trabalhistas. Na interpretação do art. 10-A da CLT, deve ser considerado, outrossim, o aspecto hermenêutico da tópica, de modo que o preceito seja compreendido também conforme sua localização no diploma legal a ser aplicado. Nesse particular, o intérprete deve examinar o art. 10-A sob a perspectiva normativa tutelar estabelecida pelo art. 10 da CLT, de modo a sobrevalorizar o cumprimento da legislação trabalhista e a prestigiar o comando da sentença trabalhista em execução. A perspectiva tópica atua como elemento hermenêutico complementar da perspectiva sistemática de interpretação do preceito legal em questão.

3.8 A responsabilidade subsidiária do sócio retirante é objetiva

A exemplo do que ocorre com os sócios em geral, o sócio retirante tem responsabilidade subsidiária *objetiva* pelas obrigações trabalhistas quando essas são descumpridas pela sociedade empresarial na demanda trabalhista respectiva. Na teoria jurídica, afirma-se que se trata de *responsabilidade secundária* dos sócios, para distingui-la da *responsabilidade primária* da sociedade empresarial. Afirma-se que os sócios em geral têm responsabilidade subsidiária *objetiva* pelas obrigações trabalhistas inadimplidas pela sociedade demandada, porque basta o inadimplemento do crédito trabalhista em execução pela sociedade empresarial para que se torne legítimo o redirecionamento da execução contra o patrimônio da pessoa natural dos sócios. Para tal responsabilização, não se exige que o credor trabalhista prove a ocorrência de prática de ato ilícito cometido pela sociedade empresarial executada ou pelos sócios, tampouco se exige prova de fraude ou de má administração na gestão empresarial. O mesmo raciocínio vale para o sócio retirante.

Para se chegar à conclusão de que a responsabilidade subsidiária do sócio retirante identifica-se como responsabilidade objetiva, Antonio Umberto de Souza Júnior, Fabiano Coelho de Souza, Ney Maranhão e Platon Teixeira de Azevedo Neto partem da consideração de que para a atribuição de tal responsabilidade "a lei não a condiciona a qualquer gesto ou omissão configuradora de dolo ou culpa do sócio retirante".[77] O ensinamento doutrinário não merece qualquer reparo.

Antes do advento da Reforma Trabalhista instituída pela Lei nº 13.467/2017, a teoria justrabalhista recorria à aplicação subsidiária do art. 28, §5º, do CDC ao processo do trabalho, com fundamento no art. 769 da CLT, para afirmar que a responsabilidade dos sócios em geral era *objetiva* e caracterizava-se pelo *mero inadimplemento* da obrigação pela sociedade empresarial na fase de execução do processo.

Com o advento da Reforma Trabalhista, a introdução do art. 10-A, *caput*, na CLT acabou por reforçar a conclusão de que a responsabilidade subsidiária dos sócios em geral é *objetiva*, já que assim essa responsabilidade foi estabelecida em relação ao sócio retirante, por força da previsão – *incondicionada* – do *caput* do art. 10-A. Se assim o é em relação ao sócio retirante, também assim há de ser em relação aos sócios em geral, conclusão que decorre da interpretação sistemática do preceito do art. 10-A, II, da CLT, na medida em que o referido preceito legal faculta ao sócio retirante exercer direito a benefício de ordem contra *os sócios atuais* para só depois vir a ter excutidos seus próprios bens.

Há um outro elemento legal que confirma tratar-se a *responsabilidade subsidiária* do sócio retirante de responsabilidade *objetiva*. Cuida-se de elemento de extração hermenêutica. Trata-se do parágrafo único do art. 10-A da CLT. No

---

[77] *Reforma trabalhista*: análise comparativa e crítica da Lei nº 13.467/2017. São Paulo: Rideel, 2017, p. 26.

parágrafo único, a regra do *caput* é excepcionada. Note-se: no parágrafo único (responsabilidade solidária), diversamente do que foi estabelecido no *caput* (reponsabilidade subsidiária), o legislador *condicionou* o reconhecimento de responsabilidade solidária do sócio retirante à comprovação de prática de conduta subjetiva ilícita, qual seja, à comprovação de fraude – cometida pelo sócio retirante – na alteração do contrato social por meio da qual o sócio se retira da sociedade empresarial. Já para a caracterização da responsabilidade subsidiária do sócio retirante, o legislador *não a condicionou* a nenhuma conduta subjetiva ilícita do sócio retirante, onerando-lhe com a referida responsabilidade subsidiária *pelo só fato de ter integrado a sociedade empresarial à época da constituição das obrigações trabalhistas em execução*. Essa responsabilidade subsidiária decorre, em última razão, do fato de ter o sócio se beneficiado do trabalho prestado pelo empregado à sociedade empresarial empregadora.

Na teoria jurídica trabalhista, está assentado, portanto, o entendimento de que a reponsabilidade dos sócios não está condicionada à demonstração de culpa na condução da gestão da empresa. Basta que se verifique a insuficiência patrimonial da sociedade empresarial para que os sócios sejam chamados à responsabilidade secundária que lhes incumbe. Parte-se da premissa de que a responsabilidade do sócio independe da apuração de conduta ilícita que se pudesse atribuir à sociedade ou ao sócio. Assim, o sócio, ao ingressar na sociedade empresarial, passa a responder por todas as obrigações integrantes do passivo da empresa, inclusive aquelas obrigações que vierem a se incorporar ao passivo enquanto o sócio permanecer na sociedade empresarial. Essa lição está consagrada na teoria jurídica. Conforme prelecionam Antonio Umberto de Souza Júnior, Fabiano Coelho de Souza, Ney Maranhão e Platon Teixeira de Azevedo Neto sobre o tema, as obrigações trabalhistas de responsabilidade do sócio englobam "tanto as obrigações pretéritas ao ingresso do sócio como o passivo trabalhista produzido no período em que foi sócio".[78] Em outras palavras, a reponsabilidade do sócio retirante abrange todo o passivo trabalhista existente na sociedade empresarial à época de sua saída da empresa. Há, porém, uma *delimitação temporal* na responsabilidade do sócio retirante, situação que é estudada a seguir.

3.9 A responsabilidade do sócio retirante

Conforme destacado no item 3.3 do presente capítulo, o sócio que ingressa na sociedade torna-se responsável subsidiário, por força da previsão legal do art. 1.025 do Código Civil, pela totalidade dos débitos da sociedade constituídos

---

[78] *Reforma trabalhista*: análise comparativa e crítica da Lei nº 13.467/2017. São Paulo: Rideel, 2017, p. 25.

antes de seu ingresso. Deve, por isso, fazer realizar prévia auditoria do passivo existente, sob pena de assumir dívidas existentes, mas dele desconhecidas. Já que poderá ser chamado a responder pelas obrigações pretéritas da sociedade, o sócio deve conhecer a situação econômica da sociedade para depois deliberar sobre seu ingresso na empresa.

O referido preceito do Código Civil não deixa dúvida a respeito dessa responsabilidade quando estabelece que as dívidas *anteriores* são transmitidas ao sócio que ingressa na sociedade. A redação do preceito legal é a seguinte: "Art. 1.025. O sócio, admitido na sociedade já constituída, não se exime das dívidas sociais anteriores à admissão".

De outra parte, não há dúvida de que há responsabilidade do sócio pelas dívidas constituídas *durante* o período em que o sócio integrou a sociedade empresarial, por força da incidência dos arts. 2º, *caput*; 10; 448 e 448-A da CLT.

A teoria jurídica é pacífica, portanto, acerca da conclusão de que a responsabilidade do sócio abrange *tanto* as obrigações trabalhistas constituídas *antes* de seu ingresso na sociedade *quanto* as obrigações trabalhistas constituídas *durante* o período em que o sócio integrou a sociedade.

No que diz respeito ao sócio retirante, entretanto, a Reforma Trabalhista *delimitou* a responsabilidade desse sócio no tempo, ao estabelecer, no art. 10-A da CLT, que sua responsabilidade ocorre no que diz respeito às "obrigações trabalhistas relativas ao período em que figurou como sócio". O que significa dizer que o sócio retirante não responderá, por força do preceito legal reproduzido, pelas obrigações que vierem a ser constituídas pela sociedade *após* a regular saída do sócio retirante da sociedade.

A lição teórica de Manoel Antonio Teixeira Filho sobre o tema é didática. Na interpretação da locução do *caput* do art. 10-A da CLT – *o sócio retirante responde subsidiariamente pelas trabalhistas da sociedade relativas ao período em que figurou como sócio* –, o autor sustenta que o sócio retirante não responde pelas obrigações contraídas pela sociedade *após* a sua saída da sociedade.[79] Depois de ponderar que a responsabilidade do sócio retirante fica limitada ao período em que a pessoa figurou como sócia no contrato social, Manoel Antonio Teixeira Filho conclui: "se o empregado prestou serviços à pessoa jurídica ao tempo que o sócio já não integrava a sociedade, não se aplica o art. 10-A da CLT, ou seja, o referido sócio não poderá ser responsabilizado pelas dívidas trabalhistas da sociedade".[80]

Fixadas tais premissas, a extensão da responsabilidade do sócio retirante apresentar-se-á, a princípio, de duas maneiras: ou a) integral; ou b) parcial. Será: a) *integral* quando as obrigações trabalhistas em execução tiverem sido constituídas

---

[79] Acrescente-se: após sua saída *eficaz* da sociedade. A questão é objeto do item 3.10 deste capítulo.
[80] *O processo do trabalho e a reforma trabalhista*. São Paulo: LTr, 2017, p. 28.

antes da retirada do sócio; b) será *parcial* quando as obrigações trabalhistas em execução incluírem dívidas trabalhistas constituídas *após* a *regular* retirada do sócio. Quando, porém, o sócio retirante *não averbar*, na Junta Comercial, a alteração contratual de sua saída da sociedade, sua responsabilidade também poderá ser *integral*; nesse caso, a responsabilidade do sócio retirante amplia-se, para passar a abarcar inclusive as obrigações trabalhistas constituídas *após* sua saída de fato da sociedade. Isso porque a retirada do sócio da sociedade somente adquire *eficácia jurídica perante o credor trabalhista* quando a respectiva alteração do contrato social da empresa é averbada na Junta Comercial, aspecto legal da aplicação do art. 10-A da CLT que é objeto do item seguinte.

3.10 A limitação temporal da responsabilidade do sócio retirante depende de que sua saída da sociedade empresarial seja dotada de *eficácia jurídica*

No item anterior, afirmou-se que o sócio retirante não responde pelas obrigações trabalhistas constituídas *após* sua saída da sociedade. A afirmação está, *em princípio*, correta porque guarda conformidade com a norma do *caput* do art. 10-A da CLT. Significa dizer, em outras palavras, que, *em princípio*, a responsabilidade do sócio retirante está limitada: a) às obrigações constituídas *antes* de seu ingresso na sociedade (CC, art. 1.025; CLT, arts. 10 e 488-A) e b) às obrigações constituídas *durante* sua permanência na sociedade (CLT, art. 2º, *caput*); c) e, em princípio, não se estenderá às obrigações constituídas *após* sua retirada da sociedade.

Contudo, a limitação da responsabilidade do sócio retirante somente ocorre se a retirada do sócio for realizada *de forma eficaz*, isto é, se a saída do sócio retirante da sociedade for devidamente *formalizada* e *averbada*: a) *formalizada* mediante a lavratura da alteração do contrato social da sociedade em que o sócio se retira da sociedade (plano da validade); e b) *averbada* perante a Junta Comercial (plano da eficácia).

Daí a expressão intercalada anteriormente – *em princípio* –, já que a *limitação* da responsabilidade do sócio retirante não se estabelece senão após adotadas as duas providências legais antes referidas. De igual modo, a *isenção* de responsabilidade do sócio retirante também não se estabelece automaticamente após o decurso de dois anos, se não forem adotadas as duas providências legais antes referidas. Portanto, são duas as providências legais a serem adotadas pelo sócio retirante: a) a lavratura da alteração do contrato social da sociedade em que o sócio se retira da sociedade, alteração contratual que deve ser firmada por todos os sócios; b) a averbação desta alteração do contrato social da sociedade na Junta Comercial.

É a averbação da alteração do contrato social da sociedade na Junta Comercial que confere *eficácia jurídica* à saída do sócio retirante perante terceiros, conforme revela a dicção do art. 10-A da CLT. A *delimitação* de sua responsabilidade pelas obrigações trabalhistas é um direito que o sócio retirante somente adquire ao averbar a alteração contratual de sua retirada da sociedade. O mesmo raciocínio jurídico vale para isenção definitiva de sua responsabilidade.

A boa-fé não socorre o sócio retirante nesses casos. O dever de diligência do sócio retirante como sujeito econômico é a contrapartida exigida pelo legislador para a outorga do direito à *delimitação* de sua responsabilidade pelas obrigações trabalhistas. A mesma equação jurídica incide para a outorga do direito à *isenção definitiva* de sua responsabilidade após decurso de dois anos contados desde sua retirada da sociedade.

Se não ocorre a averbação da alteração do contrato social na Junta Comercial, a saída do sócio retirante *não é eficaz perante terceiros; não é eficaz, portanto, perante o reclamante/exequente*. Nada obstante firmada por todos os sócios, a alteração do contrato social não terá eficácia jurídica contra terceiros enquanto não for levada à averbação na Junta Comercial. Nessa hipótese, a alteração do contrato social será *válida* entre os sócios firmatários (plano da validade); mas não terá *eficácia jurídica* em relação a terceiros (plano da eficácia). Entre os terceiros, encontram-se os credores da sociedade, inclusive o credor trabalhista.

A ausência de averbação da alteração contratual na Junta Comercial terá como consequência jurídica a *persistência* da responsabilidade do sócio retirante *para além de sua saída da sociedade*, o que significa dizer que o sócio retirante poderá ser responsabilizado por obrigações constituídas *após* sua retirada. Na interpretação deste aspecto do art. 10-A da CLT, a teoria jurídica tem afirmado que novas obrigações trabalhistas poderão vir a se agregar ao passivo do sócio retirante, nada obstante constituídas após sua saída de fato da sociedade. A título de ilustração, confira-se a lição de Manoel Antonio Teixeira Filho. Para o autor, "se não houver essa averbação, o sócio retirante poderá ser responsabilizado (subsidiariamente) por todo o período em que vigorou o contrato de trabalho do autor da ação".[81] Mais didático apresenta-se o comentário de Antonio Umberto de Souza Júnior, Fabiano Coelho de Souza, Ney Maranhão e Platon Teixeira de Azevedo Neto sobre o tema. Para os referidos juristas, "a demora, portanto, na formalização da saída do sócio (afora a hipótese de sua morte), *amplia* o alcance objetivo de sua responsabilidade, abrangendo todas as obrigações trabalhistas pendentes *até a véspera do registro* da alteração do ato constitutivo" (grifei).[82]

Antonio Umberto de Souza Júnior, Fabiano Coelho de Souza, Ney Maranhão e Platon Teixeira de Azevedo Neto, ainda nos comentários sobre o alcance do art.

---

[81] *O processo do trabalho e a reforma trabalhista*. São Paulo: LTr, 2017, p. 29.
[82] *Reforma trabalhista*: análise comparativa e crítica da Lei nº 13.467/2017. São Paulo: Rideel, 2017, p. 24.

10-A da CLT, destacam que enquanto não for averbada a alteração do contrato social representativa de sua retirada da sociedade, "não será deflagrada a contagem do biênio de responsabilidade residual contra o sócio retirante",[83] o que significar dizer que, em permanecendo esta situação de ausência de averbação da alteração contratual da retirada, não se poderá cogitar da isenção de responsabilidade que a lei estabelece em favor do sócio retirante depois de transcorrido o lapso de dois anos previsto no art. 10-A da CLT. Conforme argumentam os autores, "mesmo que o sócio já não atue ou participe das deliberações societárias há muito tempo, enquanto estiver pendente de averbação a respectiva alteração no ato constitutivo da empresa ele continuará responsável, subsidiariamente, pelas obrigações trabalhistas acumuladas em todo o período".[84]

Em conclusão, é necessário *formalizar* a retirada do sócio da sociedade mediante a elaboração de uma alteração do contrato social da sociedade, em que os sócios estabeleçam, de forma expressa, a saída do sócio retirante da pessoa jurídica da sociedade empresarial. Não basta, porém, apenas formalizar a saída do sócio retirante por meio da lavratura da respectiva alteração do contrato social da sociedade. É indispensável *averbar* – registrar – essa alteração do contrato social perante a Junta Comercial. Sem essa *averbação*, a retirada do sócio não adquire eficácia jurídica perante *terceiros – aqui incluído o credor trabalhista*.

Se a alteração do contrato social é lavrada, mas permanece na gaveta da secretaria da sociedade ou no arquivo pessoal do sócio e não é levada a registro na Junta Comercial, a saída do sócio retirante será válida entre os sócios (plano da validade), mas não terá *eficácia jurídica* perante terceiros (plano de eficácia). Ou seja, essa alteração contratual não terá *eficácia jurídica* para *delimitar* sua responsabilidade patrimonial, de modo que o sócio retirante *permanecerá vinculado às obrigações trabalhistas*, inclusive às obrigações trabalhistas constituídas após a sua saída da sociedade. Tampouco terá eficácia jurídica para *isentá-lo* de responsabilidade após o decurso do prazo bienal previsto no art. 10-A da CLT. É dizer, tanto a *delimitação* das obrigações trabalhistas quanto a *isenção* de responsabilidade não beneficiarão ao sócio retirante, na ausência de averbação da alteração contratual de sua retirada da sociedade.

3.11 A responsabilidade solidária do sócio retirante no caso de fraude

O parágrafo único do art. 10-A da CLT estabelece que "o sócio retirante responderá solidariamente com os demais quando ficar comprovada fraude na alteração societária decorrente da modificação do contrato".

---

[83] *Reforma trabalhista*: análise comparativa e crítica da Lei nº 13.467/2017. São Paulo: Rideel, 2017, p. 24.
[84] *Reforma trabalhista*: análise comparativa e crítica da Lei nº 13.467/2017. São Paulo: Rideel, 2017, p. 24.

Comparada à responsabilidade estabelecida no *caput* do art. 10-A da CLT, a norma do respectivo parágrafo único *agrava* a responsabilidade do sócio retirante na hipótese da ocorrência de fraude na respectiva alteração do contrato social da empresa. A responsabilidade subsidiária prevista no *caput* do art. 10-A da CLT deixa de ser responsabilidade secundária para passar a ser responsabilidade solidária, por força da previsão do parágrafo único do art. 10-A da CLT, quando a retirada do sócio se caracteriza como fraudulenta.

A imputação de responsabilidade solidária é a sanção legal com a qual a ordem jurídica penaliza o sócio retirante, em caso de fraude na alteração contratual em que o sócio retirante realiza sua saída da sociedade. A responsabilidade do sócio retirante, que era subsidiária (*caput*), passa a ser solidária (parágrafo único), conforme revela a interpretação sistemática do art. 10-A da CLT, caso ele cometa fraude na sua retirada da sociedade.

A fraude caracteriza-se, por exemplo, quando o sócio se retira da sociedade mediante alteração do contrato social da empresa por meio da qual transfere suas quotas de capital social para pessoa insolvente ou sem o capital necessário para adquirir as quotas de capital do sócio retirante. Se o negócio da transmissão das quotas de capital for um simulacro, para escapar, por exemplo, ao passivo trabalhista existente, estará preenchido o suporte fático do parágrafo único do art. 10-A da CLT, a atrair a responsabilidade solidária do sócio retirante. Na teoria jurídica, considera-se que a fraude prevista no parágrafo único do art. 10-A da CLT pode vir a se configurar quando: a) a sociedade e seus sócios atuais não têm bens para responder na execução do crédito trabalhista; b) há relação de parentesco entre os sócios atuais e o sócio retirante; c) há insuficiência econômica do adquirente das cotas sociais para tal aquisição; d) há transferência das quotas sociais para terceiro que figure apenas como sócio aparente, permanecendo o sócio retirante como sócio oculto.

A locução legal segundo a qual "o sócio retirante responderá solidariamente *com os demais*" significa que o dever jurídico de solidariedade vincula o sócio retirante às obrigações trabalhistas em *condição de igualdade com os sócios que permaneceram* na sociedade quando da retirada fraudulenta, isto é, em condições de igualdade com os *sócios atuais*, podendo, assim, cada um dos sócios responder pela totalidade do débito trabalhista em execução. É nesse sentido o magistério é de Manoel Antonio Teixeira Filho.[85] Além de responder agora em condições de igualdade *com os demais* sócios, o sócio retirante responderá por todas as obrigações trabalhistas, não mais se beneficiando da delimitação temporal das obrigações à data da averbação da alteração contratual. Em outras palavras, à responsabilidade solidária soma-se o encargo de responder pela totalidade das obrigações em execução, assim compreendido o conjunto das obrigações *pretéritas* à retirada fraudulenta e as obrigações constituídas *após* a indigitada retirada.

---

[85] *O processo do trabalho e a reforma trabalhista*. São Paulo: LTr, 2017, p. 29.

3.12 O ônus da prova quanto à fraude na alteração contratual da retirada

Três perspectivas interpretativas disputam a primazia no tema do ônus da prova quanto à ocorrência de fraude na alteração do contrato social da empresa, na qual o sócio se retira da sociedade, a teor do parágrafo único do art. 10-A da CLT.

A primeira perspectiva interpretativa atribui ao exequente o ônus da prova e tem por fundamento o entendimento de que essa solução decorre da aplicabilidade do inciso I do art. 818 da CLT na regência dessa matéria. É a corrente adotada por *Manoel Antonio Teixeira Filho*. O jurista pondera: "Será do autor o encargo de provar a ocorrência dessa fraude (CLT, art. 818, I). Seria ilógico e inconcebível, neste caso, inverter-se o ônus da prova, de que trata o §1º do art. 818, da CLT. Por outro lado, o princípio legal da *boa-fé* nos negócios jurídicos (CC, art. 164) repele a possibilidade de presunção de má-fé ou fraude na alteração do contrato social".[86]

A segunda perspectiva interpretativa é a de valorizar a prova indiciária, sob o fundamento de que a prova da ocorrência de fraude na alteração contratual é muito complexa. É a corrente defendida por Homero Batista Mateus Batista da Silva. O jurista destaca: "A prova da fraude é muito complexa, pois os empregados, clientes e fornecedores apenas observam sinais da mudança societária, não tendo acesso, evidentemente, às cláusulas contratuais. É importante, assim sendo, que o dispositivo seja interpretado com cautela, para não se tornar inatingível. O magistrado poderá, por exemplo, considerar suficiente a prova indiciária – indícios eloquentes, como a manutenção das visitas do ex-sócio ao local de trabalho, a insuficiência patrimonial do adquirente, a presença de membros da família do sócio retirante sem que ostentem relação de emprego etc.".[87] Note-se que nessa perspectiva interpretativa valoriza-se a prova indiciária, sem adotar-se diretamente a inversão do ônus da prova.

A terceira perspectiva interpretativa é a de adotar-se a inversão do ônus da prova em razão da dificuldade que teria o exequente para se desincumbir do ônus da prova da fraude, atribuindo-se ao sócio retirante o ônus de provar que não houve fraude na alteração contratual em que se retirou da sociedade. Essa corrente tem por fundamento normativo a previsão do §1º do art. 818 da CLT, preceito no qual o legislador incorporou ao processo do trabalho a concepção segundo a qual o ônus da prova deve ser atribuído à parte que tem maior aptidão – capacidade e habilidade – para desincumbir-se desse encargo processual probatório.

Essa terceira perspectiva interpretativa é representada por Antonio Umberto de Souza Júnior, Fabiano Coelho de Souza, Ney Maranhão e Platon Teixeira de

---

[86] *O processo do trabalho e a reforma trabalhista*. São Paulo: LTr, 2017, p. 29.
[87] *Comentários à reforma trabalhista*. São Paulo: RT, 2017, p. 28.

Azevedo Neto. Os juristas ponderam: "Pela maior facilidade na obtenção das provas, o ônus de demonstrar a regularidade e lisura da alteração societária suspeita deve ser atribuído pelo juiz, dinamicamente, antes de iniciada a instrução, ao sócio retirante (CLT, art. 818, §1º)".[88] Por vezes identificada sob a denominação de distribuição dinâmica do ônus da prova,[89] a concepção adotada no §1º do art. 818 da CLT tem como antecedentes normativos a previsão do art. 6º, VIII, do Código de Defesa do Consumidor (Lei nº 8.078/90)[90] e a previsão do art. 373, §1º, do Código de Processo Civil (Lei nº 13.105/2015)[91].

Nada obstante os ponderosos argumentos invocados por Manoel Antonio Teixeira Filho não devam ser desprezados pelo intérprete do art. 10-A, parágrafo único, da CLT, a real dificuldade para o exequente desincumbir-se do ônus da prova da fraude recomenda adotar-se a concepção hermenêutica na qual se combinem a segunda e terceira perspectivas interpretativas, de modo que se adote a inversão do ônus da prova previsto no §1º do art. 818 da CLT, sobretudo quando presentes indícios de fraude. Tais indícios de fraude podem ser identificados em determinadas situações, tais quais quando: a) a sociedade e seus sócios atuais não têm bens para responder na execução do crédito trabalhista; b) há relação de parentesco entre os sócios atuais e o sócio retirante; c) há insuficiência econômica do adquirente das cotas sociais para tal aquisição;[92] d) há transferência das quotas sociais para terceiro que figure apenas como sócio aparente, permanecendo o sócio retirante como sócio oculto.

Mauro Schiavi faz interpretação mais severa quanto à responsabilidade do sócio retirante, para concluir que a boa-fé objetiva impõe ao sócio retirante o dever de obter certidões negativas quanto à inexistência de dívidas da sociedade por ocasião da saída do sócio da empresa, sob pena de ser responsabilizado pelas dívidas societárias. Diz o jurista: "pensamos que o sócio retirante, pelo princípio da boa-fé objetiva que deve nortear os negócios jurídicos, ao sair da sociedade, deve retirar certidões que comprovem a inexistência de dívidas trabalhistas à época da saída, ou que, mesmo elas existentes, a sociedade tem patrimônio suficiente para quitá-las. Caso contrário, a responsabilidade do sócio retirante persistirá mesmo após o prazo fixado no art. 10-A, da CLT".[93]

A posição de *Mauro Schiavi* apresenta-se adequada para o enfrentamento da tormentosa questão, uma vez que a experiência ordinária revela que a retirada

---

[88] *Reforma trabalhista*: análise comparativa e crítica da Lei nº 13.467/2017. São Paulo: Rideel, 2017, p. 28.

[89] A distribuição *estática* do ônus da prova tem sua fonte normativa no *caput* do art. 818.

[90] CDC: "Art. 6º. São direitos básicos do consumidor: (...) VIII – a facilitação da defesa de seus direitos, inclusive com a inversão do ônus da prova, a seu favor, no processo civil, quando, a critério do juiz, for verossímil a alegação ou quando for ele hipossuficiente, segundo as regras ordinárias de experiência".

[91] CPC: "Art. 373. §1º. Nos casos previstos em lei ou diante de peculiaridades da causa relacionadas à impossibilidade ou à excessiva dificuldade de cumprir o encargo nos termos do *caput* ou à maior facilidade de obtenção da prova do fato contrário, poderá o juiz atribuir o ônus da prova de modo diverso, desde que o faça por decisão fundamentada, caso em que deverá dar à parte a oportunidade de se desincumbir do ônus que lhe foi atribuído".

[92] Homero Mateus Batista da Silva. *Comentários à reforma trabalhista*. São Paulo: RT, 2017, p. 28.

[93] *A reforma trabalhista e o processo do trabalho*. São Paulo: LTr, 2017, p. 128.

do sócio é mais frequente quando a sociedade caminha para a insolvência. Diz o jurista: "a experiência nos tem demonstrado que muitos sócios deixam a sociedade quando ela tem dívidas trabalhistas ou está prestes a sofrer execuções trabalhistas que possam levá-la à insolvência".[94]

A experiência ordinária revela que muitas vezes a retirada da sociedade visa eximir o sócio retirante de sua responsabilidade pelas dívidas societárias. Daí a razão pela qual o intérprete deve compreender o preceito legal em estudo na perspectiva estabelecida pelos arts. 10 e 448 da CLT, que é a perspectiva teleológica de assegurar a satisfação dos créditos trabalhistas, independentemente das alterações havidas na estrutura da sociedade empresarial. Do contrário, a real dificuldade de comprovação de fraude pelo exequente e a interpretação do preceito do art. 10-A da CLT, quando realizada isoladamente do contexto hermenêutico conformado pelos arts. 10 e 448 da CLT, pode conduzir a um resultado contrário à finalidade social da legislação do trabalho, afrontando à diretriz hermenêutica do comando normativo do art. 5º da Lei de Introdução às Normas do Direito Brasileiro – LINDB, norma de sobredireito segundo a qual, *na aplicação da lei, o juiz atenderá aos fins sociais a que ela se dirige e às exigências do bem comum.*

3.13 A jurisprudência do Tribunal Regional do Trabalho da 9ª Região acerca da extensão da responsabilidade do sócio retirante

Primeiro tribunal da jurisdição trabalhista brasileira a criar, na data de 29.10.2001, sua Seção Especializada em Execução, o Tribunal Regional do Trabalho da 9ª Região – Paraná dotou sua Seção Especializada em Execução da prerrogativa regimental de editar Orientações Jurisprudenciais para uniformizar sua jurisprudência acerca dos temas da Execução.

No que respeita à responsabilidade do sócio retirante, o TRT do Paraná uniformizou sua jurisprudência regional acerca do tema mediante a aprovação da Orientação Jurisprudencial nº 19, na data de 14.05/.2004. O enunciado da Orientação Jurisprudencial (OJ) nº 19 é o seguinte: "Execução. Sócio. Responsabilidade. O sócio retirante é responsável por parcelas devidas até a data de sua saída, exceto em caso de constituição irregular da sociedade, quando a responsabilidade é ilimitada, sendo seu o ônus de comprovar que os sócios atuais têm patrimônio capaz de responder pela execução".

Em data de 07.06.2011, passados sete anos desde a aprovação da OJ nº 19, a Seção Especializada em Execução do TRT do Paraná houve por bem

---

[94] *A reforma trabalhista e o processo do trabalho.* São Paulo: LTr, 2017, p. 127.

sistematizar sua jurisprudência acerca da responsabilidade do sócio retirante, fazendo-o por meio da aprovação de uma nova e mais completa OJ, no caso, por meio da Orientação Jurisprudencial nº 40. Dotada de vários incisos, a OJ nº 40 passou a sintetizar a jurisprudência uniforme do colegiado acerca da *extensão* da responsabilidade do sócio retirante no inciso V da OJ nº 40. O inciso V da OJ nº 40 da Seção Especializada em Execução do TRT9 tem o seguinte enunciado: "V – Pessoa jurídica. Sócio retirante. Limite da responsabilidade. O sócio responde por parcelas devidas até a data de sua saída devidamente registrada no órgão oficial, exceto se houver constituição irregular da sociedade, quando a responsabilidade torna-se ilimitada". Note-se que a OJ nº 40, V, praticamente reproduz o enunciado da OJ nº 19, tendo sido excluída apenas a oração final acerca da atribuição do ônus da prova ao sócio retirante quanto ao fato de que os sócios atuais têm patrimônio capaz de responder pela execução.

O estudo dos julgamentos precedentes que conduziram à aprovação da Orientação Jurisprudencial nº 19 da Seção Especializada em Execução do TRT9 revela que o colegiado adotou, sob inspiração dos arts. 1003 e 1032 do Código Civil, a compreensão de que a responsabilidade do sócio retirante é consequência jurídica do fato de ele se ter beneficiado do trabalho prestado pelo empregado e que, portanto, esta responsabilidade cessa na data de sua regular saída da sociedade, assim compreendida a data da averbação, na Junta Comercial, da alteração contratual por meio da qual o sócio retirante formaliza sua saída da sociedade. Essa interpretação apresenta-se algo distinta da interpretação que viria a ser adotada, na data de 10.06.2014, pela Seção Especializada em Execução do Tribunal Regional do Trabalho da 4ª Região – Rio Grande do Sul no enunciado da Orientação Jurisprudencial nº 48. Essa última OJ é objeto de estudo no item seguinte deste capítulo.

Antes de cotejar as orientações jurisprudenciais em questão, será útil conhecer os fundamentos jurídicos adotados pelo TRT9 nos julgamentos precedentes que conduziram à aprovação da OJ nº 19, de modo que o operador jurídico disponha dos elementos que conformaram as razões destes julgamentos da Seção Especializada do Tribunal Regional do Trabalho do Paraná.

Foram cinco (5) os precedentes. No primeiro, restou assentado na ementa: "O sócio retirante é responsável por parcelas devidas até a data de sua saída". A sentença foi reformada em parte, porque a magistrada de primeiro grau limitara a responsabilidade da sócia retirante à data de *celebração* da alteração contratual da retirada, tendo o TRT estendido a responsabilidade à data do registro da alteração do contrato social na Junta Comercial. O precedente foi o julgamento realizado no Agravo de Petição nº AP-02802-2004-007-09-00-1, no qual atuou como Relatora a Des. Marlene Fuverski Suguimatsu, publicado na data de 08.05.2009.

No segundo precedente, restou assentado na ementa: "DESPERSONALIZAÇÃO JURÍDICA DA DEVEDORA PRINCIPAL PARA INCLUSÃO DE SEUS SÓCIOS NO PÓLO PASSIVO DA RELAÇÃO PROCESSUAL POSSIBILIDADE.

Evidenciada a inidoneidade financeira da devedora principal, correto o direcionamento da execução em face de seus sócios, mesmo quando não tenham participado do processo na fase de conhecimento, porquanto a desconsideração da pessoa jurídica ocorre na execução. Inteligência dos artigos 592,11 e 596, do CPC, ele o art. 10, do Decreto nº 3.708/19 e art. 4º, da Lei nº 6.830/80, e OJ's nºs 149 e 202 da SE deste E. Regional. Agravo de petição dos executados a que se nega provimento". No corpo do acórdão, restou assentado o entendimento de que "os sócios retirantes respondem pela dívida trabalhista da empresa, na ausência de patrimônio empresarial". O precedente foi o julgamento realizado no AP-22244-2004-010-09-00-3, no qual atuou como relator o Des. Benedito Xavier da Silva, publicado em data de 22.05.2009.

No terceiro precedente, restou assentado: "O que deve ser sopesado para a aplicação da teoria da despersonalização da pessoa jurídica é se a ex-sócia se beneficiou da força de trabalho do exeqüente, limitando-se a sua responsabilidade apenas às *obrigações contraídas até a data da sua retirada*". O precedente foi o julgamento realizado no Agravo de Petição nº AP-07475-2008-010-09-00-0, no qual atuou como Relator o Des. Dirceu Buiz Pinto Junior, publicado na data de 29.05.2009.

No quarto procedente, restou assentado: "o agravante retirou-se da sociedade em 02-01-1997, ou seja, participou do quadro societário da ré quando vigente grande parte do contrato de trabalho, devendo ser responsabilizado em relação a este período". O precedente foi o julgamento realizado no Agravo de Petição nº AP-03054-1999-019-09-00-6, no qual atuou como Relatora a Des. Eneida Cornel, publicado da data de 25.05.2010.

No quinto precedente, restou assentado: "O sócio retirante, desde que tenha integrado a sociedade à época em que não foram pagos os direitos trabalhistas à exequente, responde pelas *parcelas reconhecidas no título executivo até a data de sua saída...*". O precedente foi o julgamento realizado no Agravo de Petição nº AP-28834-1996-011-09-02-0, no qual atuou como Relator o Des. Luiz Carlos Napp, publicado da data de 15.10.2010.

Deixemos o cotejo entre as referidas OJs para a sequência do presente estudo. Por ora, é necessário conhecer a Orientação Jurisprudencial do TRT4 e os respectivos precedentes, assunto que é desenvolvido no item seguinte.

3.14 A jurisprudência do Tribunal Regional do Trabalho da 4ª Região acerca da extensão da responsabilidade do sócio retirante

Segundo tribunal regional da jurisdição trabalhista brasileira a criar, na data de 16.12.2011, sua Seção Especializada em Execução, o Tribunal Regional do

Trabalho da 4ª Região – Rio Grande do Sul também dotou sua Seção Especializada em Execução da prerrogativa regimental de editar Orientações Jurisprudenciais para uniformizar sua jurisprudência acerca dos temas da Execução.

No que respeita à responsabilidade do sócio retirante, o TRT do Rio Grande do Sul uniformizou sua jurisprudência regional acerca do tema mediante a aprovação da Orientação Jurisprudencial nº 48, na data de 10.06.2014. O enunciado da OJ nº 48 é o seguinte: "Redirecionamento da execução. Sócio retirante. A responsabilidade do sócio retirante é proporcional ao período em que se beneficiou do trabalho do credor, constituindo o valor devido no resultado obtido pela divisão do total da condenação pelo número de meses do período objeto do título executivo e multiplicado pelo período relativo à participação do sócio retirante na empresa".

O estudo dos julgamentos precedentes que conduziram à aprovação da Orientação Jurisprudencial nº 48 da Seção Especializada em Execução do TRT4 revela que o colegiado, a exemplo do que fizera a Seção Especializada do TRT9, *também* adotou a compreensão jurídica de que de que a responsabilidade do sócio retirante é consequência jurídica de ele se ter beneficiado do trabalho prestado pelo empregado e que essa responsabilidade cessa na data de sua saída da sociedade, assim compreendida a data da averbação, na Junta Comercial, da alteração contratual por meio da qual o sócio retirante formaliza sua saída da sociedade.

Antes de cotejar as Orientações Jurisprudenciais em questão, será útil conhecer os fundamentos jurídicos adotados pelo TRT4 nos julgamentos precedentes que conduziram à aprovação da OJ nº 48, de modo que o operador jurídico disponha dos elementos que conformaram as razões destes julgamentos da Seção Especializada do Tribunal Regional do Trabalho do Rio Grande do Sul.

Foram quatro (4) os precedentes. No primeiro precedente, restou assentado: "O ex-sócio é responsável pelas obrigações decorrentes do período em que integrou formalmente os quadros societários da empresa executada". No corpo do acórdão, é citada ementa de caso semelhante, no qual foi excluído, da responsabilidade do sócio retirante, o pagamento das parcelas rescisórias, uma vez que a saída do sócio retirante da sociedade foi anterior à rescisão do contrato do trabalho do credor trabalhista. O precedente foi o julgamento realizado no Agravo de Petição nº 0070300-71.2003.5.04.0025 (AP), no qual atuou como Relatora a Des. Maria da Graça Ribeiro Centeno, publicado da data de 18.06.2013.

No segundo precedente, restou assentado na ementa: "Redirecionamento da execução. Sócios retirantes. Responsabilidade. Proporcionalidade. Caso em que o período em que coincidiram o contrato de trabalho da exequente e a condição dos agravantes de sócios da empresa devedora foi de aproximadamente 13 (treze) meses do período não prescrito e ao qual diz respeito parte do débito em execução. Tendo os sócios se beneficiado da força de trabalho da empregada, devem responder pelo débito, mas proporcionalmente ao período em que, concomitantemente ao contrato de trabalho, integraram o quando social da empresa devedora". O precedente foi o julgamento realizado no Agravo de Petição nº 0007800-94.2001.5.04.0006 (AP), no qual atuou como Relator o Des. Wilson Carvalho Dias, publicado da data de 10.09.2013.

No terceiro precedente, restou assentado: "A responsabilidade do sócio retirante pelo pagamento dos créditos trabalhistas deve ser proporcional ao período em que se beneficiou dos serviços prestados pelo trabalhador, ou seja, no lapso em que há concomitância entre a condição de sócio e o contrato de trabalho objeto da ação". O precedente foi o julgamento realizado no Agravo de Petição nº 0000191-40.2012.5.04.0761 (AP), no qual atuou com Relator o Des. George Achutti, publicado da data de 26.11.2013.

No quarto precedente, restou assentado: "A responsabilidade do sócio retirante é proporcional ao período em que se beneficiou do trabalho, limitada ao prazo de dois anos após a averbação da saída do sócio da sociedade devedora". O precedente foi o julgamento realizado no Agravo de Petição nº 0000090-49.2010.5.04.0251 (AP), no qual atuou como Relatora a Des. Lucia Ehrenbrinck, publicado da data de 18.02.2014.

Realizado esse breve inventário dos precedentes que conduziram à aprovação das referidas orientações jurisprudenciais, é chegada a hora de passar ao cotejo da jurisprudência que, sobre o tema da responsabilidade patrimonial do sócio retirante, se formou no Tribunal Regional do Trabalho da 9ª Região e no Tribunal Regional do Trabalho da 4ª Região.

3.15 O cotejo das OJs: OJ nº 40, V, do TRT9 x OJ nº 48 do TRT4

A Orientação Jurisprudencial nº 40, V, da Seção Especializada em Execução do TRT9 estabelece: "Pessoa jurídica. Sócio retirante. Limite da responsabilidade. O sócio responde por parcelas devidas até a data de sua saída devidamente registrada no órgão oficial, exceto se houver constituição irregular da sociedade, quando a responsabilidade torna-se ilimitada".

Já a Orientação Jurisprudencial nº 48 da Seção Especializada em Execução do TRT4 estabelece: "Redirecionamento da execução. Sócio retirante. A responsabilidade do sócio retirante é proporcional ao período em que se beneficiou do trabalho do credor, constituindo o valor devido no resultado obtido pela divisão do total da condenação pelo número de meses do período objeto do título executivo e multiplicado pelo período relativo à participação do sócio retirante na empresa".

Merece destaque o fato de que ambas as orientações jurisprudenciais foram aprovadas em data *anterior* ao advento da Reforma Trabalhista instituída pela Lei nº 13.467/2017, que viria positivar a limitação temporal da responsabilidade do sócio retirante no art. 10-A da CLT. Nada obstante aprovadas em data anterior à Reforma Trabalhista, o advento da Lei nº 13.467/2017 não teve o condão de conduzir à modificação do enunciado das referidas orientações jurisprudenciais, visto que, como é de se presumir, se compreendeu, no âmbito de cada tribunal, que as OJs se apresentavam em conformidade com os parâmetros fixados no art. 10-A da CLT reformada acerca da delimitação da responsabilidade do sócio retirante.

A distinção entre as OJs em cotejo, quando da *comparação dos respectivos enunciados*, radica na particularidade do critério pelo qual se realiza a definição da *extensão* da responsabilidade do sócio retirante. Se na OJ nº 40, V, da Seção Especializada em Execução do TRT9 a extensão da responsabilidade do sócio retirante é *limitada* às "parcelas devidas *até a data de sua saída* devidamente registrada no órgão oficial", na OJ nº 48 da Seção Especializada em Execução do TRT4 a extensão da responsabilidade do sócio retirante é limitada de forma *"proporcional* ao período em que se beneficiou do trabalho do credor, constituindo o valor devido no *resultado* obtido pela divisão do total da condenação pelo número de meses do período objeto do título executivo e multiplicado pelo período relativo à participação do sócio retirante na empresa".

O enunciado da Orientação Jurisprudencial nº 40, V, do TRT9 mostra-se *mais consentâneo* às previsões dos arts. 1003 e 1032 do Código Civil e do art. 10-A da CLT, na medida em que limita as obrigações trabalhistas do sócio retirante de forma mais precisa, fazendo tal limitação com base no elemento objetivo fixado nos preceitos legais citados: *obrigações trabalhistas da sociedade, relativas ao* período *em que figurou como sócio*. Ao assim delimitar a responsabilidade do sócio retirante, a OJ nº 40, V, da Seção Especializada está a dizer, outrossim, que a responsabilidade do sócio retirante *não abrange obrigações trabalhistas constituídas* após *a data de sua retirada regular da sociedade*, assim compreendida a data da averbação, na Junta Comercial, da alteração contratual de sua retirada da sociedade.

Já o enunciado da Orientação Jurisprudencial nº 48 do TRT4 mostra-se *menos consentâneo* às previsões dos arts. 1003 e 1032 do Código Civil e do art. 10-A da CLT, na medida em que, ao invés de limitar a responsabilidade do sócio retirante às obrigações trabalhistas do período em que figurou como sócio, acaba por construir uma *fórmula de cálculo* que pode incluir, eventualmente, obrigações trabalhistas constituídas após a data da saída regular do sócio retirante da sociedade. É bem verdade que a oração inicial da Orientação Jurisprudencial indica que "a responsabilidade do sócio retirante é proporcional ao período em que se beneficiou do trabalho do credor".

Até aqui, a OJ nº 48 guarda conformidade à legislação de regência da matéria, nada obstante seja questionável a opção pelo emprego do vocábulo "proporcional", de equívoca compreensão. A partir daí, ou seja, depois da primeira oração, porém, ao optar por fixar uma *fórmula de cálculo*, a OJ afasta-se do critério legal de delimitação da responsabilidade do sócio retirante às obrigações trabalhistas do período em que figurou como sócio, para optar por estabelecer uma *fórmula de cálculo* pela qual a responsabilidade do sócio retirante passará a ser *quantificada* nos casos concretos. Trata-se de uma *fórmula de cálculo* de natureza proporcional.[95] Essa fórmula de cálculo proporcional é a seguinte: o valor devido pelo sócio retirante é o *resultado* obtido pela divisão do *total da condenação* pelo número de meses do período objeto do título executivo e multiplicado pelo período relativo à participação do sócio retirante na empresa.

A fórmula de cálculo adotada na OJ nº 48 do TRT4 apresenta um equívoco. Esse equívoco consiste na premissa matemática de adotar-se *sempre* o valor *total* da condenação da sociedade executada. Isso porque haverá casos em que, por exemplo, a regular retirada do sócio é *anterior* à rescisão do contrato de trabalho do credor trabalhista. Em tais casos, o sócio retirante não tem, por força da delimitação dos arts. 1003 e 1032 do Código Civil e do art. 10-A da CLT, responsabilidade pelo pagamento das parcelas rescisórias devidas pela sociedade e pelos sócios atuais. Consequentemente, em casos tais, não se poderá partir do *valor total da condenação*, visto que no valor total da condenação encontra-se computada parcela não devida pelo sócio retirante. Adotado, no exemplo citado, o valor total da condenação, a responsabilidade do sócio retirante resulta valor superior àquele devido, quando apurado de acordo com a legislação de regência. Voltando ao raciocínio: se o direito do credor trabalhista às parcelas rescisórias foi constituído *após* o período em que o sócio retirante figurara na sociedade, sua retirada regular implica a exclusão de sua responsabilidade quanto a estas parcelas rescisórias, que poderão, todavia, ser exigidas da sociedade e dos sócios atuais.

É interessante observar que, nos precedentes da Orientação Jurisprudencial nº 48 do TRT4, a fundamentação dos julgados orientou-se sob a inspiração hermenêutica extraída dos arts. 1003 e 1032 do Código Civil, ou seja, a responsabilidade do sócio retirante foi, nos precedentes, considerada *limitada* às obrigações trabalhistas constituídas à época de sua presença no contrato social da sociedade; e limitada, outrossim, às ações ajuizadas até dois (2) anos contados da averbação da alteração contratual da retirada do sócio. É o que se conclui do inventário dos precedentes da OJ nº 48 realizado no item 3.14 supra. Tivesse a Orientação Jurisprudencial guardado fidelidade estrita aos precedentes, a OJ nº 48 do TRT4 possivelmente apresentaria enunciado muito similar ao enunciado da OJ nº 40, V, do TRT9, o qual se revela mais adequado à legislação de regência da matéria existente à época de sua aprovação.

Ao aprovar a OJ nº 48, a Seção Especializada em Execução do TRT4 parece ter optado por uma solução de simplificação dos cálculos de liquidação de sentença, o que teria conduzido a um certo afastamento dos próprios precedentes e, consequentemente, a um certo afastamento dos preceitos legais à época existentes

---

[95] Aqui, parece estar a explicação da opção da Orientação Jurisprudencial pelo emprego do equívoco vocábulo "proporcional" na primeira oração do verbete.

sobre a matéria no direito positivo brasileiro, os arts. 1003 e 1032 do Código Civil. Diz-se que a Seção Especializada em Execução do TRT4 parece ter optado por uma solução de simplificação dos cálculos de liquidação de sentença, porque a fórmula de cálculo proposta na OJ nº 48 evitaria que se fizessem dois cálculos de liquidação: um primeiro cálculo do valor total da condenação (devido pela sociedade e pelos sócios atuais); e um segundo cálculo do valor devido pelo sócio retirante, limitado às parcelas objeto das obrigações trabalhistas constituídas no período em que o sócio integrava a sociedade.

Nada obstante a simplificação alcançada pela OJ nº 48 do TRT4 possa ter reconhecido eventual mérito, não parece que se possa placitar o correlato afastamento da legislação de regência da matéria que tal construção jurisprudencial acabou produzindo. O advento da Lei nº 13.467/2017, ao definir os limites da responsabilidade do sócio retirante no âmbito das relações de trabalho, opera como marco hermenêutico capaz de provocar a revisão da OJ nº 48 da Seção Especializada do Tribunal Regional do Trabalho da 4ª Região.

3.16 A contagem do prazo decadencial[96] de dois anos do art. 10-A da CLT

A dicção do art. 10-A da CLT revela que são dois (2) os *elementos cronológicos* que o operador jurídico há de considerar para aferir a ocorrência de eventual decadência do direito do credor de redirecionar a execução contra o sócio retirante. Preceitua o art. 10-A da CLT que "O sócio retirante responde subsidiariamente pelas obrigações da sociedade relativas ao período e que figurou como sócio, somente em ações ajuizadas até dois anos depois de averbada a modificação do contrato (...)". Estes dois elementos cronológicos estão reunidos na seguinte locução do preceito – *somente em ações ajuizadas* até dois anos *depois de* averbada *a modificação do contrato*.

Ao decompor a precitada locução do preceito legal, o operador jurídico identificará os *dois (2) elementos cronológicos* necessários à verificação do preenchimento do suporte fático que conduz à eventual incidência do dispositivo legal em estudo no caso concreto. Tais elementos cronológicos são, respectivamente: a) a data da averbação da alteração contratual; pela qual o sócio retirante formaliza

---

[96] Há divergência quanto à natureza jurídica do prazo de dois (2) previsto no art. 10-A da CLT. Na teoria jurídica, enquanto Thereza Nahas sustenta se tratar de prazo *decadencial* (*Novo Direito do Trabalho – Institutos fundamentais*. São Paulo: RT, 2017, p. 77-78.), para Antonio Umberto de Souza Júnior, Fabiano Coelho de Souza, Ney Maranhão e Platon Teixeira de Azevedo Neto é prescricional o prazo estipulado no art. 10-A da CLT (*Reforma trabalhista*: análise comparativa e crítica da Lei nº 13.467/2017. São Paulo: Rideel, 2017, p. 27). Na jurisprudência do TST, a divergência existente na teoria jurídica acabou por ser resolvida em favor da definição de que o art. 10-A da CLT encerra hipótese de prazo de natureza decadencial.

sua saída da sociedade; b) a data do ajuizamento da ação reclamatória trabalhista. Como soe ocorrer na ciência da hermenêutica jurídica, o núcleo da interpretação radica, respectivamente, nos verbos "averbada" e "ajuizadas", ambos no particípio, a remeter o intérprete, primeiramente, à data da averbação da alteração contratual e, depois, à data do ajuizamento da ação reclamatória trabalhista.

Em outras palavras, o primeiro elemento cronológico é a data de averbação, na Junta Comercial, da alteração contratual por meio da qual o sócio retirante formaliza sua saída da sociedade empresarial. E assim o é porque a saída do sócio retirante da sociedade somente adquire eficácia jurídica, em relação ao credor trabalhista, com a averbação desta alteração do contrato social da empresa na Junta Comercial, aspecto já estudado no item 3.10 deste capítulo.

O segundo elemento cronológico é a data do ajuizamento da ação reclamatória trabalhista, assim compreendida a data da propositura da demanda de conhecimento.

A data do redirecionamento da execução contra o sócio retirante é, a princípio, irrelevante. Esse redirecionamento costuma ocorrer vários anos após a propositura da demanda de conhecimento. Note-se que o preceito legal em estudo não se refere à data do redirecionamento da execução contra o sócio retirante. O legislador não inseriu a data do redirecionamento da execução ao sócio no suporte fático do preceito legal quando definiu o prazo legal dentro do qual há juridicidade em tal redirecionamento da execução. O que importa é saber se foi ultrapassado o prazo de dois (2) anos, previsto no art. 10-A da CLT, no caso concreto, assim compreendido o prazo decorrido entre a data da averbação da alteração contratual de saída do sócio retirante e a data do ajuizamento da ação reclamatória trabalhista.

Se já transcorridos mais de dois anos entre a data da averbação da alteração contratual de saída do sócio retirante e a data do ajuizamento da ação reclamatória trabalhista, o prazo de decadência estará consumado, inviabilizando o redirecionamento da execução contra o sócio retirante, que então estará liberado de qualquer responsabilidade pelas obrigações trabalhistas da sociedade executada, ainda quando constituídas à época em que o sócio retirante figurava na sociedade. Se, por outro lado, ainda não houver transcorrido mais de dois anos entre a data da averbação da alteração contratual de saída do sócio retirante e a data do ajuizamento da ação reclamatória trabalhista, o redirecionamento da execução contra o sócio retirante não estará atingido pela decadência e será, portanto, lícito tal redirecionamento da execução.

Maurício Godinho Delgado e Gabriela Neves Delgado enfrentaram o tema no âmbito da teoria jurídica à luz do art. 10-A da CLT e oferecem uma didática lição acerca desta questão. Ponderam os juristas: "Para o dispositivo legal da CLT, não importa a data de inserção do sócio no polo passivo do processo judicial contra a entidade societária, mesmo que essa inserção aconteça *vários anos após o início do processo trabalhista*; o que importa é que a respectiva ação seja ajuizada, para fins de futura e potencial responsabilização do sócio até, no máximo, 'dois anos depois de averbada a modificação do contrato' (caput do art. 10-A, *in fine*, CLT)".[97]

Ao magistério de Mauricio Godinho Delgado e Gabriela Neves Delgado soma-se a doutrina de Homero Batista Mateus da Silva. O jurista também sustenta que é irrelevante a data em que a execução foi redirecionada contra o sócio retirante; o que importa é que o ajuizamento da ação reclamatória trabalhista ocorra dentro do biênio previsto no art. 10-A da CLT, biênio este que é contado a partir da data da averbação da alteração contratual da saída do sócio retirante da sociedade. Cumpre dar a palavra a Homero Mateus Batista da Silva: "contanto que a ação esteja ajuizada, o sócio pode ser responsabilizado cinco, dez, quinze anos após, porque somente após a fase de conhecimento e o acertamento dos cálculos é que se descobrirá se a pessoa jurídica e os sócios atuais têm patrimônio suficiente para arcar com o débito".[98]

Para contratos de trabalho ainda em vigor, o prazo para o redirecionamento da execução contra o sócio retirante deve ser ampliado de dois (2) para cinco (5) anos, de modo que tal prazo se conforme à previsão do art. 7º, XXIX, da Constituição da República. Vale dizer, a norma do art. 10-A da CLT deve ter sua aplicação subordinada ao precitado comado da Constituição da República, ampliando-se para cinco (5) anos o prazo decadencial do art. 10-A da CLT quando estiver em questão o redirecionamento da execução contra o sócio retirante nos contratos de trabalho ainda em vigor.

Trata-se da mesma conformação à Constituição da República que se faz necessária na administração da prescrição intercorrente na execução nas situações em que o contrato de trabalho esteja ainda em vigor. Vale dizer, o prazo de dois (2) anos previsto no art. 11-A da CLT para a prescrição intercorrente deve ser ampliado para cinco (5) anos nos contratos de trabalho em vigor, de modo que o prazo prescricional intercorrente na execução trabalhista esteja subordinado ao comando do art. 7º, XXIX, da Constituição da República. Vale dizer, a prescrição intercorrente ocorre no prazo de cinco (5) quando se tratar de contrato de trabalho em vigor. Já para contratos de trabalho extintos, o prazo será de dois (2) anos, em observância aos preceitos legais de regência da matéria (CR, art. 7º, XXIX; CLT, arts. 11, *caput* e 10-A). Esse mesmo raciocínio vale para a definição do prazo decadencial do art. 10-A da CLT: a) será de cinco (5) anos nos contratos de trabalho em vigor; b) será de dois (2) nos contratos de trabalho extintos.

---

[97] *A reforma trabalhista no Brasil*. São Paulo: LTr, 2017, p. 110.
[98] *Comentários à reforma trabalhista*. São Paulo: RT, 2017, p. 16.

3.17 Direito de regresso do sócio retirante. Fundamento legal. Competência. Prescrição

A teor dos art. 346, III, e do art. 349 do Código Civil, o sócio retirante tem direito de regresso para obter o ressarcimento do valor desembolsado quando chamado a responder pelas obrigações trabalhistas da sociedade. Esse é o fundamento jurídico do direito de regresso que lhe é assegurado pela legislação; quando o sócio retirante é chamado a responder pelas obrigações trabalhistas da sociedade, o pagamento que realiza ele o faz, de acordo com a dicção do art. 346, III, do Código Civil, na condição jurídica de "terceiro interessado, que paga a dívida pela qual era ou podia ser obrigado, no todo ou em parte".

Trata-se de pagamento realizado por sub-rogação. Ao realizar o pagamento na modalidade de sub-rogação, o sócio retirante sub-roga-se no direito de exigir da sociedade e dos sócios remanescentes o valor desembolsado, passando a ocupar a condição jurídica de *novo credor* em razão da sub-rogação gerada pelo pagamento por ele efetuado na execução trabalhista. Assim o é porque o art. 349 do Código Civil estabelece que "a sub-rogação transfere ao novo credor todos os direitos, ações, privilégios e garantias do primitivo, em relação à dívida, contra o devedor principal e os fiadores".

A ação de ressarcimento pode ser ajuizada pelo sócio retirante tanto contra a sociedade quanto contra os sócios remanescentes; pode ser ajuizada também contra ambos.

Embora o direito de regresso tenha origem em pagamento realizado na jurisdição trabalhista, a competência para a respectiva ação de ressarcimento não é da Justiça do Trabalho, uma vez que o litígio entre sócio retirante e sociedade/sócios remanescentes caracteriza demanda de direito societário, e não demanda derivada de relação de trabalho.

A prescrição é bienal, por força do art. 439 do Código Civil. A conclusão decorre do fato de que o pagamento realizado pelo sócio retirante tipifica pagamento por sub-rogação, situação jurídica que atrai a incidência do art. 439 do Código Civil. Esse preceito, ao estabelecer que "a sub-rogação transfere ao novo credor" – o sócio retirante – "todos os direitos, ações, privilégios e garantias do primitivo, em relação à dívida, contra o devedor principal e os fiadores", confere ao sócio retirante ação de ressarcimento com prazo prescricional de dois (2) anos para reaver o valor desembolsado – o mesmo prazo prescricional da ação reclamatória trabalhista. Ou seja, a prescrição da ação ressarcitória *derivada* do pagamento por sub-rogação é a mesma prescrição da ação trabalhista *originária*. A sub-rogação confere ao sócio retirante a condição jurídica de *novo credor*, dotado de direito de ação submetido a mesma prescrição do *credor originário* – o credor trabalhista (CF, art. 7º, XXIX; CLT, art. 11). Essa é a inteligência do art. 349 do Código Civil.

Conforme foi assentado pelo STJ no julgamento do Recurso Especial nº 1.707.790 – SP, j. 14.12.2021, Rel. Min. Marco Aurélio Bellizze Oliveira, *DJe* 17.12.2021: "na hipótese, levando-se em consideração que o débito sobre o qual se operou a sub-rogação ostenta a natureza trabalhista, a prescrição da pretensão ressarcitória deve observar o prazo bienal estabelecido no art. 7º, XXIX e reiterado no art. 11 da Consolidação das Leis do Trabalhistas".[99]

---

[99] A pesquisa jurisprudencial foi realizada pelo advogado Alexandre Ezechiello, a quem agradeço a contribuição.

CAPÍTULO 4

A DESCONSIDERAÇÃO DA PERSONALIDADE JURÍDICA NA EXECUÇÃO TRABALHISTA. A DESCONSIDERAÇÃO INVERSA DA PERSONALIDADE JURÍDICA

> *Os sócios usufruem os lucros, mas ficam isentos das perdas, enquanto os empregados sofrem as perdas, mas não participam dos lucros. A injustiça dessa situação é evidente, clamando por uma reforma que corrija essa absurda proteção do devedor, em detrimento do credor.*
> Wagner D. Giglio

4.1 O Direito atendeu à Economia

Até o surgimento das sociedades personificadas de responsabilidade limitada, a atividade econômica era desenvolvida sob responsabilidade pessoal. Fosse um único empreendedor, fossem vários os empreendedores reunidos para a exploração de atividade econômica, a responsabilidade recaía sobre a pessoa natural dos empresários. As sociedades empresariais eram identificadas pelos sobrenomes das pessoas naturais que se associavam para empreender. Por conseguinte, a responsabilidade pelas obrigações contraídas no desenvolvimento da atividade econômica incumbia à pessoa natural dos titulares do empreendimento, que então respondiam também com seu patrimônio pessoal pelos débitos decorrentes da exploração econômica empreendida.

A criação das sociedades personificadas de responsabilidade limitada ocorre no Direito Moderno para conferir segurança jurídica aos sócios, os quais pretendiam ter seu patrimônio pessoal preservado na hipótese de insucesso da atividade econômica empreendida. Não estando o patrimônio pessoal dos sócios sujeito a responder pelas obrigações contraídas no desenvolvimento da atividade econômica, o progresso da economia estaria permanentemente estimulado pela perspectiva dos novos empreendimentos que a livre iniciativa fomentaria.

Sob o influxo do ideário do Liberalismo Econômico fundado pela Revolução Industrial na Inglaterra e, depois, pela Revolução Francesa de 1789, o engenho jurídico concebe então um ente abstrato que responderá com o próprio patrimônio pelas obrigações que venha a contrair perante terceiros (clientes, fornecedores, empregados, etc.), deixando a salvo o patrimônio individual da pessoa natural dos sócios integrantes desse sujeito coletivo. Estava aberto o caminho pelo qual seria possível estimular a atividade econômica sem colocar sob risco o patrimônio pessoal dos empreendedores. *Jorge Pinheiro Castelo* contextualiza o surgimento da personalidade jurídica na história da economia, observando que "a personalidade jurídica das empresas, tal como existe hoje, é uma criação técnica jurídica do Estado liberal para garantir o desenvolvimento do capitalismo".[100]

O engenho jurídico faz nascer o ente abstrato da sociedade personificada de responsabilidade limitada.[101] A Ciência do Direito atribui ao ente empresarial personalidade jurídica distinta da personalidade natural da pessoa dos sócios. Mas esse sujeito moral não passa de uma ficção teórica com a qual a formulação jurídica logra superar o fato objetivo de que a atividade econômica tem por atores determinadas pessoas naturais. Essas pessoas naturais estarão sempre por trás da sociedade empresarial. A propósito, cumpre recordar a pertinência da advertência de *José Augusto Rodrigues Pinto*, quanto à necessidade de estudar esse instituto jurídico em profundidade: "É por isso que o Direito, mais talvez do que nenhum outro campo da vida, nos exige um permanente esforço de estudo para alcançar as verdades que oculta debaixo de suas aparências. Está nesse caso a questão da responsabilidade pessoal e patrimonial do sócio na execução de sentença que condena sociedade da qual participa".[102]

4.2 A máscara e o véu

Por detrás da *persona* está o ator do teatro grego. Somente quando esse retira a máscara com a qual atua no palco é que se pode identificar quem é de fato o ator. Há uma certa simetria entre essa particular característica do teatro grego e o fenômeno da desconsideração da personalidade jurídica na execução.[103] É que por detrás da sociedade empresarial personalizada estão os atores da respectiva atividade econômica. Os atores da atividade econômica são os sócios, pessoas

---

[100] *O direito material e processual do trabalho e a pós-modernidade*. São Paulo: LTr, 2003, p. 349.

[101] A sociedade empresarial de responsabilidade limitada surge na Inglaterra, em 1862; na Alemanha, em 1892; em Portugal, em 1901; na Áustria, em 1906; no Brasil, em 1919 (FERREIRA, 1952, p. 324 et seq.)

[102] *Execução trabalhista*. 11. ed. São Paulo: LTr, 2006, p. 118.

[103] A máscara transforma-se em véu: na doutrina do direito anglo-americano, a teoria do superamento da personificação societária tem sido identificada também pela expressão *lift the corporate veil*. Em tradução livre, a expressão significa o *levantamento do véu da corporação societária*.

naturais que se utilizam da máscara dessa personalidade moral que a ordem jurídica autoriza seja constituída para facilitar a exploração econômica.

A personificação societária constitui um criativo artifício admitido pela ordem jurídica para estimular os empreendedores econômicos à atividade produtiva, mediante a distinção – criada por ficção jurídica – entre o patrimônio da sociedade personificada e o patrimônio particular dos sócios da pessoa jurídica. Logo se percebe que se tratou de uma postulação da ordem econômica à ordem jurídica, de modo a preservar-se o patrimônio dos sócios quanto às obrigações contraídas pela sociedade empresarial personificada.

Desse modo, a sociedade empresarial personificada constituiu-se sob a concepção de que, em princípio, as suas obrigações são garantidas pelo patrimônio da sociedade empresarial e não pelo patrimônio pessoal de seus sócios. A ficção jurídica admitida pelo sistema de Direito distingue ambos os patrimônios, os quais não se comunicariam. A regra da autonomia patrimonial estava prevista no *caput* do art. 20 do Código Civil de 1916, de forma expressa.[104] Embora não tenha sido reproduzida no Código Civil vigente, essa regra subsiste implicitamente na ordem jurídica atual. A regra da autonomia patrimonial está prevista implicitamente, por exemplo, no art. 1.024 do CC;[105] no art. 795 do CPC[106] e no §3º do art. 4º da Lei nº 6.830/80.[107]

A personalidade jurídica, porém, submete-se à ordem constitucional que serve de fundamento de validade a todos os institutos jurídicos. Significa dizer que a personalidade jurídica está vinculada ao programa constitucional de forma geral e de forma específica está vinculada ao valor social da livre iniciativa (CF, art. 1º, IV) e à função social da propriedade privada (CF, art. 5º, XXIII e art. 170, III), razão por que sua atividade deve guardar as balizas do interesse maior da sociedade. Em outras palavras, a personificação societária tem função econômica e social e não pode ser instrumento para fraude ou abuso de direito.

Rubens Requião foi o pioneiro a tratar desse tema entre nós. Sob o influxo do progresso da técnica da desconsideração da personalidade jurídica nos países de *common law*, Rubens Requião publicou um importante ensaio sobre o tema, em 1969. O autor ponderava que, "diante do abuso de direito e da fraude no uso da personalidade jurídica, o juiz brasileiro tem o direito de indagar, em seu livre convencimento, se há de consagrar a fraude ou o abuso de direito, ou se deva

---

[104] CC/1916: "Art. 20. As pessoas jurídicas têm existência distinta da dos seus membros".
[105] CC/2002: "Art. 1.024. Os bens particulares dos sócios não podem ser executados por dívidas da sociedade, senão depois de executados os bens sociais".
[106] CPC/2015: "Art. 795. Os bens particulares dos sócios não respondem pelas dívidas da sociedade, senão nos casos previstos em lei".
[107] Lei nº 6.830/80: "Art. 4º. (...). §3º. Os responsáveis, inclusive as pessoas indicadas no §1º deste artigo, poderão nomear bens livres e desembaraçados do devedor, tantos quantos bastem para pagar a dívida. Os bens dos responsáveis ficarão, porém, sujeitos à execução, se os do devedor forem insuficientes à satisfação da dívida".

desprezar a personalidade jurídica, para, penetrando em seu âmago, alcançar as pessoas e bens que dentro dela se escondem para fins ilícitos ou abusivos" (*Apud* LORENZETTI, 2003, p. 170).

É a necessidade de expansão da atividade econômica que explica a *ficção da pessoa jurídica*. Daí a conclusão de *José Augusto Rodrigues Pinto*, de que "só enquanto ela servir estrita e legitimamente a essa necessidade merecerá consideração distinta das pessoas físicas que a instituíram e o tratamento separatista que lhes dá a lei".[108] O autor está a se referir à *separação* dos patrimônios estabelecida por força da lei. A legislação separa o patrimônio da sociedade (pessoa jurídica) do patrimônio do sócio (pessoa natural), fazendo-o sob o pressuposto teórico da autonomia patrimonial conferida a cada uma dessas esferas jurídicas.

No âmbito da experiência justrabalhista, a natureza indisponível dos direitos sociais e o princípio da primazia da realidade explicam a rápida assimilação da teoria da desconsideração da personalidade jurídica pelo Direito do Trabalho, diversamente do que ocorreu em outros ramos do direito mais formalistas. A luz que o princípio da primazia da realidade lança sobre a matéria permitiu perceber de imediato que a personalidade jurídica "não passa de uma veste, de um expediente que encobre certas necessidades do mundo jurídico", como preleciona *Arion Sayão Romita*.[109]

4.3 A autonomia patrimonial como pressuposto teórico da sociedade personificada

A ideia de autonomia patrimonial está pressuposta na concepção da sociedade personificada. A atribuição de uma personalidade jurídica distinta a esse ente abstrato permite edificar teoricamente a noção de autonomia patrimonial: o patrimônio societário do sujeito coletivo empresarial não se comunica com o patrimônio pessoal dos sócios e vice-versa. As respectivas obrigações permanecem em separado. Vale dizer, pelas obrigações da sociedade personificada responde apenas o patrimônio desse ente abstrato. Pelas obrigações pessoais do sócio responde apenas o patrimônio pessoal de cada sócio obrigado.

Não haveria vasos comunicantes entre patrimônio societário e patrimônio pessoal dos sócios. Essa é a ideia central que preside a concepção de personalidade jurídica da sociedade empresária: a ordem jurídica reconhece haver distinção patrimonial – autonomia patrimonial é a expressão consagrada na teoria do Direito – entre pessoa jurídica e pessoa natural dos respectivos sócios, distinção

---

[108] *Execução trabalhista*. 11. ed. São Paulo: LTr, 2006, p. 120.
[109] Aspectos do processo de execução trabalhista à luz da Lei nº 6.830/80. *Revista* LTr, 45-91/1.039.

que se expressa no reconhecimento de existência de autonomia – no sentido de independência – entre o patrimônio da sociedade e o patrimônio dos sócios.

Porém, a autonomia patrimonial reconhecida à sociedade personificada não constitui um salvo conduto atribuído pela ordem jurídica para isentar os sócios de responsabilidade por seus atos empresariais. Objetiva, antes, facilitar à pessoa jurídica o exercício de sua *regular* função social na vida econômica.[110] Na presença do desenvolvimento regular da atividade econômica pela sociedade empresarial, o sistema legal assegura eficácia jurídica à personificação societária, distinguindo entre patrimônio social e patrimônio particular do sócio, numa formal disjunção jurídica pela qual se distingue a responsabilidade que recai sobre o patrimônio da sociedade empresarial da responsabilidade que recai sobre o patrimônio particular dos sócios.

Na medida em que, porém, a função social da personalidade jurídica é desvirtuada pela prática de atos irregulares de seus integrantes, em detrimento de terceiros, a autonomia patrimonial antes assegurada como condição de estímulo ao empreendedorismo econômico cede em favor da recomposição da integridade da ordem jurídica, uma vez que a personificação societária não pode ser utilizada pelos sócios para a consecução de fins contrários à ordem jurídica. Ocorrendo tal desvirtuamento no uso da personificação societária, a ordem jurídica excepciona a regra da autonomia patrimonial e passa a admitir a comunicação entre os patrimônios, neutralizando a eficácia jurídica inicialmente conferida à personificação societária, de modo a responsabilizar diretamente os sócios pelas obrigações da sociedade. O Direito, que concede eficácia jurídica à autonomia patrimonial da sociedade empresarial, mediante uma construção teórica pela qual se objetiva estimular a atividade do empreendimento econômico dos sócios enquanto sujeitos da economia, é o mesmo Direito que retira essa eficácia jurídica quando a autonomia patrimonial degenera em abuso de direito, geralmente caracterizado pela violação à cláusula da responsabilidade patrimonial, norma de ordem pública segundo a qual o devedor responde por suas obrigações com seus bens presentes e futuros (CPC. art. 789).

É o que ocorre na desconsideração da personalidade jurídica da sociedade executada, de acordo com o magistério de *Ovídio A. Baptista da Silva* (2002, p. 73). Depois de assinalar a contribuição dos juristas alemães para o desenvolvimento da teoria da desconsideração da personalidade jurídica, o célebre jurista observa que a doutrina contemporânea admite superar a separação entre o patrimônio da sociedade e o patrimônio dos sócios "quando a sociedade seja utilizada pelos sócios com o fito de prejudicar terceiros, ou sirva de anteparo para permitir a prática de negócios ilegais". Entendimento semelhante é adotado por *José Augusto*

---

[110] O estudo da teoria da desconsideração da personalidade jurídica evoca o fundamento da República do valor social da livre iniciativa (CF, art. 1º, IV).

Rodrigues Pinto. A erudição do jurista baiano justifica a transcrição integral de seu pensamento sobre o tema: "A concepção dessa teoria é tão simples quanto a realidade da qual foi extraída: ela autoriza *descerrar-se o véu* que protege a intimidade do corpo social (*to pierce the Corporate Veil*) para, com a visão nítida de seu corpo interior, localizar as distorções de finalidade impostas à *pessoa jurídica* pelas *pessoas físicas* que a compuseram".[111]

A teoria da desconsideração da personalidade jurídica adquiriu dimensão internacional, conforme revelam as pesquisas de direito comparado.[112]

4.4 Conceito

No âmbito do Direito do Trabalho, a desconsideração da personalidade jurídica da sociedade personificada tem sido conceituada como a declaração de ineficácia da personalidade jurídica quando a separação entre o patrimônio da sociedade e o patrimônio dos sócios constituir obstáculo ao cumprimento das obrigações trabalhistas, sem, contudo, anular a existência da sociedade validamente constituída.

Não se trata de negar a existência ou a validade da sociedade personificada regularmente constituída, mas de afastar a eficácia jurídica ordinariamente reconhecida à autonomia patrimonial existente entre sociedade e sócios quando essa autonomia entre os patrimônios for oposta como barreira ao atendimento de obrigação trabalhista em determinado caso concreto. Vale dizer, a sociedade personificada permanece incólume na sua existência, não se cogitando de desfazimento do ato jurídico constitutivo da personalidade societária. A superação da autonomia patrimonial é apenas um episódio pontual na vida da personalidade societária; um episódio pontual que se manifesta no plano da eficácia jurídica. A distinção entre a personalidade da sociedade e a pessoa dos sócios continua a subsistir como regra, nada obstante em determinado caso concreto seja desconsiderada excepcionalmente, para impedir que obrigações sejam frustradas pelo efeito jurídico ordinário da personificação jurídica no que diz respeito à separação dos patrimônios. É que a autonomia patrimonial não pode encobrir fraudes praticadas pelos sócios sob o escudo da personificação societária.

A doutrina de *Wilson de Souza Campos Batalha* esclarece que os aspectos conceituais da personificação societária cedem em favor de soluções sociais. Neste contexto, a personalidade jurídica não deve ser compreendida como um

---

[111] *Execução trabalhista*. 11. ed. São Paulo: LTr, 2006, p. 124 – itálicos no original.
[112] A teoria da desconsideração da personalidade jurídica é identificada de diferentes formas no direito comparado, mas o conteúdo é sempre o mesmo: a superação do formalismo jurídico da personificação societária, na perspectiva do vertical resgate do princípio da responsabilidade patrimonial dos sócios. No direito norteamericano: *disregard of legal entity*; no direito italiano: *superamento della personalità giuridica*; no direito argentino: *teoría de la penetración*; no direito francês: *mise à l'écart de la personalité morale*.

obstáculo à atuação da ordem jurídica. Pondera o jurista: "Os conceitos de pessoas físicas (individuais) e de pessoas jurídicas (coletivas) unificam-se como centros abstratos de imputação. Porque criações do Direito, esses conceitos não são absolutos e devem adaptar-se às conjunturas e aos comportamentos sociais, que variam com os tempos e os povos. Por isso, tais conceitos *não constituem barreiras intransponíveis* quando se trata de encontrar soluções de cunho eminentemente social que poderiam aparentemente atritar-se com conceitos abstratos".[113]

Edificada sobre o princípio da boa-fé, a *disregard doctrine*, no âmbito do Direito do Trabalho, funda-se na premissa de que a simples invocação da autonomia patrimonial da sociedade e de seus sócios como obstáculo ao cumprimento de obrigações trabalhistas caracteriza abuso de direito na utilização da pessoa jurídica. Isso porque se considera que a personalidade jurídica é aproveitada de forma abusiva quando se antepõe ao cumprimento de obrigação trabalhista o óbice da separação patrimonial existente entre sociedade e sócios, solução jurídica que pode ser compreendida diante da relevância que o sistema de direito reconhece ao crédito decorrente da prestação do trabalho humano. O abuso de direito na utilização da personificação societária configura-se *in re ipsa* sempre que a autonomia patrimonial é invocada para sonegar obrigação decorrente de direito de natureza indisponível, como é o caso dos direitos trabalhistas.[114]

4.5 Natureza jurídica: vício estrutural ou vício funcional?

A desconsideração da personalidade jurídica não decorre de um defeito no ato de constituição da sociedade. Quando há um defeito na constituição da sociedade, considera-se que se trata de um *vício estrutural* e o ato jurídico da constituição societária é examinado sob o *aspecto estático*.

Havendo um defeito estrutural na constituição da sociedade, poder-se-á cogitar da invalidação de seus atos constitutivos. Mas não é disso que cogita a doutrina da desconsideração da personalidade jurídica da sociedade.

A desconsideração da personificação societária surge como remédio para reparar um defeito de *funcionalidade* da sociedade. Esse defeito caracteriza-se quando a personalidade jurídica é utilizada com finalidade distinta daquela para a qual a figura da sociedade personificada foi concebida pela ordem jurídica. Esse defeito de funcionalidade caracteriza-se quando a separação patrimonial gerada

---

[113] Desconsideração da personalidade jurídica na execução trabalhista – Responsabilidade dos sócios em execução trabalhista contra a sociedade. *Revista LTr*, 58-11/297.

[114] "Não vemos, portanto, como fugir às conclusões do multicitado *Justen Filho*, o segundo o qual sempre que a distinção patrimonial entre pessoa jurídica e seus sócios implicar a frustração de direitos indisponíveis o abuso encontra-se *in re ipsa*" (LORENZETTI, 2003, p. 198).

pela personificação societária é oposta como obstáculo à satisfação de obrigações trabalhistas, configurando abuso de direito na utilização da personalidade jurídica da sociedade (CLT, art. 9º[115] c/c CC, art. 187[116]).

Na desconsideração da personalidade jurídica da sociedade, há um defeito de *funcionalidade* no uso da personificação societária, razão por que se considera que se trata de um *vício funcional* e o ato jurídico é examinado sob o *aspecto dinâmico*. O vício não está na constituição da sociedade; surge na concreta execução dos atos sociais, quando a existência da personalidade jurídica é invocada como obstáculo à satisfação das obrigações trabalhistas.

Portanto, a *teoria da nulidade dos atos jurídicos* está para os *vícios estruturais* da constituição da sociedade personificada, assim como a *teoria da desconsideração da personalidade jurídica* está para o *vício funcional* de utilizar-se a personificação societária abusivamente. Esse vício funcional radica no uso abusivo da personalidade jurídica da sociedade pelos sócios, com a finalidade de elidir a respectiva responsabilidade pelas obrigações trabalhistas contraídas sob o pálio da autonomia patrimonial.

4.6 Uma teoria destinada à sociedade limitada e à sociedade anônima

A aplicação da teoria da desconsideração da personificação societária tem por antecedente lógico a existência de uma sociedade personificada regularmente constituída. Por isso mesmo, o interesse prático na aplicação da *disregard doctrine* apresenta-se restrito às sociedades anônimas e às sociedades de responsabilidade limitada, as quais têm por característica jurídica a autonomia patrimonial entre o ente coletivo (a sociedade) e seus membros integrantes (as pessoas naturais ali associadas).

A doutrina é pacífica ao afirmar que a aplicação da teoria da desconsideração da personalidade jurídica tem por destinatárias as sociedades anônimas e as sociedades por quotas de responsabilidade limitada, sobretudo essas últimas. É que o direito reconhece a essas sociedades existência independente de seus integrantes. E, por consequência, há autonomia patrimonial entre sociedade e sócios. É sobre a eficácia jurídica dessa autonomia patrimonial – e sua relativização em determinados casos concretos – que se desenvolve a teoria da superação da personalidade jurídica.

---

[115] CLT: "Art. 9º. Serão nulos de pleno direito os atos praticados com o objetivo de desvirtuar, impedir ou fraudar a aplicação dos preceitos contidos na presente Consolidação".
[116] CC: "Art. 187. Também comete ato ilícito o titular de um direito que, ao exercê-lo, excede manifestamente os limites impostos pelo seu fim econômico ou social, pela boa-fé ou pelos bons costumes".

A teoria não se aplica, porém, quando os sujeitos sociais não chegam a constituir uma sociedade personificada. É o caso, por exemplo, das sociedades de fato. O Código Civil as denomina de sociedades não personificadas. São sociedades cuja existência não foi registrada perante a Junta Comercial. Nesse caso, os sujeitos sociais respondem solidária e ilimitadamente pelas obrigações da sociedade, de modo que a desconsideração da personalidade jurídica não tem aqui interesse prático.[117] Na execução contra a sociedade não personificada, o patrimônio da pessoa natural dos sujeitos sociais que responderá pelas obrigações *conjuntamente* com os bens sociais que guarnecem a empresa. Não se lhes reconhece a autonomia patrimonial conferida às sociedades de direito, assim consideradas as sociedades personificadas e, como tal, regularmente registradas na Junta Comercial.

Nas sociedades de responsabilidade limitada, porém, a relevância da teoria da desconsideração apresenta-se evidente, na medida em que a ordem legal assegura eficácia jurídica ao conceito de autonomia patrimonial como forma de estímulo ao empreendimento da atividade econômica. Contudo, a ordem jurídica também exige da sociedade personificada o cumprimento de sua função social, não admitindo seja ela manipulada para acobertar a atividade social irregular da pessoa dos sócios. É nesse contexto que ganha relevância a observação de *José Augusto Rodrigues Pinto* acerca do dever dos sócios utilizarem a personalidade jurídica da sociedade em conformidade com os fins do direito: "a cada instante em que a *pessoa física* faz mau uso da *pessoa jurídica* por ela criada, o Direito tem que reagir, graças a sua índole intolerante com a manipulação abusiva dos instrumentos de relação que regula".[118]

Quando a conduta irregular dos sócios macula a função social da sociedade personificada, o Direito do Trabalho reconhece então a ocorrência de abuso de direito no uso da personalidade jurídica, situação em que o resgate da supremacia da ordem jurídica se faz pela aplicação da teoria da desconsideração da personalidade jurídica da sociedade, de modo a apagar as linhas imaginárias com que o Direito autonomiza o patrimônio da sociedade do patrimônio dos sócios.

4.7 Sociedades por quotas de responsabilidade limitada: a responsabilidade é a morada do sócio

O recurso à teoria da desconsideração da personalidade jurídica da sociedade personificada não se faz necessário quando a ordem legal já prevê a responsabilização pessoal de seus administradores. É o que ocorre, por exemplo,

---

[117] CC: "Art. 990. Todos os sócios respondem solidária e ilimitadamente pelas obrigações sociais excluído do benefício de ordem, previsto no art. 1.024, aquele que contratou pela sociedade".
[118] *Execução trabalhista*. 11. ed. São Paulo: LTr, 2006, p. 123-4.

nas hipóteses previstas no art. 1.016 do Código Civil,[119] no art. 135, III, do Código Tributário Nacional[120] e nos arts. 116, parágrafo único, e 117 da Lei nº 6.404/76.[121] Nesses casos, os administradores da sociedade são responsabilizados pessoalmente pela prática de ato ilícito na gestão da sociedade. Porém, aqui a responsabilidade não decorre da desconsideração da personalidade jurídica da sociedade, mas da existência de legislação específica que sanciona determinadas condutas irregulares praticadas pelos administradores no exercício da direção da atividade empresarial.

A relevância da desconsideração da personalidade jurídica da sociedade emerge quando a legislação não prevê uma imputação direta de responsabilidade aos sócios ou aos administradores, o que ocorre com frequência nas sociedades por quotas de responsabilidade limitada.

A sociedade por cotas de responsabilidade limitada é considerada sociedade de pessoas e não sociedade de capital. A pessoa de cada sócio é fundamental tanto para a constituição da sociedade (*affectio societatis*) quanto para o desenvolvimento da atividade econômica da empresa e de suas relações com o mercado. Se, nas sociedades de capital, a impessoalidade dos acionistas é o traço fundamental da vida corporativa, nas sociedades por quotas de responsabilidade limitada a qualidade da pessoa de cada sócio é relevante tanto para a formação do sujeito coletivo quanto para a celebração de negócios com os demais agentes econômicos e também para aferir-se o crédito que a sociedade merece no mercado.

É a confiança recíproca existente entre seus membros que fundamenta a responsabilidade dos sócios pelas obrigações da sociedade, pois todos participam, diretamente ou por delegação de poderes, da gestão: o administrador é mero representante dos demais integrantes da sociedade limitada (CC, art. 1.011, §2º).[122] A consequência jurídica é a de que todos os sócios respondem pelos atos de gestão do gerente. Assim como os sócios beneficiam-se do êxito econômico da gestão

---

[119] CC: "Art. 1.016. Os administradores respondem solidariamente perante a sociedade e os terceiros prejudicados, por culpa no desempenho de suas funções".

[120] CTN: "Art. 135. São pessoalmente responsáveis pelos créditos correspondentes a obrigações tributárias resultantes de atos praticados com excesso de poderes ou infração de lei, contrato social ou estatutos:
(...)
III – os diretores, gerentes ou representantes de pessoas jurídicas de direito privado".

[121] Lei nº 6.404/76: "Art. 116. Entende-se por acionista controlador a pessoa, natural ou jurídica, ou o grupo de pessoas vinculadas por acordo de voto, ou sob controle comum, que:
(...)
Parágrafo único. O acionista controlador deve usar o poder com o fim de fazer a companhia realizar o seu objeto e cumprir sua função social, e tem deveres e responsabilidades para com os demais acionistas da empresa, os que nela trabalham e para com a comunidade em que atua, cujos direitos e interesses deve lealmente respeitar e atender.
Art. 117. O acionista controlador responde pelos danos causados por atos praticados com abuso de poder.
§1º. São modalidades de exercício abusivo de poder:
(...)
c) promover alteração estatutária, emissão de valores mobiliários ou adoção de políticas ou decisões que não tenham por fim o interesse da companhia e que visem a causar prejuízo a acionistas minoritários, aos que trabalham na empresa ou aos investidores em valores imobiliários emitidos pela companhia".

[122] CC: "Art. 1.011. O administrador da sociedade deverá ter, no exercício de suas funções, o cuidado e a diligência que todo o homem ativo e probo costuma empregar na administração de seus próprios negócios. (...)
§2º. Aplicam-se à atividade dos administradores, no que couber, as disposições concernentes ao mandato".

da sociedade, devem responder pelo eventual insucesso do empreendimento. O princípio da alteridade repousa sobre o postulado de que os riscos da atividade econômica incumbem ao empregador: os trabalhadores não participam dos lucros da atividade econômica, mas não podem sofrer os prejuízos (CLT, art. 2º, *caput*).[123] A categórica advertência de *Wagner D. Giglio* adquiriu autoridade histórica sobre o tema: "os sócios usufruem os lucros, mas ficam isentos das perdas, enquanto os empregados sofrem as perdas, mas não participam dos lucros. A injustiça dessa situação é evidente, clamando por uma reforma que corrija essa absurda proteção do devedor, em detrimento do credor".[124]

A posição de Arion Sayão Romita é semelhante e decalca, no tema da responsabilização dos sócios, a autonomia científica que singulariza o direito do trabalho em relação a outros ramos da ciência jurídica: "É de se repelir a aplicação do princípio da limitação da responsabilidade do sócio à execução, pois contra ele se insurge o direito obreiro, sensível à realidade econômica, que vê as grandes lutas econômicas que constituem o fundo dos contratos de trabalho. O princípio da responsabilidade limitada teve seu papel no século XIX; desempenha sua função econômica, ainda no século XX, mas essa função econômica deve restringir-se ao campo do direito comercial".[125]

Nessa linha de entendimento, a construção doutrinária e jurisprudencial justrabalhista pela responsabilização de todos os sócios[126] ganhou novo alento normativo com o advento do Código de Defesa do Consumidor em 1990 (art. 28).[127] Esse preceito não distingue os sócios que responderão em caso de desconsideração da personalidade jurídica da sociedade. Portanto, até os sócios minoritários podem ser chamados a responder pelas obrigações da sociedade para com o consumidor. O mesmo raciocínio aplica-se em favor do credor trabalhista, pois a condição comum de hipossuficiência econômica autoriza a aplicação analógica do preceito consumerista ao direito processual do trabalho (CLT, art. 769).[128] Além da condição

---

[123] CLT: "Art. 2º. Considera-se empregador a empresa, individual ou coletiva, que, assumindo os riscos da atividade econômica, admite, assalaria e dirige a prestação pessoal dos serviços".
[124] "A reforma da execução trabalhista". *In: Revista LTr* 44/1.364 (ano 1980.1).
[125] Aspectos do processo de execução trabalhista à luz da Lei nº 6.830. *Revista LTr*, 45-91/1.041.
[126] Esta construção foi elaborada mediante interpretação extensiva do art. 10 do Decreto n. 3.708/19. Embora o preceito atribuísse responsabilidade apenas ao sócio-gerente que incorresse em excesso de mandato ou violação da lei, a necessidade de proteção ao crédito trabalhista conduziu a doutrina e a jurisprudência à construção da tese da responsabilidade de todos os sócios. Também o §2º do art. 2º da CLT serviu de fundamento jurídico para a responsabilização de todos os sócios: os beneficiários dos lucros devem responder pelo risco da atividade econômica explorada, conforme histórica postulação de *Wagner D. Giglio*.
[127] CDC: "Art. 28. O juiz poderá desconsiderar a personalidade jurídica da sociedade quando, em detrimento do consumidor, houver abuso de direito, excesso de poder, infração da lei, fato ou ato ilícito ou violação dos estatutos ou contrato social. A desconsideração também será efetivada quando houver falência, estado de insolvência, encerramento ou inatividade da pessoa jurídica provocados por má administração".
(...)
§5o. Também poderá ser desconsiderada a pessoa jurídica sempre que sua personalidade for, de alguma forma, obstáculo ao ressarcimento de prejuízos causados aos consumidores".
[128] CLT: "Art. 769. Nos casos omissos, o direito processual comum será fonte subsidiária do direito processual do trabalho, exceto naquilo que for incompatível com as normas deste Título".

comum de hipossuficiência econômica do consumidor e do trabalhador, merece registro o fato de que também se faz comum a característica de que se tratar, em ambos os casos, de contratos de adesão. Por fim, é preciso ter em consideração a circunstância que se, no âmbito do direito do consumidor, a relação jurídica de direito material é de execução imediata, no âmbito do direito do trabalho a relação jurídica de direito material é de trato sucessivo, o que singulariza a hipossuficiência econômica, agora então melhor apreendida como dependência econômica de trato contínuo.[129]

A resistência à aplicação subsidiária do art. 28 do CDC ao processo do trabalho logo foi vencida pela jurisprudência trabalhista, fazendo lembrar a lição de *Karl Engisch* acerca da aplicação analógica do direito. Para o doutrinador alemão, "toda a regra jurídica é susceptível de aplicação analógica – não só a lei em sentido estrito, mas também qualquer espécie de estatuto e ainda a norma de Direito Consuetudinário. As conclusões por analogia não têm apenas cabimento dentro do mesmo ramo do Direito, nem tão-pouco dentro de cada Código, mas verificam-se também de um para outro Código e de um ramo do Direito para outro".[130] No campo específico do direito processual do trabalho, *João de Lima Teixeira Filho*[131] e *Amador Paes de Almeida*[132] posicionaram-se a favor da aplicação do art. 28 do CDC à execução trabalhista.

Comentando a importância do advento Código de Defesa do Consumidor para o tema em estudo, *José Augusto Rodrigues Pinto* assentou a doutrina de que "a teoria da *desconsideração da pessoa jurídica* representa uma vigorosa reação protetiva da fragilidade do direito individual contra os artifícios do poder econômico para mutilá-lo. Reação que se acentuou com o crescente poder escamoteador dos direitos individuais pelo poder econômico do capitalismo, até chegar às normas exemplares da nossa época, a exemplo do art. 28 do Código de Defesa do Consumidor, a nosso ver perfeitamente aplicável ao processo trabalhista".[133]

Alguns anos mais tarde, o art. 50 Código Civil de 2002 viria generalizar a cláusula de responsabilidade de todos os sócios, ao disciplinar a técnica da

---

[129] Enquanto *Calamandrei* identificou o estado de presumida coação a que está sujeito o empregado no curso da relação jurídica de emprego pela metáfora da "escravidão da necessidade", *José Augusto Rodrigues Pinto* valeu-se da expressão de "uma permanente coação difusa" para ilustrar a questão.

[130] ENGISCH, Karl. *Introdução ao pensamento jurídico*. 10. ed. Lisboa: Fundação Calouste Gulbenkian, 2008, p. 293.

[131] TEIXEIRA FILHO João de Lima *et al. Instituições de direito do trabalho*. 22. ed. São Paulo: LTr, 2005, v. 2, p. 1.514: "A lacuna da legislação do trabalho, a respeito do tema autoriza o intérprete a socorrer-se especialmente do Código do Consumidor, por analogia, com base no art. 8º da CLT. Cabe ressaltar que, se a responsabilidade do sócio for cogitada somente na fase de execução, o procedimento encontra fundamento na conjugação dos arts. 889 da CLT e 4º, V, da Lei nº 6.830/80".

[132] ALMEIDA, Amador Paes de. *Execução de bens dos sócios*. 7. ed. São Paulo: Saraiva, 2004, p. 195: "No direito do trabalho, a teoria da desconsideração da pessoa jurídica tem sido aplicada pelo juízes de forma ampla, tanto nas hipóteses de abuso de direito, excesso de poder, como em casos de violação da lei ou do contrato, ou, ainda, na ocorrência de meios fraudulentos, e, inclusive, na hipótese, não rara, de insuficiência de bens da empresa, adotando, por via de consequência, a regra disposta no art. 28 do Código de Proteção ao Consumidor".

[133] *Execução trabalhista*. 11. ed. São Paulo: LTr, 2006, p. 125.

desconsideração da personificação societária.¹³⁴ A conclusão de que até os sócios minoritários podem ser chamados a responder pelas obrigações trabalhistas está fundada na fórmula genérica adotada pelo Código Civil, segundo a qual o juiz pode decidir "que os efeitos de certas e determinadas relações de obrigações sejam estendidos aos bens particulares dos administradores *ou sócios* da pessoa jurídica" (CC, art. 50 – grifei).

Diversamente da previsão do art. 10 do Decreto nº 3.708/19,¹³⁵ o art. 50 do Código Civil não limita a responsabilidade ao sócio-gerente. A opção por responsabilizar todos os sócios sem distinção inspira-se na boa-fé, na socialidade e na eticidade, assumidas como vetores hermenêuticos no Código Civil de 2002 (CC, art. 422).¹³⁶ Esses vetores hermenêuticos fundam a matriz principiológica do Código Civil de 2002, realçando a ideia de responsabilidade social que deve recair sobre os agentes econômicos. Portanto, nenhum dos sócios está isento de responsabilidade, nem mesmo os sócios minoritários, de modo que todos os sócios respondem pelas dívidas trabalhistas quando o patrimônio da sociedade for insuficiente.

4.8 A autêntica sociedade anônima: responsabilidade subsidiária restrita ao acionista controlador e aos administradores

A autêntica sociedade anônima é uma sociedade de capital aberto e não uma sociedade de pessoas. É conhecida no mercado de capitais como *companhia aberta*. Constituída nos termos da Lei nº 6.404/76, a autêntica sociedade anônima tem seu capital dividido em ações. Por isso, convencionou-se chamar o sócio dessas sociedades de acionista. As ações podem ser adquiridas pelos interessados no mercado de capitais, de forma livre. Cada acionista tem sua responsabilidade limitada ao valor das ações adquiridas. A regra é a de que os acionistas não respondem pelas obrigações da sociedade anônima.

Contudo, essa isenção de responsabilidade não beneficia o *acionista controlador* que incorrer em abuso de poder. A lei imputa tal responsabilidade ao acionista controlador da sociedade, com a finalidade de estabelecer uma fórmula que permita modular o uso do poder deliberativo do acionista majoritário, de

---

[134] CC: "Art. 50. Em caso de abuso da personalidade jurídica, caracterizado pelo desvio de finalidade, ou pela confusão patrimonial, pode o juiz decidir, a requerimento da parte, ou do Ministério Público quando lhe couber intervir no processo, que os efeitos de certas e determinadas relações de obrigações sejam estendidos aos bens particulares dos administradores ou sócios da pessoa jurídica".

[135] Decreto nº 3.708/1919: "Art. 10. Os sócios-gerentes ou que derem nome à firma não respondem pessoalmente pelas obrigações contraídas em nome da sociedade, mas respondem para com esta e para com terceiros solidária e ilimitadamente pelo excesso de mandato e pelos atos praticados com violação do contrato e da lei".

[136] CC: "Art. 422. Os contratantes são obrigados a guardar, assim na conclusão do contrato, como em sua execução, os princípios da probidade e da boa-fé".

modo a prevenir abusos, pois esse acionista tem poder decisório para definir os rumos da administração do negócio (Lei nº 6.404/76, arts. 116, parágrafo único, e 117).[137] Se, de um lado, o acionista majoritário tem o controle das deliberações da sociedade anônima, de outro lado, a lei lhe impõe responsabilidade pessoal pelo cumprimento das obrigações empresariais para com terceiros, entre as quais sobressaem as obrigações trabalhistas por força da hierarquia constitucional conferida aos direitos sociais e por força do privilégio legal com que a ordem jurídica distingue os créditos trabalhistas no sistema de direito brasileiro.

No que respeita às obrigações trabalhistas em particular, a lei impõe expressamente ao *acionista controlador* o dever de respeitar os direitos dos empregados que trabalham na companhia:

> O acionista controlador deve usar o poder com o fim de fazer a companhia realizar o seu objeto e cumprir sua função social, e tem deveres e responsabilidades para com os demais acionistas da empresa, os que nela trabalham e para com a comunidade em que atua, cujos direitos e interesses deve lealmente respeitar e atender" (parágrafo único do art. 116 da Lei n. 6.404/76).

De outra parte, *os administradores* da sociedade anônima respondem *pessoalmente* por atos praticados com culpa, dolo, violação da lei ou do estatuto social (Lei nº 6.404/76, art. 158),[138] bem como em caso de uso abusivo da personalidade jurídica da sociedade anônima (CC, art. 50).[139] Como é dever do administrador zelar pela satisfação prioritária (CTN, art. 186)[140] dos créditos trabalhistas dos empregados da sociedade anônima, o inadimplemento de tais créditos constitui descumprimento de tal dever, configurando culpa do

---

[137] Lei nº 6.404/76: "Art. 116. Entende-se por acionista controlador a pessoa, natural ou jurídica, ou o grupo de pessoas vinculadas por acordo de voto, ou sob controle comum, que:
(...)
Parágrafo único. O acionista controlador deve usar o poder com o fim de fazer a companhia realizar o seu objeto e cumprir sua função social, e *tem deveres e responsabilidades para com* os demais acionistas da empresa, *os que nela trabalham* e para com a comunidade em que atua, *cujos direitos e interesses deve lealmente respeitar e atender*.
Art. 117. O acionista controlador responde pelos danos causados por atos praticados com abuso de poder.
§1º. São modalidades de exercício abusivo de poder:
(...)
c) promover alteração estatutária, emissão de valores mobiliários ou *adoção de políticas ou decisões* que não tenham por fim o interesse da companhia e *que visem a causar prejuízo* a acionistas minoritários, *aos que trabalham na empresa* ou aos investidores em valores imobiliários emitidos pela companhia".

[138] Lei nº 6.404/76: "Art. 158. O administrador não é pessoalmente responsável pelas obrigações que contrair em nome da sociedade e em virtude de ato regular de gestão; responde, porém, civilmente, pelos prejuízos que causar, quando proceder:
I – dentro de suas atribuições ou poderes, com culpa ou dolo;
II – com violação da lei ou do estatuto. ... ".

[139] CC: "Art. 50. Em caso de abuso da personalidade jurídica, caracterizado pelo desvio de finalidade, ou pela confusão patrimonial, pode o juiz decidir, a requerimento da parte, ou do Ministério Público quando lhe couber intervir no processo, que os efeitos de certas e determinadas relações de obrigações sejam estendidas aos bens particulares dos administradores ou sócios da pessoa jurídica".

[140] CTN: "Art. 186. O crédito tributário prefere a qualquer outro, seja qual for a natureza ou o tempo da sua constituição, ressalvados os créditos decorrentes da legislação do trabalho ou do acidente do trabalho".

administrador na modalidade de negligência, caracterizada pelo descumprimento da legislação do trabalho, o que atrai sua responsabilidade pessoal pelos créditos trabalhistas não satisfeitos pela companhia.

Não se exige prova da ocorrência da culpa ou do abuso. Diante da natureza jurídica indisponível dos direitos do trabalho, basta o inadimplemento das obrigações trabalhistas para se ter por configurada a responsabilidade pessoal do administrador. Com efeito, diante da hipossuficiência econômica do empregado não seria razoável imputar-lhe o ônus da prova da culpa ou do abuso, pois tal imputação acabaria por esvaziar esta responsabilidade subsidiária do administrador, solução socialmente inadequada em face do privilégio que a ordem legal, no art. 186 do CTN, confere ao crédito trabalhista. Além disso, a responsabilidade pessoal tem a finalidade pedagógica de impor ao administrador exação na conduta diretiva.

A responsabilidade subsidiária do acionista controlador ou do administrador decorre, em regra, de ato pessoal. Não seria consequência da desconsideração da personalidade jurídica da sociedade anônima. Porém, a Lei das Sociedades Anônimas elenca hipótese de desconsideração da personalidade jurídica. Essa hipótese está prevista no §2º do art. 243 da Lei nº 6.404/76. O preceito é considerado expressão do fenômeno da desconsideração da personalidade jurídica porque supera a mera distinção formal entre as empresas do grupo econômico, ao prever que "Considera-se controlada a sociedade na qual a controladora, diretamente ou através de outras controladas é titular de direitos de sócio que lhe assegurem, de modo permanente, preponderância nas deliberações sociais e o poder de eleger a maioria dos administradores". A finalidade do preceito é evitar a burla às responsabilidades impostas ao acionista controlador no parágrafo único do art. 116 da Lei das Sociedades Anônimas,[141] conforme observa *Ari Pedro Lorenzetti* (2003, p. 217).

4.9 A falsa sociedade anônima: responsabilidade subsidiária extensiva a todos os sócios ("acionistas")

Quando a doutrina afirma que a sociedade anônima de capital aberto é *única* forma de sociedade empresarial autenticamente capitalista, o que a teoria jurídica está a dizer nas entrelinhas é que as demais formas de sociedade enquadram-se na categoria das chamadas sociedades de pessoas,

---

[141] Lei nº 6.404/76: "Art. 116. (...)
Parágrafo único. O acionista controlador deve usar o poder com o fim de fazer a companhia realizar o seu objeto e cumprir sua função social, e tem deveres e responsabilidades para com os demais acionistas da empresa, os que nela trabalham e para com a comunidade em que atua, cujos direitos e interesses devem lealmente respeitar e atender".

sendo a companhia de capital aberto a única modalidade de sociedade que se enquadra na categoria de sociedade de capital no direito comercial brasileiro – a *companhia aberta*, conforme anteriormente informado. Daí o predicado de autêntica conferido à companhia de capital aberto pela teoria jurídica – a autêntica sociedade anônima.

A distinção entre sociedade de pessoas e sociedade de capital é relevante para o estabelecimento da extensão da responsabilidade subsidiária dos sócios. Enquanto na sociedade de capital aberto a responsabilidade subsidiária restringe-se ao acionista controlador (Lei nº 6.404/76, arts. 116, parágrafo único, e 117) e aos administradores (Lei nº 6.404/76, art. 158; CC, art. 50), na sociedade de pessoas a responsabilidade subsidiária é mais ampla, alcançando todos os sócios, além do administrador (CC, art. 50).

Ocorre que muitas vezes a sociedade apresenta-se *formalmente* constituída sob a modalidade de sociedade anônima, quando *substancialmente* caracteriza-se, em realidade, como uma *sociedade de pessoas*. É o que a doutrina convencionou chamar *sociedade anônima de capital fechado*, identificando-a, porém, como espécie de sociedade integrante da categoria das sociedades de pessoas, a exemplo das *sociedades por quotas de responsabilidade limitada*. É conhecida no mercado de capitais como *companhia fechada*. É assim conhecida exatamente porque seu capital não é aberto; diversamente do que ocorre na companhia aberta, na sociedade anônima de capital fechado não se pode adquirir as respectivas ações no mercado de capitais.

Se no Direito Comercial já se reconhece que as *companhias fechadas* integram a categoria das *sociedades de pessoas*, a natureza indisponível dos direitos sociais torna essa conclusão ainda mais necessária no Direito do Trabalho em face da circunstância de que a responsabilidade subsidiária é mais restrita nas sociedades anônimas de capital aberto do que nas sociedades anônimas de capital fechado. A lição de *Rubens Requião* tornou-se clássica a respeito da matéria. Em obra publicada em 1992, já afirmava o doutrinador: "não se tem mais constrangimento em afirmar que a sociedade anônima fechada é constituída nitidamente *cum intuitu personae*. Sua concepção não se prende exclusivamente à formação do capital desconsiderando a qualidade pessoal dos sócios".

A conclusão do jurista está fundamentada no fato de que a sociedade de capital fechado restringe a negociabilidade de suas ações, afastando-se da concepção da autêntica sociedade anônima – a de capital aberto – para enquadrar-se na categoria das sociedades de pessoas, nas quais a qualidade pessoal dos sócios é condição determinante para a constituição da sociedade, situação que revela ser a sociedade anônima de capital fechado constituída sob a mesma *affectio societatis* que impulsiona à constituição das diversas modalidades de sociedades de pessoas.

Nesse sentido, pondera *Rubens Requião* que "a faculdade de restringir a negociabilidade das ações da companhia de capital fechado dá-lhe o nítido sabor de sociedade constituída *cum intuitu personae*, na qual os sócios escolhem os seus companheiros, impedindo o ingresso ao grupo formado, tendo em vista a confiança mútua ou os laços familiares que os prendem. A *affectio societatis* surge nessas sociedades com toda nitidez, como em qualquer outra das sociedades do tipo personalista. Seus interesses estão, pois, regulados pelo contrato, o que explica a pouca ingerência da fiscalização de órgãos públicos em seus negócios. Ao contrário, dando enfoque de instituição à companhia aberta, que recorre à subscrição pública, sente-se o Estado na obrigação de mantê-la sob severo sistema de fiscalização e de publicidade" (*Apud* LORENZETTI, 2003, p. 220).

Na expectativa de beneficiarem-se da restrita responsabilidade subsidiária aplicável às *companhias abertas*, os sócios de muitas sociedades por quotas de responsabilidade limitada têm transformado suas sociedades em *companhias de capital fechado*. Mas a alteração é apenas formal: passam a chamar a sociedade limitada de sociedade anônima e aos sócios, de acionistas; distribuem o capital, agora através de ações, na mesma proporção das quotas da sociedade até então existente; por vezes, admitem o ingresso de outros sócios e até ampliam o objeto social para aparentar o ingresso no mundo das sociedades anônimas típicas.

Conforme preleciona *Ari Pedro Lorenzetti*, essa estratégia empresarial não passa pelo crivo do princípio da primazia da realidade (CLT, art. 9º). Depois de lembrar que as sociedades anônimas podem encobrir uma relação típica de sociedade de pessoas, o autor observa com acuidade:

> Aliás, muitas sociedades limitadas abandonam essa forma jurídica, convertendo-se em sociedades anônimas, justamente para fugir às responsabilidades decorrentes da estrutura societária original. A atividade social continua a mesma e os sócios idem, alterando-se apenas a sua designação: de 'quotistas' passam a ser chamados 'acionistas', distribuindo-se integralmente entre eles o valor das ações, na proporção de suas quotas na sociedade primitiva. Ainda que outros sócios sejam admitidos, estruturando-se como companhia fechada, na prática, não pode ser tida como sociedade puramente de capital. É sabido que o Direito do Trabalho prestigia a realidade, ainda que esta não se revele à primeira vista, não admitindo que os sócios se escondam sob a capa da pessoa jurídica para auferir lucros sem assumir qualquer responsabilidade pelos riscos. (2003, p. 219-20)

Em conclusão, a mesma responsabilidade subsidiária que a lei atribui a todos os sócios da *sociedade por quotas de responsabilidade limitada* recai também sobre todos os acionistas da *sociedade anônima de capital fechado*, de modo que, havendo insuficiência de patrimônio social, a aplicação da técnica da desconsideração da personalidade jurídica da sociedade permite alcançar os bens particulares dos "acionistas" da *companhia fechada* para satisfazer o crédito trabalhista.

4.10 Grupo de empresas: as distintas personalidades jurídicas das empresas do grupo econômico trabalhista x o princípio da primazia da realidade

A fecunda presença do princípio da primazia da realidade revela-se, entre outros dispositivos, no §2º do art. 2º da CLT. Superando aspectos meramente formais e valorizando aspectos substanciais da relação jurídica de direito material vivenciada pelos sujeitos, o princípio da primazia da realidade faz o resgate dos dados concretos da realidade subjacente ao contrato de trabalho, neutralizando a eficácia jurídica dos registros funcionais elaborados pelo empregador em desacordo com a realidade dos fatos. Em outras palavras, são ineficazes os registros funcionais que distorcem a realidade dos fatos. Mais do que isso: inverte-se a presunção de veracidade dos fatos quando o empregador distorce a realidade no registro funcional dos dados da relação de emprego.

Afirma-se que o §2º do art. 2º da CLT revela a fecundidade do princípio da primazia da realidade porque ali o legislador superou, a exemplo do que fez nos arts. 10 e 448 da CLT, aspectos jurídicos formais em favor de uma clara opção pela tutela do trabalhador, de modo a impedir que a autonomia patrimonial decorrente da existência de distintas pessoas jurídicas pudesse favorecer o grupo econômico trabalhista em detrimento da proteção devida aos direitos fundamentais do empregado.

Embora a doutrina não seja unânime a respeito, parece razoável identificar no preceito do §2º do art. 2º da CLT uma das expressões do princípio da despersonalização das obrigações trabalhistas. O principal argumento radica no fato de que o §2º do art. 2º da CLT atribui responsabilidade solidária pelo crédito trabalhista a todas as sociedades (empresas) integrantes do grupo econômico trabalhista, ainda que o trabalho tenha sido prestado apenas àquela empresa (sujeito aparente) que formalizou o contrato de trabalho, de modo a esterilizar a eficácia jurídica da autonomia patrimonial das empresas integrantes do grupo econômico, nada obstante elas ostentem personalidades jurídicas distintas.

É de se notar que o *grupo econômico trabalhista* tem natureza jurídica distinta do *grupo de empresas* de que cogitam o direito civil e o direito empresarial. São institutos jurídicos distintos, nada obstante mantenham pontos de aproximação. Esses pontos de aproximação são inerentes ao fenômeno da concentração econômica, que é comum a todos os ramos do Direito. O grupo econômico trabalhista, porém, apresenta-se como instituto específico no âmbito do Direito do Trabalho, distinguindo-se do mero *grupo de empresas* do direito comum, em razão de ostentar, desde a Lei nº 435, de 1937, a característica de *empregador único* para os efeitos da tutela da relação de emprego e para os efeitos de garantir os direitos do trabalhador, independentemente de quem seja o sujeito aparente.

A Lei nº 435/1937 adotou o conceito de *grupo econômico trabalhista como empregador único*, numa específica concepção jurídica própria ao direito material do trabalho e a sua finalidade social. O particularismo do grupo econômico *trabalhista* era uma realidade da teoria jurídica da época e está assentado na legislação do trabalho brasileira desde a Lei nº 435, de 1937, constituindo-se inequívoca expressão da autonomia científica do direito do trabalho em relação ao direito comum. A concepção de *grupo econômico trabalhista como empregador único*, assentada na Lei nº 435/1937, viria a ser incorporada à CLT, em 1943. Conforme se pode confirmar pela leitura do item 53 da Exposição de Motivos da Consolidação das Leis do Trabalho, o Ministro do Trabalho Marcondes Filho assim se manifestara expressamente.[142]

Ao comentar o art. 2º, §2º, da CLT, *Octavio Bueno Magano* esclarece que, embora o parágrafo único do art. 1º da Lei nº 435/1937 não tenha sido reproduzido no art. 2º, §2º, da CLT, assim ocorreu porque "entenderam, portanto, os autores da Consolidação que a noção de empregadora única emergia do próprio *caput* do art. 2º, §2º, da Consolidação e, por isto, omitiram o parágrafo único da lei anterior. Assim procederam com o intuito de aperfeiçoar as regras legais em vias de se consolidarem. Julgaram supérfluo o referido parágrafo. E, se o fizeram, foi porque lhes pareceu que a noção de empregador único já estava implícita no *caput* da lei".[143]

Depois de assinalar que os autores da CLT tinham toda razão para considerar que a noção legal de grupo econômico como empregador único já se encontrava compreendida no *caput* do art. 2º, §2º, da CLT, *Magano* acrescenta um esclarecedor elemento do processo legislativo em questão: "Como se há de lembrar, o projeto que se converteu na Lei 435/37 não exteriorizava outro objetivo senão o de fixar o conceito de empregador único para o grupo empresarial. Foi em virtude do substitutivo Moraes Andrade que à tal característica se adicionou a figura da solidariedade. (...) Conclui-se que a noção de empregador único, bem arraigada na lei citada, tanto que, durante a tramitação no Congresso do respectivo projeto, a Câmara rejeitou emenda do Senado, no sentido de aboli-la, continuou implícita no texto da Consolidação".[144]

Pois bem. A Súmula nº 205 do TST exigia o ajuizamento da ação contra as demais empresas do grupo econômico, pois somente admitia execução contra as empresas constantes da sentença. Vale dizer, a súmula exigia a formação de litisconsórcio passivo na fase de conhecimento do processo, numa interpretação que restringia a eficácia da solidariedade passiva prevista no §2º do art. 2º da CLT, com prejuízo à efetividade da execução trabalhista. No expressivo dizer de *Francisco Antonio de Oliveira*, a referida

---

[142] "53. Na introdução aperfeiçoou a redação dos artigos; *inseriu a definição de empregador, que integra o conceito definitivo de relação de emprego, acompanhando-a da noção legal de empregadora única dada pela Lei nº 435, de 17 de maio de 1937;* (...)".

[143] *Os grupos de empresas no Direito do Trabalho*. São Paulo: RT, 1979, p. 239.

[144] *Os grupos de empresas no Direito do Trabalho*. São Paulo: RT, 1979, p. 239-40.

súmula "neutralizava expressamente o art. 2º, §2º, da CLT. Pior: dava tratamento civilista a tema trabalhista, dificultando a execução" (2008, p. 420).

A revogação da Sumula nº 205 do TST pela Resolução nº 121/2003 devolve eficácia plena à solidariedade passiva prevista no §2º do art. 2º da CLT, restabelecendo a acertada concepção teórica de que ali se trata de solidariedade econômica e não processual, interpretação com a qual se resgata o princípio da execução mais eficaz que singulariza o processo do trabalho.

Portanto, é lícito redirecionar a execução às demais empresas do grupo econômico quando a empresa executada não tem patrimônio suficiente, redirecionamento esse que tem fundamento jurídico na solidariedade passiva prevista no §2º do art. 2º da CLT, a qual, por sua vez, repousa sobre o histórico conceito jurídico de *grupo econômico trabalhista como empregador único*.

4.11 Os requisitos para a desconsideração: teoria subjetiva x teoria objetiva

Embora a disciplina adotada no art. 50 do Código Civil indique que a opção do legislador de 2002 foi a de consagrar a teoria subjetiva da desconsideração da personalidade jurídica da sociedade na legislação civil, a histórica construção da teoria e da prática justrabalhista revela que a Justiça do Trabalho já vinha aplicando a teoria objetiva da desconsideração da personificação societária antes do advento do Código Civil de 2002.

Afirma-se que a opção do legislador foi a de consagrar a teoria subjetiva, porque o art. 50 do Código Civil condiciona a desconsideração da personalidade jurídica da sociedade à ocorrência de abuso na utilização da personificação societária. E estabelece que tal abuso caracteriza-se de duas maneiras: ou pelo desvio de finalidade ou pela confusão patrimonial. De acordo com essa teoria, incumbe ao credor prejudicado comprovar a ocorrência de desvio de finalidade ou de confusão patrimonial, a fim de se reputar caracterizado o suporte fático do abuso da personalidade jurídica, autorizador da desconsideração da personalidade jurídica da sociedade e do consequente redirecionamento da execução aos sócios.[145] A desconsideração da personalidade jurídica da sociedade ficaria então

---

[145] Entre os defensores da aplicação da teoria subjetiva está Fábio Ulhoa Coelho. Na obra *Manual de direito comercial*. 16. ed. São Paulo: Saraiva, 2005, p. 126-27, o ilustre comercialista revela sua filiação à teoria subjetiva ao expor os fundamentos que justificam a adoção do instituto jurídico da desconsideração da personalidade jurídica da sociedade: "Pressuposto inafastável da despersonalização episódica da pessoa jurídica, no entanto, é a ocorrência da fraude por meio da separação patrimonial. Não é suficiente a simples insolvência do ente coletivo, hipótese em que, não tendo havido fraude na utilização da separação patrimonial, as regras de limitação da responsabilidade dos sócios terão ampla vigência. A desconsideração é instrumento de coibição do mau uso da pessoa jurídica; pressupõe, portanto, o mau uso. *O credor da sociedade que pretende a sua desconsideração deverá fazer prova da fraude perpetrada, caso contrário suportará o dano da insolvência da devedora*" (grifei).

condicionada ao sucesso da produção da prova da ocorrência do abuso de direito na utilização da personificação societária.

Se a aplicação da teoria subjetiva da desconsideração da personalidade jurídica apresenta-se adequada no âmbito do Direito Comercial, em que os sujeitos da relação de direito material são entes coletivos e apresentam-se em situação de relativo equilíbrio econômico, no âmbito do Direito do Trabalho a situação de manifesto desequilíbrio econômico dos sujeitos da relação de direito material recomenda a adoção da teoria objetiva da desconsideração da personalidade jurídica, de modo a isentar a parte hipossuficiente do ônus da prova quanto à ocorrência de uso abusivo da personalidade jurídica da sociedade. Basta a insuficiência do patrimônio da sociedade executada para se tornar lícito ao juiz trabalhista lançar mão do instrumento legal da desconsideração da personalidade jurídica da sociedade, com a finalidade de redirecionar a execução contra o patrimônio pessoal dos sócios.

Há várias décadas, a Justiça do Trabalho exige tão somente a insuficiência do patrimônio da sociedade executada para reputar lícito o redirecionamento da execução contra os sócios, sem cogitar da demonstração da ocorrência de abuso de direito por parte da sociedade executada, para adotar a técnica da desconsideração da personalidade jurídica. E, portanto, sem cogitar quais requisitos seriam necessários à caracterização do uso abusivo da personalidade jurídica.

Encarregada da tutela de direitos indisponíveis, a Justiça do Trabalho não poderia ter abraçado outra orientação, conforme preleciona *Mauro Schiavi*:

> Atualmente, a moderna doutrina e jurisprudência trabalhista encamparam a chamada teoria objetiva da desconsideração da personalidade jurídica que disciplina a possibilidade de execução dos bens do sócio, independentemente se os atos violaram ou não o contrato, ou houve abuso de poder. Basta a pessoa jurídica não possuir bens, para ter início a execução dos bens do sócio. No Processo do Trabalho, o presente entendimento se justifica em razão da hipossuficiência do trabalhador, da dificuldade que apresenta o reclamante em demonstrar a má-fé do administrador e do caráter alimentar do crédito trabalhista. (2013, p. 164)

Para aqueles que consideram que não se pode dissociar a teoria do superamento da personalidade jurídica da ocorrência de abuso na utilização dessa personalidade, a construção doutrinária acabou por conceber uma formulação teoricamente satisfatória, ao afirmar que o abuso de direito na utilização da personificação societária configura-se *in re ipsa* sempre que a autonomia patrimonial for invocada para sonegar obrigação decorrente de direito de natureza indisponível, como é o caso dos direitos trabalhistas.[146]

---

[146] "Não vemos, portanto, como fugir às conclusões do multicitado *Justen Filho*, o segundo o qual sempre que a distinção patrimonial entre pessoa jurídica e seus sócios implicar a frustração de direitos indisponíveis o abuso encontra-se *in re ipsa*" (LORENZETTI, 2003, p. 198).

Depois de enfatizar que não há necessidade de o credor ajuizar nova ação para que seja estabelecida a responsabilidade passiva do sócio, *Rosâne Marly Silveira Assmann* indica que o fundamento jurídico para a adoção dessa conclusão está no inciso V do art. 4º da Lei nº 6.830/80.[147] Com efeito, o preceito citado atribui legitimação passiva na execução ao *responsável* por dívidas da sociedade. E o sócio enquadra-se na condição jurídica de *responsável* pela dívida da empresa (CPC, art. 790, II).[148] A magistrada explica que "o sócio é parte legítima passiva extraordinária, ou seja, não é o titular da dívida (não tem o débito), mas é parte passiva legitimada a responder pela execução, consoante art. 592, II, do CPC [atual art. 790, II, do CPC] (tem a *responsabilidade*). Portanto, o sócio ou administrador deve ser citado para se defender da responsabilidade imputada, *mas já em execução*, independentemente de constar ou não seu nome no título executivo. Destaca-se que o sócio, mesmo que não exerça cargo de gestão, não pode permanecer alheio à sociedade e à forma como é administrada" (ASSMANN, 2008, p. 111).

4.12 A desconsideração *inversa* da personalidade jurídica

A teoria da desconsideração da personalidade jurídica tem por finalidade coibir fraudes realizadas mediante a abusiva utilização da autonomia patrimonial conferida à sociedade personificada. Nas palavras de *Fábio Ulhoa Coelho*, (2009, p. 47-48), "a desconsideração é utilizada como instrumento para responsabilizar sócio por dívida formalmente imputada à sociedade". Como se percebe, é sobre a eficácia jurídica da autonomia patrimonial – e sua relativização – que se desenvolve a teoria da desconsideração da personalidade jurídica da sociedade personificada.

Na desconsideração *inversa* da personalidade jurídica, a questão está novamente centrada na eficácia jurídica da autonomia patrimonial e sua relativização; mas aqui a sociedade personificada é chamada a responder por obrigações pessoais do sócio sob o fundamento de confusão patrimonial (CC, art. 50).

Em ambos os tipos de desconsideração da personalidade jurídica é a eficácia jurídica da autonomia patrimonial que é superada pela técnica do direito: a ciência jurídica neutraliza a autonomia patrimonial quando tal concessão à ordem econômica degenera no descumprimento das obrigações. Logo se percebe que a teoria da desconsideração da personalidade jurídica tem por objeto o resgate

---

[147] Lei nº 6.830/80: "Art. 4º. A execução fiscal poderá ser promovida contra:
(...)
V – o responsável, nos termos da lei, por dívida tributária ou não, de pessoas físicas ou pessoas jurídicas de direito privado;"
[148] CPC: "Art. 790. São sujeitos à execução os bens:
(...)
II – do sócio, nos termos da lei;"

do princípio da responsabilidade patrimonial (Lei nº 6.830/80, arts. 10 e 30; CPC, art. 789), mediante a superação de aspectos formais de personificação jurídica da sociedade empresarial executada.

4.13 Desconsideração clássica e desconsideração *inversa* da personalidade jurídica

Enquanto a clássica desconsideração da personalidade jurídica opera como técnica para inibir a utilização indevida da autonomia patrimonial da sociedade personificada e visa responsabilizar o sócio pelas obrigações da sociedade, a teoria da desconsideração inversa da personalidade jurídica opera para coibir a confusão patrimonial entre sócio e sociedade, responsabilizando a sociedade personificada por obrigações do sócio que oculta seu patrimônio pessoal no patrimônio da sociedade.

Em ambas as situações, a ordem jurídica resgata o latente caráter prospectivo do princípio da primazia da realidade, para superar a formal distinção com a qual distinguira o patrimônio da sociedade do patrimônio pessoal dos sócios, apagando as linhas imaginárias com que o direito autonomiza esses dois patrimônios com o objetivo de estimular o desenvolvimento da atividade econômica regular (CLAUS, 2010, p. 66).

Noutras palavras, a ficção teórica com a qual a formulação jurídica lograra superar o fato objetivo de que a atividade econômica tem por atores determinadas pessoas naturais retrocede pela saneadora potência com que o princípio da primazia da realidade restaura o primado da ordem jurídica, impedindo que eficácia jurídica da autonomia patrimonial reconhecida à sociedade personificada seja utilizada para prejudicar credores.

4.14 O suporte fático da desconsideração *inversa*: a confusão patrimonial

A desconsideração inversa da personalidade jurídica visa coibir o desvio de bens do sócio para a sociedade, conforme se extrai da lição de *Fábio Ulhoa Coelho*. Na desconsideração inversa, o abuso da personalidade jurídica do ente societário caracteriza-se pelo preenchimento do suporte fático da *confusão patrimonial*, requisito previsto no art. 50 do Código Civil.

O autor esclarece que a desconsideração inversa consiste no afastamento do princípio da autonomia patrimonial da pessoa jurídica para responsabilizar a sociedade por obrigação do sócio, técnica jurídica que tem cabimento quando "o devedor transfere seus bens para a pessoa jurídica sobre a qual detém absoluto controle. Desse modo, continua a usufruí-los, apesar de não serem de sua propriedade, mas da pessoa jurídica controlada".[149] Vale dizer, a técnica da desconsideração inversa tem aplicação quando o sócio esvazia seu patrimônio pessoal, transferindo-o à pessoa jurídica da qual é sócio, para furtar-se às obrigações que são de sua responsabilidade pessoal, mediante a artificiosa invocação da autonomia patrimonial da sociedade personificada para a qual o sócio desviou seu patrimônio pessoal.

Conforme restou assentado pelo Superior Tribunal de Justiça no julgamento do Recurso Especial nº 948.117, de relatoria da Ministra Nancy Andrighi, de 22.06.2010, o fundamento legal para a aplicação da teoria da desconsideração inversa da personalidade jurídica radica no art. 50 do Código Civil. Depois de consignar que a desconsideração inversa da personalidade jurídica caracteriza-se pelo afastamento da autonomia patrimonial da sociedade, para, contrariamente ao que ocorre na desconsideração da personalidade propriamente dita, atingir o ente coletivo e seu patrimônio social, de modo a responsabilizar a pessoa jurídica por obrigações do sócio controlador, a ementa do acórdão registra: "III – Considerando-se que a finalidade da *disregard doctrine* é combater a utilização indevida do ente societário por seus sócios, o que pode ocorrer também nos casos em que o sócio controlador esvazia o seu patrimônio pessoal e o integraliza na pessoa jurídica, conclui-se, de uma interpretação teleológica do art. 50 do CC/2002, ser possível a desconsideração inversa da personalidade jurídica, de modo a atingir bens da sociedade em razão de dívidas contraídas pelo sócio controlador, conquanto preenchidos os requisitos previstos na norma".[150]

4.15 A opção pela teoria objetiva da desconsideração da personalidade jurídica

A histórica opção da doutrina justrabalhista pela teoria objetiva da desconsideração da personalidade jurídica tem sido compreendida na teoria jurídica como expressão da autonomia científica do direito do trabalho em relação ao direito civil.

---

[149] O autor informa que a técnica da desconsideração inversa da personalidade jurídica é utilizada no Direito de Família quando se constata que o cônjuge desvia seu patrimônio pessoal para a pessoa jurídica de que é titular, com a finalidade de sonegar determinados bens da partilha. Por vezes, a técnica é utilizada para neutralizar a conduta do cônjuge que aparenta possuir menor rendimento, para obter artificiosamente a redução do valor dos alimentos que está obrigado a pagar. Essa técnica também é utilizada no Direito das Sucessões quando herdeiros transferem patrimônio do inventariado para pessoas jurídicas, para sonegar determinados bens da partilha a ser feita no inventário, para prejudicar outros herdeiros ou terceiros credores do espólio (COELHO, 2009, p. 48).

[150] STJ REsp nº 948.117 – MS (2007/0045262-5), 3ª Turma, Rel. Min. Nancy Andrighi, j. 22.06.2010.

Se na Justiça Comum a invocação da teoria desconsideração da personalidade jurídica da sociedade personificada é encarada como medida excepcional cuja aplicação reclama estrita configuração dos requisitos do art. 50 do Código Civil, a aplicação dessa teoria é de ocorrência ordinária na Justiça do Trabalho, bastando para tanto que a invocação da autonomia patrimonial seja oposta como obstáculo à satisfação de crédito trabalhista para que se tenha por configurada a utilização abusiva da personalidade jurídica da sociedade personificada.

Diversamente do que ocorre na Justiça Comum, no âmbito da Justiça do Trabalho a mera inexistência de bens da sociedade para responder pela execução de crédito trabalhista abre imediatamente as portas que dão o acesso à superação da autonomia patrimonial mediante a técnica da desconsideração da personalidade jurídica propriamente dita ou mediante a técnica da desconsideração inversa da personalidade jurídica, conforme se trate de obrigação trabalhista da sociedade ou de obrigação trabalhista do sócio, respectivamente.

Enquanto o credor cível tem o ônus da prova da ocorrência de desvio de finalidade ou de confusão patrimonial para lograr provar o uso abusivo da personificação societária e assim obter a desconsideração da personalidade jurídica da sociedade executada (CC, art. 50), ao credor trabalhista incumbe apenas demonstrar a insuficiência dos bens da sociedade executada, para que a execução seja direcionada aos sócios. Da mesma forma, tratando-se de execução contra executado pessoa natural, a mera insuficiência de bens do executado pessoal natural dá ensejo ao direcionamento da execução contra a sociedade de que ele participa. Esse redirecionamento é realizado mediante a adoção da técnica da desconsideração inversa da personalidade jurídica, cujo fundamento jurídico radica na aplicação teleológica da norma do art. 50 do Código Civil, conforme assentado no acórdão do STJ antes mencionado.

4.16 O abuso da personalidade jurídica configura-se pela simples invocação da autonomia patrimonial

A desconsideração da personalidade jurídica no processo trabalhista é a mais ampla possível, conforme observa *Eduardo Milléo Baracat*. A pesquisa realizada pelo jurista revela que, no microssistema trabalhista, "o entendimento dominante é o de que a utilização deste instituto independe de fraude, abuso de poder ou ato ilícito dos sócios; basta o inadimplemento do crédito trabalhista e que a sociedade empregadora não disponha de patrimônio para suportar a execução" (BARACAT, 2010, p. 196).

Edificada sobre o princípio da boa-fé, a teoria da superação da personalidade jurídica, no âmbito do Direito do Trabalho, funda-se na premissa de que a simples invocação da autonomia patrimonial da sociedade e de seus sócios como obstáculo ao cumprimento de obrigações trabalhistas caracteriza abuso de direito na utilização da personalidade jurídica. Isso porque se considera que a personalidade jurídica é aproveitada de forma abusiva quando se antepõe ao cumprimento de obrigação trabalhista o óbice da separação patrimonial existente entre sociedade e sócios, conforme preleciona *Ari Pedro Lorenzetti* (2003, p. 198).

O abuso de direito na utilização da personificação societária configura-se *in re ipsa* sempre que a autonomia patrimonial é invocada para sonegar obrigação decorrente de direito de natureza indisponível, como é o caso dos direitos fundamentais sociais (CF, art. 7º).[151]

Essa é a *visão trabalhista*, preocupada – de acordo com a lição de *José Augusto Rodrigues Pinto* – em solucionar dissídio oriundo de *relação de emprego*, no qual o interesse a resguardar é *social*, muito mais alto que o *individual*. E acrescenta: "Não fosse essa distinção de interesses a proteger e a evidente ascendência do social sobre o individual, o Direito do Trabalho nem teria encontrado razões para projetar-se para fora da atração gravitacional do Direito Comum sob o vigoroso impulso de seu primeiro fundamento, o da *proteção do economicamente fraco*".[152]

4.17 Uma histórica construção hermenêutica

A histórica disputa entre capital e trabalho e a crescente consciência jurídica do valor social do trabalho humano constituem histórica fonte material do direito do trabalho.

Se antes do advento do Código Civil de 2002 (art. 50),[153] a Justiça do Trabalho utilizava-se da aplicação analógica do art. 28 do CDC[154] para fundamentar o recurso à técnica da desconsideração da personalidade jurídica da sociedade personificada, no período anterior à Lei nº 8.078/1990 (CDC) a superação da autonomia patrimonial da sociedade personificada foi construída sob a hermenêutica

---

[151] "Não vemos, portanto, como fugir às conclusões do multicitado *Justen Filho*, segundo o qual sempre que a distinção patrimonial entre pessoa jurídica e seus sócios implicar a frustração de direitos indisponíveis o abuso encontra-se *in re ipsa*" (LORENZETTI, 2003, p. 198).

[152] *Execução trabalhista*. 11. ed. São Paulo: LTr, 2006, p. 126.

[153] CC: "Art. 50. Em caso de abuso da personalidade jurídica, caracterizado pelo desvio de finalidade, ou pela confusão patrimonial, pode o juiz decidir, a requerimento da parte, ou do Ministério Público quando lhe couber intervir no processo, que os efeitos de certas e determinadas relações de obrigações sejam estendidas aos bens particulares dos administradores ou sócios da pessoa jurídica".

[154] CDC: "Art. 28. O juiz poderá desconsiderar a personalidade jurídica da sociedade quando, em detrimento do consumidor, houver abuso de direito, excesso de poder, *infração da lei*, fato ou *ato ilícito* ou violação dos estatutos ou contrato social. A desconsideração também será efetivada quando houver falência, estado de insolvência, encerramento ou inatividade da pessoa jurídica provocados por má administração.
[...]
§5o. Também poderá ser desconsiderada a pessoa jurídica *sempre que sua personalidade for, de alguma forma, obstáculo ao ressarcimento de prejuízos causados* aos consumidores". [grifo nosso]

extensiva com a qual a jurisprudência trabalhista atualizou a interpretação da parte final do art. 10 do Decreto nº 3.708/1919,[155] de modo a ampliar a tutela devida aos créditos trabalhistas, imperativo imposto pela crescente consciência jurídica da relevância social dos direitos do trabalho. Daí a perspicácia com que *José Augusto Rodrigues Pinto* projeta o futuro da legislação trabalhista: "Não há como duvidar, pois, de que o seguro avanço da legislação brasileira terminará por atrair o sócio ou o administrador da empresa para o redil da *responsabilidade extensiva* do sócio ou do administrador da pessoa jurídica, desconsiderando-a quando se trate de satisfazer o crédito de terceiros, sobretudo empregados".[156]

Essa consciência jurídica adquiriu maior densidade axiológica com o advento da Constituição Federal de 1988, que elevou os direitos do trabalho à hierarquia jurídica de direitos fundamentais (CF, art. 7º).

4.18 A desconsideração da personalidade jurídica em face da pesquisa eletrônica de bens do executado

A utilização de ferramentas eletrônicas para a pesquisa de bens do executado potencializa a efetividade da execução (CHAVES, 2009, p. 923 *et seq.*)

De forma específica, a utilização da ferramenta eletrônica denominada de Cadastro de Clientes do Sistema Financeiro Nacional – CCS (BACEN-CCS) pode, na pesquisa das pessoas que movimentam as contas bancárias da empresa executada, detectar a existência de sócio oculto, cujos bens poderão, então, ser penhorados mediante a aplicação da teoria da desconsideração da personalidade jurídica, na medida em que se presume – presunção relativa, é verdade – ser sócia de fato a pessoa que tem poderes para movimentar conta bancária da empresa executada.[157] Com efeito, não é ordinário outorgar poderes para movimentar conta corrente a quem seja estranho à sociedade empresarial. Pelo contrário, a outorga de tais poderes é indicativa de que a sociedade e o outorgado têm interesses comuns, situação em que se estabelece presunção relativa de que o outorgado

---

[155] Decreto nº 3.708/1919: "Art.10. Os sócios-gerentes ou que derem o nome à firma não respondem pessoalmente pelas obrigações contraídas em nome da sociedade, mas respondem para com esta e para com terceiros solidária e ilimitadamente pelo excesso de mandato e *pelos atos praticados com violação* do contrato ou *da lei*". [grifo nosso]

[156] *Execução trabalhista*. 11. ed. São Paulo: LTr, 2006, p. 126.

[157] Essa presunção decorre da experiência ordinária (CPC, art. 375), pois a outorga de poderes para movimentar contas bancárias sugere que a pessoa outorgada tem interesses em comum com a empresa outorgante. Nesse sentido, merece destaque o criterioso estudo realizado pelos magistrados César Zucatti Pritsch e Gilberto Destro. Publicado na edição nº 140 da Revista Eletrônica do TRT4, o ensaio denominado "BACEN CCS – Cadastro de Clientes do Sistema Financeiro Nacional – Uma valiosa ferramenta para a execução efetiva" assenta três conclusões produtivas para a efetividade da execução: a) "a relação de procuração bancária entre duas pessoas físicas faz presumir confusão patrimonial"; b) "a relação de procuração bancária entre pessoa jurídica e pessoa física, caso essa não conste formalmente como sócia, faz presumir que seja sócia de fato"; c) "o elo entre duas pessoas jurídicas por sócio de fato em comum caracteriza grupo econômico". (www.trt4.jus.br – Escola Judicial – Revista Eletrônica – edição nº 140).

é sócio oculto da sociedade outorgante de tais poderes, presunção relativa que decorre da aplicação da experiência ordinária pelo magistrado na valoração das provas (CPC, art. 375).[158]

Detectada a existência de sócio oculto via ferramenta eletrônica BACEN-CCS, a pesquisa deve prosseguir perante a Junta Comercial, para descobrir se o sócio oculto participa de outra(s) empresa(s), cujo patrimônio poderá então ser objeto de penhora mediante a aplicação da teoria da desconsideração inversa da personalidade jurídica, sob o fundamento legal de confusão patrimonial (CC, art. 50).

A pesquisa perante a Junta Comercial, para descobrir se o sócio oculto participa de outra(s) empresa(s), poderá identificar a existência de grupo econômico trabalhista,[159] ampliando a possibilidade de êxito da execução trabalhista, seja em razão da imediata solidariedade passiva que recai sobre cada uma das empresas integrantes do grupo econômico trabalhista (CLT, art. 2º, §2º), seja em razão da mediata possibilidade de penhorar os bens dos sócios das empresas do grupo econômico por intermédio de eventual desconsideração da personalidade jurídica das empresas do grupo econômico (CC, art. 50 c/c CPC, art. 790, II).[160]

---

[158] CPC: "Art. 375. O juiz aplicará as regras de experiência comum subministradas pela observação do que ordinariamente acontece e, ainda, as regras da experiência técnica, ressalvado, quanto a estas, o exame pericial".
[159] Ou de sucessão trabalhista (CLT, arts. 10 e 448).
[160] Cf. CLAUS, Ben-Hur Silveira. A desconsideração inversa da personalidade jurídica na execução trabalhista e a pesquisa eletrônicas de bens de executados. *Revista LTr*, ano 77, nº 1, p. 38, jan. 2013.

O CUMPRIMENTO DA SENTENÇA TRABALHISTA

Nota-se que o legislador processual civil privilegiou a efetividade processual em detrimento da cautela processual de proteção do patrimônio do devedor.

Mauro Schiavi

5.1 O novo paradigma do cumprimento da sentença no CPC de 2015

Por força dos permissivos do art. 769 da CLT e do art. 15 do CPC de 2015, o Código de Processo Civil aplica-se ao Processo do Trabalho no que respeita ao cumprimento da sentença que condena ao pagamento de quantia certa. O leitor encontrará no presente capítulo breve contribuição à análise de tema tão importante para o Direito Processual do Trabalho e para a Jurisdição Trabalhista.

O CPC de 2105 dá à efetividade da execução por quantia certa uma dimensão superior àquela que se caracterizava no CPC revogado, representando um *novo paradigma teórico*. Esse novo paradigma é identificado por *Hermes Zaneti Jr.* como a expressão de um novo modelo interpretado à luz de vetor da efetividade. O novo modelo apresenta-se como uma combinação de tipicidade flexível, adequação e generalização das *astreintes*, tendo na efetividade o núcleo das preocupações com a atividade executiva.[161]

No advento de um novo Código de Processo Civil, a relação do fenômeno jurídico com a História traz à memória a clássica observação de *Alfredo Buzaid* na Exposição de Motivos do Código de Processo Civil de 1973: "Na execução, ao contrário, há desigualdade entre o exequente e o executado. O exequente tem posição de preeminência; o executado, estado de sujeição. Graças a essa situação de primado que a lei atribui ao exequente, realizam-se atos de execução forçada

---

[161] MARINONI, Luiz Guilherme (dir.); ARENHART, Sérgio Cruz; MITIDIERO, Daniel (coord.).*Comentários ao Código de Processo Civil*. São Paulo: RT, 2016, v. XIV, p. 129-130).

contra o devedor, que não pode impedi-los, nem subtrair-se a seus efeitos. A execução se presta, contudo, a manobras protelatórias, que arrastam os processos por anos, sem que o Poder Judiciário possa adimplir a prestação jurisdicional".[162] A clássica observação de *Alfredo Buzaid* vem à memória porque a assimilação da lição de *Liebman* não se mostrou suficiente para alterar o quadro – de falta de efetividade na execução – que CPC de 1973 pretendeu enfrentar. As manobras protelatórias continuaram arrastando os processos por anos, em que pese o alento que as minirreformas do Código revogado representaram. É comprida a estrada que vai da intenção à execução. Essa assertiva do dramaturgo francês *Molière* ilustra o desafio que recai sobre o CP de 2015.

A alteração do paradigma normativo anterior está positivada objetivamente no CPC de 2015. Entretanto, a percepção dessa alteração paradigmática desafia os operadores jurídicos à subjetiva constatação de que o modelo teórico anterior *realmente* sofreu uma mudança substancial. No Direito, a mudança é sempre de uma cultura. Por se tratar de uma mudança de concepção, o peso da cultura formada sob o Código revogado pode obnubilar a percepção do novo paradigma proposto pelo CPC de 2015, nada obstante os esforços da doutrina em sublinhar a superveniência de um novo modelo teórico de efetividade da execução por quantia certa.[163]

A vocação do processo do trabalho para constituir-se como processo de resultados opera como fator favorável à percepção, pelos seus operadores jurídicos, da alteração de paradigma proposta no novo processo comum trazido pelo CPC de 2015, potencializando a assimilação de conceitos, institutos e técnicas processuais aptos a promover a efetividade da jurisdição. Mais do que na Jurisdição Comum, é na Jurisdição Trabalhista que as potencialidades do novo CPC para a fase de cumprimento da sentença poderão ser acolhidas de forma mais generosa, exatamente porque a cultura da ciência processual laboral predispõe o magistrado trabalhista à perspectiva de uma jurisdição cada vez mais efetiva, sobretudo no contexto da constitucionalização dos direitos sociais (CF, art. 7º).

O legislador preocupou-se em salientar que *a prestação jurisdicional inclui a satisfação da condenação*. Para tanto, inseriu preceito específico entre as normas fundamentais do processo comum. No art. 4º do CPC, o legislador preceitua que "As partes tem o direito de obter em prazo razoável a solução integral do mérito, incluída a atividade satisfativa". Poder-se-ia objetar quanto à necessidade do preceito, na medida em que o legislador afirmou o óbvio. É verdade. O direito da parte à prestação jurisdicional inclui a satisfação do julgado, e não se concebe

---

[162] Exposição de Motivos do Código de Processo Civil de 1973, item 18.
[163] Hermes Zaneti Jr. preceitua: "(...) o processo de execução deverá ser pensado, estruturado e efetivado de maneira a garantir o direito à tutela do crédito adequada, tempestiva e efetiva" (MARINONI, Luiz Guilherme (dir.); ARENHART, Sérgio Cruz; MITIDIERO, Daniel (coord.). *Comentários ao Código de Processo Civil*. São Paulo: RT, 2016, v. XIV, p. 41).

que possa ser diferente.¹⁶⁴ Entretanto, a explicitação adotada pelo legislador guarda coerência com o compromisso do novo Código em favor da efetividade da jurisdição,¹⁶⁵ além de demarcar uma clara distinção com a imprecisão técnica em que incidiu o Código anterior no particular.

O CPC revogado estabelecera, no seu art. 463, a previsão de que "Ao publicar a sentença de mérito, o juiz cumpre e acaba o ofício jurisdicional (...)". A leitura do preceito sugeria que o ofício jurisdicional findava com a sentença, como se a execução do julgado não fosse ato do ofício jurisdicional. A imprecisão técnica chegou a ser percebida como lapso significativo de um ato falho representativo da vetusta concepção de que a execução constituiria ato de administração e não de jurisdição. Passaram-se mais de trinta anos até que a imprecisão técnica do art. 463 do CPC de 1973 fosse corrigida. No ano de 2005, a Lei nº 11.232 alterou a redação do art. 463 do CPC, para excluir a expressão de que o juiz, ao publicar a sentença, "acaba o ofício jurisdicional". Transformar mera imprecisão técnica de redação em ato falho teórico é provavelmente tratar de forma muito rigorosa o lapso do legislador de 1973.

Seja como for, a redação do art. 4º do novo CPC tem o mérito de explicitar que o direito da parte à prestação jurisdicional inclui a satisfação do credor, deixando implícita a assimilação da lição doutrinária segundo a qual a garantia constitucional à prestação jurisdicional implica o reconhecimento da existência de um direito fundamental à tutela executiva correspondente.¹⁶⁶ Além disso, esse preceito permite compreender mais adequadamente a concepção de 'processo sincrético' adotada pelo novo CPC, assim compreendido o processo que se divide em fases sem solução de continuidade, articulando atividades de cognição simultaneamente a atividades de execução.¹⁶⁷ No processo do trabalho, a norma de sobredireito do art. 765 da CLT sintetiza, desde 1943, a opção do subsistema processual trabalhista pela completa satisfação do julgado, ao incumbir o magistrado do dever de velar pela rápida solução da causa, conforme preleciona *José Antônio Ribeiro de Oliveira Silva*.¹⁶⁸

---

¹⁶⁴ No dizer de Luiz Guilherme Marinoni e Daniel Mitidiero, "(...) interessa a realização do direito da parte. Essa é a razão pela qual o legislador explicita que o direito à duração razoável do processo necessariamente inclui a atividade executiva (MARINONI, Luiz Guilherme (dir.); ARENHART, Sérgio Cruz; MITIDIERO, Daniel (coord.).*Comentários ao Código de Processo Civil*. São Paulo: RT, 2016, v. I, p. 135).

¹⁶⁵ Hermes Zaneti Jr. alerta que "(...) o Código não pode ser lido com os olhos apenas voltados para nossa experiência brasileira e passada, mas deve voltar os olhos para o futuro, através de um direito processual que sirva às finalidades constitucionais que o comandam" (MARINONI, Luiz Guilherme (dir.); ARENHART, Sérgio Cruz; MITIDIERO, Daniel (coord.). *Comentários ao Código de Processo Civil*. São Paulo: RT, 2016, v. XIV, p. 130).

¹⁶⁶ José Rogério Cruz e Tucci pondera " (...) que, apesar de intuitivo, a regra do art. 4º, para não deixar margem a qualquer dúvida, estende-se, de forma expressa, à fase de cumprimento de sentença e, por certo, também ao processo de execução, vale dizer, a toda 'atividade satisfativa' em prol da parte vencedora (MARINONI, Luiz Guilherme (dir.); ARENHART, Sérgio Cruz; MITIDIERO, Daniel (coord.).*Comentários ao Código de Processo Civil*. São Paulo: RT, 2016, v. VIII, p. 251).

¹⁶⁷ Cassio Scarpinella Bueno. *Novo Código de Processo Civil anotado*. São Paulo: Saraiva, 2015, p. 44.

¹⁶⁸ SILVA, José Antônio Ribeiro de Oliveira (coord.). *Comentários ao novo CPC e sua aplicação ao processo do trabalho*. São Paulo: LTr, 2016, v. I, p. 24.

Outra demonstração da alteração de paradigma teórico é identificada no fato de que *o CPC de 2015 estende à execução das obrigações por quantia certa o exercício dos poderes gerais de efetivação* conferidos ao magistrado pelo novo sistema de processo comum. Tratava-se de histórica postulação de segmento considerável da doutrina do processo civil à época das minirreformas do CPC de 1973. O Código atual assimilou tal postulação, contemplando a execução por quantia certa com os mecanismos de efetivação que no CPC de 1973 estavam circunscritos à execução de obrigação de fazer e de não fazer.[169] Tais mecanismos estão previstos no art. 139, IV, do CPC, preceito que o art. 3º da Instrução Normativa nº 39/2016 do TST reputa aplicável ao processo do trabalho.[170]

Sede normativa do poder geral de efetivação do magistrado, o art. 139, IV, do CPC diz que incumbe ao juiz "determinar todas as medidas indutivas, coercitivas, mandamentais ou sub-rogatórias necessárias para assegurar o cumprimento de ordem judicial, inclusive nas ações que tenham por objeto prestação pecuniária". Mais do que facultar ao magistrado a assim agir, o preceito legal estimula o juiz à proatividade, na medida em que o comando normativo diz *incumbir* ao magistrado determinar *todas as medidas necessárias* ao cumprimento dos provimentos jurisdicionais.

É de se observar que o art. 461, §5º, do CPC revogado limitava a adoção das "medidas necessárias" ao cumprimento da sentença de obrigação de fazer ou não fazer.[171] A significativa introdução do vocábulo *todas* no art. 139, IV, do novo CPC – *todas* as medidas necessárias – demarca a nova postura do legislador em relação ao diploma processual anterior cuja ineficácia o CPC de 2015 quer superar.[172] Além da significativa inclusão do vocábulo *todas*, o legislador optou por explicitar de forma ampla as medidas legais necessárias ao cumprimento dos provimentos jurisdicionais, relacionando praticamente todas as providências possíveis, ao dizer que está compreendido no poder geral de efetivação do magistrado determinar todas as medidas indutivas, coercitivas, mandamentais ou sub-rogatórias necessárias. Por

---

[169] Hermes Zaneti Jr. preleciona: "O art. 139, IV, do CPC estabelece um novo modelo de execução civil no Brasil. Ao prever a atipicidade dos meios executivos ligada ao controle da adequada e efetiva tutela pelo juiz, o CPC migra de um modelo exclusivo de execução rígida, de obrigações-tipo e execuções-tipo (germânico), para um modelo combinado de execuções tipo flexíveis, tutela adequada (*commom law*) e generalização das *astreintes* (francês)" (MARINONI, Luiz Guilherme (dir.); ARENHART, Sérgio Cruz; MITIDIERO, Daniel (coord.). *Comentários ao Código de Processo Civil*. São Paulo: RT, 2016, v. XIV, p. 113.

[170] A Instrução Normativa nº 39/2016 foi aprovada pela Resolução nº 203 do TST, de 15-03-2016.

[171] Renato Beneduzi faz o registro histórico de que a atipicidade dos meios de execução estava limitada no CPC revogado, tendo sido ampliada no CPC de 2015. Diz o jurista: "Concebida na vigência do Código de Processo Civil de 1973 apenas para a execução específica, a aplicação do princípio da atipicidade dos meios executivos veio a ser generalizada pelo novo CPC a todas as espécies de execução, inclusive à pecuniária" (MARINONI, Luiz Guilherme (dir.); ARENHART, Sérgio Cruz; MITIDIERO, Daniel (coord.). *Comentários ao Código de Processo Civil*. São Paulo: RT, 2016, v. II, p. 282).

[172] Como as "medidas necessárias" do CPC de 1973 não foram suficientes, o legislador do CPC de 2015 viu-se na contingência de explicitar seu propósito de conferir mais efetividade à execução pela opção da utilização da locução *"todas* as medidas necessárias", de modo a ampliar liberdade de atuação dos magistrados e a estimular a respectiva iniciativa judicial.

fim, o legislador faz referência expressa à execução por quantia certa no art. 139, IV, do CPC, assimilando a crítica doutrinária que reivindicava estender a atipicidade dos meios executivos também ao cumprimento de obrigação de prestação pecuniária.[173]

Complementando a diretriz geral de efetivação da jurisdição prevista no art. 139, IV, do CPC, o art. 297 do novo diploma processual prevê que *o juiz poderá determinar as medidas que considerar adequadas para efetivação da tutela provisória*. Embora o preceito do art. 297 do CPC não tenha reproduzido o vocábulo *todas*, a amplitude do poder geral de efetivação do magistrado na tutela provisória é extraída da dicção da genérica locução adotada pelo legislador – *medidas que considerar adequadas*. Demais disso, a interpretação sistemática recomenda compreender o *comando específico* do art. 297 do CPC sob a inspiração da *cláusula geral* do art. 139, IV, do mesmo diploma legal. A relação de complementaridade existente entre tais preceitos inspirou Hermes Zaneti Jr. a extrair do art. 297 o alcance do art. 139, IV[174]: "Parafraseando o art. 297 do CPC, podemos dizer que: *o juiz poderá determinar as medidas que considerar adequadas para a efetivação da tutela de crédito (poder geral de tutela efetiva)*".

A locução *todas as medidas necessárias* expressa uma cláusula geral dirigida ao exercício da jurisdição de forma plena, o que evoca a lição de *Edilton Meireles*. Comentando o art. 139, IV, do CPC, o jurista recorre ao vocábulo imaginação. É à imaginação que o magistrado deve recorrer quando se tratar de fazer cumprir a decisão judicial. Diz o jurista: "O legislador, todavia, não limita as medidas coercitivas aquelas mencionadas no Código de Processo Civil. Logo, outras podem ser adotadas, a critério da imaginação do juiz".[175] É certo, porém, que o poder geral de efetivação do magistrado está limitado pelo respeito devido aos direitos fundamentais do executado. Exatamente em razão da amplitude do comando legal, o preceito do art. 139, IV, do CPC, na produtiva observação de *Manoel Carlos Toledo Filho*, "(...) pode ser considerado um adequado *desdobramento supletivo e subsidiário* do comando contido no art. 765 CLT, na medida em que complementa e reforça a expressão 'qualquer diligência' a que o dispositivo consolidado faz menção".[176]

Tratando do tema do poder geral de efetivação previsto no art. 139, IV do CPC, *Edilton Meireles* relaciona algumas medidas restritivas de direito

---

[173] *Daniel Amorim Assumpção Neves* pondera que, com o advento do art. 139, IV, "(...) é possível concluir que a resistência à aplicação das astreintes nas execuções de pagar quantia certa perdeu sua fundamentação legal, afastando-se assim o principal entrave para a aplicação dessa espécie de execução indireta em execuções dessa espécie de obrigação (*Novo Código de Processo Civil comentado artigo por artigo*. Salvador: Juspodivm, 2016, p. 231).

[174] MARINONI, Luiz Guilherme (dir.); ARENHART, Sérgio Cruz; MITIDIERO, Daniel (coord.). *Comentários ao Código de Processo Civil*, v. XIV. São Paulo: RT, 2016, p. 113.

[175] Medidas sub-rogatórias, coercitivas, mandamentais e indutivas no Código de Processo Civil de 2015. *Revista de Processo*, São Paulo, RT, v. 247, ano 40, p. 231-246, set. 2015, p. 237.

[176] *Comentários ao novo CPC e sua aplicação ao processo do trabalho*. José Antônio Ribeiro de Oliveira Silva (coord.). São Paulo: LTr, 2016, v. I, p. 200.

que podem ser determinadas pelo juiz para estimular ao cumprimento dos provimentos jurisdicionais: "a) proibição do devedor pessoa física poder exercer determinadas funções em sociedades empresariais, em outras pessoas jurídicas ou na Administração Pública; b) proibição de efetuar comprar com uso de cartão de crédito; c) suspensão de benefício fiscal; d) suspensão dos contratos, ainda que privados, de acesso aos serviços de telefonia, *Internet*, televisão a cabo etc., desde que não essenciais à sobrevivência (tais como os de fornecimento de energia e água); e) proibição de frequentar determinados locais ou estabelecimentos; f) apreensão de passaporte (se pode prender em caso de prestações alimentares, pode o menos, isto é, restringir parte do direito de ir e vir); g) apreensão temporária, com desapossamento, de bens de uso (exemplo: veículos), desde que não essenciais (exemplo: roupas ou equipamentos profissionais); h) suspensão da habilitação para dirigir veículos; i) bloqueio da conta corrente bancária, com proibição de sua movimentação; j) embargo da obra; k) fechamento do estabelecimento; l) restrição ao horário de funcionamento da empresa etc.".[177]

Outro aspecto a demarcar *importante distinção hermenêutica com o Código revogado radica na norma do parágrafo único do art. 805 do CPC de 2015*.[178] O art. 797 do CPC de 2015 corresponde ao art. 612 do CPC revogado – sede normativa da regra geral de que a execução se realiza no interesse do exequente. O art. 805 do CPC de 2015 corresponde ao art. 620 do CPC revogado – sede normativa da regra exceptiva da execução menos gravosa. O que não existia no CPC anterior é a previsão saneadora do parágrafo único do art. 805 do CPC de 2015. Esse preceito exige que o executado indique meio executivo mais eficaz quando alegar que a execução realiza-se por meio mais gravoso, sob pena de manutenção da medida executiva adotada pelo juízo.

O novo paradigma de efetividade da execução objetivado pelo novo diploma legal também levou o CPC de 2015 a *proteger a posição jurídica do arrematante*, em detrimento da posição jurídica do executado, numa clara opção em favor de coerção contra o executado que resiste ao cumprimento de suas obrigações, inclusive na execução provisória. Vale dizer, a arrematação não é mais desfeita, ainda que venham a ser julgados procedentes os embargos à execução. O arrematante arremata com eficácia jurídica plena. O executado perde o bem em favor da efetividade da execução; seu direito limitar-se-á à indenização, caso tenha êxito nos embargos opostos à execução. É o que se recolhe tanto da previsão do

---

[177] Medidas sub-rogatórias, coercitivas, mandamentais e indutivas no Código de Processo Civil de 2015. *Revista de Processo*, São Paulo, RT, ano 40, v. 247, p. 231-246, set. 2015, p. 237.

[178] "Art. 805. Quando por vários meios o exequente puder promover a execução, o juiz mandará que se faça pelo modo menos gravoso para o executado.
Parágrafo único. Ao executado que alegar ser a medida executiva mais gravosa incumbe indicar outros meios mais eficazes e menos onerosos, sob pena de manutenção dos atos executivos já determinados".

art. 520, §4º,[179] quanto da previsão do art. 903 do CPC,[180] matéria que merecerá abordagem mais detalhada em tópico posterior.

A perspectiva de aprofundamento da efetividade da execução buscada pelo novo Código de Processo Civil também pode ser haurida em face da opção de se estabelecer que, além de preferencial, *a penhora em dinheiro passa agora a ser também prioritária*, não se admitindo mais a alteração da ordem preferencial de penhora quando a constrição recair sobre dinheiro.

A significativa novidade trazida pelo legislador foi positivada no art. 835, §1º, do CPC,[181] preceito legal que o Tribunal Superior do Trabalho considera aplicável à execução trabalhista, conforme o art. 3º, XVI, da Instrução Normativa nº 39/2016.[182] Nas palavras de *Guilherme Rizzo Amaral*, "O atual CPC dá uma guinada importante ao afirmar a prevalência da efetividade da execução sobre o princípio da menor onerosidade".[183] A penhora em dinheiro, além de continuar a ser preferencial, torna-se *prioritária* no CPC de 2015, o que justifica a consideração doutrinária acima, na medida em que o novo preceito projeta um horizonte de maior efetividade para a execução, sobretudo considerando-se a possibilidade de se lançar mão – vale para a execução definitiva, vale para a execução provisória – da medida legal de bloqueio eletrônico de numerário expressamente prevista no art. 854 do CPC.[184] No art. 3º, XIX, da Instrução Normativa nº 39/2016, o TST reputa o art. 854 do CPC aplicável ao processo do trabalho. Foi o advento do art. 835, §1º, do CPC que levou o TST a alterar a redação da Súmula nº 417 da SDI-I, para passar a admitir penhora de dinheiro em execução provisória, aspecto que será objeto de desenvolvimento em tópico posterior.

---

[179] "Art. 520. (...)
§4º. A restituição ao estado anterior a que se refere o inciso II não implica o desfazimento da transferência da posse ou da alienação de propriedade ou de outro direito real eventualmente já realizada, ressalvado, sempre, o direito à reparação dos prejuízos causados ao executado".

[180] "Art. 903. Qualquer que seja a modalidade de leilão, assinado o auto pelo juiz, pelo arrematante e pelo leiloeiro, a arrematação será considerada perfeita, acabada e irretratável, ainda que venham a ser julgados procedentes os embargos do executado ou a ação autônoma de que trata o §4º deste artigo, assegurada a possibilidade de reparação pelos prejuízos sofridos".

[181] "Art. 835. A penhora observará, preferencialmente, a seguinte ordem:
I – dinheiro, em espécie ou em depósito ou aplicação em instituição financeira;
(...)
§1º. É prioritária a penhora em dinheiro, podendo o juiz, nas demais hipóteses, alterar a ordem prevista no *caput* de acordo com as circunstâncias do caso concreto".

[182] "Art. 3º. Sem prejuízo de outros, aplicam-se ao processo do trabalho, em face de omissão e compatibilidade, os preceitos do Código de Processo Civil que regulam os seguintes temas:
(...)
XVI – art. 835, incisos e §§1º e 2º (ordem preferencial de penhora)".

[183] *Comentários às alterações do novo CPC*. São Paulo: RT, 2015, p. 836.

[184] Se no processo civil o bloqueio de numerário depende de requerimento do exequente (CPC, art. 854), no processo do trabalho tal providência pode ser determinada de ofício pelo juiz, a teor do art. 878 da CLT. Essa conclusão é reforçada pela previsão do art. 765 da CLT, verdadeira norma de sobredireito do subsistema processual trabalhista que irradia efeitos a todas as etapas procedimentais. O art. 765 da CLT autoriza o magistrado a adotar todas as diligências necessárias à rápida solução da causa.

Além de conferir ao juiz todas as medidas necessárias para assegurar o cumprimento da execução de obrigação por quantia certa na cláusula geral de efetivação da jurisdição do art. 139, IV, do CPC, a ênfase do novo diploma legal na efetividade do cumprimento dessa espécie de obrigação é percebida, outrossim, pela circunstância de que o legislador outorgou ao exequente duas severas medidas de execução indireta para induzir o executado ao cumprimento da obrigação pecuniária, quais sejam, o *protesto extrajudicial da sentença* (CPC, art. 517) e a *inclusão do nome do executado em cadastros de inadimplentes* (CPC, art. 782, §§3º e 5º). Essas medidas também serão objeto de estudo em tópico posterior.

A determinação de *alienação antecipada de veículos automotores* é mais um indicativo do novo perfil da execução por quantia certa. Prevista no art. 852, I, do CPC,[185] essa modalidade de alienação antecipada representa um produtivo meio de coerção para a efetividade da execução, na medida em que o executado tende ao pagamento na iminência da alienação do bem penhorado. Recaindo a penhora sobre veículo automotor, a alienação do bem penhorado deve ser determinada de imediato.[186] Na sociedade de consumo, esperar pelo trânsito em julgado de todos os incidentes da fase de execução significa perder vários anos, com a progressiva depreciação econômica do bem penhorado. Ao realizar a imediata alienação do veículo automotor penhorado, o juiz antecipa a fase processual na qual o devedor torna-se mais vulnerável e tendente ao pagamento. Além disso, é expressivo o número de devedores que têm veículo automotor. Esse dado de economia social também revela o acerto do legislador, ao positivar nesse pragmático preceito uma espécie de presunção absoluta de depreciação econômica sempre que a penhora recair sobre veículo automotor. Tratando-se de veículo automotor, também operam em favor da efetividade da execução a pesquisa prévia dos veículos disponíveis no sistema RenaJud, a prévia inserção de restrição de circulação do veículo via sistema RenaJud e a remoção imediata do bem penhorado.[187] A alienação antecipada do veículo penhorado será o desfecho de uma política judiciária de maior eficácia na execução, a ser implementada pelo juízo, com fundamento na aplicação subsidiária do art. 852, I, do CPC.

Ao estender para o coproprietário a previsão da penhora da totalidade do bem, o novo CPC deu mais um passo em favor da efetividade da execução. No Código revogado, a medida aplicava-se apenas ao cônjuge. O art. 655-B do CPC de 1973 previa a penhora a totalidade do bem do casal, assegurando ao cônjuge não devedor o recebimento de sua meação em dinheiro, após a alienação do bem.

---

[185] "Art. 852. O juiz determinará a alienação antecipada dos bens penhorados quando:
I – se tratar de veículos automotores (...)".

[186] O verbo é empregado no modo imperativo – "O juiz *determinará*".

[187] A *imediata* remoção do bem móvel penhorado é a *regra geral* tanto na Lei nº 6.830/80 (art. 11, §3º) quanto no CPC (art. 840, II).

Prevista no art. 843 do novo CPC,[188] *a penhora da totalidade do bem foi estendida para a hipótese de condomínio em geral.*[189] A experiência ordinária revela que a alienação do bem penhorado não costuma ser necessária, pois os vínculos sociais existentes entre os condôminos os induzem tanto à composição amigável da lide quanto à remição da execução; os embargos de terceiro são raros.

Identificados os principais elementos caracterizadores do novo paradigma da execução por quantia certa no CPC de 2015, cumpre enfrentar o tema da regência legal da matéria.

5.2 A regência legal do cumprimento da sentença de obrigação por quantia certa

A regência legal do cumprimento da sentença por quantia certa no CPC de 2015 é semelhante à regência da matéria no CPC de 1973. Entretanto, algumas diferenças devem ser destacadas, a fim de demonstrar a especial densidade conferida pelo novo CPC à efetividade da execução de obrigação pecuniária.[190]

O percentual de penalização para a hipótese de não pagamento voluntário da obrigação foi ampliado para 20%. À previsão de multa de 10% já existente no CPC revogado (art. 475-J), o CPC de 2015 acrescentou o percentual de mais 10% de honorários advocatícios. A previsão está expressa no art. 523, §1º, do CPC e aplica-se tanto à execução definitiva quanto à execução provisória (CPC, art. 520, §2º). Ao estender tal penalização à execução provisória, o legislador inova e confere maior eficácia à sentença[191] ainda não transitada em julgado,[192] estimulando o executado a depositar o valor liquidado para evitar a oneração de 20%.[193] No que respeita

---

[188] "Art. 843. Tratando-se de penhora de bem indivisível, o equivalente à quota-parte do coproprietário ou do cônjuge alheio à execução recairá sobre o produto da alienação do bem".

[189] Como esclarece Hermes Zaneti Jr., "O coproprietário tem direito a sua quota-parte, mas não pode evitar a alienação do bem por ser este indivisível". (MARINONI, Luiz Guilherme (dir.); ARENHART, Sérgio Cruz; MITIDIERO, Daniel (coord.). *Comentários ao Código de Processo Civil.*. São Paulo: RT, 2016, v. XIV, p. 204).

[190] No dizer de Hermes Zaneti Jr., "É justamente a efetividade o núcleo das preocupações com a atividade executiva" (MARINONI, Luiz Guilherme (dir.); ARENHART, Sérgio Cruz; MITIDIERO, Daniel (coord.). *Comentários ao Código de Processo Civil.* São Paulo: RT, 2016, v. XIV, p. 130).

[191] Sobre a valorização das decisões de primeiro grau no âmbito recursal, remetemos o leitor ao artigo "A função revisora dos tribunais – a questão da valorização das decisões de primeiro grau – uma proposta *de lege ferenda*: a sentença como primeiro voto no colegiado". CLAUS, Ben-Hur Silveira (coord.). *A função revisora dos tribunais: por uma nova racionalidade recursal.* São Paulo: LTr, 2016.

[192] Nélson Nery Junior e Rosa Maria de Andrade Nery anotam: "A execução provisória está agora, sujeita a multa, nos mesmos moldes do que ocorre com a execução definitiva, bem como à incidência dos honorários advocatícios. Com isso, procurou-se conferir a mesma efetividade e coercitividade da execução definitiva à execução provisória, de forma que ela não se estenda até o julgamento final do recurso não dotado de efeito suspensivo" (*Comentários ao Código de Processo Civil: novo CPC*: Lei 13.105/2015. São Paulo: RT, 2015, p. 1283).

[193] José Rogério Cruz e Tucci registra que "(...) o §2º do art. 520, dirimindo qualquer dúvida, dispõe que, no cumprimento provisório incidem a multa de 10% e os honorários advocatícios, também de 10%, sobre a soma

à execução definitiva, o não pagamento voluntário autoriza o juiz do trabalho a adotar, além da oneração da dívida em 20%, duas medidas de coerção indireta: o imediato protesto da sentença (CPC, art. 517) e a imediata inclusão do nome do executado em cadastros de inadimplentes (CPC, art. 782, §§3º e 5º),[194] medidas legais que geram severas restrições de crédito ao executado.

No que respeita à aplicabilidade da multa de 10% e de mais 10% de honorários advocatícios previstos no art. 523 do CPC de 2015 na hipótese de não ocorrer o depósito voluntário do valor liquidado,[195] uma produtiva interpretação do conceito de *aplicação supletiva* do art. 15 do novo Código há de oportunizar ao TST reexaminar, no futuro, a posição que a Corte adotara na vigência do CPC de 1973, então sob o fundamento de que o preceito do CPC não seria compatível com o Processo do Trabalho. Sirva a essa reflexão a percuciente observação do voto vencido do Min. Augusto César Leite de Carvalho no julgamento de recurso de Embargos sobre o tema da aplicabilidade da multa do art. 475-J do CPC revogado. Na ocasião, o Min. Augusto César Leite de Carvalho observou que a CLT não trata de medidas coercitivas para estimular ao cumprimento voluntário da obrigação, limitando-se tão somente à previsão de meios sub-rogatórios de execução.[196] No particular, a razão parece estar com *Célio Horst Waldraff*, quando observa que a posição firmada pelo TST sob a vigência do CPC de 1973 servia como norte antes do advento do CPC de 2015, para concluir que, se a ideia do art. 15 do novo CPC, ao admitir a aplicação supletiva ao lado da subsidiária, é reforçar o Processo do Trabalho, o sancionamento do devedor inadimplente revela-se mais do que oportuno.[197] Nada obstante tais argumentos, o Tribunal Superior do Trabalho, na data de 21.08.2017, em julgamento de Incidente de Recurso Repetitivo – IRR, por *tantos votos x tantos* votos, uniformizou sua jurisprudência para assentar o entendimento de que não se aplica a multa do art. 523 do CPC à execução trabalhista, sob o fundamento de incompatibilidade da norma do CPC com a regência legal da execução prevista na CLT.[198] Na ocasião, prevaleceu uma interpretação, *data venia*, acanhada do conceito de aplicação supletiva mediante a qual o legislador de 2015 estabeleceu a juridicidade da complementação do Processo do Trabalho pelas normas processuais contemporâneas trazidas ao direito positivo brasileiro pelo Código de Processo Civil de 2015. No julgamento,

---

devida, desde que o executado, depois de devidamente intimado, deixe de pagar a dívida no prazo de 15 dias" (MARINONI, Luiz Guilherme (dir.); ARENHART, Sérgio Cruz; MITIDIERO, Daniel (coord.). *Comentários ao Código de Processo Civil*. São Paulo: RT, 2016, v. VIII, p. 283).

[194] O cabimento da aplicação sobreposta e combinada dessas medidas legais – oneração de 20%, protesto e inclusão em cadastros de inadimplentes – é afirmada por *Cassio Scarpinella Bueno* na obra *Novo Código de Processo Civil anotado*. São Paulo: Saraiva, 2015, p. 346.

[195] Vale tanto para a execução definitiva quanto para a execução provisória (CPC, arts. 520 e 523).

[196] TST – E-RR – 54100-73.2006.5.10.0006, Rel. Min. Augusto César Leite de Carvalho. Julgamento: 05.09.2013, Subseção I Especializada em Dissídios Individuais. Data de Publicação: DEJT 13.09.2013).

[197] Os poderes mandamentais do juiz no novo CPC e a superação da multa do art. 475-J do CPC/1973. Revista Eletrônica do Tribunal Regional do Trabalho da 3ª Região. nº 50, v. 5. mai- 2016, p. 127.

[198] TST-IRR-RR-1786-24.2015.5.04.0000, Tribunal Pleno, Redator designado Ministro João Oreste Dalazen.

ficaram vencidos os seguintes Ministros: Mauricio Godinho Delgado, relator, Kátia Magalhães Arruda, revisora, Augusto César Leite de Carvalho, José Roberto Freire Pimenta, Delaíde Alves de Miranda Arantes, Hugo Carlos Scheuermann, Cláudio Mascarenhas Brandão, Douglas Alencar Rodrigues, Maria Helena Malmann, Lelio Bentes Corrêa e Luiz Philippe Vieira de Mello Filho.

Outro aspecto que evidencia a eficácia reconhecida pelo novo CPC à sentença ainda não transitada em julgado é manutenção da possibilidade – possibilidade já existente no CPC revogado – de a execução provisória ser realizada de forma completa. Por *execução provisória completa*, a teoria jurídica identifica a execução provisória que vai até o final, com a alienação do bem penhorado e inclusive com a possibilidade de levantamento do depósito do valor apurado na alienação judicial do bem. Essa possibilidade está prevista na norma do art. 520, IV, do CPC.[199] Comentando esse preceito legal, *Nélson Nery Junior* e *Rosa Maria de Andrade Nery* assentam que "hoje é possível alcançar-se, na execução provisória, todos os efeitos práticos da execução definitiva".[200]

Se a possibilidade de execução completa já estava prevista na execução provisória no CPC revogado (art. 475-O, III[201]), a verdadeira novidade trazida pelo CPC em vigor está na opção do legislador de *tutelar a posição jurídica do arrematante em detrimento da tutela da posição jurídica do executado na execução provisória*. Ao estabelecer que, na execução provisória, "a restituição ao estado anterior a que se refere o inciso II não implica o desfazimento da transferência de posse ou da alienação de propriedade ou de outro direito real eventualmente já realizada (...)" (CPC, art. 520, §4º), o novo CPC pretendeu estimular a participação de terceiro arrematante na hasta pública do bem do executado e, por isso mesmo, induzir o executado ao cumprimento da obrigação, para não perder o bem penhorado definitivamente.

A norma do art. 520, §4º, é complementada pelo preceito do art. 903 do CPC. Enquanto o art. 520, §4º, estabelece que a restituição ao estado anterior a que se refere o inciso II do art. 520 não implica o desfazimento da transferência da propriedade, o art. 903 confirma que, firmado o auto de arrematação, a arrematação é considerada irretratável, ainda que venham a ser julgados procedentes os embargos do executado ou a ação autônoma respectiva. A doutrina confirma essa interpretação: "Observe-se que, ocorrendo a expropriação de bem penhorado em

---

[199] *Cassio Scarpinella Bueno* anota: "Assim é que a 'execução provisória *completa*' – ou o 'cumprimento provisório de sentença completo' – é expressamente assegurada, ainda que, em regra, mediante prestação de caução (inciso IV)" (*Novo Código de Processo Civil anotado*. São Paulo: Saraiva, 2015, p. 348).

[200] *Comentários ao Código de Processo Civil: novo CPC*: Lei 13.105/2015. São Paulo: RT, 2015, p. 1281.

[201] "Art. 475-O. A execução provisória da sentença far-se-á, no que couber, do mesmo modo que a definitiva, observadas as seguintes normas:
(...)
III – o levantamento de depósito em dinheiro e a prática de atos que importem alienação de propriedade ou dos quais possa resultar grave dano ao executado dependem de caução suficiente e idônea, arbitrada de plano pelo juiz nos próprios autos".

execução forçada de decisão provisória – o que é perfeitamente possível, art. 520, IV, CPC –, não tem o executado direito ao desfazimento da arrematação. Vale dizer: o terceiro que arrematou o bem tem sua esfera jurídica desde logo resguardada, não tendo o executado direito de reaver o bem arrematado (art. 520, §4º, CPC). O art. 903, CPC, a propósito, abona esse raciocínio, ao afirmar que, 'assinado o auto pelo juiz, pelo arrematante e pelo leiloeiro, a arrematação será considerada perfeita, acabada e irretratável, ainda que venham a ser julgados procedentes os embargos do executado ou a ação autônoma (...)'".[202]

A mesma opinião recolhe-se dos comentários de *Daniel Amorim Assumpção Neves* acerca do cumprimento provisório da sentença. O jurista pondera que "a expressa menção de retorno ao estado anterior das partes permite que os atos de expropriação sejam realizados mesmo no cumprimento provisório de sentença, protegendo-se o terceiro adquirente do bem penhorado, que não retornará ao patrimônio do executado, entendendo-se que o 'estado anterior' diz respeito à situação patrimonial do executado antes da execução provisória".[203] Orienta-se na mesma perspectiva a doutrina de *José Rogério Cruz e Tucci*: "(...) pode ter-se verificado inclusive a transferência de domínio, como expressamente autorizam o inc. IV e o §4º do art. 520. Neste caso, a despeito de não ser mais viável a restituição ao estado anterior, só restará ao executado ser reembolsado pelo dano experimentado".[204]

Enaltecendo a opção do legislador por privilegiar a posição jurídica do arrematante em detrimento da posição jurídica do executado, *Wolney de Macedo Cordeiro* afirma que o novo CPC adotou uma *proposta extremamente corajosa* para a solução dos problemas decorrentes da consolidação da arrematação. Comentando o art. 903 do CPC, o processualista registra que os meios de defesa do executado não são dotados de efeito suspensivo e conclui que "(...) é possível que a fase de expropriação seja sequenciada mesmo sem o julgamento dos embargos do devedor. A eventual procedência desse meio impugnativo, no entanto, não afeta a arrematação, mantendo-se incólume a aquisição feita por terceiro e restando ao devedor prejudicado obter a reparação perante o próprio credor".[205]

A doutrina identifica na possibilidade de *execução provisória completa* e no *não desfazimento da arrematação* a opção do legislador de organizar o processo "(...) de modo a concretizar de forma mais aguda o direito fundamental à efetividade da

---

[202] MARINONI, Luiz Guilherme; ARENHART, Sérgio Cruz; MITIDIERO, Daniel. *Novo Código de Processo Civil comentado*. 2. ed. São Paulo: RT, 2016, p. 624.

[203] *Novo Código de Processo Civil comentado artigo por artigo*. Salvador: Juspodivm, 2016, p. 896-97.

[204] MARINONI, Luiz Guilherme (dir.); ARENHART, Sérgio Cruz; MITIDIERO, Daniel (coord.). *Comentários ao Código de Processo Civil*. São Paulo: RT, 2016, v. VIII, p. 282. No mesmo sentido, alinha-se a doutrina de *Cássio Scarpinella Bueno*: "O §4º evidencia o correto entendimento de que a alienação de domínio é preservada no caso de provimento de apelo do executado. Ressalvando-se o direito do executado (quem sofre o cumprimento provisório da sentença). pleitear a indenização cabível" (*Novo Código de Processo Civil anotado*. São Paulo: Saraiva, 2015, p. 348).

[205] *Execução no processo do trabalho*. 2. ed. Salvador: Juspodivm, 2016, p. 344.

tutela jurisdicional".[206] Essa forma mais aguda de concretizar a tutela jurisdicional levou *Hermes Zaneti Jr.* à consideração de que as premissas do novo CPC "(...) afastam a concepção fraca da atividade executiva que estimula o comportamento irresponsável dos devedores e a corrupção do sistema".[207] Para o referido jurista, a alteração paradigmática projetada pelo novo CPC parte da premissa – acertada premissa, sublinhe-se – de que "(...) não há direito fundamental de propriedade que dê suporte a um processo de execução pensado para a tutela do devedor. O processo de execução deve ser voltado para a tutela do crédito".[208]

O novo CPC manteve a regra geral de que a impugnação não suspende a execução. Essa regra geral estava prevista no art. 475-M do CPC revogado. No CPC de 2015, essa regra geral está prevista no art. 525, §6º e constitui evidência de que, ao organizar a execução forçada dessa maneira, o legislador infraconstitucional pretendeu dar maior densidade ao direito fundamental à tutela jurisdicional efetiva (CF, art. 5º, XXXV), priorizando a eficácia da sentença condenatória ao pagamento de quantia.[209] Aplicável à execução trabalhista por força dos arts. 769 e 889 da CLT e do art. 15 do CPC, a regra da não suspensão da execução incide tanto na execução definitiva quanto na execução provisória, estimulando o executado ao cumprimento da obrigação.

Alguns aspectos particulares da execução por quantia certa merecem desenvolvimento específico capaz de permitir explorar melhor determinadas potencialidades trazidas pelo Código de Processo Civil de 2015. É o que se tenta enfrentar agora.

5.3 Protesto extrajudicial da sentença e inclusão do devedor em cadastro de inadimplentes – Por que fazer ambos

Na esteira da doutrina e da jurisprudência[210] formadas na vigência do CPC revogado, o art. 517 do novo CPC positivou o *protesto extrajudicial da sentença* transitada em julgado como medida de execução indireta mediante a qual o legislador evidencia o deliberado propósito de conferir maior autoridade às decisões judiciais. O art. 517 do CPC prevê que "a decisão judicial transitada em julgado poderá ser levada a protesto, nos termos da lei, depois de transcorrido

---

[206] MARINONI, Luiz Guilherme; ARENHART, Sérgio Cruz; MITIDIERO, Daniel. *Novo Código de Processo Civil comentado.* 2. ed. São Paulo: RT, 2016, p. 625.
[207] MARINONI, Luiz Guilherme (dir.); ARENHART, Sérgio Cruz; MITIDIERO, Daniel (coord.). *Comentários ao Código de Processo Civil.* São Paulo: RT, 2016, v. XIV, p. 41.
[208] MARINONI, Luiz Guilherme (dir.); ARENHART, Sérgio Cruz; MITIDIERO, Daniel (coord.). *Comentários ao Código de Processo Civil.* São Paulo: RT, 2016, v. XIV, p. 130.
[209] MARINONI, Luiz Guilherme; ARENHART, Sérgio Cruz; MITIDIERO, Daniel. *Novo Código de Processo Civil comentado.* 2. ed. São Paulo: RT, 2016, p. 641.
[210] STJ, 3ª Turma, REsp nº 750.805/RS, rel. Min. Humberto Gomes de Barros, j. 14.02.2008, *DJe* 16.06.2009.

o prazo para pagamento voluntário previsto no art. 523". A doutrina e a jurisprudência já admitiam o protesto extrajudicial da sentença, com fundamento no art. 1º da Lei nº 9.492/1997. Assim admitiam por reconhecer enquadrar-se a sentença no tipo legal previsto no referido art. 1º da Lei nº 9.492/1997.

O art. 1º da Lei nº 9.492 prevê o protesto de "títulos e outros documentos de dívida". A sentença transitada em julgado é considerada pela doutrina e pela jurisprudência, para efeito de protesto, título representativo de dívida. Daí o entendimento de que a sentença transitada em julgado podia ser levada a protesto ainda à época do CPC de 1973.[211] Aliás, seria contraditório que se pudesse protestar uma duplicata e não se pudesse protestar uma sentença.[212] O novo CPC ampliou o cabimento do protesto, estendendo-o também à decisão interlocutória transitada em julgado.[213] Daí a possibilidade de protestar a decisão antecipada parcial do mérito prevista no art. 356 do CPC,[214] o que pode aportar mais efetividade à boa prática da antecipação de capítulo(s) da sentença. No art. 5º da Instrução Normativa nº 39/2016, o TST reputa aplicáveis ao processo do trabalho as normas do art. 356, §§1º a 4º, do CPC que regulam o julgamento antecipado parcial do mérito, estabelecendo que, da sentença antecipada parcial do mérito, cabe recurso ordinário de imediato.

Prevista no art. 782, §§3º e 5º, do novo CPC, a *inclusão do nome do executado em cadastro de inadimplentes* é mais uma importante medida de execução indireta que denota a opção do legislador pela efetividade da execução, uma vez que as restrições de crédito produzidas contra o devedor judicial são bastante severas, à semelhança do que ocorre com o protesto extrajudicial da sentença. Assim como o protesto, a inclusão do devedor em cadastro de inadimplentes tem cabimento na execução definitiva. E ambas as medidas podem ser determinadas imediatamente após o decurso do prazo para pagamento do débito (CPC, arts. 517 e 872, §4º).

A semelhança dos efeitos do protesto extrajudicial da sentença e da inclusão do nome do executado em cadastro de inadimplentes têm levado os operadores jurídicos a se perguntarem sobre a utilidade da adoção simultânea de ambas as medidas. Isso porque o titular do Cartório de Títulos e Documentos comunica aos órgãos de defesa do crédito quando lavra o protesto extrajudicial da sentença. Essa comunicação aos órgãos de defesa de crédito é dever legal imposto ao Cartório

---

[211] Cf. Ben-Hur Silveira Claus. *Execução trabalhista em perguntas e respostas*. Porto Alegre: HS Editora, 2015, p. 91-92.
[212] Enquanto a duplicata enseja contraditório apenas diferido, a sentença judicial é antecedida de contraditório prévio, com garantia inclusive de acesso ao duplo grau de jurisdição. Somente após o trânsito em julgado da sentença admite-se o protesto. Já a duplicata vencida é apontada para imediato protesto por ato unilateral do credor e, não havendo o pagamento, o protesto é lavrado, salvo se o devedor ajuizar ação de sustação do protesto, tomando a iniciativa de propor o contraditório.
[213] Élisson Miessa. "Hipoteca judiciária e protesto da decisão judicial no novo CPC e seus impactos no processo do trabalho". *Novo Código de Processo Civil e seus reflexos no processo do trabalho*. Salvador: Juspodivm, 2015, p. 480.
[214] Cf. NEGRÃO, Theotonio et all. *Novo Código de Processo Civil e legislação processual em vigor*. 47. ed. São Paulo: Saraiva, 2016, p. 551, nota nº 517, 1a.

de Títulos e Documentos, previsto no art. 29 da Lei nº 9.492/1997. Já o convênio celebrado entre o CNJ e a Serasa Experian, conhecido como SerasaJud, permite ao juízo operacionalizar a medida de execução indireta prevista no art. 872, §§3º e 5º, do CPC, incluindo o devedor judicial no Cadastro de Inadimplentes da Serasa mediante simples comando eletrônico.

A conveniência de realizar ambas as medidas simultaneamente pode ser percebida quando se atenta para a diversa regência legal estabelecida para o cancelamento dessas medidas. Enquanto basta a garantia do juízo para o executado obter o cancelamento da inscrição de seu nome em cadastro de inadimplentes (CPC, 782, §4º), o cancelamento do protesto extrajudicial exige do devedor "a satisfação integral da obrigação" (CPC, art. 517, §4º). Vale dizer, o protesto é mais eficaz do que a inclusão do nome do devedor em cadastro de inadimplentes, na medida em que o devedor precisará providenciar a satisfação integral da obrigação para fazer cancelar o protesto extrajudicial da sentença.

A distinção estabelecida pelo legislador no tratamento dessas duas medidas de execução indireta é objeto detalhado da doutrina de *Cassio Scarpinella Bueno*. O jurista observa que há uma diferença importante entre as duas medidas em cotejo, sublinhando que o cancelamento da inscrição do devedor nos cadastros de inadimplentes ocorre mediante simples garantia da execução, enquanto que a lei exige "a satisfação integral da obrigação" para o cancelamento do protesto. Ao explicar o tratamento diverso com que o legislador distinguiu essas medidas legais no que é pertinente ao respectivo cancelamento, *Cassio Scarpinella Bueno* pondera que a diferença de regime jurídico tem razão de ser, uma vez que a inscrição em cadastro de inadimplentes é possível mesmo diante de título executivo extrajudicial, ao passo que o protesto extrajudicial previsto no art. 517 do CPC pressupõe título executivo judicial transitado em julgado. Daí a conclusão do jurista de que não basta a garantia do juízo para o devedor obter o cancelamento do protesto.

Antecipando a solução do debate que surgirá no particular, *Cassio Scarpinella Bueno* é categórico em afirmar que a regra do §4º do art. 782 não se aplica ao protesto extrajudicial da sentença previsto no art. 517 do CPC,[215] ou seja, o executado não logra obter o cancelamento do protesto apenas com a garantia do juízo mediante a oferta de bem à penhora. A distinção estabelecida para o cancelamento da medida justifica-se em face do grau de certeza do direito a ser tutelado pela medida de execução indireta. Tratando-se de medida de execução indireta fundada em título judicial transitado em julgado, é razoável que o protesto seja cancelado apenas mediante "a satisfação integral da obrigação", porquanto a existência do crédito exequendo conta com a autoridade da coisa julgada. Sendo a inclusão do nome do devedor em cadastro de inadimplentes

---

[215] *Novo Código de Processo Civil anotado*. São Paulo: Saraiva, 2015, p. 481/482.

viável na execução de título executivo extrajudicial desde que decorrido o prazo para pagamento espontâneo do débito (CPC, art. 782, §4º), hipótese em que o contraditório será realizado de forma diferida, houve por bem o legislador estabelecer hipótese de cancelamento da inscrição mediante mera garantia do juízo, não lhe exigindo a satisfação integral da dívida, solução legislativa para a qual certamente foi considerada a existência de um grau menor de certeza quanto à existência do crédito exequendo.

Se ao protesto não se aplica a regra do §4º do art. 782 do CPC sob o fundamento de que a inclusão em cadastro de inadimplentes pode se fundar em título executivo extrajudicial, cabe indagar se seria exigível a satisfação integral da dívida quando a inscrição do devedor estiver fundada em título executivo judicial transitado em julgado. Tratar-se-ia de conferir exegese sistemática aos preceitos dos arts. 517, §4º e 782, §§3º, 4º e 5º do CPC, mediante recurso ao método hermenêutico de proceder à interpretação jurídica a contrário senso daquela que se recolhe na doutrina de *Cassio Scarpinella Bueno*. Enquanto a doutrina e a jurisprudência elaboram essa última questão, parece razoável afirmar que os juízos trabalhistas alcançarão maior efetividade na execução na medida em que optem por realizar, simultaneamente, tanto o protesto quanto a inclusão do nome do executado em cadastro de inadimplentes.

No art. 17 da Instrução Normativa nº 39/2016, o Tribunal Superior do Trabalho adotou a orientação de que essas medidas legais de execução indireta são aplicáveis à execução trabalhista, consolidando a orientação da jurisprudência mais avançada dos Tribunais Regionais do Trabalho estabelecida na vigência do Código revogado acerca da matéria.

Embora a adoção dessas medidas legais esteja subordinada à iniciativa do exequente no âmbito do Processo Civil (CPC, arts. 517, §1º e 782, §3º), assim não ocorre no âmbito do Processo do Trabalho em face da previsão do art. 765 da CLT, preceito que singulariza o procedimento laboral e que atua para conformar a autonomia científica do Direito Processual do Trabalho. A iniciativa conferida ao magistrado trabalhista pelo art. 765 da CLT para impulsionar a execução autoriza concluir que no Processo do Trabalho é lícito ao juiz determinar de ofício a prática dessas medidas legais de execução indireta. A doutrina justrabalhista é majoritária nesse sentido. Nada obstante *Manoel Antonio Teixeira Filho* sustente que a inclusão do nome do executado em cadastro de inadimplentes depende de requerimento do exequente em face da respectiva previsão do CPC,[216] a licitude da adoção de ambas as medidas de ofício pelo juiz do trabalho é reconhecida pela

---

[216] *Comentários ao novo Código de Processo Civil sob a perspectiva do processo do trabalho*. 2. ed. São Paulo: LTr, 2016, p. 869. No que diz respeito ao protesto extrajudicial da sentença previsto no art. 517 do CPC, o autor afirma que "a norma é aplicável ao processo do trabalho, desde que tenha decorrido o prazo para o pagamento da dívida (...)", sem descer ao detalhe da possibilidade da iniciativa de ofício do juiz, talvez no pressuposto de que a iniciativa da parte é exigida pelo CPC (obra citada, p. 728).

doutrina de *Cleber Lúcio de Almeida*,[217] *Edilton Meireles*,[218] *Mauro Schiavi*[219] e *Élisson Miessa*,[220] entre outros.

Essa última posição é a mais consentânea com o processo do trabalho. A assimetria da relação de emprego imprime ao processo do trabalho um traço inquisitório bastante superior àquele reconhecido ao magistrado no processo civil. A lição de *José Augusto Rodrigues Pinto* acerca da assimetria da relação de emprego e de sua repercussão no processo do trabalho ilustra a afirmação anterior. O jurista observa o processo civil é um "(...) sistema processual que navega em águas de interesse processuais caracteristicamente privados, porque oriundos de relação de direito material subordinada à idéia da *igualdade jurídica e da autonomia da vontade*. O sistema processual trabalhista flutua num universo dominado pela prevalência da *tutela do hipossuficiente econômico*, que se apresenta como *credor da execução trabalhista*".[221] Se a iniciativa conferida ao juiz do trabalho pelo art. 765 da CLT assegura-lhe determinar a prática de atos executivos de execução direta de natureza sub-rogatória, inclusive a constrição e a alienação de bens do executado,[222] não parece razoável negar-lhe a prática de atos de mera execução indireta destinados a induzir o executado ao cumprimento da obrigação. Aqui, a autonomia científica do Direito Processual do Trabalho modela e adapta o ingresso do preceito de direito comum no processo do trabalho sob o comando normativo do art. 765 da CLT, na medida em que exigir a iniciativa do exequente para a adoção dessas providências não se afigura compatível com os princípios que governam o subsistema jurídico processual do trabalho (CLT, arts. 765, 769 e 889).

Em reforço dessa argumentação, alinha-se a orientação do TST de reconhecer licitude à iniciativa do juiz de conceder de ofício tutela de urgência de natureza cautelar (CPC, art. 301) quando da instauração de incidente de desconsideração da personalidade jurídica da sociedade empresarial executada, conforme previsto no art. 6º, §2º, da Instrução Normativa nº 39/2016. É interessante observar que a adoção de medidas cautelares de ofício é admitida tanto no âmbito da teoria jurídica processual trabalhista quanto no âmbito da teoria processual civil. É bem verdade que há distinção entre medidas cautelares e medidas de execução indireta. Todavia, tal distinção apenas reforça o argumento em favor da possibilidade de adoção das referidas medidas de execução indireta de ofício no processo do trabalho, uma vez que as medidas de execução indireta em questão – protesto extrajudicial da sentença e inclusão do nome do executado em cadastros de

---

[217] *Direito Processual do Trabalho*. 6. ed. São Paulo: LTr, 2016, p. 754.
[218] Medidas sub-rogatórias, coercitivas, mandamentais e indutivas no Código de Processo Civil de 2015. *Revista de Processo*, São Paulo, RT, ano 40, v. 247, p. 231-246, set. 2015, p. 237.
[219] *Execução no processo do trabalho*. 8. ed. São Paulo: LTr, 2016, p. 292.
[220] Hipoteca judiciária e protesto da decisão judicial no novo CPC e seus impactos no processo do trabalho. *Novo Código de Processo Civil e seus reflexos no processo do trabalho*. Salvador: Juspodivm, 2015, p. 480.
[221] *Execução trabalhista*. 11. ed. São Paulo: LTr, 2006, p. 213.
[222] Constrição e alienação forçadas.

inadimplentes – têm oportunidade apenas após o trânsito em julgado da sentença trabalhista, quando o grau de certeza acerca da existência do direito exequendo é superior àquele necessário para a concessão de medida cautelar, em que mera probabilidade do direito alegado satisfaz o pressuposto jurídico necessário ao provimento. Daí a pertinência de recuperar as lições que nos deixaram *Alcione Niederauer Corrêa* e *Galeno Lacerda* no tema.

O processualista trabalhista sustenta que, embora a concessão de medida cautelar de urgência, *ex officio*, no processo civil ainda se constitua exceção, o mesmo não deve ocorrer no processo do trabalho, argumentando que o juiz trabalhista realiza um direito material de proteção do economicamente fraco. *Alcione Niederauer Corrêa* postula seja admitida a concessão de medidas cautelares de ofício também no processo conhecimento, ponderando, para tanto, que "(...) o processo do trabalho se caracteriza pela predominância do inquisitório sobre o dispositivo, pela presença atuante do juiz na sua direção e na busca de todos os elementos de possam influir na sua convicção".[223]

O processualista civil, por sua vez, conclui que o juízo trabalhista tem a faculdade de decretar providências cautelares diretas de ofício. *Galeno Lacerda* desenvolve seu raciocínio com o brilho habitual, ponderando que "(...) alarga-se, portanto, no processo trabalhista pela própria natureza dos valores que lhe integram o objeto, o poder judicial de iniciativa direta. Isto significa que, ao ingressarem no direito processual do trabalho, como subsidiárias, as normas do processo civil hão de sofrer, necessariamente, a influência dos mesmos valores indisponíveis. Por isso, o teor do art. 797 – 'só em casos excepcionais, expressamente autorizados por lei, determinará o juiz medidas cautelares sem a audiência das partes' – ao transmudar-se subsidiariamente para o processo trabalhista, deverá ser interpretado de modo extensivo e condizente com os princípios sociais que informam esse direito, e com o consequente relevo e autonomia que nele adquirem os poderes do juiz, consubstanciados, até, na execução de ofício".[224]

Quanto à operacionalização dessas medidas, o protesto extrajudicial da sentença pode ser realizado mediante mandado-papel dirigido ao titular do Cartório de Títulos e Documentos, acompanhado de certidão da dívida. Alguns Cartórios admitem a utilização de ofício-papel, o que simplifica o procedimento, pois libera o Oficial de Justiça de levar o mandado até o cartório, fazendo-se a remessa pelos Correios. A certidão da dívida deve acompanhar o ofício-papel. O ideal, entretanto, é o TRT celebrar o convênio necessário à realização eletrônica do protesto.[225] O convênio é celebrado entre o TRT e a entidade representativa dos

---

[223] CLAUS Ben-Hur Silveira (org.). *As ações cautelares no processo do trabalho*. 2. ed. São Paulo: LTr, 2015, p. 94-95.

[224] *Comentários ao Código de Processo Civil*. Tomo I. 3. ed. Rio de Janeiro: Forense, 1990, v. VIII, p. 129-130.

[225] Luciano Athayde Chaves pondera sobre a necessidade de utilizar e desenvolver ferramentas eletrônicas na execução trabalhista, observando, com pertinência, que "(...) as práticas forenses permaneceram tempo demais na obscuridade das rotinas tradicionais", fator de grande relevo para explicar a baixa efetividade das tutelas

Cartórios de Protestos no âmbito da Região, o Instituto de Estudos de Protesto de Títulos do Brasil.[226] Alguns Tribunais Regionais já têm o convênio e realizam com êxito o protesto extrajudicial da sentença de forma eletrônica,[227] o que implica simplicidade e agilidade procedimental.

Já a inclusão do nome do executado no cadastro de inadimplentes da Serasa pode ser realizada eletronicamente por meio do convênio SerasaJud, o qual está acessível a todos os juízos trabalhistas do país, desde que o respectivo Tribunal Regional tem aderido ao convênio celebrado entre o CNJ e a Serasa Experian. Para outros cadastros de inadimplentes,[228] a medida pode ser realizada mediante a expedição de mandado-papel dirigido ao cadastro de inadimplentes desejado, enquanto não celebrados os convênios necessários à implementação da providência legal de forma eletrônica, o que já é objeto da atenção dos Gestores Nacionais e Regionais da Execução e das Corregedorias dos Tribunais Regionais.

5.4 A penhora de dinheiro na execução provisória

O Tribunal Superior do Trabalho vem atualizando sua jurisprudência ao novo CPC. No art. 3º, XVI, da Instrução Normativa nº 39, o TST reputou o art. 835, §1º, do CPC de 2015 aplicável ao processo do trabalho. No dia 19 de setembro de 2016, o TST atualizou sua jurisprudência ao preceito do art. 835, §1º, do CPC de 2015.[229] Com a atualização de sua jurisprudência, o TST passou a admitir o *cabimento de penhora de dinheiro na execução provisória*, posicionamento que pode descortinar um horizonte de promissora efetividade para a jurisdição trabalhista.[230]

Na redação anterior, a Súmula nº 417 do TST não admitia a penhora em dinheiro na execução provisória. Com efeito, o item III da referida súmula apresentava, àquela época, o seguinte enunciado: "III – Em se tratando de execução provisória, fere direito líquido e certo do impetrante a determinação de penhora em dinheiro, quando nomeados outros bens à penhora, pois o executado tem

---

jurisdicionais (Ferramentas eletrônicas na execução trabalhista. CHAVES, Luciano Athayde (org.). *Curso de processo do trabalho*. São Paulo: LTr, 2009, p. 925-926).

[226] Cada Estado da Federação tem uma Seção estadual do Instituto.

[227] É o caso do TRT do Amazonas e do TRT de Minas Gerais, por exemplo.

[228] SPC – Serviço de Proteção ao Crédito (lojistas); Cedin – Cadastro de Entidades Devedoras Inadimplentes, mantido pelo CNJ; Cadin – Cadastro de Inadimplentes, mantido pelo Banco Central do Brasil (obrigações não pagas para com órgãos da Administração Pública Federal); Sicaf – Sistema de Cadastramento Unificado de Fornecedores (regularidade fiscal das empresas que contratam com a Administração Pública).

[229] "Art. 835. A penhora observará, preferencialmente, a seguinte ordem:
I – dinheiro, em espécie ou em depósito ou aplicação financeira;
(...)
§1º. É prioritária a penhora em dinheiro, podendo o juiz, nas demais hipóteses, alterar a ordem prevista no *caput* de acordo com as circunstâncias do caso concreto".

[230] Cf. CLAUS, Ben-Hur Silveira. TST atualiza sua jurisprudência: penhora em dinheiro na execução provisória. *Suplemento Trabalhista*, São Paulo, LTr, n. 105/16, 2016, ano 52, p. 601-603.

direito a que a execução se processe da forma que lhe seja menos gravosa, nos termos do art. 620 do CPC".

Em razão da previsão do art. 835, §1º, do novo CPC, o TST cancelou o item III da Súmula nº 417 e alterou a redação do item I da Súmula nº 417, passando a admitir a penhora de dinheiro também na execução provisória. O preceito que fundamenta o novo posicionamento do TST estabelece que a penhora em dinheiro, além de continuar sendo preferencial, é agora *prioritária*, o que significa dizer que a ordem de penhora não pode mais ser alterada pelo juiz quando a constrição recair sobre dinheiro.

A nova redação do item I da Súmula nº 417 do TST apresenta agora o seguinte enunciado: "I – Não fere direito líquido e certo do impetrante o ato judicial que determina penhora em dinheiro do executado para garantir crédito exequendo, pois é prioritária e obedece à gradação prevista no art. 835 do CPC de 2015 (art. 655 do CPC de 1973)".

Cancelado o item III e alterado item I da S-417-TST, a jurisprudência atual do TST não mais distingue, para efeito de considerar prioritária a penhora em dinheiro, entre execução provisória e execução definitiva. Em ambas as modalidades de execução, a execução realiza-se *prioritariamente* mediante penhora de dinheiro, a teor do §1º do art. 835 do CPC de 2015. Vale dizer, mesmo na execução provisória, o exequente tem direito subjetivo à penhora em dinheiro, ainda que o executado indique bens à penhora, na acertada conclusão de *Leonardo de Faria Beraldo*.[231] O que significa dizer que a antecipação do executado no gesto de oferecer outros bens à penhora não retira do exequente o direito de obter ordem judicial para bloqueio de numerário nas contas bancários do executado.

A lição de *Daniel Amorim Assumpção Neves* sintetiza a doutrina sobre o alcance do preceito legal, no sentido de que "(...) a preferência pela penhora do dinheiro é absoluta, prevalecendo em toda e qualquer execução, independentemente das particularidades do caso concreto".[232] Sendo preferencial e agora também *prioritária* a penhora em dinheiro (CPC, art. 835, I, §1º), o executado deve observá-la ao indicar bem à penhora, sob pena de presunção relativa de ineficácia da indicação de outro tipo de bem à penhora (CPC, art. 848, I). A formulação de *Guilherme Rizzo Amaral* ajuda a compreender melhor o conteúdo do novo preceito legal, esclarecendo um aspecto peculiar de seu alcance: "o *prejuízo ao exequente* será presumido sempre que *dinheiro* for preterido na indicação do devedor".[233]

Compreender o itinerário da Súmula nº 417 do TST permite visualizar melhor as perspectivas que se abrem à Jurisdição Trabalhista após a alteração

---

[231] Leonardo de Faria Beraldo é didático: "E, se o executado se antecipar e oferecer um bem à penhora, mesmo que com ótima liquidez, é direito do exequente requerer a penhora *on line*, estando o juiz obrigado a deferir o pedido" (*Comentários às inovações do Código de Processo Civil*. Belo Horizonte: Del Rey, 2015, p. 318).

[232] *Novo CPC comentado artigo por artigo*. Salvador: Juspodivm, 2016, p. 1330.

[233] *Comentários às alterações do novo CPC*. São Paulo: RT, 2015, p. 836.

da redação da súmula. Na interpretação sobre a incidência do art. 655 do CPC de 1973 na execução provisória, o TST firmara o entendimento de que a ordem preferencial de penhora estabelecida no referido preceito legal não impedia que, em favor da observância da regra da execução menos gravosa para o devedor, pudesse ser afastada a penhora em dinheiro quando o executado indicasse outro bem à penhora.[234]

Esse entendimento restou consagrado no item III da redação anterior da Súmula nº 417 do TST: "III – Em se tratando de execução provisória, fere direito líquido e certo do impetrante a determinação de penhora em dinheiro, quando nomeados outros bens à penhora, pois o executado tem direito a que a execução se processe da forma que lhe seja menos gravosa, nos termos do art. 620 do CPC".

Com o advento do CPC de 2015, sobreveio explicitação normativa inexistente no CPC de 1973. Após consagrar a ordem preferencial de penhora no *caput* do art. 835, à semelhança da disciplina existente no CPC revogado (art. 655), o novo CPC acrescentou §1º ao dispositivo legal em questão. O §1º do art. 835 do CPC tem a seguinte redação: "§1º. É *prioritária* a penhora em dinheiro, podendo o juiz nas demais hipóteses, alterar a ordem prevista no *caput* de acordo com as circunstâncias do caso concreto".

Por meio do referido §1º, o legislador explicitou ser *prioritária* a penhora em dinheiro, facultando a alteração na ordem preferencial de penhora *apenas* para os demais bens penhoráveis. E já não mais se cogita de execução menos gravosa no particular: "o princípio da efetividade da tutela executiva se sobrepõe ao da menor onerosidade no caso de penhora em dinheiro".[235]

Aplicável à execução trabalhista por força da previsão expressa do art. 882 da CLT, o art. 655 do CPC de 1973 arrolava o dinheiro como primeira modalidade de bem a ser penhorado. Como não havia a atual explicitação normativa de que o dinheiro era a modalidade *prioritária* de bem a penhorar, a jurisprudência do TST adotou uma interpretação mitigada da natureza preferencial da penhora em dinheiro na execução provisória, admitindo que a ordem preferencial de penhora pudesse ser relativizada quando se tratasse de execução de título executivo não definitivo e desde que o executado tivesse oferecido bens à penhora.

Essa relativização era feita sob inspiração da regra da execução menos gravosa para o devedor, prevista no art. 620 do CPC de 1973, dispositivo legal mencionado na parte final do item III da Súmula nº 417 do TST. Com a explicitação normativa de que a penhora em dinheiro, além de preferencial, tornou-se

---

[234] A posição do TST foi contestada por copiosa doutrina. Essa doutrina adotava o entendimento de que a juridicidade da penhora em dinheiro na execução provisória podia ser extraída da mera preferência atribuída ao dinheiro na ordem preferencial de bens prevista no art. 655 do CPC de 1973 e também da previsão legal de que a execução provisória realiza-se da mesma forma que a execução definitiva.

[235] A síntese de Élisson Miessa é perfeita. *Impactos do Novo CPC nas Súmulas e Orientações Jurisprudenciais do TST*. Salvador: Juspodivm, 2016, p. 116.

prioritária, o TST atualizou sua jurisprudência ao preceito do §1º do art. 835 do CPC, alterando a redação do item I e cancelando o item III da Súmula nº 417, sem fazer referência à regra da execução menos gravosa. Abandonando a distinção que fazia na antiga redação da Súmula nº 417, entre execução definitiva e execução provisória, o Tribunal Superior do Trabalho assentou o entendimento de que a penhora em dinheiro é cabível, desde logo, em ambas as modalidades de execução, o que significa dizer que a nomeação de bens à penhora pelo executado não tem mais a eficácia jurídica de impedir que a penhora recaia sobre dinheiro.

A nova orientação adotada pelo TST na Súmula nº 417 contribuirá para a efetividade da execução, estimulando a adoção da boa prática da execução provisória. Estimulará a boa prática da sentença líquida. Nos casos em que a completa liquidação da sentença for inviável diante da complexidade dos cálculos, a boa prática da sentença líquida em parte (em determinados capítulos) permitirá *antecipar todos os atos de execução* no que respeita ao valor líquido apurado. É preciso ter em conta, neste contexto, o fato de que a execução provisória, no novo CPC, vai até a alienação do bem penhorado e permite, inclusive, o levantamento de depósito em dinheiro (CPC, art. 520, IV), independentemente de caução, quando se tratar de execução de crédito de natureza alimentar (CPC, art. 521, I), preceitos que têm sido considerados aplicáveis supletivamente à execução trabalhista pela doutrina majoritária (CLT, arts. 769 e 889; CPC, art. 15). Por fim, a diretriz hermenêutica adotada pelo TST na nova redação da Súmula nº 417 parece colocar no horizonte da Jurisdição Trabalhista a perspectiva de uma produtiva assimilação da aplicação supletiva do CPC de 2015 à execução trabalhista.

5.5 Penhora de salário e de depósito em caderneta de poupança

Outro fator de efetividade na execução de obrigação pecuniária está na opção do novo CPC de tornar *penhorável tanto a remuneração da pessoa natural do executado quanto seus depósitos em caderneta de poupança quando estiver em execução prestação alimentícia, independentemente de sua origem* (CPC, art. 833, §2º). Trata-se de mais uma distinção em relação ao Código revogado. Trata-se de mais um passo à frente, na perspectiva da efetividade da execução. No CPC de 1973, a remuneração do executado era considerada absolutamente impenhorável (art. 649, IV). A única exceção era o pagamento de prestação alimentícia *stricto sensu* (art. 649, §2º), assim considerada a prestação alimentícia derivada da obrigação de pagar os alimentos devidos em face do direito de família. Idêntica impenhorabilidade era conferida à caderneta de poupança, desde que o valor depositado fosse inferior a 40 salários mínimos (art. 649, X).[236]

---

[236] A primeira observação é notar que desaparece, no novo CPC, o advérbio *absolutamente* – absolutamente impenhoráveis – que estava presente no Código revogado (art. 649, *caput*). O CPC de 2015 relativiza algumas hipóteses de impenhorabilidade, atendendo as ponderações da doutrina em favor da efetividade da tutela executiva.

Aproveitando a oportunidade para aproximar-se da melhor experiência do direito comparado,[237] o novo CPC tornou penhorável a remuneração da pessoa natural do executado para pagamento de prestação alimentícia *de qualquer natureza*, aspecto que foi saudado pela doutrina de *Wolney de Macedo Cordeiro* como grande evolução da norma processual brasileira, que há muito tempo se ressentia de uma ampliação das hipóteses de constrição do salário do devedor.[238]

A nova disciplina que o CPC de 2015 conferiu à penhora de salário colocava em perspectiva a reavaliação da diretriz hermenêutica adotada pelo TST na Orientação Jurisprudencial nº 153 da Seção de Dissídios Individuais II.[239] A jurisprudência uniformizada do TST firmou-se – sob a antiga redação da OJ nº 153 da SDI-II – no sentido de distinguir, para efeito de penhorabilidade, entre o crédito de alimentos do direito de família e o crédito alimentar trabalhista. A distinção adotada pelo TST tinha fundamento no entendimento de que a possibilidade de penhora estava limitada pelo art. 649, §2º, CPC de 1973 à hipótese de execução de crédito de alimentos do direito de família, *espécie* de crédito alimentar na qual não se podia entender compreendido o crédito trabalhista. Isso porque o crédito trabalhista, embora integrasse o *gênero* crédito alimentar, não se confundia com a estrita *espécie* de crédito alimentar prevista no art. 649, §2º, do CPC de 1973.

Ocorre que o novo CPC, ao disciplinar as hipóteses de impenhorabilidade e respectivas relativizações, abarcou as diversas *espécies* de crédito alimentar no *gênero* "prestação alimentícia, independentemente de sua origem", conforme se recolhe literalmente dos termos do §2º do art. 833 do CPC. A adoção da genérica locução *prestação alimentícia, independentemente de sua origem*[240] no suporte fático do preceito legal não mais permite distinguir entre as diversas *espécies* de *prestação alimentícia* no tema da penhorabilidade. Noutras palavras, o novo diploma geral superou a distinção que se fazia na vigência do Código anterior, passando a compreender as diversas *espécies* de prestação alimentícia no *gênero* adotado no novo suporte fático do preceito – *prestação alimentícia, independentemente de sua origem*. O novo CPC veio para superar a distinção que havia no CPC revogado, exatamente porque essa distinção deixava os demais credores alimentares sem tutela jurídica efetiva.

O novo CPC estabelece que a caução pode ser dispensada na execução provisória quando *o crédito for de natureza alimentar, independentemente de sua origem*

---

[237] Cf. ALMEIDA, Cleber Lúcio de. *Direito Processual do Trabalho*. 6. ed. São Paulo: LTr, 2016, p. 809-810.
[238] Cf. CORDEIRO, Wolney de Macedo. *Execução no processo do trabalho*. 2. ed. Salvador: Juspodivm, 2016, p. 276.
[239] OJ 153 da SDI-II do TST: "Mandado de segurança. Execução. Ordem de penhora sobre valores existentes em conta salário. Art. 649, IV, do CPC. Ilegalidade. Ofende direito líquido e certo decisão que determina o bloqueio de numerário em conta salário, para satisfação de crédito trabalhista, ainda que seja limitado a determinado percentual dos valores recebidos ou a valor revertido para fundo de aplicação ou poupança, visto que o art. 649, IV, do CPC contém norma imperativa que não admite interpretação ampliativa, sendo a exceção prevista no art. 649, §2º, do CPC espécie e não gênero de crédito de natureza alimentícia, não englobando o crédito trabalhista".
[240] Wolney de Macedo Cordeiro adota a expressão prestação alimentícia de qualquer *natureza* (*Execução no processo do trabalho*. 2. ed. Salvador: Juspodivm, 2016, p. 298).

(CPC, art. 521, I). O novo CPC estabelece também a possibilidade de penhora de salário e caderneta de poupança quando estiver em execução *prestação alimentícia, independentemente de sua origem* (CPC, art. 833, §2º). Ambos os preceitos têm redação semelhante e disciplinam tais matérias sob a mesma orientação axiológica, conferindo posição jurídica de preeminência – e de isonomia – aos credores alimentares. Trata-se de elemento hermenêutico de extração sistemática que opera como reforço de argumentação. Note-se que a expressão *crédito alimentar* e a expressão *prestação alimentícia* são seguidas da mesma locução – *independentemente de sua origem*.

Os preceitos dos arts. 521, I, e 833, §2º, do CPC, compreendidos em harmonia sistemática, na busca da otimização da eficácia da tutela executiva, permitem extrair a interpretação extensiva de que basta que o crédito seja alimentar – aqui incluído o crédito trabalhista – para que se considere lícita a penhora de salário e de caderneta de poupança, ainda que não se trate de *prestação alimentícia continuada*. A interpretação extensiva da norma do art. 833, §2º, do CPC é encontrada, por exemplo, na doutrina do processualista civil *Daniel Amorim Assumpção Neves*. Diz o autor que "(...) essa exceção à impenhorabilidade não depende da origem do direito de alimentos, aplicando-se àqueles derivados da relação familiar, de casamento ou união estável, verbas trabalhistas *lato sensu* e decorrentes de ato ilícito".[241]

Precisamente em razão de tais fundamentos, *Élisson Miessa* vinha sustentando a necessidade de o TST reavaliar a diretriz hermenêutica da Orientação Jurisprudencial nº 153 da SDI-II. Ponderava o jurista que o art. 833, §2º, do novo CPC impõe que a expressão *prestação alimentícia* seja interpretada em consonância com o art. 100, §1º, da CF/88, o qual estabelece que "os *débitos de natureza alimentar compreendem aqueles decorrentes de salários*, vencimentos, proventos, pensões e suas complementações, benefícios previdenciários e indenizações por morte ou por invalidez, fundadas em responsabilidade civil". Daí a razão por que *Élisson Miessa* afirmava que não mais se sustentava a limitação imposta pelo TST na OJ nº 153 da SDI-II, no sentido de que a exceção da impenhorabilidade da remuneração de devedor apenas diz respeito à ação de alimentos. É o caso – sustentava o jurista – de cancelamento da referida Orientação Jurisprudencial, devendo o TST aplicar o disposto no art. 833, §2º, do CPC de 2015, para permitir penhora de salários, vencimentos e afins e da quantia depositada em caderneta de poupança, nas situações em que as verbas decorrentes de sentenças trabalhistas ostentem caráter alimentar, nos termos do art. 100, §1º, da Constituição Federal.

No mesmo sentido, orienta-se a doutrina de *Wolney de Macedo Cordeiro*, para quem a norma do art. 833, §2º, do novo CPC é mais ampla do que a norma do art. 649, IV, §2º do CPC revogado e elimina a possibilidade de uma interpretação restritiva quanto à penhora de salário para a quitação de execução decorrente de crédito alimentar. O processualista conclui que, "a partir da vigência do NCPC,

---

[241] *Novo CPC comentado artigo por artigo*. Salvador: Juspodivm, 2016, p. 1316.

podemos considerar plenamente possível a penhora da remuneração do devedor, com a finalidade de garantir crédito tipicamente trabalhista e, portanto, dotado de caráter alimentar".[242]

A nova redação da OJ nº 153 da SDI-II, adotada em 18.09.2017, veio consagrar a interpretação defendida na doutrina processual civil e na doutrina processual do trabalho. Entretanto, a alteração da redação foi sutil, limitando-se a fazer remissão ao CPC de 1973 e ao CPC de 2015, A referência ao CPC de 2015 inclusive é feita entre parênteses, na ementa do verbete, assim: "(atualizada em decorrência do CPC de 2015)". Tão sutil foi a alteração da redação da Orientação Jurisprudencial, que muitos não perceberam a mudança que estava sendo adotada para adaptar o verbete da OJ ao CPC de 2015. A nova redação apresenta o seguinte enunciado:

> 153. MANDADO DE SEGURANÇA. EXECUÇÃO. ORDEM DE PENHORA SOBRE VALORES EXISTENTES EM CONTA SALÁRIO. ART. 649, IV, DO CPC DE 1973. ILEGALIDADE. (atualizada em decorrência do CPC de 2015) – Res. 220/2017, *DEJT* divulgado em 21, 22 e 25.09.2017
>
> Ofende direito líquido e certo decisão que determina o bloqueio de numerário existente em conta salário, para satisfação de crédito trabalhista, ainda que seja limitado a determinado percentual dos valores recebidos ou a valor revertido para fundo de aplicação ou poupança, visto que o art. 649, IV, do CPC de 1973 contém norma imperativa que não admite interpretação ampliativa, sendo a exceção prevista no art. 649, §2º, do CPC de 1973 espécie e não gênero de crédito de natureza alimentícia, não englobando o crédito trabalhista.

De acordo com a nova redação da OJ nº 153 da SDI-II do TST, duas diretrizes hermenêuticas foram assentadas pelo Tribunal Superior do Trabalho:

a) a *impenhorabilidade* de salários, proventos de aposentadoria e valor em caderneta de poupança para pagamento de crédito trabalhista, *na vigência do CPC de 1973*;

b) a *penhorabilidade* de salários, proventos de aposentadoria e valor em caderneta de poupança para pagamento de crédito trabalhista, *na vigência do CPC de 2015*.

A consequência da adoção dessas duas diretrizes hermenêuticas pode ser assim resumida:

a) a OJ nº 153 da SDI-II do TST aplica-se quando a penhora foi realizada na vigência do CPC de 1973;

b) a OJ nº 153 da SDI-II do TST não se aplica quando a penhora foi realizada na vigência do CPC de 2015.

---

[242] Causas de impenhorabilidade perante a execução trabalhista e o novo Código de Processo Civil. In: DALLEGRAVE NETO, José Affonso; GOULART, Rodrigo Fortunato (coord.). *Novo CPC e o processo do trabalho*. São Paulo: LTr, 2016, p. 298).

Porém, o alcance da alteração introduzida no verbete da OJ nº 153 da SDI-II do TST somente viria a ser explicitado nos julgamentos que se sucederam à nova redação da orientação jurisprudencial.

Chamada a aplicar a OJ nº 153 da SDI-II do TST, na nova redação adotada em data de 18-09-2017, a Subseção II Especializada em Dissídios Individuais assentou entendimento em favor da juridicidade da penhora de salários/proventos para pagamento de crédito trabalhista, nos seguintes termos:

> RECURSO ORDINÁRIO EM MANDADO DE SEGURANÇA. *ATO COATOR PROFERIDO NA VIGÊNCIA DO CPC DE 2015.* DETERMINAÇÃO DE PENHORA SOBRE PERCENTUAL DA APOSENTADORIA. LEGALIDADE. AUSÊNCIA DE OFENSA A DIREITO LÍQUIDO E CERTO DOS IMPETRANTES. ART. 833, §2º, DO CPC DE 2015. NÃO APLICAÇÃO DA ORIENTAÇÃO JURISPRUDENCIAL 153 DA SBDI-2. 1 – Não se constata ofensa a direito líquido e certo dos impetrantes em decorrência da determinação judicial, *proferida na vigência do CPC de 2015,* de bloqueio e penhora de percentual sobre proventos de aposentadoria, tendo em vista o disposto no art. 833, §2º, do CPC de 2015. 2 – *Inaplicabilidade da Orientação Jurisprudencial 153 da SBDI-2, porque a diretriz ali definida incide apenas nas hipóteses de penhoras efetuadas quando em vigor o CPC de 1973.* Recurso ordinário conhecido e não provido. RO – 20605-38.2017.5.04.0000, Relatora Ministra: Delaídes Miranda Arantes, Data de Julgamento: 17/10/2017, Subseção II Especializada em Dissídios Individuais, Data de Publicação: *DEJT* 20/10/2017.

Os acórdãos que se seguiram reiteraram a mesma interpretação no âmbito do TST:

> RECURSO ORDINÁRIO EM MANDADO DE SEGURANÇA. PENHORA DE 20% DO SALÁRIO. *ATO IMPUGNADO PRATICADO NA VIGÊNCIA DO CPC/15. ORIENTAÇÃO JURISPRUDENCIAL Nº 153 DA SBDI-2 INAPLICÁVEL.* ABUSIVIDADE NÃO DEMONSTRADA. PREVISÃO LEGAL. ARTIGOS 529, §3º, E 833, §2º, DO CPC/15. Conquanto não houvesse previsão legal no Código de Processo Civil de 1973, o novo Código de Processo Civil, em seu art. 833, ao prever a impenhorabilidade dos vencimentos, subsídios, soldos, salários, remunerações, proventos de aposentadoria, pensões, pecúlios e montepios, expressamente estabelece ressalva no §2º relativamente "à hipótese de penhora para pagamento de prestação alimentícia, independentemente de sua origem", no que se incluem, portanto, os créditos de natureza trabalhista. O art. 529, §3º, também do CPC/15, por seu turno, limita o percentual de penhora a 50% do ganho líquido do executado, revelando, dessa forma, a preocupação do legislador em também não desprover o devedor de quantia minimamente necessária a sua subsistência. *Diante da inovação legislativa trazida com o CPC/15, e com o fim de evitar aparente antinomia, o Tribunal Pleno, por meio da Resolução 220, de 18/9/2017, alterou a redação da Orientação Jurisprudencial nº 153 da SBDI-2, de modo a adequá-la, limitando sua aplicação aos atos praticados na vigência do CPC/73, o que não é o caso dos autos, haja vista que o ato inquinado de coator se deu na vigência no CPC/15.* No caso concreto, a constrição ficou limitada a 20% do valor da aposentadoria, muito aquém do limite máximo previsto no já referido dispositivo. Assim, não há ilegalidade ou abusividade no ato impugnado a justificar a ação mandamental. Recurso ordinário conhecido e desprovido. Processo: RO – 1153-49.2016.5.05.0000 Data de Julgamento: 20/03/2018, Relator Ministro: Alexandre de Souza Agra Belmonte, Subseção II Especializada em Dissídios Individuais, Data de Publicação: *DEJT* 23/03/2018.

RECURSO ORDINÁRIO EM MANDADO DE SEGURANÇA. *ATO COATOR PRATICADO NA VIGÊNCIA DA LEI Nº 13.105/2015.* PENHORA. VALORES DO PRÓ-LABORE DO IMPETRANTE. O Novo Código de Processo Civil permitiu que o inadimplemento de prestações alimentícias, independentemente de sua origem, ensejasse penhora de salários e proventos, art. 833, §2º, do CPC. *Seguindo esta nova diretriz, o TST alterou a redação da Orientação Jurisprudencial nº 153 da SBDI-2/TST, limitando a exceção contida no art. 649, IV, do CPC/73, apenas às penhoras sobre salários realizadas quando ainda em vigor o revogado CPC/73.* No caso dos autos, não houve observância da limitação do valor do bloqueio a ser efetuado previsto no art. 529, §3º, do CPC/15 de 50% dos rendimentos líquidos. Assim, impõem-se a parcial concessão da segurança a fim de determinar que a constrição observe o percentual de 30% dos ganhos líquidos mensais do impetrante Recurso ordinário conhecido e provido. Processo: RO – 1002407-24.2016.5.02.0000 Data de Julgamento: 20/03/2018, Relator Ministro: Breno Medeiros, Subseção II Especializada em Dissídios Individuais, Data de Publicação: *DEJT* 23.03.2018.

RECURSO ORDINÁRIO EM MANDADO DE SEGURANÇA. PENHORA INCIDENTE SOBRE PERCENTUAL DO SUBSÍDIO RECEBIDO MENSALMENTE PELO IMPETRANTE. *DETERMINAÇÃO EXARADA NA VIGÊNCIA DO CPC DE 2015.* ARTIGO 833, IV E §2º, DO CPC DE 2015. OJ 153 DA SBDI-2 DO TST. LEGALIDADE. 1. A Corte Regional denegou a ordem postulada no mandado de segurança, impetrado contra ato judicial, exarado sob a égide do CPC de 2015, em que determinado o bloqueio mensal de 20% do subsídio do Impetrante. 2. *Com o advento do CPC de 2015, o debate sobre a impenhorabilidade dos salários, subsídios e proventos de aposentadoria ganhou novos contornos, pois, nos termos do §2º do artigo 833 do CPC de 2015, tal impenhorabilidade não se aplica "à hipótese de penhora para pagamento de prestação alimentícia, independentemente de sua origem, bem como às importâncias excedentes a 50 (cinquenta) salários-mínimos mensais".* Em conformidade com a inovação legislativa, a par de viável a apreensão judicial mensal dos valores remuneratórios do executado que excederem 50 (cinquenta) salários mínimos mensais, tratando-se de execução de prestação alimentícia, qualquer que seja sua origem, também será cabível a penhora, limitado, porém, o desconto em folha de pagamento a 50% (cinquenta por cento) dos ganhos líquidos do devedor, por força da regra inserta no §3º do artigo 529 do NCPC, compatibilizando-se os interesses legítimos de efetividade da jurisdição no interesse do credor e de não aviltamento ou da menor gravosidade ao devedor. A norma inscrita no referido §2º do artigo 833 do CPC de 2015, ao excepcionar da regra da impenhorabilidade as prestações alimentícias, qualquer que seja sua origem, autoriza a penhora de percentual de salários e proventos de aposentadoria com o escopo de satisfazer créditos trabalhistas, dotados de evidente natureza alimentar. *De se notar que foi essa a compreensão do Tribunal Pleno desta Corte ao alterar, em setembro de 2017, a redação da OJ 153 da SBDI-2, visando a adequar a diretriz ao CPC de 2015, mas sem interferir nos fatos ainda regulados pela legislação revogada. À luz dessas considerações, é de se concluir que a impenhorabilidade prevista no inciso IV do artigo 833 do CPC de 2015 não pode ser oposta na execução para satisfação do crédito trabalhista típico,* devendo ser observado apenas que o desconto em folha de pagamento estará limitado a 50% (cinquenta por cento) dos ganhos líquidos do devedor, na forma do §3º do artigo 529 do mesmo diploma legal. 3. No caso, na decisão censurada, exarada na vigência do CPC de 2015, foi determinado o bloqueio de 20% sobre o subsídio do Impetrante, até o limite de R$48.667,65, junto ao Tribunal de Contas do Estado do Amapá-AP, razão pela qual não há direito líquido e certo à desconstituição da constrição judicial. Recurso ordinário conhecido e não provido. Processo: RO – 340-38.2016.5.08.0000 Data de Julgamento: 20/03/2018, Relator Ministro: Douglas Alencar Rodrigues, Subseção II Especializada em Dissídios Individuais, Data de Publicação: *DEJT* 23/03/2018.

Vale dizer, com o advento do CPC de 2015, tornou-se lícita a penhora de salários, proventos de aposentadoria e de valor depositado em caderneta de poupança (CPC, art. 833, §2º), entre outros, quando estiver em execução crédito trabalhista, conforme revelam os acórdãos do TST proferidos após a alteração da redação da OJ 153 da SDI-II do TST.

5.6 A dispensa de caução na execução provisória da sentença trabalhista é a regra

Como se viu de forma sintética anteriormente, a execução provisória no processo do trabalho, após o advento do CPC de 2015, abre uma promissora perspectiva de efetividade à Jurisdição Trabalhista, na medida em que a ordinária *natureza alimentar do crédito trabalhista exequendo acaba por tornar regra geral a possibilidade de dispensa de prestação de caução no cumprimento provisório da sentença.*

Para bem compreender a assertiva anterior, convém recordar que o art. 521, I, do CPC vigente dispensa a prestação de caução quando a execução provisória tenha por objeto a realização de crédito de natureza alimentar. O preceito tem inspiração na garantia constitucional de acesso à prestação jurisdicional efetiva. Conforme prelecionam *Marinoni, Arenhart* e *Mitidiero,* a dispensa de caução está relacionada à necessidade do exequente de fazer frente às suas necessidades básicas, sendo evidente a textura constitucional da tutela assegurada pelo preceito legal em exame.[243]

Entretanto, a perspectiva de efetividade da Jurisdição Trabalhista depende da iniciativa do magistrado em determinar a execução provisória de ofício. Se os magistrados do trabalho não despertarem para a possibilidade de execução provisória de forma ordinária na Justiça do Trabalho de ofício, essa potencialidade do novo CPC permanecerá adormecida à espera de que se ouça o chamado de *Heráclito: se não esperas o inesperado, não o encontrarás.* Se a falta de estrutura de pessoal e de recursos materiais dificulta implementar a medida em todos os casos,[244] a execução provisória de ofício pode ser adotada no caso de litigantes recalcitrantes que se utilizam da jurisdição para ordinariamente retardar o cumprimento das obrigações, nos casos em que há risco de dissipação de bens ou necessidade de antecipar atos de constrição e nas demais situações em que a experiência cotidiana recomende à deliberação do juiz promover a execução provisória da sentença no interesse da efetividade da jurisdição. A iniciativa da

---

[243] *Novo Código de Processo Civil comentado.* 2. ed. São Paulo: RT, 2016, p. 626. No mesmo sentido orienta-se a doutrina de Daniel Amorin Assumpção Neves. Para o jurista, "nos termos do art. 521, I, do Novo CPC, dispensa-se a caução independentemente da origem da dívida alimentar. Não interessa, portanto, se o crédito decorre de relação de parentesco, matrimônio, remunerações por trabalho ou de responsabilidade civil" (*Novo CPC comentado artigo por artigo.* Salvador: Juspodivm, 2016, p. 898)

[244] Uma vez que os recursos trabalhistas têm efeito apenas devolutivo (CLT, art. 899), a execução provisória pode ser adotada de forma generalizada no processo do trabalho.

propositura da execução provisória pode ser realizada pelo advogado do credor trabalhista, quando o magistrado não o fizer. Com a redação dada pela Reforma Trabalhista ao art. 878 da CLT, essa iniciativa do advogado do credor torna-se ainda mais importante, na medida em que prepondera o entendimento de que o magistrado não teria mais a possibilidade de deflagrar a execução.

5.7 A nova perspectiva hermenêutica do parágrafo único do art. 805 do CPC

Para o objetivo do presente estudo, é preciso resgatar a consideração básica de que *o princípio da execução mais eficaz prevalece sobre a regra da execução menos gravosa*. Essa consideração decorre tanto de fundamento lógico quanto de fundamento axiológico. O fundamento lógico radica na circunstância de que a execução forçada se impõe como sucedâneo do não cumprimento espontâneo da sentença: a execução forçada somente se faz necessária porque o executado não cumpre a obrigação espontaneamente; citado para pagar, o executado omite-se. O fundamento axiológico radica no fato de que o equilíbrio da ordem jurídica somente se restaura com a reparação do direito violado mediante o cumprimento da obrigação estabelecida na sentença; cumprimento coercitivo, regra geral.[245]

A superioridade hierárquica do princípio da execução mais eficaz sobre a regra exceptiva da execução menos gravosa, além de decorrer de fundamento lógico e axiológico, encontra confirmação na dimensão tópico-sistemática do ordenamento jurídico, porquanto as fontes normativas desses preceitos estão localizadas em dispositivos legais hierarquizados em uma determinada estrutura normativo-sistemática, típica das codificações. Nessa estrutura normativo-sistemática, a regra geral *precede* a exceção. Trata-se de uma estrutura lógica, que organiza a codificação numa sistemática perspectiva hierarquizada, do geral para o particular. Em outras palavras, a regra geral traz a premissa básica *antes*; *depois*, vem a hipótese de exceção à regra geral. Examinemos esse aspecto tópico-sistemático.

Enquanto o princípio da execução mais eficaz está implícito no preceito do art. 797 do CPC de 2015, que fixa a diretriz hermenêutica básica de que *se realiza a execução no interesse do exequente*, a regra exceptiva da execução menos onerosa está prevista no art. 805 do CPC de 2015. Ambos os preceitos estão localizados no capítulo que trata das *disposições gerais* sobre a execução. Porém, o art. 797 *precede* ao art. 805. Essa precedência tópica expressa a preeminência que o sistema

---

[245] O tema foi objeto de pesquisa por nós desenvolvida no artigo "A execução trabalhista não se submete à regra exceptiva da execução menos gravosa – a efetividade da jurisdição como horizonte hermenêutico". *Revista Síntese*, São Paulo, n. 306, p. 9-24, dez. 2014.

normativo outorga ao credor na fase de cumprimento da sentença, ao estabelecer a diretriz básica de que "(...) realiza-se a execução no interesse do exequente" (CPC, art. 797). Além disso, o art. 797 *abre* o respectivo capítulo do CPC de 2015, fixando a *regra geral* da execução: a execução realiza-se no interesse do credor.[246] Já o art. 805 do CPC *encerra* o capítulo, estabelecendo uma *exceção* àquela regra geral: a execução será feita pelo modo menos gravoso para o devedor, *quando* por vários meios o credor puder promover a execução de modo igualmente eficaz. Daí a conclusão de que parece mais correto identificar a execução menos gravosa como regra exceptiva, o que implica recusar-lhe a condição de princípio com a qual a regra é identificada algumas vezes na doutrina.

A natureza excepcional da regra do art. 805 do CPC torna-se ainda mais evidente quando se atenta à diretriz hermenêutica de que o preceito exceptivo deve ser compreendido à luz da regra geral. Em segundo lugar, o emprego do advérbio de tempo *quando* – "*Quando* por vários meios o credor puder promover a execução..." – indica que a regra de exceção terá cabimento somente em determinada situação específica (e sempre no caso concreto), o que exige exame casuístico para se aferir a configuração da hipótese exceptiva. Faz-se necessário que seja possível, no caso concreto, realizar a execução por vários modos igualmente eficazes.[247] E isso constitui exceção na prática, pois geralmente a execução não pode ser realizada por vários modos, com a mesma eficácia. Mas também é necessário que a execução seja igualmente eficaz pelos diversos modos viáveis para a sua realização, a fim de que tenha incidência o preceito excepcional do art. 805 do CPC.[248] E isso também constitui exceção na prática; é que a adoção de um determinado modo de execução costuma tornar a execução mais eficaz, conforme revela a observação da experiência ordinária a que o art. 375 do CPC remete o juiz.

O preceito do art. 797 do CPC induz a que o juiz já opte pelo meio mais eficaz de concretizar a execução, pois somente assim a execução será realmente realizada no interesse do exequente. Essa interpretação do art. 797 do CPC conforme à Constituição se impõe tanto em face da garantia fundamental da efetividade da jurisdição (CF, art. 5º, XXXV) quanto em face da garantia fundamental da razoável duração do processo (CF, art. 5º, LXXVIII). No âmbito do processo do trabalho, a referida interpretação tem alento hermenêutico na norma que atribui ao juiz

---

[246] É intuitivo que a regra geral de que a execução se realiza no interesse do exequente deve ganhar maior densidade, em se tratando de execução de título executivo judicial.

[247] A lição de Luiz Guilherme Marinoni, Sérgio Cruz Arenhart e Daniel Mitidiero é neste sentido: "Observe-se que a aplicação do art. 805, CPC, pressupõe a existência de várias técnicas processuais igualmente idôneas para a realização do direito do exequente. Obviamente, o juiz não pode preferir técnica processual inidônea, ou menos idônea que outra também disponível, para a realização do direito, a pretexto de aplicar o art. 805. A execução realiza-se no interesse do exequente, que tem direito à tutela jurisdicional adequada e efetiva (arts. 5º, XXXV, CF, e 797, CPC)" (*Novo Código de Processo Civil comentado*. 2. ed. São Paulo: RT, 2016, p. 877).

[248] Luiz Guilherme Marinoni, Sérgio Cruz Arenhart e Daniel Mitidiero advertem: "Todavia, o art. 805, CPC, não se aplica na concorrência de técnicas processuais idôneas e inidôneas. A aplicação do art. 805, CPC, neste último contexto, violaria os arts. 5º, XXXV, CF, e 797, CPC" (*Novo Código de Processo Civil comentado*. 2. ed. São Paulo: RT, 2016, p. 877).

a incumbência de velar pela rápida solução da causa (CLT, art. 765[249]). Portanto, somente em situações excepcionais caracterizar-se-á o suporte fático do art. 805 do CPC, porquanto a regra é já se adotar o modo mais eficaz para realizar a execução no âmbito da jurisdição trabalhista, o que implica descartar os modos menos eficazes de realizar a execução.

A possibilidade de incidência da regra excepcional do art. 805 do CPC tem por pressuposto já haver sido garantida a prévia observância do comando normativo que estabelece deva ser respeitada, no cumprimento da decisão judicial, a regra geral da execução mais eficaz. Não se trata, portanto, de uma norma para neutralizar a regra geral da execução mais eficaz: a exceção confirma a regra, não podendo sobrepujá-la.[250] Trata-se de uma regra exceptiva que permite, desde que esteja assegurada a realização mais eficaz da execução, que a execução seja feita por modo menos gravoso para o executado em determinado caso concreto. De acordo com a doutrina de *Francisco Antonio de Oliveira*, é necessário compreender que a execução trabalhista deve ser realizada no interesse do credor e não no interesse do devedor. O jurista paulista explica: "Menos gravoso não significa que, se houver duas possibilidades de cumprimento da obrigação que satisfaçam da mesma forma o credor, escolher-se-á aquela mais benéfica ao devedor. Se existirem duas formas de cumprimento, mas uma delas prejudica o credor, escolher-se-á aquela que beneficia o credor".[251]

Se houver vários modos de promover a execução e todos forem eficazes na mesma medida, então – e somente então – a execução deve ser realizada pelo modo menos gravoso para o executado. Contudo, se a execução for mais eficaz quando realizada pelo modo mais gravoso para o executado, tem aplicação a regra geral do art. 797 do CPC: adota-se a execução desse modo; não por ser o modo mais gravoso, mas por ser o modo mais eficaz no caso concreto. Da mesma forma, adota-se o modo menos gravoso quando for ele o modo mais eficaz para a execução; não por ser o modo menos gravoso, mas por ser o modo mais eficaz no caso concreto.

Não se poderia encerrar este item do presente artigo sem fazer o registro de que o legislador do CPC de 2015 resgatou o melhor conceito de execução mais eficaz, de forma pragmática, como convém à efetividade da execução. Eis a nova perspectiva trazida pelo atual CPC. Ao introduzir o parágrafo único no art. 805

---

[249] CLT: "Art. 765. Os juízos e Tribunais do Trabalho terão ampla liberdade na direção do processo e velarão pelo andamento rápido das causas, podendo determinar qualquer diligência necessária ao esclarecimento delas".

[250] Não há contradição entre as normas dos arts. 797 e 805 do CPC, desde que sejam elas hierarquizadas sob adequada perspectiva valorativa. Isso porque, conforme pondera Manoel Antonio Teixeira Filho, "a preeminência axiológica é do art. 797; ao redigir o art. 805, o legislador não teve a intenção de neutralizar o art. 797, senão que impor uma espécie de regra de temperamento em sua aplicação prática. Destarte, sem que a execução deixe de processar-se no interesse do credor, em algumas situações ela deverá ser realizada pelo modo menos gravoso ao devedor" (*Comentários ao novo Código de Processo Civil sob a perspectiva do processo do trabalho*. 2. ed. São Paulo: LTr, 2016, p. 892).

[251] *Execução na Justiça do Trabalho*. 6. ed. São Paulo: RT, 2007, p. 93.

do CPC, preceito que o TST reputa aplicável ao processo do trabalho no art. 3º, XIV, da Instrução Normativa nº 39/2016, o legislador de 2015 equacionou de forma acertada a relação hierárquica existente entre execução mais eficaz e execução menos onerosa. Numa metáfora, as coisas foram recolocadas no seu devido lugar. A ausência de tal preceito no CPC de 1973 gerou as distorções hermenêuticas denunciadas por *Cândido Rangel Dinamarco*:[252] "A triste realidade da execução burocrática e condescendente, que ao longo dos tempos se apresenta como um verdadeiro paraíso dos maus pagadores, impõe que o disposto no art. 620 do Código de Processo Civil seja interpretado à luz da garantia do acesso à justiça, sob pena de fadar o sistema à ineficiência e por em risco a efetividade dessa solene promessa constitucional (CF, art. 5º, inciso XXXV)". Tais distorções – espera-se – poderão ser superadas diante da pragmática regra do parágrafo único do art. 805 do CPC, assim redigido: "Ao executado que alegar ser a medida executiva mais gravosa incumbe indicar outros meios mais eficazes e menos onerosos, sob pena de manutenção dos atos executivos já determinados".[253]

Além de inovadora, a saneadora previsão legal, na acertada consideração de *Cassio Scarpinella Bueno*, "(...) evitará requerimentos despidos de seriedade",[254] requerimentos que se tornaram ordinários na vigência do CPC revogado, atravancando a célere tramitação processual prometida ao jurisdicionado pela garantia constitucional de duração razoável do processo (CF, art. 5º, LXXVIII). Note-se que o preceito exige que o executado indique um meio mais eficaz para a execução do que o meio adotado pelo juízo.[255] Já não basta mais que o executado indique um meio menos oneroso para a realização da execução. Ao executado incumbe agora indicar um meio que seja menos oneroso e, ao mesmo tempo, mais eficaz do que aquele adotado pelo juízo da execução.[256] Na vigência do CPC de 1973,

---

[252] *Instituições de direito processual civil*. 3. ed. São Paulo: Malheiros, 2009, v. 4, p. 63.
[253] Para Cristiano Imhof e Bertha Stecker Rezende, "Este inédito parágrafo único determina de forma expressa que é ônus e incumbência do executado que alegar ser a medida executiva mais gravosa, indicar outros meios mais eficazes e menos onerosos, sob pena de manutenção dos atos executivos já determinados" (*Comentários às alterações do novo CPC*. São Paulo: RT, 2015, p. 836).
[254] *Novo Código de Processo Civil anotado*. São Paulo: Saraiva, 2015, p. 495.
[255] Luiz Guilherme Marinoni, Sérgio Cruz Arenhart e Daniel Mitidiero afirmam que a alegação pode ser rejeitada se o executado não se desincumbir do encargo processual de indicar outros meios tão eficazes quanto o meio executivo adotado pelo juízo: "Não havendo essa demonstração, o juiz pode rejeitar de plano a alegação" (*Novo Código de Processo Civil comentado*. 2. ed. São Paulo: RT, 2016, p. 877).
[256] Leonardo de Faria Beraldo critica a redação do preceito. Pondera que o legislador deveria ter utilizado o vocábulo "tão" eficazes ao invés do vocábulo "mais" eficazes, ao atribuir ao executado o encargo processual de "indicar outros meios mais eficazes" quando alegar que a execução realiza-se de modo mais gravoso para o executado (*Comentários às inovações do Código de Processo Civil*. Belo Horizonte: Del Rey, 2015, p. 309). Parece, entretanto, que o legislador objetivou estreitar a possibilidade de invocação do argumento da execução menos onerosa em face da histórica experiência de ineficácia da execução judicial, experiência essa construída muitas vezes sob alegações artificiosas de execução mais gravosa. Parece mais consentânea a consideração doutrinária de Guilherme Rizzo Amaral: "O atual CPC dá uma guinada importante ao afirmar a prevalência da efetividade da execução sobre o princípio da menor onerosidade. Reflexo disso é a total superação da referida Súmula [417 do STJ], com a instituição da prioridade da penhora em dinheiro (art. 835, I e §1º), da qual não pode abdicar em favor da penhora sobre outro bem, e também o parágrafo único do art. 805, segundo o qual passa a ser ônus do executado, ao ventilar a aplicação do princípio da menor onerosidade, demonstrar existirem outros meios *mais eficazes* e menos onerosos para a satisfação do crédito do exequente" (*Comentários às alterações do novo CPC*. São Paulo: RT, 2015, p. 836).

certa incompreensão acerca da relação hierárquica existente entre o princípio da execução mais eficaz e a regra exceptiva da execução menos onerosa acarretava a distorção de interpretar-se que ao executado bastava indicar apenas um meio menos oneroso para realizar-se a execução, ainda que a aplicação tal meio implicasse uma execução menos eficaz. Na prática, essa interpretação acarretava uma verdadeira subversão axiológica na execução: a regra exceptiva anulava a regra geral.

Ao invés de prevalecer a regra geral da execução mais eficaz, imposta pela posição preeminência conferida ao exequente, acabava prevalecendo a regra exceptiva da execução menos gravosa para o devedor, nada obstante a posição de sujeição atribuída ao executado pela ordem jurídica. O preceito do parágrafo único do CPC de 2015 tem o claro propósito de corrigir tal distorção, introduzindo um produtivo elemento hermenêutico no sistema processual. Esse preceito foi concebido para remediar os abusos vividos na vigência do CPC revogado no âmbito desta matéria. Ao atribuir ao executado o *ônus processual* de indicar meio executivo mais eficaz, o legislador visou esvaziar as conhecidas alegações infundadas de que a execução se realiza de modo mais gravoso.

O ônus processual da demonstração da alegação restou explicitamente atribuído ao executado que alegar execução mais onerosa: "Se o executado não se desincumbir desse encargo processual, a consequência será a manutenção dos atos executivos já determinados pelo juiz", conforme preleciona *Manoel Antonio Teixeira Filho* na interpretação do preceito em estudo.[257] Como é de fácil intuição, será muito difícil para o executado se desincumbir do encargo processual de indicar um modo mais eficaz para realizar-se a execução do que o modo de execução determinado pelo juízo. Com a saneadora norma introduzida no parágrafo único do art. 805 do CPC, o legislador do CPC de 2015 enfrenta pragmaticamente um tema relevante para a efetividade da execução e deixa patente sua opção pela densificação da tutela executiva de crédito, fechando as portas a conhecidas manobras de resistência opostas à execução sob o artificioso pretexto de execução menos gravosa.

Se a tese da revogação do art. 769 da CLT pelo art. 15 do novo CPC restou logo superada pela teoria jurídica, o alcance da aplicação do CPC de 2015 ao Processo do Trabalho continua a desafiar os juristas, sobretudo no que respeita ao conteúdo do conceito de *aplicação supletiva*. É precisa a percepção do processualista *Wolney de Macedo Cordeiro* diante no novo Código: *a grande novidade está na supletividade*.[258] Esse *novo conceito* confere maior densidade hermenêutica ao requisito da *compatibilidade*, relativizando o requisito da omissão, na medida em que simples *omissão parcial* enseja colmatar lacunas do processo do trabalho com normas do Código de Processo Civil de 2015.

---

[257] *Comentários ao novo Código de Processo Civil sob a perspectiva do processo do trabalho*. 2. ed. São Paulo: LTr, 2016, p. 893.
[258] *Execução no processo do trabalho*. 2. ed. Salvador: Juspodivm, 2016, p. 47.

Com a superveniência do art. 15 do CPC de 2015, a previsão de *aplicação supletiva* desloca para o requisito da compatibilidade uma *maior densidade hermenêutica*, configurando-se então uma equação mais complexa à subministração do processo de integração dos subsistemas processuais. A *omissão parcial* do sistema trabalhista permitirá aproveitar a norma de processo civil sempre que essa última, agregada à norma trabalhista, promova os princípios fundamentais do processo do trabalho – simplicidade, celeridade e efetividade. É o que ocorre com os avançados preceitos do novo CPC que disciplinam a execução por quantia certa, matéria sobre a qual a regência da CLT apresenta-se incompleta quando cotejada com as novas técnicas de execução previstas no CPC 2015, técnicas recentemente concebidas para promover a efetividade da tutela de crédito.

A linha de raciocínio desenvolvida no presente capítulo já autoriza o leitor a concluir que é positiva nossa resposta quanto à aplicabilidade do CPC de 2015 ao cumprimento da sentença trabalhista de obrigação pecuniária – tanto no cumprimento provisório da sentença quanto no cumprimento definitivo da sentença. Reputamos aplicáveis à execução trabalhista *todos os dispositivos do CPC de 2015 examinados no presente artigo*, aplicação que consideramos produtiva à efetividade da Jurisdição Trabalhista. Alguns desses dispositivos do novo CPC, para ingressar no processo do trabalho, sofrem as naturais adaptações impostas pela especialidade do subsistema jurídico procedimental laboral, o que é inerente ao método de integração de normas de direito processual comum em um subsistema de direito processual especial.

Nossa resposta positiva decorre tanto da regência legal da matéria quanto do aporte que a Teoria do Diálogo das Fontes traz ao tema da integração dos subsistemas processual trabalhista e processual civil. A regência legal é dada pela combinação dos preceitos dos arts. 769 e 889 da CLT com o preceito do art. 15 do NCPC. Esses preceitos autorizam suprir omissão da legislação trabalhista na fase de execução – seja omissão completa, seja omissão parcial – mediante a aplicação de normas do novo CPC que, promovendo os princípios fundamentais da simplicidade, celeridade e efetividade, revelem-se assim compatíveis com o Direito Processual do Trabalho. Por sua vez, a Teoria do Diálogo das Fontes, concebida por *Claudia Lima Marques* como novo método da teoria geral do direito,[259] constitui um desenvolvimento superior da interpretação sistemática que, informado por fundamentos axiológicos,[260] opera como uma espécie de vetor de harmonização dos diversos ramos do Direito, mas sempre na perspectiva humanista da realização dos direitos fundamentais previstos na Constituição.[261]

---

[259] O 'diálogo das fontes' como método da nova teoria geral do direito: um tributo a Erik Jaime. *In:* MARQUES, Claudia Lima (coord.). *Diálogo das Fontes*: do conflito à coordenação de normas do direito brasileiro. São Paulo: RT, 2012, p. 21.

[260] MIRAGEM, Bruno. *Eppur si mouve*: diálogo das fontes como método de interpretação sistemática no direito brasileiro. *In:* MARQUES, Claudia Lima (coord.). *Diálogo das Fontes*: do conflito à coordenação de normas do direito brasileiro. São Paulo: RT, 2012, p. 78.

[261] BENJAMIN, Antonio Herman. Prefácio, p. 6. *In:* MARQUES, Claudia Lima (coord.). *Diálogo das fontes*: do conflito à coordenação de normas do direito brasileiroSão Paulo: RT, 2012.

De forma específica ao objeto do presente estudo, cumpre observar que as *três dimensões* da Teoria do Diálogo das Fontes contribuem para responder – positivamente – à pergunta sobre a aplicação do NCPC ao Processo do Trabalho no cumprimento de obrigação pecuniária, porquanto a questão colocada sob interrogação mantém interface tanto com o *diálogo sistemático de coerência* quanto com o *diálogo de complementaridade e subsidiariedade* e, ainda, com o *diálogo de coordenação e adaptação sistemática*.[262] O diálogo normativo entre diferentes fontes de direito tem em *Karl Engisch* um de seus mais importantes defensores.[263] O doutrinador liberta os juristas para uma utilização mais ampla da analogia quando sustenta que "toda a regra jurídica é susceptível de aplicação analógica – não só a lei em sentido estrito, mas também qualquer espécie de estatuto e ainda a norma de Direito Consuetudinário. As conclusões por analogia não têm apenas cabimento dentro do mesmo ramo do Direito, nem tão-pouco dentro de cada Código, mas verificam-se também de um para outro Código e de um ramo do Direito para outro".[264]

Na doutrina de processo civil, pode-se citar a lição de *Hermes Zaneti Jr.* acerca da comunicação do novo paradigma processual aos demais ramos processuais. Diz o jurista que "(...) o art. 139, IV, CPC é aplicável a toda e qualquer atividade judicial prevista no CPC e também para além dele, nos termos no art. 15, CPC, de forma supletiva, subsidiária e residual, aos demais processos e procedimentos especiais fora do Código".[265] No âmbito da doutrina processual trabalhista, a compatibilidade da aplicação de diversos preceitos do novo CPC à execução trabalhista por quantia certa é percebida por um número crescente de juristas.[266] São juristas que, com os olhos postos na autonomia científica do Direito Processual do Trabalho, pesquisam o conteúdo mais produtivo a atribuir ao conceito de *aplicação supletiva* previsto no art. 15 do CPC. No campo da tutela executiva, como preleciona *Wolney de Macedo Cordeiro*, a aplicação supletiva do direito processual comum pode render excelentes frutos.[267] Aprovada que foi a denominada Reforma Trabalhista instituída pela Lei nº 13.467/2017, será ainda mais necessário perceber

---

[262] Luciano Athayde Chaves desenvolveu esse tema no artigo "O novo Código de Processo Civil e o processo do trabalho: uma análise sob a óptica do cumprimento da sentença e da execução forçada". O artigo é uma versão adaptada da exposição realizada no I Seminário Nacional sobre a Efetividade da Execução Trabalhista, promovido pelo Conselho Superior da Justiça do Trabalho (CSJT) e pela Escola Nacional de Formação e Aperfeiçoamento de Magistrados do Trabalho (ENAMAT), no dia 7 de maio de 2015. *mimeo*.

[263] Cf. CLAUS, Ben-Hur Silveira. Execução trabalhista: da desconsideração clássica à desconsideração inversa da personalidade jurídica. *Revista do Tribunal Regional do Trabalho da 4ª Região*, Porto Alegre, n. 42, p. 48-73, 2014.

[264] ENGISCH, Karl. *Introdução ao pensamento jurídico*. 10. ed. Lisboa: Fundação Calouste Gulbenkian, 2008, p. 293.

[265] MARINONI, Luiz Guilherme (dir.); ARENHART, Sérgio Cruz; MITIDIERO, Daniel (coord.). *Comentários ao Código de Processo Civil*. São Paulo: RT, 2016, v. XIV, p. 115.

[266] A Escola Judicial do Tribunal Regional do Trabalho da 10ª Região aprovou o Enunciado nº 47 sobre a matéria: "ENUNCIADO 47. CUMPRIMENTO PROVISÓRIO DE SENTENÇA. CRÉDITO DE NATUREZA ALIMENTAR. COMPATIBILIDADE COM O PROCESSO DO TRABALHO. O regramento do cumprimento provisório da sentença prevista nos arts. 520, 521 e 522 do CPC é compatível com o processo do trabalho, considerada a natureza alimentar do crédito trabalhista".

[267] *Execução no processo do trabalho*. 2. ed. Salvador: Juspodivm, 2016, p. 49.

a potencialidade que repousa latente na perspectiva de uma produtiva assimilação da aplicação supletiva do processo civil ao processo do trabalho para a efetividade da tutela executiva eficaz enquanto expressão concreta do direito fundamental à jurisdição previsto no art. 5º, XXXV, da Constituição da República.

CAPÍTULO 6

EXECUÇÃO APÓS A REFORMA TRABALHISTA: AS PRINCIPAIS ALTERAÇÕES TRAZIDAS PELA LEI Nº 13.467/2017

A igualdade parece ser a base do direito, e o é, efetivamente, mas só para os iguais e não para todos. A desigualdade também o é, mas só para os desiguais. (...) A igualdade, donde resulta a justiça, existe nas pessoas e nas coisas. Facilmente se está de acordo sobre a igualdade das coisas. É sobre a igualdade das pessoas que se levantam contestações, porque mais uma vez os homens se cegam a seu respeito e, tendo, de uma parte ou de outra, razão até certo ponto, querem dar ao seu direito uma extensão ilimitada.

Aristóteles

6.1 Grupo econômico trabalhista

Diversas alterações foram introduzidas na Execução Trabalhista pela Lei nº 13.467/2017, que instituiu a denominada Reforma Trabalhista. As principais alterações que têm interface com a execução trabalhista dizem respeito: a) ao conceito de grupo econômico trabalhista; b) à responsabilidade do sócio retirante; c) à prescrição intercorrente na execução; d) à responsabilidade do sucessor e do sucedido; e) ao incidente de desconsideração da personalidade jurídica; f) à garantia do juízo na execução; g) ao depósito recursal; h) ao protesto de decisão judicial e i) à inscrição do devedor em cadastro de inadimplentes. A primeira alteração ocorreu no instituto jurídico do grupo econômico trabalhista.

Decretada em 1943, a Consolidação das Leis do Trabalho adotou o conceito de grupo econômico por subordinação. Isso porque estabeleceu no §2º do art. 2º da CLT que o grupo econômico se caracterizava quando houvesse direção, controle ou administração de uma empresa sobre a(s) outra(s), conceito jurídico que se revelaria demasiado restritivo – insuficiente para a teleologia do instituto – diante da complexidade do multiforme fenômeno da concentração econômica.²⁶⁸

Enquanto *Octávio Bueno Magano* afirmava que grupo econômico "é o grupo hierarquizado, composto por subordinação, em que se supõe a existência de uma empresa controladora e de outra ou outras controladas",²⁶⁹ *Délio Maranhão* ponderava que "o legislador não disse tudo quanto pretendia dizer. Mas a lei deve ser aplicada de acordo com os fins sociais a que se dirige. O parágrafo citado fala em 'empresa principal' e 'empresas subordinadas'. Para que se configure, entretanto, a hipótese nele prevista não é indispensável a existência de uma sociedade controladora ('holding company'). Vimos que a concentração econômica pode assumir os mais variados aspectos".²⁷⁰ A doutrina aqui reproduzida sintetiza o debate que, por mais de setenta anos, dividiria a teoria jurídica acerca do conceito de grupo econômico trabalhista previsto no art. 2º, §2º, da CLT.

No advento da Lei do Trabalho Rural (Lei nº 5.889/1973), passados trinta (30) anos desde a edição da CLT, o ambiente jurídico nas relações de trabalho está maduro para a assimilação de um novo conceito de grupo econômico²⁷¹ – o conceito de grupo econômico por coordenação, também identificado como *grupo econômico horizontal*. Na legislação do trabalho rural, o conceito de grupo econômico é atualizado em relação à previsão originária do art. 2º, §2º, da CLT. Conforme a história viria a demonstrar, a concepção de grupo econômico prevista na Lei nº 5.889/1973 serviria de inspiração para o legislador da Reforma Trabalhista, mais de quarenta (40) anos depois do advento da Lei do Trabalho Rural.

A Reforma Trabalhista deu nova redação ao §2º do art. 2º da CLT,²⁷² incorporando a figura do *grupo econômico por coordenação* (grupo econômico horizontal) e superando o conceito estrito de *grupo econômico por subordinação* (grupo econômico vertical), segundo o qual a configuração do grupo econômico exigia relação de subordinação entre as empresas do grupo. Agora, basta a

---

²⁶⁸ "Art. 2º. (...)
2º. Sempre que uma ou mais empresas, tendo, embora, cada uma delas, personalidade jurídica própria, estiverem sob a direção, controle ou administração de outra, constituindo grupo industrial, comercial ou de qualquer outra atividade econômica, serão, para os efeitos da relação de emprego, solidariamente responsáveis".

²⁶⁹ *Os grupos de empresas no Direito do Trabalho*. São Paulo: RT, 1979, p. 251.

²⁷⁰ SÜSSEKIND, Arnaldo; MARANHÃO, Délio; VIANNA Segadas. *Instituições de Direito do Trabalho*. 22. ed. São Paulo: LTr, 2005, v. I, p. 303.

²⁷¹ "Art. 3º. (...)
§2º. Sempre que uma ou mais empresas, embora tendo cada uma delas personalidade jurídica própria, estiverem sob direção, controle ou administração de outra, ou ainda quando, mesmo guardando cada uma delas sua autonomia, integrem grupo econômico ou financeiro rural, serão responsáveis solidariamente nas obrigações decorrentes da relação de emprego".

²⁷² "Art. 2º. (...)
§2º. Sempre que uma ou mais empresas, tendo, embora, cada uma delas personalidade jurídica própria, estiverem sob a direção, controle ou administração de outras, ou ainda quando, mesmo guardando cada uma sua autonomia, integrem grupo econômico, serão responsáveis solidariamente pelas obrigações decorrentes da relação de emprego".

existência de coordenação interempresarial. Chegamos à fórmula antevista por *Mozart Victor Russomano*: "grupo de empresas constituído horizontalmente".[273]

Tanto a doutrina quanto a jurisprudência insistem na observação de que a solidariedade prevista no §2º do art. 2º da CLT é de natureza econômica e não processual. Trata-se de solidariedade para pagar, para assegurar "a solvabilidade dos créditos trabalhistas", no dizer de *Amauri Mascaro Nascimento*.[274] A histórica lição é de *Francisco Antonio de Oliveira*: "Em se mostrando inidônea econômica e financeiramente a empresa contratante, participante de grupo econômico, a penhora poderá recair sobre bens de outras empresas do grupo, posto que a garantia prevista no §2º do art. 2º é econômica, e não processual".[275]

Ao comentar o novo preceito legal, *Mauricio Godinho Delgado* e *Gabriela Neves Delgado* ponderam que agora o grupo econômico caracteriza-se mediante relações interempresariais de simples coordenação entre as empresas integrantes do grupo. Ponderam os juristas: "Pelo novo texto do §2º do art. 2º da CLT, fica claro que o grupo econômico para fins trabalhistas mostra-se configurado ainda quando as relações interempresariais sejam de mera *coordenação*, ou seja, mesmo guardando cada entidade empresarial a sua autonomia".[276]

A Reforma Trabalhista acrescentou o §3º ao art. 2º da CLT. O §3º do art. 2º da CLT estabelece que "não caracteriza grupo econômico a mera identidade de sócios, sendo necessárias, para a configuração do grupo econômico, a demonstração do interesse integrado, a efetiva comunhão de interesses e a atuação conjunta das empresas dele integrantes". A doutrina sustenta que se trata de *regra excetiva* que deve ser interpretada *de forma estrita*, uma vez que *a identidade de sócios é indício de existência de grupo econômico*. A regra tem sido considerada como *regra excetiva*, porque parece contraposta ao *conceito geral* de grupo econômico previsto no §2º do art. 2º da CLT, o qual foi ampliado com a assimilação do conceito de grupo econômico por simples coordenação.

Sobre a regra excetiva do §3º do art. 2º da CLT, *Mauro Schiavi* pondera: "ainda que se considere a mera identidade de sócios não ser suficiente para a configuração do grupo econômico, tal elemento é um indício bastante relevante de sua existência (prova *prima facie*), podendo o Juiz do Trabalho, no caso concreto, aplicar a teoria dinâmica do ônus da prova e atribuir o encargo probatório à empresa que nega a existência do grupo econômico".[277]

Sobre a interpretação a ser dada à locução *comunhão de interesses*, a doutrina inclina-se para "uma exegese harmônica com a informalidade e a simplicidade

---

[273] *Comentários à CLT*. 16. ed, v. 1. Rio de Janeiro: Forense, 1994, p. 8.
[274] *Iniciação ao Direito do Trabalho*. 32. ed. São Paulo, 2006, p. 141.
[275] *Execução na Justiça do Trabalho*. 9. ed. São Paulo: LTr, 2018, p. 345.
[276] *A reforma trabalhista no Brasil*. São Paulo: LTr, 2017, p. 100.
[277] *A reforma trabalhista e o processo do trabalho*. São Paulo: LTr, 2017, p. 133.

que claramente influenciaram o texto constante do citado §2º, que, como vimos, abraçou um perfil de grupo econômico por mera coordenação, ou seja, sem grandes exigências formais", conforme advertem *Antonio Umberto de Souza Júnior, Fabiano Coelho de Souza, Ney Maranhão* e *Platon Teixeira de Azevedo Neto*.[278] Nessa mesma perspectiva, *Francisco Antonio de Oliveira* conclui que "Para o processo do trabalho basta que haja um conglomerado de empresas autônomas, com objetivos próprios e que façam parte de um mesmo grupo".[279]

A existência de grupo econômico é fato e, como tal, pode ser provada por todos os meios de prova admitidos no Direito. A lição de *Délio Maranhão* tornou-se clássica: "a existência do grupo do qual, por força da lei, decorre a solidariedade, prova-se, inclusive, por indícios e circunstâncias. Tal existência é um *fato*, que pode ser provado por todos os meios de prova que o direito admite".[280]

A existência de grupo econômico é fato constitutivo do direito do exequente à solidariedade passiva que recai sobre as empresas do grupo (CLT, art. 2º, §2º). Trata-se, portanto, de fato cuja prova incumbe, em princípio, ao exequente, a teor do inciso I do art. 818 da CLT. Essa conclusão apresenta-se adequada à concepção geral de distribuição estática do ônus da prova no processo civil, segundo a qual é atribuído ao autor o ônus da prova do fato constitutivo do direito por ele alegado, conforme prevê o inciso I do art. 373 do CPC.

Entretanto, merece registro o fato de que tanto *Manoel Antonio Teixeira Filho* quanto *Antonio Umberto de Souza Júnior, Fabiano Coelho de Souza, Ney Maranhão* e *Platon Teixeira de Azevedo Neto*, nada obstante afirmem que o ônus da prova incumbe, em princípio, ao credor exequente, cogitam da possibilidade de adotar-se, no caso concreto, a inversão do ônus da prova, atribuindo o encargo probatório à empresa sobre a qual recaiu a imputação de integrar o grupo econômico de que participa o sujeito aparente inadimplente. Enquanto *Manoel Antonio Teixeira Filho* cogita da inversão do ônus da prova, reportando-se às correspondentes previsões do CDC, da CLT e às regras da experiência ordinária (CPC, art. 375),[281] *Antonio Umberto de Souza Júnior, Fabiano Coelho de Souza, Ney Maranhão* e *Platon Teixeira de Azevedo Neto* ponderam que "nada impede que o juiz, mais uma vez sensível às circunstâncias da situação em análise, delibere por inverter o ônus da prova, mediante decisão fundamentada (CLT, art. 818, §1º – nova redação conferida pela Lei nº 13.467/2017), atribuindo à empresa então reconhecida como integrante do grupo econômico o encargo de provar a inexistência de sincronia empresarial de ações e interesses agora referida pela lei".[282]

---

[278] *Reforma trabalhista*: análise comparativa e crítica da lei nº 13.467/2017. São Paulo: Rideel, 2017, p. 7.
[279] *Reforma trabalhista*. São Paulo: LTr, 2017, p. 12.
[280] *Instituições de Direito do Trabalho*. 22. ed, v. I. São Paulo: LTr, 2005, p. 305.
[281] *O processo do trabalho e a reforma trabalhista*. São Paulo: LTr, 2017, p. 17.
[282] *Reforma trabalhista*: análise comparativa e crítica da Lei nº 13.467/2017. São Paulo: Rideel, 2017, p. 8.

A Súmula nº 205 do TST – ao exigir que todas as empresas do grupo econômico figurassem no polo passivo da demanda desde a propositura da ação reclamatória trabalhista – acabava indiretamente negando vigência ao §2º do art. 2º da CLT. A crítica histórica de *Francisco Antonio de Oliveira* sintetiza a consistente resistência teórica com que a doutrina recebeu a Súmula nº 205 do TST. Ponderava o jurista: "Em boa hora a Súmula nº 205 foi cassada pela Res. TST 121/2003. A jurisprudência ali cristalizada pela maior Corte trabalhista exigia, para a execução de outras empresas do grupo, que fossem colocadas no polo passivo e participassem dos limites subjetivos da coisa julgada. A exigência causava maus-tratos ao art. 2º, §2º, da CLT, e durante mais de duas décadas esteve a viger com efeitos deletérios para a execução trabalhista".[283]

As críticas não cessaram até a Súmula nº 205 do TST ser cancelada pela Resolução Administrativa nº 121/2003. A partir do cancelamento da súmula, o primado do comando de direito material do §2º do art. 2º da CLT foi resgatado, tendo a jurisprudência voltado ao seu leito originário: retornou-se ao entendimento de que a inclusão de empresa do grupo econômico no polo passivo na fase de execução não viola o devido processo legal, assegurando-se o contraditório na fase de execução mediante a oposição de ação de embargos de terceiro pela empresa do grupo atingida pela penhora de seus bens. Para outra corrente jurídica, a defesa da empresa do grupo econômico deveria ser deduzida mediante oposição de embargos à execução.

A nova redação do §2º do art. 2º da CLT abre um horizonte de maior flexibilidade para a caracterização do grupo econômico, de modo que o instituto jurídico possa cumprir sua finalidade de prover a solvabilidade dos créditos trabalhistas de modo mais efetivo.

6.2 Sócio retirante

Outra modificação importante foi a introdução na CLT de regra para normatizar a responsabilidade do sócio que se retira da sociedade. Essa modificação tem interface com a execução trabalhista, na medida em que é frequente a necessidade de redirecionar a execução contra os sócios diante da insolvência da empresa executada. A Lei nº 13.467/2017 introduziu o art. 10-A na CLT.[284] O preceito não tinha dispositivo correspondente na redação anterior da CLT.

---

[283] *Execução na Justiça do Trabalho*. 9. ed. São Paulo: LTr, 2018, p. 345.
[284] "Art. 10-A. O sócio retirante responde subsidiariamente pelas obrigações trabalhista da sociedade relativas ao período em que figurou como sócio, somente em ações ajuizada até dois anos depois de averbada a modificação do contrato, observada a seguinte ordem de preferência:
I – a empresa devedora;
II – os sócios atuais;
III – os sócios retirantes;

O art. 10-A da CLT trata da responsabilidade do sócio que se retira da sociedade empresarial. Esse sócio é conhecido como sócio retirante. A retirada do sócio ocorre quando da alteração do contrato social em que o sócio se retira da sociedade empresarial. Entretanto, perante os credores do sócio retirante, a eficácia jurídica dessa retirada está condicionada à averbação da respectiva alteração do contrato social da empresa na Junta Comercial. Enquanto a alteração do contrato social não for averbada, o sócio "continuará responsável, subsidiariamente, pelas obrigações trabalhistas acumuladas em todo o período", consoante se recolhe da doutrina de *Antonio Umberto de Souza Júnior, Fabiano Coelho de Souza, Ney Maranhão* e *Platon Teixeira de Azevedo Neto*.[285] É ônus do sócio retirante comprovar que foi averbada na Junta Comercial a alteração do contratual social relativa à sua retirada da sociedade. Caso o sócio retirante não comprove a averbação da alteração contratual da sociedade, não se desvinculará das obrigações trabalhistas, isso porque, conforme sintetiza *Manoel Antonio Teixeira Filho*, "se não houver essa averbação, o sócio retirante poderá ser responsabilizado (subsidiariamente) por todo o período em que vigorou o contrato de trabalho do autor da ação".[286]

O sócio que ingressa na sociedade torna-se responsável subsidiário pela totalidade dos débitos constituídos antes de seu ingresso. Essa previsão está expressa no art. 1.025 do Código Civil,[287] preceito de ordem pública inspirado na boa-fé objetiva e que visa à conduta ética do sócio na vida da empresa. A doutrina afirma que a responsabilidade do sócio é objetiva. Vale dizer, a responsabilidade do sócio caracteriza-se independentemente de conduta culposa na gestão empresarial. Em outras palavras, basta o inadimplemento da obrigação pela sociedade devedora para que se estabeleça a responsabilidade do sócio, de forma objetiva.[288] Por isso, tornou-se lugar-comum a ponderação de que o futuro sócio deve ter a cautela de investigar a situação patrimonial da empresa antes de ingressar na sociedade, para não ter a surpresa desagradável de assumir responsabilidade pelas dívidas constituídas antes de seu ingresso na sociedade. A situação do sócio retirante é

Parágrafo único. O sócio retirante responderá solidariamente com os demais quando ficar comprovada fraude na alteração societária decorrente da modificação do contrato".

[285] *Reforma trabalhista*: análise comparativa e crítica da Lei nº 13.467/2017. São Paulo: Rideel, 2017, p. 24.

[286] *O processo do trabalho e a reforma trabalhista*. São Paulo: LTr, 2017, p. 29.

[287] "Art. 1.025. O sócio, admitido na sociedade já constituída, não se exime das dívidas sociais anteriores à admissão".

[288] Antonio Umberto de Souza Júnior, Fabiano Coelho de Souza, Ney Maranhão e Platon Teixeira de Azevedo Neto sugerem, corretamente, que a responsabilidade do sócio é objetiva, independe de culpa: "Partindo da premissa de que a responsabilidade trabalhista do sócio independe da apuração de ato ilícito, o indivíduo, ao ingressar na sociedade, passa a responder subsidiariamente por todas as obrigações componentes de eventual passivo trabalhista da empresa. Deste modo, a expressão 'obrigações trabalhistas da sociedade relativas ao período em que figurou como sócio' engloba tanto as obrigações pretéritas ao ingresso do sócio como o passivo trabalhista produzido no período em que foi sócio. Com isso, a retirada do sócio mantém sua responsabilidade em relação a todo o passivo trabalhista existente na sociedade ao tempo de sua saída, independente da época em que tais direitos foram violados ou reconhecidos". (*Reforma trabalhista*: análise comparativa e crítica da Lei nº 13.467/2017. São Paulo: Rideel, 2017, p. 25)

distinta. O sócio retirante tem a sua responsabilidade delimitada no tempo pelo art. 10-A da CLT.

A teoria jurídica identifica o novo preceito legal com os arts. 1.003, parágrafo único, e 1.032 do Código Civil.[289] Se a limitação da responsabilidade do sócio retirante era controvertida em razão da divergência existente acerca da aplicabilidade dos arts. 1.003, parágrafo único, e 1.032 do Código Civil à execução trabalhista,[290] a Reforma Trabalhista instituída pela Lei nº 13.467/2017 tornou expressa a limitação temporal da responsabilidade do sócio retirante no art. 10-A da CLT, preceito que passou a ser a fonte normativa exclusiva da regência legal da matéria na Justiça do Trabalho, razão pela qual não se cogita mais de aplicar ao Direito do Trabalho os preceitos do Código Civil antes mencionados, porquanto o advento do art. 10-A da CLT fez desaparecer o requisito da omissão normativa previsto no art. 8º, *caput*, da CLT.

No silêncio da CLT acerca da responsabilidade dos sócios, o subsistema jurídico trabalhista remete o intérprete à norma do art. 4º, V, §3º, da Lei nº 6.830/80, isso por força da previsão do art. 889 da CLT, já que esse último dispositivo legal estabelece que à execução trabalhista aplicam-se os preceitos que regem o processo dos executivos fiscais. Assim, a responsabilidade dos sócios na execução trabalhista é definida pelo art. 4º, V, §3º, da Lei nº 6.830/80.[291]

Por força da previsão do referido preceito legal, a teoria jurídica extraiu a diretriz hermenêutica de que o sócio é *responsável* pela obrigação quando o *devedor* não a satisfaz. Essa responsabilidade do sócio deve estar prevista em lei. São diversos os diplomas legais que atribuem ao sócio responsabilidade pela obrigação da sociedade de que participa. São exemplos os seguintes diplomas

---

[289] "Art. 1.003. A cessão total ou parcial de quota, sem a correspondente modificação do contrato social com o consentimento dos demais sócios, não terá eficácia quanto a estes e à sociedade.
Parágrafo único. Até (2) dois anos depois de averbada a modificação do contrato, responde o cedente solidariamente com o cessionário, perante a sociedade e terceiros, pelas obrigações que tinha como sócio.
Art. 1.032. A retirada, a exclusão ou morte do sócio, não o exime, ou a seus herdeiros, da responsabilidade pelas obrigações sociais anteriores, até 2 (dois) anos após averbada a resolução da sociedade, nem nos dois primeiros casos, pelas posteriores e em igual prazo, enquanto não se requerer a averbação".

[290] Mauro Schiavi faz a resenha dessa divergência jurisprudencial: "Parte da jurisprudência se mostrava refratária a aplicação do art. 1.003 do CC ao processo do trabalho, argumentando que a responsabilidade do sócio retirante persiste para fins trabalhistas, mesmo depois de dos anos, pois se o sócio retirante estava na sociedade à época da prestação de serviços e usufruiu da mão de obra do trabalho é justo que seu patrimônio responda pelos débitos trabalhistas. (...) Outros argumentam que o art. 1.003 do CC se aplicava integralmente ao processo do trabalho em razão da omissão da CLT e compatibilidade com os princípios que regem a execução trabalhista, máxime os da dignidade da pessoa humana do executado e meios menos onerosos da execução (arts. 769 e 889 da CLT)". (*A reforma trabalhista e o processo do trabalho*. São Paulo: LTr, 2017, p. 127)

[291] "Art. 4º. A execução fiscal poderá ser promovida contra:
(...)
V – *o responsável, nos termos da lei, por dívidas, tributárias ou não, de pessoas físicas ou pessoas jurídicas* de direito privado;
(...)
§3º. *Os responsáveis*, inclusive as pessoas indicadas no §1º deste artigo, *poderão nomear bens livres e desembaraçados do devedor*, tantos quantos bastem para pagar a dívida. *Os bens dos responsáveis ficarão*, porém, *sujeitos à execução, se os do devedor forem insuficientes à satisfação da dívida*".

legais: a) Lei nº 6.404/76 – Lei das Sociedades Anônimas, art. 117[292] e art. 158;[293] b) Lei nº 8.078/90 – Código de Defesa do Consumidor, art. 28, §5º;[294] c) Lei nº 9.605/98 – Lei do Meio Ambiente, art. 4º;[295] d) Lei nº 10.406/2002 – Código Civil, art. 50[296] e art. 1.016;[297] e) Lei nº 12.529/2011 – Lei de crimes contra a ordem econômica, art. 34;[298] f) Lei nº 13.105/2015 – CPC, art. 790.[299]

Esses diplomas legais devem ser integrados ao comando normativo do art. 4º, V, da Lei nº 6.830/80, uma vez que preenchem o suporte fático do art. 4º, V, da Lei de Executivos Fiscais, na medida em que se configuram como diplomas legais que estabelecem responsabilidade do sócio pelas obrigações da sociedade. Isso porque o sócio é identificado nos referidos diplomas legais na condição jurídica de "responsável, nos termos da lei, por dívidas, tributárias ou não, de pessoas físicas ou pessoas jurídicas de direito privado" (Lei nº 6.830/80, art. 4º, V).

O §3º do art. 4º da Lei nº 6.830/80 faculta ao sócio nomear à penhora bens desembaraçados do devedor, para evitar a penhora de seus bens particulares. Essa faculdade conferida ao sócio é conhecida como *benefício de ordem*. Entretanto, se os bens do *devedor* forem insuficientes para satisfazer a dívida, os bens do sócio responderão pela obrigação, na medida em que o sócio é considerado *responsável* pela dívida da sociedade, de acordo com a norma do §3º do art. 4º da Lei nº

---

[292] "Art. 117. O acionista controlador responde pelos danos causados por atos praticados com abuso de poder.
1º. São modalidades de exercício abusivo de poder:
(...)
c) promover alteração estatutária, emissão de valores mobiliários ou adoção de políticas ou de decisões que não tenham por fim o interesse de companhia e que visem a causar prejuízos a acionistas minoritários, aos que trabalham na empresa ou aos investidores em valores imobiliários emitidos pela companhia".

[293] "Art. 158. O administrador não é pessoalmente responsável pelas obrigações que contrair em nome da sociedade e em virtude de ato regular de gestão; responde, porém, civilmente, pelos prejuízos que causar, quando proceder:
I – dentro de suas atribuições ou poderes, com culpa ou dolo;
II – com violação da lei ou do estatuto".

[294] "Art. 28. O juiz poderá desconsiderar a personalidade jurídica da sociedade quando, em detrimento do consumidor, houver abuso de direito, excesso de poder, infração da lei, fato ou ato ilícito ou violação dos estatutos ou contrato social. A desconsideração também será efetivada quando houver falência, estado de insolvência, encerramento ou inatividade da pessoa jurídica provocados por má administração.
(...)
§5o. Também poderá ser desconsiderada a pessoa jurídica sempre que sua personalidade for, de alguma forma, obstáculo ao ressarcimento de prejuízos causados aos consumidores".

[295] "Art. 4º. Poderá ser desconsiderada a pessoa jurídica sempre que sua personalidade for obstáculo ao ressarcimento de prejuízos causados à qualidade do meio ambiente".

[296] "Art. 50. Em caso de abuso da personalidade jurídica, caracterizado pelo desvio de finalidade, ou pela confusão patrimonial, pode o juiz decidir que os efeitos de certas e determinadas relações de obrigações sejam estendidos aos bens particulares dos administradores ou sócios da pessoa jurídica".

[297] "Art. 1.016. Os administradores respondem solidariamente perante a sociedade e os terceiros prejudicados, por culpa no desempenho de suas funções".

[298] "Art. 34. A personalidade jurídica do responsável por infração da ordem econômica poderá ser desconsiderada quando houver da parte deste abuso de direito, excesso de poder, infração da lei, fato ou ato ilícito ou violação dos estatutos ou do contrato social.
Parágrafo Único. A desconsideração também será efetivada quando houver falência, estado de insolvência, encerramento ou inatividade da pessoa jurídica provocados por má administração".

[299] "Art. 790. São sujeitos à execução os bens:
II – do sócio, nos termos da lei".

6.830/80. Esses diplomas legais estabelecem a responsabilidade do sócio por dívida da sociedade, no pressuposto de que a personalidade jurídica é uma ficção criada pelo Direito para estimular a Economia, contexto no qual se desvela o fato de que os sócios são os reais beneficiários da atividade societária empresarial, conforme se extrai da incidência do princípio jurídico da primazia da realidade enquanto expressão jurídica superior da experiência ordinária (CPC, art. 375[300]).

É de se registrar o fato de que a Lei nº 6.830/80 não delimita a responsabilidade do sócio a determinado lapso temporal, diversamente do que ocorre no art. 10-A da CLT. Significa dizer que o art. 10-A da CLT complementa o subsistema jurídico trabalhista acerca da responsabilidade do sócio pelas dívidas da sociedade, no que respeita à específica situação do *sócio que se retira da empresa*.

Cumpre esclarecer que o sócio retirante responde "pelas obrigações trabalhistas relativas ao período em que figurou como sócio" (CLT, art. 10-A), o que significa dizer que, se o empregado trabalhou para a empresa ao tempo que o sócio já não integrava a sociedade, não se aplica o art. 10-A da CLT, ou seja, o referido sócio retirante não pode ser responsabilizado pelas dívidas trabalhistas da sociedade, conforme preleciona *Manoel Antonio Teixeira Filho*.[301]

A afirmação anterior, entretanto, deve ser esclarecida. Isso porque as obrigações trabalhistas constituídas *antes* do ingresso do sócio integram o passivo trabalhista da empresa, passivo pelo qual o sócio passa a responder subsidiariamente desde o seu ingresso na sociedade, a teor da previsão da norma de ordem pública do art. 1.025 do Código Civil.[302] A locução "obrigações trabalhistas da sociedade relativas ao período em que figurou como sócio" abrange tanto as obrigações anteriores ao ingresso do sócio quanto o passivo trabalhista constituído no período em que foi sócio da empresa. Assim, a responsabilidade do sócio retirante compreende "todo o passivo trabalhista existente na sociedade ao tempo de sua saída, independentemente da época em que tais direitos foram violados ou reconhecidos", conforme a doutrina de *Antonio Umberto de Souza Júnior, Fabiano Coelho de Souza, Ney Maranhão* e *Platon Teixeira de Azevedo Neto*.[303]

No que diz respeito à extensão da responsabilidade do sócio retirante, essa responsabilidade pode ser integral ou parcial. Será integral quando o passivo trabalhista for anterior à averbação da alteração do contrato social empresa na Junta Comercial. Será parcial quando a reclamatória trabalhista incluir passivo trabalhista constituído após a averbação da alteração contratual pela qual o sócio retirante deixa a sociedade empresarial. Isso porque a

---

[300] "Art. 375. O juiz aplicará as regras de experiência comum subministradas pela observação do que ordinariamente acontece e, ainda, as regras de experiência técnica, ressalvado, quanto a estas, o exame pericial".
[301] *O processo do trabalho e a reforma trabalhista*. São Paulo: LTr, 2017, p. 28.
[302] "Art. 1.025. O sócio, admitido na sociedade já constituída, não se exime das dívidas sociais anteriores à admissão".
[303] *Reforma trabalhista*: análise comparativa e crítica da Lei nº 13.467/2017. São Paulo: LTr. 2017, p. 25.

responsabilidade do sócio está limitada "ao período em que figurou como sócio" (CLT, art. 10-A).

A responsabilidade do sócio retirante é subsidiária. Essa é a *regra geral* prevista no *caput* do art. 10-A da CLT. A responsabilidade do sócio retirante passa a ser solidária quando ficar comprovada fraude na alteração societária decorrente da modificação do contrato social da empresa, na qual o sócio se retira da sociedade. Essa é a *exceção* prevista no parágrafo único do art. 10-A da CLT. Comprovada a fraude, a responsabilidade do sócio retirante abarcará "todo o tempo em que esteve a viger o contrato de trabalho do autor da ação – e não apenas aquele em que o sócio integrava a sociedade", consoante afirma *Manoel Antonio Teixeira Filho*.[304]

Questão controvertida reside em saber a quem incumbe o ônus da prova da fraude prevista no parágrafo único do art. 10-A da CLT. Enquanto *Manoel Antonio Teixeira Filho* é categórico ao atribuir o ônus da prova ao credor,[305] com fundamento na regra da *distribuição estática* do ônus da prova prevista no art. 818, I, da CLT, *Antonio Umberto de Souza Júnior, Fabiano Coelho de Souza, Ney Maranhão* e *Platon Teixeira de Azevedo Neto* sustentam a possibilidade de inversão do ônus da prova nessa hipótese, com fundamento na regra da *distribuição dinâmica* do ônus da prova prevista no §1º do art. 818 da CLT.[306]

Em posição intermediária, *Homero Batista Mateus da Silva* sustenta que a solução da questão da distribuição do ônus da prova nessa matéria pode ser encontrada na valoração da prova indiciária, já que será sempre difícil ao credor desincumbir-se do encargo probatório relativo à demonstração da ocorrência de fraude na alteração contratual pela qual o sócio se retira da sociedade. Indícios eloquentes seriam, por exemplo, nas palavras do autor, "a manutenção de visitas do ex-sócio ao local de trabalho, a insuficiência patrimonial do adquirente, a presença de membros da família do sócio retirante sem que ostentem relação de emprego".[307]

No que pertine à contagem do biênio fixado no *caput* do art. 10-A da CLT, é necessária a análise combinada de dois elementos cronológicos, que se articulam no preceito legal em estudo – 1) a data da averbação da alteração contratual; 2) e a data do ajuizamento da ação reclamatória trabalhista. A didática síntese alcançada justifica a reprodução integral da formulação adotada por *Mauricio Godinho Delgado* e *Gabriela Neves Delgado* nesse particular:[308] "Para o dispositivo legal da CLT, não importa a data de inserção do sócio no polo passivo do processo judicial contra a entidade societária, mesmo que essa inserção aconteça *vários anos após o início*

---

[304] *O processo do trabalho e a reforma trabalhista*. São Paulo: LTr, 2017, p. 29.
[305] *O processo do trabalho e a reforma trabalhista*. São Paulo: LTr, 2017, p. 29.
[306] *Reforma trabalhista*: análise comparativa e crítica da Lei nº 13.467/2017. São Paulo: LTr. 2017, p. 28.
[307] *Comentários à reforma trabalhista*. São Paulo: RT, 2017, p. 28.
[308] *A reforma trabalhista no Brasil*. São Paulo: LTr, 2017, p. 110.

do processo trabalhista; o que importa é que a respectiva ação seja ajuizada, para fins de futura e potencial responsabilização do sócio até, no máximo, 'dois anos depois de averbada a modificação do contrato' (*caput* do art. 10-A, *in fine*, CLT)".

6.3 Prescrição intercorrente

Também o art. 11-A da CLT tem interface com a execução trabalhista, uma vez que esse preceito prevê a aplicação de prescrição intercorrente na execução. O dispositivo foi introduzido na Consolidação das Leis do Trabalho pela Lei nº 13.467/2017 (Reforma Trabalhista) e apresenta a seguinte redação:

> Art. 11-A. Ocorre a prescrição intercorrente no processo do trabalho no prazo de dois anos.
> §1º. A fluência do prazo prescricional intercorrente inicia-se quando o exequente deixa de cumprir determinação judicial no curso da execução.
> §2º. A declaração da prescrição intercorrente pode ser requerida ou declarada de ofício em qualquer grau de jurisdição.

Parece adequado iniciar o presente estudo pelo exame da atual jurisprudência do Tribunal Superior do Trabalho sobre o tema da prescrição intercorrente e sobre as perspectivas da jurisprudência diante da introdução da prescrição intercorrente na execução trabalhista no direito positivo do trabalho. No período anterior à denominada Reforma Trabalhista, o Tribunal Superior do Trabalho uniformizou sua jurisprudência no sentido de que a prescrição intercorrente era inaplicável à execução trabalhista. A antiga redação Súmula nº 114 do TST sintetizava esse posicionamento. Aprovada no ano de 1980, a Súmula nº 114 do TST tinha a seguinte redação: "PRESCRIÇÃO INTERCORRENTE. É inaplicável na Justiça do Trabalho a prescrição intercorrente".

A jurisprudência do TST acerca do tema da prescrição intercorrente foi construída sob o pressuposto de que o juiz estava autorizado a promover a execução de ofício, a teor do art. 878, *caput*, da CLT, na redação anterior à Lei nº 13.467/2017. A denominada Reforma Trabalhista pretendeu retirar esse poder de iniciativa do magistrado, alterando a redação do dispositivo legal em questão. Com a alteração da redação do art. 878 da CLT, a Reforma Trabalhista pretendeu limitar a iniciativa do juiz para promover a execução à hipótese em que as partes não estão representadas por advogado. Essa hipótese é exceção; em regra, as partes têm advogado constituído nos autos do processo.

Chamada a adequar a jurisprudência do TST à Reforma Trabalhista instituída pela Lei nº 13.467/2017, a Comissão de Jurisprudência do Tribunal propôs a seguinte redação para a Súmula nº 114 do TST: "PRESCRIÇÃO INTERCORRENTE.

Aplica-se a prescrição intercorrente na fase de execução do processo do trabalho, nos termos do art. 11-A da CLT, acrescido pela Lei nº 13.467/2017". A proposta da Comissão de Jurisprudência não é de cancelamento da súmula, mas de adequação da redação do verbete sumular à previsão do art. 11-A da CLT, conforme sugeriram os juristas *Rodolfo Pamplona Filho* e *Leandro Fernandez*.[309]

Destinada a estabelecer diretrizes sobre a aplicabilidade das normas da Reforma Trabalhista ao processo do trabalho, a Instrução Normativa nº 41/2018 do TST enfrentou o tema da aplicação da prescrição intercorrente na execução trabalhista. No art. 2º da referida instrução normativa, o TST assentou a seguinte diretriz hermenêutica: "Art. 2º. O fluxo da prescrição intercorrente conta-se a partir do descumprimento da determinação judicial a que alude o §1º do art. 11-A da CLT, desde que feita após 11 de novembro de 2017 (Lei nº 13.467/2017)".

No estudo do preceito legal em questão, o prazo de dois (2) anos tem sido identificado como um elemento objetivo, que não comporta maiores digressões. Esse prazo está previsto no *caput* do art. 11-A da CLT reformada, de forma expressa. O prazo de dois (2) anos aplica-se quando a ação reclamatória trabalhista é proposta após a extinção do contrato de trabalho. Entretanto, quando o contrato de trabalho estiver em curso, o prazo será de cinco (5) anos, de forma a fazer valer o prazo prescricional quinquenal estabelecido na Constituição Federal (art. 7º, XXIX) e na CLT (art. 11), conclusão que decorre da hermenêutica imposta pelo método sistemático de interpretação do ordenamento jurídico.

Maior celeuma também não deve gerar a previsão de declaração de ofício da prescrição intercorrente na execução trabalhista, seja porque a literalidade do preceito assim o estabelece (CLT, art. 11-A, §2º), seja porque a declaração da prescrição intercorrente de ofício tornou-se regra legal tanto nos executivos fiscais (Lei nº 6.830/80, art. 40, §4º) quanto na execução cível (CPC, art. 921, §5º). O sistema jurídico nacional registra uma tendência legislativa no sentido do pronunciamento da prescrição de ofício. A Lei nº 11.280/2006 introduziu o §5º no art. 219 do CPC de 1973, para estabelecer que "O juiz pronunciará, de ofício, a prescrição". Essa tendência orienta também o CPC de 2015. O CPC vigente prevê que haverá resolução do mérito quando o juiz "decidir, de ofício ou a requerimento, sobre a ocorrência de decadência ou de prescrição" (CPC, art. 487, II).

Cumpre enfrentar agora o alcance da previsão legal do §1º do art. 11-A da CLT. Trata-se do preceito que enseja maior controvérsia. O preceito está assim redigido: "§1º. A fluência do prazo prescricional intercorrente inicia-se quando o exequente deixa de cumprir determinação judicial no curso da execução".

O preceito legal prevê a existência de um fato que determina o início da fluência do prazo prescricional intercorrente na execução trabalhista. Esse

---

[309] *Tratado da prescrição trabalhista*: aspectos teóricos e práticos. São Paulo: LTr, 2017, p. 87.

fato é o *descumprimento de determinação judicial pelo exequente*. Significa dizer que o art. 11-A, §1º, da CLT encerra um *requisito normativo adicional* em relação à regência legal do tema estabelecida na LEF e no CPC para a prescrição intercorrente, pois prevê que uma específica determinação judicial tenha sido estabelecida pelo juízo da execução e que essa determinação não tenha sido cumprida pelo exequente.

Parece razoável concluir que se trata de determinação judicial para o exequente impulsionar a execução. Vejamos algumas espécies de determinação judicial de que se pode cogitar.

A primeira hipótese é a de apresentação de artigos de liquidação pelo exequente.[310] Diante da previsão de execução de ofício existente na redação originária do art. 878, *caput*, da CLT, a jurisprudência do TST foi construída na perspectiva de que não se poderia cogitar de prescrição intercorrente, na medida em que se compreendia ser incumbência do juízo promover a execução de ofício, não podendo o exequente ser prejudicado pela inércia estatal ou por medidas protelatórias adotadas pelo executado, consoante se recolhe dos precedentes que conduziram à edição da Súmula nº 114 do TST. Entretanto, como o juízo da execução não pode substituir a parte exequente na apresentação de artigos de liquidação diante da necessidade de alegar e provar fatos novos nessa modalidade de liquidação de sentença, a jurisprudência do TST identificou nessa situação hipótese para realizar uma *distinção* – no âmbito da aplicação da Súmula nº 114 do TST – quando a necessidade de apresentação de artigos de liquidação impunha a necessária iniciativa do exequente, admitindo então que nessa particular situação a inércia injustificada do exequente teria o efeito de fazer iniciar a fluência do prazo prescricional intercorrente, pois, do contrário, o processo ficaria indefinidamente pendente de solução.[311]

Certamente, a determinação judicial para que o exequente apresente artigos de liquidação é uma hipótese em que se tem por preenchido o suporte fático da norma em estudo quando o exequente permanecer inerte diante da ordem do juízo. A previsão legal, contudo, abrange outras hipóteses de descumprimento de determinação judicial. Essa interpretação decorre do enunciado genérico da locução empregada pelo legislador no preceito em exame – "quando o exequente deixa de cumprir determinação judicial no curso da execução". *Mauro Schiavi* cita os seguintes exemplos: "indicação de bens do devedor, informações necessárias para o registro da penhora, instauração do incidente de desconsideração da personalidade jurídica etc.".[312]

---

[310] A liquidação por cálculos pode continuar determinada de ofício pelo juízo da execução, pois nessa modalidade de liquidação de sentença não há necessidade de alegar e provar fato novo.
[311] TST-SBDI1 – ERR 0693039-80.2005.10.0004 – Rel. Min. João Oreste Dalazen – *DJE* 08.05.2009. No mesmo sentido, TST-SBDI2 – RO nº 0000014-17.2014.5.02.0000 – Rel. Min. Douglas Alencar Rodrigues – DEJT 06.000003.2015.
[312] *A reforma trabalhista e o processo do trabalho*. São Paulo: LTr, 2017, p. 76.

No caso de nova hipótese de prescrição instituída por lei superveniente, a fluência do prazo prescricional somente pode ter início a partir da vigência da nova lei. É lição clássica que a instituição de novo prazo prescricional não pode ter efeito retroativo. Mais do que isso: o novo lapso prescricional somente pode ser contado para frente – é a partir da vigência da nova lei que pode ter início a fluência do prazo prescricional fixado na lei que estabelece a nova hipótese de prescrição. A lição decorre do postulado da segurança jurídica.

Assim sendo, na hipótese da prescrição intercorrente instituída pelo art. 11-A da CLT reformada, a fluência do prazo prescricional somente pode ter início a partir da vigência da Reforma Trabalhista. Portanto, não poderá o magistrado, a pretexto de aplicar a nova lei, procurar processos parados há dois anos e declarar a prescrição intercorrente de forma retroativa. Isso porque se trata de nova hipótese de prescrição, situação em que os respectivos efeitos se projetam – necessária e exclusivamente – para o futuro; nessa hipótese não se pode atribuir efeito retroativo à lei, sob pena de maltrato ao postulado da segurança jurídica. A lição doutrinária é de *Homero Batista Mateus Silva*. O autor invoca o magistério em que Pontes de Miranda afirma que esse tipo de situação – lei que institui nova hipótese de prescrição – equivale à criação de uma nova modalidade de prescrição sobre a pretensão deduzida pela parte. Logo, o novo prazo prescricional somente tem aplicação a partir da criação da nova hipótese de prescrição instituída, sem possibilidade de operar efeito retroativo; e com início da contagem do prazo apenas para o futuro, a partir da vigência da lei instituidora da nova modalidade de prescrição criada pelo legislador.[313]

Mesmo aqueles magistrados que aplicavam a prescrição intercorrente na execução trabalhista antes do advento da Lei nº 13.467/2017, fazendo-o mediante a aplicação do art. 40 da Lei de Executivos Fiscais, com fundamento na previsão do art. 889 da CLT, devem considerar que a Lei nº 13.467/2017 instituiu nova hipótese de prescrição, a ser aplicada a partir da vigência da lei e sem caráter retroativo, de modo a evitar seja o exequente surpreendido por prematura declaração de prescrição intercorrente da execução, quando a jurisprudência uniformizada na redação originária da Súmula nº 114 do TST afirmava não ser aplicável a prescrição intercorrente na Justiça do Trabalho.

Essa mesma diretriz hermenêutica foi adotada no CPC de 2015 no que diz respeito à prescrição intercorrente na execução. No art. 921 do CPC, o novo diploma processual civil explicitou a aplicabilidade da prescrição intercorrente à execução civil. O CPC de 1973 não havia explicitado a aplicabilidade da prescrição intercorrente na execução. Nos estudos em que são comparados ambos os códigos, a doutrina é pacífica ao afirmar que o CPC de 1973 não tinha dispositivo equivalente aos §§1º, 2º, 3º, 4º e 5º do inciso III do art. 921 do CPC de 2015.

---

[313] *Comentários à reforma trabalhista*. São Paulo: RT, 2017, p. 203/204.

No art. 1.056 do CPC de 2015, o legislador houve por bem inserir norma de direito intertemporal destinada a promover segurança jurídica na aplicação da prescrição intercorrente na execução civil. É interessante observar – sob a perspectiva da tópica – que se trata de norma integrante das Disposições Finais e Transitórias do CPC de 2015. Tendo explicitado a hipótese de aplicação de prescrição intercorrente na execução civil no art. 921, o legislador do CPC de 2015 adotou a cautela de definir o termo inicial do prazo prescricional em questão, com o evidente propósito de evitar surpresa ao exequente e com a finalidade de promover segurança jurídica na aplicação da nova norma, ciente de que a instituição de nova hipótese de prescrição reclamava dispositivo definidor do termo inicial do prazo prescricional explicitado no art. 921 do CPC.

A norma de direito intertemporal em questão tem a seguinte redação: "Art. 1.056. Considerar-se-á como termo inicial do prazo da prescrição prevista no art. 924, inciso V, inclusive para as execuções em curso, a data de vigência deste Código".

É interessante reiterar que o CPC de 1973 não tinha norma explícita acerca de prescrição intercorrente na execução. Nada obstante o silêncio do CPC de 1973, a doutrina e a jurisprudência enfrentaram o tema mediante interpretação sistemática e sempre concluíram pela aplicabilidade da prescrição intercorrente na execução, apesar da omissão do Código revogado acerca da matéria. O fato de a doutrina e a jurisprudência terem concluído pela aplicabilidade da prescrição intercorrente na execução civil não dispensou o legislador do CPC de 2015 da cautela de definir, para promover segurança jurídica, que a prescrição intercorrente na execução, explicitada no art. 921 do CPC, somente tem sua fluência a partir da data de vigência do CPC de 2015.

Diversamente do que alguns sustentaram nos debates iniciais acerca da Reforma Trabalhista, a determinação judicial em questão deve ocorrer *após* a vigência da Lei nº 13.467/2017. A diretriz adotada na Instrução Normativa nº 41/2018 do TST parece excluir a interpretação de que a determinação judicial prevista no §1º do art. 11-A da CLT pudesse ser compreendida como ordem judicial determinada *antes* da vigência da lei. Havia a interpretação de que a determinação judicial anterior à vigência da Lei nº 13.467/2017 poderia ser considerada válida para preencher o suporte fático do §1º do art. 11-A da CLT, hipótese em que a fluência do biênio teria início a partir da vigência da lei. Essa vertente interpretativa era questionada sob a perspectiva da irretroatividade do art. 11-A da CLT. Os defensores dessa vertente interpretativa argumentavam que não haveria aplicação retroativa porque o fluxo do prazo prescricional teria início apenas a partir da vigência da lei, embora a determinação judicial tivesse sido anterior à vigência da lei. Para superar divergências interpretativas, a instrução normativa adota assertiva oração com a qual localiza no tempo a determinação judicial apta a preencher o suporte fático do preceito legal, esclarecendo que se trata de determinação judicial "feita após 11 de novembro de 2017" (art. 2º da Instrução Normativa nº 41/2018 do TST).

A aplicação do art. 40 da Lei de Executivos Fiscais à prescrição intercorrente na execução trabalhista é defendida tanto por *Francisco Meton Marques de Lima* e *Francisco Péricles Rodrigues Marques de Lima*[314] quanto por *André Araújo Molina*.[315] *Manoel Antonio Teixeira Filho* também defende essa aplicação.[316] *Raphael Miziara* segue o mesmo caminho, ponderando que a aplicação da LEF à execução trabalhista não dispensa adaptações necessárias.[317] Para *Mauro Schiavi*, o itinerário procedimental da LEF também seria aplicável à prescrição intercorrente. Embora faça menção ao procedimento instituído no art. 921 do CPC de 2015, o itinerário procedimental que o jurista entende aplicável é o mesmo previsto na Lei nº 6.830/80.[318] Isso decorre da similitude que se registra na LEF e no CPC na disciplina do tema da prescrição intercorrente.

Entendo que a declaração da prescrição intercorrente na execução trabalhista deve obedecer – combinadamente – tanto à previsão do art. 11-A, §1º, da CLT quanto ao itinerário procedimental previsto no art. 40 da LEF, por força da previsão do art. 889 da CLT, dispositivo que manda aplicar na execução trabalhista os preceitos que regem os executivos fiscais naquilo que não contravierem ao Título do Processo Judiciário do Trabalho (arts. 763 a 910 da CLT). Assim entendo porque o art. 11-A da CLT mostra-se sintético e genérico, apresentando-se incompleto para disciplinar o complexo tema da prescrição intercorrente na execução trabalhista, como se conclui ao cotejar a regência legal do tema na CLT, na LEF e no CPC.

Além de apresentar-se fundada na previsão do art. 889 da CLT, essa interpretação em favor da aplicação combinada da LEF e do art. 11-A, §1º, da CLT é consentânea com a norma de direito material do art. 186 do CTN, que posiciona o crédito trabalhista no ápice da ordem de classificação de créditos no sistema de direito do país, colocando-se, essa interpretação, outrossim, na perspectiva da teoria do diálogo das fontes formais de direito que tratam da prescrição intercorrente no ordenamento jurídico nacional, de modo a evitar que créditos classificados em posição jurídica inferior tenham tutela jurídica superior

---

[314] *Reforma trabalhista*: entenda por ponto. São Paulo: LTr., 2017, p. 28.

[315] A prescrição intercorrente na execução trabalhista. *Revista Jurídica Luso-Brasileira*, ano 3, n. 2, 2017.p. 143.

[316] *O processo do trabalho e a reforma trabalhista*. São Paulo: LTr, 2017, p. 38: "consideramos aplicável ao processo do trabalho a disposição encartada no art. 40 da Lei nº 6.830/80, segundo a qual o juiz suspenderá o curso da execução: a) enquanto não for localizado o devedor; ou b) não forem encontrados bens sobre os quais possa recair a penhora (*caput*); decorrido o prazo de um ano, sem que o devedor tenha sido localizado ou os bens encontrados, determinará o arquivamento dos autos (§2º)".

[317] "A tutela da confiança e a prescrição intercorrente na execução trabalhista: o equívoco da instrução normativa nº 39 do TST". *Revista eletrônica do Tribunal Regional do Trabalho da 9ª Região*, Curitiba, PR, v. 5, n. 50, p. 204-222, maio 2016.

[318] *A reforma trabalhista e o processo do trabalho*. São Paulo: LTr, 2017, p. 77: "quando o executado não possuir bens penhoráveis, ou não for localizado, pensamos que as providências preliminares do art. 921 do CPC (suspensão da execução por um ano, sem manifestação do exequente) devem ser aplicadas pela Justiça do Trabalho antes do início da fluência do prazo prescricional".

àquela conferida ao crédito trabalhista no que diz respeito ao tema da prescrição intercorrente na execução.

Assim, por força da aplicação do art. 40 da LEF à execução trabalhista (CLT, art. 889), a declaração de prescrição intercorrente na fase de execução da sentença trabalhista também deve ser *antecedida* do arquivamento provisório dos autos.[319] E, antes do arquivamento provisório dos autos, o juiz deverá, para observar o itinerário procedimental previsto no art. 40 da LEF, de aplicação supletiva à execução trabalhista, suspender o curso da execução se não for localizado o devedor ou encontrados bens para a penhora (Lei nº 6.830/80, art. 40, *caput*) e intimar o exequente da suspensão da execução (Lei nº 6.830/80, art. 40, §1º).

Somente depois do decurso do prazo de um (1) ano sem que tenha sido localizado o devedor ou encontrados bens penhoráveis é que o juiz determinará o arquivamento provisório dos autos na execução fiscal (Lei nº 6.830/80, art. 40, §2º). Durante esse prazo de um (1) ano, a execução ficará suspensa e o prazo prescricional ficará igualmente suspenso (Lei nº 6.830/80, art. 40, *caput*; CPC, art. 921, §1º).

É depois desse período de um (1) ano que ocorre o arquivamento provisório dos autos. E é somente a partir do arquivamento provisório dos autos que se pode cogitar da fluência do prazo prescricional intercorrente de dois (2) anos previsto no art. 11-A da CLT; mas apenas *após* a ocorrência de específica determinação judicial para que o exequente cumpra ordem judicial para impulsionar a execução. Sem essa determinação judicial, expressamente prevista no art. 11-A, §1º, da CLT reformada, não se pode cogitar do início da fluência do prazo de prescrição intercorrente de dois (2) anos previsto no preceito legal em estudo. Isso porque o dispositivo legal de regência estabelece que o termo inicial desse prazo prescricional ocorre somente "quando o exequente deixa de cumprir determinação judicial no curso da execução" (CLT, art. 11-A, §1º).

Para que a fluência do prazo prescricional tenha início é necessário, portanto, que *antes* ocorra uma determinação judicial para que o exequente impulsione a execução e que essa determinação judicial não seja cumprida pelo exequente. É a partir daí que poderá ter início o prazo prescricional intercorrente na execução trabalhista. Antes disso, não. Do contrário, a se entender que a prescrição teria início automático com o arquivamento provisório dos autos, não teria sentido a previsão do legislador, que estabeleceu, no art. 11-A, §1º, da CLT, a exigência de descumprimento de específica ordem judicial, pelo exequente, para que então tivesse início o curso do prazo prescricional intercorrente – "§1º A fluência do prazo prescricional *inicia-se quando o exequente deixa de cumprir determinação judicial no curso da execução*" – grifei.

---

[319] A exceção é a hipótese de necessidade de apresentação de artigos de liquidação pelo exequente, uma vez que essa providência é antecedente lógico do arquivamento provisório dos autos; e sem a apresentação de artigos de liquidação pelo exequente o processo não pode prosseguir. Nesse caso específico, caracteriza-se situação que a doutrina identifica sob a denominação de prescrição da pretensão executiva.

Admitido o entendimento de que se aplica a Lei de Executivos Fiscais à prescrição intercorrente na execução trabalhista, cumpre retornar à crucial questão da *oportunidade* em que a determinação judicial prevista no art. 11-A da CLT pode ser ordenada pelo juiz. A questão é crucial porque é a partir do descumprimento dessa determinação judicial que tem início a fluência do prazo prescricional intercorrente na execução trabalhista, a teor do §1º do art. 11-A da CLT.

Penso que a determinação judicial em questão *não pode ser anterior ao arquivamento provisório dos autos*, sob pena de se conferir ao crédito fiscal e ao crédito quirografário tutela jurídica superior àquela assegurada ao crédito trabalhista, em afronta indireta à norma de ordem pública do art. 186 do CTN. Assim, penso que essa determinação deva ser ordenada ou na mesma oportunidade da decisão em que o juiz do trabalho determina o arquivamento provisório dos autos; ou em momento posterior a esse arquivamento provisório; mas nunca antes do arquivamento provisório dos autos. Essa decisão deve explicitar, para promover segurança jurídica, que o prazo prescricional intercorrente terá curso caso não cumprida a determinação judicial ordenada com fundamento no art. 11-A, §1º, da CLT, de modo que o exequente tenha consciência de que lhe incumbe diligenciar para cumprir a determinação judicial, para evitar a consumação da prescrição intercorrente, sob pena de extinção de sua execução com julgamento de mérito. Para tanto, a intimação respectiva deve ser feita tanto ao procurador quanto ao exequente; quanto a esse último, pessoalmente.

Quanto ao procedimento a ser adotado para a aplicação da prescrição intercorrente na execução, a Corregedoria Geral da Justiça do Trabalho editou, em data de 24.07.2021, a Recomendação nº 3/2018, com a seguinte redação:

> RECOMENDAÇÃO Nº 3/GCGJT, DE 24 DE JULHO DE 2018
>
> O MINISTRO CORREGEDOR-GERAL DA JUSTIÇA DO TRABALHO, no uso das atribuições legais e regimentais,
>
> Considerando o disposto no artigo 11-A da CLT e a previsão do artigo 2º da Instrução Normativa n.º 41/2018, do Tribunal Superior do Trabalho;
>
> Considerando a necessidade de harmonização do texto consolidado com outros dispositivos legais aplicáveis ao Processo do Trabalho, como o artigo 40 da Lei n.º 6.830/80 e o artigo 921 do Código de Processo Civil;
>
> Considerando a ausência de previsão de procedimento a ser adotado para o reconhecimento da prescrição intercorrente;
>
> Considerando a necessidade de adoção de procedimentos uniformes pelos magistrados do trabalho na condução das execuções trabalhistas;
>
> Considerando a competência regimental do Corregedor-Geral da Justiça do Trabalho para expedir recomendações aos Tribunais Regionais do Trabalho, referentes à regularidade dos serviços judiciários;
>
> RESOLVE:
>
> RECOMENDAR aos Juízes e Desembargadores do Trabalho a observância dos seguintes procedimentos em relação à prescrição intercorrente:

Art. 1º. A prescrição intercorrente prevista no artigo 11-A da CLT somente deverá ser reconhecida após expressa intimação do exequente para cumprimento de determinação judicial no curso da execução.

Art. 2º. O juiz ou relator indicará, com precisão, qual a determinação deverá ser cumprida pelo exequente, com expressa cominação das consequências do descumprimento.

Art. 3º. O fluxo da prescrição intercorrente contar-se-á a partir do descumprimento da determinação judicial, desde que expedida após 11 de novembro de 2017 (artigo 2º da IN-TST n.º 41/2018).

Art. 4º. Antes de decidir sobre a ocorrência da prescrição intercorrente, o juiz ou o relator deverá conceder prazo à parte interessada para se manifestar sobre o tema, nos termos dos artigos 9º, 10 e 921, §5º, do Código de Processo Civil (artigo 4º da IN-TST n.º 39/2016, e artigo 21 da IN-TST n.º 41/2018).

Art. 5º. Não correrá o prazo de prescrição intercorrente nas hipóteses em que não for localizado o devedor ou encontrados bens sobre os quais possa recair a penhora, devendo o juiz, nesses casos, suspender o processo (artigo 40 da Lei n.º 6.830/80).

§1º Na hipótese do caput deste artigo, os autos poderão ser remetidos ao arquivo provisório (artigo 85 da Consolidação dos Provimentos da Corregedoria-Geral da Justiça do Trabalho), assegurando-se ao credor o desarquivamento oportuno com vistas a dar seguimento à execução (§3º do artigo 40 da Lei n.º 6.830/80).

§2º Decidindo o juízo da execução pelo arquivamento definitivo do feito, expedirá Certidão de Crédito Trabalhista, sem extinção da execução (artigos 86 e 87 da Consolidação dos Provimentos da CGJT).

§3º Não se determinará o arquivamento dos autos, provisório ou definitivo, antes da realização dos atos de Pesquisa Patrimonial, com uso dos sistemas eletrônicos, como o BACENJUD, o INFOJUD, o RENAJUD e o SIMBA, dentre outros disponíveis aos órgãos do Poder Judiciário; e da desconsideração da personalidade jurídica da sociedade reclamada, quando pertinente.

§4º Antes do arquivamento, provisório ou definitivo, o juízo da execução determinará a inclusão do nome do(s) executado(s) no Banco Nacional dos Devedores Trabalhistas – BNDT e nos cadastros de inadimplentes, e promoverá o protesto extrajudicial da decisão judicial, observado o disposto no artigo 883-A da CLT e o artigo 15 da IN-TST n.º 41/2018.

§5º Uma vez incluído(s) o(s) nome(s) do(s) executado(s) no BNDT e nos cadastros de inadimplentes, sua exclusão só ocorrerá em caso de extinção da execução, conforme as hipóteses do artigo 86 da Consolidação dos Provimentos da CGJT.

Art. 6º. Reconhecida a prescrição intercorrente, nos termos desta Recomendação, será promovida a extinção da execução, consoante dispõe o artigo 924, V, do CPC (artigo 21, da IN-TST n.º 41/2018).

Art. 7º. Esta Recomendação entra em vigor na data de sua publicação. Publique-se. Dê-se ciência aos Desembargadores Presidentes dos Tribunais Regionais do Trabalho e aos Corregedores Regionais, do inteiro teor desta Recomendação, por meio eletrônico.

Ministro LELIO BENTES CORRÊA

Corregedor-Geral da Justiça do Trabalho

6.4 Responsabilidade do sucessor. Responsabilidade do sucedido

Outra interface da Reforma Trabalhista com a execução está no art. 448-A da CLT. O preceito introduzido pela Lei nº 13.467/2017 diz respeito ao instituto da sucessão trabalhista e disciplina a responsabilidade do sucessor e do sucedido, nos seguintes termos:

> Art. 448-A. Caracterizada a sucessão empresarial ou de empregadores prevista nos arts. 10 e 448 desta Consolidação, as obrigações trabalhistas, inclusive as contraídas à época em que os empregados trabalhavam para a empresa sucedida, são de responsabilidade do sucessor.
>
> Parágrafo único. A empresa sucedida responderá solidariamente com a sucessora quando ficar comprovada fraude na transferência.

O preceito legal define a extensão da responsabilidade no caso de estar caracterizada a sucessão empresarial, estabelecendo que o empresário sucessor responde inclusive pelas obrigações trabalhistas contraídas à época em que os empregados trabalhavam para a empresa sucedida. Mais do que isso, a responsabilidade do sucessor abrange também as obrigações trabalhistas relativas aos empregados dispensados pela sucedida, ainda que dispensa tenha ocorrido anteriormente à sucessão empresarial.

O novo preceito legal apresenta-se coerente com a melhor doutrina, segundo a qual a responsabilidade sucessória caracteriza-se ainda que o empregado não tenha trabalhado para o sucessor, tendo trabalhado apenas para a empresa sucedida. *Mauricio Godinho Delgado* preleciona nesse sentido: "A nova vertente interpretativa do instituto sucessório trabalhista insiste que o requisito essencial à figura é tão só a garantia de que qualquer mudança intra ou interempresarial não venha afetar os contratos de trabalho – independentemente de ter ocorrido a continuidade da prestação laborativa".[320]

Conforme observa *Manoel Antonio Teixeira Filho*, o art. 448-A da CLT "deita por terra o argumento, muito a gosto de alguns sucessores, de que não poderiam ser responsabilizados por atos praticados pelos sucedidos",[321] na medida em que estabelece a responsabilidade do sucessor pelas obrigações da empresa sucedida para com seus empregados, mesmo aqueles dispensados anteriormente à ocorrência da sucessão empresarial.

O preceito legal em questão não constitui propriamente novidade, na medida em que na doutrina e na jurisprudência já se vinha adotando essa mesma diretriz hermenêutica, na perspectiva de responsabilizar o empresário sucessor pelo passivo trabalhista da empresa sucedida. Exemplo dessa diretriz é a Orientação Jurisprudencial nº 261 da SDI-I do TST:

> BANCOS. SUCESSÃO TRABALHISTA. As obrigações trabalhistas, inclusive as contraídas à época em que os empregados trabalhavam para o banco sucedido, são de

---

[320] *Curso de Direito do Trabalho*. 11. ed. São Paulo: LTr, 2012, p. 421/422.
[321] *O processo do trabalho e a reforma trabalhista*. São Paulo: LTr, 2017, p. 41.

responsabilidade do sucessor, uma vez que a este foram transferidos os ativos, agências, os direitos e os deveres contratuais, caracterizando típica sucessão trabalhista.

Comentando o dispositivo legal em estudo, *Antonio Umberto de Souza Júnior, Fabiano Coelho de Souza, Ney Maranhão* e *Platon Teixeira de Azevedo Neto* ponderam que "responderá o sucessor não só pela continuação dos contratos de trabalho em vigor quando de tais mudanças como também pelas obrigações vencidas anteriormente, incluídos aí, obviamente, os empregados já despedidos".[322]

Se não há propriamente novidade no *caput* do art. 448-A da CLT, o parágrafo único do dispositivo legal em questão inova no tema da sucessão trabalhista, na medida em que a CLT não tratava da responsabilidade do sucedido, limitando-se a disciplinar a responsabilidade do sucessor.

O parágrafo único do art. 448-A da CLT prevê a responsabilidade solidária do empresário sucedido quando ficar comprovada fraude na transferência da empresa ao sucessor. O preceito visa evitar que a sucessão trabalhista seja utilizada como artifício para frustrar a aplicação da legislação trabalhista, com prejuízo aos créditos dos trabalhadores. Fundado na boa-fé dos sujeitos econômicos, o dispositivo legal em questão objetiva inibir a prática da transferência artificiosa da empresa quando essa transferência se apresenta, no dizer de *Antonio Umberto de Souza Júnior, Fabiano Coelho de Souza, Ney Maranhão* e *Platon Teixeira de Azevedo Neto*, "como instrumento de exoneração obrigacional dos alienantes, livres de qualquer responsabilidade, muitas vezes pelo artifício de interposição de sócios indigentes ou de empresas em situação patrimonial precária".[323]

6.5 Incidente de desconsideração da personalidade jurídica

A aplicação do incidente de desconsideração da personalidade jurídica previsto no CPC é mais uma das interfaces que a Reforma Trabalhista tem com a execução. Introduzida pelo art. 855-A da CLT, a aplicação do incidente de desconsideração da personalidade jurídica no processo do trabalho está assim prevista na legislação:

> Art. 855-A. Aplica-se ao processo do trabalho o incidente de desconsideração da personalidade jurídica previsto nos arts. 133 a 137 da Lei nº 13.105, de 16 de março de 2015 – Código de Processo Civil.

---

[322] *Reforma trabalhista*: análise comparativa e crítica da Lei nº 13.467/2017. São Paulo: LTr. 2017, p. 175.
[323] *Reforma trabalhista*: análise comparativa e crítica da Lei nº 13.467/2017. São Paulo: LTr. 2017, p. 25.

§1º. Da decisão interlocutória que acolher ou rejeitar o incidente:

I – na fase de cognição, não cabe recurso de imediato, na forma do §1º do art. 893 desta Consolidação;

II – na fase de execução, cabe agravo de petição independentemente de garantia do juízo;

III – cabe agravo interno se proferida pelo relator em incidente instaurado originariamente no tribunal.

§2º. A instauração suspenderá o processo, sem prejuízo de concessão da tutela de urgência de natureza cautelar de que trata o art. 301 da Lei nº 13.105, de 16 de março de 2015. (Código de Processo Civil)

Nada obstante o incidente de desconsideração da personalidade jurídica previsto no CPC revele-se, *data venia*, incompatível com a simplicidade, com a informalidade e com a efetividade do processo do trabalho, conforme sustentamos em artigo publicado na Revista LTr,[324] o fato é que o legislador reformador, alheio às peculiaridades do processo trabalhista, determinou a aplicação deste incidente ao processo laboral, com o propósito de reduzir a efetividade da execução trabalhista, nada obstante o pretexto de assegurar o contraditório e o devido processo legal.

Seja como for, este instituto *formalístico*, para reproduzir a expressão utilizada por *José Antônio Ribeiro de Oliveira da Silva*,[325] está previsto agora na CLT e deve ser aplicado ao processo do trabalho, com as adaptações necessárias. É essa também a orientação adotada no art. 17 da Instrução Normativa nº 41/2018 do TST.[326]

A primeira questão diz respeito à legitimidade ativa para a propositura do incidente. O CPC afirma que a instauração do incidente depende de requerimento da parte (CPC, art. 133). Esse dispositivo parece incompatível com o processo do trabalho, uma vez que o art. 765 da CLT atribui ao magistrado iniciativa para adotar as diligências necessárias à rápida solução da causa.

---

[324] "O incidente de desconsideração da personalidade jurídica previsto no CPC de 2015 e o Direito Processual do Trabalho". *Revista LTr*, n. 1. Janeiro de 2016. São Paulo, p. 70-86. A incompatibilidade do incidente com o processo do trabalho foi afirmada pela Enunciado 30 do Fórum Nacional de processo do trabalho – FNPT, de Curitiba-PR, no ano 2016, com o seguinte teor: "O incidente de desconsideração da personalidade jurídica (arts. 133 a 137 do NCPC) é incompatível com o processo do trabalho, uma vez que neste a execução se processa de ofício, a teor dos arts. 876, parágrafo único e 878 da CLT, diante da análise do comando do art. 889 celetista (c/c art. 4º, §3º, da Lei 6.830/1980), além do princípio da simplificação das formas e procedimentos que informa o processo do trabalho, tendo a nova sistemática processual preservado a execução de bens dos sócios (arts. 789, 790, II e art. 792, IV, do NCPC)". A mesma incompatibilidade foi declarada no Enunciado nº 45 do TRT10 – DF: "Não se adota o rito do incidente de desconsideração da personalidade jurídica do CPC por incompatível com o processo do trabalho". De outra parte, a Escola Nacional de Formação e Aperfeiçoamento de Magistrados – ENFAM aprovou o Enunciado nº 53, afirmando que o incidente não se aplica às execuções fiscais: "O redirecionamento da execução fiscal para o sócio-gerente prescinde do incidente de desconsideração da personalidade jurídica previsto no art. 133 do CPC/2015". Se não se aplica às execuções fiscais, como sustentar sua aplicação ao credor trabalhista que detém privilégio legal superior ao credor fiscal (CTN, art. 186)?

[325] DIAS, Carlos Eduardo Oliveira; FELICIANO, Guilherme Guimarães; SILVA José Antônio Ribeiro de Oliveira; TOLEDO FILHO, Manoel Carlos. *Comentários à Lei da reforma trabalhista*: dogmática, visão crítica e interpretação constitucionalSão Paulo: LTr, 2018, p. 222.

[326] "Art. 17. O incidente de desconsideração da personalidade jurídica, regulado pelo CPC (artigos 133 a 137), aplica-se ao processo do trabalho, com as inovações trazidas pela Lei nº 13.467/2017".

Tendo fixado orientação no sentido de que o incidente é aplicável ao processo do trabalho, o Tribunal Superior do Trabalho, no art. 6º da Instrução Normativa nº 39/2016, teve presença de espírito para minorar o dano que a assimilação do incidente acarretaria à efetividade da jurisdição, afirmando estar "assegurada a iniciativa também do juiz do trabalho, na fase de execução". Essa presença de espírito desvaneceu com o advento da Reforma Trabalhista introduzida pela Lei nº 13.467/2017, uma vez que a Instrução Normativa nº 41/2018 do TST parece ter pretendido retirar tal iniciativa do juiz, ao estabelecer a diretriz de que "a partir da vigência da Lei nº 13.467/2017, a iniciativa do juiz na execução de que trata o art. 878 da CLT e no incidente de desconsideração da personalidade jurídica a que alude o art. 855-A da CLT ficará limitada aos casos em que as partes não estiverem representadas por advogado" (Instrução Normativa nº 41/2018, art. 13).

Trata-se de mais um retrocesso procedimental. Isso porque o impulso oficial é a regra do sistema processual laboral: uma vez iniciada a execução, os demais atos de execução são adotados por força do impulso oficial, o que inclui o ato de desconsideração da personalidade jurídica da sociedade executada, sobretudo diante da conclusão teórica de que, na jurisdição trabalhista, basta o inadimplemento da obrigação trabalhista pela sociedade executada para que se legitime o redirecionamento da execução contra os sócios (Lei nº 6.830/1980, art. 4º, V, §3º; CDC, art. 28, §5º). O argumento do contraditório e do devido processo legal não convence, uma vez que é ordinária a prática de contraditório diferido na execução: após a constrição de bens, sobrevém os embargos do sócio atingido pela penhora, quando então a sua legitimação passiva é objeto de cognição e de sentença, da qual cabe agravo de petição ao TRT, em contraditório pleno, com a asseguração ao exercício da garantia do duplo grau de jurisdição.

Resta saber se a magistratura do trabalho vai abdicar do impulso oficial do processo na fase de execução. Quanto a eventual receio de nulidade processual, tal receio não se justifica, na medida em que a asseguração ao exercício do contraditório esvazia, a teor do art. 794 da CLT, a alegação de nulidade, porquanto não se pode cogitar de prejuízo de sócio a quem se atribua responsabilidade subsidiária e a quem tenha sido assegurado seu direito de defesa na plenitude.

Na doutrina, há vozes autorizadas a sustentar a juridicidade da iniciativa do juiz do trabalho na instauração do incidente de desconsideração da personalidade jurídica. Entre outros, estão *Antonio Umberto de Souza Júnior, Fabiano Coelho de Souza, Ney Maranhão* e *Platon Teixeira de Azevedo Neto*: "temos que o juiz do trabalho ainda ostenta a legitimidade para dar início ao incidente de desconsideração da personalidade jurídica na execução trabalhista".[327]

---

[327] *Reforma trabalhista*: análise comparativa e crítica da Lei nº 13.467/2017. São Paulo: LTr. 2017, p. 437.

A segunda questão relevante está na possibilidade de concessão de tutela de urgência de natureza cautelar. Prevista no §2º do art. 855-A da CLT, a concessão de tutela de urgência de natureza cautelar poderá minimizar os efeitos negativos, para a efetividade jurisdicional, da instauração do incidente de desconsideração da personalidade jurídica, porquanto é sabido que "a citação dos sócios tem o condão de promover rápida evasão patrimonial, especialmente com a retirada de valores depositados em instituições bancárias, medida que frustra por completo a efetividade jurisdicional". Essa ponderosa advertência é encontrada na doutrina de *Antonio Umberto de Souza Júnior*, *Fabiano Coelho de Souza*, *Ney Maranhão* e *Platon Teixeira de Azevedo Neto*.[328]

Conforme preleciona *José Antônio Ribeiro de Oliveira da Silva*, "a tábua de salvação, portanto, será a utilização sistemática da técnica de 'concessão da tutela de urgência de natureza cautelar', da forma como disciplinada nos arts. 300 e 301 do CPC/2015".[329] O jurista tem razão nesse aspecto. O autor sustenta, contudo, que essa medida cautelar somente poderia adotada após a instauração do incidente de desconsideração da personalidade jurídica, asseverando que a instauração do incidente dependeria de iniciativa exclusiva da parte. Caso prevaleça o entendimento de que o juiz não possa instaurar o incidente de ofício e não possa determinar a tutela de urgência antes do ajuizamento do incidente, é provável que a tábua de salvação naufrague. Isso porque os sócios poderão tomar conhecimento da propositura do incidente antes de haver tempo hábil para o juízo apreciar, conceder e fazer cumprir a medida cautelar correspondente, logrando êxito, os sócios, na conhecida conduta processual de promover rápida evasão patrimonial, especialmente com a retirada de valores depositados em instituições bancárias, para reproduzir a abalizada advertência doutrinária acima referida. Nada obstante possa parecer exagerada, essa conclusão apresenta-se conectada com a experiência ordinária vivida no processo eletrônico, porquanto as partes têm acesso a cada ato praticado no processo eletrônico, em tempo real, podendo monitorar cada novo ato processual imediatamente. Essa realidade é muito mais frequente do que se imagina. Isso porque os sócios são os primeiros a pressentir o redirecionamento da execução, na medida em que sabem antes dos demais que o patrimônio social está em vias de esgotar-se.

Daí por que parece razoável concluir que, a teor do art. 765 da CLT, possa o juiz do trabalho, esgotado o patrimônio social, instaurar de ofício o incidente de desconsideração da personalidade jurídica da sociedade executada e determinar, previamente à instauração do incidente, tutela de urgência de natureza cautelar de ofício, com vistas a assegurar o resultado concreto da execução. Acompanha

---

[328] *Reforma trabalhista*: análise comparativa e crítica da Lei nº 13.467/2017. São Paulo: LTr. 2017, p. 440.
[329] DIAS, Carlos Eduardo Oliveira; FELICIANO, Guilherme Guimarães; SILVA José Antônio Ribeiro de Oliveira; TOLEDO FILHO, Manoel Carlos. *Comentários à Lei da reforma trabalhista*: dogmática, visão crítica e interpretação constitucional. São Paulo: LTr, 2018, p. 223.

esse entendimento a doutrina de *Antonio Umberto de Souza Júnior, Fabiano Coelho de Souza, Ney Maranhão* e *Platon Teixeira de Azevedo Neto*:[330] "O magistrado, ao determinar a instauração do incidente, poderá, para resguardar o resultado útil do processo, deferir medidas cautelares que impeçam o sócio de se desfazer de seu patrimônio". Vem à lembrança aqui a plástica norma do art. 804 do CPC de 1973, que permitia ao magistrado deferir a medida cautelar de forma liminar, sem a oitiva da parte contrária, para assegurar a realização futura do direito material postulado, quando a prévia citação do réu pudesse tornar a medida cautelar ineficaz.

A instauração do incidente é dispensada quando a desconsideração da personalidade jurídica for postulada na petição inicial. Por fim, acolhida a desconsideração da personalidade jurídica, a alienação de bens, ocorrida em fraude à execução, será considerada ineficaz perante o requerente.

6.6 Garantia do juízo na execução

A garantia do juízo na execução é pressuposto objetivo à admissibilidade dos embargos à execução opostos pelo executado (CLT, art. 884, *caput*).

Até o advento da Reforma Trabalhista, a garantia da execução era realizada pelo depósito da quantia do débito integral em execução ou mediante a nomeação de bens à penhora (CLT, art. 882, na redação anterior). Após a Reforma Trabalhista introduzida pela Lei nº 13.467/2017, a garantia do juízo na execução também pode ser feita mediante a apresentação de seguro-garantia judicial (CLT, art. 882, na redação atual).

Considerando que o seguro-garantia judicial é um produto que o executado pode adquirir no mercado de seguros a preço inferior – muito inferior – ao valor da execução, é certo que a garantia do juízo na execução mediante apresentação de seguro-garantia judicial é modalidade de garantia vantajosa para o executado, isso porque não terá que desembolsar o valor em execução em pecúnia ou ter seus bens penhorados e removidos ao depósito do leiloeiro. O que significa maior facilidade para opor embargos à execução. A consequência será o aumento no número de embargos à execução, entre eles os embargos à execução protelatórios, com os quais o executado logra obter o retardamento da execução.

Não se trata, porém, de uma novidade, visto que a Lei nº 6.830/80, aplicável à execução trabalhista por força da previsão do art. 899 da CLT, passou a prever essa modalidade de garantia da execução por força do advento da Lei nº 13.043/2014,

---

[330] *Reforma trabalhista*: análise comparativa e crítica da Lei nº 13.467/2017. São Paulo: LTr. 2017, p. 440.

que deu nova redação ao art. 7º, II,³³¹ da Lei nº 6.830/80. Antes do advento da Lei nº 13.043/2014, a Lei nº 6.830/80 já admitia a garantia do juízo na execução mediante fiança (art. 7º, II, na redação original³³²).

No âmbito da jurisprudência, a Orientação Jurisprudencial nº 59 da SDI-II do Tribunal Superior do Trabalho passou a admitir, a partir do mês de junho de 2016, a garantia da execução mediante a oferta de seguro-garantia judicial, desde que o valor do débito seja acrescido do percentual de 30% previsto no art. 835 do CPC.

A OJ 59 da SDI-II do TST tem a seguinte redação: "MANDADO DE SEGURANÇA. PENHORA. CARTA DE FIANÇA BANCÁRIA. SEGURO GARANTIA JUDICIAL (NOVA REDAÇÃO EM DECORRÊNCIA DO CPC DE 2015). A carta de fiança bancária e o seguro garantia judicial, desde que em valor não inferior ao do débito em execução, acrescido de trinta por cento, equivalem a dinheiro para efeito da gradação de bens penhoráveis, estabelecida no art. 835 do CPC de 2015 (art. 655 do CPC de 1973)".

O art. 16 da Instrução Normativa nº 41/2018 do TST fixa diretriz de direito intertemporal, ao estabelecer que a regra do §6º do art. 884 da CLT – isenção do dever de garantia da execução – aplica-se às entidades filantrópicas e seus diretores em processos cuja execução foi iniciada após 11 de novembro 2017. O que significa dizer que nos processos cujas execuções foram iniciadas *antes* dessa data é exigível a garantia da execução.

6.7 Depósito recursal

O depósito recursal está previsto no §1º do art. 899 da CLT. Trata-se de requisito objetivo de admissibilidade dos recursos na jurisdição trabalhista. Elemento identificador da especialidade do direito processual do trabalho enquanto processo de resultados, o depósito recursal é considerado uma garantia para futura execução do crédito trabalhista, sendo exigível apenas na hipótese de recurso interposto contra condenação em pecúnia. A previsão legal de que o depósito recursal deve ser levantado em favor da parte vencedora imediatamente após o trânsito em julgado da decisão recorrida (CLT, art. 899, §1º, parte final) confirma a diretriz hermenêutica de que o depósito recursal tem natureza jurídica de garantia da execução.

---

[331] "Art. 7º. O despacho do Juiz que deferir a inicial importa em ordem para:
I – citação, pelas sucessivas modalidades previstas no art. 8º;
II – penhora, se não for paga a dívida, nem garantia a execução por meio de depósito, fiança ou seguro-garantia;".
[332] "Art. 7º. O despacho do Juiz que deferir a inicial importa em ordem para:
I – citação, pelas sucessivas modalidades previstas no art. 8º;
II – penhora, se não for paga a dívida, nem garantia a execução por meio de depósito ou fiança;".

Assim como ocorre com a regra que agora permite a garantia do juízo na execução mediante oferta de simples seguro-garantia judicial (CLT, art. 882), as alterações introduzidas pela Lei nº 13.467/2017 na disciplina do depósito recursal subtraem efetividade do subsistema processual trabalhista, na medida em que essas alterações desestimulam a conciliação na fase de conhecimento, estimulam recursos protelatórios e desfalcam a garantia da futura execução representada pelo depósito recursal integral antes exigido. Para *Manoel Carlos Toledo Filho*, essa alteração "irá seguramente estimular a interposição de recursos inconsistentes".[333]

A primeira alteração adotada nesse particular está prevista no §9º do art. 899 da CLT. Esse preceito prevê a redução à metade do valor do depósito recursal para as entidades sem fins lucrativos, empregadores domésticos, microempreendedores individuais, microempresas (receita bruta até R$ 360.000,00 anuais) e empresas de pequeno porte (receita bruta até R$4.800.000,00 anuais).

A segunda alteração está prevista no §10 do art. 899 da CLT. Esse preceito prevê a isenção do depósito recursal para os litigantes beneficiários da justiça gratuita, as entidades filantrópicas e as empresas em recuperação judicial.

A terceira alteração está prevista no §11 do art. 899 da CLT. Esse preceito prevê possibilidade de o recorrente substituir o depósito recursal por fiança bancária ou seguro-garantia judicial.

Incumbe à parte recorrente o ônus da prova de que se enquadra na condição jurídica que assegura a redução ou a isenção do depósito recursal. Isso porque os §§9º e 10 do art. 899 da CLT encerram regras exceptivas à previsão do §1º do art. 899 da CLT, preceito que estabelece a regra geral de que o depósito recursal é pressuposto objetivo de admissibilidade dos recursos na jurisdição trabalhista. Essa comprovação deve ser feita dentro do prazo de interposição do recurso, sob pena de preclusão.

Quanto à segunda alteração, consideram-se filantrópicas as entidades portadoras do Certificado de Entidades Beneficentes de Assistência Social (CEBAS), conforme previsão do art. 21 da Lei nº 12.101/2009. Incumbe à parte recorrente comprovar que se enquadra na condição jurídica de entidade filantrópica, mediante a apresentação do referido certificado.

Ainda quanto à segunda alteração, a inclusão das empresas de recuperação, dos beneficiários da justiça gratuita e das entidades filantrópicas entre os beneficiários da isenção do depósito recursal levou a Comissão de Jurisprudência do TST a propor nova redação para a Súmula nº 86 do TST. A proposta de nova

---

[333] DIAS, Carlos Eduardo Oliveira; FELICIANO, Guilherme Guimarães; SILVA José Antônio Ribeiro de Oliveira; TOLEDO FILHO, Manoel Carlos. *Comentários à Lei da reforma trabalhista*: dogmática, visão crítica e interpretação constitucional. São Paulo: LTr, 2018, p. 245.

redação para a S-86-TST é a seguinte: "DESERÇÃO. MASSA FALIDA. EMPRESA EM LIQUIDAÇÃO EXTRAJUDICIAL. I – Não ocorre deserção de recurso da massa falida por falta de pagamento de custas ou de depósito recursal do valor da condenação. Esse privilégio, todavia, não se aplica à empresa em liquidação extrajudicial. II – Nos recursos interpostos de decisões publicadas a partir de 11 de novembro de 2017, início da vigência da Lei nº 13.467/2017, as empresas em recuperação judicial, os beneficiários da justiça gratuita e as entidades filantrópicas ficam isentos do recolhimento do depósito recursal".

Quanto à terceira alteração, a Comissão de Jurisprudência do TST apresentou proposta de nova redação para a Súmula nº 426 do TST. A proposta de nova redação para a S-426-TST é a seguinte: "DEPÓSITO RECURSAL. UTILIZAÇÃO DA GUIA GFIP. OBRIGATORIEDADE ATÉ 10.11.2017. I – Nos recursos interpostos de decisões publicadas até 10 de novembro de 2017, inclusive, é válido o depósito recursal efetivado mediante a utilização da Guia de Recolhimento do FGTS e Informações à Previdência Social – GFIP, nos termos do §§4º e 5º do art. 899 da CLT, admitido o depósito judicial, realizado na sede do juízo à disposição deste, na hipótese de relação de trabalho não submetida ao regime do FGTS. II – Na vigência da Lei nº 13.467/2017, em 11 de novembro de 2017, o depósito recursal efetivar-se-á em conta vinculada ao juízo (art. 896, §4º, da CLT), podendo ser substituído por fiança bancária ou seguro garantia judicial".

O art. 20 da Instrução Normativa nº 41/2018 do TST fixa diretriz de direito intertemporal. Esse preceito estabelece que as novas disposições contidas nos §§4º, 9º, 10 e 11 do art. 899 da CLT serão aplicadas aos recursos interpostos contra as decisões proferidas a partir de 11 de novembro 2017. O que significa dizer que nos processos cujos recursos foram interpostos contra decisões proferidas *antes* dessa data é exigível o depósito recursal integral.

Na doutrina, discute-se se as entidades que passaram a ter isenção de depósito recursal estariam isentas também de custas. A lei não dispõe a respeito dessa questão (CLT, art. 899, §10), o que tem conduzido a doutrina a uma exegese estrita, já que tal isenção tem caráter excepcional no âmbito do subsistema processual trabalhista. Confira-se a posição externada por *Antonio Umberto de Souza Júnior, Fabiano Coelho de Souza, Ney Maranhão* e *Platon Teixeira de Azevedo Neto*:[334] "Curiosamente, a nova lei poupa as entidades beneficentes (ditas, no texto legal, filantrópicas) de depósito recursal e da garantia da execução para fins de embargos (CLT, art. 884, §6º, e 899, §10), mas é silente quanto às custas e demais despesas processuais, não sendo possível presumir o alargamento dos privilégios processuais concedidos pelo seu caráter de excepcionalidade. Assim, as entidades beneficentes somente serão aliviadas de outras despesas processuais caso comprovem, de modo consistente, a sua miserabilidade jurídica (CPC, art. 99, §3º)".

---

[334] *Reforma trabalhista*: análise comparativa e crítica da Lei nº 13.467/2017. São Paulo: LTr. 2017, p. 473.

Essa mesma questão apresenta-se no que diz respeito às empresas em recuperação judicial. O preceito legal não dispõe acerca da isenção de custas, limitando-se a eliminar a exigência do depósito recursal (CLT, art. 899, §10). A Súmula nº 86 do TST, na nova redação proposta pela Comissão de Jurisprudência do TST com a finalidade de adequar a redação anterior do verbete à Reforma Trabalhista, também se refere apenas à isenção de depósito recursal, nada dispondo acerca de custas. Entretanto, é de se registrar que a parte inicial da súmula isenta a Massa Falida também do pagamento de custas, diretriz hermenêutica que poderia ser estendida para as empresas em recuperação judicial, mediante interpretação extensiva, dada à similitude da condição de indisponibilidade financeira existente nessas duas situações previstas na Lei nº 11.101/2005.

6.8 Protesto extrajudicial e inscrição do devedor em cadastro de inadimplentes

Previstos no art. 833-A da CLT, o protesto extrajudicial da sentença e a inscrição do devedor em cadastros de inadimplentes são medidas de execução indireta que também guardam interface com a execução trabalhista.

Na esteira da doutrina e da jurisprudência[335] formadas na vigência do CPC revogado, o art. 517 do CPC de 2015 positivou o *protesto extrajudicial da decisão judicial* transitada em julgado como medida de execução indireta mediante a qual o legislador evidencia o deliberado propósito de conferir maior autoridade às decisões judiciais. O art. 517 do CPC prevê que "a decisão judicial transitada em julgado poderá ser levada a protesto, nos termos da lei, depois de transcorrido o prazo para pagamento voluntário previsto no art. 523". A doutrina e a jurisprudência já admitiam o protesto extrajudicial da sentença, com fundamento no art. 1º da Lei nº 9.492/1997. Assim admitiam por reconhecer enquadrar-se, a sentença, no tipo legal previsto no referido art. 1º da Lei nº 9.492/1997.

O art. 1º da Lei nº 9.492 prevê o protesto de "títulos e outros documentos de dívida". A sentença transitada em julgado é considerada título representativo de dívida. Daí o entendimento de que a sentença transitada em julgado podia ser levada a protesto ainda à época do CPC de 1973.[336] Aliás, seria contraditório que se pudesse protestar uma duplicata e não se pudesse protestar uma sentença.[337] O

---

[335] STJ, 3ª Turma, REsp nº 750.805/RS, rel. Min. Humberto Gomes de Barros, j. 14.02.2008, DJe 16.06.2009.
[336] Cf. CLAUS, Ben-Hur Silveira. *Execução trabalhista em perguntas e respostas*. Porto Alegre: HS Editora, 2015, p. 91-92.
[337] Enquanto a duplicata enseja contraditório apenas diferido, a sentença judicial é antecedida de contraditório prévio, com garantia inclusive de acesso ao duplo grau de jurisdição. Somente após o trânsito em julgado da sentença admite-se o protesto. Já a duplicata vencida é apontada para imediato protesto por ato unilateral do credor e, não havendo o pagamento, o protesto é lavrado, salvo se o devedor ajuizar ação de sustação do protesto, tomando a iniciativa de propor o contraditório.

CPC de 2015 ampliou o cabimento do protesto, estendendo-o também à decisão interlocutória transitada em julgado.³³⁸ Daí a possibilidade de se protestar a decisão de julgamento parcial do mérito prevista no art. 356 do CPC,³³⁹ o que pode aportar mais efetividade à boa prática da antecipação de capítulo(s) da sentença. No art. 5º da Instrução Normativa nº 39/2016, o TST reputa aplicáveis ao processo do trabalho as normas do art. 356, §§1º a 4º, do CPC que regulam o julgamento antecipado parcial do mérito, estabelecendo que da sentença de julgamento parcial do mérito cabe recurso ordinário de imediato.

Prevista no art. 782, §§3º e 5º, do novo CPC, a *inclusão do nome do executado em cadastro de inadimplentes* é mais uma importante medida de execução indireta que denota a opção do legislador pela efetividade da execução, uma vez que as restrições de crédito produzidas contra o devedor judicial são bastante severas, à semelhança do que ocorre com o protesto extrajudicial da sentença. Assim como o protesto, a inclusão do devedor em cadastro de inadimplentes tem cabimento na execução definitiva. E ambas as medidas podem ser determinadas imediatamente após o decurso do prazo de 15 dias para pagamento do débito (CPC, arts. 517 e 872, §4º). Isso no âmbito do processo civil. No âmbito do processo do trabalho, a Reforma Trabalhista instituída pela Lei nº 13.467/2017 deu um passo atrás no art. 833-A da CLT, ao estabelecer o prazo de 45 dias após a citação.

Discute-se a constitucionalidade desse prazo tão dilatado. Haveria afronta ao princípio constitucional da isonomia, na medida em que se outorga ao credor quirografário tutela processual superior àquela outorgada ao credor trabalhista, nada obstante o privilégio legal que o crédito trabalhista ostenta no sistema de direito brasileiro (CTN, art. 186), numa verdadeira inversão de valores. A mesma afronta ocorre no que respeita previsão de cancelamento dessas medidas no processo do trabalho mediante mera garantia do juízo (CLT, art. 883-A), quando o CPC exige satisfação integral da dívida para o cancelamento do protesto (CPC, art. 517, §4º). Nesse sentido orienta-se a doutrina de *Antonio Umberto de Souza Júnior, Fabiano Coelho de Souza, Ney Maranhão* e *Platon Teixeira de Azevedo Neto:*³⁴⁰ "Assim, à luz de uma análise principiológica e com base em sólidos ditames constitucionais, tem-se como inconstitucional tal dispositivo porque viola os princípios da duração razoável do processo e isonomia, bem como afronta o pilar fundamental da dignidade humana (CF, arts. 1º, III, e 5º, *caput* e LXXVIII), contrariando também os paradigmas inaugurados pelo CPC/2015, inclusive o disposto no art. 4º daquele diploma legal, que assegura às partes o direito de obter em prazo razoável a solução integral do mérito".

---

³³⁸ MIESSA, Élisson. Hipoteca judiciária e protesto da decisão judicial no novo CPC e seus impactos no processo do trabalho. *Novo Código de Processo Civil e seus reflexos no processo do trabalho*. Salvador: Juspodivm, 2015, p. 480.

³³⁹ Cf. Theotonio Negrão *et al*. *Novo Código de Processo Civil e legislação processual em vigor*. 47. ed. São Paulo: Saraiva, 2016, p. 551, nota nº 517, 1a.

³⁴⁰ *Reforma trabalhista*: análise comparativa e crítica da Lei nº 13.467/2017. São Paulo: LTr. 2017, p. 469.

A conveniência de realizar as duas medidas pode ser percebida quando se atenta para a diversa regência legal estabelecida para o cancelamento dessas medidas no âmbito do processo civil. Enquanto basta a garantia do juízo para o executado obter o cancelamento da inscrição de seu nome em cadastro de inadimplentes (CPC, 782, §4º), o cancelamento do protesto extrajudicial exige do devedor "a satisfação integral da obrigação" (CPC, art. 517, §4º). Vale dizer, o protesto é mais eficaz do que a inclusão do nome do devedor em cadastro de inadimplentes, na medida em que o devedor precisará providenciar a satisfação integral da obrigação para fazer cancelar o protesto extrajudicial da sentença.

A distinção estabelecida pelo legislador no tratamento dessas duas medidas de execução indireta é objeto detalhado da doutrina de *Cassio Scarpinella Bueno*. O jurista observa que há uma diferença importante entre as duas medidas em cotejo, sublinhando que o cancelamento da inscrição do devedor nos cadastros de inadimplentes ocorre mediante simples garantia da execução, enquanto que a lei exige "a satisfação integral da obrigação" para o cancelamento do protesto. Ao explicar o tratamento diverso com que o legislador distinguiu essas medidas legais no que pertine ao respectivo cancelamento, *Cassio Scarpinella Bueno* pondera que a diferença de regime jurídico tem razão de ser, uma vez que a inscrição em cadastro de inadimplentes é possível mesmo diante de título executivo extrajudicial, ao passo que o protesto extrajudicial previsto no art. 517 do CPC pressupõe título executivo judicial transitado em julgado. Daí a conclusão do jurista de que não basta a garantia do juízo para o devedor obter o cancelamento do protesto.

Antecipando a solução do debate que surgirá no particular, *Cassio Scarpinella Bueno* é categórico em afirmar que a regra do §4º do art. 782 não se aplica ao protesto extrajudicial da sentença previsto no art. 517 do CPC,[341] ou seja, o executado não logra obter o cancelamento do protesto apenas com a garantia do juízo mediante a oferta de bem à penhora. A distinção estabelecida para o cancelamento da medida justifica-se em face do grau de certeza do direito a ser tutelado pela medida de execução indireta. Tratando-se de medida de execução indireta fundada em título judicial transitado em julgado, é razoável que o protesto seja cancelado apenas mediante "a satisfação integral da obrigação", porquanto a existência do crédito exequendo conta com a autoridade da coisa julgada. Sendo a inclusão do nome do devedor em cadastro de inadimplentes viável na execução de título executivo extrajudicial desde que decorrido o prazo para pagamento espontâneo do débito (CPC, art. 782, §4º), hipótese em que o contraditório será desenvolvido de forma diferida, houve por bem o legislador estabelecer hipótese de cancelamento da inscrição mediante mera garantia do juízo, não lhe exigindo a satisfação integral da dívida, solução legislativa para a qual certamente foi considerada a existência de um grau menor de certeza quanto à existência do crédito exequendo.

---

[341] *Novo Código de Processo Civil anotado*. São Paulo: Saraiva, 2015, p. 481/482.

No art. 17 da Instrução Normativa nº 39/2016, o Tribunal Superior do Trabalho adotou a orientação de que essas medidas legais de execução indireta são aplicáveis à execução trabalhista, consolidando a orientação da jurisprudência mais avançada dos Tribunais Regionais do Trabalho estabelecida na vigência do Código revogado acerca da matéria.

Embora a adoção dessas medidas legais esteja subordinada à iniciativa do exequente no âmbito do Processo Civil (CPC, arts. 517, §1º e 782, §3º), assim não ocorre no âmbito do Processo do Trabalho em face da previsão do art. 765 da CLT. A iniciativa conferida ao magistrado trabalhista pelo art. 765 da CLT para impulsionar a execução autoriza concluir que no Processo do Trabalho é lícito ao juiz determinar de ofício a prática dessas medidas legais de execução indireta. A doutrina justrabalhista é majoritária nesse sentido. Nada obstante *Manoel Antonio Teixeira Filho* sustente que a inclusão do nome do executado em cadastro de inadimplentes depende de requerimento do exequente em face da respectiva previsão do CPC,[342] a licitude da adoção de ambas as medidas de ofício pelo juiz do trabalho é reconhecida pela doutrina predominante: *Cleber Lúcio de Almeida*,[343] *Edilton Meireles*,[344] *Mauro Schiavi*[345] e *Élisson Miessa*,[346] entre outros.

Essa última posição é a mais consentânea com o processo do trabalho. A assimetria da relação de emprego imprime ao processo do trabalho um traço inquisitório bastante superior àquele reconhecido ao magistrado no processo civil. A lição de *José Augusto Rodrigues Pinto* acerca da assimetria da relação de emprego e de sua repercussão no processo do trabalho ilustra a afirmação anterior. O jurista observa o processo civil é um "(...) sistema processual que navega em águas de interesse processuais caracteristicamente privados, porque oriundos de relação de direito material subordinada à idéia da *igualdade jurídica e da autonomia da vontade*. O sistema processual trabalhista flutua num universo dominado pela prevalência da *tutela do hipossuficiente econômico*, que se apresenta como *credor da execução trabalhista*".[347]

É interessante observar que a adoção de medidas cautelares de ofício é admitida tanto no âmbito da teoria jurídica processual trabalhista quanto no âmbito da teoria processual civil. É bem verdade que há distinção entre medidas

---

[342] *Comentários ao novo Código de Processo Civil sob a perspectiva do processo do trabalho*. 2. ed. São Paulo: LTr, 2016, p. 869. No que diz respeito ao protesto extrajudicial da sentença previsto no art. 517 do CPC, o autor afirma que "a norma é aplicável ao processo do trabalho, desde que tenha decorrido o prazo para o pagamento da dívida (...)", sem descer ao detalhe da possibilidade da iniciativa de ofício do juiz, talvez no pressuposto de que a iniciativa da parte é exigida pelo CPC (obra citada, p. 728).

[343] *Direito Processual do Trabalho*. 6. ed. São Paulo: LTr, 2016, p. 754.

[344] Medidas sub-rogatórias, coercitivas, mandamentais e indutivas no Código de Processo Civil de 2015. *Revista de Processo*, São Paulo, RT, ano 40, v. 247, p. 231-246, set. 2015, p. 237).

[345] *Execução no processo do trabalho*. 8. ed. São Paulo: LTr, 2016, p. 292.

[346] Hipoteca judiciária e protesto da decisão judicial no novo CPC e seus impactos no processo do trabalho. *Novo Código de Processo Civil e seus reflexos no processo do trabalho*. Salvador: Juspodivm, 2015, p. 480.

[347] *Execução trabalhista*. 11. ed. São Paulo: LTr, 2006, p. 213.

cautelares e medidas de execução indireta. Todavia, tal distinção apenas reforça o argumento em favor da possibilidade de adoção das referidas medidas de execução indireta de ofício no processo do trabalho, uma vez que as medidas de execução indireta em questão – protesto extrajudicial da sentença e inclusão do nome do executado em cadastros de inadimplentes – têm oportunidade apenas após o trânsito em julgado da sentença trabalhista, quando o grau de certeza acerca da existência do direito exequendo é superior àquele necessário para a concessão de medida cautelar, em que mera probabilidade do direito alegado satisfaz o pressuposto jurídico necessário ao provimento. Daí a pertinência de recuperar as lições que nos deixaram *Alcione Niederauer Corrêa* e *Galeno Lacerda* no tema.

O processualista trabalhista sustenta que, embora a concessão de medida cautelar de urgência, *ex officio*, no processo civil ainda se constitua exceção, o mesmo não deve ocorrer no processo do trabalho, argumentando que o juiz trabalhista não apenas promove a execução de ofício, independentemente de provocação da parte, complementando a satisfação jurisdicional, como realiza um direito material de proteção do economicamente fraco. Depois de registrar que a execução de ofício é uma regra representativa da superioridade jurídica conferida ao empregado na relação processual, *Alcione Niederauer Corrêa* postula seja admitida a concessão de medidas cautelares de ofício também no processo conhecimento, ponderando, para tanto, que "(...) o processo do trabalho se caracteriza pela predominância do inquisitório sobre o dispositivo, pela presença atuante do juiz na sua direção e na busca de todos os elementos de possam influir na sua convicção".[348]

O processualista civil conclui que o juízo trabalhista tem a faculdade de decretar providências cautelares diretas de ofício. *Galeno Lacerda* desenvolve seu raciocínio com o brilho habitual, ponderando que "(...) alarga-se, portanto, no processo trabalhista pela própria natureza dos valores que lhe integram o objeto, o poder judicial de iniciativa direta. Isto significa que, ao ingressarem no direito processual do trabalho, como subsidiárias, as normas do processo civil hão de sofrer, necessariamente, a influência dos mesmos valores indisponíveis. Por isso, o teor do art. 797 – 'só em casos excepcionais, expressamente autorizados por lei, determinará o juiz medidas cautelares sem a audiência das partes' – ao transmudar-se subsidiariamente para o processo trabalhista, deverá ser interpretado de modo extensivo e condizente com os princípios sociais que informam esse direito, e com o consequente relevo e autonomia que nele adquirem os poderes do juiz, consubstanciados, até, na execução de ofício".[349]

---

[348] CORRÊA, Alcione Niederauer. Ben-Hur Silveira Claus (org.). *As ações cautelares no processo do trabalho*. 2. ed. São Paulo: LTr, 2015, p. 94-95.

[349] *Comentários ao Código de Processo Civil*. 3. ed. Rio de Janeiro: Forense, 1990, v. VIII. t. I, p. 129-130.

Quanto à operacionalização dessas medidas, o protesto extrajudicial da sentença pode ser realizado mediante mandado-papel dirigido ao titular do Cartório de Títulos e Documentos, acompanhado de certidão da dívida. Alguns Cartórios admitem a utilização de ofício-papel, o que simplifica o procedimento, pois libera o Oficial de Justiça de levar o mandado até o cartório, fazendo-se a remessa pelos Correios. A certidão da dívida deve acompanhar o ofício-papel. O ideal, entretanto, é o TRT celebrar o convênio necessário à realização eletrônica do protesto.[350] O convênio é celebrado entre o TRT e a entidade representativa dos Cartórios de Protestos no âmbito da Região, o Instituto de Estudos de Protesto de Títulos do Brasil.[351] Alguns Tribunais Regionais já têm o convênio e realizam com êxito o protesto extrajudicial da sentença de forma eletrônica,[352] o que implica simplicidade e agilidade procedimental.

Já a inclusão do nome do executado no cadastro de inadimplentes da Serasa pode ser realizada eletronicamente por meio do convênio SerasaJud, o qual está acessível a todos os juízos trabalhistas do país, desde que o respectivo Tribunal Regional tenha aderido ao convênio celebrado entre o CNJ e a *Serasa Experian*. Para outros cadastros de inadimplentes,[353] a medida pode ser realizada mediante a expedição de mandado-papel dirigido ao cadastro de inadimplentes desejado, enquanto não celebrados os convênios necessários à implementação da providência legal de forma eletrônica, o que já é objeto da atenção dos Gestores Nacionais e Regionais da Execução e das Corregedorias dos Tribunais Regionais.

---

[350] Luciano Athayde Chaves pondera sobre a necessidade de utilizar e desenvolver ferramentas eletrônicas na execução trabalhista, observando, com pertinência, que "(...) as práticas forenses permaneceram tempo demais na obscuridade das rotinas tradicionais", fator de grande relevo para explicar a baixa efetividade das tutelas jurisdicionais (Ferramentas eletrônicas na execução trabalhista. *In:* CHAVES, Luciano Athayde (org.). *Curso de processo do trabalho*. São Paulo: LTr, 2009, p. 925-926).

[351] Cada Estado da Federação tem uma Seção estadual do Instituto de Estudos de Protesto de Títulos do Brasil.

[352] É o caso do TRT do Amazonas e do TRT de Minas Gerais, por exemplo.

[353] SPC – Serviço de Proteção ao Crédito (lojistas); Cedin – Cadastro de Entidades Devedoras Inadimplentes, mantido pelo CNJ; Cadin – Cadastro de Inadimplentes, mantido pelo Banco Central do Brasil (obrigações não pagas para com órgãos da Administração Pública Federal); Sicaf – Sistema de Cadastramento Unificado de Fornecedores (regularidade fiscal das empresas que contratam com a Administração Pública).

CAPÍTULO 7

O GRUPO ECONÔMICO TRABALHISTA APÓS A LEI Nº 13.467/2017

> *Está superada uma fase do direito comercial que fazia prevalecer sempre a vontade e o interesse dos detentores do capital. (...). Consolida-se, assim, uma nova conceituação da empresa como organização com fins lucrativos, mas com estrutura e espírito de parceria entre todos aqueles que dela participam sob as formas mais diversas.*
>
> Arnoldo Wald

7.1 A evolução do conceito de Grupo Econômico Trabalhista

A afirmação doutrinária de que o legislador de 1943 disse menos do que deveria ao definir o conceito de grupo econômico trabalhista no art. 2º, §2º, da CLT vem ganhando sucessivos reforços hermenêuticos, os quais procuram, de um lado, dar conta do dinâmico fenômeno da concentração econômica na atualidade e, de outro lado, conferir ao instituto do grupo econômico trabalhista maior eficácia jurídica com vistas a promover a tutela do crédito trabalhista.

A denominada *despersonalização do empregador* visa responsabilizar o próprio empreendimento econômico pelos créditos trabalhistas, secundarizando a figura do *sujeito aparente*[354] quando esse não tem capacidade econômica para responder pelas obrigações trabalhistas derivadas da exploração da atividade empresarial. Embora esteja consagrada a sintética expressão *despersonalização do empregador* para significar que a responsabilidade pelas obrigações trabalhistas recai sobre a empresa enquanto expressão do próprio empreendimento econômico, parece mais adequado enfocar a questão na perspectiva de aí identificar-se o fenômeno jurídico mais amplo da *despersonalização das obrigações trabalhistas*. De acordo com o fenômeno jurídico da *despersonalização das obrigações trabalhistas*, as obrigações

---

[354] A teoria jurídica denomina *sujeito aparente* a sociedade empresarial que contrata e remunera o empregado. Já o grupo econômico seria o *sujeito não aparente*.

derivadas do contrato de emprego vinculam-se à empresa enquanto expressão do empreendimento econômico empresarial, independentemente dos aspectos formais pelos quais o trabalhador vincula-se à pessoa jurídica contratante dessa mão de obra.

Decretada em 1943, a CLT adotou o conceito *grupo econômico por subordinação*. Isso porque estabeleceu no §2º do art. 2º da CLT que o grupo econômico se caracterizava quando houvesse direção, controle ou administração de uma empresa sobre a(s) outra(s), conceito jurídico que se revelaria demasiado restritivo – insuficiente para a teleologia do instituto do grupo econômico trabalhista – diante da complexidade do multiforme fenômeno da concentração econômica.[355]

Também conhecido como *grupo econômico vertical*,[356] o conceito de grupo econômico adotado na CLT provocou histórico debate na doutrina acerca da interpretação a ser dada ao preceito legal. Nesse debate, contrapunham-se duas vertentes interpretativas básicas. De um lado, formavam os juristas partidários da interpretação restritiva do conceito de grupo econômico trabalhista (grupo econômico por subordinação; grupo econômico vertical); de outro, estavam os juristas defensores da interpretação extensiva desse conceito (grupo econômico por coordenação; grupo econômico horizontal).

Enquanto *Octávio Bueno Magano* afirmava que grupo econômico "é o grupo hierarquizado, composto por subordinação, em que se supõe a existência de uma empresa controladora e de outra ou outras controladas",[357] *Délio Maranhão* ponderava que "o legislador não disse tudo quanto pretendia dizer. Mas a lei deve ser aplicada de acordo com os fins sociais a que se dirige. O parágrafo citado fala em 'empresa principal' e 'empresas subordinadas'. Para que se configure, entretanto, a hipótese nele prevista não é indispensável a existência de uma sociedade controladora ('holding company'). Vimos que a concentração econômica pode assumir os mais variados aspectos".[358]

A interpretação extensiva também foi defendida por *Mozart Victor Russomano*, jurista que antevê a ampliação pela qual o conceito de grupo econômico passaria: "É preciso pensar-se em outras possibilidades, que a prática pode criar e que, resultando das variadas formas de aglutinação de empresas, nem por isso

---

[355] "Art. 2º. (...)
§2º. Sempre que uma ou mais empresas, tendo, embora, cada uma delas, personalidade jurídica própria, estiverem *sob a direção, controle ou administração de outra*, constituindo grupo industrial, comercial ou de qualquer outra atividade econômica, serão, para os efeitos da relação de emprego, solidariamente responsáveis".

[356] A expressão é sinônima à expressão grupo econômico *hierárquico*. Também conhecida por grupo econômico *por subordinação*, essa modalidade de grupo econômico tem por pressuposto a existência de empresa subordinante e empresa(s) subordinada(s) e funda-se na previsão legal de existência de *direção* da empresa principal sobre a(s) empresa(s) subordinada(s).

[357] *Os grupos de empresas no Direito do Trabalho*. São Paulo: RT, 1979, p. 251.

[358] SÜSSEKIND, Arnaldo; MARANHÃO Délio; VIANNA, Segadas. *Instituições de Direito do Trabalho*. 22. ed. São Paulo: LTr, 2005, v. I, p. 303.

desfiguram a existência do grupo e, portanto, a corresponsabilidade econômica de todas as empresas que o integram, em face dos direitos do trabalhador. É o caso de um grupo de empresas constituído horizontalmente".[359]

No advento da Lei do Trabalho Rural (Lei nº 5.889/1973), passados trinta (30) anos desde a edição da CLT, está maduro um novo conceito de grupo econômico. Na legislação do trabalho rural, o conceito de grupo econômico é atualizado em relação à previsão originária do art. 2º, §2º, da CLT. Conforme a história viria demonstrar, a concepção de grupo econômico prevista na Lei nº 5.889/1973 serviria de inspiração para o legislador da Reforma Trabalhista mais de quarenta (40) anos depois do advento da Lei do Trabalho Rural. Confira-se a redação do art. 3º, §2º, da Lei nº 5.889/1973:

> Art. 3º. (...)
> §2º. Sempre que uma ou mais empresas, embora tendo cada uma delas personalidade jurídica própria, estiverem sob direção, controle ou administração de outra, ou ainda quando, mesmo guardando cada uma delas sua autonomia, integrem grupo econômico ou financeiro rural, serão responsáveis solidariamente nas obrigações decorrentes da relação de emprego.

Em 2010, a Resolução nº 750/1993 do Conselho Federal de Contabilidade foi atualizada, para incorporar o denominado *princípio da entidade*, trazendo novo elemento hermenêutico para a conformação conceitual do fenômeno da concentração econômica. Essa modernização conceitual incidiu sobre as Sociedades Anônimas, cuja legislação foi atualizada para incorporar o conceito de *influência significativa* ao subsistema jurídico comercial brasileiro. Essa atualização da Lei nº 6.404/1976 foi introduzida pela Lei nº 11.941/2009. A redação do §1º do art. 243 da Lei das Sociedades Anônimas passou a ser a seguinte:

> Art. 243. (...)
> §1º. São coligadas as sociedades nas quais a investidora tenha *influência significativa*.

O §4º do art. 243 da Lei das Sociedades Anônimas estabeleceu um modo para reconhecer-se a caracterização de *influência significativa*, ao prever que:

> Art. 243. (...)
> §4º. Considera-se que há *influência significativa* quando a investidora detém ou exerce poder de *participar nas decisões* das políticas financeira ou operacional da investida, sem controlá-la.

---

[359] *Comentários à CLT*. 16. ed. Rio de Janeiro: Forense, 1994, v. 1, p. 8.

E o §5º do art. 243 da Lei das Sociedades Anônimas fixou presunção de *influência significativa* mediante adoção de critério de caráter quantitativo em relação ao capital votante:

> Art. 243. (...)
>
> §5º. É presumida *influência significativa* quando a investidora for titular de 20% (vinte por cento) ou mais do capital votante da investida, sem controlá-la.

A denominada Lei Anticorrupção trouxe mais um elemento hermenêutico para a composição do conceito de grupo econômico. A Lei nº 12.846/2013, no seu art. 16, §5º, admite que o grupo econômico pode se caracterizar tanto como grupo econômico *de fato* quanto como grupo econômico *de direito*, emprestando ao conceito jurídico de grupo econômico uma maior relativização inspirada no princípio da primazia da realidade e na criativa dinâmica da economia interempresarial. Confira-se a redação do preceito da Lei nº 12.846/2013:

> Art. 16. A autoridade máxima de cada órgão ou entidade pública poderá celebrar acordo de leniência com as pessoas jurídicas responsáveis pela prática de atos previstos nesta Lei que colaborem efetivamente com as investigações e o processo administrativo, sendo que dessa colaboração resulte: (...)
>
> §5º. Os efeitos de acordo de leniência serão estendidos às pessoas jurídicas que integram o mesmo grupo econômico, de fato e de direito, desde que firmem o acordo em conjunto, respeitadas as condições nele estabelecidas.

Com o advento da Lei nº 13.467/2017 (Reforma Trabalhista), mais um passo foi dado. A Reforma Trabalhista deu nova redação ao §2º do art. 2º da CLT, incorporando a figura do *grupo econômico por coordenação* (grupo econômico horizontal). Com tal inovação, o antigo conceito estrito de *grupo econômico por subordinação* (grupo econômico vertical), segundo o qual a configuração do grupo econômico exige relação de subordinação entre as empresas do grupo, embora não tenha sido eliminado, passou a conviver com o conceito de grupo econômico por mera coordenação. É inegável que a inovação trazida pela Reforma Trabalhista facilita tanto a caracterização quanto o reconhecimento de grupo econômico trabalhista. Agora, basta a existência de coordenação interempresarial. Chegamos à fórmula antevista por *Mozart Victor Russomano*: "grupo de empresas constituído horizontalmente".[360]

Confira-se a redação do §2º do art. 2º da CLT após a Reforma Trabalhista instituída pela Lei nº 13.467/2017:

---

[360] *Comentários à CLT*. 16. ed. Rio de Janeiro: Forense, 1994, v. 1, p. 8.

Art. 2º. (...)

§2º. Sempre que uma ou mais empresas, tendo, embora, cada uma delas personalidade jurídica própria, estiverem sob a direção, controle ou administração de outras, ou ainda quando, mesmo guardando cada uma sua autonomia, integrem grupo econômico, serão responsáveis solidariamente pelas obrigações decorrentes da relação de emprego.

Oportunamente, voltaremos ao tema da interpretação a ser dada ao novo preceito legal. Por ora, cumpre examinar alguns elementos necessários ao estudo do tema do grupo econômico trabalhista e suas interfaces com o sistema de direito brasileiro.

7.2 A função social da propriedade e o conceito de Grupo Econômico Trabalhista como empregador único

Se a solidariedade que vincula as empresas integrantes do grupo econômico trabalhista tem por finalidade, no dizer de *Amauri Mascaro Nascimento*, "a garantia da solvabilidade dos créditos trabalhistas",[361] torna-se intuitiva a percepção de que o instituto do grupo econômico trabalhista encontra na Constituição Federal seu substrato jurídico remoto, seja porque a ordem social tem como base o primado do trabalho (CF, art. 193), seja porque a ordem econômica está fundada na valorização do trabalho humano e da livre iniciativa (CF, art. 170, *caput*), seja porque a ordem econômica tem a função social da propriedade como princípio (CF, art. 170, III), seja porque a República tem fundamento nos valores sociais do trabalho e da livre iniciativa (CF, art. 1º, IV).

A doutrina construiu a concepção teórica de que o grupo econômico trabalhista é expressão do fenômeno do denominado *empregador único*, no qual as empresas componentes do grupo econômico, nada obstante tenham cada qual personalidade jurídica própria, respondem solidariamente pelas obrigações trabalhistas inadimplidas pelo sujeito aparente, figurando, todas elas, como se fossem um *único empregador* para os efeitos da relação de emprego, com vistas a prover a solvabilidade dos créditos trabalhistas. Isso porque, por força do princípio da despersonalização das obrigações trabalhistas, os beneficiários do trabalho prestado pelo empregado respondem pelos créditos trabalhistas respectivos, independentemente de questões formais acerca da autonomia patrimonial derivada da existência de personalidades jurídicas distintas, conforme a lição de *Cleber Lúcio de Almeida*.[362] Todo o grupo econômico acaba

---

[361] *Iniciação ao Direito do Trabalho*. 32. ed. São Paulo, 2006, p. 141.
[362] Incidente de desconsideração da personalidade jurídica. *In:* MIESSA, Elisson (org.). *Novo Código de Processo Civil e seus reflexos no processo do trabalho*. Salvador: Juspodivm, 2015, p. 285.

por beneficiar-se do trabalho prestado pelo empregado de cada empresa do grupo. Esse é um dos principais fundamentos sociojurídicos que estrutura o conceito de grupo econômico trabalhista como *empregador único* para os efeitos da relação de emprego.

Na clássica lição de *Paulo Emílio Ribeiro de Vilhena*, o grupo econômico trabalhista previsto no art. 2º, §2º da CLT deve ser compreendido enquanto instituto concebido para atuar no âmbito do direito material do trabalho e para responder pelas obrigações trabalhistas *como se as empresas do grupo fossem uma só pessoa*, numa clássica manifestação da despersonalização das obrigações trabalhistas. A felicidade da síntese justifica a reprodução integral do argumento: "Tenha-se em mente que se está no campo do Direito do Trabalho e, portanto, na conformação de um conceito jurídico que guarda linhas específicas e que tende a assegurar específicos efeitos. O exame do dispositivo importa no reconhecimento de uma peculiar situação, através da qual a lei procura – dentro do intricado e da infinita explosão criativa da realidade social – preservar a finalidade da tutela visada, mas indo ao núcleo fático da entramação empresária, para, daí, arrancar a posição jurídica de interdependência entre pessoas jurídicas. Atento ao alcance do preceito, o legislador abstraiu-se da construção formal, para, sobre um ponto de intersecção, extrair efeitos jurídicos como se fossem uma só aquelas pessoas".[363] Daí a nossa afirmação de que o *grupo econômico como empregador único* é expressão de um grupo econômico específico, o grupo econômico *trabalhista*, conformado à imagem e semelhança da autonomia científica do Direito do Trabalho, em que se redefine como espécie distinta dos grupos de empresas encontrados no Direito Civil e no Direito Empresarial.

Ao comentar o preceito do §2º do art. 2º da CLT, *Eduardo Gabriel Saad* observa que "o dispositivo em tela passa por cima de quaisquer questões jurídico-formais para declarar que tais sociedades compõem um único grupo, o que resulta num único empregador para os efeitos da relação de emprego".[364] A original concepção teórica do grupo econômico trabalhista enquanto empregador único constitui construção jurídica pela qual se superam – diversamente do que ocorre no âmbito das teorias do Direito Civil e do Direito Empresarial – aspectos formais de personalismo jurídico das sociedades empresariais integrantes do grupo, em favor da solvabilidade dos créditos trabalhistas dos empregados de qualquer empresa componente do grupo.

Para *Suzy Elizabeth Koury*, radica no princípio da primazia da realidade o substrato jurídico da concepção de grupo econômico trabalhista como empregador único. Diz a jurista: "é a primazia da realidade dos fatos sobre as formas, as formalidades ou as aparências que leva o Direito do Trabalho a considerar o grupo

---

[363] *Relação de emprego*. São Paulo: Saraiva, 1975, p. 124.
[364] *CLT Comentada*. 41. ed. São Paulo: LTr, 2008, p. 42.

como o verdadeiro empregador".³⁶⁵ É bastante semelhante a posição de *Francisco Ferreira Jorge Neto*. O jurista também destaca o fato de que, na noção de grupo econômico como empregador único, a primazia da realidade supera questões formais relativas à personificação jurídica das empresas do grupo. Pondera *Francisco Ferreira Jorge Neto*: "A realidade sobrepõe-se ao formalismo, tendo em vista que pretende evitar os prejuízos que podem sofrer os trabalhadores diante das manobras praticadas pelas empresas que compõem o grupo".³⁶⁶

7.3 O Grupo Econômico Trabalhista como empregador único: a lei e a doutrina

Sobre o conceito de grupo econômico trabalhista como empregador único, afirmou-se anteriormente que se trata de uma construção doutrinária. Não poderia ser diferente. A teoria precede à lei, conforma os contornos jurídicos dos institutos e outorga-lhes a racionalidade sistemática necessária à respectiva atuação na vida concreta. Bianca Bastos, ao tratar dos fundamentos doutrinários que conduziram à adoção do conceito do *grupo econômico trabalhista como empregador único*, esclarece que "os reflexos na esfera do Direito do Trabalho da concentração econômica das empresas deram origem à teoria do grupo econômico como empregador único", argumentando que o conceito de empregador parte do pressuposto teórico de que o contrato de trabalho adere ao empreendimento empresarial, para concluir que "tanto é assim que o art. 2º, *caput*, da CLT define o empregador como sendo a empresa".³⁶⁷

Não se pode olvidar, todavia, que a incipiente legislação do trabalho já incorporara à teoria justrabalhista, na década de 1930, antes, portanto, do advento da Consolidação das Leis do Trabalho em 1943, o conceito de grupo econômico trabalhista como empregador único, na esteira da doutrina que se formara na teoria jurídica a respeito da natureza da relação de emprego e do conceito de empregador. Foi na Lei nº 435, de 17 de maio de 1937, que o legislador incorporou o conceito de grupo econômico trabalhista como empregador único à legislação laboral. Ao fazê-lo, o legislador assimilou a doutrina jurídica existente à época sobre a matéria no direito brasileiro e no direito comparado.

Arnaldo Lopes Sussekind informa que a CLT, no §2º do art. 2º, "reproduziu, quase que literalmente, o disposto no art. 1º da Lei nº 435, de 17 de maio de

---

³⁶⁵ Direito do Trabalho e grupos de empresas: aplicação da *disregard doctrine. Revista LTr*, v. 54, n. 10, p. 1206, out. 1990.
³⁶⁶ *Sucessão trabalhista*. São Paulo: LTr, 2001, p. 75.
³⁶⁷ Grupo econômico na fase de execução e o princípio do contraditório. *Revista de Direito do Trabalho*, São Paulo, RT, ano 47, n. 215, p. 265-294, jan./fev. 2001.

1937; (...) Não repetiu, entretanto, o estatuído no parágrafo único do art. 1º da Lei de 1937", no qual se estabelecia o conceito de que as empresas do grupo econômico são consideradas "todas elas como um mesmo empregador". Porém, o jurista esclarece que o Ministro Alexandre Marcondes Machado Filho, ao submeter o projeto final da CLT ao Presidente da República, assinalou que o projeto "inseriu a definição de empregador, que integra o conceito definitivo de relação de emprego, acompanhando-a da noção legal de *empregadora única* dada pela Lei nº 435".[368] De fato, no item 53 da Exposição de Motivos da Consolidação das Leis do Trabalho, o Ministro Marcondes Filho assim se manifestara expressamente.[369]

Ao comentar a previsão do art. 2º, §2º, da CLT, *Octavio Bueno Magano* destaca que a solidariedade estabelecida em favor do credor trabalhista reflete a concepção de que o grupo econômico é reconhecido como *realidade atuante* no direito positivo brasileiro, o que "se confirma com o fato de haver sido a mesma realidade expressamente reconhecida como empregador único, ideia que continua inerente à estrutura do texto legal vigente".[370] *Magano* esclarece que, embora o parágrafo único do art. 1º da Lei nº 435/1937 não tenha sido reproduzido no art. 2º, §2º, da CLT, assim ocorreu porque "entenderam, portanto, os autores da Consolidação que a noção de empregadora única emergia do próprio *caput* do art. 2º, §2º, da Consolidação e, por isto, omitiram o parágrafo único da lei anterior. Assim procederam com o intuito de aperfeiçoar as regras legais em vias de se consolidarem. Julgaram supérfluo o referido parágrafo. E, se o fizeram, foi porque lhes pareceu que a noção de empregador único já estava implícita no *caput* da lei".[371]

Depois de assinalar que os autores da CLT tinham toda razão para considerar que a noção legal de grupo econômico como empregador único já se encontrava compreendida no *caput* do art. 2º, §2º, da CLT, *Magano* acrescenta um esclarecedor elemento do processo legislativo à época: "Como se há de lembrar, o projeto que se converteu na Lei 435/37 não exteriorizava outro objetivo senão o de fixar o conceito de empregador único para o grupo empresarial. Foi em virtude do substitutivo Moraes Andrade que à tal característica se adicionou a figura da solidariedade. (...) Conclui-se que a noção de empregador único, bem arraigada na lei citada, tanto que, durante a tramitação no Congresso do respectivo projeto, a Câmara rejeitou emenda do Senado, no sentido de aboli-la, continuou implícita no texto da Consolidação".[372]

---

[368] *Comentários à Consolidação das Leis do Trabalho e à legislação complementar.* Rio de Janeiro: Livraria Freitas Bastos, 1960, p. 76-7. Grifei.
[369] "53. Na introdução aperfeiçoou a redação dos artigos; *inseriu a definição de empregador, que integra o conceito definitivo de relação de emprego, acompanhando-a da noção legal de empregadora única dada pela Lei nº 435, de 17 de maio de 1937; (...)*".
[370] *Os grupos de empresas no Direito do Trabalho.* São Paulo: RT, 1979, p. 262-3.
[371] *Os grupos de empresas no Direito do Trabalho.* São Paulo: RT, 1979, p. 239.
[372] *Os grupos de empresas no Direito do Trabalho.* São Paulo: RT, 1979, p. 239-40.

A jurisprudência do Tribunal Superior do Trabalho sobre a matéria revela que a Corte Trabalhista, de há muito, referenda o conceito de grupo econômico trabalhista como empregador único: "A CLT, dado o princípio da proteção, prevê o grupo econômico, que, positivado, torna solidariamente responsáveis a empresa principal e cada uma das subordinadas. Seja qual for a forma por que se apresenta a concentração financeira ou econômica, verificando o juiz a existência do grupo, controlado por pessoa física ou jurídica, não há por que negar a aplicação do princípio da responsabilidade solidária. O §2º do art. 2º da CLT visa a revelar o empregador único, que se oculta sob disfarces meramente formais".[373]

Mesmo quando se propôs atualizar a CLT, o conceito de grupo econômico trabalhista como empregador único foi mantido. Foi o que ocorreu quando da proposta de Anteprojeto de nova CLT, elaborado pela comissão presidida por *Arnaldo Lopes Sussekind*, ocasião em que se assentara no art. 7º do anteprojeto: "Considera-se empregador único, para os efeitos desta Consolidação, o grupo econômico ou financeiro, desde que as empresas que o constituem estejam sob administração ou controle da mesma pessoa física ou jurídica de direito privado, respondendo todas, solidariamente, pelas obrigações resultante dos contratos de trabalho". Nada obstante o anteprojeto não tenha logrado êxito no Parlamento, o registro histórico da proposta legislativa então formulada não deixa dúvida quanto à definitiva assimilação do conceito de grupo econômico trabalhista como empregador único no Direito do Trabalho brasileiro.

Na Reforma Trabalhista introduzida pela Lei nº 13.467/2017, a redação do §2º do art. 2º da CLT não foi alterada, razão pela qual se continua a compreender que permanece incólume o conceito de grupo econômico como empregador único no direito positivo trabalhista brasileiro. A esse respeito, cumpre mencionar o estudo realizado sobre a matéria por Bianca Bastos. A jurista pondera: "a permanência do verbete da Súmula nº 129 do TST, que foi publicada em 04.05.1982, mostra que o Tribunal Superior do Trabalho não afastou do §2º do art. 2º da CLT sua concepção original, que é a do grupo econômico trabalhista como empregador único. Nem mesmo as alterações realizadas neste artigo pela Lei 13.467/2017 comprometeram essa concepção do grupo trabalhista".[374]

Demonstrado que o grupo econômico trabalhista como empregador único é concepção jurídica que acompanha esse instituto desde a sua criação legislativa em 1937 pela Lei nº 435 até os dias de hoje, cumpre agora enfrentar o tema relativo à natureza da responsabilidade solidária do grupo econômico no Direito do Trabalho.

---

[373] TST-RR – 5.098/75, Ac. 3ª Turma, q343/76, 17.8.1976, Rel. Min. Coqueijo Costa, *in LTr* 41/223.
[374] Grupo econômico na fase de execução e o princípio do contraditório. *Revista de Direito do Trabalho*, São Paulo, RT, ano 47, n. 215, p. 265-294, jan./fev. 2001.

7.4 A responsabilidade solidária do grupo é econômica e não processual

Tanto a doutrina quanto a jurisprudência insistem na observação de que a solidariedade prevista no §2º do art. 2º da CLT é de natureza econômica e não processual. Trata-se de solidariedade para pagar, para assegurar "a solvabilidade dos créditos trabalhistas", no dizer de *Amauri Mascaro Nascimento*.[375]

A histórica lição é de *Francisco Antonio de Oliveira*: "Em se mostrando inidônea econômica e financeiramente a empresa contratante, participante de grupo econômico, a penhora poderá recair sobre bens de outras empresas do grupo, posto que a garantia prevista no §2º do art. 2º é econômica, e não processual".[376]

A jurisprudência corrobora esse entendimento: "(...) Porém, havendo quebra, na fase executória, não significa que somente a empresa contratante (sujeito aparente) deve responder pelos encargos da execução. Outras empresas do grupo devem ser trazidas à lide para dar suporte à execução, pois o art. 2º, §2º, da CLT prevê solidariedade econômica e não processual".[377]

7.5 A caracterização do Grupo Econômico Trabalhista

Na vigência da redação originária do §2º do art. 2º da CLT, a doutrina ocupou-se da incumbência de inventariar os elementos capazes de identificar a existência do grupo econômico trabalhista. Costumava-se destacar, por exemplo, como indicio de existência grupo econômico, o fato de as empresas atuarem no mesmo local. Também se indicava a coincidência de ramos de atividade econômica entre as empresas; ramos de atividade econômica correlatos ou complementares também era indicativo de existência de grupo econômico. Outro elemento importante era a presença de administradores comuns às empresas do grupo. Também se destacava a existência de um mesmo nome de fantasia utilizado nas diversas empresas do grupo. O sobrenome de família nas diversas razões sociais das empresas também poderia identificar grupo econômico familiar. Uma marca em comum, uma palavra em comum nas razões sociais ou um logotipo comum às empresas do conglomerado poderia ser indício da existência de grupo econômico.

---

[375] *Iniciação ao Direito do Trabalho.* 32. ed. São Paulo, 2006, p. 141.
[376] *A execução na Justiça do Trabalho.* 9. ed. São Paulo: LTr, 2018, p. 345.
[377] TRT-15ª Região, AP N. 623-1992-053-15-00-3 – Ac. N. 9803/2003, de 8.4.2003, Rel. Juiz Luís Carlos Cândido Martins Sotero da Silva. *Revista LTr*, 68-08/1008.

A identidade de sócios nas empresas também é identificada como indício da existência de grupo econômico trabalhista. Embora a atual redação do §3º do art. 2º da CLT, preceito introduzido na Consolidação das Leis do Trabalho por meio a Reforma Trabalhista instituída pela Lei nº 13.467/2017, afirme que a mera identidade de sócios é insuficiente à caracterização do grupo econômico trabalhista, a doutrina valoriza esse elemento de fato quando está em exame a verificação da existência do conglomerado empresarial.

Para *Ari Pedro Lorenzetti*, além desses elementos, a existência de empregados comuns seria um indicativo da existência de grupo, assim como a comunhão de negócios, a interferência de uma empresa na outra, a confusão patrimonial, a negociação de produtos de outra empresa com exclusividade, o controle ser exercido pelo patriarca da família.[378]

Já para *Mauro Schiavi* são indícios da existência do grupo econômico trabalhista: "sócios comuns, mesmo ramo de atividade, utilização de empregados comuns, preponderância acionária de uma empresa sobre a outra".[379]

7.6 Como interpretar §2º do art. 2º da CLT após a Reforma Trabalhista

Com a nova redação dada ao §2º do art. 2º da CLT,[380] a Reforma Trabalhista assimilou o conceito de *grupo econômico por coordenação* (grupo econômico horizontal), que já havia sido adotado na Lei do Trabalho Rural (Lei nº 5.889/1973, art. 3º, §2º), superando o estrito conceito originário de *grupo econômico por subordinação* (grupo econômico vertical) fixado à época da edição da CLT em 1943, segundo o qual a configuração do grupo econômico exigiria relação de subordinação entre as empresas do grupo. Agora, basta a existência de coordenação interempresarial. Ampliou-se assim a possibilidade de configuração de grupo econômico trabalhista. A atuação do legislador atualiza o conceito do instituto do grupo econômico trabalhista, de modo a habilitar esse instituto jurídico a cumprir sua finalidade jurídica de modo mais adequado à dinâmica realidade da multifacetada concentração econômica contemporânea.

Merece registro o fato de que a conclusão pela assimilação do conceito de *grupo econômico por coordenação* (grupo econômico horizontal) na Reforma

---

[378] *A responsabilidade pelos créditos trabalhistas*. São Paulo: LTr, 2003, p. 64.
[379] *A reforma trabalhista e o processo do trabalho*. São Paulo: LTr, 2017, p. 132.
[380] "Art. 2º. (...)
§2º. Sempre que uma ou mais empresas, tendo, embora, cada uma delas personalidade jurídica própria, estiverem sob a direção, controle ou administração de outras, *ou ainda quando, mesmo guardando cada uma sua autonomia, integrem grupo econômico*, serão responsáveis solidariamente pelas obrigações decorrentes da relação de emprego".

Trabalhista tem fundamento na inserção, no novo preceito legal, da locução *ou ainda quando, mesmo guardando cada uma sua autonomia, integrem grupo econômico*. A locução refere-se às empresas integrantes do grupo econômico e tem sido interpretada no sentido de que, ao lado do grupo econômico por subordinação, no qual se pressupõe a existência de relação hierárquica entre as empresas, surge um novo tipo de grupo econômico trabalhista, em que as empresas guardam a autonomia de sua personalidade jurídica distinta, vinculando-se, porém, mediante coordenação interempresarial, para formarem o grupo econômico trabalhista mais dúctil introduzido pela Reforma Trabalhista na CLT. Trata-se de uma nova concepção de grupo econômico de mais fácil caracterização, mais flexível e mais consentânea com a dinâmica multiforme da economia e, por isso mesmo, mais apta a que o instituto do grupo econômico trabalhista cumpra a finalidade última de assegurar a solvabilidade dos créditos trabalhistas.

Ao comentar o novo preceito legal, *Maurício Godinho Delgado* e *Gabriela Neves Delgado* ponderam que agora o grupo econômico trabalhista caracteriza-se mediante relações interempresariais de simples coordenação entre as empresas integrantes do grupo: "Pelo novo texto do §2º do art. 2º da CLT, fica claro que o grupo econômico para fins trabalhistas mostra-se configurado ainda quando as relações interempresariais sejam de mera *coordenação*, ou seja, mesmo guardando cada entidade empresarial a sua autonomia".[381]

Enquanto *Mauricio Godinho Delgado* e *Gabriela Neves Delgado* sustentam que agora o grupo econômico caracterizar-se-á mediante relações interempresariais de *mera coordenação*, *Antonio Umberto de Souza Júnior*, *Fabiano Coelho de Souza*, *Ney Maranhão* e *Platon Teixeira de Azevedo Neto* cogitam de "uma *sincronia empresarial de interesses e ações*", para concluir que o suporte fático do novo preceito legal restará preenchido quando estiver presente "um singelo liame empresarial de natureza coordenativa", "sem grandes exigências formais".[382] É similar a posição de *José Antônio Ribeiro de Oliveira Silva*, para quem o que se exige é a presença de "atuação conjunta das empresas integrantes do grupo econômico", "uma atuação interligada das empresas, vale dizer, um encadeamento de atividades econômicas". O autor esclarece que o grupo econômico não se formará "quando as empresas desenvolverem atividades sem qualquer afinidade", mas estará presente quando "as atividades econômicas sejam interdependentes, numa cadeia produtiva que se mostre plenamente integrada, numa ação conjunta em prol de objetivos comuns".[383]

---

[381] *A reforma trabalhista no Brasil*. São Paulo: LTr, 2017, p. 100.
[382] *Reforma trabalhista*: análise comparativa e crítica da Lei nº 13.467/2017. São Paulo: Rideel, 2017, p. 7.
[383] In: DIAS, Carlos Eduardo Oliveira; FELICIANO, Guilherme Guimarães; SILVA José Antônio Ribeiro de Oliveira; TOLEDO FILHO, Manoel Carlos. *Comentários à Lei da reforma trabalhista*: dogmática, visão crítica e interpretação constitucional. São Paulo: LTr, 2018, p. 25.

7.7 Como interpretar a *regra excetiva* do §3º do art. 2º da CLT

O §3º do art. 2º da CLT estabelece que "não caracteriza grupo econômico a mera identidade de sócios, sendo necessárias, para a configuração do grupo econômico, a demonstração do interesse integrado, a efetiva comunhão de interesses e a atuação conjunta das empresas dele integrantes".

A doutrina sustenta que se trata de *regra excetiva* que deve ser interpretada *de forma estrita*, uma vez que *a identidade de sócios é indício de existência de grupo econômico*. A regra tem sido considerada como *regra excetiva* porque parece contraposta ao *conceito geral* de grupo econômico previsto no §2º do art. 2º da CLT, o qual foi ampliado com a assimilação do conceito de grupo econômico por simples coordenação.

Para *Mauricio Godinho Delgado* e *Gabriela Neves Delgado*, "a interpretação lógico-racional, sistemática e teleológica da *regra excetiva* lançada no novo §3º do art. 2º da CLT conduz ao não enquadramento no grupo econômico enunciado no *conceito geral* exposto no §2º do mesmo art. 2º apenas em situações efetivamente artificiais, em que a participação societária de um ou outro sócio nas empresas envolvidas seja minúscula, irrisória, absolutamente insignificante, inábil a demonstrar a presença 'do interesse integrado, a efetivação comunhão de interesses e a atuação conjunta das empresas dele integrantes' (§3º, *in fine*, do art. 2º da CLT)".[384]

A posição de *Francisco Antonio de Oliveira* é semelhante. Para o jurista, é necessário avaliar o caso concreto, para verificar se o sócio tem participação majoritária ou mesmo expressiva no capital social da empresa. Ao comentar o §3º do art. 2º da CLT, o jurista pondera: "Não caracteriza grupo econômico a mera identidade de sócios: a afirmação não pode ser recebida como um requisito definidor. Vai depender, naturalmente, do valor da cota capital que o sócio detenha na empresa. Se o sócio for majoritário ou mesmo que não seja majoritário com cota expressiva, não haverá como não conceber a formação do grupo".[385]

Também *Mauro Schiavi* adota interpretação estrita na exegese do preceito legal em questão. Depois de resgatar a acertada consideração de que a identidade de sócios é indício de existência de grupo econômico, o jurista sustenta juridicidade da adoção da inversão do ônus da prova quando houver identidade de sócios. O jurista reflete: "ainda que se considere a mera identidade de sócios não ser suficiente para a configuração do grupo econômico, tal elemento é um indício bastante relevante de sua existência (prova *prima facie*), podendo o Juiz do Trabalho,

---

[384] *A reforma trabalhista no Brasil*. São Paulo: LTr, 2017, p. 100.
[385] *Reforma trabalhista*. São Paulo: LTr, 2017, p. 12.

no caso concreto, aplicar a teoria dinâmica do ônus da prova e atribuir o encargo probatório à empresa que nega a existência do grupo econômico".[386]

Sobre a interpretação a ser dada à locução *comunhão de interesses*, a doutrina inclina-se para "uma exegese harmônica com a informalidade e a simplicidade que claramente influenciaram o texto constante do citado §2º, que, como vimos, abraçou um perfil de grupo econômico por mera coordenação, ou seja, sem grandes exigências formais", conforme ponderam *Antonio Umberto de Souza Júnior, Fabiano Coelho de Souza, Ney Maranhão* e *Platon Teixeira de Azevedo Neto*.[387] Nessa mesma perspectiva, *Francisco Antonio de Oliveira* conclui que "Para o processo do trabalho basta que haja um conglomerado de empresas autônomas, com objetivos próprios e que façam parte de um mesmo grupo".[388] Já *Jorge Luiz Souto Maior* e *Valdete Severo* sublinham que "a realidade das lides trabalhistas revela que duas empresas, com mesmos sócios, explorando uma mesma atividade geralmente possuem essa comunhão de interesses, algo, aliás, que pode ser inclusive presumido pelo Juiz".[389]

7.8 A prova da existência do Grupo Econômico Trabalhista

A solidariedade decorre de previsão legal ou da vontade das partes e não pode ser presumida. Essa é a regra do art. 265 do Código Civil.[390] A existência de grupo econômico, diversamente do que ocorre com a solidariedade, pode ser presumida, em determinadas circunstâncias, de acordo com a teoria jurídica. É o que se recolhe, por exemplo, da doutrina de *Ari Pedro Lorenzetti*. O autor adverte que a prova da existência do grupo econômico não é encontrada, via de regra, em documentos, sendo necessário investigar outros elementos de fato para chegar à conclusão acerca de existência do grupo econômico trabalhista, entre os quais a forma como as empresas atuam no mercado.[391] Não se deve descartar a prova testemunhal. Por vezes, trata-se do único meio de prova disponível à instrução da matéria.

A existência de grupo econômico é fato e, como tal, pode ser provada por todos os meios de prova admitidos no Direito. A lição de *Délio Maranhão* tornou-se clássica: "a existência do grupo do qual, por força da lei, decorre a solidariedade, prova-se, inclusive, por indícios e circunstâncias. Tal existência

---

[386] *A reforma trabalhista e o processo do trabalho*. São Paulo: LTr, 2017, p. 133.
[387] *Reforma trabalhista*: análise comparativa e crítica da Lei nº 13.467/2017. São Paulo: Rideel, 2017, p. 7.
[388] *Reforma trabalhista*. São Paulo: LTr, 2017, p. 12.
[389] O acesso à justiça sob a mira da reforma trabalhista – ou como garantir o acesso à justiça diante a reforma trabalhista. Disponível em: http://www.jorgesoutomaior.com/blog Acesso em 28 jul.2017.
[390] "Art. 265. A solidariedade não se presume; resulta da lei ou da vontade das partes".
[391] *A responsabilidade pelos créditos trabalhistas*. São Paulo: LTr, 2003, p. 76.

é um *fato*, que pode ser provado por todos os meios de prova que o direito admite".[392]

Também *Mauricio Godinho Delgado* doutrina no sentido de que o grupo econômico pode ser demonstrado por todos os meios de prova em direito admitidos. O autor sustenta que "não há prova preconstituída imposta pela lei à evidência dessa figura justrabalhista. Quaisquer meios lícitos de prova são hábeis a alcançar o objetivo de demonstrar a configuração real do grupo (arts. 332 e 335, CPC/1973, arts. 369 e 375, CPC/2015)".[393]

Conforme revela precitada a lição de *Délio Maranhão*, o grupo econômico "prova-se, inclusive, por indícios e circunstâncias".[394] No inventário dos indícios e circunstâncias que podem demonstrar a existência do grupo econômico, a teoria jurídica produziu rica doutrina fundada na primazia da realidade, relacionando diversos elementos de fato, entre os quais se destacam: a) sócios em comum; b) administradores em comum; c) o fato de as empresas do grupo atuarem no mesmo local; d) a coincidência de ramos de atividade econômica entre as empresas; e) ramos de atividade econômica correlatos ou complementares; f) um mesmo nome de fantasia utilizado nas diversas empresas do grupo; g) sobrenome de família nas diversas razões sociais da empresas; h) uma marca comum; i) uma palavra comum a todas as empresas do grupo; j) logotipo ou *design* comum; j) interferência de uma empresa na outra; k) confusão patrimonial; l) negociação de produtos de outra empresa com exclusividade; m) o controle exercido pelo patriarca da família; n) preponderância acionária de uma empresa sobre a outra.

7.9 Ônus da prova e inversão do ônus da prova

A fascinante questão do ônus da prova encontra no tema do grupo econômico trabalhista um ambiente de rica elaboração doutrinária. É natural que assim seja, visto que a solução dessa questão pode significar a diferença entre viabilizar ou frustrar a satisfação do crédito trabalhista inadimplido pelo sujeito aparente. Se o sujeito aparente não tem patrimônio para responder pelas obrigações trabalhistas, emerge a figura dos sujeitos ocultos da relação de emprego, assim consideradas as demais empresas do grupo econômico. No art. 2º, §2º, da CLT, o instituto do grupo econômico trabalhista desvenda, a partir do princípio da despersonalização das obrigações trabalhistas, a realidade subjacente em que se relacionam o sujeito aparente e os sujeitos ocultos vinculados ao grupo econômico. O sujeito aparente é a empresa que contrata, anota CTPS e paga os salários. Os sujeitos ocultos são

---

[392] *Instituições de Direito do Trabalho*. 22. ed. São Paulo: LTr, 2005, v. I, p. 305.
[393] *Curso de Direito do Trabalho*. ed. 17. São Paulo: LTr, 2018, p. 505.
[394] *Instituições de Direito do Trabalho*. 22. ed. São Paulo: LTr, 2005, v. I, p. 305.

as empresas do grupo econômico que se vinculam às obrigações trabalhistas na condição jurídica do empregador único previsto já na Lei nº 435/1937.

Ingressa nesse rico ambiente de elaboração teórica o fato de o sistema de direito brasileiro conceder ao crédito trabalhista um patamar de hierarquia jurídica superior àquele concedido a todos os demais créditos (CF, art. 100, §1º; CTN, art. 186). A relevância desse aspecto sociojurídico pode ser identificada com propriedade quando se observa que a teoria jurídica concebe expressiva locução – *crédito superprivilegiado* – para simbolizar a preeminência com a qual o crédito trabalhista é distinguido na classificação geral dos créditos no sistema de direito brasileiro. É dessa mesma preeminência que cogita a jurisprudência cível quando reconhece ao crédito trabalhista a qualidade de crédito *necessarium vitae*.[395]

A existência de grupo econômico é fato constitutivo do direito do exequente à solidariedade passiva que se imputa às as empresas do grupo (CLT, art. 2º, §2º). Trata-se, portanto, de fato cuja prova incumbe, em princípio, ao exequente, a teor do inciso I do art. 818 da CLT. Essa conclusão apresenta-se adequada à concepção geral de distribuição estática do ônus da prova no processo civil, segundo a qual é atribuído ao autor o ônus da prova do fato que constitutivo do direito por ele alegado, conforme prevê o inciso I do art. 373 do CPC.

Manoel Antonio Teixeira Filho formula e responde à pergunta sobre a qual os doutrinadores se têm indagado: "De quem será o ônus da prova quanto à caracterização do grupo econômico? Em princípio, será do autor".[396] Fundada no modelo geral de distribuição estática do ônus da prova no processo do trabalho, a resposta do jurista está amparada no art. 818, I, da CLT. Daí por que têm razão *Antonio Umberto de Souza Júnior, Fabiano Coelho de Souza, Ney Maranhão* e *Platon Teixeira de Azevedo Neto* quando afirmam, que. "a rigor, esse encargo probatório recairá sobre os ombros da parte que invocar a existência do grupo econômico, por revelar fato constitutivo de seu direito".[397]

Entretanto, merece registro o fato de que tanto *Manoel Antonio Teixeira Filho* quanto *Antonio Umberto de Souza Júnior, Fabiano Coelho de Souza, Ney Maranhão* e *Platon Teixeira de Azevedo Neto*, nada obstante afirmem que o ônus da prova incumbe, em princípio, ao credor exequente, cogitam da possibilidade de adotar-se, no caso concreto, com fundamento no §1º do art. 818 da CLT, a inversão do ônus da prova, atribuindo o encargo probatório à empresa sobre a qual recaiu a imputação de integrar o grupo econômico de que participa o sujeito aparente inadimplente.

Enquanto *Manoel Antonio Teixeira Filho* cogita da inversão do ônus da prova, reportando-se às correspondentes previsões do CDC, da CLT e às regras da

---

[395] STJ. 1ª Turma. REsp nº 442.325. Relator Min. Luiz Fux. DJU 25.11.2002, p. 207.
[396] *O processo do trabalho e a reforma trabalhista*. São Paulo: LTr, 2017, p. 17.
[397] *Reforma trabalhista*: análise comparativa e crítica da Lei nº 13.467/2017. São Paulo: Rideel, 2017, p. 7.

experiência ordinária (CPC, art. 375),[398] *Antonio Umberto de Souza Júnior, Fabiano Coelho de Souza, Ney Maranhão* e *Platon Teixeira de Azevedo Neto* ponderam que "nada impede que o juiz, mais uma vez sensível às circunstâncias da situação em análise, delibere por inverter o ônus da prova, mediante decisão fundamentada (CLT, art. 818, §1º – nova redação conferida pela Lei nº 13.467/2017), atribuindo à empresa então reconhecida como integrante do grupo econômico o encargo de provar a inexistência de sincronia empresarial de ações e interesses agora referida pela lei".[399]

Ainda mais categórica apresenta-se a posição de *Mauricio Godinho Delgado* e *Gabriela Neves Delgado* sobre o tema do ônus da prova da existência de grupo econômico. Para os juristas, "a situação envolve típica hipótese de inversão probatória, em benefício do trabalhador reclamante, conforme enfatizado pelo novo art. 818, §§1º, 2º e 3º, da própria CLT, em sua redação alterada pela Lei nº 13.467/2017. Essa inversão está igualmente prevista no CPC de 2015 (art. 373, §1º), subsidiária e supletivamente aplicável ao processo do trabalho (art. 769, CLT; art. 15, CPC-2015)".[400]

Semelhante posição é encontrada na doutrina de *Homero Batista Mateus da Silva*, que vaticina: "a jurisprudência se inclinará favoravelmente à aptidão da prova ser do próprio grupo econômico, ou seja, pode ser desenvolvida a tese de presunção relativa de existência de grupo econômico, salvo se os sócios idênticos provarem que houve mera coincidência de presença simultânea em dois ou mais ou mais empreendimentos, sem que um se comunicasse com o outro".[401]

7.10 O alcance da responsabilidade das empresas do Grupo Econômico Trabalhista

No primoroso estudo que realiza sobre a responsabilidade das empresas componentes do grupo econômico trabalhista, *Ari Pedro Lorenzetti* identifica tanto o alcance objetivo quanto o alcance subjetivo dessa responsabilidade.

No que diz respeito ao alcance objetivo da responsabilidade prevista no art. 2º, §2º, da CLT, o autor afirma que a responsabilidade das empresas do grupo abrange todos os créditos inadimplidos pelo sujeito aparente. Nas palavras de *Ari Pedro Lorenzetti*: "A responsabilidade das demais empresas se estende a todos os créditos originários do contrato de trabalho".[402] O autor esclarece que essa

---

[398] *O processo do trabalho e a reforma trabalhista*. São Paulo: LTr, 2017, p. 17.
[399] *Reforma trabalhista*: análise comparativa e crítica da Lei nº 13.467/2017. São Paulo: Rideel, 2017, p. 8.
[400] *A reforma trabalhista no Brasil*. São Paulo: LTr, 2017, p. 100.
[401] *Comentários à reforma trabalhista*. São Paulo: RT, 2017, p. 22.
[402] *A responsabilidade pelos créditos trabalhistas*. São Paulo: LTr, 2003, p. 73.

responsabilidade compreende também os créditos trabalhistas constituídos antes da formação do grupo econômico: "A solidariedade alcança inclusive créditos relativos ao período anterior à formação do grupo, uma vez que a este concorrem tanto o ativo quanto o passivo de cada uma das empresas participantes".[403]

No que concerne ao alcance subjetivo da responsabilidade das empresas integrantes do grupo econômico, todas as empresas respondem solidariamente pelas obrigações trabalhistas não satisfeitas pelo sujeito aparente. De acordo com a doutrina de *Ari Pedro Lorenzetti*: "a solidariedade entre as empresas integrantes do grupo econômico é ampla, isto é, a responsabilidade pelo passivo trabalhista de qualquer delas se estende a todas as demais, independentemente da posição que ocupam em relação ao empregador aparente".[404]

7.11 É modalidade de legitimidade passiva extraordinária

Quando outra empresa do grupo econômico é chamada a responder, no curso da execução da sentença, pelas obrigações trabalhistas não satisfeitas pelo sujeito aparente, cujo patrimônio se revela insuficiente, surge a questão de saber que espécie de legitimação passiva está em questão quando o juízo da execução lança mão do recurso à solidariedade econômica prevista no §2º do art. 2º da CLT para fazer cumprir a decisão exequenda.

Para *Wolney de Macedo Cordeiro* trata-se de legitimação passiva extraordinária. Dois são os fundamentos adotados pelo jurista para chegar a essa conclusão: "A integração tardia da empresa consubstancia-se em legitimidade passiva extraordinária, tendo em vista não estar presente na relação processual geradora do título e tampouco integrar, de forma explícita, a relação de direito material".[405]

Invocada a legitimação passiva extraordinária da empresa integrante do grupo econômico para se estabelecer sua responsabilidade solidária pelas obrigações trabalhistas não satisfeitas pelo sujeito aparente, a resistência da empresa do grupo chamada a responder pelo passivo trabalhista costuma vir fundamentada na negativa de sua legitimação passiva. A negativa de legitimidade passiva para responder pela obrigação trabalhista é formulada mediante a alegação de que a empresa chamada a responder não integra o grupo econômico. A síntese de *Francisco Antonio de Oliveira* resume adequadamente o debate jurídico que então se estabelece em juízo: "É comum, na prática, a empresa do grupo colocada na linha da execução alegar a preliminar de ilegitimidade *ad causam* passiva. A

---

[403] *A responsabilidade pelos créditos trabalhistas*. São Paulo: LTr, 2003, p. 74.
[404] *A responsabilidade pelos créditos trabalhistas*. São Paulo: LTr, 2003, p. 74.
[405] *Execução no processo do trabalho*. 4. ed. Salvador: Juspodivm, 2017, p. 149.

alegação, todavia, não deve merecer crédito posto que a presença da empresa do grupo na execução é legítima".[406]

7.12 A Súmula nº 205 do TST

Por quase vinte (20) anos esteve vigente a Súmula nº 205 do TST, que estabelecia:

> GRUPO ECONÔMICO. EXECUÇÃO. SOLIDARIEDADE. O responsável solidário, integrante do grupo econômico, que não participou da relação processual como reclamado e que, portanto, não consta no título executivo judicial como devedor, não pode ser sujeito passivo na execução. (Resolução Administrativa nº 11/1985)

A Súmula nº 205 do TST sofreu crítica severa da doutrina, na medida em que dava ao tema do grupo econômico trabalhista e sua integração ao processo uma interpretação na qual a exacerbação desmedida da noção de devido processo legal acabava por tornar ineficaz o comando de direito material do §2º do art. 2º da CLT, incidindo na inversão de valores representada pela equação por meio da qual o direito processual acaba por negar na prática o direito material ao qual deve servir de instrumento. Assim compreendida a questão, a Súmula nº 205 do TST pode ser identificada como uma manifestação do *processualismo* criticado *Dalmo de Abreu Dallari*.[407] Essa conclusão é reforçada pela circunstância fática de que a incapacidade econômica do sujeito aparente somente vem a ser conhecida, via de regra, no futuro, anos depois da propositura da ação, quando do insucesso da execução movida contra o sujeito aparente.

A crítica histórica de *Francisco Antonio de Oliveira* sintetiza a resistência teórica com que a doutrina recebeu a Súmula nº 205 do TST. Pondera o jurista: "Em boa hora a Súmula nº 205 foi cassada pela Res. TST 121/2003. A jurisprudência ali cristalizada pela maior Corte trabalhista exigia, para a execução de outras empresas do grupo, que fossem colocadas no polo passivo e participassem dos limites subjetivos da coisa julgada. A exigência causava maus-tratos ao art. 2º, §2º, da CLT, e durante mais de duas décadas esteve a viger com efeitos deletérios para a execução trabalhista".[408]

As críticas não cessaram até a Súmula nº 205 do TST ser cancelada pela Resolução Administrativa nº 121/2003. A partir do cancelamento da súmula, o

---

[406] *Reforma trabalhista*. São Paulo: LTr, 2017, p. 12.
[407] *O poder dos juízes*. 3. ed. 3. t. São Paulo: Saraiva, 2010, p. 105.
[408] *Execução na Justiça do Trabalho*. 9. ed. São Paulo: LTr, 2018, p. 345.

primado do comando de direito material do §2º do art. 2º da CLT foi resgatado, tendo a jurisprudência voltado ao seu leito originário. Desde então retornou-se ao entendimento de que a inclusão de empresa do grupo econômico no polo passivo na fase de execução não viola o devido processo legal, assegurando-se o contraditório na fase de execução mediante a oposição de ação de embargos de terceiro.[409]

O seguinte acórdão sintetiza a nova posição desde então adotada pela jurisprudência no âmbito do Tribunal Superior do Trabalho:

> AGRAVO DE INSTRUMENTO. RECURSO DE REVISTA. PROCESSO EM FASE DE EXECUÇÃO DE SENTENÇA. GRUPO ECONÔMICO FAMILIAR. SOCIEDADE ANÔNIMA DE CAPITAL FECHADO. (...). II. A jurisprudência desta corte superior é no sentido de que a inclusão de empresa pertencente ao mesmo grupo econômico no polo passivo da execução não viola a garantia do devido processo legal (art. 5º, LIV, da Constituição Federal). (...). (TST; AIRR 0001862-09.2011.5.15.0024; Quarta Turma; Rel. Min. Fernando Eizo Ono; *DEJT* 31.01.2014; pág. 413)

7.13 Há necessidade de prévia instauração de IDPJ? Não.

Tratando da hipótese – específica – de *constrição de bens dos sócios*, o art. 795, §4º, do CPC estabelece a necessidade de prévia instauração de incidente de desconsideração da personalidade jurídica, ao estabelecer que "para a desconsideração da personalidade jurídica é obrigatória a observância do incidente previsto neste código".[410] Esse preceito, entretanto, não se aplica ao grupo econômico trabalhista, uma vez que nessa hipótese a constrição não exige prévia instauração de IDPJ, conforme se extrai da interpretação sistemática do art. 674, §2º, III, do CPC, preceito segundo o qual a defesa é apresentada mediante ação de embargos de terceiro opostos pela empresa do grupo integrada ao polo passivo do processo na fase de execução.

Cumpre transcrever o preceito legal do CPC para melhor compreensão da questão estudada:

> Art. 674. Quem não sendo parte no processo, sofrer constrição ou ameaça de constrição sobre bens que possua ou sobre os quais tenha direito incompatível com o ato constritivo,

---

[409] Também são admitidos embargos à execução opostos pela empresa integrante do grupo, para oportunizar o exercício do direito de defesa da empresa do grupo que pretenda negar sua condição de integrante do conglomerado econômico.

[410] "Art. 795. Os bens particulares dos sócios não respondem pelas dívidas da sociedade, senão nos casos previstos em lei.
(...)
§4º. Para a desconsideração da personalidade jurídica é obrigatória a observância do incidente previsto neste Código".

poderá requerer seu desfazimento ou sua inibição por meio de embargos de terceiro.

§2º. Considera-se terceiro, para ajuizamento dos embargos:

(...)

III – quem sofre constrição de seus bens por força de desconsideração da personalidade jurídica, de cujo incidente não fez parte.

Se o sistema de direito processual confere à empresa do grupo econômico ação de embargos de terceiro para opor-se à constrição de seus bens determinada por força de desconsideração da personalidade jurídica inerente à imputação de sua responsabilidade passiva extraordinária decorrente da aplicação da norma do §2º do art. 2º da CLT, a conclusão que se impõe é a de que a prévia instauração do incidente de desconsideração da personalidade jurídica previsto nos arts. 133 a 137 do CPC não é obrigatória nessa hipótese.

Essa conclusão apresenta-se consentânea tanto com a informalidade que inspira tanto o direito material e o direito processual do trabalho quanto com a perspectiva de máxima eficácia que o subsistema justrabalhista espera do instituto do grupo econômico trabalhista enquanto entidade jurídica concebida para o objetivo de prover a solvabilidade dos créditos trabalhistas. Neste particular, cumpre observar que, conforme a doutrina de *Eduardo Gabriel Saad*, o próprio grupo econômico, enquanto ente abstrato, é o empregador (empregador único),[411] isso porque o contrato de trabalho está ligado à unidade econômica (Súmula nº 129 do TST) e não apenas ao sujeito aparente, conclusão que se afeiçoa à teoria da representação do direito alemão. Para a teoria da representação, o sujeito aparente representa as demais empresas do grupo econômico no processo.

É bem verdade que o incidente de desconsideração da personalidade jurídica é exigido pelo CPC quando se tratar de desconsideração inversa da personalidade jurídica (CPC, art. 133, §2º). Entretanto, a hipótese de integração de empresa componente do grupo econômico na fase de execução da sentença trabalhista tem por fundamento o art. 2º, §2º, da CLT e não se confunde com a hipótese de desconsideração da personalidade jurídica – seja a desconsideração clássica da personalidade jurídica, seja a desconsideração inversa da personalidade jurídica.

Enquanto a desconsideração clássica da personalidade jurídica tem por fundamento a superação da autonomia patrimonial da sociedade insolvente para atingir os bens dos sócios que estão por trás do empreendimento econômico e que se beneficiaram da exploração do trabalho do empregado, a desconsideração inversa da personalidade jurídica tem por fundamento a ocorrência da confusão patrimonial prevista no art. 50 do Código Civil enquanto manifestação caracterizadora do abuso da personalidade jurídica tipificado no referido

---

[411] *CLT Comentada*. São Paulo: LTr, 1993, p. 24.

preceito legal, sendo aplicada mediante interpretação teleológica do art. 50 do Código Civil. De acordo com a lição de *Fábio Ulhoa Coelho*, na desconsideração inversa da personalidade jurídica, "(...) o devedor transfere seus bens para a pessoa jurídica sobre a qual detém absoluto controle. Desse modo, continua a usufruí-los, apesar de não serem de sua propriedade, mas da pessoa jurídica controlada".[412]

Vale dizer, a desconsideração inversa da personalidade jurídica tem aplicação quando o devedor esvazia seu patrimônio pessoal, transferindo-o à pessoa jurídica da qual é sócio, para furtar-se às obrigações que são de sua responsabilidade pessoal, mediante a artificiosa invocação da autonomia patrimonial da sociedade personificada para a qual desviou seu patrimônio pessoal. Conforme restou assentado pelo Superior Tribunal de Justiça no julgamento do Recurso Especial nº 948.117-MS, o fundamento para a aplicação da teoria da desconsideração inversa da personalidade jurídica encontra-se na interpretação teleológica do art. 50 do Código Civil e essa aplicação tem cabimento "(...) nos casos em que o sócio controlador esvazia o seu patrimônio pessoal e o integraliza na pessoa jurídica".[413]

Já a responsabilidade solidária prevista no art. 2º, §2º, da CLT não tem por fundamento a ocorrência de confusão patrimonial, senão que o simples *fato objetivo* da mera existência de grupo econômico trabalhista, enquanto entidade de fato composta por mera relação de coordenação interempresarial entre as empresas que integram o conglomerado econômico. Se a desconsideração inversa da personalidade jurídica exige o preenchimento do suporte fático da confusão patrimonial previsto no art. 50 do Código Civil, mediante a demonstração de que o devedor esvaziou seu patrimônio pessoal, transferindo-o à pessoa jurídica de que participa, o redirecionamento da execução trabalhista contra empresa do grupo econômico reclama o simples *fato objetivo* da existência de grupo econômico trabalhista, sem a necessidade de demonstração de confusão patrimonial ou desvio de finalidade, conclusão que decorre da concepção jurídica do grupo econômico trabalhista enquanto empregador único, de modo que as empresas do grupo

---

[412] O autor informa que a técnica da desconsideração inversa da personalidade jurídica é utilizada no Direito de Família quando se constata que o cônjuge desvia seu patrimônio pessoal para a pessoa jurídica de que é titular, com a finalidade de sonegar determinados bens da partilha. Por vezes, a técnica é utilizada para neutralizar a conduta do cônjuge que aparenta possuir menor rendimento, para obter artificiosamente a redução do valor dos alimentos que está obrigado a pagar. Essa técnica também é utilizada no Direito das Sucessões quando herdeiros transferem patrimônio do inventariado para pessoas jurídicas, para sonegar determinados bens da partilha a ser feita no inventário, para prejudicar outros herdeiros ou terceiros credores do espólio (*Curso de direito comercial*. 13. ed. São Paulo: Saraiva. 2009, v. 2, p. 48).

[413] STJ REsp nº 948.117 – MS (2007/0045262-5), 3ª Turma, Rel. Min. Nancy Andrighi, j. 22.06.2010: "III – Considerando-se que a finalidade da *disregard doctrine* é combater a utilização indevida do ente societário por seus sócios, o que pode ocorrer também nos casos em que o sócio controlador esvazia o seu patrimônio pessoal e o integraliza na pessoa jurídica, conclui-se, de uma interpretação teleológica do art. 50 do CC/2002, ser possível a desconsideração inversa da personalidade jurídica, de modo a atingir bens da sociedade em razão de dívidas contraídas pelo sócio controlador, conquanto preenchidos os requisitos previstos na norma".

econômico respondem pelo débito trabalhista do sujeito aparente como verdadeiro empregador único do credor trabalhista.

Em outras palavras, a ilicitude da conduta subjetiva do executado é requisito para oportunizar a desconsideração inversa da personalidade jurídica do executado. A ilicitude da conduta subjetiva do executado caracteriza-se quando preenchido o suporte fático da confusão patrimonial previsto no art. 50 do Código Civil. A responsabilidade solidária da empresa do grupo econômico não está subordinada à ocorrência de confusão patrimonial entre a empresa chamada e o sujeito aparente. A responsabilidade solidária da empresa do grupo econômico tem fundamento jurídico no art. 2º, §2º, da CLT e caracterizar-se-á pela simples existência do grupo econômico trabalhista, sem a exigência de qualquer requisito normativo adicional.

No que respeita à consideração de que a hipótese de integração de empresa componente do grupo econômico na fase de execução da sentença trabalhista tem por fundamento jurídico o art. 2º, §2º, da CLT e não se confunde com a hipótese de desconsideração da personalidade jurídica da sociedade executada, a jurisprudência do Tribunal Superior do Trabalho está pacificada a respeito dessa matéria e adota o entendimento de que o redirecionamento da execução contra empresa do grupo econômico não exige a instauração do incidente de desconsideração da personalidade jurídica previsto nos arts. 133 a 137 do CPC. Isso porque "a hipótese não é de desconsideração da personalidade jurídica, com a inclusão de sócios no polo passivo da lide tal como previsto nos artigos 133 e seguintes do NCPC, mas sim de inclusão de empresa pertencente ao mesmo grupo econômico que a executada".[414]

A ementa deste acórdão é elucidativa acerca da questão em estudo:

> AGRAVO DE INSTRUMENTO. RECURSO DE REVISTA. GRUPO ECONÔMICO. DESCONSIDERAÇÃO DA PERSONALIDADE JURÍDICA DA EXECUTADA. Conforme expressamente consignado no acórdão regional, a hipótese não é de desconsideração da personalidade jurídica, com a inclusão de sócios no polo passivo da lide, tal como previsto nos artigos 133 e seguintes do NCPC, mas sim de inclusão de empresa pertencente ao mesmo grupo econômico que a executada. (...). Agravo de instrumento conhecido e não provido. (AIRR – 10350-66.2015.5.03.0146, Rel. Ministra Dora Maria da Costa, Data de Julgamento: 04.04.2018, 8ª Turma, Data de Publicação: *DEJT* 06.04.2018).

A jurisprudência do Tribunal Superior do Trabalho está assentada na premissa de que a inclusão de empresa do grupo econômico no polo passivo do processo na fase de execução não se confunde com a hipótese de desconsideração

---

[414] AIRR – 10350-66.2015.5.03.0146, Rel. Ministra Dora Maria da Costa, Data de Julgamento: 04.04.2018, 8ª Turma, Data de Publicação: DEJT 06.04.2018.

da personalidade jurídica da sociedade executada. É a conclusão que se recolhe também da ementa a seguir reproduzida na parte pertinente à matéria em estudo:

> AGRAVO DE INSTRUMENTO EM RECURSO DE REVISTA. EXECUÇÃO. RECURSO DE REVISTA REGIDO PELO CPC/2015 E IN Nº 40/2016 DO TST. INCLUSÃO DE EMPRESA PERTENCENTE AO MESMO GRUPO ECONÔMICO (BERTIN) NO POLO PASSIVO DA LIDE. OBSERVÂNCIA DO CONTRADITÓRIO E DA AMPLA DEFESA. (...) Ao contrário das assertivas da reclamada, não se trata de hipótese de desconsideração da personalidade jurídica, com a inclusão de sócios no polo passivo da lide, conforme previsto no novo CPC, mas de inclusão de empresa pertencente ao mesmo grupo econômico. (...). Agravo de instrumento desprovido. (AIRR – 544-07.2015.5.03.0416, Rel. Min. José Roberto Freire Pimenta, Data de Julgamento 16.05.2018, Data de Publicação: 18.05.2018).

De fato, o TST distingue ambas as hipóteses, no pressuposto de que o redirecionamento da execução contra empresa do grupo econômico não se confunde com a hipótese de desconsideração da personalidade jurídica; o incidente de desconsideração da personalidade jurídica é necessário apenas quando se trata da pretensão do exequente de atingir os bens dos sócios (CPC, art. 795, §4º). No julgamento de recurso no qual a empresa do grupo econômico sustentou a que decisão recorrida, "ao redirecionar a execução sem instaurar o incidente de desconsideração da personalidade jurídica, previsto nos arts. 133 a 137 do CPC/15, violou o devido processo legal, a ampla defesa e o contraditório", o Tribunal Superior do Trabalho negou provimento ao agravo de instrumento, sob o fundamento de que "a agravante foi incluída na execução em razão de reconhecimento de que integra grupo econômico com as demais executadas, e não por aplicação da teoria da desconsideração da personalidade jurídica". E concluiu: "Logo, não se tratando de desconsideração da personalidade jurídica, não se vislumbra violação dos dispositivos constitucionais invocados, por suposta inobservância do procedimento respectivo".[415]

É de se notar que os três acórdãos referidos compartilham um mesmo elemento cronológico de relevância para o estudo dessa temática: os três recursos foram julgados já na vigência do CPC de 2015 e da Lei nº 13.467/2017. No primeiro diploma legal em questão está prevista, para a específica hipótese de redirecionamento da execução contra os sócios, a instauração de incidente de desconsideração da personalidade jurídica (CPC, art. 795, §4º). Daí por que é razoável concluir que, de acordo com a jurisprudência do TST e contrariamente ao que sustentavam as empresas então recorrentes, não se exige prévia instauração do incidente de desconsideração da personalidade para incluir no polo passivo do processo, na fase de execução, empresa integrante do grupo econômico do sujeito aparente inadimplente.

---

[415] AIRR – 10098-29.2016.5.03.0146, Rel. Min. Márcio Eurico Vitral Amaro, Data de Julgamento: 13.06.2018, 8ª Turma, Data de Publicação: DEJT 15.06.2018.

Por fim, merece registro, no estudo do tema, a circunstância de que a modalidade de defesa prevista no inciso III do §2º do art. 674 do CPC guarda simétrica compatibilidade com a hipótese de legitimação extraordinária passiva de que trata o instituto jurídico do grupo econômico trabalhista previsto no §2º do art. 2º da CLT, na medida em que a sociedade do grupo atingida pela penhora é, nos dizeres da lei, a pessoa "quem sofre constrição de seus bens por força de desconsideração da personalidade jurídica, de cujo incidente não fez parte" (CPC, art. 674, §2º, III). É exatamente pelo fato de ter sofrido "constrição de seus bens por força de desconsideração da personalidade jurídica, de cujo incidente não fez parte", que a empresa do grupo atingida pela penhora tem legitimidade ativa para propor a ação de embargos de terceiros por meio da qual deduzirá a pretensão de livrar seus bens da constrição, constrição realizada no pressuposto de que a empresa integra o grupo econômico de que faz parte o sujeito aparente inadimplente.

7.14 A empresa do grupo econômico trabalhista defende-se por meio de Embargos de Terceiro

Chamada a responder pelas obrigações trabalhistas inadimplidas pelo sujeito aparente, após sua integração ao polo passivo na fase de execução, realizada sob a invocação da solidariedade passiva de que trata o §2º do art. 2º da CLT, a empresa do grupo econômico atingida pela penhora defende-se por meios de embargos de terceiro, conclusão que se extrai da interpretação sistemática do art. 674, §2º, III, do CPC.[416]

Estabelece o preceito legal em questão:

> Art. 674. Quem não sendo parte no processo, sofrer constrição ou ameaça de constrição sobre bens que possua ou sobre os quais tenha direito incompatível com o ato constritivo, poderá requerer seu desfazimento ou sua inibição por meio de embargos de terceiro.
> §2º. Considera-se terceiro, para ajuizamento dos embargos:
> (...)
> III – quem sofre constrição de seus bens por força de desconsideração da personalidade jurídica, de cujo incidente não fez parte.

Nada obstante o conceito de direito de direito material fixado no §2º do art. 2º da CLT esteja assentado sob a concepção teórica que considera o grupo econômico

---

[416] Para importante vertente interpretativa, a empresa do grupo econômico deveria deduzir sua defesa mediante oposição de embargos à execução.

trabalhista como empregador único, o conceito de terceiro, tal como previsto no art. 674 do CPC, está fundado no direito processual e, assim, considera terceiro quem sofre a constrição patrimonial e não é parte no processo em que ocorre a referida constrição. É por isso que a empresa do grupo econômico, que sofre constrição patrimonial por ser integrante do conglomerado, é considerada terceiro no processo em relação ao sujeito aparente que figura no polo passivo da demanda. No plano processual, a empresa do grupo econômico não é parte no processo em que sofre a constrição e, por isso, deve deduzir sua defesa mediante embargos de terceiro.

Todavia, é de rigor cientifico reconhecer que parte considerável da doutrina sustenta que a defesa da empresa do grupo econômico deve ser deduzida mediante embargos à execução – e não mediante embargos de terceiro. Essa corrente de opinião parte do pressuposto de que a empresa do grupo econômico é chamada a responder pela execução com fundamento no §2º do art. 2º da CLT, situação na qual a empresa do grupo econômico apenas substituiria o sujeito aparente no polo passivo da demanda.

A jurisprudência do TST orienta-se no sentido de identificar na ação de embargos de terceiro o meio de defesa da empresa do grupo econômico atingida pela penhora realizada sob alegação de integrar o grupo econômico do sujeito aparente. O seguinte acórdão é representativo dessa orientação da jurisprudência:

> AGRAVO DE INSTRUMENTO EM RECURSO DE REVISTA. EXECUÇÃO. NEGATIVA DE PRESTAÇÃO JURISDICIONAL. (...) Agravo de instrumento a que se nega provimento. Grupo econômico. Integração ao polo passivo na fase de execução. Ofensa ao contraditório, à ampla defesa e ao devido processo legal. Não caracterização. Uma vez reconhecida a existência de grupo econômico entre pessoas jurídicas, a inclusão no polo passivo da demanda de empresa a ele pertencente apenas na fase de execução não caracteriza, por si só, ofensa aos princípios do devido processo legal, do contraditório e da ampla defesa. Precedentes. Ressalte-se que a agravante teve a oportunidade de exercer o contraditório e a ampla defesa, em face da decisão que incluiu no polo passivo da lide, por meio do manejo dos embargos de terceiros, do agravo de petição, do recurso de revista e do presente agravo de instrumento, de modo que não está configurada a violação do art. 5º, LIV e LV, da Constituição Federal. Agravo de instrumento a que se nega provimento. (TST; AIRR nº 0001488-93.2011.5.02.0043; Sétima Turma; Rel. Min. Cláudio Mascarenhas Brandão; *DEJT* 25.04.2014; p. 966)

7.15 Ferramentas eletrônicas para pesquisar Grupo Econômico Trabalhista

Conforme a lição de *Mauricio Godinho Delgado*, reproduzida no item 7.8 deste capítulo, quaisquer meios lícitos de prova são hábeis a alcançar o objetivo de demonstrar a configuração real do grupo econômico,[417] o que inclui os meios

---
[417] *Curso de Direito do Trabalho.* ed. 17. São Paulo: LTr, 2018, p. 505.

de prova obtidos mediante a pesquisa eletrônica proporcionada pelos diversos convênios e sistemas de investigação de dados acessíveis ao Poder Judiciário.

Na pesquisa acerca da existência de grupo econômico, têm especial valor indícios e circunstâncias, conforme se recolhe da precitada lição de *Délio Maranhão*.[418]

No inventário de tais indícios e circunstâncias, a doutrina relaciona diversos elementos de fato que podem desvelar a existência do grupo econômico. Os principais elementos de fato são os seguintes:

a) sócios em comum;

b) administradores em comum;

c) o fato de as empresas do grupo atuarem no mesmo local;

d) a coincidência de ramos de atividade econômica entre as empresas;

e) ramos de atividade econômica correlatos ou complementares;

f) um mesmo nome de fantasia utilizado nas diversas empresas do grupo;

g) sobrenome de família nas diversas razões sociais das empresas;

h) uma marca comum;

i) uma palavra comum a todas as empresas do grupo;

j) logotipo ou *design* comum;

j) interferência de uma empresa na outra;

k) confusão patrimonial;

l) negociação de produtos de outra empresa com exclusividade;

m) o controle exercido pelo patriarca da família;

n) preponderância acionária de uma empresa sobre a outra.

Esses indícios e circunstâncias podem ser investigados por meio de diferentes ferramentas de pesquisa patrimonial eletrônica, das quais o juiz pode lançar mão com fundamento no art. 765 da CLT, preceito que confere ao magistrado as iniciativas necessárias a promover o "andamento rápido das causas, podendo determinar qualquer diligência necessária ao esclarecimento delas".

Para a investigação da existência de grupo econômico, podem ser utilizadas, entre outras, as seguintes ferramentas de pesquisa patrimonial eletrônica:

a) Junta Comercial do Estado;

b) Bacen – CCS – via convênio Bacen;

---

[418] *Instituições de Direito do Trabalho*. 22. ed. São Paulo: LTr, 2005, v. I., p. 305.

c) HOD – *Host On Demand* – via Receita Federal do Brasil;

d) DIRPF – Declaração de Imposto de Renda de Pessoa Física – via Infojud;

e) DIRPJ – Declaração de Imposto de Renda de Pessoa Jurídica – via Infojud;

f) SIMBA – Sistema de Investigação de Movimentação Bancária – via convênio Bacen;

g) Google;

h) Facebook.

Do ponto de vista procedimental, a recomendação de que a Secretaria da Vara do Trabalho certifique as informações pesquisadas e dê vista da certidão às partes, com prazo para manifestação – o que pode incluir eventual requerimento para produção de novas provas, a ser avaliado pelo magistrado à luz dos arts. 765 e 852-D da CLT –, visa assegurar o exercício do contraditório enquanto expressão do devido processo legal e esvazia eventual alegação de nulidade processual e de decisão surpresa.

7.16 Pensar no IDPJ enquanto alternativa

Em determinada situação na qual a prova da existência do grupo econômico não for possível, *Manoel Antonio Teixeira Filho* lembra – com a habitual argúcia que o distingue – que então se poderá cogitar de suscitar incidente de desconsideração da personalidade jurídica do sujeito aparente. Nas palavras do autor: "Nos casos em que não for possível caracterizar ou comprovar a existência de grupo econômico, a parte interessada em preservar os seus direitos talvez encontre condições – factuais e jurídicas – para suscitar o incidente de desconsideração da personalidade jurídica, previsto no art. 855-A, da CLT, e, supletivamente, nos arts. 133 a 137, do CPC".[419]

---
[419] *O processo do trabalho e a reforma trabalhista*. São Paulo: LTr, 2017, p. 18.

CAPÍTULO 8

GRUPO ECONÔMICO E COISA JULGADA DE QUESTÃO PREJUDICIAL[420]

A coisa julgada sobre questão tutela as decisões judiciais, impedindo a sua desconsideração, modificação e rediscussão. Isso ocorre em nome da autoridade do Judiciário, expressa nas suas decisões, bem como da estabilidade das relações sociais, da segurança jurídica, da coerência do direito e da eficiência da administração da justiça.

Marinoni

8.1 A sede normativa da coisa julgada de questão

O advento do CPC de 2015 abre ensejo para a jurisdição trabalhista voltar a enfrentar o tema da coisa julgada sobre o reconhecimento da existência de grupo econômico[421] enquanto *questão prejudicial* decidida em processo anterior, na perspectiva constitucional da efetividade da jurisdição. Isso porque o art. 503, §1º, do Código de Processo Civil – aplicável subsidiariamente ao processo do trabalho (CLT, art. 769; CPC, art. 15) – prevê que a questão prejudicial tem força de lei quando decidida expressamente no processo. Vale dizer, a questão prejudicial assim decidida tem força de coisa julgada material, que deve ser *necessariamente* observada em processos futuros. A importância do tema pode ser percebida quando se atenta para a dimensão transindividual dos direitos do trabalho. Conforme destaquei (2003. p. 19) alhures: "dada a semelhança das condições de trabalho que caracterizam a

---

[420] Este capítulo do livro não existiria, não fosse a orientação teórica ministrada por Daniel Mitidiero, jurista de renome nacional, amigo generoso de tantos anos.
[421] CLT: "Art. 2º. (...).
§2º. Sempre que uma ou mais empresas, tendo, embora, cada uma delas, personalidade jurídica própria, estiverem sob direção, controle ou administração de outra, ou ainda quando, mesmo guardando cada uma sua autonomia, integrem grupo econômico, serão responsáveis solidariamente pelas obrigações decorrentes da relação de emprego".

categoria profissional, a lesão aos direitos trabalhistas de um trabalhador é fator de potencial rebaixamento das condições de trabalho de toda sua categoria".

Eis a redação do preceito legal em estudo:

> Art. 503. A decisão que julgar total ou parcialmente o mérito tem força de lei nos limites da questão principal expressamente decidida.
>
> §1º. O disposto no *caput* aplica-se à resolução de questão prejudicial, decidida expressa e incidentemente no processo, se:
>
> I – dessa resolução depender o julgamento do mérito;
>
> II – a seu respeito tiver havido contraditório prévio e efetivo, não se aplicando no caso de revelia;
>
> III – o juízo tiver competência em razão da matéria e da pessoa para resolvê-la como questão principal. (BRASIL, 2015)

O presente estudo está situado no âmbito do instituto da coisa julgada. A coisa julgada é garantia fundamental do cidadão (CF, art. 5º, XXXVI). Visa tutelar a estabilidade das decisões do Poder Judiciário, protegendo a segurança jurídica na vida de relação. A teoria jurídica extrai duas funções do instituto da coisa julgada. A função negativa impede a repetição de demanda idêntica, assim compreendida demanda na qual se reproduzem os mesmos elementos subjetivos e objetivos da demanda anterior. A função positiva vincula as partes ao que foi decidido. É consabido que a coisa julgada impede às partes de submeter à jurisdição novamente a matéria já decidida, assim como é cediço, de outro lado, que a coisa julgada obriga também ao Poder Judiciário, que fica impedido de reexaminar, em processo posterior, a matéria já apreciada em oportunidade anterior, entre as mesmas partes.

Mais precisamente, o tema em estudo está situado no âmbito da coisa julgada de *questão*. Trata-se da denominada *questão prejudicial*, expressão de que se vale a teoria jurídica para distinguir a *questão principal* (*caput*) da *questão prejudicial* (§1º). A questão principal é considerada a *questão subordinada*. A questão prejudicial é considerada a *questão subordinante*. Nesta relação de dependência, a definição da questão prejudicial é prévia à definição da questão principal. Em outras palavras, a questão prejudicial subordina a questão principal. Daí a afirmação de que a solução da questão principal depende da definição da questão prejudicial. O problema apresenta-se assim no âmbito do tema em estudo: a questão da *responsabilidade* da empresa do grupo econômico depende da questão da *existência* do grupo econômico. Podemos concluir: a) a responsabilidade da empresa do grupo econômico é a *questão principal*; b) a existência do grupo econômico é a questão prejudicial. De outro modo: a responsabilidade da empresa do grupo econômico é *questão subordinada* à existência do grupo econômico.

O preceito legal em estudo – o art. 503, §1º, do CPC – tem inspiração nos princípios da segurança jurídica e da eficiência da administração pública. Visa à estabilidade das decisões judiciais, impedindo novos litígios sobre matéria já decidida.

8.2 A Súmula nº 205 do TST

A localização do tema da coisa julgada de questão acerca da existência de grupo econômico no âmbito específico do Direito Processual do Trabalho traz imediatamente à lembrança a Súmula nº 205 do Tribunal Superior do Trabalho. A Súmula nº 205 do TST foi aprovada em data de 11.07.1985 pela Resolução Administrativa nº 11/1985 e tinha o seguinte teor:

> GRUPO ECONÔMICO. EXECUÇÃO. SOLIDARIEDADE. O responsável solidário, integrante do grupo econômico, que não participou da relação processual como reclamado e que, portanto, não consta no título executivo judicial como devedor, não pode ser sujeito passivo na execução. (BRASIL, 1985)

A Súmula nº 205 do TST sofreu críticas sistemáticas da doutrina durante os dezoito anos em que esteve em vigência. Entre as críticas mais consistentes, destaca-se a crítica histórica a que Francisco Antonio de Oliveira submeteu a Súmula nº 205 do TST. O processualista afirma:

> Em boa hora a Súmula 205 foi cassada pela Res. TST 121/2003. A jurisprudência ali cristalizada pela maior Corte trabalhista exigia, para a execução de outras empresas do grupo, que fossem colocadas no polo passivo e participassem dos limites subjetivos da coisa julgada. A exigência causava maus-tratos ao art. 2º, §2º, da CLT, e durante mais de duas décadas esteve a viger com efeitos deletérios para a execução trabalhista. (...) Induvidosamente, a Súmula n. 205 traduzia entendimento forçado da mais alta Corte trabalhista em desprestígio interpretativo do §2º do art. 2º da CLT. Registrava-se, ademais, uma incoerência, pois a mesma exigência interpretativa da Súmula 205 (cancelada pela Res. n. 121/2003) deveria ser exigida para a execução do sócio. E assim não era. A coerência é que dá credibilidade à interpretação. Eram exigências civilistas que diziam respeitos àquelas ações de âmbito civil ou penal, intentadas por credores de tais entidades, depositantes, relações puramente civis e comerciais. (OLIVEIRA, 2018. p. 345 e 346)

A Súmula nº 205 do TST apresentava-se como manifestação do fenômeno que se poderia identificar, a partir da lição de *Dalmo de Abreu Dallari* (2010, p. 105), como *processualismo*, fenômeno jurídico que se caracteriza quando os juristas incidem em interpretação na qual a exacerbação desmedida da noção de devido processo legal acaba por tornar ineficaz comando de direito material, incidindo na inversão de valores representada pela distorcida equação por meio da qual o direito processual nega o direito material ao qual deve servir de instrumento. No caso, a exacerbação da noção de devido processo legal veiculada pela Súmula nº 205 do TST acabava por tornar ineficaz, na prática, o comando de ordem pública do §2º do art. 2º da CLT, conforme sublinhara Francisco Antonio de Oliveira, com evidente efeito nocivo à efetividade da jurisdição trabalhista, na medida em que a solidariedade passiva prevista no §2º do art. 2º da CLT acabava por ser esterilizada pelo óbice imposto pela súmula.

É necessário recorrer aqui ao princípio da primazia da realidade, para evitar o *processualismo* no qual incorrera a Súmula nº 205 do TST, mediante duas observações empíricas: a) o trabalhador desconhece a existência de grupo econômico, regra geral; b) a necessidade de redirecionamento da execução contra a empresa do grupo econômico somente surge quando o patrimônio do sujeito aparente vier a se revelar insuficiente, situação de fato que se configura apenas na fase de execução do processo. Por fim, não há prejuízo à ampla defesa da empresa do grupo econômico, já que essa poderá negar a alegação de sua condição de integrante do conglomerado, tendo oportunidade de produzir prova sobre a alegação defensiva e podendo interpor recurso caso a decisão sobre a questão prejudicial lhe for desfavorável.

Quanto à defesa correspondente à fase de conhecimento, é o sujeito aparente quem tem legitimidade passiva para contestar as pretensões de direito material deduzidas na petição inicial; é somente o sujeito aparente que detém a documentação da relação de emprego, bem como somente o sujeito aparente detém as informações necessárias à elaboração da contestação e somente o sujeito aparente saberá indicar testemunhas para a instrução processual.

As demais empresas do grupo econômico limitam-se a se reportar à contestação de mérito apresentada pelo sujeito aparente quando são incluídas no polo passivo da demanda na petição inicial, pois nada têm de novo a alegar quanto às pretensões deduzidas na petição inicial, de modo que é artificiosa a alegação de violação à ampla defesa que as empresas do grupo econômico usam pretextar quando comparecem ao processo na fase de execução. Elas nada têm a dizer quanto às pretensões de direito material deduzidas na petição inicial, pretensões que somente podem ser adequadamente contestadas pelo sujeito aparente, já que é sobre este que pesa o dever legal de documentação da relação de emprego. E, de outra parte, as informações necessárias à contestação das pretensões deduzidas são conhecidas apenas pelo sujeito aparente; somente o sujeito aparente reúne as condições para conhecer os fatos da causa e, portanto, somente o sujeito aparente apresenta-se em condições de se desincumbir do ônus da impugnação especificada dos fatos alegados na petição inicial.

É necessário desmentir definitivamente a alegação de violação à ampla defesa da empresa do grupo econômico, formulada sob a alegação que não teve oportunidade de contestar o mérito das pretensões de direito material, porque a defesa pertinente é esgotada pela contestação apresentada pelo sujeito aparente.

Essa conclusão é imperativa, ainda que não se adote a teoria de representação virtual, segundo a qual o sujeito aparente atua, nas hipóteses de solidariedade, como substituto processual dos demais devedores solidários; no caso, o sujeito aparente atua como substituto processual das demais empresas do grupo econômico.

Após quase duas décadas de severas críticas da doutrina, o Tribunal Superior do Trabalho cancelou a sua Súmula nº 205 em data de 21.11.2003 pela Resolução Administrativa nº 121/2003. A partir do cancelamento da Súmula nº 205, o TST resgatou sua antiga jurisprudência, tendo assentado o entendimento sintetizado na ementa a seguir transcrita:

> AGRAVO DE INSTRUMENTO. RECURSO DE REVISTA. PROCESSO EM FASE DE EXECUÇÃO DE SENTENÇA. GRUPO ECONÔMICO FAMILIAR. SOCIEDADE ANÔNIMA DE CAPITAL FECHADO. (...). II. A jurisprudência desta corte superior é no sentido de que a inclusão de empresa pertencente ao mesmo grupo econômico no polo passivo da execução não viola a garantia do devido processo legal (art. 5º, LIV, da Constituição Federal) (...). (BRASIL, 2014, p. 413)

8.3 Ainda sobre a exigência de litisconsórcio prévio

Uma primeira reflexão surge como antecedente teórico da matéria em estudo: o cancelamento da Súmula nº 205 do TST parece estar assentado na concepção de que a declaração de existência de grupo econômico pode ser postulada enquanto hipótese de *litisconsórcio facultativo simples*. É importante afirmar essa diretriz diante do fato de que, mesmo após o cancelamento da Súmula nº 205 do TST, setores respeitáveis da doutrina permaneceram a sustentar que o redirecionamento da execução contra as empresas do grupo econômico do sujeito aparente somente seria possível mediante prévia formação de litisconsórcio passivo entre o sujeito aparente e as demais empresas do grupo econômico – prévia formação de litisconsórcio passivo desde a fase de conhecimento do processo.

Não é preciso dizer que tal entendimento acarreta sensível prejuízo à efetividade da jurisdição, sendo induvidoso, no cotidiano forense, o atrito de referido entendimento com a garantia jusfundamental da inafastabilidade da jurisdição prevista no art. 5º, XXXV, da Constituição Federal. O prejuízo que tal entendimento acarreta à efetividade da jurisdição emerge evidente quando se atenta para a realidade dos fatos. Conforme já destacado, dois elementos de fato acabam por se impor quando do estudo do problema: a) a necessidade de redirecionamento da execução contra as empresas do grupo econômico somente fica patente quando se constata, já na fase de execução, que o sujeito aparente não tem bens para responder pela obrigação trabalhista em execução; b) a existência de grupo econômico é, muitas vezes, desconhecida do credor-exequente, somente sendo objeto de pesquisa quando verificada a ausência de bens do sujeito aparente.

Entre os juristas que permaneceram a sustentar que o redirecionamento da execução contra as empresas do grupo econômico do sujeito aparente somente seria possível mediante prévia formação de litisconsórcio passivo entre o sujeito aparente e as demais empresas do grupo econômico, encontra-se a voz autorizada de Manoel Antonio Teixeira Filho (2005, p. 151). Embora já cancelada a Súmula nº 205 do TST, à época da 9ª edição de sua obra clássica *Execução no Processo do Trabalho*, do ano de 2005, o jurista seguia afirmando que, "(...) tratando-se de grupo econômico (CLT, art. 2º, §2º, da CLT), a execução, mesmo assim, somente poderá ser promovida em relação àquelas empresas que participaram do processo de conhecimento",[422] posição que não viria a abandonar apesar de a jurisprudência do TST, no resgate da concreta eficácia do comando de direito material do §2º do art. 2º da CLT, orientar-se em sentido contrário.

No debate dessa matéria, cumpre referir o magistério de um dos maiores especialistas em execução da jurisdição trabalhista. Para Wolney de Macedo Cordeiro (2017, p. 148), o posicionamento que negava a possibilidade da legitimação extraordinária[423] do integrante do grupo econômico em nosso direito encontrava-se dissociado da melhor processualística e "de há muito foi afastado da jurisprudência, sendo inequívoca a possibilidade de responsabilização *a posteriori* da empresa componente do grupo econômico".

É sabido que as empresas do grupo econômico trabalhista se caracterizam como sujeitos de direito vinculados de forma solidária às obrigações trabalhistas contraídas pelo sujeito aparente – a empresa que anota o contrato de trabalho na CTPS do empregado. Essa conclusão decorre da previsão do art. 2º, §2º, da CLT, preceito que estabelece que as empresas integrantes do grupo econômico são responsáveis solidariamente pelas obrigações trabalhistas contraídas pelo sujeito aparente. De acordo com a conhecida lição de Amauri Mascaro Nascimento (2006, p. 141), a identificação do grupo econômico como sujeito responsável pelas obrigações contraídas pelo sujeito aparente tem por finalidade assegurar a solvabilidade dos

---

[422] Se esse entendimento não é explicitado, em 2017, quando o jurista comenta as alterações introduzidas no instituto do grupo econômico pela reforma trabalhista instituída pela Lei nº 13.467/2017, na obra *O processo do trabalho e a reforma trabalhista* (São Paulo: LTr, 2017, p. 16/19), o jurista, nada obstante o cancelamento da Súmula nº 205 do TST, segue afirmando a necessidade de prévio litisconsórcio passivo como condição de possibilidade para o redirecionamento da execução às demais empresas do grupo econômico, conforme se constata na 3ª edição de sua obra *Comentários ao Código de Processo Civil sob a perspectiva do processo do trabalho* (São Paulo: LTr, 2019, p. 949).

[423] A legitimação da empresa integrante do grupo econômico para responder pela execução do crédito trabalhista é compreendida como modalidade de legitimação extraordinária, porque a integração da empresa no polo passivo da execução decorre do fato dela não figurar no título executivo e nem compor, diretamente, a relação jurídica de direito material existente entre o empregado-exequente e o sujeito aparente-empregador; mas decorre da teoria do grupo econômico como empregador único e da previsão legal de solidariedade fixada no art. 2º, §2º, da CLT.

créditos trabalhistas,[424] créditos aos quais o sistema de direito confere superprivilégio legal previsto no art. 186 do CTN[425] (BRASIL, 1966) e a jurisprudência cível identifica como créditos *necessarium vitae* (BRASIL, 2002, p. 207).

A doutrina construiu a concepção teórica de que o grupo econômico trabalhista é expressão do fenômeno do denominado *empregador único*, no qual as empresas componentes do grupo econômico, nada obstante tenham cada qual sua personalidade jurídica própria, respondem solidariamente pelas obrigações trabalhistas inadimplidas pelo sujeito aparente, figurando, todas elas, como se fossem um único empregador para os efeitos da relação de emprego, com vistas a prover a solvabilidade dos créditos trabalhistas. Para fins de imputação de responsabilidade jurídica, são um único ente econômico, de modo que o grupo econômico passa a deter uma *quase* personalidade jurídica, que somente se deixa compreender no âmbito da autonomia do Direito do Trabalho.

Por força do princípio da despersonalização das obrigações trabalhistas, os beneficiários do trabalho prestado pelo empregado respondem pelos créditos trabalhistas respectivos, independentemente de questões formais acerca da autonomia patrimonial derivada da existência de personalidades jurídicas distintas, conforme sustentei em artigo publicado na Revista LTr (2019, p. 140-152). O grupo econômico trabalhista beneficia-se do trabalho prestado pelo empregado contratado formalmente pelo sujeito aparente. A responsabilidade passiva "do grupo" decorre do benefício obtido pela prestação laboral realizada diretamente em favor do sujeito aparente e indiretamente em favor de todo o grupo.

A opção do grupo pela concentração econômica, se lhe fortalece no âmbito da economia, lhe obriga no âmbito do Direito do Trabalho e não é compatível com uma artificial dissociação da relação de benefício econômico e de responsabilidade social na qual o grupo econômico trabalhista ganha perfil *sui generis*. É nessa amálgama de direitos e obrigações que o grupo econômico trabalhista se especializa como instituto revelador do *particularismo* do Direito do Trabalho.

A locução empregada por Héctor-Hugo Barbagelata – *o particularismo do Direito do Trabalho* – empresta à ciência do direito laboral uma ferramenta linguística pela qual se faz compreensível o significado do conceito de autonomia científica do Direito do Trabalho.[426] Pois bem, é a partir dessa autonomia científica que se pode aceder à compreensão do conceito de grupo econômico

---

[424] Francisco Ferreira Jorge Neto identifica essa mesma finalidade no instituto do grupo econômico trabalhista, quando observa que a solidariedade econômica das empresas integrantes do grupo econômico "pretende evitar os prejuízos que podem sofrer os trabalhadores diante das manobras praticadas pelas empresas que compõem o grupo".

[425] "Art. 186. O crédito tributário prefere a qualquer outro, seja qual for sua natureza ou o tempo de sua constituição, ressalvados os créditos decorrentes da legislação do trabalho ou do acidente de trabalho".

[426] *El particularismo del derecho del trabajo y los derechos humanos laborales*. 2. ed. Montevideo: Fundación de Cultura Universitária, 2009, p. 39.

trabalhista enquanto empregador único – e responsável solidário pelo débito trabalhista do sujeito aparente por intermédio das pessoas jurídicas integrantes do conglomerado. Dotado de um simétrico particularismo, o grupo econômico trabalhista distingue-se do grupo de empresas que se caracteriza no Direito Civil e no Direito Empresarial, sendo, por isso, reconhecido, na teoria jurídica laboral, como concreta expressão institucional da autonomia científica que singulariza a ciência do Direito do Trabalho.

Retomando a questão antes levantada, cumpre lembrar que, na lição de Ovídio Baptista da Silva, a solidariedade não é causa para impor a formação de litisconsórcio necessário, podendo o credor veicular sua pretensão contra apenas um dos devedores solidários.

Escrevendo à época da vigência do CPC de 1973, o jurista ponderara:

> (...) Devemos, igualmente, repelir a concepção por muitos adotada de que o Código haja, no inciso I do art. 46, indicado a comunhão de direitos ou de obrigações como fonte de litisconsórcio necessário. De modo algum. A comunhão no direito ou na obrigação tanto pode gerar uma forma de litisconsórcio necessário quanto outra de litisconsórcio simples facultativo. Assim, por exemplo, os credores solidários podem acionar individualmente o devedor comum, bem como os devedores solidários podem ser, igualmente, acionados separadamente por um, vários ou todos os credores; um condômino apenas pode, sozinho, reivindicar o bem comum, sem necessidade de litisconsorciar-se aos demais condôminos, embora seja o condomínio, como a solidariedade, hipóteses típicas de comunhão de direitos e obrigações. (SILVA, 1991, p. 199)

A experiência ordinária revela que a integração das empresas do grupo econômico no polo passivo processo costuma ocorrer na fase execução. Assim costuma ocorrer porque é na fase de execução que se vai constatar que o sujeito aparente – a empresa do grupo econômico que anota a CTPS do empregado – não tem bens para responder pelo crédito exequendo. A integração das empresas do grupo econômico ao processo na fase de execução é realizada com fundamento na solidariedade econômica prevista no art. 2º, §2º, do CPC. De acordo com Francisco Antonio de Oliveira:

> (...) Em se mostrando inidônea econômica e financeiramente a empresa contratante, participante de grupo econômico, a penhora poderá recair sobre bens de outras empresas do grupo, posto que a garantia prevista no §2º do art. 2º é econômica, e não processual. (OLIVEIRA, 2018, p. 345)

Com o cancelamento da Súmula nº 205 do TST, a jurisprudência que a partir de então se consolidou no âmbito do Tribunal Superior do Trabalho está assentada na noção de que está superada a concepção de que o redirecionamento da execução contra as empresas do grupo econômico exigiria prévia formação de litisconsórcio passivo entre o sujeito aparente e as demais empresas do grupo econômico. A atual jurisprudência do TST está assentada na afirmação da juridicidade da concepção de que o redirecionamento da execução contra as empresas do grupo econômico pode ser veiculada mediante litisconsórcio facultativo simples; o que significa afirmar, outrossim, que a integração das empresas do grupo econômico no processo pode então ser realizada na fase de execução. Conforme o magistério de Wolney de Macedo Cordeiro (2017, p. 149), a responsabilização *a posteriori* dos demais integrantes do grupo econômico permite a inserção de novos executados capazes de permitir a solvabilidade do crédito reconhecido no título.

8.4 Grupo econômico e coisa julgada

Quando as empresas do grupo econômico são colocadas – por livre opção do autor – no polo passivo da demanda desde a propositura da ação de conhecimento, a sentença que declara a existência de grupo econômico faz coisa julgada material quanto à correspondente declaração, tornando-se desnecessária a rediscussão dessa *questão* na fase de execução. Na verdade, mais do que desnecessária, a discussão quanto à existência de grupo econômico é *questão* que já não pode mais ser reaberta em face da coisa julgada material formada a respeito desta matéria neste processo. De modo que, nessa hipótese, a questão da existência do grupo econômico encontra-se definida e não precisará ser novamente investigada na fase de execução *deste processo*, porquanto sobre essa *questão* formou-se coisa julgada material.

O problema que se coloca então é o de se saber se a coisa julgada formada acerca da existência de grupo econômico neste primeiro processo pode ser aproveitada por outros credores trabalhistas contratados pelo mesmo sujeito aparente – *em processos posteriores* –, sem a necessidade de se ter novamente que enfrentar contraditório e ulterior decisão acerca dessa *questão*. A resposta é fornecida pelo §1º do art. 503 do CPC. A resposta fornecida pelo referido preceito legal é afirmativa: outros credores trabalhistas contratados pelo mesmo sujeito aparente *poderão se aproveitar* da coisa julgada formada no processo anterior sobre essa mesma questão – a existência de grupo econômico –, sem necessidade de novo contraditório e de nova decisão sobre a *questão*.

A afirmação *supra* requer explicação. A explicação radica na própria *ratio legis* do §1º do art. 503 do CPC. O preceito legal em estudo tem inspiração nos princípios da segurança jurídica e da eficiência da administração pública. Visa à estabilidade das decisões judiciais. A didática lição é de Marinoni:

> A coisa julgada sobre questão tutela as decisões judiciais, impedindo a sua desconsideração, modificação e rediscussão. Isso ocorre em nome da autoridade do Judiciário, expressa nas

suas decisões, bem como da estabilidade das relações sociais, da segurança jurídica, da coerência do direito e da eficiência da administração da justiça. (MARINONI, 2018, p. 116)

Comentando a finalidade da norma do §1º do art. 503 do CPC, José Rogério Cruz e Tucci traz exemplo didático para a compreensão da temática da questão prejudicial, referindo-se à situação em que prévio reconhecimento da existência de união estável é questão prejudicial que subordina a questão principal relativa à partilha dos bens dos companheiros. Afirma o jurista:

> A opção legislativa aqui regrada autoriza, portanto, que se decida também com força de coisa julgada determinada questão jurídica logicamente subordinante daquela que constitui a questão principal, como, v.g., o reconhecimento de união estável, numa demanda em que se visa à partilha de bens comuns. (MARINONI; ARENHART; MITIDIERO, 2017, p. 193)

Conforme exposição introdutória apresentada no item 8.2 do presente capítulo, podemos afirmar, ao adentrar no tema especifico do grupo econômico, que a *responsabilidade* da empresa do grupo econômico é a *questão principal*; enquanto que a *existência* de grupo econômico é a *questão subordinante*, denominada pela lei de *questão prejudicial*. Dito de outra forma, a *existência* de grupo econômico é a *questão prejudicial* à *questão principal* da *responsabilidade* da empresa do grupo econômico, chamada ao processo para responder pela dívida trabalhista em face da legitimação passiva que se lhe atribuiu, exatamente porque a responsabilidade da empresa *subordina-se* ao reconhecimento da existência do grupo econômico.

No estudo do instituto da coisa julgada, a doutrina ensina que a sentença adquire, com o seu trânsito em julgado, os atributos da imutabilidade e da indiscutibilidade (CPC, art. 502). Enquanto a *imutabilidade* da sentença consiste no óbice de uma nova ação idêntica àquela já definida pela autoridade da coisa julgada, a *indiscutibilidade*

> (...) repercute em quaisquer processos, nos quais o julgamento do pedido deduzido pelo autor – a lição é de José Rogério Cruz e Tucci – depender do julgamento de questão prévia, que tenha sido decidida *principaliter* em precedente processo, pendente entre as mesmas partes. Como enfatiza Botelho de Mesquita, o juiz do processo sucessivo está obrigado a tomar como premissa de sua decisão o resultado do processo anterior". (MARINONI; ARENHART; MITIDIERO, 2017, p. 183)

Resgatada a precitada lição da doutrina, o leitor perceberá que a coisa julgada de questão prejudicial[427] prevista no §1º do art. 503 do CPC está relacionada à indiscutibilidade da sentença, porquanto a eficácia dessa indiscutibilidade *repercute*

---

[427] A doutrina usa denominar a questão prejudicial de *questão prévia*. A solução da questão principal depende da solução dada à questão prévia. Em outras palavras, a definição da questão prévia sobredetermina a solução a ser dada à questão principal.

em quaisquer processos futuros nos quais se apresente a mesma questão anteriormente decidida, inviabilizando – para a parte – a rediscussão da questão prévia já decidida expressamente; e inviabilizando – para o juízo – a redecisão dessa mesma questão.

8.5 Coisa julgada de questão prejudicial

O preceito legal em estudo tem por objetivo impedir a rediscussão – *em processo posterior* – de questão prejudicial decidida expressamente em *processo anterior*. A conclusão decorre do fato de que o legislador, pela redação do §1º do art. 503 do CPC, optou por atribuir força de coisa julgada à questão prejudicial assim expressamente decidida, ainda que a decisão da questão prejudicial não tenha sido objeto de pedido das partes. Daí o magistério de Luiz Guilherme Marinoni, Sérgio Cruz Arenhart e Daniel Mitidiero afirmar:

> No novo Código, tendo o juiz competência absoluta para conhecer da questão prejudicial, sendo o procedimento de cognição exauriente e tendo havido contraditório prévio e efetivo, a solução da questão prejudicial pode ser objeto do dispositivo e, portanto, sua resolução pode fazer coisa julgada (art. 503, §1º, CPC). (MARINONI; ARENHART; MITIDIERO, 2016, p. 602)

A coisa julgada sobre *questão prejudicial* impedir a admissão da relitigação da *questão* já discutida e decidida. Essa coisa julgada dirige-se – a formulação é de Marinoni (2018, p. 116) – tanto contra a parte vencida quanto contra o juiz dos casos futuros: a parte fica impedida de invocar novamente a questão e o juiz compelido a impedir a rediscussão da *questão*, o que significa dizer que ao juiz – a qualquer juiz – estará vedado redecidir a *questão*.

Contudo, para que a coisa julgada sobre questão prejudicial tenha aplicação no processo posterior é necessário que no processo anterior a discussão tenha ocorrido em relação *àquela mesma questão prejudicial* que volta a ficar caracterizada no processo posterior. Além da identidade da mesma questão prejudicial, é necessário – a lição de Marinoni (2018, p. 119) é didática – que aquele que será atingido pela coisa julgada sobre a questão tenha tido a oportunidade de discutir a questão no processo anterior – o que pressupõe a possibilidade de debate, de produção de provas e de eventual recurso sobre a decisão correspondente. É dizer: a coisa julgada pode ser aplicada em processo posterior somente contra parte que tenha tido plenas condições de discutir a questão prejudicial em processo anterior, no qual pôde discutir plenamente essa mesma questão – a existência de grupo econômico, por exemplo, para ficar no âmbito do tema em estudo.

A necessidade de que a parte tenha tido plenas condições de discutir a questão prejudicial é conclusão decorre da circunstância de que, consoante preleciona Wolney de Macedo Cordeiro, tratando-se de modalidade de legitimação passiva extraordinária:

> (...) não houve a integração do executado no âmbito da cognição prévia, ocasião em que poderia ter discutido a sua condição de responsável pela obrigação cobrada judicialmente. Ao desencadear uma responsabilização extraordinária, por óbvio, não é possível tolher-se a faculdade de o devedor exercer na plenitude seu direito ao contraditório. (CORDEIRO, 2017, p. 150)

É necessário esclarecer que, na doutrina predominante, o direito ao exercício pleno do contraditório aqui é o direito ao exercício pleno do contraditório acerca da alegação que não pertencer, a empresa chamada a responder, ao grupo econômico, com a possibilidade de produção de provas e acesso ao duplo grau de jurisdição. Esse contraditório não abrange a rediscussão da condenação do sujeito aparente, ocorrida na fase de conhecimento do processo, na qual somente o sujeito aparente era detentor da pertinência subjetiva necessária à contestação das pretensões de direito material deduzidas na petição inicial. Tal esclarecimento faz-se necessário, sob pena de o operador jurídico incidir no equívoco de se pretender dar à empresa do grupo econômico oportunidade de reabrir a discussão acerca da coisa julgada formada contra o sujeito aparente, o qual era a única parte legitimada à contestação das pretensões de direito material deduzidas na petição inicial; além disso, somente o sujeito aparente tinha condições reais de contestar a ação de conhecimento, na medida em que somente o sujeito aparente detém os registros documentais que a legislação impõe ao empregador por força do dever legal de documentação da relação de emprego.

O legislador impôs, nos incisos I a III do §1º do art. 503 do CPC, determinados requisitos para que a questão prejudicial possa fazer coisa julgada. São requisitos cumulativos. A didática síntese de José Rogério Cruz e Tucci justifica a reprodução da lição:

> (...) pode ser abrangida pela coisa julgada questão prejudicial, expressa e incidentalmente, decidida, quando, cumulativamente, preencher os pressupostos exigidos pelos incisos I a III do §1º do art. 503, quais sejam: a) de sua resolução depender o julgamento da questão principal (prejudicada); b) que sobre o *thema decidendum* da prejudicial ocorrido efetivo contraditório, excluindo-se, portanto, a hipótese de revelia; e c) o juízo perante o qual pende a demanda for também competente, *ratione materiae* e *ratione personae* para resolver a questão prejudicial. (MARINONI; ARENHART; MITIDIERO, 2017, p. 194)

Entretanto, uma vez assegurado pleno contraditório no debate da questão prejudicial, não se justifica, na perspectiva racionalizadora assumida pelo legislador no §1º do art. 503 do CPC, permitir que se possa rediscutir essa questão prejudicial em processos futuros, sob pena de o sistema de direito incidir em:

> (...) prejuízos à coerência do direito, à segurança jurídica, à autoridade do Judiciário e ao dever de eficiência do Estado, que não pode gastar tempo e dinheiro com a produção de prova e a discussão de uma questão que já foi objeto de adequado contraditório em processo anterior, sob pena de estar admitindo que pode gastar o dinheiro dos contribuintes com a litigação desnecessária. (MARINONI, 2018, p. 121)

8.6 A teoria da representação virtual

É bem verdade que a teoria da *virtual representation*[428] admite que aquele que não foi parte no processo pode ser prejudicado pela decisão nele proferida. A teoria da *virtual representation* está estruturada sob o fundamento de que, em se tratando de hipótese em que há identidade de interesses entre os sujeitos, a decisão pode prejudicar terceiro quando a parte, titular de interesse idêntico, discutiu plenamente a questão. De acordo com essa teoria, a parte apresenta-se como representante virtual da não parte em face da identidade de interesses existente entre elas, o que justificaria – a síntese é de Marinoni (2018, p. 123) – a extensão da coisa julgada em prejuízo do terceiro que não foi parte no processo.

No direito processual civil brasileiro, a adoção da teoria de representação virtual é cogitada por Cândido Rangel Dinamarco quando o jurista examina o problema da extensão subjetiva dos efeitos da sentença nas obrigações solidárias[429] e afirma que aquele que figurar na relação processual sem os demais em litisconsórcio será substituto processual dos não participantes. Todavia, o jurista pondera que é controvertida a constitucionalidade dessa extensão dos efeitos da coisa julgada a terceiros. Mais enfática é a posição assumida por Cassio Scarpinella Bueno (2003, p. 304) diante de obrigações solidárias, autor para o qual os devedores solidários ficam subordinados, por imposição do sistema jurídico brasileiro, à coisa julgada formada contra um dos devedores solidários, ainda que não tenham sido parte. Cassio Scarpinella Bueno não questiona a constitucionalidade dessa extensão dos efeitos da coisa julgada.

Uma breve resenha dessa controvérsia teórica será útil à fixação dos contornos do problema da extensão dos efeitos da coisa julgada a terceiros nas obrigações solidárias.

---

[428] Não há como deixar de associar a teoria da *virtual representation* à concepção segundo a qual ao grupo econômico é atribuída a histórica condição de *empregador único* desde o advento da Lei nº 435/1937, mediante ficção jurídica por meio da qual se torna então possível transcender a autonomia patrimonial das empresas do conglomerado econômico, para compreendê-las enquanto expressões interdependentes do mesmo fenômeno da Economia que ao Direito do Trabalho cumpre civilizar.

[429] É o caso da responsabilidade solidária atribuída às empresas integrantes do grupo econômico no §2º do art. 2º da CLT.

Dinamarco assevera que:

> (...) os efeitos da sentença estendem-se também, segundo a disciplina da solidariedade contida no Código Civil, *aos credores ou aos devedores solidários*. A legitimidade ativa e passiva *ad causam* de um e de outros, ali estabelecida (arts. 267 e 275), é a primeira das projeções processuais do sistema consistente em tratar *in solidum* os direitos ou as obrigações de todos, como se fossem um só. (DINAMARCO, 2009, p. 329)

No prosseguimento de seu raciocínio, o jurista argumenta que, ao lado da ficção de unidade da obrigação como um todo, em alguma medida a todos os credores ou devedores estendem-se os efeitos da sentença que decidir sobre esta, ressalvado ao que pagar por tudo o direito ao rateio; simetricamente (art. 283), àquele que receber o valor total impõe-se o dever de ratear (*supra*, nº 898). E conclui: "(...) É também consenso generalizado que a imutabilidade desses efeitos, assegurada pela autoridade da coisa julgada material, estende-se a todos os devedores solidários que não hajam participado do processo".

Entretanto, Dinamarco pondera que essa extensão subjetiva da eficácia da coisa julgada aos devedores solidários que não hajam participado do processo não é imune ao questionamento de sua constitucionalidade, dado que colhe sujeitos que, por não terem sido parte, não tiveram acesso ao contraditório processual. O jurista acrescenta:

> Em defesa desse sistema milita o sério fundamento, vindo do direito material, de que, ao dispor-se a ser devedor em solidariedade, a pessoa subordina-se às normas e aos riscos inerentes a elas (casos de solidariedade em virtude de contrato). Aquele que figurar na relação processual sem os demais em litisconsórcio será *substituto processual* dos não-participantes. Esse é um tema ainda sem suficiente maturação na doutrina ou nos tribunais. (DINAMARCO, 2009, p. 329)

Já para Cassio Scarpinella Bueno, a questão não demandaria a cautela que leva Dinamarco a questionar a constitucionalidade da extensão dos efeitos da coisa julgada a terceiros devedores solidários. Scarpinella Bueno (2003, p. 304) afirma: "(...) nos casos de solidariedade é que há regra de legitimação extraordinária e, por isso, mesmo que os devedores solidários não ajam ao lado do réu como litisconsortes, ficarão eles sujeitos à coisa julgada por imposição do sistema".

Em posição oposta, José Rogério Cruz e Tucci (2017, p. 225) assume orientação contrária à possibilidade de adesão à teoria da representação virtual, afirmando ser "insustentável, outrossim, o ponto de vista que entende ser o devedor acionado substituto processual dos outros, subordinando-se todos eles ao vínculo da coisa julgada".

Nada obstante a teoria da representação virtual tenha conquistado adeptos tanto na teoria processual brasileira[430] quanto em decisões de algumas cortes estadunidenses, a Suprema Corte dos Estados Unidos viria rejeitá-la sob o fundamento de que a extensão de coisa julgada em prejuízo de terceiros rompe a tradição que assegura a todos o direito de ter o seu dia perante a Corte. Essa orientação é a que parece se harmonizar com o sistema adotado pelo CPC de 2015 sobre o tema, porque o novo Código, para superar "(...) um notório equívoco histórico" do CPC de 1973, optou por ser explícito quanto ao fato de a coisa julgada não poder prejudicar terceiros (art. 506), abrindo ensejo para acolher a doutrina que vinha sustentando que a coisa julgada pode beneficiar terceiros. Daí a afirmação de José Rogério Cruz e Tucci (2017, p. 215): "Não pode haver prejuízo! Contudo, nada obsta que a posição jurídica de terceiros seja efetivamente beneficiada pela eficácia da decisão de mérito".

Pode ser o caso do reclamante que se beneficia da coisa julgada material, formada em processo anterior de seu colega de trabalho contra o mesmo sujeito aparente, quanto à existência de grupo econômico entre o sujeito aparente e a(s) empresa(s) do conglomerado. Isso porque aquele reclamante do processo posterior enquadra-se na condição jurídica de *terceiro juridicamente beneficiado pela coisa julgada*, formada no processo anterior, conforme se extrai da seguinte lição de José Rogério Cruz e Tucci:

> Saliente-se, por outro lado, que alguém, estranho ao processo, pode ser beneficiado pelo resultado nele determinado. E aqui também há de fazer-se a distinção entre os *terceiros beneficiados de fato*, que, de forma indireta, acabam sendo favorecidos, e. g., os credores, pela vitória do devedor comum numa ação reivindicatória; e os *terceiros juridicamente beneficiados*, que se subordinam à autoridade da coisa julgada. Nessa derradeira situação, a extensão *ultra partes* geralmente ocorre porque o terceiro, no plano do direito material, situa-se na mesma posição jurídica de um dos demandantes ou então é titular de relação conexa com a *res de qua agitur*. É mais do que suficiente, para esclarecer tal hipótese, o enunciado do art. 274 do CC: 'O julgamento contrário a um dos credores solidários não atinge os demais, mas o julgamento favorável aproveita-lhes (...). (MARINONI; ARENHART; MITIDIERO, 2017, P. 221, grifo do autor)

8.7 Coisa julgada de questão prejudicial decidida na fase de execução

Quando o credor trabalhista atribui responsabilidade pela satisfação do crédito exequendo a determinada empresa sob alegação de que essa empresa integra o grupo econômico do sujeito aparente (CLT, art. 2º, §2º), essa imputação

---

[430] Cândido Rangel Dinarmaco e Cassio Scarpinella Bueno, por exemplo.

de *responsabilidade* constitui a *questão principal*, enquanto que a *questão prejudicial* é constituída pela controvérsia acerca da *existência* do grupo econômico. A *questão subordinada* é a responsabilidade da empresa chamada a satisfazer o crédito exequendo. A *questão subordinante* é a existência do grupo econômico integrado pela referida empresa e pelo sujeito aparente. Como já destacado anteriormente, a *questão prévia* da existência do grupo econômico é antecedente lógico à *questão principal* – a responsabilidade da empresa do grupo.

Uma vez transitada em julgado a decisão na qual se reconheceu que a empresa incluída no polo passivo da execução integra o grupo econômico de que participa o sujeito aparente e, por isso, tem a reponsabilidade solidária prevista no art. 2º, §2º, da CLT, a referida empresa estará definitivamente – daí para o futuro – subordinada à coisa julgada formada sobre a questão prejudicial da existência do grupo econômico e de sua condição empresa de integrante do grupo econômico, responsável solidária, não mais podendo rediscutir o tema nas próximas demandas, na medida em que já exerceu o contraditório no primeiro processo, onde se formou a coisa julgada sobre essa questão prejudicial, coisa julgada cuja autoridade não mais poderá ser desconhecida – seja pela parte, seja pelo juízo.

Afirmei antes que quando as empresas integrantes do grupo econômico são colocadas – por livre opção do autor – no polo passivo da demanda desde a propositura da ação de conhecimento, a sentença que declara a existência de grupo econômico faz coisa julgada material quanto à correspondente declaração, tornando-se inviável a rediscussão dessa *questão* na fase de execução. De modo que, nessa hipótese, a questão da existência de grupo econômico encontra-se definida com força de coisa julgada material e não poderá ser novamente rediscutida na fase de execução *deste processo*, quanto à(s) referida(s) empresa do grupo econômico, porquanto sobre essa *questão* formou-se coisa julgada material.

Afirmei, outrossim, que, a teor da previsão do §1º do art. 503 do CPC, a coisa julgada formada acerca da existência de grupo econômico em processo anterior pode ser aproveitada por outros credores trabalhistas contratados pelo mesmo sujeito aparente – em processos posteriores –, sem a necessidade de se ter novamente contraditório e ulterior decisão acerca dessa *questão prejudicial*.

A mesma lógica jurídica aplica-se quando a declaração de existência de grupo econômico ocorre *na fase de execução* de determinado processo, hipótese em que a coisa julgada material formada sobre essa *questão prejudicial* beneficiará outros credores trabalhistas contratados pelo mesmo sujeito aparente, nos respectivos processos. Em outras palavras, outros credores trabalhistas contratados pelo mesmo sujeito aparente poderão, nos respectivos processos, opor às empresas do grupo econômico a autoridade da coisa julgada material já formada sobre a questão prejudicial da existência do grupo econômico.

O que significa dizer que as empresas do grupo econômico – aquelas que já tenham tido a oportunidade de exercer contraditório acerca de sua indigitada condição de empresas componentes do grupo econômico – já não mais poderão rediscutir essa questão prejudicial nos processos posteriores. Isso porque a parte que discutiu a questão prejudicial em processo anterior está proibida de provocar novo litígio sobre essa questão, a teor da norma do §1º do art. 503 do CPC. Da mesma forma, a coisa julgada material formada obrigará também ao juízo – a qualquer juízo, diga-se –, que não poderá admitir a rediscussão da questão, devendo declarar a existência de coisa julgada, para extinguir o processo sem resolução do mérito *nesse particular* (CPC, art. 485, V).

Assim, tenha o reconhecimento da existência de grupo econômico feito coisa julgada a partir de decisão proferida na fase de conhecimento do processo trabalhista, tenha tal reconhecimento feito coisa julgada a partir de decisão proferida na fase de execução do processo trabalhista, uma vez que tenha sido assegurado amplo contraditório à(s) empresa(s) do grupo econômico, a coisa julgada material assim caracterizada poderá ser oposta à(s) referida(s) empresa(s) do grupo econômico nos processo subsequentes, a teor do art. 503, §1º, do CPC, para impedir nova discussão sobre essa questão e, por conseguinte, para impedir nova decisão sobre essa questão, em respeito à autoridade da coisa julgada material formada acerca da questão prejudicial da existência do grupo econômico reconhecido anteriormente em juízo; mais precisamente, acerca de a(s) empresa(s) incluída(s) no polo passivo da execução integrar(em) o grupo econômico de que faz parte o sujeito aparente.

# HIPOTECA JUDICIÁRIA E EXECUÇÃO EFETIVA

> *A hipoteca judiciária é plus – cria vínculo real, de modo que, na execução imediata ou mediata, está o vencedor munido de direito de sequela, que não tinha. Daí resulta que os bens gravados por ela podem ser executados como se a dívida fosse coisa certa, ainda se em poder de terceiro, que os haja adquirido sem fraude à execução. Não há boa-fé em tal aquisição, porque a hipoteca judiciária opera como qualquer outra hipoteca. (...) O exequente tem o direito de prosseguir na execução da sentença contra os adquirentes dos bens do condenado.*
>
> Pontes de Miranda

9.1 A Súmula nº 375 do STJ: proteção ao terceiro adquirente de boa-fé

Instituto previsto no art. 466 do Código de Processo Civil de 1973 e mantido no art. 495 CPC de 2015,[431] a hipoteca judiciária tem sido pouco utilizada por magistrados e advogados, em que pese sua utilidade para a efetividade da execução. O advento da Súmula nº 375 do Superior Tribunal de Justiça (STJ), entretanto, veio resgatar a atualidade deste instituto esquecido pela prática judiciária.[432] A afirmação de que o advento dessa súmula do STJ veio a resgatar

---

[431] CPC: "Art. 495. A decisão que condenar o réu ao pagamento de prestação consistente em dinheiro e a que determinar a conversão de prestação de fazer, de não fazer ou de dar coisa em prestação pecuniária valerão como título constitutivo de hipoteca judiciária".

[432] PONTES DE MIRANDA. *Comentários ao Código de Processo Civil*. Rio de Janeiro: Forense, 1974. tomo V, p. 112: "Fundamento da hipoteca judiciária, no direito brasileiro, é permitir-se que o vencedor da ação não vá, desde logo, às medidas constritivas cautelares ou de execução (arresto, penhora), alarmando os credores do condenado ou diminuindo-lhes, com tais medidas judiciais, o crédito. Aguarda-se melhor momento para a execução. Por outro lado, pode munir de garantia o vencedor, antes de se julgar em último grau a ação, e o arresto não impediria que o condenado contraísse outras dívidas. Ressalta, assim, a função econômica e jurídica da hipoteca judiciária".

a atualidade do instituto da hipoteca judiciária reclama explicação. É o que tento fazer a seguir.

A Súmula nº 375 do STJ assenta o entendimento de que "o reconhecimento da fraude à execução depende do registro da penhora do bem alienado ou da prova de má-fé do terceiro adquirente".[433]

A leitura do verbete revela que a Súmula nº 375 do STJ visa proteger o terceiro que adquiriu de boa-fé o bem do executado. Há uma clara opção pela tutela jurídica do terceiro adquirente de boa-fé e pela estabilidade jurídica do negócio celebrado entre o executado e o terceiro adquirente de boa-fé.

Editada em 30.03.2009, a Súmula nº 375 do STJ teve inspiração no art. 240 da Lei dos Registros Públicos (LRP) e no art. 659, §4º, do Código de Processo Civil de 1973.

O art. 240 da Lei Registros Públicos estabelece: "Art. 240. O registro da penhora faz prova quanto à fraude de qualquer transação posterior".

Já o §4º do art. 659 do Código de Processo Civil atribuía ao credor o ônus de registrar a penhora no cartório de registro de imóveis. Isso para que se estabelecesse presunção absoluta de conhecimento por terceiros da existência da penhora. A redação do §4º do art. 659 do CPC de 1973 foi dada pela Lei nº 11.382, de 06.12.2006: "§4º. A penhora de bens imóveis realizar-se-á mediante auto ou termo de penhora, cabendo ao exequente, sem prejuízo da imediata intimação do executado (art. 652, §4º), providenciar, para presunção absoluta de conhecimento por terceiros, a respectiva averbação no ofício imobiliário, mediante a apresentação de certidão de inteiro teor do ato, independentemente de mandado judicial". Idêntico encargo processual é atribuído ao exequente no art. 844 do CPC de 2015: fazer averbar o arresto ou a penhora no registro competente.

Como é de intuitiva percepção, é muito difícil para o credor prejudicado provar que o terceiro adquirente agiu de má-fé ao adquirir o bem do executado. De acordo com inteligência da súmula, cabe ao credor prejudicado provar que o terceiro adquirente tinha conhecimento da existência da ação movida contra o executado-alienante. A má-fé do terceiro adquirente caracteriza-se pela prova de que ele tinha ciência da existência de demanda contra o executado por ocasião da aquisição do bem. Esse ônus de prova é atribuído ao credor, conforme se pode deduzir da parte final da Súmula nº 375 do STJ.

A comprovação do conhecimento da existência da ação – pendente contra o executado – é que caracterizará a má-fé do terceiro adquirente na aquisição. Não havendo tal comprovação, a diretriz da súmula é a de não reconhecer fraude à

---

[433] Súmula nº 375 do STJ: "O reconhecimento da fraude à execução depende do registro da penhora do bem alienado ou da prova da má-fé do terceiro adquirente". A Súmula nº 375 do STJ foi editada em 30.3.2009.

execução, preservando-se a eficácia do negócio realizado entre o executado e o terceiro adquirente de boa-fé – em detrimento do interesse do credor prejudicado pela alienação do bem do executado.

9.2 A hipoteca judiciária como remédio contra os males da Súmula nº 375 do STJ

Contudo, se, por ocasião da sentença, o juiz tomar a iniciativa de determinar o registro da hipoteca judiciária na matrícula dos bens da empresa reclamada, a existência desse gravame será considerada de conhecimento geral, pois o cartório de registro de imóveis é um registro público, que pode ser consultado por todas as pessoas. A iniciativa do juiz de determinar o registro da hipoteca judiciária era providência expressamente prevista no art. 466 do CPC de 1973,[434] a ser realizada de ofício. A licitude dessa iniciativa do juízo era reconhecida pela doutrina elaborada acerca da interpretação do art. 466 do CPC de 1973 e permaneceu sendo reconhecida pela doutrina elaborada acerca do art. 495 do CPC de 2015, conforme demonstrado no item 9.3.2.

Feito o registro da hipoteca judiciária, o terceiro adquirente já não mais poderá alegar a condição de adquirente de boa-fé, pois tinha acesso à informação[435] da existência de ação judicial contra o alienante (o futuro executado), situação em que o terceiro adquirente passa a ser considerado adquirente de má-fé.[436] Deixa de ser considerado adquirente de boa-fé e passa à condição jurídica de adquirente de má-fé. Em outras palavras, o registro da hipoteca judiciária esvazia a alegação de ter o terceiro adquirido o imóvel de boa-fé e atua para fazer caracterizar fraude à execução no negócio celebrado entre a empresa reclamada e o terceiro adquirente. Aliás, o CPC de 2015 explicitou caracterizar fraude à execução a alienação de imóvel gravado por prévia hipoteca judiciária, positivando essa consequência jurídica no preceito do inciso III do art. 792.

A teoria jurídica identifica a hipoteca judiciária como efeito anexo imediato da sentença condenatória.[437] Tal identificação decorre da expressa previsão legal de que a sentença condenatória é título constitutivo de hipoteca judiciária (CPC/1973, art. 466; CPC, art. 495). Na lição de *Luiz Guilherme Marinoni* e de

---

[434] CPC: "Art. 466. A sentença que condenar o réu no pagamento de uma prestação, consistente em dinheiro ou coisa, valerá como título constitutivo de hipoteca judiciária, cuja inscrição será ordenada pelo juiz na forma prescrita na Lei de Registros Públicos".

[435] Com o registro da hipoteca judiciária, o terceiro passa a ter a possibilidade de informar-se, junto ao Cartório do Registro de Imóveis, da existência de ação judicial contra o executado.

[436] PONTES DE MIRANDA. *Comentários ao Código de Processo Civil*. Rio de Janeiro: Forense, 1974. tomo V, p. 111.

[437] SILVA, Antônio Álvares da. *Execução provisória trabalhista depois da reforma do CPC*. São Paulo: LTr, 2007, p. 104: "A hipoteca judiciária é automática e será ordenada pelo juiz, como determina o art. 466 do CPC".

Daniel Mitidiero, "a eficácia anexa é aquela que advém da lei, sem necessidade de pedido".[438] A previsão legal era a de que a sentença condenatória " valerá como título constitutivo de hipoteca judiciária" (CPC de 1973, art. 466, *caput*). A previsão legal era completada pela afirmação de que "A sentença condenatória *produz* a hipoteca judiciária" (CPC, art. 466, parágrafo único). Idêntica eficácia jurídica está prevista no art. 495, *caput* e §1º, do CPC de 2015. É dizer, a simples publicação da sentença condenatória produz a hipoteca judiciária.

Publicada, a sentença condenatória produz a hipoteca judiciária cuja eficácia é imediata quanto ao réu, que é parte no processo.

Entretanto, a eficácia da hipoteca judiciária quanto a terceiros – que não são parte no processo – depende do respectivo registro no cartório imobiliário no qual estão registrados os imóveis da empresa reclamada. Realizado tal registro, presume-se em fraude à execução a alienação superveniente do imóvel gravado com hipoteca judiciária. A pessoa que adquire o imóvel da empresa reclamada é considerada terceiro; trata-se do terceiro-adquirente.

Apesar das virtudes da hipoteca judiciária[439] para a efetividade da execução, registra-se grande timidez dos magistrados trabalhistas na utilização dessa útil ferramenta; a mesma timidez é também dos advogados trabalhistas. Observação semelhante fora feita por *Carlos Zangrando*: "Não compreendemos a razão pela qual a garantia da hipoteca judiciária não é utilizada na prática, tanto no Processo do Trabalho quanto no Processo Civil. Talvez a resposta esteja no seu desconhecimento; ou talvez na vã concepção de que se possa alegar 'fraude à execução', se o réu se desfizer dos seus bens após demandado (CPC, art. 593, II). Infelizmente, a prática nos ensinou que, quando o processo chega a um estágio em que é necessário ao credor tentar anular a venda dos bens de devedor, tudo indica que a situação já se deteriorou a tal ponto que os riscos de frustração na execução aumentaram exponencialmente".[440]

Nada obstante a jurisprudência do TST já estar pacificada a respeito da licitude da aplicação de ofício da hipoteca judiciária ao processo do trabalho,[441] ainda é bastante restrita a utilização dessa medida pelos juízes.

O advento da Súmula nº 375 do STJ, porém, opera como um importante estímulo à (re)descoberta da hipoteca judiciária. Isso porque os prejuízos que a

---

[438] MARINONI, Luiz Guilherme; MITIDIERO, Daniel. *Código de Processo Civil*: comentado artigo por artigo. 4. ed. São Paulo: RT, 2012, p. 445.

[439] TEIXEIRA FILHO, Manoel Antonio. *Curso de direito processual do trabalho*. São Paulo: LTr, 2009, v. II, p. 1291: "Este é, sem dúvida, um dos mais expressivos efeitos secundários da sentença condenatória e sua compatibilidade com o processo do trabalho parece-nos incontestável".

[440] *Processo do Trabalho – Processo de conhecimento*. São Paulo: LTr, 2009, v. 2, p. 1240.

[441] Os seguintes acórdãos da Subseção Especializada em Dissídios Individuais nº 1 do Tribunal Superior do Trabalho são representativos da posição hoje pacificada sobre a matéria no âmbito da SBDI-1 do TST, favorável à aplicação da hipoteca judiciária de ofício ao direito processual do trabalho: TST-SBDI-1-E-RR 98600-73.2006.5.03.0087; TST- SBDI-1-E-ED-RR 24800-64.2007.5.03.0026.

Súmula nº 375 do STJ acarreta à efetividade da execução podem ser atenuados pelas virtudes do instituto da hipoteca judiciária. Em 08.11.2013, o Tribunal Regional do Trabalho da 4ª Região, Rio Grande do Sul, editou a Súmula regional nº 57 sobre a matéria, com o seguinte teor: "HIPOTECA JUDICIÁRIA. A constituição da hipoteca judiciária, prevista no artigo 466 do CPC, é compatível com o processo do trabalho". Após o advento do CPC de 2015, a súmula regional em questão teve seu verbete adaptado ao novo diploma legal: "HIPOTECA JUDICIÁRIA. A constituição da hipoteca judiciária, prevista no artigo 495 do CPC, é compatível com o processo do trabalho".

9.3 As sete virtudes capitais da hipoteca judiciária

A timidez de juízes do trabalho e de advogados trabalhistas na utilização desse instituto jurídico pode ser mais facilmente vencida, na medida em que sejam percebidas as virtudes da hipoteca judiciária para a efetividade da execução trabalhista, virtudes a seguir resumidas.

9.3.1 A primeira virtude: a publicação da sentença *constitui* a hipoteca judiciária

A primeira virtude do instituto está na circunstância de que a hipoteca judiciária é *constituída* pela simples publicação da decisão condenatória. A hipoteca judiciária é *efeito anexo imediato* da decisão estabelecido em lei: a mera publicação da decisão condenatória *constitui* a hipoteca judiciária, por força de previsão legal. A previsão legal estava no *caput* do art. 466 do CPC de 1973: "Art. 466. A sentença que condenar o réu no pagamento de uma prestação, consistente em dinheiro ou em coisa, valerá como *título constitutivo* de hipoteca judiciária, cuja inscrição será ordenada pelo juiz na forma prescrita na Lei de Registros Públicos". Segundo a doutrina de *Luiz Guilherme Marinoni* e *Daniel Mitidiero*, "exemplo típico de eficácia anexa é a produção de hipoteca judiciária (art. 466, CPC)".[442] No CPC de 2015, a previsão de que a decisão condenatória constitui hipoteca judiciária está expressa no art. 495.

Ratificando a previsão de que a sentença condenatória *constitui* hipoteca judiciária, o parágrafo único do art. 466 do CPC de 1973 explicitava tal *efeito anexo imediato* da sentença, ao estabelecer que "A sentença condenatória *produz* a hipoteca judiciária". O verbo *produz* estava para *efeito anexo imediato*, como a

---

[442] *Código de Processo Civil*: comentado artigo por artigo. 4. ed. São Paulo: RT, 2012, p. 445.

metáfora está para a poesia. No CPC de 2015, o legislador manteve o mesmo verbo *produz*, optando por redação muito semelhante: "A decisão produz a hipoteca judiciária" (CPC, art. 495, §1º). Como se percebe, o instituto jurídico foi ampliado pelo legislador de 2015: agora a decisão interlocutória também produz hipoteca judiciária quando de natureza condenatória. Daí a assertiva categórica de *Moacyr Amaral Santos*: "Do só fato de haver sentença de efeito condenatório resulta, por força de lei, hipoteca judiciária sobre os imóveis do condenado, e, assim, o poder do autor de fazer inscrevê-la mediante simples mandado do juiz".[443]

Portanto, a *constituição* da hipoteca judiciária decorre do mero advento da sentença condenatória, embora seja necessário o respectivo registro na matrícula do imóvel da empresa reclamada no Cartório do Registro de Imóveis, a fim de valer contra terceiros – vale dizer, a fim de fazer valer a hipoteca judiciária contra o terceiro-adquirente.[444]

9.3.2 A segunda virtude: a implementação de ofício

A segunda virtude da hipoteca judiciária é sua implementação de ofício, pelo juiz. Com efeito, o *caput* do art. 466 do CPC atribuía ao magistrado a iniciativa para o ato, ao estabelecer que a inscrição da hipoteca judiciária *"será ordenada pelo juiz* na forma prescrita na Lei de Registros Públicos". Ao comentar o instituto da hipoteca judiciária, *Pontes de Miranda* identifica a inscrição da hipoteca judiciária como um *dever do juiz* estabelecido pela lei processual quando se tratar de sentença condenatória: "O elemento mandamental da sentença de condenação é tornado bastante, pelo art. 466, parágrafo único, para a inscrição. Há dever do juiz".[445]

A implementação da hipoteca judiciária é realizada de ofício pelo juiz, dispensando pedido da parte beneficiária da condenação. A doutrina de *Antônio Álvares da Silva*, elaborada à época do CPC de 1973, é precisa a respeito: "A hipoteca judiciária é automática e será ordenada pelo juiz, como determina o art. 466 do CPC. Portanto independe de requerimento da parte. É uma consequência da sentença".[446] No mesmo sentido alinha-se a doutrina de *Luiz Guilherme Marinoni* e de *Daniel Mitidiero*: "Exemplo típico de eficácia anexa é a produção de hipoteca judiciária (art.

---

[443] *Comentários ao Código de Processo Civil*. Rio de Janeiro: Forense, 1988, v. IV, p. 426.

[444] Nesse sentido é o magistério de SANTOS, Moacyr Amaral. *Comentários ao Código de Processo Civil*. Rio de Janeiro: Forense, 1988, v. IV, p. 426 e de TEIXEIRA FILHO, Manoel Antonio. *Curso de direito processual do trabalho*. São Paulo: LTr, 2009, v. II, p. 1291: "c) para que produza efeitos com relação a terceiros, é indispensável que a hipoteca judiciária seja inscrita no registro competente, nos termos da Lei de Registros Públicos".

[445] *Comentários ao Código de Processo Civil*. Rio de Janeiro: Forense, 1974. tomo V, p. 111.

[446] *Execução provisória trabalhista depois da reforma do CPC*. São Paulo: LTr, 2007, p. 104. No mesmo sentido alinha-se o magistério de Luciano Athayde Chaves: "A hipoteca judiciária constitui, à vista desse dispositivo legal, uma eficácia anexa ou secundária da sentença, porquanto independe de pedido da parte" (Ferramentas eletrônicas na execução trabalhista. *In:* CHAVES, Luciano Athayde (org.). *Curso de processo do trabalho*. São Paulo: LTr, 2009, p. 969).

466, CPC). A constituição de hipoteca judiciária independe de pedido da parte. A sentença de procedência produz a hipoteca judiciária ainda que a condenação seja genérica, pendente arresto de bens de devedor ou quando o credor possa promover a execução provisória da sentença (art. 466, parágrafo único, CPC)".[447]

A jurisprudência do TST é pacífica[448] a respeito: não é necessário requerimento da parte para o registro da hipoteca judiciária.[449] A iniciativa é do juiz: basta expedir o mandado de registro da hipoteca judiciária. Alguns cartórios de imóveis aceitam registrar a hipoteca judiciária por simples ofício expedido pelo juízo, o que simplifica ainda mais o procedimento. A determinação de expedição de mandado de registro da hipoteca judiciária deve constar da sentença.

9.3.3 A terceira virtude: confere direito de sequela sobre os imóveis gravados

A terceira virtude da hipoteca judiciária é conferir ao credor direito de sequela sobre os imóveis gravados pela hipoteca judiciária. Ao conferir ao credor direito de sequela sobre os imóveis gravados pela hipoteca judiciária, o instituto previsto no art. 466 do CPC potencializa o cumprimento da sentença. Isso porque, na lição de *Francisco Antonio de Oliveira* acerca da hipoteca judiciária, o credor poderá "opô-la a terceiros e sujeitar à execução, com direito de sequela, os bens do devedor que restarem vinculados ao julgado".[450] Logo se percebe a potencialidade que o instituto da hipoteca judiciária pode aportar à concretização da garantia constitucional da efetividade da jurisdição (CF, art. 5º, XXXV) e à realização da garantia constitucional da razoável duração do processo (CF, art. 5º, LXXVIII).

O gravame da propriedade imobiliária da empresa reclamada estimula ao cumprimento da sentença, incentiva à conciliação e desestimula recursos protelatórios,[451] além de potencializar a perspectiva de uma execução exitosa

---

[447] *Código de Processo Civil*: comentado artigo por artigo. 4. ed. São Paulo: RT, 2012, p. 445.
[448] Devemos a Antônio Álvares da Silva a redescoberta da hipoteca judiciária no âmbito da jurisdição trabalhista. Na condição de desembargador relator de recursos ordinários, Antônio Álvares da Silva passou a determinar, de ofício, a expedição de mandado de registro da hipoteca judiciária. Os acórdãos respectivos passam a ser objeto de Recurso de Revista. Inicialmente majoritário, hoje já se tornou unânime na SBDI-1 do TST o entendimento pela compatibilidade da hipoteca judiciária com o direito processual do trabalho (CLT, art. 769). A alegação recursal de julgamento *extra petita* é rejeitada pela SBDI-1 sob o fundamento de que a hipoteca judiciária é efeito anexo imediato da sentença e pode ser determinada de ofício pelo juiz, conforme a expressa previsão do art. 466 do CPC. A título de ilustração, confiram-se os seguintes acórdãos da Subseção Especializada em Dissídios Individuais nº 1 do Tribunal Superior do Trabalho: TST-SBDI-1-E-RR 98600-73.2006.5.03.0087; TST-SBDI-1-E-ED-RR 24800-64.2007.5.03.0026.
[449] Como é evidente, a parte poderá requerer a providência caso o juiz não tenha tomado a iniciativa de mandar registrar a hipoteca judiciária constituída pela sentença condenatória.
[450] *Execução na Justiça do Trabalho*. 6. ed. São Paulo: RT, 2008, p. 161.
[451] A hipoteca judiciária atua no sentido de distribuir equitativamente, entre as partes, o ônus do tempo do processo judicial. A arguta observação é do magistrado CAVALARO NETO, Arlindo. A sentença trabalhista

mediante o gravame prévio de bens imóveis que ficarão legalmente vinculados ao cumprimento da respectiva sentença. Com efeito, "a hipoteca judiciária – a ponderação é de criterioso pesquisador do tema da efetividade da jurisdição trabalhista – se constitui em mais uma ferramenta auxiliar à difícil tarefa de imprimir efetividade às resoluções judiciais. Mais do que isso, ainda na fase de pronunciamento do direito – que é a sentença –, reconhece-se a necessidade de sujeição do demandado, agora potencial devedor, aos termos da decisão, assinalando o dever de cumprir com as ordens emanadas do Poder Judiciário".[452]

Identificada por *Ovídio A. Baptista da Silva* como o caso mais comum de efeito anexo da sentença, a hipoteca judiciária produz uma eficácia da qual não se poderão desvencilhar nem partes nem terceiros. Tal ocorre em razão de que é a própria lei a fonte produtora do efeito anexo da sentença representado pela hipoteca judiciária: "o efeito anexo é previamente determinado pela lei, e, como tal, ocorre necessariamente pela simples verificação da sentença. Ao contrário da eficácia reflexa, o efeito anexo é invulnerável quer pelas partes, quer por terceiros".[453]

A potencialidade que o instituto da hipoteca judiciária pode aportar à efetividade da execução decorre da circunstância de que a hipoteca judiciária confere ao autor da ação direito de sequela sobre os bens gravados. Vale dizer, o autor da ação poderá fazer penhorar os bens que foram gravados com a hipoteca judiciária, obtendo mais efetividade na execução, na medida em que os imóveis gravados com a hipoteca judiciária responderão pela execução da sentença *ainda que tenham sido transferidos a terceiros*. Essa é a consequência jurídica do direito de sequela que a hipoteca judiciária confere ao credor enquanto efeito anexo da sentença condenatória.[454] Fica evidente a importância da escolha prévia do bem a ser gravado com hipoteca judiciária, escolha que Pontes de Miranda atribui ao credor.[455]

Explicando a natureza jurídica do instituto da hipoteca judiciária, *Pontes de Miranda* ensina que a hipoteca judiciária "cria vínculo *real*, de modo que, na execução imediata ou mediata, está o vencedor munido de direito de sequela, que não tinha. Daí resulta que os bens gravados por ela podem ser executados como

---

como título constitutivo de hipoteca judiciária. In: SANTOS, José Aparecido dos (coord.). *Execução Trabalhista*. 2. ed. São Paulo: LTr, 2010, p. 495: "É necessário distribuir equitativamente o ônus da demora do processo, e o registro da sentença como hipoteca judiciária também alcança esse desiderato, pois parcela do patrimônio do vencido será objeto de ônus real, assim que publicada a sentença condenatória, até que haja o pagamento do credor".

[452] CHAVES, Luciano Athayde. Ferramentas eletrônicas na execução trabalhista. In: CHAVES, Luciano Athayde (org.). *Curso de processo do trabalho*. São Paulo: LTr, 2009, p. 972.

[453] *Sentença e coisa julgada*. 2. ed. Porto Alegre: Sergio Antonio Fabris Editor, 1988, p. 113.

[454] ZANGRANDO, Carlos. Processo do trabalho – *Processo de conhecimento*, v. 2. São Paulo: LTr, 2009, p. 1240. Para o autor, a hipoteca judiciária confere ao credor também direito de preferência.

[455] Essa matéria é objeto de estudo no capítulo XXIV da obra *Hipoteca Judiciária: teoria e prática*, de minha autoria, publicado pela Editora Fórum Jurídico, no ano de 2021, a partir da página 209.

se a dívida fosse coisa certa, ainda se em poder de terceiro, que os haja adquirido sem fraude à execução. Não há boa-fé em tal aquisição, porque a hipoteca judiciária opera como qualquer outra hipoteca. (...) O exequente tem o direito de prosseguir na execução da sentença contra os adquirentes dos bens do condenado".[456]

No mesmo sentido alinha-se o magistério de *Moacyr Amaral Santos*. Ao definir a natureza do instituto da hipoteca judiciária, o autor esclarece que o direito de sequela então criado em favor do vencedor da demanda permite-lhe levar à praça o bem gravado pela hipoteca judiciária mesmo quando o bem tenha sido adquirido por terceiro: "Como *hipoteca judiciária* se entende a produzida pela sentença condenatória, autorizando o credor a perseguir o bem imóvel do condenado onde se encontre".[457]

Ainda que a alienação do imóvel não tenha caracterizado fraude à execução por não ter produzido a insolvência do alienante, ainda assim o bem imóvel gravado pela hipoteca judiciária responderá pela execução; significa dizer, o terceiro adquirente não terá êxito nos embargos de terceiro. Porque a aquisição do imóvel ocorreu de má-fé. A alternativa do terceiro adquirente será remir o bem pelo valor da avaliação, para não perder o bem imóvel adquirido sob hipoteca judiciária.[458]

9.3.4 A quarta virtude: inibir fraude à execução

A quarta virtude da hipoteca judiciária é a sua potencialidade para inibir fraude à execução. A doutrina identifica a hipoteca judiciária como instituto jurídico que atua como *meio preventivo contra a fraude*.[459] Isso porque o registro da hipoteca judiciária sobre os imóveis da empresa reclamada estabelece presunção de que o terceiro adquirente tem conhecimento da existência da ação trabalhista, o que esvazia a alegação de boa-fé do terceiro adquirente e atua para fazer caracterizar a fraude à execução (CPC, art. 792, III). *Pontes de Miranda* utiliza estas palavras para definir a eficácia produzida pela hipoteca judiciária: "A inscrição determina restrição ao *poder de dispor*, por parte do dono do imóvel, de modo que o adquirente não pode alegar boa-fé".[460]

Se a hipoteca judiciária já cumpria importante papel no combate à fraude patrimonial, com o advento da Súmula nº 375 do STJ o instituto adquiriu importância

---

[456] *Comentários ao Código de Processo Civil*. Rio de Janeiro: Forense, 1974. tomo V, p. 111-112.
[457] SANTOS, Moacyr Amaral. *Comentários ao Código de Processo Civil*. Rio de Janeiro: Forense, 1988, v. IV, p. 426.
[458] O terceiro adquirente terá direito regressivo contra o alienante nessa hipótese (CC, art. 346, II).
[459] SANTOS, Moacyr Amaral. *Comentários ao Código de Processo Civil*. Rio de Janeiro: Forense, 1988, v. IV, p. 427. ZANGRANDO, Carlos. processo do trabalho – *Processo de conhecimento*. São Paulo: LTr, 2009, v. 2, p. 1240.
[460] *Comentários ao Código de Processo Civil*. Rio de Janeiro: Forense, 1974. tomo V, p. 118. O entendimento de Pontes de Miranda é compartilhado pela doutrina de Fredie Didiier Jr., Paula Sarno Braga e Rafael Oliveira (*Curso de direito processual civil*. 7. ed. Salvador: Juspodivm, 2012, p. 373): "Seu principal objetivo é prevenir a fraude à execução, autorizando o credor a perseguir o bem onde quer que se encontre (direito de sequela)".

para coibir a fraude à execução em particular.⁴⁶¹ Em artigo elaborado antes do advento da Súmula nº 375 do STJ, *Luciano Athayde Chaves* assim identificava essa virtude da hipoteca judiciária: "o registro da hipoteca tem o mérito de reduzir os casos de fraudes à execução, consubstanciados na alienação ou oneração de bens do devedor durante o curso da ação, situações de grande embaraço e retardamento dos feitos judiciais".⁴⁶² Inibir a fraude à execução é o principal objetivo da hipoteca judiciária, de acordo com a doutrina de *Fredie Didier Jr., Paula Sarno Braga* e *Rafael Oliveira*.⁴⁶³

As consequências jurídicas decorrentes da Súmula nº 375 do STJ revelam essa quarta virtude da hipoteca judiciária de forma mais evidente quando o tema da fraude à execução é contextualizado sob o influxo do elemento cronológico. Trata-se do tempo de tramitação do processo. Explico. Desde a publicação da sentença até o advento da penhora e seu registro, costuma decorrer o tempo de alguns anos. A alienação de imóvel que a empresa reclamada faça nesse interregno de tempo estará a salvo da ineficácia jurídica inerente à fraude à execução, de acordo com a orientação adotada na Súmula nº 375 do STJ.⁴⁶⁴

Admita-se que esse interregno de tempo na tramitação do processo seja de dois (2) anos. Durante esses dois (2) anos, a alienação de bem imóvel pela empresa reclamada não caracterizará fraude à execução,⁴⁶⁵ por ter ocorrido

---

⁴⁶¹ Com a superveniência da Súmula nº 375 do STJ, de 30-03-2009, que exige prévio registro da penhora para caracterizar-se fraude à execução, perde atualidade a observação de *Manoel Antonio Teixeira Filho* no sentido de que a hipoteca judiciária é "de pouca utilidade", na medida em que o credor pode invocar medida mais eficaz – a ocorrência de fraude à execução (TEIXEIRA FILHO, Manoel Antonio. *Curso de direito processual do trabalho*. São Paulo: LTr, 2009, v. II, p. 1292) . Formulada em obra publicada no início de 2009, a observação do autor é *anterior* ao advento da Súmula nº 375 do STJ e tem por fundamento o argumento de que o credor dispõe do instituto da fraude à execução para coibir a fraude patrimonial. O argumento, contudo, restou afetado pela superveniência do verbete sumular do STJ. Daí nossa afirmação de ter a S-375-STJ resgatado a utilidade do instituto da hipoteca judiciária para a efetividade da execução, instituto jurídico a ser redescoberto pela magistratura. Contudo, na 11ª edição da obra *Execução no processo do trabalho*, publicada em 2013, o autor sustenta a necessidade de valorizar-se a hipoteca judiciária diante dos termos da S-375-STJ. Antes, porém, opina pela inaplicabilidade da Súmula nº 375 do STJ ao processo do trabalho, por incompatibilidade (*Execução no processo do trabalho*. 11. ed. São Paulo: LTr, 2013, p. 201/2). A necessidade de valorização da hipoteca judiciária é apresentada pelo jurista na seguinte passagem: "Considerando que o nosso entendimento quanto à inaplicabilidade da Súmula n. 375, do STJ, ao processo do trabalho possa não vir a ser aceito, seria o caso de valorizar-se a hipoteca judiciária de que o trata o art. 466, do CPC" (p. 202).

⁴⁶² Ferramentas eletrônicas na execução trabalhista. *In:* CHAVES, Luciano Athayde (org.). *Curso de processo do trabalho*. São Paulo: LTr, 2009, p. 972.

⁴⁶³ *Curso de direito processual civil*. 7. ed. Salvador: Juspodivm, 2012, p. 373.

⁴⁶⁴ Tanto a hipoteca judiciária quanto a averbação premonitória prevista no art. 828 do CPC previnem fraude patrimonial. Tratando-se de processo de conhecimento, a hipoteca judiciária é mais eficaz, pois permite o registro do gravame na matrícula do imóvel logo após ao advento da decisão condenatória (CPC, art. 495), ao passo que a *averbação premonitória* do art. 828 do CPC pressupõe – de acordo com a literalidade do preceito – a existência de processo em fase de execução. Portanto, a hipoteca judiciária atua *antes* da *averbação premonitória* do art. 828 do CPC. O mesmo se pode dizer quanto à medida de *indisponibilidade de bens* do devedor prevista no art. 185-A do Código Tributário Nacional. Aplicável ao processo do trabalho por força da previsão do art. 889 da CLT, a *indisponibilidade de bens* é medida útil à execução trabalhista e pode ser combinada com a hipoteca judiciária. Contudo, sua implementação também pressupõe estar o processo na fase de execução, porquanto a previsão do art. 185-A do CTN estabelece que a indisponibilidade de bens tem lugar quando o devedor, citado, deixa de pagar ou de apresentar bens à penhora.

⁴⁶⁵ A afirmação tem como pressuposto a aplicabilidade da diretriz da Súmula nº 375 do STJ: "O reconhecimento da fraude à execução depende do registro da penhora do bem alienado ou da prova da má-fé do terceiro adquirente". É bem verdade que não é uniforme a jurisprudência a esse respeito. Contudo, no TST predomina o

antes do registro da penhora. Esse prazo pode variar para mais ou para menos; geralmente, para mais(...)

Contudo, se, por ocasião da publicação da sentença, o juiz determinar o registro da hipoteca judiciária na matrícula dos imóveis da empresa reclamada, o terceiro adquirente já não mais poderá alegar a condição de adquirente de boa-fé e ter-se-á por caracterizada fraude à execução, de modo a esterilizar – em parte – o efeito prejudicial que a aplicação da Súmula nº 375 do STJ acarreta ao credor. Em parte, porque a alienação realizada *antes* do registro da hipoteca judiciária – a ser ordenada na sentença – não caracteriza fraude à execução, de acordo com a orientação da Súmula nº 375 do STJ.

9.3.5 A quinta virtude: é instituto de ordem pública

A quinta virtude da hipoteca judiciária está em ser instituto de ordem pública concebido em favor da autoridade da sentença condenatória e na tutela do credor. Essa virtude da hipoteca judiciária pode ser haurida com maior profundidade pela jurisdição trabalhista a partir da consideração da circunstância histórico-teórica de que se trata de instituto do processo comum, concebido para valorizar a sentença da Justiça Comum e para tutelar o credor não privilegiado.

Se tal intervenção na esfera patrimonial do réu foi outorgada pelo legislador em favor da autoridade da sentença da Justiça Comum e na tutela de credor não privilegiado, é intuitiva a conclusão de que a efetividade da jurisdição cível lá pretendida pela atuação do art. 495 do CPC de ofício, encontra nos fundamentos do direito processual do trabalho o substrato axiológico mediante o qual se faz imediata a positiva resposta pela compatibilidade do instituto de ordem pública da hipoteca judiciária com o direito processual trabalhista (CLT, art. 769).[466]

A imediata resposta positiva pela compatibilidade do instituto de ordem pública da hipoteca judiciária com o processo do trabalho é potencializada pela contemporânea hermenêutica constitucional que atribui aos direitos do trabalho a hierarquia de direitos fundamentais sociais (CF, art. 7º, *caput*).[467]

---

entendimento pela aplicação da Súmula nº 375 do STJ à execução trabalhista. No âmbito da Seção Especializada em Execução do TRT da 4ª Região, também é predominante o entendimento pela aplicabilidade da S-375-STJ ao processo do trabalho.

[466] A autonomia científica do direito processual do trabalho inspira-se à assimilação dos institutos do processo comum capazes de instrumentalizar sua ontológica vocação de processo de resultados.

[467] A compatibilidade da hipoteca judiciária com o direito processual do trabalho é praticamente pacífica na doutrina. A título de ilustração, confira-se a posição de CHAVES, Luciano Athayde. Ferramentas eletrônicas na execução trabalhista. In: CHAVES, Luciano Athayde (org.). *Curso de processo do trabalho*. São Paulo: LTr, 2009, p. 970: "A hipoteca judiciária não encontra previsão expressa no Direito Processual do Trabalho, mas sua aplicação aqui é possível por força da cláusula geral de supletividade (art. 769), já se constitui medida de inteira pertinência teleológica com a tutela adjetiva trabalhista; portanto, não apresenta, dessa forma, qualquer atrito ou incompatibilidade". A mesma orientação encontra-se no ensaio de CAVALARO NETO, Arlindo. A

É digno de anotação o registro histórico de que a razoável duração do processo somente viria a ser elevada à condição de garantia constitucional trinta (30) anos depois de atribuir-se à sentença condenatória o efeito de hipoteca judiciária.[468]

O registro histórico permite aquilatar a profundidade da intervenção judicial – outorgada pelo legislador nos idos de 1973 – realizada na esfera patrimonial do réu mediante a utilização da hipoteca judiciária de ofício em favor da efetividade da jurisdição comum e em favor de credor não privilegiado. Isso numa época em que ainda estava por se afirmar o entendimento de que a garantia constitucional de acesso à justiça deveria evoluir de uma concepção meramente formal de acesso à jurisdição para uma concepção de real acesso à jurisdição efetiva.

9.3.6 A sexta virtude: o recurso não suspende sua eficácia imediata

A sexta virtude da hipoteca judiciária radica na circunstância de que sua imediata eficácia não se suspende pela interposição de recurso. A imediata eficácia da sentença condenatória enquanto título constitutivo de hipoteca judiciária não é paralisada pela interposição de recurso. Isso porque, da dicção do parágrafo único do art. 466 do CPC de 1973 – "a sentença condenatória *produz* a hipoteca judiciária" –, decorre a interpretação de que esse efeito imediato da sentença não é atingido pelo recurso interposto contra a sentença. Não se exige trânsito em julgado para que a sentença produza tal efeito. Basta a sua publicação.[469] No CPC de 2015, o legislador houve por bem positivar a eficácia imediata da hipoteca judiciária, tornando expresso o entendimento assentado na jurisprudência. Assim é que o legislador de 2015 estabeleceu que a decisão condenatória produz hipoteca judiciária mesmo que impugnada por recurso dotado de efeito suspensivo (CPC, art. 495, §1º, III).

Ainda que o recurso interposto seja dotado de efeito suspensivo, o que não ocorre com o recurso ordinário previsto no art. 895 da CLT (CLT, art. 899), tal efeito suspensivo não neutraliza a imediata eficácia jurídica que o art. 495 do CPC confere à decisão condenatória enquanto título constitutivo de hipoteca

---

sentença trabalhista como título constitutivo de hipoteca judiciária. *In:* SANTOS, José Aparecido dos (coord.). *Execução trabalhista*. 2. ed. São Paulo: LTr, 2010, p. 494: "Em síntese, o instituto da hipoteca judiciária mostra-se compatível com o processo do trabalho, pois visa garantir o sucesso da execução, prevenir a fraude à execução, impor direito de preferência ao credor na excussão do bem hipotecado, além de conferir o direito de sequela". Em sentido contrário à compatiblidade, está o artigo de Fábio Luiz Pereira da Silva (Necessária revisão da aplicabilidade da hipoteca judiciária no processo judiciário do trabalho. *Revista LTr*, São Paulo, v. 75, n. 8, p. 959-962. ago. 2011).

[468] A hipoteca judiciária foi instituída pelo Código de Processo Civil de 1973. A garantia constitucional da razoável duração do processo foi instituída pela Emenda Constitucional nº 45, de dezembro de 2004.

[469] TEIXEIRA FILHO, Manoel Antonio. *Curso de direito processual do trabalho*. São Paulo: LTr, 2009, v. II, p. 1292. SANTOS, Moacyr Amaral. *Comentários ao Código de Processo Civil*. Rio de Janeiro: Forense, 1988, v. IV, p. 428: "a produção da hipoteca judiciária não depende do trânsito em julgado da sentença..."..

judiciária. Na interpretação do art. 466 do CPC de 1973, a jurisprudência já consolidara o entendimento de que o efeito suspensivo do recurso não impede a imediata eficácia jurídica da sentença condenatória enquanto título constitutivo de hipoteca judiciária, conforme revela a seguinte ementa: "Hipoteca judiciária. Recurso pendente. O efeito da condenação a que alude o CPC, art. 466, não se suspende com o advento do recurso" (RT 511/125).[470]

A interposição de recurso não suspende a imediata eficácia da sentença condenatória enquanto título constitutivo de hipoteca judiciária porque o instituto da hipoteca judiciária foi concebido pelo legislador como instituto de ordem pública de natureza acautelatória do direito do credor, com a finalidade de proporcionar *imediata* garantia ao credor da sentença condenatória e com o objetivo de reforçar a autoridade da sentença condenatória. Essa garantia é realizada tanto por assegurar-se a futura execução mediante o direito de sequela, que se forma sobre os bens gravados pela hipoteca judiciária, quanto pela inibição à fraude à execução prevenida pelo gravame da hipoteca judiciária registrada na matrícula do imóvel do réu.

A questão foi abordada de forma didática por *Fredie Didier Jr., Paula Sarno Braga* e *Rafael Oliveira*: "O efeito suspensivo atribuído ao recurso não impede a produção da hipoteca judiciária porque ele apenas suspende os efeitos principais da decisão recorrida, isto é, aqueles que decorrem do seu conteúdo. Não suspende os efeitos anexos, porque esses decorrem, como já se viu, da simples existência da decisão judicial".[471]

Se a interposição de recurso suspendesse tal eficácia, a garantia do credor não seria *imediata* conforme a concebera o legislador, com o que se retardaria a pronta operatividade do efeito anexo da sentença previsto no art. 495 do CPC, efeito que a doutrina qualifica como *automático*,[472] mera consequência da publicação da sentença condenatória.[473]

Luiz Guilherme Marinoni e *Daniel Mitidiero* são categóricos acerca da matéria, assentando o entendimento de que "o recebimento do recurso de apelação com efeito suspensivo (art. 520, CPC) não impede a inscrição da hipoteca judiciária no registro competente (STJ, 3ª Turma, REsp 715.451/SP, rel. Min. Nancy Andrighi, j. em 06.04.2006, DJ 02.05.2006, p. 310)".[474]

---

[470] A ementa é citada por Nelson Nery Junior e Rosa Maria de Andrade Nery, nos comentários ao art. 466 do CPC, na obra *Código de Processo Civil comentado*. 10. ed. São Paulo: RT, 2007, p. 677.
[471] *Curso de direito processual civil*. 7. ed. Salvador: Juspodivm, 2012, p. 377.
[472] SILVA, Antônio Álvares da. *Execução provisória trabalhista depois da reforma do CPC*. São Paulo: LTr, 2007, p. 104: "A hipoteca judiciária é automática e será ordenada pelo juiz, como determina o art. 466 do CPC. Portanto independe de requerimento da parte. É uma consequência da sentença".
[473] SANTOS, Moacyr Amaral. *Comentários ao Código de Processo Civil*. Rio de Janeiro: Forense, 1988, v. IV, p. 426: "Do só fato de haver sentença de efeito condenatório resulta, por força de lei, hipoteca judiciária sobre os imóveis do condenado, e, assim, o poder do autor de fazer inscrevê-la mediante simples mandado do juiz".
[474] MARINONI, Luiz Guilherme; MITIDIERO, Daniel. *Código de Processo Civil*: comentado artigo por artigo. 4. ed. São Paulo: RT, 2012, p. 445.

É o que restou assentado na ementa do acórdão publicado na Revista dos Tribunais nº 596/99: "Hipoteca judiciária. Inscrição com recurso pendente. A hipoteca judiciária, que tem natureza acautelatória do direito do credor, pode ser inscrita, desde que ajuste às disposições legais, independentemente da pendência ou não de recurso, pois é resultante de um efeito imediato da decisão, que surge com ela, para oferecer pronta garantia à disponibilidade do credor".[475]

9.3.7 A sétima virtude: uma garantia que não exclui outras

A sétima virtude da hipoteca judiciária repousa na sobreposição das garantias previstas no §1º art. 495 do CPC. A expressiva intervenção que o instituto da hipoteca judiciária produz na esfera patrimonial do réu revela-se mais eficaz pela lícita sobreposição às demais garantias previstas no §1º do art. 495 do CPC em favor do vencedor da demanda condenatória.[476] Isso porque o registro da hipoteca judiciária constituída pela decisão condenatória não exclui outras garantias que a ordem jurídica outorga ao vencedor da demanda; portanto, a hipoteca judiciária acumula-se com medida cautelar de arresto e com execução provisória, sem que resulte *bis in idem* dessa sobreposição de garantias, compreensão que decorre do fato de que é a própria ordem jurídica que tais garantias ao vencedor da demanda.[477] É nesse sentido o magistério de *Fredie Didier Jr., Paula Sarno Braga* e *Rafael Oliveira*: "A hipoteca judiciária pode ser efetivada ainda que a condenação contida na sentença seja ilíquida e careça de posterior liquidação (art. 466, par. ún, I, CPC). Deve ser efetivada também ainda que haja outros bens arrestados em garantia do mesmo crédito (art. 466, par. ún., II, CPC)".[478]

A conclusão não se altera pelo fato de o processo do trabalho exigir depósito recursal como pressuposto objetivo de admissibilidade dos recursos do empregador na fase de conhecimento (CLT, art. 899, §§1º e 2º).[479] A garantia do

---

[475] A ementa é citada por Nelson Nery Junior e Rosa Maria de Andrade Nery, nos comentários ao art. 466 do CPC, na obra *Código de Processo Civil comentado*. 10. ed. São Paulo: RT, 2007, p. 677.

[476] Na doutrina, há autores que sustentam a aplicação da hipoteca judiciária mesmo quando a demanda não seja condenatória. É o caso de Luiz Guilherme Marinoni e Daniel Mitidiero. Para esses autores, o fato de a demanda mandamental poder vir a ser resolvida mediante indenização justifica o entendimento pela aplicabilidade da hipoteca Judiciária também nessa espécie de demanda. Vale conferir o que dizem os referidos autores, que se caracterizam por uma concepção teórica dirigida a outorgar à jurisdição a máxima eficácia possível: "Na realidade, havendo possibilidade de resolver-se a obrigação originária em perdas e danos, a sentença de procedência produz a constituição de hipoteca judiciária. Daí a razão pela qual não só a sentença condenatória ao pagamento de quantia tem por eficácia anexa a constituição de hipoteca judiciária, mas também a sentença mandamental que impõe um fazer ou não fazer (art. 461, CPC) e a sentença executivo *lato sensu* que tem por objeto a tutela do direito à coisa (art. 461-A, CPC), porque em todos esses casos a tutela específica pode acabar se tornando de impossível obtenção, não restando ao demandante outra saída que não a obtenção de tutela pelo equivalente monetário (arts. 461, §1º, e 461-A, §3º, CPC)" (MARINONI, Luiz Guilherme. MITIDIERO, Daniel. *Código de Processo Civil*: comentado artigo por artigo. 4. ed. São Paulo: RT, 2012, p. 445).

[477] ZANGRANDO, Carlos. Processo do trabalho – *Processo de conhecimento*, v. 2. São Paulo: LTr, 2009, p. 1240.

[478] *Curso de direito processual civil*. 7. ed. Salvador: Juspodivm, 2012, p. 376.

[479] Não há exclusão de garantias. As garantias previstas no parágrafo único do art. 466 do CPC combinam-se em favor do credor. Como preleciona *Antônio Álvares da Silva*, "Essas duas providências – depósito e hipoteca

depósito recursal soma-se às demais garantias previstas no parágrafo único do art. 466 do CPC. Estabelecida em lei, a exigência de depósito recursal corresponde à assimetria da relação de emprego e justifica-se em face da natureza alimentar do crédito trabalhista reconhecido na sentença condenatória,[480] crédito representativo de direito fundamental social (CF, art. 7º).

Em outras palavras, o vencedor da demanda condenatória pode se valer, simultaneamente, de hipoteca judiciária, de arresto e de execução provisória (CPC, art. 495, §1º, II), ainda que a condenação seja genérica (I), hipótese em que se observará o valor arbitrado à condenação para efeito de registro da hipoteca judiciária.[481] Os emolumentos cartorários ficam "por conta de devedor condenado", conforme o magistério de *Pontes de Miranda*.[482]

Combinada com outras medidas legais como a remoção imediata dos bens móveis penhorados (CPC, art. 666, II), a atribuição de efeito não suspensivo aos embargos à execução (CPC, art. 475-M e art. 739-A), a alienação antecipada de bens (CPC, art. 670 e art. 1113), o redirecionamento da execução contra os sócios mediante a desconsideração da personalidade jurídica de ofício (CC, art. 50; CPC, art. 592, II e art. 596; CDC, art. 28, *caput* e §5º),[483] o protesto extrajudicial da sentença (Lei nº 9.492/97, art. 1º) e a pesquisa de ofício de bens por meio de ferramentas eletrônicas (CLT, arts. 765 e 878),[484] a hipoteca judiciária contribui para melhorar a performance da execução trabalhista. São ferramentas a serem utilizadas de forma combinada, para reforçar a capacidade de coerção própria à execução forçada, a qual se impõe em face da recusa do réu em cumprir a obrigação de forma espontânea. Essa compreensão que se faz imperativa em face da dimensão objetiva que o direito constitucional reconhece às garantias fundamentais, no caso a garantia fundamental da efetividade da jurisdição (CF, art. 5º, XXXV), combinada com a garantia fundamental da razoável duração do processo (CF, art. 5º, LXXVIII).

---

judiciária – nada têm a ver com a penhora proveniente de execução provisória, pois cada uma das três medidas têm uma proveniência jurídica diversa e se superpõem sem nenhum *bis in idem*". (*Execução provisória trabalhista depois da reforma do CPC*. São Paulo: LTr, 2007, p. 104).

[480] A exigência de depósito recursal constitui traço identificador da autonomia científica do direito processual do trabalho.

[481] SANTOS, Moacyr Amaral. *Comentários ao Código de Processo Civil*. Rio de Janeiro: Forense, 1988, v. IV, p. 427: "mesmo no caso de condenação genérica, portanto, ilíquida, a sentença produz hipoteca judiciária (art. 466, parágrafo único, nº I), valendo o valor da causa para os efeitos da inscrição".

[482] PONTES DE MIRANDA. *Comentários ao Código de Processo Civil*. Rio de Janeiro: Forense, 1974. tomo V, p. 118: "As custas de inscrição são por conta do devedor condenado". No mesmo sentido, CAVALARO NETO, Arlindo. A sentença trabalhista como título constitutivo de hipoteca judiciária. *In*: SANTOS, José Aparecido dos (coord.). *Execução trabalhista*. 2. ed. São Paulo: LTr, 2010, p. 496: "As despesas com o registro da sentença como hipoteca judiciária serão computadas na conta geral do crédito exequendo e cobradas do executado".

[483] CLAUS, Ben-Hur Silveira. A desconsideração da personalidade jurídica na execução trabalhista: aspectos teóricos e aplicação em situações concretas. *Revista do Tribunal Regional do Trabalho da 4ª. Região*, Porto Alegre, HS Editora, n. 38, p. 61, 2010.

[484] CLAUS, Ben-Hur Silveira. A desconsideração inversa da personalidade jurídica da execução trabalhista e a pesquisa eletrônica de bens de executados. *Revista LTr*, São Paulo, LTr, ano 77, n. 1, p. 35, jan. 2012.

CAPÍTULO 10

HIPOTECA JUDICIÁRIA SOBRE OUTROS BENS[485]

Diferentemente do que acontecia quando da promulgação do Código, atualmente existem bens muito mais valiosos do que o bem imóvel, como as aplicações financeiras, os investimentos em títulos da dívida pública, ou, mesmo em ouro ou moeda estrangeira, não sendo razoável que tais bens não se prestem para garantir o cumprimento de uma sentença condenatória. Diferentemente, também, da hipoteca legal, que incide apenas sobre bens relacionados nos incs. I a VII do art. 1.473 do Código Civil, a hipoteca judicial incide sobre qualquer bem, qualquer que seja a sua natureza (móveis, imóveis, semoventes, direitos e ações).

J. E. Carreira Alvim

10.1 A interpretação estrita

No inventário dos bens que podem ser objeto da hipoteca judiciária prevista no art. 495 do CPC,[486] o primeiro movimento do intérprete será investigar essa questão à luz dos preceitos de direito material que disciplinam o instituto civil da hipoteca, porquanto o art. 495 do CPC não indica quais são os bens sujeitos à hipoteca judiciária. Esse primeiro movimento de investigação científica antecipa-se de modo intuitivo tanto pelo fato de que a hipoteca é antigo instituto de direito material regulado pelo direito privado (CC, arts. 1.473 e seguintes) quanto pela relação estabelecida na teoria geral do direito civil entre hipoteca e bem imóvel.

No âmbito do direito privado, a relação entre hipoteca e bem imóvel é expressão de uma construção conceitual historicamente estabelecida há muitos

---

[485] A versão original do presente artigo foi escrita em parceria com a Juíza do Trabalho Aline Veiga Borges e foi publicado no *Suplemento Trabalhista* da Editora LTr, São Paulo, n. 059/2014, p. 267 e ss.

[486] CPC: "Art. 495. A decisão que condenar o réu ao pagamento de prestação consistente em dinheiro e a que determinar a conversão de prestação de fazer, de não fazer ou de dar coisa em prestação pecuniária valerão como título constitutivo de hipoteca judiciária".

séculos. Tais aspectos podem conduzir o operador jurídico à interpretação de que a hipoteca judiciária recai apenas sobre os bens relacionados no art. 1.473 do Código Civil, a saber: I – os imóveis e os acessórios dos imóveis conjuntamente com eles; II – o domínio direto; III – o domínio útil; IV – as estradas de ferro; V – os recursos naturais a que se refere o art. 1.230, independentemente do solo onde se acham; VI – os navios; VII – as aeronaves; VIII – o direito de uso especial para fins de moradia; IX – o direito real de uso; X – a propriedade superficiária.

Portanto, uma interpretação estrita dos bens sujeitos à hipoteca judiciária conduziria o intérprete à conclusão de que apenas os bens relacionados no art. 1.473 do Código Civil podem ser objeto de hipoteca judiciária. Essa interpretação estrita foi adotada no bem articulado ensaio escrito pelo magistrado *Arlindo Cavalaro Neto* sobre o tema.[487] Trata-se de uma interpretação respeitável.

10.2 A finalidade da hipoteca judiciária

Não se pode, no entanto, olvidar a finalidade do instituto da hipoteca judiciária, que é a de prevenir fraude à execução e assegurar a futura execução. No processo do trabalho, essa execução geralmente se presta à satisfação de verba de natureza alimentar. Daí a proposta de ampliar a utilização do instituto da hipoteca judiciária para bens outros, que não apenas imóveis e os demais elencados no art. 1473 do Código Civil, tornando, assim, mais efetiva a execução trabalhista.

Enquanto a hipoteca convencional constitui direito real de garantia incidente sobre bens imóveis do devedor, para assegurar ao credor o recebimento preferencial de seu crédito (CC, art. 1.419), a hipoteca judiciária é instituto de direito processual, de ordem pública, cujo escopo teleológico é o de inibir a fraude à execução e a assegurar a satisfação do crédito reconhecido por meio de decisão condenatória (CPC, art. 495). Por consequência, não parece adequado circunscrever o instituto de direito processual da hipoteca judiciária ao instituto de direito material da hipoteca convencional definida no direito privado, inclusive no que se refere aos bens que podem ser objeto da hipoteca judiciária, especialmente se, para cumprir a finalidade do instituto, o caso concreto revelar a necessidade de buscar garantia em outros bens do devedor.

O objetivo de inibir fraude patrimonial revela a dimensão preventiva do instituto da hipoteca judiciária, que se expressa tanto na potencialidade para inibir a fraude patrimonial praticada pelo executado quanto na advertência ao terceiro

---

[487] "O Código de Processo Civil não relaciona os bens sujeitos à hipoteca judiciária. Partindo-se da premissa de que a hipoteca judiciária constitui-se em espécie de hipoteca, impõe-se ao intérprete valer-se do elenco apresentado pelo Direito Material. O art. 1.473 do CCB apresenta rol taxativo de bens sujeitos à hipoteca". (CAVALARO NETO, 2010, p. 492).

adquirente, para que não adquira o bem gravado por hipoteca judiciária, tudo a fim de preservar a efetividade das normas de ordem pública que estabelecem a responsabilidade patrimonial do executado pelas respectivas obrigações (Lei nº 6.830/80, arts. 10 e 30; CPC, art. 789), bem como para prover segurança jurídica aos negócios na vida de relação (CLAUS, 2013, p. 52).

O objetivo de conferir efetividade à execução revela a dimensão assecuratória do direito material que o instituto realiza por meio do direito de sequela inerente à hipoteca judiciária enquanto efeito anexo da sentença condenatória. O direito de sequela assegura ao autor fazer recair a penhora sobre o bem hipotecado ainda que o bem tenha sido alienado a terceiro. Adquirente de má-fé, o terceiro não terá êxito nos embargos de terceiro. E não lhe restará alternativa: para não perder o bem na hasta pública, terá que fazer a remição da execução; ou a adjudicação do bem pelo valor da avaliação,[488] se o valor da execução for superior ao valor do bem sobre o qual recaíra a hipoteca judiciária.

10.3 Hipoteca judiciária x hipoteca convencional: a dicotomia entre interesse de ordem pública e interesse de ordem privada

Nada obstante seja intuitivo ao intérprete investigar os bens sujeitos à hipoteca judiciária à luz dos preceitos de direito material que disciplinam o instituto da hipoteca convencional, esse primeiro movimento do intérprete acaba por revelar-se insuficiente à adequada pesquisa dos bens que podem ser objeto de hipoteca judiciária. Isso porque à hipoteca judiciária prevista no art. 495 do CPC é reconhecida natureza jurídica de instituto processual de direito público, enquanto que à hipoteca convencional prevista no art. 1.473 do Código Civil é reconhecida a condição de instituto de direito privado.

Enquanto a hipoteca judiciária visa a assegurar a autoridade estatal da decisão condenatória em geral, a hipoteca convencional visa garantir o interesse privado de determinado particular envolvido em negócio interindividual. Vale dizer, a dicotomia entre interesse de público e interesse privado decalca indelével distinção entre o instituto da hipoteca judiciária e o instituto da hipoteca convencional.

É a distinta natureza jurídica da hipoteca judiciária (instituto processual de direito público), na comparação com a hipoteca convencional (instituto jurídico de direito privado), que parece autorizar o jurista a afastar-se dos limites do art. 1.473 do Código Civil quando se trata de inventariar os bens sujeitos à hipoteca

---

[488] Essa avaliação é realizada pelo Oficial de Justiça Avaliador da Justiça do Trabalho (CLT, art. 721).

judiciária. Isso porque os objetivos superiores da hipoteca judiciária demandam uma interpretação apta a potencializar tanto o escopo teleológico de inibir fraude patrimonial quanto o escopo teleológico de assegurar a futura execução da decisão condenatória. É dizer: demandam uma interpretação que transcenda aos limites em que o art. 1.473 do Código Civil confina o instituto da hipoteca convencional.

10.4 O Direito sempre foi analógico[489]

Assentadas as premissas estabelecidas no item precedente, de imediato se faz razoável a conclusão de que o escopo teleológico desse instituto processual de ordem pública se realizará de forma tanto mais eficaz quanto mais amplo for o inventário dos bens sobre os quais possa incidir a hipoteca judiciária prevista no art. 495 do CPC.

Essa conclusão guarda conformidade tanto com a doutrina processual contemporânea da máxima efetividade da jurisdição quanto com a perspectiva das alterações legislativas instituídas pelas chamadas minirreformas do Código de Processo Civil de 1973, perspectiva essa que recebeu importante impulso no Código de Processo Civil de 2015, conforme revela a ampliação do poder geral e efetivação, capitulado no art. 139, IV, do CPC.

Se, de um lado, a doutrina processual contemporânea compreende a garantia da razoável duração do processo como uma expressão da própria garantia constitucional da efetividade da jurisdição, de outro lado, o CPC de 2015 inaugura um novo paradigma de funcionalidade procedimental cuja diretriz é aumentar a efetividade da jurisdição.

Entre as minirreformas que o CPC de 1973 sofreu, vem à memória a adoção da averbação premonitória prevista no art. 615-A do CPC revogado,[490] cuja

---

[489] "Ao socorrer-nos, na exposição precedente, das lições dos grandes filósofos do Direito contemporâneos, tivemos a intenção de mostrar que, como diz Kaufmann, a analogia não deve ser utilizada apenas como um instrumento auxiliar, de que o intérprete possa lançar mão, para a eliminação das lacunas. Ao contrário, o raciocínio jurídico será sempre analógico, por isso que as hipóteses singulares nunca serão entre si idênticas, mas apenas 'a fins na essência'. Este é o fundamento gnoseológico que não só legitima mas determina, como um pressuposto de sua essência, a natureza hermenêutica do Direito, cuja revelação pela doutrina contemporânea conquista, cada vez mais, os espíritos". (BAPTISTA DA SILVA, 2004, p. 285).

[490] CPC: "Art. 615-A. O exequente poderá, no ato da distribuição, obter certidão comprobatória do ajuizamento da execução, com identificação das partes e valor da causa, para fins de averbação no registro de imóveis, registro de veículos ou registro de outros bens sujeitos à penhora ou arresto.
§1º. O exequente deverá comunicar ao juízo as averbações efetivadas, no prazo de 10 (dez) dias de sua concretização.
§2º. Formalizada penhora sobre bens suficientes para cobrir o valor da dívida, será determinado o cancelamento das averbações de que trata este artigo relativas àqueles que não tenham sido penhorados.
§3º. Presume-se em fraude à execução a alienação ou oneração de bens efetuada após a averbação (593).
§4º. O exequente que promover averbação manifestamente indevida indenizará a parte contrária, nos termos do §2º do art. 18 desta Lei, processando-se o incidente em autos apartados.
§5º. Os tribunais poderão expedir instruções sobre o cumprimento deste artigo".

lembrança é evocada pelas afinidades finalísticas que o instituto da averbação premonitória guarda com o instituto da hipoteca judiciária: ambas as medidas visam inibir a fraude patrimonial e têm por objetivo garantir o êxito da execução.

Sobre o art. 615-A do CPC de 1973, *Luiz Guilherme Marinoni* e *Daniel Mitidiero* esclarecem que a finalidade da norma é a efetiva tutela do direito material. Afirmam que *O objetivo do art. 615-A, CPC, é manter atrelado à tutela jurisdicional o patrimônio do demandado, de modo que seja possível alcançá-lo para eventual atuação da tutela jurisdicional em favor do demandante (art. 591, CPC)* (MARINONI; MITIDIERO, 2013, p. 638-9). Essa intenção de prover a execução de maior efetividade foi reiterada pelo legislador de 2015 por meio da manutenção da averbação premonitória no CPC vigente (art. 828).

O raciocínio é o mesmo para a hipoteca judiciária, embora a ela não estejam a se referir os autores na precitada passagem da obra. O atrelamento de um bem para futura execução é necessário para garantir a efetividade daquela execução e, com isso, do direito material que a fundamenta. Assim, quanto mais espécies de bens puderem ser garantidoras da futura execução, mais efetiva ela se tornará e, por essa razão, parece não se justificar adotar interpretação restritiva ao instituto da hipoteca judiciária, razão por que não se deve circunscrever o instituto da hipoteca judiciária apenas às espécies de bens arrolados no art. 1.473 do Código Civil.

Portanto, analogicamente,[491] pode-se pensar na averbação de hipoteca judiciária em relação a bens móveis. Ao ordenamento jurídico incumbe proporcionar meios de assegurar a futura execução da sentença. Na fase de conhecimento, o ordenamento jurídico proporciona a hipoteca judiciária; na fase de execução, o ordenamento jurídico proporciona a averbação premonitória. A averbação premonitória incide não só no registro de imóveis, mas também no registro de veículos e no registro de outros bens sujeitos à penhora ou arresto. Restringir a hipoteca judiciária a bens imóveis implica, pois, restringir-lhe a eficácia, o que não parece se coadunar com uma hermenêutica contemporânea para o instituto na ordem constitucional vigente.

10.5 Por uma hermenêutica contemporânea para a hipoteca judiciária

Compreendido o contexto hermenêutico em que está inserida a hipoteca judiciária na ordem constitucional vigente, o intérprete encontrará na natureza

---

[491] "Toda a regra jurídica é susceptível de aplicação analógica – não só a lei em sentido estrito, mas também qualquer espécie de estatuto e ainda a norma de Direito Consuetudinário. As conclusões por analogia não têm apenas cabimento dentro do mesmo ramo do Direito, nem tão-pouco dentro de cada Código, mas verificam-se também de um para outro Código e de um ramo do Direito para outro". (ENGISCH, 2008, p. 293).

jurídica de direito público desse instituto processual o fundamento sociojurídico pelo qual estaria autorizado a desvencilhar-se dos limites do art. 1.473 do Código Civil quando da realização do inventário dos bens sujeitos à hipoteca judiciária, olhos postos no escopo teleológico desse fecundo efeito anexo da decisão condenatória.

O art. 835 do CPC (a que se reporta expressamente o art. 882 da CLT) elenca a ordem preferencial de penhora e, antes de bens imóveis e de navios e aeronaves, arrola dinheiro, veículos de via terrestre e bens móveis em geral. Assim, se, na execução, esses bens tem preferência, em relação aos bens imóveis, para a penhora, não há razão para crer que não possam se prestar, também, à implementação da hipoteca judiciária.

Tendo em vista as finalidades da hipoteca judiciária, não vemos razão para que essa garantia se dê apenas sobre bens imóveis, navios e aeronaves. Nessa esteira, há que se levar em consideração que muitas vezes o devedor trabalhista não tem grande patrimônio,[492] sendo comuns aqueles que não são proprietários de bens imóveis, mas têm outros bens (móveis) que podem se prestar à satisfação da execução. Nessa situação, se a hipoteca judiciária se restringir aos bens elencados no art. 1473 do Código Civil, o respectivo credor trabalhista não terá essa garantia à sua disposição.

Outrossim, não se pode olvidar que a Justiça do Trabalho tem na atualidade ferramentas que permitem pesquisar esse patrimônio, como os convênios RenaJud e InfoJud, e que são de fácil utilização. Diante desse acesso facilitado à pesquisa patrimonial, é intuitiva a conveniência de conferir hermenêutica contemporânea à regra legal do art. 495 do CPC, interpretando-se o instituto da hipoteca judiciária numa perspectiva evolutiva.

10.6 O ônus do tempo do processo

A fecundidade da hipoteca judiciária entremostra-se mais evidente à medida que se descobre no art. 495 do CPC o desvelamento de um dos raros preceitos legais que responde positivamente ao maior dos desafios da teoria processual na atualidade – a distribuição mais equânime do ônus do tempo do processo.[493]

No processo do trabalho, tratando-se de partes economicamente desiguais, avulta a dimensão desse desafio da teoria processual contemporânea, de prover em

---

[492] As principais empregadoras no país são as micro e pequenas empresas, das quais 61% deixam de atuar no primeiro ano; exatamente as empresas que mais cometem fraude patrimonial (Cf. SILVA, 2007, p. 18).

[493] "Impende, no entanto, ponderar, desde logo, que o tempo deve ser distribuído no feito, entre as duas partes litigantes, sem sobrecarregar apenas a detentora do direito ameaçado ou violado, como se tem visto na prática quotidiana do foro. Marinoni relembra que: 'por ser ligado ao contraditório, o tempo deve ser distribuído entre as partes. Essa é a grande questão da doutrina processual contemporânea'". (FAVA, 2009, p. 51).

favor da equânime distribuição do ônus do tempo do processo. Daí a conclusão de que a aplicação da hipoteca judiciária ao processo do trabalho atua no sentido de fazer realizar a distribuição do ônus do tempo do processo de forma equânime.[494]

Assimilada a natureza de ordem pública do instituto da hipoteca judiciária e compreendida a sua fecundidade para a distribuição mais equânime do ônus do tempo do processo, a limitação aos bens previstos nos art. 1.473 do CC pode ser superada mediante uma interpretação extensiva, para então se poder agregar outros bens passíveis de hipoteca judiciária, tais como bens móveis, direitos e ações.

Portanto, a título de "hipoteca judiciária", a inserção de uma menção no registro de veículo de que há ação trabalhista contra o proprietário do veículo julgada procedente poderia ser até mesmo mais eficiente do que a constituição de hipoteca judiciária sobre bem imóvel. Este simples registro seria suficiente para inibir a fraude à execução no tocante àquele veículo, tornando o bem garantidor da futura execução. Dispensaria, além do mais, a indicação de bens pelo credor, podendo o bem ser localizado pelo próprio juiz, mediante a utilização dos convênios citados, agilizando a tramitação do feito.

Admitir-se fazer recair a hipoteca judiciária sobre veículos, por exemplo, implicará conferir maior eficácia ao instituto previsto no art. 495 do CPC, pois veículos são objeto de fraude patrimonial com maior frequência do que imóveis. Essa conclusão decorre da observação da experiência ordinária,[495] observação na qual o cotidiano revela que a troca de propriedade de veículo é mais frequente do que a troca de propriedade de imóvel. Além de potencializar o escopo teleológico de inibir fraude patrimonial, a hipoteca judiciária sobre veículos também potencializa o escopo teleológico de assegurar a futura execução, porquanto veículos têm maior apelo comercial do que imóveis, situação em que se atrai mais licitantes para leilões judiciais.

Por outro lado, até mesmo pela óptica do devedor, pode ser interessante que a hipoteca judiciária não se constitua sobre bem imóvel de sua propriedade. Assim, se o próprio devedor tiver outros bens e preferir que a garantia recaia sobre esses outros bens, e não sobre um bem imóvel, estar-se-á atuando em consonância com a regra exceptiva segundo a qual a execução se deve dar pelo modo menos gravoso ao devedor, quando por vários meios o credor puder promover a execução (art. 805 do CPC).

---

[494] A hipoteca judiciária atua no sentido de distribuir equitativamente, entre as partes, o ônus do tempo do processo judicial. A arguta observação é do magistrado trabalhista Arlindo Cavalaro Neto (2010, p. 495): "É necessário distribuir equitativamente o ônus da demora do processo, e o registro da sentença como hipoteca judiciária também alcança esse desiderato, pois parcela do patrimônio do vencido será objeto de ônus real, assim que publicada a sentença condenatória, até que haja o pagamento do credor".

[495] Art. 375 do CPC de 2015: "Art. 375. O juiz aplicará as regras da experiência comum subministradas pela observação do que ordinariamente acontece e, ainda, as regras da experiência técnica, ressalvado, quanto a estas, o exame pericial."

10.7 A efetividade da jurisdição como horizonte hermenêutico

A teoria jurídica começa a desbravar o caminho pelo qual se pode conferir uma interpretação mais contemporânea ao instituto da hipoteca judiciária. Essa vertente interpretativa mais contemporânea do instituto fundamenta-se na compreensão de que, na atualidade, não se justifica mais limitar a hipoteca judiciária aos bens arrolados no art. 1.473 do Código Civil; propõe que a hipoteca judiciária possa recair sobre quaisquer bens do demandado. Essa vertente interpretativa revela-se mais consentânea com os escopos teleológicos da hipoteca judiciária, sobretudo quando se examina o tema no contexto hermenêutico conformado pela garantia constitucional da efetividade da jurisdição (CF, art. 5º, XXXV).

A doutrina de *J. E. Carreira Alvim* é paradigmática dessa nova vertente interpretativa. O autor pondera, na vigência do CPC de 1973, que, "diferentemente do que acontecia quando da promulgação do Código, atualmente existem bens muito mais valiosos do que o bem imóvel, como as aplicações financeiras, os investimentos em títulos da dívida pública, ou, mesmo em ouro ou moeda estrangeira, não sendo razoável que tais bens não se prestem para garantir o cumprimento de uma sentença condenatória". E conclui que, "Diferentemente, também, da hipoteca legal, que incide apenas sobre bens relacionados nos incs. I a VII do art. 1.473 do Código Civil, a hipoteca judicial incide sobre qualquer bem, qualquer que seja a sua natureza (móveis, imóveis, semoventes, direitos e ações)". O autor acrescenta não ver sentido "em restringir essa especial modalidade de garantia apenas aos bens imóveis, podendo ela, para mim, compreender quaisquer bens (móveis ou imóveis) ou direito (pessoal ou real)".

Comentando a previsão legal de que a sentença condenatória produz hipoteca judiciária ainda que existente arresto de bens do devedor (CPC, art. 466, parágrafo único, II), *Carreira Alvim* (2011, p. 138-140) reitera o entendimento de que a hipoteca judiciária incide tanto sobre bens imóveis quanto sobre bens móveis: "Ao contrário da hipoteca legal, que incide apenas sobre os bens elencados no art. 1.473, I a VII, do Código Civil, o arresto, tanto quanto a hipoteca judicial, pode incidir sobre quaisquer bens (móveis ou imóveis) ou direito (pessoal ou real), desde que devidamente justificado o risco de seu desaparecimento (art. 813)".

A hermenêutica contemporânea que *Carreira Alvim* empresta ao instituto da hipoteca judiciária permite resgatar a noção de processo de resultados que inspirou o legislador à instituição do efeito anexo de hipoteca judiciária, evocando a lição com a qual *Marinoni*[496] convoca os juízes ao responsável exercício de conformar

---

[496] "O que falta, porém, é atentar para que, se a técnica processual é imprescindível para a efetividade da tutela dos direitos, não se pode supor que, diante da omissão do legislador, o juiz nada possa fazer. Isso por uma razão simples: o direito fundamental à efetividade da tutela jurisdicional não se volta apenas contra o legislador, mas também se dirige ao Estado-juiz. Por isso, é absurdo pensar que o juiz deixa de ter dever de tutelar de forma efetiva os direitos somente porque o legislador deixou de editar uma norma processual mais explícita". (MARINONI, 2013, p. 178).

o procedimento à realização do direito material. Poderia parecer uma ousadia postular hipoteca judiciária sobre bens móveis na atualidade, se os gregos já não tivessem compreendido assim a *hypothéke*.[497]

10.8 Como operacionalizar a hipoteca judiciária sobre outros bens

A fim de operacionalizar o registro da hipoteca judiciária com maior agilidade e economia, a hipoteca judiciária pode ser realizada na modalidade de restrição de transferência de veículo inserida mediante utilização do convênio RenaJud (CLT, art. 765), observada a necessária proporcionalidade com o valor da condenação e adotada a tabela FIPE – Fundação Instituto de Pesquisas Econômicas. Caso assim não se entenda de proceder, o registro da hipoteca judiciária sobre veículos pode ser realizado mediante expedição de ofício ao DETRAN – Departamento Nacional de Trânsito.

Insuficiente a hipoteca judiciária sobre veículos, poderá ser avaliada a hipótese de fazer-se hipoteca judiciária sobre imóvel, registrando-se o gravame na matrícula do imóvel no respectivo Cartório de Registro de Imóveis. Inexistente imóvel, a hipoteca judiciária poderá recair sobre outros bens registrados, tais como as quotas sociais no caso de sociedades de responsabilidade limitada e as ações no caso de sociedades anônimas de capital fechado, hipótese em que a hipoteca judiciária será registrada perante a respectiva Junta Comercial do Estado. No caso de sociedades anônimas de capital aberto, a inscrição da hipoteca judiciária poderá recair sobre as ações, registrando-se a hipoteca judiciária perante a respectiva Junta Comercial e perante a Comissão Valores Mobiliários (CVM). Outrossim, poder-se-á fazer a hipoteca judiciária recair sobre embarcações, mediante registro na Capitania dos Portos. No caso de aeronaves, o registro da hipoteca judiciária far-se-á na Agência Nacional de Aviação Comercial (ANAC). Para marcas e patentes, o registro é realizado perante o Instituto Nacional de Propriedade Industrial (INPI).

---

[497] "Derivado do grego *hypothéke*, onde mesmo teve origem este instituto jurídico, quer significar a *coisa* entregue pelo devedor, por exigência do credor, para garantia de uma obrigação. E, assim, originariamente, a palavra *hipoteca*, mesmo entre os romanos, designava a *convenção de penhor* ou *pignoratícia*, não importando a maneira por que se realizava, isto é, se se tratava de garantia móvel entregue ao credor, ou de garantia imóvel, que se conservasse em poder do devedor. Entretanto, sobreavisados e cautelosos, os gregos tinham por costume, quando se tratava de garantia imobiliária, assinalar com brandões ou postes os terrenos hipotecados. Fazendo gerar dela um *jus in re*, o que também ocorria no penhor, os romanos terminaram por distinguir os dois institutos, considerando a *hipoteca* aquela em que a coisa dada em garantia não ia às mãos ou à posse do credor, o que era da essência do penhor (*pignus*)". (DE PLÁCIDO E SILVA, 1982, p. 384). [Grifos do autor].

CAPÍTULO 11

A APLICAÇÃO DA AVERBAÇÃO PREMONITÓRIA AO PROCESSO DO TRABALHO[498]

Na verdade, a compreensão da ação como direito fundamental à tutela do direito impõe que a possibilidade de averbação da petição inicial no registro competente se estenda a toda e qualquer demanda capaz de reduzir o demandado ao estado de insolvência.

Marinoni e Mitidiero

11.1 A finalidade da averbação premonitória

Entre as minirreformas que o Código de Processo Civil de 1973 sofreu com o objetivo de aumentar a efetividade da jurisdição, a Lei nº 11.382/2006 introduziu, no direito processual brasileiro, a técnica jurídica da averbação premonitória no art. 615-A do CPC de 1973.[499] Trata-se da averbação da certidão do ajuizamento da execução nos registros dos bens do executado. Essa técnica jurídica foi mantida no art. 828 do CPC de 2015, preceito cuja redação evidencia que a averbação premonitória preservou as características básicas com que se apresentava no código revogado.[500]

---

[498] Concebida na vigência do CPC de 1973, a versão original do presente artigo foi elaborada em coautoria com Ricardo Fioreze, Juiz do Trabalho do Tribunal Regional do Trabalho da 4ª Região, Rio Grande do Sul, tendo sido publicada na *Revista Justiça do Trabalho*, Editora HS, Porto Alegre, n. 366, jun de 2014, p. 7 e ss. A presente versão do artigo foi elaborada na vigência do CPC de 2015, tendo sido adaptada ao CPC em vigor.

[499] CPC de 1973: "Art. 615-A. O exequente poderá, no ato da distribuição, obter certidão comprobatória do ajuizamento da execução, com identificação das partes e valor da causa, para fins de averbação no registro de imóveis, registro de veículos ou registro de outros bens sujeitos à penhora ou arresto.
§1º. O exequente deverá comunicar ao juízo as averbações efetivadas, no prazo de 10 (dez) dias de sua concretização.
§2º. Formalizada penhora sobre bens suficientes para cobrir o valor da dívida, será determinado o cancelamento das averbações de que trata este artigo relativas àqueles que não tenham sido penhorados.
§3º. Presume-se em fraude à execução a alienação ou oneração de bens efetuada após a averbação (593).
§4º. O exequente que promover averbação manifestamente indevida indenizará a parte contrária, nos termos do §2º do art. 18 desta Lei, processando-se o incidente em autos apartados.
§5º. Os tribunais poderão expedir instruções sobre o cumprimento deste artigo".

[500] CPC de 2015: "Art. 828. O exequente poderá obter certidão de que a execução foi admitida pelo juiz, com identificação das partes e do valor da causa, para fins de averbação no registro de imóveis, de veículos ou de outros bens sujeitos à penhora, arresto ou indisponibilidade.

Porém, o legislador de 2015 acrescentou a previsão de responsabilização do exequente que promover averbação manifestamente indevida ou não cancelar as averbações relativas aos bens não penhorados (CPC, art. 828, §5º).

A doutrina, na vigência do CPC revogado, já identificava, na existência de prévia averbação premonitória, a tipificação de uma nova hipótese de fraude à execução compreendida na previsão genérica do inciso III do art. 593 do CPC de 1973. Tal identificação decorria da circunstância de que o §3º do art. 615-A do CPC de 1973 fazia remissão expressa ao art. 593 do diploma processual civil revogado, quando reputava em fraude à execução a alienação de bens efetuada após a averbação da existência de ação contra o executado.

O CPC de 2015 manteve essa hipótese específica de fraude à execução, ao prever, no §4º do art. 828, que a averbação da certidão do ajuizamento da execução é causa tipificadora do ilícito processual de fraude de execução, quando a alienação do bem ocorre após o registro da referida averbação na matrícula dos bens do executado. É importante destacar que, a par de manter essa espécie específica de fraude à execução no §4º do art. 828 do CPC, o Código de Processo Civil de 2015 sistematizou melhor o tratamento normativo do instituto da fraude à execução, capitulando expressamente essa específica modalidade de fraude à execução no art. 792, II, do CPC. O presente capítulo deste livro procura examinar a aplicabilidade da técnica jurídica da averbação premonitória ao processo do trabalho.

O objetivo imediato da averbação premonitória é o de dar ciência a terceiros de que tramita ação de execução contra o executado e, com isso, tentar inibir fraude à execução, conforme revela a leitura do §4º do art. 828 do CPC. O objetivo mediato é o de aumentar a efetividade da jurisdição, provendo segurança à futura execução mediante prévia identificação – para futura penhora – de bens do executado capazes de responder pela obrigação.

A averbação prevista no art. 828 do CPC é considerada "premonitória porque essa técnica jurídica adverte, antecipa, avisa que o patrimônio do devedor pode estar, no todo ou em parte, comprometido por uma obrigação cuja satisfação é pleiteada pelo credor junto ao Poder Judiciário". A didática lição é recolhida na doutrina de Luciano Athayde Chaves.[501]

---

§1º. No prazo de 10 (dez) dias de sua concretização, o exequente deverá comunicar ao juízo as averbações efetivadas.
§2º. Formalizada penhora sobre bens suficientes para cobrir o valor da dívida, o exequente providenciará, no prazo de 10 (dez) dias, o cancelamento das averbações de que trata este artigo relativas àqueles não penhorados.
§3º. O juiz determinará o cancelamento das averbações, de ofício ou a requerimento, caso o exequente não o faça no prazo.
§4º. Presume-se em fraude à execução a alienação ou oneração de bens efetuada após a averbação.
§5º. O exequente que promover averbação manifestamente indevida ou não cancelar as averbações nos termos do §2º indenizará a parte contrária, processando-se o incidente em autos apartados".

[501] CHAVES, Luciano Athayde. Ferramentas eletrônicas na execução trabalhista. *In:* CHAVES, Luciano Athayde (org.). *Curso de processo do trabalho.* São Paulo: LTr, 2009, p. 965.

A finalidade da norma – o magistério é de *Cassio Scarpinella Bueno* – é permitir que terceiros tenham ciência do ajuizamento da execução e, com isso, sejam reduzidos os casos de fraude à execução que envolvam terceiros de boa-fé que, por qualquer razão, poderiam se mostrar interessados na aquisição do patrimônio do executado.[502] A preocupação do legislador justifica-se: é cada vez mais frequente a ocorrência de fraude à execução.[503] *Luciano Athayde Chaves* destaca que a preocupação da reforma processual introduzida no CPC de 1973, pela Lei nº 11.382/2006, mediante a instituição da possibilidade de averbação de uma certidão comprobatória do ajuizamento da execução junto a órgãos de registro de bens, dirige-se a um dos pontos amiúde mais delicados da atuação jurisdicional na fase de constrição e expropriação de bens: a ocorrência de alienação ou oneração de bens do devedor durante o curso do processo.[504]

O efeito jurídico da medida prevista no art. 828 do Código de Processo Civil consiste em caracterizar como fraudulentos – mediante presunção legal (CPC, art. 828, §4º) – todos os negócios jurídicos de disposição patrimonial realizados *após* a averbação da existência da ação.[505] Em verdade, a averbação de *prévia* averbação premonitória, por força da presunção de fraude estabelecida pelo legislador no §4º do art. 828 do CPC, faz caracterizar, na ocorrência de alienação *posterior* do bem, fraude à execução.[506] A doutrina é pacífica tanto na afirmação de que a averbação opera efeito *erga omnes* quanto na conclusão de que a decorrente presunção de fraude é absoluta.[507] Vale dizer: a) o adquirente do bem não poderá alegar desconhecimento da pendência da execução, sujeitando-se, portanto, à expropriação do bem adquirido;[508] b) não há necessidade de demonstrar a insolvência do obrigado para que a fraude à execução seja presumida de forma absoluta.[509]

---

[502] *A nova etapa da reforma do Código de Processo Civil*, v. 3. São Paulo: Saraiva, 2007, p. 45.

[503] A Súmula nº 375 do STJ visa à proteção do terceiro de boa-fé. Entretanto, acaba por fomentar indiretamente – sem essa intenção deliberada – a fraude patrimonial do executado, conforme procuramos demonstrar na sequência do presente estudo.

[504] Ferramentas eletrônicas na execução trabalhista. *In*: CHAVES, Luciano Athayde (org.). *Curso de processo do trabalho*. São Paulo: LTr, 2009, p. 964.

[505] ASSIS, Araken de. *Manual da Execução*. 14. ed. São Paulo: RT, 2012, p. 522.

[506] A doutrina identifica as seguintes hipóteses de fraude à execução como expressões da previsão genérica do inciso V do art. 792 do CPC de 2015: a) violação à penhora de crédito (CPC, art. 855, §3º); b) a contratação ou a prorrogação de locação por prazo superior a um ano do bem objeto da propriedade fiduciária sem a concordância por escrito do credor (Lei nº 9.514/1997, art. 37-B, com a redação da Lei nº 10.931/2004); c) atos de alienação após a inscrição de dívida ativa (CTN, art. 185); d) aquisição de novo bem de família mais valiosa para criar impenhorabilidade artificiosa (Lei nº 8.009/1980, art. 4º); e) atos de disposição após a averbação premonitória (CPC, art. 828, §4º); atos de disposição após o registro de hipoteca judiciária ou outro ato de constrição judicial do bem (CPC, art. 792, III).

[507] ASSIS, Araken de. *Manual da execução*. 14. ed. São Paulo: RT, 2012, p. 522. No mesmo sentido alinham-se: DIDIER JR, Fredie e outros. *Curso de direito processual civil*: execução. 4. ed. Salvador: Juspodivm. 2012, v. 5, p. 322. ALVIM, J. E. Carreira. *Comentários ao Código de Processo Civil brasileiro*. Curitiba: Juruá, 2011, v. 8, p. 255. MONTENEGRO FILHO, Misael. *Código de Processo Civil comentado e interpretado*. 12. ed. Barueri: Manole, 2013, p. 665.

[508] ASSIS, Araken de. *Manual da Execução*. 14. ed. São Paulo: RT, 2012, p. 522.

[509] DIDIER JR, Fredie; CUNHA, Leonardo Carneiro da; BRAGA, Paula Sarno; OLIVEIRA, Rafael. *Curso de Direito Processual Civil*: Execução. 4. ed. Salvador: JusPodivm, 2012, v. 5, p. 324: "O legislador estabelece uma presunção absoluta de fraude à execução se houver alienação ou oneração de bens após a averbação (art.

Vale dizer, feita a averbação da certidão do ajuizamento da execução no registro de bens do executado, basta que a alienação do bem seja *superveniente* àquela averbação para que se tenha por caracterizada fraude à execução no negócio jurídico celebrado entre o executado e o terceiro adquirente. Mesmo que a alienação do bem não acarrete a situação de insolvência do executado, esse último não logrará obstar a alienação judicial do bem gravado pela constrição da averbação premonitória sob a alegação de que dispõe de outros bens à penhora. Tampouco o terceiro adquirente terá êxito nos embargos de terceiro, na medida em que a alienação do bem, tendo ocorrido *após* o registro da averbação premonitória, é ato jurídico caracterizador de fraude à execução (CPC, art. 828, §4º e art. 792, II) e, portanto, caracterizar-se-á como ato jurídico ineficaz perante o credor prejudicado pela alienação ocorrida em fraude à execução (CPC, art. 792, §1º). Ao leitor que pretenda assimilar a questão jurídica aqui estudada, impõe-se dirigir sua atenção para a construção sistemática em que o Código de Processo Civil de 2015 articula os preceitos do §4º do art. 828 e do inciso II do art. 792 com o preceito do §1º do art. 792 do CPC.

Também há consenso na teoria jurídica quanto à conclusão de que a averbação premonitória *antecipa* – a exemplo do que ocorre com o registro de hipoteca judiciária na matrícula do imóvel (CPC. art. 495) – o efeito que se alcança com a averbação da penhora e do arresto.[510] Como é sabido, uma vez averbada a penhora na matrícula do bem, a posterior alienação do bem penhorado caracteriza-se em fraude à execução (CPC, art. 792, III), hipótese em que a alienação do bem penhorado é considerada ato jurídico ineficaz em relação ao credor prejudicado (CPC, art. 792, §1º). O magistério de *Araken de Assis* nesse sentido é acompanhado por *Fredie Didier Jr.*,[511] *Luiz Guilherme Marinoni* e *Daniel Mitidiero*[512] e *Antônio Cláudio da Costa Machado*.[513]

Realizada a averbação premonitória prevista no art. 828 do CPC no assento de bens do devedor, opera-se o mesmo efeito gerado pela averbação da penhora (CPC, art. 844), por força da expressa previsão de fraude à execução cominada no §4º do art. 828: a *posterior* alienação do bem será considerada em fraude à execução, podendo o credor fazer recair a penhora sobre o bem gravado, porquanto a alienação caracterizar-se-á como ineficaz perante o credor titular da averbação premonitória (CPC, art. 792, §1º).[514] Daí a doutrina afirmar que a tutela jurídica

---

615-A, §3º)". Os autores escreveram à época do Código revogado, o que explica a remissão ao art. 615-A, §3º do CPC de 1973.

[510] ASSIS, Araken de. *Manual da execução*. 14. ed. São Paulo: RT, 2012, p. 522.
[511] *Curso de Direito Processual Civil:* Execução. 4. ed. Salvador: Juspodivm, 2012, v. 5, p. 323.
[512] *Código de Processo Civil comentado artigo por artigo*. 4. ed. São Paulo: RT, 2012, p. 642.
[513] *Código de Processo Civil interpretado*. 12. ed. Barueri: Manole, 2013, p. 752.
[514] A fraude à execução então caracterizada tipifica conduta atentatória à dignidade da justiça (CPC, art. 774, I), ensejando a aplicação da pedagógica multa prevista no art. 774, parágrafo único, do CPC, de até 20% do valor atualizado do débito em execução.

que se obteria, por ocasião da penhora do bem, é *antecipada*, pela averbação premonitória, para o momento da distribuição da ação de execução.[515]

11.2 A averbação premonitória pode ser aplicada na fase de conhecimento do processo civil?

A averbação premonitória prevista no art. 828 do CPC está inserida no âmbito da execução de título *extrajudicial* do Código de Processo Civil. A doutrina, entretanto, afirma que essa técnica jurídica se aplica igualmente ao cumprimento da sentença, sob o entendimento de que se trata de medida processual voltada à obtenção da denominada execução frutífera.

O fato de a averbação premonitória servir ao necessário combate institucional à fraude à execução, promovendo o resgate da responsabilidade patrimonial fundada na boa-fé indispensável aos negócios jurídicos, acaba por colocar ao jurista a questão de indagar se a saneadora providência da averbação premonitória tem cabimento apenas na fase de execução ou se é possível sua aplicação na fase de conhecimento do processo mediante interpretação extensiva do preceito do art. 828 do CPC.

A indagação evoca a doutrina de *Luiz Guilherme Marinoni* acerca do papel prospectivo do juiz diante da insuficiência da norma processual para fazer realizar o direito material. O autor pondera: "O que falta, porém, é atentar para que, se a técnica processual é imprescindível para a efetividade da tutela dos direitos, não se pode supor que, diante da omissão do legislador, o juiz nada possa fazer. Isso por uma razão simples: o direito fundamental à efetividade da tutela jurisdicional não se volta apenas contra o legislador, mas também se dirige ao Estado-juiz. Por isso, é absurdo pensar que o juiz deixa de ter dever de tutelar de forma efetiva os direitos somente porque o legislador deixou de editar uma norma processual mais explícita".[516]

Nada obstante alguns processualistas cíveis restrinjam o cabimento da averbação premonitória à fase de execução do processo sob o argumento de que a medida está prevista na parte do CPC que trata da execução de título extrajudicial,[517] os fundamentos dos adeptos da interpretação extensiva reúnem

---

[515] ALVIM, J. E. Carreira. *Comentários ao Código de Processo Civil brasileiro*. Curitiba: Juruá, 2011, v. 8, p. 255.
[516] MARINONI, Luiz Guilherme. *Técnica processual e tutela dos direitos*. 4. ed. São Paulo: Revista dos Tribunais, 2013, p. 178.
[517] Por todos, veja-se a posição de MEDINA, José Miguel Garcia. *Código de Processo Civil comentado*. São Paulo: RT, 2011, p. 728: É requisito da averbação premonitória " ter sido movida ação de execução de título extrajudicial, não basta o ajuizamento de ação de conhecimento condenatória. Incide o art. 615-A, no entanto, também em relação à execução de títulos judiciais (art. 475-N, em razão do que dispõe o art. 475-R".

predicados capazes de persuadir à superação da interpretação estrita do preceito do art. 828 do CPC. O inventário de tais fundamentos é uma imposição científica para todos os operadores jurídicos que reconhecem na fraude à execução um problema crescente da jurisdição brasileira e para todos aqueles que não estão satisfeitos com os baixos índices de efetividade da jurisdição em nosso país.

Em estudo profundo sobre o tema, *Luiz Guilherme Marinoni* e *Daniel Mitidiero* conduziram-se com o habitual descortino, para demonstrar tanto a conveniência quanto a juridicidade de adotar-se interpretação extensiva na aplicação da técnica jurídica da averbação premonitória, de modo a se considerar essa providência processual aplicável *em qualquer ação que seja capaz de produzir a insolvência do demandado* e não apenas na ação de execução. Ainda que de forma menos explícita do que nas abordagens posteriores do tema, mais adiante transcritas, os autores já deixam entrever sua filiação à interpretação extensiva quando se utilizam das seguintes palavras para comentar a finalidade do art. 828 do CPC: "É possível averbar no registro de imóveis, no registro de veículos ou no registro de quaisquer outros bens sujeitos à penhora e ao arresto a propositura *de ação cuja concessão da tutela do direito pode levar o demandado ao estado de insolvência*, a fim de que se caracterize como fraude à execução a alienação ou oneração de bens posteriores à averbação".[518]

Na fundamentação em favor da adoção da interpretação extensiva do preceito legal em questão, *Luiz Guilherme Marinoni* e *Daniel Mitidiero* assentavam, já na vigência do Código revogado, a premissa de que "o objetivo do art. 615-A, CPC, é manter atrelado à tutela jurisdicional o patrimônio do demandado, de modo que seja possível alcançá-lo para eventual atuação da tutela jurisdicional em favor do demandante (art. 591, CPC)",[519] para então concluir que, "embora o art. 615-A, CPC, aluda apenas ao ajuizamento de execução como suscetível de averbação, contingência que, em um primeiro momento, parece cifrar essa possibilidade tão somente à execução de títulos extrajudiciais (art. 585, CPC) e de determinados títulos judiciais (art. 475-N, II, IV e VI, CPC), certo é que também é possível a averbação de requerimento de *cumprimento de sentença condenatória* (art. 475-J, CPC), tendo em conta que aí o patrimônio responde igualmente pela satisfação do exequente".[520]

Na sequência do estudo do tema, os autores reiteram sua consagrada concepção da ação como direito concreto à tutela do direito material, para então concluir que "a compreensão da ação como direito fundamental à tutela do

---

[518] *Código de Processo Civil comentado artigo por artigo*. 4. ed. São Paulo: RT, 2012, p. 642. Os autores já sustentavam esta interpretação sob a vigência do CPC de 1973. E mantiveram tal posicionamento na vigência do CPC de 2015 (*Novo Código de Processo Civil comentado*. 2. ed. São Paulo: RT, 2016, p. 892).

[519] *Código de Processo Civil comentado artigo por artigo*. 4. ed. São Paulo: RT, 2012, p. 642 (sem itálico no original).

[520] *Código de Processo Civil comentado artigo por artigo*. 4. ed. São Paulo: RT, 2012, p. 642. Na vigência do CPC de 2015, os autores mantiveram o mesmo posicionamento (*Novo Código de Processo Civil Comentado*. 2. ed. São Paulo: RT, 2016, p. 892).

direito impõe que a possibilidade de averbação da petição inicial no registro competente se estenda a *toda e qualquer demanda capaz de reduzir o demandado ao estado de insolvência*".[521] Explicam que a razão dessa conclusão é simples: "não há possibilidade de execução frutífera sem que se mantenha íntegro o patrimônio do executado, atrelando-o à finalidade expropriatória".[522] E argumentam que o próprio art. 615-A do CPC de 1973 autoriza a interpretação proposta, "na medida em que possibilita a averbação à vista da propositura de arresto, que, como é sabido, pode ocorrer a partir da caracterização da verossimilhança do direito alegado e da urgência em prover, não estando atrelado, portanto, à possibilidade de imediata execução".[523]

A explícita conclusão de *Luiz Guilherme Marinoni* e *Daniel Mitidiero* em favor da aplicação da averbação premonitória em caso de ação condenatória capaz de conduzir o demandado à insolvência é renovada na sequência do estudo agora examinado. Tratando da certidão cartorária necessária à realização da averbação premonitória da existência de ação contra o demandado, afirmam os autores: "A certidão comprobatória da propositura de ação executiva de título extrajudicial, de título judicial sujeito à execução *ou de ação condenatória ao pagamento de quantia suscetível de levar o demandado ao estando de insolvência* deve ser requerida ao distribuidor, que está obrigado a fornecê-la".[524]

Entre os adeptos da interpretação extensiva, encontram-se, ainda, *Fredie Didier Jr.*, *Leonardo J. C. Cunha*, *Paula Sarno Braga* e *Rafael Oliveira*. Esses processualistas civis também propõem uma utilização mais ampla da medida prevista no art. 828 do CPC. Sustentam que "a regra deve ser interpretada de forma a que se lhe dê a maior eficácia e o maior proveito possível, em termos de proteção do credor e do terceiro de boa-fé".[525] Os autores explicitam seu entendimento acerca da interpretação a ser conferida ao preceito legal, afirmando que "a norma merece interpretação extensiva, de forma a ampliar sua eficácia protetiva do credor e dos terceiros adquirentes, para admitir a averbação de *qualquer* ação que possa futura e eventualmente gerar execução".[526]

No âmbito da doutrina justrabalhista, posição semelhante é sustentada por *Luciano Athayde Chaves*. Depois de ponderar que as disposições do art. 615-A do CPC de 1973 aplicam-se ao cumprimento da sentença por força da previsão do art. 475-R do CPC de 1973, o autor manifesta o entendimento de que "a certidão, para efeito de averbação, pode ser até obtida na fase de conhecimento, desde que o pedido seja líquido ou estimado", conclusão que

---

[521] *Código de Processo Civil comentado artigo por artigo*. 4. ed. São Paulo: RT, 2012, p. 642 (sem itálico no orginal).
[522] *Código de Processo Civil comentado artigo por artigo*. 4. ed. São Paulo: RT, 2012, p. 642.
[523] *Código de Processo Civil comentado artigo por artigo*. 4. ed. São Paulo: RT, 2012, p. 642.
[524] *Código de Processo Civil comentado artigo por artigo*. 4. ed. São Paulo: RT, 2012, p. 643 (sem itálico no original).
[525] *Curso de direito processual civil: execução*, v. 5. 4. ed. Salvador: Juspodivm, 2012, p. 323.
[526] *Curso de direito processual civil: execução*, v. 5. 4. ed. Salvador: Juspodivm, 2012, p. 323 (sem itálico no original).

adota sob o fundamento de que a proibição de alienar o patrimônio surge para o réu quando da propositura da ação.[527]

Portanto, são ponderáveis os fundamentos para adotar-se interpretação extensiva acerca da averbação premonitória, de modo a que essa técnica jurídica possa ser utilizada não apenas em ação de execução, mas também nas ações de conhecimento cuja condenação possa reduzir o demandado à insolvência, para prevenir fraude à execução e prover segurança à execução.

11.3 A aplicação do art. 828 do CPC como forma de combater os efeitos da Súmula nº 375 do STJ

Se faltava motivo para aplicar a averbação premonitória ao processo do trabalho, já não falta mais: as consequências jurídicas decorrentes da aplicação da Súmula nº 375 do STJ[528] recomendam a utilização da averbação premonitória como medida legal voltada a inibir a fraude à execução, fraude que, após o advento da Súmula nº 375 do STJ, tende a generalizar-se.[529]

Como é de intuitiva percepção, é muito difícil para o credor prejudicado provar que o terceiro adquirente agiu de má-fé ao adquirir o bem do executado. De acordo com inteligência da súmula, cabe ao credor prejudicado provar que o terceiro adquirente tinha conhecimento da existência da ação movida contra o executado-alienante. O ônus de prova que se exige do credor faz lembrar a figura da prova diabólica.[530]

A comprovação do conhecimento da existência da ação é que caracterizará a má-fé do terceiro adquirente. Não havendo tal comprovação, a diretriz da súmula é a de não reconhecer fraude à execução, preservando-se a eficácia do negócio realizado entre o executado e o terceiro adquirente de boa-fé – em detrimento

---

[527] CHAVES, Luciano Athayde. Ferramentas eletrônicas na execução trabalhista. *In:* CHAVES, Luciano Athayde (org.). *Curso de processo do trabalho.* São Paulo: LTr, 2009, p. 965.

[528] "O reconhecimento da fraude à execução depende do registro da penhora do bem alienado ou da prova da má-fé do terceiro adquirente". A Súmula nº 375 do STJ foi editada em 30.3.2009.

[529] Ao executado certamente ocorrerá alienar seus bens antes da penhora. Fará isso para não perder os bens que seriam penhorados pelo credor. O executado alienará seus bens e desviará o dinheiro apurado. Como o terceiro adquirente terá êxito nos embargos de terceiro em face dos termos da Súmula nº 375 do STJ, o executado safar-se-á ileso, sem ter que assumir a responsabilidade regressiva que decorreria da ineficácia jurídica da alienação ocorrida. Essa tende a ser a conduta dos executados em geral e não apenas dos executados contumazes, isso porque desviar imóveis e veículos é muito mais difícil do que desviar o dinheiro apurado com a alienação de tais bens.

[530] Registre-se que, sob inspiração do princípio da razoabilidade, o legislador reputa nula a convenção que distribui o ônus da prova de maneira diversa da prevista no art. 333 do CPC quando a convenção tornar excessivamente difícil a uma parte o exercício de seu direito. Trata-se da previsão do inciso II do parágrafo único do art. 333 do CPC: "É nula a convenção que distribui de maneira diversa o ônus da prova quando: I – recair sobre direito indisponível da parte; *II – tornar excessivamente difícil a uma parte o exercício do direito"* (sublinhamos).

do interesse do credor prejudicado pela alienação do bem do executado. O leitor já deve ter percebido que a Súmula nº 375 do STJ adota orientação que parece confrontar a previsão do art. 792, IV, do CPC. O estudo desse aparente confronto normativo não é o objetivo do presente capítulo. O objetivo do presente capítulo é o de apresentar, ao operador jurídico, as vantagens que a averbação premonitória pode aportar à efetividade da execução trabalhista. Em razão dos efeitos negativos que o verbete sumular acarreta ao princípio da responsabilidade patrimonial previsto no art. 789 do CPC, a crítica à Súmula nº 375 do STJ constitui importante tema da execução que, contudo, deve ficar remetida para oportunidade distinta.[531] O leitor encontrará subsídios adicionais no capítulo dedicado ao tema da fraude à execução no processo do trabalho, o Capítulo 17.

Feito o registro da averbação premonitória nos bens do devedor – ou do executado –, o terceiro adquirente já não mais poderá alegar a condição de adquirente de boa-fé, pois tinha possibilidade de acesso à informação da existência de ação judicial contra o alienante, situação em que o terceiro adquirente passa a ser considerado adquirente de má-fé.[532] Em outras palavras, o registro da averbação premonitória esvazia a alegação de ter o terceiro adquirido o bem de boa-fé e atua para fazer caracterizar fraude à execução no negócio celebrado. O §4º do art. 828 do CPC é expresso nesse sentido. Estabelece o preceito legal: "Presume-se em fraude à execução a alienação ou oneração de bens efetuada após a averbação".

A eficácia jurídica da averbação premonitória quanto a terceiros – que não são parte no processo – depende do respectivo registro nas repartições públicas nas quais estão registrados os imóveis do devedor – Cartórios de Registros de Imóveis – e os veículos do devedor – Departamento Nacional de Trânsito. Assim também ocorre para outras espécies de bens do executado cuja existência seja objeto de registro em assentos de propriedade de bens.[533]

Realizado tal registro, presume-se em fraude à execução a alienação *superveniente* do bem gravado pela averbação premonitória, conforme a expressa previsão do §4º do art. 828 do CPC.[534] A presunção de fraude à execução é absoluta, de acordo com a doutrina,[535] o que significa dizer que a parte autora terá

---

[531] Entre os autores que têm criticado a aplicação da S-375-STJ ao processo do trabalho está Manoel Antonio Teixeira Filho. Para o autor, há incompatibilidade da súmula com o direito processual do trabalho (*Execução no processo do trabalho*. 11. ed. São Paulo: LTr, 2013, p. 201/2): "Se a Súmula n. 375, do STJ, serve para o processo civil, não serve ao processo do trabalho. Trata-se de roupa feita para outro corpo".

[532] Com o registro da averbação premonitória, o terceiro adquirente passa a ter a possibilidade de informar-se da existência de ação judicial contra o reclamado. Em consequência, o terceiro adquirente não pode mais alegar a condição de adquirente de boa-fé; será considerado adquirente de má-fé.

[533] Além de imóveis e veículos, também podem ser objeto da averbação premonitória prevista no art. 828 do CPC os seguintes bens: a) ativos financeiros; b) quotas sociais de sócios de empresas; c) ações de sociedades anônimas de capital aberto; d) marcas e patentes; e) embarcações; f) aeronaves.

[534] "Presume-se em fraude à execução a alienação ou oneração de bens efetuada após a averbação".

[535] DIDIER JR, Fredie; CUNHA, Leonardo Carneiro da; BRAGA, Paula Sarno; OLIVEIRA, Rafael. *Curso de Direito Processual Civil*: execução. 4. ed. Salvador: Juspodivm, 2012, v. 5, p. 324: "O legislador estabelece uma presunção absoluta de fraude à execução se houver alienação ou oneração de bens após a averbação (art. 615-

direito a obter a futura constrição do bem gravado pela averbação premonitória, podendo fazer penhorar o bem ainda que tenha sido transferido para terceiro, isso porque a lei reputa ineficaz a alienação do bem quando realizada em fraude à execução (CPC, art. 792, §1º). Ao terceiro adquirente não restará alternativa: terá que substituir o bem por dinheiro; do contrário, perderá o bem em hasta pública. E não terá êxito em embargos de terceiro, porquanto sua condição de adquirente de má-fé ter-se-á por caracterizada desde o registro da averbação premonitória da existência da ação judicial contra o executado, de modo que o negócio jurídico *posterior* à averbação premonitória carregará consigo definitivamente a mácula do ilícito processual da fraude à execução (CPC, art. 828, §4º) e as respectivas consequências jurídicas (CPC, art. 792, §1º), entre as quais avulta a ineficácia jurídica da alienação do bem realizada sob fraude à execução.

A ordem jurídica, na salvaguarda da cláusula da responsabilidade patrimonial do devedor (CPC, art. 789), sanciona o ilícito processual da fraude à execução, privando-o de eficácia jurídica em relação ao credor prejudicado pelo negócio fraudulento. Essa sanção está prevista no art. 792, §1º, do CPC, preceito que faz a reparação jurídica da alienação ocorrida em fraude à execução, retirando, do negócio fraudulento, eficácia jurídica no que respeita ao credor prejudicado. Vale dizer, perante o credor prejudicado pela fraude à execução, a alienação do bem será considerada ato ineficaz (CPC, art. 792, §1º). Em outras palavras, o negócio fraudulento será inoponível ao credor prejudicado; o credor prejudicado pela fraude à execução pode desconhecer o negócio jurídico e fazer penhorar o bem. Essa matéria foi desenvolvida no Capítulo 12.

11.4 A juridicidade da aplicação do art. 828 do CPC ao Processo do Trabalho

Parece não haver dúvida quanto à juridicidade da aplicação da averbação premonitória ao Direito Processual do Trabalho. A integração da técnica jurídica da averbação premonitória ao processo do trabalho parece encontrar-se amparada tanto pelo permissivo do art. 769 da CLT quanto pelo permissivo do art. 15 do CPC. Conforme preceitua o art. 769 da CLT, "Nos casos omissos, o direito processual comum será fonte subsidiária do direito processual do trabalho, exceto naquilo em que for incompatível com as normas deste Título".[536] O direito processual civil integra aquilo que o art. 769 da CLT denomina de direito processual comum. Por sua vez, o art. 15 do CPC de 2015 estabeleceu a possibilidade de aplicação

---

A, §3º, CPC). Seu intuito parece ser antecipar a eficácia advinda da penhora averbada contra terceiro. Não há, assim, necessidade de demonstração de insolvência".

[536] O Título a que se refere o art. 769 da CLT é o Título X da CLT, que rege o *Processo Judiciário do Trabalho*.

supletiva e subsidiária desse Código ao processo do trabalho: "Art. 15. Na ausência de normas que regulem processos eleitorais, trabalhistas ou administrativos, as disposições deste Código lhe serão aplicadas supletiva e subsidiariamente".

O Direito Processual do Trabalho não possui regramento acerca da matéria disciplinada no art. 828 do CPC. A Lei nº 6.830/1980, por sua vez, se limita a dispor sobre o registro de penhoras e arrestos,[537] e, assim, nada estabelece acerca da inscrição de outros atos processuais. Portanto, o Direito Processual do Trabalho é omisso quanto à matéria tratada no art. 828 do CPC, enquanto que a Lei nº 6.830/1980 não supre essa omissão.

Tampouco há incompatibilidade entre o art. 828 do CPC e o Direito Processual do Trabalho. Ao contrário, a averbação premonitória tende a tornar mais efetiva a execução promovida na Justiça do Trabalho, pois atua para prevenir a ocorrência de fraude à execução em relação aos bens sobre os quais for averbada a existência da ação.[538] Assim, a conclusão que decorre da interpretação sistemática dos arts. 769 da CLT e 15 do CPC é favorável à conclusão pela afirmação da juridicidade da aplicação da técnica jurídica da averbação premonitória do art. 828 do CPC ao Direito Processual do Trabalho.

---

[537] "Art. 14. O oficial de justiça entregará contrafé e cópia do termo ou do auto de penhora ou arresto, com a ordem de registro de que trata o art. 7º, IV: I – no Ofício próprio, se o bem for imóvel ou a ele equiparado; II – na repartição competente para emissão de certificado de registro, se for veículo; III – na Junta Comercial, na Bolsa de Valores, e na sociedade comercial, se forem ações, debênture, parte beneficiária, cota ou qualquer outro título, crédito ou direito societário nominativo".

[538] CHAVES, Luciano Athayde. Ferramentas eletrônicas na execução trabalhista. In: CHAVES, Luciano Athayde (org.). Curso de processo do trabalho. São Paulo: LTr, 2009, p. 966: "Tenho que a averbação da certidão premonitória é compatível com o processo do trabalho (arts. 769 e 889, CLT), e vai ao encontro do postulado constitucional da efetividade da tutela jurisdicional (art. 5º, LXXVIII, CF), já que visa garantir a satisfação dos créditos, que aqui são de natureza privilegiadíssima. Nada melhor do que, por precaução, seja dado amplo conhecimento que o patrimônio do devedor pode ser subtraído, no todo ou em parte, em razão de uma ação trabalhista".

CAPÍTULO 12

A APLICAÇÃO DA INDISPONIBILIDADE DE BENS PREVISTA NO ART. 185-A DO CTN À EXECUÇÃO TRABALHISTA: O RESGATE DA RESPONSABILIDADE PATRIMONIAL FUTURA

> O Direito contemporâneo se orienta no sentido da busca pela efetividade.
> Antonio Herman Benjamin

12.1 A juridicidade da aplicação subsidiária do art. 185-A do CTN à execução trabalhista

A dimensão objetiva[539] reconhecida pela teoria constitucional contemporânea à garantia fundamental da efetividade da jurisdição (CF, art. 5º, XXXV) convida o juiz do trabalho à compreensão de que enfrentar o déficit de efetividade na execução trabalhista significa não abrir mão de nenhuma medida legal capaz de resgatar ao processo do trabalho sua ontológica vocação à condição de processo de resultados. A indisponibilidade de bens prevista no art. 185-A do CTN constitui importante medida legal situada nesse contexto. Daí a proposta de sua aplicação subsidiária à execução trabalhista, proposta cuja juridicidade é examinada a seguir.

De acordo com o art. 889 da CLT,[540] *os preceitos da Lei de Executivos Fiscais (Lei nº 6.830/1980) aplicam-se à execução trabalhista de forma subsidiária desde que não contrariem o processo judiciário do trabalho previsto nos arts.*

---

[539] LEDUR, José Felipe. *Direitos fundamentais sociais*: efetivação no âmbito da democracia participativa. Porto Alegre: Livraria do Advogado, 2009, p. 27: "Os direitos fundamentais, sob desenvolvimento dinâmico, ganharam novos conteúdos. Assim, a partir das formulações Böckenförde, novos conceitos teoréticos relativos aos direitos fundamentais foram desenvolvidos pela literatura jurídica, obtendo reconhecimento o conceito de inspiração anglo-saxônica de Robert Alexy, o qual compreende os direitos fundamentais como princípios. Já a jurisprudência do Tribunal Constitucional passou a falar, então, em lugar de ordem de valores, de ordenação de valor jurídico-objetiva (*objektiv-rechtliche Wertentscheidung*), ou seja, de uma ordem valorativamente vinculada por princípios objetivos e conteúdos jurídico-objetivos".

[540] CLT: "Art. 889. Aos trâmites e incidentes do processo de execução são aplicáveis, naquilo em que não contravierem ao presente Título, os preceitos que regem o processo dos executivos fiscais para a cobrança judicial da dívida ativa da Fazenda Pública Federal".

763 a 910 da CLT. Essa é a interpretação que se costuma extrair do art. 899 da Consolidação das Leis do Trabalho. Porém, é necessário observar que o art. 899 da CLT vai além de estabelecer a aplicabilidade da Lei de Executivos Fiscais à execução trabalhista. Mais amplo do que se costuma considerar, o preceito da CLT diz que se aplicam à execução trabalhista "os preceitos que regem o processo dos executivos fiscais para a cobrança judicial da dívida ativa da Fazenda Pública Federal".

Pois bem. Os executivos fiscais são regidos tanto por preceitos da Lei de Executivos Fiscais quanto por preceitos do Código Tributário Nacional que disciplinam a execução fiscal. Esses dois diplomas legais contêm preceitos que regem os executivos fiscais, complementam-se sob interpretação sistemática e, por isso, ambos aplicam-se à execução fiscal.

Além disso, o §2º do art. 4º da Lei nº 6.830/1980 estabelece que "À Dívida Ativa da Fazenda Pública, de qualquer natureza, aplicam-se as normas relativas à responsabilidade prevista na legislação tributária, civil e comercial".

Entre as normas relativas à responsabilidade prevista na legislação tributária, encontra-se o art. 185-A do Código Tributário Nacional, preceito que estabelece: "Na hipótese de o devedor tributário, devidamente citado, não pagar nem apresentar bens à penhora no prazo legal e não forem encontrados bens penhoráveis, o juiz determinará a indisponibilidade de seus bens e direitos, comunicando a decisão, preferencialmente por meio eletrônico, aos órgãos e entidades que promovem registros de transferência de bens, especialmente ao registro público de imóveis e às autoridades supervisoras do mercado bancário e do mercado de capitais, a fim de que, no âmbito de suas atribuições, façam cumprir a ordem judicial".[541]

Ao comentar o preceito do art. 185-A do CTN, *Humberto Theodoro Junior* afirma que a indisponibilidade de bens é medida legal que o juiz decreta de ofício. O jurista observa que "a medida é genérica e pode ser endereçada aos registros públicos mais diversos, onde possa, eventualmente, ser localizado o registro de algum bem do executado". Destaca que a providência "tem cabimento mesmo quando o juiz não tenha conhecimento prévio de bens determinados do devedor. Ao contrário da medida cautelar (Lei nº 8.397/92), não depende de ação do Fisco, pois decorre de deliberação do juiz *ex officio*".[542]

É necessário ponderar que a aplicação da medida legal de indisponibilidade de bens à execução trabalhista tem por fundamento jurídico o fato de o preceito do art. 185-A do CTN integrar *tanto os preceitos que regem os executivos fiscais (CLT, art. 899) quanto as normas relativas à responsabilidade prevista na legislação tributária (Lei*

---

[541] A redação do art.185-A do CTN foi dada pela Lei Complementar nº 118, de 09-02-2005.
[542] *Lei de execução fiscal*. 11. ed. São Paulo: Saraiva, 2009, p. 113.

nº 6.830/1980, art. 4º, §2º), ingressando na regência legal da execução trabalhista, de forma subsidiária, por obra do permissivo legal do art. 889 da CLT.

É de se registrar que o art. 185-A do CTN não contraria preceito do processo judiciário do trabalho previsto nos arts. 763 a 910 da CLT. Pelo contrário, a compatibilidade do art. 185-A do CTN com o processo judiciário do trabalho é manifesta, podendo ser extraída tanto da garantia constitucional da efetividade da jurisdição (CF, art. 5º, XXXV) quanto do preceito legal que incumbe aos juízos do trabalho velar pelo rápido andamento das causas (CLT, art. 765).[543] Além disso, a medida legal da indisponibilidade de bens promove importante resgate da *responsabilidade patrimonial futura*, virtude legislativa que se passa a estudar.

12.2 A *dimensão prospectiva* da medida legal de indisponibilidade de bens: o resgate da *responsabilidade patrimonial futura*

O estudo da indisponibilidade de bens prevista no art. 185-A do CTN revela que essa providência legal apresenta tanto *dimensão retrospectiva* (bens atuais do executado) quanto *dimensão prospectiva* (bens futuros do executado), evocando o preceito jurídico segundo o qual o dever legal de responsabilidade patrimonial do obrigado incide tanto sobre seus bens presentes quanto sobre seus bens futuros (CPC, art. 789).[544] Tanto a *dimensão retrospectiva* quanto a *dimensão prospectiva* da providência legal são hauridas implicitamente da previsão normativa do *caput* do art. 185-A do CTN e da previsão normativa do §2º do art. 185-A do CTN.

No *caput* do art. 185-A do CTN, a *dimensão prospectiva* da medida legal está implícita pelo emprego da locução legal de que, se "não forem encontrados bens penhoráveis, o juiz determinará a indisponibilidade de seus bens e direitos". No §2º do art. 185-A do CTN, a *dimensão prospectiva* da medida legal também fica implícita, quando aos órgãos de registros de bem se atribui o dever legal de enviar ao juízo "a relação discriminada dos bens e direitos cuja indisponibilidade houverem promovido". Houverem promovido *a qualquer tempo*, inclusive *no futuro*, visto que a medida legal de indisponibilidade de bens visa também aos *bens futuros* (CPC, art. 789), fazendo autêntico resgate da *responsabilidade patrimonial futura*.

Em verdade, a ordem de indisponibilidade de bens dirige-se *precipuamente* para o futuro, na medida em que integra o seu suporte fático a circunstância de

---

[543] Luciano Athayde Chaves agrega um fundamento de extração sistemática para sustentar a aplicação subsidiária do art. 185-A do CTN à execução trabalhista – invoca também a previsão do art. 186 do CTN, que atribui ao crédito trabalhista privilégio sobre o crédito tributário (Cf. CHAVES, Luciano Athayde. Ferramentas eletrônicas na execução trabalhista, p. 968. CHAVES, Luciano Athayde (org.). *Curso de processo do trabalho*. São Paulo: LTr, 2009).

[544] CPC: "Art. 789. O devedor responde com todos os seus bens presentes e futuros para o cumprimento de suas obrigações, salvo as restrições estabelecidas em lei".

que *não foram encontrados bens penhoráveis* nas diligências executivas levadas a efeito pelo juízo (CTN, art. 185-A, *caput*). Tivessem sido encontrados bens penhoráveis, esses bens teriam sido penhorados e já não haveria necessidade de fazer realizar a indisponibilidade de bens, que é uma genérica providência cautelar que o juiz da execução fiscal decretará de ofício sempre que não forem encontrados bens passíveis de constrição judicial, conforme esclarece *Humberto Theodoro Júnior*.[545]

A medida legal de indisponibilidade de bens tem lugar exatamente quando não foram encontrados bens para penhorar. É de bom aviso reprisar aqui a didática lição que se encontra nos comentários de *Humberto Theodoro Junior* acerca da interpretação a ser conferida à medida legal de indisponibilidade de bens capitulada no art. 185-A do Código Tributário Nacional. O jurista destaca que a providência "tem cabimento mesmo quando o juiz não tenha conhecimento prévio de bens determinados do devedor".[546]

Havendo bens presentes do executado, os órgãos comunicados pelo juízo da execução promovem a indisponibilidade dos bens *de imediato* e enviam ao juízo a relação discriminada dos bens atingidos pela medida legal – eis a *dimensão retrospectiva* da indisponibilidade de bens. Não havendo bens presentes registrados em nome do executado, os órgãos comunicados pelo juízo da execução promoverão a indisponibilidade dos bens *que venham a ser levados a registro pelo executado no futuro*, enviando a relação dos bens que então venham a ser atingidos pela medida legal – eis a *dimensão prospectiva* da indisponibilidade de bens.[547]

Ao sustentar que a ordem de indisponibilidade de bens será providência inócua se o devedor não tiver bens, *Hugo de Brito Machado* parece desconhecer a dimensão prospectiva da medida legal prevista no art. 185-A do CTN. Se o devedor não tem bens – pondera o ilustre tributarista – de nada valerá a determinação de indisponibilidade.[548] Se a assertiva é verdadeira para bens presentes (*dimensão retrospectiva* da indisponibilidade de bens), não é verdadeira para bens futuros (*dimensão prospectiva* da indisponibilidade).

---

[545] *Lei de execução fiscal*. 11. ed. São Paulo: Saraiva, 2009, p. 113.
[546] *Lei de execução fiscal*. 11. ed. São Paulo: Saraiva, 2009, p. 113.
[547] A fecundidade da dimensão prospectiva da indisponibilidade de bens prevista no art. 185-A do CTN radica na moralização da responsabilidade patrimonial futura, promovendo o necessário resgate da categoria dos deveres. Com efeito, trata-se de um dos raros preceitos legais aptos a promover a reconstituição da combalida responsabilidade patrimonial, dramaticamente afetada pelas distorções identificadas por *Cândido Rangel Dinamarco*, por exemplo, na aplicação da norma exceptiva da execução menos gravosa: "Quando não houver meios mais amenos para o executado, capazes de conduzir à satisfação do credor, que se apliquem os mais severos. A regra do art. 620 não pode ser manipulada como um escudo a serviço dos maus pagadores nem como um modo de renunciar o Estado-juiz a cumprir seu dever de oferecer tutelas jurisdicionais adequadas e integrais sempre que possível. A triste realidade da execução burocrática e condescendente, que ao longo dos tempos se apresenta como um verdadeiro paraíso dos maus pagadores, impõe que o disposto no art. 620 do Código de Processo Civil seja interpretado à luz da garantia do acesso à justiça, sob pena de fadar o sistema à ineficiência e por em risco a efetividade dessa solene promessa constitucional (CF, art. 5º, inciso XXXV)" (Cf. *Instituições de direito processual civil*. 3. ed. São Paulo: Malheiros, 2009, v. IV, p. 63).
[548] *Comentários ao Código Tributário Nacional*. 2. ed. São Paulo: Atlas, 2009, v. III, p. 665.

Porém, esse equívoco é algo frequente entre os operadores do direito, já que não se assimila tão facilmente o que seja a *dimensão prospectiva* da responsabilidade patrimonial. Um bom exercício de assimilação consiste em recorrer à interpretação sistemática dos preceitos legais que estabelecem a regência legal da matéria. Mais precisamente, trata-se de submeter a interpretação da *específica norma* do art. 185-A do CTN à *genérica norma* do art. 789 do CPC. Em outras palavras, trata-se de compreender o potencial alcance da medida legal de indisponibilidade de bens sob a perspectiva da *dimensão prospectiva* com a qual o sistema de direito processual conformou o dever legal de responsabilidade patrimonial do devedor no art. 789 do CPC.

Os bens que no futuro venham a ser adquiridos – ou registrados – em nome do executado serão atingidos pela ordem de indisponibilidade (*dimensão prospectiva*). Essa conclusão decorre da interpretação sistemática do *caput* e do §2º do art. 185-A do CTN e do art. 789 do CPC e restou acolhida no Provimento nº 39/2014 da Corregedoria Nacional de Justiça, de 25.07.2014, cujo art. 14, §4º, estabelece: "Em caso de aquisição de imóvel por pessoa cujos bens foram atingidos por ordem de indisponibilidade deverá o Oficial do Registro de Imóveis, imediatamente após o lançamento do registro do título aquisitivo na matrícula do imóvel, promover a averbação da indisponibilidade, independentemente de prévia consulta ao adquirente".

O Provimento nº 39/2014 da Corregedoria Nacional de Justiça tem, entre seus fundamentos legais, o art. 185-A do Código Tributário Nacional, conforme indica a segunda *consideranda* lançada no preâmbulo do provimento. Conforme se extrai da interpretação sistemática do art. 14, §4º, do Provimento nº 39/2014 da Corregedoria Nacional de Justiça (CNJ),[549] ali se está a disciplinar a concreta aplicação da *dimensão prospectiva* da responsabilidade patrimonial prevista no art. 789 do CPC, isso porque se trata de hipótese de aquisição de imóvel ocorrida *após* a pessoa do adquirente já ter sido atingida pela ordem de indisponibilidade de bens. Em outras palavras, quando o Cartório do Registro de Imóveis recebeu a ordem judicial de indisponibilidade de bens *ainda não havia imóvel registrado* em nome do devedor. Quando, todavia, o devedor leva o bem adquirido a registro, é dever do registrador, em cumprimento ao provimento, "imediatamente após o lançamento do registro do título aquisitivo na matrícula do imóvel, promover

---

[549] Provimento nº 39/2014 da Corregedoria Nacional de Justiça (CNJ): "Art. 14. Os registradores de imóveis e tabeliães de notas, antes da prática de qualquer ato notarial ou registral que tenha por objeto bens imóveis ou direitos a eles relativos, exceto lavratura de testamento, deverão promover prévia consulta à base de dados da Central Nacional de Indisponibilidade de Bens – CNIB, consignando no ato notarial o resultado da pesquisa e o respectivo código gerado (hash), dispensado o arquivamento do resultado da pesquisa em meio físico ou digital". (...) §4º. Em caso de aquisição de imóvel por pessoa cujos bens foram atingidos por ordem de indisponibilidade deverá o Oficial de Registro de Imóveis, imediatamente após o lançamento do registro do título aquisitivo na matrícula do imóvel, promover a averbação da indisponibilidade, independentemente de prévia consulta ao adquirente".

a averbação da indisponibilidade, independentemente de prévia consulta ao adquirente".

Na oração final deste preceito normativo – "independentemente de prévia consulta ao adquirente" –, o intérprete encontra a confirmação de que se está diante de hipótese de concreta aplicação da *dimensão prospectiva* da responsabilidade patrimonial do devedor, visto que a prévia consulta ao adquirente quanto ao registro do título aquisitivo da propriedade do imóvel é vedada porque poderia frustrar a finalidade da medida legal de indisponibilidade de bens ordenada pelo juízo com fundamento no art. 185-A do Código Tributário Nacional. Para que o dever legal de responsabilidade patrimonial do devedor pudesse alcançar eficácia na sua *dimensão prospectiva*, era mesmo indispensável que o Provimento não permitisse ao registrador consultar o adquirente quanto à intenção, conveniência e oportunidade de levar a registro o título aquisitivo do imóvel.

Idêntico raciocínio aplica-se aos denominados "contratos de gaveta", os quais permanecem, durante certo período de tempo, sem registro no Cartório do Registro de Imóveis. Quando tais contratos forem levados a registro na escrivania imobiliária respectiva, o Registrador, em cumprimento ao art. 14, §4º, do provimento, deverá, após o lançamento do registro do título aquisitivo na matrícula do imóvel, promover a averbação da indisponibilidade do bem, sem prévia consulta ao adquirente.

Portanto, em coerente simetria à previsão normativa com a qual o art. 789 do CPC vincula os *bens presentes e futuros* do devedor à satisfação de suas obrigações, a providência legal de indisponibilidade de bens prevista no art. 185-A do CTN alcança *tanto bens presentes quanto bens futuros* do devedor, promovendo o resgate da *responsabilidade patrimonial futura*, com o que sobressai a *dimensão prospectiva* dessa medida legal. De modo a que bens que venham a ingressar formalmente no patrimônio do executado sejam então atingidos *automaticamente* pela indisponibilidade de bens *outrora* determinada pelo juízo e já averbada nos assentos de registros de bens.

A matéria já foi objeto de julgamento pela jurisdição trabalhista, cuja ementa é ilustrativa da *dimensão prospectiva* da providência legal do art. 185-A do CTN:

> CONTRIBUIÇÕES PREVIDENCIÁRIAS. IMPOSSIBILIDADE DE PROSSEGUIMENTO REGULAR DA EXECUÇÃO. APLICAÇÃO DO ART. 185-A DO CTN. A ausência de bens em nome do executado constitui justamente o pressuposto para a determinação de indisponibilidade de bens, nos termos do disposto no caput do novel art. 185-A do Código Tributário Nacional. Trata-se, enfim, de medida a ser tomada na hipótese de impossibilidade de prosseguimento regular da execução, *servindo como garantia de que bens futuros possam ser objeto de apreensão judicial*. Isto é o que, aliás, está preceituado, há muito tempo, no art. 591 do CPC, que registra que 'o devedor responde, para o cumprimento de suas obrigações, com todos os seus bens presentes e futuros, salvo as restrições estabelecidas em lei.' O art. 646 do mesmo Diploma de Lei respalda este entendimento,

na medida em que fixa que 'a execução por quantia certa tem por objeto expropriar bens do devedor, a fim de satisfazer o direito do credor (art. 591).' Veja-se, com isto, que, mais que se discutir sobre a perspectiva da moralidade – dar efetividade à jurisdição conferida à parte – tem-se uma questão de interpretação literal do texto de lei, não sendo demais praticar atos expropriatórios contra quem se nega, mesmo que seja forçado, a cumprir o que lhe foi determinado por sentença. A expropriação não se traduz em ato brutal contra o devedor e, muito menos, a decretação de indisponibilidade dos seus bens futuros, já que, quanto a estes, não há, nem mesmo, a suposição de que são essenciais à sobrevivência, não fazendo parte do que é esperado pelo devedor, diariamente. Cumpre ressaltar que o Direito Processual Moderno – especialmente, o do Trabalho – admite este tipo de procedimento. O juiz tem de buscar os bens do devedor e a efetividade da justiça, que deve ser buscada. (TRT3 (MG) – AP-00264-1995-038-03-00-0, Terceira Turma, Rel. Milton Vasques Thibau de Almeida, data de publicação: 05.08.2006, DJMG – grifei).

Entretanto, as virtudes da medida legal prevista no art. 185-A do CTN não devem conduzir à distorção representada pelo *excesso de indisponibilidade* de bens, conforme se pondera na sequência.

12.3 A indisponibilidade de bens e o princípio da proporcionalidade

Em atenção ao princípio da proporcionalidade, o §1º do art. 185-A do CTN atribui ao magistrado o dever funcional de delimitar a extensão da indisponibilidade de bens, de modo a evitar *excesso de indisponibilidade* de bens: "A indisponibilidade de que trata o caput deste artigo limitar-se-á ao valor total exigível, devendo o juiz determinar o imediato levantamento da indisponibilidade dos bens ou valores que excederem esse limite".

A delimitação tem por critério o valor total da execução, incluídas as despesas processuais, devendo o juiz considerar tanto eventual existência de outros gravames sobre os bens quanto a experiência ordinária indicativa de que os bens raramente alcançam o valor da avaliação nas hastas públicas (CPC, art. 375).[550]

Ao determinar a indisponibilidade de bens do executado, o juízo não dispõe do completo inventário de bens que poderão vir a ser alcançados pela restrição patrimonial prevista no art. 185-A do CTN. Receberá a informação dos bens indisponibilizados posteriormente (§2º). A indisponibilidade eletrônica de bens realizada por meio de comando remoto à Central Nacional de Indisponibilidade de Bens imóveis (CNIB) atingirá *a totalidade* dos imóveis registrados no CPNJ do executado pessoa jurídica; ou registrados no CPF do executado pessoa natural. Daí a importância de diligência

---

[550] CPC: "Art. 375. O juiz aplicará as regras da experiência comum subministradas pela observação do que ordinariamente acontece e, ainda, as regras da experiência técnica, ressalvado, quanto a estas, o exame pericial".

do magistrado no cumprimento de dever funcional de delimitar a indisponibilidade de bens ordenada tão logo informado do montante de bens atingidos pela medida legal, para adequar a quantidade de imóveis indisponibilizados proporcionalmente ao objeto da causa, pois lhe incumbe determinar o levantamento da indisponibilidade dos bens que excederem ao valor em execução. Assim, como evita-se o excesso de penhora sob a inspiração do princípio da proporcionalidade, o §1º do art. 185-A do CTN determina seja evitado o excesso de indisponibilidade de bens. Esse dever funcional do magistrado ganha maior relevância quando a indisponibilidade de bens é realizada por meio de utilização da CNIB, em face da atual forma com que esse sistema eletrônico é implementado.

12.4 Como fazer a comunicação de indisponibilidade de bens

A comunicação de indisponibilidade de bens pode ser dirigida pelo juízo da execução a todos órgãos que registram a propriedade de bens, mediante ofício.[551] A relação a seguir é exemplificativa:

1. **Ativos financeiros** – Banco Central do Brasil (BACEN) (Setor Bancário Sul, Quadra 3, Bloco B, Ed. Sede, Brasília/DF, CEP: 70.074-900, telefone: (61) 3414-2350, www.bcb.gov.br);

2. **Imóveis** – Corregedoria-Geral da Justiça do Estado do Rio Grande do Sul[552] (e-mail: sedoccg@tj.rs.gov.br). Criada pelo Provimento nº 39 da Corregedoria Nacional de Justiça (CNJ), de 25.07.2014, a Central Nacional de Indisponibilidade de Bens (CNIB) permite aos magistrados fazer indisponibilidade de bens imóveis de forma eletrônica. A indisponibilidade realizada via CNIB abrange imóveis de todo o país;

3. **Veículos** – Departamento de Trânsito (DETRAN) (Rua Voluntários da Pátria, 1358, Porto Alegre/RS, CEP: 90.230-010, telefone: (51) 3288-2000, www.detran.rs.gov.br);

4. **Quotas sociais de sócios de empresas** – Junta Comercial do Estado do Rio Grande do Sul (JUCERGS) (Av. Júlio de Castilhos, 120, Centro, Porto Alegre/RS, CEP: 90.030-130, telefone: (51) 3216-7500, e-mail: junta@jucergs.rs.gov.br, www.jucergs.rs.gov.br);

---

[551] Atualmente, o BACEN, o DETRAN e a ANAC recebem a comunicação de indisponibilidade de bens somente mediante ofício-papel. Os demais órgãos recebem a comunicação de indisponibilidade de bens mediante ofício-eletrônico.

[552] A Corregedoria-Geral da Justiça do Estado repassa a ordem recebida do juízo da execução para que todos os cartórios de registro de imóveis do Estado do Rio Grande do Sul promovam a indisponibilidade de bens ordenada. Havendo imóveis registrados, os cartórios informam ao juízo da execução a indisponibilidade de bens então já promovida em cumprimento à ordem judicial.

5. **Ações de sociedades anônimas de capital aberto** – Comissão de Valores Mobiliário (CVM) (Rua Sete de Setembro, 111, 5º andar, Centro, Rio de Janeiro/RJ, CEP: 20.050-006, telefone: (21) 3554-8390, e-mail: pfe@cvm.gov.br, www.cvm.gov.br);

6. **Marcas e patentes** – Instituto Nacional de Propriedade Industrial (INPI) (Rua São Bento, 1, Centro, Rio de Janeiro/RJ, CEP: 20.090-010, telefone: (21) 3037-3000, e-mail: dirergs@inpi.gov.br, www.inpi.gov.br);

7. **Embarcações** – Capitania dos Portos (Rua Almirante Cerqueira e Souza, 198, Rio Grande/RS, CEP: 96.201-260, telefones: (53) 3233-6119 ou (53) 3233-6188, e-mail: secom@cprs.mar.mil.br; www.mar.mil.br/cprs);

8. **Aeronaves** – Agência Nacional de Aviação Civil (ANAC)/Sistema de Registro da Aeronáutico Brasileiro (SISRAB) (Setor Comercial Sul, Quadra 09, Lote C, Ed. Parque Cidade Corporate – Torre A, Brasília/DF, CEP: 70.308-200, telefone: 0800.725.4445, www.anac.gov.br).

12.5 Uma boa prática a serviço da efetividade na execução trabalhista

Nos executivos fiscais ajuizados perante a Justiça Federal Comum, a medida legal de indisponibilidade de bens prevista no art. 185-A do CTN tem sido adotada de ofício pelos juízes federais após decorrido, sem pagamento ou indicação de bens à penhora, o prazo legal do executado e tão logo negativa a diligência de bloqueio de numerário via convênio Ba(n)cenJud promovida também de ofício.

Esse procedimento pode ser adotado na Justiça do Trabalho, caso os juízes do trabalho entendam pela aplicabilidade subsidiária da medida legal da indisponibilidade de bens prevista no art. 185-A do CTN à execução trabalhista.[553]

O presente estudo tem o objetivo de propor a aplicação dessa boa prática à execução trabalhista.[554] Essa proposta foi objeto de criterioso estudo elaborado pelo Juiz do Trabalho *Luiz Fernando Bonn Henzel*, por ocasião da conclusão de curso de mestrado realizado na Fundação Getúlio Vargas (FGV), no ano de 2008. Intitulada *A indisponibilidade dos bens do devedor no processo de execução como forma*

---

[553] Procuramos demonstrar a juridicidade da aplicação subsidiária do art. 185-A do CTN à execução trabalhista no item 12.1 do presente capítulo.

[554] Se à tutela do crédito tributário confere-se ao credor tributário a medida legal de indisponibilidade de bens prevista no art. 185-A do CTN, não parece razoável negar igual tutela a crédito a que a ordem jurídica outorga privilégio sobre o crédito tributário (CTN, art. 186). Nesse particular, cumpre observar que até mesmo à tutela do crédito quirografário a legislação veio a conferir medida de indisponibilidade de ativos financeiros, conforme revela a dicção do art. 655-A do CPC (redação dada pela Lei nº 11.382, de 06-12-2006). Esses elementos extração sistemática concorrem à conformação de uma hermenêutica favorável à proposta de aplicação subsidiária da medida legal de indisponibilidade de bens prevista no art. 185-A do CTN à execução trabalhista.

de efetividade das decisões judiciais trabalhistas, a dissertação está disponível neste endereço eletrônico: http://bibliotecadigital.fgv.br/dspace/handle/10438/2760.

Combinada com outras medidas legais como a hipoteca judiciária de ofício (CPC, art. 495), a remoção imediata dos bens móveis penhorados (Lei nº 6.830/1980, art. 11, §3º; CPC, art. 840, II), a atribuição de efeito não suspensivo aos embargos à execução (CPC, art. 525, §6º), a alienação antecipada de bens sujeitos a depreciação econômica (CPC, arts. 852),[555] a averbação premonitória da existência da ação (CPC, art. 828), o redirecionamento da execução contra os sócios mediante a desconsideração da personalidade jurídica de ofício (CC, art. 50; CPC, arts. 790, II; CDC, art. 28, *caput* e §5º), o protesto extrajudicial da sentença (CPC, art. 517), a reunião de execuções contra o mesmo executado e a pesquisa de bens por meio de ferramentas eletrônicas (CLT, art. 765), a indisponibilidade de bens prevista no art. 185-A do CTN contribui para melhorar a performance da execução trabalhista. São medidas legais a serem utilizadas de forma combinada, em articulada sobreposição sucessiva, para reforçar a capacidade de coerção própria à execução forçada, a qual se impõe exatamente em face da recusa do executado ao dever jurídico de cumprir a obrigação de forma espontânea.[556] A indisponibilidade de bens prevista no art. 185-A do CTN é mais uma boa prática a serviço da efetividade da execução trabalhista.

---

[555] Tratando-se de bens móveis, o suporte fático da depreciação econômica caracterizar-se-á na generalidade dos casos. Essa é uma consequência prática da atual sociedade de consumo: a velocidade da evolução tecnológica torna logo obsoletos os bens de consumo, fazendo lembrar impressiva advertência do sociólogo *Zygmunt Bauman*: "É a rotatividade, não o volume de compras, que mede o sucesso na vida do *homo consumens*" (Cf. *Amor líquido*: sobre a fragilidade dos laços humanos. Rio de Janeiro: Jorge Zahar Editor, 2004, p. 68).

[556] CLAUS, Ben-Hur Silveira. Hipoteca judiciária: a (re)descoberta do instituto diante da súmula 375 do STJ – Execução efetiva e atualidade da hipoteca judiciária. *Revista Tribunal Regional do Trabalho da 4ª Região*, Porto Alegre, HS Editora, n. 41, p. 59, 2013.

O TST ATUALIZOU SUA JURISPRUDÊNCIA AO CPC DE 2015: A LICITUDE DA PENHORA EM DINHEIRO NA EXECUÇÃO PROVISÓRIA

A dialética, como arte do perguntar, só pode se manter, se aquele que sabe perguntar é capaz de manter em pé suas perguntas, isto é, a orientação para o aberto. A arte de perguntar é a arte de continuar perguntando; isso significa, porém, que é a arte de pensar. Chama-se dialética porque é a arte de conduzir uma autêntica conversação.

Hans-Georg Gadamer

13.1 A redação anterior da Súmula nº 417 do TST

Na Instrução Normativa nº 39, publicada na data de 16.03.2016, o Tribunal Superior do Trabalho fez o inventário das normas do CPC aplicáveis ao Direito Processual do Trabalho. No art. 3º, XVI, da Instrução Normativa nº 39, o TST reputou o art. 835, §1º, do CPC de 2015 aplicável ao processo do trabalho. Estabelece o dispositivo da instrução normativa: "Art. 3º Sem prejuízo de outros, aplicam-se ao Processo do Trabalho, em face de omissão e compatibilidade, os preceitos do Código de Processo Civil que regulam os seguintes temas: (...) XVI – art. 835, incisos e §§1º e 2º (ordem preferencial de penhora)".

No dia 19 de setembro de 2016, o TST atualizou sua jurisprudência ao preceito do art. 835, §1º, do CPC de 2015.[557] Com a atualização de sua jurisprudência, o TST passou a admitir o cabimento de penhora de dinheiro na

---

[557] "Art. 835. A penhora observará, preferencialmente, a seguinte ordem:
I – dinheiro, em espécie ou em depósito ou aplicação financeira;
(...)
§1º. É prioritária a penhora em dinheiro, podendo o juiz, nas demais hipóteses, alterar a ordem prevista no *caput* de acordo com as circunstâncias do caso concreto".

execução provisória, posicionamento que poderá descortinar um horizonte de maior efetividade para a jurisdição trabalhista.

Na redação anterior, a Súmula nº 417 do TST não admitia a penhora em dinheiro na execução provisória. Com efeito, o item III da referida súmula apresentava o seguinte enunciado: "III – Em se tratando de execução provisória, fere direito líquido e certo do impetrante a determinação de penhora em dinheiro, quando nomeados outros bens à penhora, pois o executado tem direito a que a execução se processe da forma que lhe seja menos gravosa, nos termos do art. 620 do CPC".

Na redação anterior da Súmula nº 417 do TST, era admitida a penhora em dinheiro apenas na execução definitiva: "I – Não fere direito líquido e certo do impetrante ato judicial que determina penhora em dinheiro do executado, em execução definitiva, para garantir crédito exequendo, uma vez que obedece à gradação prevista no art. 655".

13.2 A nova redação da Súmula nº 417 do TST

A nova redação da Súmula nº 417 do TST, adaptada ao comando de ordem pública do art. 835, §1º, do CPC, é a seguinte:

> MANDADO DE SEGURANÇA. PENHORA EM DINHEIRO. (Alterado o item I, atualizado o item II e cancelado o item III, modulando-se os efeitos da presente redação de forma a atingir unicamente as penhoras em dinheiro em execução provisória efetivadas a partir de 18/3/2016, data de vigência do CPC de 2015).
>
> I – Não fere direito líquido e certo do impetrante o ato judicial que determina penhora em dinheiro do executado para garantir crédito exequendo, pois é prioritária e obedece à gradação prevista no art. 835 do CPC de 2015 (art. 655 do CPC de 1973).
>
> II – Havendo discordância do credor, em execução definitiva, não tem o executado direito líquido e certo a que os valores penhorados em dinheiro fiquem depositados no próprio banco, ainda que atenda aos requisitos do art. 840, I, do CPC de 2015 (art. 666, I, do CPC de 1973).

13.3 O que mudou

Em razão da previsão do art. 835, §1º, do novo CPC, o TST cancelou o item III da Súmula nº 417 e alterou a redação do item I da Súmula nº 417, passando a admitir a penhora de dinheiro *também na execução provisória*. O preceito que fundamenta o novo posicionamento do TST estabelece que a penhora em dinheiro, além de continuar sendo preferencial, é *prioritária*, o que significa dizer que a ordem de penhora não pode mais ser alterada pelo juiz quando a constrição recair sobre dinheiro.

A nova redação do item I da Súmula nº 417 do TST sintetiza o novo entendimento do Tribunal e apresenta o seguinte enunciado: "I – Não fere direito líquido e certo do impetrante o ato judicial que determina penhora em dinheiro do executado para garantir crédito exequendo, pois é prioritária e obedece à gradação prevista no art. 835 do CPC de 2015 (art. 655 do CPC de 1973)".

Cancelado o item III e alterado item I da antiga S-417-TST, a jurisprudência atual do TST não mais distingue, para efeito de considerar prioritária a penhora em dinheiro, entre execução provisória e execução definitiva. Em ambas as modalidades de execução, ela realiza-se *prioritariamente* mediante penhora de dinheiro, a teor da expressa previsão normativa do §1º do art. 835 do CPC de 2015. Vale dizer, mesmo na execução provisória, o exequente *tem direito subjetivo à penhora em dinheiro*, ainda que o executado indique bens à penhora, na acertada ponderação apresentada por *Leonardo de Faria Beraldo* acerca da interpretação do §1º do art. 835 do Código de Processo Civil. Pondera o jurista, de forma didática: "E, se o executado se antecipar e oferecer um bem à penhora, mesmo que com ótima liquidez, é direito do exequente requerer a penhora *on line*, estando o juiz obrigado a deferir o pedido".[558]

A lição de *Daniel Amorim Assumpção Neves* sintetiza a doutrina sobre o alcance do preceito legal do §1º do inciso I do art. 835 do CPC, no sentido de que "(...) a preferência pela penhora do dinheiro é absoluta, prevalecendo em toda e qualquer execução, independentemente das particularidades do caso concreto".[559] Sendo preferencial e agora também *prioritária* a penhora em dinheiro (CPC, art. 835, I, §1º), o executado deve observá-la ao indicar bem à penhora, sob pena de presunção relativa de ineficácia da indicação de outro tipo de bem à penhora (CPC, art. 848, I). A formulação de *Guilherme Rizzo Amaral* ajuda a compreender melhor o conteúdo do novo preceito legal, esclarecendo um aspecto peculiar de seu alcance: "o *prejuízo ao exequente* será presumido sempre que *dinheiro* for preterido na indicação do devedor".[560]

13.4 Compreendendo o itinerário da Súmula nº 417 do TST

Compreender o itinerário da Súmula nº 417 do TST permite visualizar melhor as perspectivas que se abrem à Jurisdição Trabalhista após a alteração da redação da súmula.

Na interpretação sobre a incidência do art. 655 do CPC de 1973 na execução provisória, o TST assentara o entendimento de que a ordem preferencial

---

[558] *Comentários às inovações do Código de Processo Civil*. Belo Horizonte: Del Rey, 2015, p. 318.
[559] *Novo CPC comentado artigo por artigo*. Salvador: Juspodivm, 2016, p. 1330.
[560] *Comentários às alterações do novo CPC*. São Paulo: RT, 2015, p. 836.

de penhora estabelecida no referido preceito legal não impedia que, em favor da observância da regra da execução menos gravosa para o devedor, pudesse ser afastada a penhora em dinheiro quando o executado indicasse outro bem à penhora.[561]

Esse entendimento, favorável a uma execução menos gravosa para executado, restou consagrado no item III da Súmula nº 417 do TST: "III – Em se tratando de execução provisória, fere direito líquido e certo do impetrante a determinação de penhora em dinheiro, quando nomeados outros bens à penhora, pois o executado tem direito a que a execução se processe da forma que lhe seja menos gravosa, nos termos do art. 620 do CPC".

Com o advento do CPC de 2015, sobreveio explicitação normativa inexistente no CPC de 1973. Após consagrar a ordem preferencial de penhora no *caput* do art. 835, à semelhança da disciplina normativa existente no CPC revogado (art. 655), o novo CPC acrescentou §1º ao dispositivo legal em questão. O §1º do art. 835 do CPC tem a seguinte redação: "§1º. É *prioritária* a penhora em dinheiro, podendo o juiz nas demais hipóteses, alterar a ordem prevista no *caput* de acordo com as circunstâncias do caso concreto".

Por meio do referido §1º, o legislador explicitou ser *prioritária* a penhora em dinheiro, facultando a alteração na ordem preferencial de penhora *apenas* para os demais bens penhoráveis. E já não mais se cogita, na nova redação da súmula nº 417 do TST, de execução menos gravosa para o executado no particular. A síntese de *Élisson Miessa* é perfeita: "Assim, referido dispositivo é expresso em priorizar o dinheiro, permitindo a alteração da ordem apenas nos demais casos, relativizando o princípio da menor onerosidade para o devedor (art. 805 do NCPC). Melhor dizendo, o princípio da efetividade da tutela executiva se sobrepõe ao da menor onerosidade no caso de penhora em dinheiro".[562]

Aplicável à execução trabalhista por força da previsão expressa do art. 882 da CLT, o art. 655 do CPC de 1973 arrolava o dinheiro como primeira modalidade de bem a ser penhorado. Contudo, como não havia a atual explicitação normativa de que o dinheiro era a modalidade *prioritária* de bem a penhorar, a jurisprudência do TST adotou uma interpretação mitigada da natureza preferencial da penhora em dinheiro na execução provisória, admitindo que a ordem preferencial de penhora pudesse ser relativizada quando se tratasse de execução de título executivo não definitivo e desde que o executado tivesse oferecido bens à penhora. Esse entendimento estava assentado no item III da antiga redação da Súmula nº 417 do TST.

---

[561] Essa posição do Tribunal Superior do Trabalho foi contestada por copiosa doutrina. Essa doutrina adotava o entendimento de que a juridicidade da penhora em dinheiro na execução provisória podia ser extraída da mera preferência atribuída ao dinheiro na ordem preferencial de bens prevista no art. 655 do CPC de 1973 e também na previsão legal de que a execução provisória se realiza da mesma forma que a execução definitiva.

[562] *Impactos do novo CPC nas Súmulas e Orientações Jurisprudenciais do TST*. Salvador: Juspodivm, 2016, p. 116.

Essa relativização era feita sob inspiração da regra da execução menos gravosa para o devedor, prevista no art. 620 do CPC de 1973, dispositivo legal mencionado na parte final do item III da antiga redação Súmula nº 417 do TST.

Porém, com a explicitação normativa de que a penhora em dinheiro, além de preferencial, tornou-se *prioritária*, o TST atualizou sua jurisprudência ao preceito do §1º do art. 835 do CPC, alterando a redação do item I e cancelando o item III da Súmula nº 417, restando eliminada, na nova redação do verbete sumular, a referência à regra da execução menos gravosa. Abandonando a distinção que fazia na antiga redação da Súmula nº 417, entre execução definitiva e execução provisória, o Tribunal Superior do Trabalho assentou o entendimento de que a penhora em dinheiro é cabível, desde logo, em ambas as modalidades de execução, o que significa dizer que a nomeação de bens à penhora pelo executado não tem mais a eficácia jurídica de impedir que a penhora recaia sobre dinheiro.

A nova orientação adotada pelo TST na Súmula nº 417 contribuirá para a efetividade da execução, estimulando a adoção da boa prática da execução provisória. Estimulará a boa prática da sentença líquida. Nos casos em que a completa liquidação da sentença for inviável diante da complexidade dos cálculos, a boa prática da sentença líquida em parte (em determinados capítulos) permitirá *antecipar todos os atos de execução* no que respeita ao valor líquido apurado.

É preciso ter em conta, neste contexto, o fato de que a execução provisória, no novo CPC, vai até a alienação do bem penhorado e permite, inclusive, o levantamento de depósito em dinheiro (CPC, art. 520, IV), independentemente de caução, quando se tratar de execução de crédito de natureza alimentar (CPC, art. 521, I), preceitos que têm sido considerados aplicáveis supletivamente à execução trabalhista pela doutrina majoritária (CLT, arts. 769 e 889; CPC, art. 15).

Por fim, a diretriz hermenêutica adotada pelo TST na nova redação da Súmula nº 417 parece colocar no horizonte da Jurisdição Trabalhista a perspectiva de uma produtiva assimilação do conceito de aplicação supletiva do CPC de 2015 à execução trabalhista.

CAPÍTULO 14

A ALIENAÇÃO ANTECIPADA DE BENS

É a rotatividade, não o volume de compras, que mede o sucesso na vida do homo consumens.

Zigmunt Bauman

14.1 Aspectos teóricos

A morosidade é a principal crítica dirigida ao Poder Judiciário. A crítica é fundada – os processos judiciais demoram demasiadamente. O diagnóstico da morosidade parte da insuficiência da estrutura humana e material em face da crescente demanda de massa por jurisdição, passa pela necessidade de simplificação do sistema procedimental e de redução de recursos e avança para a concepção de mecanismos de lícita coerção jurídica aptos a gerar o rápido cumprimento das decisões judiciais. Nesta reflexão, é inevitável ao jurista voltar o olhar para a experiência dos países do sistema da *common law* no que respeita à eficácia lá alcançada no cumprimento das decisões jurisdicionais.[563]

Enquanto aspiramos à modernização de nosso sistema judicial, temos que trabalhar no âmbito de nosso direito positivo de forma criativa.

A rápida solução dos processos está prevista na legislação ordinária: tanto a CLT quanto o CPC têm dispositivos expressos a respeito. Os respectivos dispositivos encerram o mesmo preceito: é dever do juiz velar pela rápida solução da causa (CLT, art. 765). Esse mesmo preceito aparece no CPC de 2015 sob a fórmula de que é dever do juiz velar pela duração razoável do processo (CPC, art. 139, II).

O advento da Emenda Constitucional nº 45, de 8 de dezembro de 2004, vivificou esse dever do magistrado. Isso porque provoca uma leitura mais incisiva

---

[563] "Convém salientar a extraordinária e temível eficácia das decisões da justiça inglesa que não podem ser ridicularizadas, não havendo nenhuma exceção a esse princípio. Os tribunais recorrem para a execução das suas decisões a verdadeiras ordens que, se não são respeitadas, são passíveis de sanções muito severas (*contempt of Court*), podendo chegar até a prisão" (SÉROUSSI, Roland. *Introdução ao Direito inglês e norteamericano*. São Paulo: Landy, 2006, p. 24).

desse dever funcional do juiz. É que a Emenda Constitucional nº 45 elevou a nível constitucional o direito do cidadão a ter seu processo judicial resolvido num prazo breve. Esse direito fundamental do cidadão está previsto no inciso LXXVIII do art. 5º da Constitucional Federal.[564] A esse direito do cidadão corresponde o dever estatal de prestação jurisdicional célere.

O aporte hermenêutico trazido pelo preceito constitucional em apreço estimula os juízes a procurarem as potencialidades que o direito positivo oferece para a agilização dos processos judiciais, na medida em que nesse preceito constitucional está previsto o dever de o juiz de recorrer a "meios que garantam a celeridade de sua tramitação". É nesse contexto que os juízes estão redescobrindo alguns institutos jurídicos – "meios" – capazes de fazer realizar a justiça com celeridade. Alguns institutos estavam esquecidos pelo desuso. É o caso da hipoteca judiciária constituída pela decisão condenatória (CPC, art. 495). O registro da hipoteca judiciária na matrícula do imóvel do réu grava esse imóvel, vinculando-o à futura execução, mercê do direito real de sequela assegurado ao credor titular de hipoteca judiciária, denominado de credor hipotecário pelo CPC de 2015. Outros institutos haveriam de ser criados pelo legislador, para conferir maior poder de coerção às decisões judiciais. É o caso da positivação do protesto extrajudicial da sentença no art. 517 do CPC, que, assim como a inscrição do nome do devedor em cadastro de inadimplentes (CPC, art. 872, §3º), produz o efeito jurídico de negativar o crédito do devedor no mercado, com a finalidade de persuadi-lo ao pagamento do débito.

Entre os institutos jurídicos esquecidos pelo desuso está a alienação antecipada de bens. Embora previsto no direito positivo desde 1973 (CPC/73, art. 670), do instituto jurídico da alienação antecipada de bens não se tem extraído todas as suas potencialidades. Contudo, a utilização desse instituto contribui para a agilização dos processos, conforme revela a prática das Unidades Judiciárias que implementam a alienação antecipada de bens no seu cotidiano.

A alienação de bens é lícita, entre outras hipóteses, quando os bens penhorados estão sujeitos à depreciação econômica (CPC, art. 852, I). A depreciação econômica consiste na progressiva perda do valor do bem em razão do decurso do tempo. Quando esse suporte fático da depreciação econômica está presente, a alienação dos bens penhorados é não só possível, mas também recomendável, para que se evite progressiva perda do valor do bem penhorado.

Para extrair do instituto da alienação antecipada suas melhores potencialidades, é necessário atualizar a nossa compreensão acerca do conceito contemporâneo de depreciação econômica de bens, situando a questão no contexto da atual sociedade de consumo, de tecnologia veloz.

---

[564] "Art. 5º. Todos são iguais perante a lei (...), nos termos seguintes: (...) LXXVIII – a todos, no âmbito judicial e administrativo, são assegurados a razoável duração do processo e os meios que garantam a celeridade de sua tramitação".

14.2 O envelhecimento precoce dos bens

O ritmo acelerado da evolução tecnológica da sociedade contemporânea, instrumentalizado pelo sistema econômico de consumo, provoca uma rápida depreciação econômica dos bens. O caráter algo artificioso dessa depreciação econômica não reduz a velocidade do envelhecimento precoce dos bens no imaginário das pessoas. Os bens são substituídos por modelos mais modernos e menos duráveis. Essa substituição ocorre em períodos cada vez menores. É sempre o próximo modelo que vai eludir o consumidor. A lógica do consumismo induz a população a considerar os bens defasados cada vez mais precocemente. Os bens defasados são logo descartados e transformam-se em sucata. O lixo tecnológico converteu-se num problema ecológico para o planeta.

A compreensão contemporânea do fenômeno da rápida depreciação econômica está transformando a antiga exceção em regra geral: na generalidade dos casos, os bens móveis penhorados podem ser alienados antecipadamente por estarem sujeitos à rápida depreciação econômica. Em outras palavras, tratando-se de bens móveis, o suporte fático da depreciação econômica está presente na generalidade dos casos, o que permite generalizar a adoção da técnica da alienação antecipada de bens móveis.

Tais bens podem – e devem – ser alienados antecipadamente. Somente assim é possível evitar a depreciação econômica acarretada pela morosa tramitação da execução. A alienação antecipada contempla a celeridade da execução. E, ao evitar a perda acelerada do valor do bem, assegura que a execução ocorra de modo menos gravoso para o executado. Um exemplo didático: A alienação antecipada de um computador usado permitirá abater R$1.000,00 no débito do executado. Já a alienação posterior ao trânsito em julgado da sentença de embargos à execução, que ocorre vários meses após – às vezes, anos depois –, pode abater apenas alguns reais se o bem for alienado como sucata (o que acaba sendo frequente). Se examinarmos esse exemplo no contexto de uma economia estável, em que um computador novo pode ser adquirido em 12 vezes, com garantia e sem risco, torna-se evidente a vantagem da alienação antecipada do computador usado. O exemplo pode ser estendido ao aparelho de TV, ao veículo automotor, à colheitadeira, ao trator...

Esse mesmo raciocínio aplica-se aos bens móveis em geral. Por que sujeitos à depreciação econômica, devem ser objeto de alienação antecipada computadores; aparelhos eletrônicos; máquinas; equipamentos; roupas; alimentos e outros.

A matéria foi criteriosamente enfrentada por José Antônio Ribeiro de Oliveira Silva: "Também deve o juiz proceder à alienação antecipada dos bens penhorados, *ex officio*, especialmente quando sujeitos à deterioração ou depreciação, ao que está autorizado desde 1973 pelos arts. 670 e 1.113 do CPC [de 1973] (presentes os requisitos do art. 769 da CLT), *exempli gratia*: alimentos, roupas, computadores. Uns são perecíveis, outros são sujeitos à rápida depreciação, pela mudança da moda ou da estação do ano, ou avanço da tecnologia. Não é possível que se espere a deterioração dos bens penhorados, ou mesmo sua depreciação, quando isso levará não somente à insatisfação do crédito trabalhista, mas também ao enorme prejuízo do próprio devedor. Se houver a rápida alienação, o valor correspondente será depositado à disposição do juízo, o que atende inclusive ao princípio da execução menos gravosa (art. 620 do CPC)".[565]

14.3 A alienação antecipada de veículos automotores passa a ser a regra legal

O legislador de 2015 recolheu um dado de economia social, para tornar mais aguda a execução de crédito. Trata-se da previsão do inciso I do art. 852 do CPC de 2015. De acordo com esse preceito legal, a alienação antecipada tornou-se a regra quando a penhora recair sobre *veículo automotor*.

Prevista no art. 852, I, do CPC,[566] essa modalidade de alienação antecipada representa um produtivo meio de coerção para a efetividade da execução, na medida em que o executado tende ao pagamento na iminência da alienação do bem penhorado. Recaindo a penhora sobre veículo automotor, a alienação do bem penhorado deve ser determinada de imediato, em atendimento ao comando do inciso I do art. 852 do CPC.[567] Vale dizer, agora não se aguardará mais pelo trânsito em julgado dos incidentes da execução: à penhora do veículo automotor seguir-se-á a respectiva alienação, ficando o valor apurado depositado à disposição do juízo para ulterior deliberação acerca da entrega do valor ao credor trabalhista. Note-se que o preceito em estudo utiliza-se do modo verbal imperativo do verbo determinar, estabelecendo dever funcional para o juiz ao preceituar que o magistrado "determinará a alienação antecipada dos bens penhorados quando se tratar de veículos automotores" (CPC, art. 852, I).

Na atual sociedade de consumo, esperar pelo trânsito em julgado de todos os incidentes da fase de execução significa perder vários anos, com a progressiva depreciação econômica do bem penhorado. Ao realizar a imediata alienação do veículo automotor penhorado, o juiz antecipa a fase processual na qual o devedor torna-se mais vulnerável e tendente ao pagamento – ou à conciliação. Além disso, é expressivo o número de devedores que têm veículo automotor. Esse dado de economia social também revela o acerto do legislador, ao positivar

---

[565] "Execução trabalhista – medidas de efetividade. *Revista Juris Síntese*, n. 61, set/out de 2006, p. 26.
[566] "Art. 852. O juiz determinará a alienação antecipada dos bens penhorados quando:
I – se tratar de veículos automotores (...)".
[567] O verbo é empregado no modo imperativo: "Art. 852. O juiz *determinará* a alienação antecipada."...

nesse pragmático preceito uma espécie de presunção absoluta de depreciação econômica sempre que a penhora recair sobre veículo automotor. Uma inovação legislativa que comprova, outra vez, que a execução se tornou mais aguda com o advento do CPC de 2015.

Tratando-se de veículo automotor, também operam em favor da efetividade da execução a pesquisa prévia dos veículos disponíveis no sistema RenaJud, a prévia inserção de restrição de circulação do veículo via sistema RenaJud e a remoção imediata do bem penhorado.[568] A alienação antecipada do veículo penhorado será o desfecho de uma *política judiciária eficaz na execução*, a ser implementada pelo juiz, com fundamento na aplicação do art. 852, I, do CPC à execução trabalhista (CLT, arts. 769 e 889). Essas quatro iniciativas podem estar reunidas numa única decisão judicial, na qual o magistrado determina: 1. pesquisa prévia dos veículos; 2. inserção de restrição de circulação do veículo; 3. a remoção imediata do bem; e 4. a alienação antecipada do veículo automotor penhorado.

---

[568] A *imediata* remoção do bem móvel penhorado é a *regra geral* tanto na Lei nº 6.830/80 (art. 11, §3º) quanto no CPC (art. 840, II).

CAPÍTULO 15

A EXECUÇÃO DE OFÍCIO APÓS A REFORMA TRABALHISTA

Art. 794. Nos processos sujeitos à apreciação da Justiça do Trabalho só haverá nulidade quando resultar dos atos inquinados manifesto prejuízo às partes litigantes.
Consolidação das Leis do Trabalho

A Reforma Trabalhista instituída pela Lei nº 13.467/2017 articulou a introdução da prescrição intercorrente com a proposta de eliminação da execução de ofício. O propósito teria sido o de retirar eficiência da jurisdição trabalhista, nada obstante a Administração Pública seja regida pelo princípio da eficiência (CF, art. 37, *caput*; CPC, art. 8º). A Lei nº 13.467/2017 contraria o princípio da eficiência na Justiça do Trabalho. A Reforma Trabalhista é uma espécie de punição à eficiência da Justiça do Trabalho, o ramo mais eficiente da jurisdição brasileira. A Reforma Trabalhista objetiva uma jurisdição menos eficiente, na contramão do projeto constitucional de construção de um aparato judiciário eficiente, isso num país marcado por severas desigualdades sociais.

O impulso do processo do trabalho pelo magistrado é uma característica histórica do sistema processual do trabalho no Brasil. Daí afirmar-se que a execução de ofício é um dos princípios do Direito Processual do Trabalho. A acertada observação é de *Homero Batista Mateus da Silva*.[569] Eliminar a execução de ofício significa descaracterizar um dos elementos essenciais do Direito Processual do Trabalho. Não é só o aspecto conceitual da autonomia científica do processo do trabalho que resta mutilado, a Reforma foi pragmática na realização do desiderato de enfraquecer a ciência processual do trabalho na prática, suprimindo uma das principais virtudes do procedimento trabalhista.

Entretanto, foi mantida a possibilidade de execução de ofício do crédito previdenciário. O crédito principal não pode ser executado de ofício (o crédito trabalhista), enquanto que o crédito acessório (o crédito previdenciário) pode

---

[569] *Comentários à reforma trabalhista*. São Paulo: RT, 2017, p. 169.

ser executado de ofício (CLT, art. 876, parágrafo único[570]). É um contrassenso. Não é racional que no mesmo processo se possa executar de ofício o crédito previdenciário acessório e não se possa executar de ofício o crédito trabalhista principal, sobretudo quando se considera que o crédito trabalhista serve de base de cálculo à apuração das contribuições previdenciárias devidas em cada processo. Trata-se de uma alteração legislativa ilógica.

Parece-me que a maioria dos magistrados do trabalho não vão acatar essa mutilação do processo do trabalho. Isso porque continua vigente a norma de sobredireito processual do art. 765 da CLT. Essa norma atribui ao juiz o dever de velar pela rápida solução da causa. Essa mesma norma legal atribui ao magistrado a incumbência de "determinar qualquer diligência necessária". A interpretação desse preceito da CLT deve ser realizada em conformidade com a Constituição Federal. A Constituição estabelece que os cidadãos têm direito à razoável duração do processo (CF, art. 5º, LXXVIII). A interpretação do art. 765 da CLT conforma-se à previsão constitucional apenas quando se assegura às partes a rápida solução da causa em concreto. Daí por que não parece conforme à Constituição a interpretação de que a execução trabalhista seja realizada apenas se houver iniciativa do exequente. De outra parte, o novo Código de Processo Civil atribui ao juiz a incumbência de adotar todas as medidas necessárias ao cumprimento das determinações judiciais (CPC, art. 139, IV), evidenciando que a sociedade quer pronto cumprimento das decisões judiciais.

O processo do trabalho apresenta particularidades que motivam a atuação de ofício do juiz do trabalho na execução. Entre essas particularidades está a natureza alimentar do crédito trabalhista. A estatura jurídica conferida ao crédito trabalhista na ordem de classificação dos créditos no direito brasileiro levou a Superior Tribunal de Justiça a qualificar o crédito trabalhista como crédito *necessarium vitae*.[571]

Posicionado no ápice da classificação de créditos na ordem jurídica nacional (CTN, art. 186), o superprivilégio legal do crédito trabalhista constitui uma expressão pela qual se manifesta o primado da dignidade da pessoa humana no sistema de Direito brasileiro. Trata-se de um tipo de crédito especial, ao qual a ordem jurídica confere primazia ainda quando em cotejo com o crédito fiscal, cuja característica é expressar o superior interesse público que o Estado tem na arrecadação de tributos necessária à consecução da vida em sociedade (CTN, art. 186). Em resumo, a ordem jurídica brasileira confere primazia ao crédito trabalhista no cotejo com o crédito fiscal.

---

[570] "Art. 876. (...)
Parágrafo único. A Justiça do Trabalho executará, de ofício, as contribuições sociais previstas na alínea a do inciso I e no inciso II do *caput* do art. 195 da Constituição Federal, e seus acréscimos legais, relativas ao objeto da condenação constante das sentenças que proferir e dos acordos que homologar".

[571] STJ. 1ª Turma. REsp nº 442.325. Relator Min. Luiz Fux. DJU 25.11.2002, p. 207.

Observo que a Lei nº 6.830/80 representou importante passo na desburocratização do processo,[572] ao prever que o despacho do juiz que deferir a inicial importa em ordem para a prática de medidas executivas sucessivas necessárias à tramitação do executivo fiscal, mais precisamente, para citação, penhora, arresto, registro da penhora ou do arresto, independentemente do pagamento de despesas, e avaliação dos bens. Trata-se do art. 7º da Lei nº 6.830/80[573] Deferida a petição inicial – e a regra é o deferimento –, os atos necessários à execução fiscal são realizados automaticamente, de ofício. Salvo a rara hipótese de indeferimento da petição inicial, basta o ajuizamento da ação para que todos os atos necessários à execução fiscal sejam realizados de ofício.

A norma visa à concreta realização do crédito fiscal, cuja satisfação atende ao interesse público de prover as políticas de Estado. A simplificação procedimental justifica-se diante do privilégio legal que o crédito fiscal ostenta na ordem jurídica nacional (CTN, art. 186[574]). É intuitiva a conclusão de que ao crédito trabalhista deve ser assegurada sua execução de ofício, à semelhança do que ocorre nos executivos fiscais, na medida em que a ordem jurídica posiciona o crédito trabalhista acima do crédito fiscal na classificação dos créditos, conferindo-lhe o superprivilégio legal que levou o Superior Tribunal de Justiça a identificá-lo como crédito *necessário à vida*.

Tem razão Antonio Umberto de Souza Júnior, Fabiano Coelho de Souza, Ney Maranhão e Platon Teixeira de Azevedo Neto quando ponderam que a Reforma Trabalhista também contraria os arts. 4º e 6º do CPC,[575] de aplicação supletiva no processo do trabalho (CLT, art. 769; CPC, art. 15). O art. 4º do CPC é contrariado porque se trata de norma que estabelece o direito de as partes de obterem solução integral do mérito em prazo razoável, *incluída a atividade satisfativa*. O art. 6º é contrariado porque estabelece que todos os sujeitos do processo devem cooperar para obter-se uma decisão justa e *efetiva*. Esses dispositivos integram as normas fundamentais do novo CPC, conformando a teoria geral do processo civil.

A aparente antinomia de normas de mesma hierarquia deve ser resolvida por uma interpretação sistemática e por uma hermenêutica principiológica. O acertado magistério é de Antonio Umberto de Souza Júnior, Fabiano Coelho de

---

[572] Marcos Cavalcanti de Albuquerque. *Lei de Execução Fiscal*. São Paulo: Madras, 2003, p. 30.
[573] "Art. 7º. O despacho do Juiz que deferir a inicial importa em ordem para:
I – citação, pelas sucessivas modalidades previstas no art. 8º;
II – penhora, se não for paga a dívida, nem garantida a execução, por meio de depósito ou fiança;
III – arresto, se o executado não tiver domicílio ou dele se ocultar;
IV – registro da penhora ou do arresto, independentemente do pagamento de custas ou outras despesas, observado o disposto no art. 14; e
V – avaliação dos bens penhorados ou arrestados".
[574] "Art. 186. O crédito tributário prefere a qualquer outro, seja qual for a sua natureza o tempo de sua constituição, ressalvados os créditos decorrentes da legislação do trabalho ou do acidente do trabalho".
[575] *Reforma trabalhista*: análise comparativa e crítica da Lei nº 13.467/2017. São Paulo: Rideel, 2017, p. 455.

Souza, Ney Maranhão e Platon Teixeira de Azevedo Neto.[576] Acrescento que a teoria do diálogo das fontes pode ser útil à conformação da interpretação sistemática postulada por *Azevedo Neto*, na medida em que o recurso à norma de ordem pública do art. 186 do Código Tributário Nacional pode permitir conformar interpretação sistemática no sentido de conferir dimensão também processual à primazia do crédito *necessarium vitae*, sobretudo se os juristas trabalharem com interpretação conforme à Constituição, na perspectiva da razoável duração do processo e da eficiência da atividade estatal judicial.

    Por derradeiro, é de bom aviso formular uma ponderação de matiz consequencialista. O impulso da execução de ofício pelo juiz do trabalho não acarretará nulidade processual. A nulidade processual caracteriza-se quando o ato processual acarretar manifesto prejuízo para a parte. A norma está prevista no art. 794 da CLT.[577] O prejuízo de que se cogita aqui é prejuízo de natureza processual. O prejuízo de natureza processual caracteriza-se quando o exercício de determinada faculdade processual da parte lhe é negado pelo juízo. Na medida em que se assegure ao executado – como, aliás, ordinariamente é mesmo assegurado – a faculdade processual de opor embargos à execução após a realização da penhora, não se poderá cogitar de nulidade processual, porquanto nessa situação não caracterizar-se-á o manifesto prejuízo processual de que trata o art. 794 da CLT. Isso porque a faculdade processual do executado é a de se opor à execução mediante a apresentação dos embargos previstos no art. 884 da CLT.

    Assegurado ao executado o exercício da faculdade processual de apresentar os embargos à execução previstos no art. 884 da CLT, já não mais se poderá cogitar de nulidade processual em decorrência do fato de a execução ter sido impulsionada de ofício diante da ausência de prejuízo processual. E, ainda que se pudesse cogitar de nulidade processual, eventual nulidade processual restaria convalidada por ter sido assegurado ao executado o exercício do contraditório na execução, como, aliás, é da experiência ordinária do foro. Incide, aqui, a teoria teleológica das nulidades processuais: se a finalidade do ato processual é alcançada, o ato é considerado válido, mesmo que o itinerário processual observado não seja exatamente aquele prescrito.

---

[576] *Reforma trabalhista*: análise comparativa e crítica da Lei nº 13.467/2017. São Paulo: Rideel, 2017, p. 456.
[577] "Art. 794. Nos processos sujeitos à apreciação da Justiça do Trabalho só haverá nulidade quando resultar dos atos inquinados manifesto prejuízo às partes litigantes".

CAPÍTULO 16

A APLICAÇÃO DAS MEDIDAS COERCITIVAS DO ART. 139, IV, DO CPC AO DIREITO PROCESSUAL DO TRABALHO[578]

Se não esperas o inesperado, não o encontrarás.
Heráclito

16.1 A aplicação do CPC de 2015 à execução trabalhista

O Código de Processo Civil de 2015 inaugura um novo paradigma teórico de funcionalidade procedimental no sistema processual brasileiro. A fase de cumprimento da sentença, também chamada de execução ou execução forçada, é, seguramente, o momento mais aguardado de uma ação judicial na qual não ocorreu o cumprimento espontâneo da decisão condenatória, pois é quando o direito reconhecido judicialmente se materializa após o registro da inércia da parte condenada em cumprir a obrigação judicial fixada pelo Estado.

Contudo, com frequência os credores trabalhistas enfrentam dificuldades e, ainda que o Judiciário tenha um avançado arsenal de ferramentas eletrônicas para localização patrimonial, nem sempre isso resulta na célere concretização do comando sentencial. Na verdade, é mais comum o descumprimento do que o cumprimento voluntário na fase de execução, o que, sem sombra de dúvida, é frustrante do ponto de vista da qualidade e efetividade da prestação jurisdicional. E é nesse contexto que o artigo 139, IV, do CPC possui destacada importância, pois confere ao magistrado amplo poder de efetivação das decisões judiciais, facultando-lhe valer-se de variadas técnicas jurídicas coercitivas para compelir o devedor a satisfazer sua obrigação.

Se é positiva a resposta acerca da compatibilidade do art. 139, IV, do CPC com o Direito Processual do Trabalho conforme assenta o art. 3º da Instrução

---

[578] O presente capítulo deste livro corresponde, na íntegra, ao artigo publicado na Revista LTr, de autoria de Adriana Kunrath, Eduardo Batista Vargas, Sergio Torres Teixeira e Ben-Hur Silveira Claus. O artigo foi publicado na edição n. 10, da Revista LTr, ano 85, no mês de outubro de 2021, pp. 1206/1221.

Normativa nº 39/2016 do Tribunal Superior do Trabalho,[579] o fato de esse preceito de processo civil ter ingresso assegurado no subsistema jurídico trabalhista, pelas comportas abertas pelo art. 769 da CLT,[580] não elimina a controvérsia sobre quais são as medidas coercitivas aplicáveis e, ainda, como elas podem ser aplicadas no processo do trabalho.

16.2 CPC de 2015: estamos diante de um *novo* Código de Processo Civil

Na vigência do CPC de 1973, a doutrina de *Marinoni* e *Arenhart* já alertava para a necessidade de perceber que direito fundamental à tutela jurisdicional (CF, art. 5º, XXXV) significa acesso às técnicas processuais idôneas à obtenção da tutela prometida pelo direito material.[581] Nessa passagem, os referidos autores estavam a prenunciar o perfil do Código de Processo Civil que chegaria um ano depois.

Orientado pela diretriz hermenêutica de que o direito ao meio executivo adequado é consequência do direito de ação, o CPC de 2015 dá à efetividade da execução uma dimensão bastante superior àquela que se caracterizava no CPC de 1973. Objetivamente, o CPC de 2015 adota um *novo paradigma teórico*. Esse *novo paradigma* é identificado como a expressão de um *novo modelo* orientado à efetividade da execução. A efetividade torna-se o núcleo da atividade executiva, no dizer de *Hermes Zanetti Jr.*[582]

No advento de um novo Código de Processo Civil, é inevitável lembrar da observação feita por *Alfredo Buzaid* na Exposição de Motivos do Código de Processo Civil de 1973:

> Na execução, ao contrário, há desigualdade entre o exequente e o executado. O exequente tem posição de preeminência; o executado, estado de sujeição. Graças a essa situação de primado que a lei atribui ao exequente, realizam-se atos de execução forçada contra o devedor, que não pode impedi-los, nem subtrair-se a seus efeitos. A execução se presta, contudo, a manobras protelatórias, que arrastam os processos por anos, sem que o Poder Judiciário possa adimplir a prestação jurisdicional.[583]

---

[579] "Art. 3º. Sem prejuízo de outros, aplicam-se ao processo do trabalho, em face de omissão e compatibilidade, os preceitos do Código de Processo Civil que regulam os seguintes temas: [...] III – art. 139, exceto a parte final do inciso V (poderes, deveres e responsabilidades do juiz);"

[580] "Art. 769. Nos casos omissos, o direito processual comum será fonte subsidiária do direito processual do trabalho, exceto naquilo em que for incompatível com as normas deste Título".

[581] *Curso de Processo Civil. Execução.* 6. ed. São Paulo: RT, 2014, v. 3, p. 72.

[582] MARINONI, Luiz Guilherme (dir.); ARENHART, Sérgio Cruz; MITIDIERO, Daniel (coord.). *Comentários ao Código de Processo Civil.* São Paulo: RT, 2016, v. XIV, p. 129-130.

[583] Exposição de Motivos do Código de Processo Civil de 1973, item 18.

A observação de *Alfredo Buzaid* vem à memória porque as manobras protelatórias continuaram arrastando os processos por anos, em que pese o alento que as minirreformas do Código revogado representaram.

A alteração do paradigma teórico anterior está positivada *objetivamente* no CPC de 2015: a efetividade da execução torna-se o núcleo da atividade executiva. A execução torna-se mais aguda: privilegia-se o credor, em detrimento do devedor. Entretanto, a percepção dessa alteração paradigmática desafia os operadores jurídicos à *subjetiva* constatação de que o modelo teórico anterior *realmente* sofreu uma mudança substancial. A necessidade de destacar essa questão decorre do fato de que, para alguns operadores do Direito, nada teria mudado com o CPC de 2015. Por se tratar de uma mudança de concepção, o peso da cultura formada sob o Código revogado pode obnubilar a percepção de que estamos sob a égide de um novo paradigma processual, nada obstante os esforços da doutrina em sublinhar a superveniência de um novo modelo teórico de efetividade da execução.

Ao tratar dessa questão, *Hermes Zaneti Jr.* enfatiza que "(...) o processo de execução deverá ser pensado, estruturado e efetivado de maneira a garantir o direito à tutela do crédito adequada, tempestiva e efetiva".[584] E assevera que "(...) o Código não pode ser lido com os olhos apenas voltados para nossa experiência brasileira e passada, mas deve voltar os olhos para o futuro, através de um direito processual que sirva às finalidades constitucionais que o comandam".[585]

A vocação do processo do trabalho para constituir-se como processo de resultados opera como fator que favorece a percepção, pelos seus operadores jurídicos, da alteração de paradigma adotada no novo processo comum trazido pelo CPC de 2015, potencializando a assimilação de conceitos, institutos e técnicas processuais aptos a promover a efetividade da execução. Mais do que na Jurisdição Comum, é na Jurisdição Trabalhista que as potencialidades do CPC contemporâneo para a fase de cumprimento da sentença poderão ser acolhidas de forma mais generosa, exatamente porque a ciência processual laboral predispõe o magistrado trabalhista à perspectiva de uma jurisdição célere e efetiva, nos moldes do art. 765 da CLT,[586] sobretudo no contexto da constitucionalização dos direitos sociais (CF, art. 7º).

O legislador preocupou-se em salientar que *a prestação jurisdicional inclui a satisfação da condenação*. Para tanto, inseriu preceito específico entre as normas fundamentais do Código de Processo Civil de 2015. No art. 4º do CPC, o legislador estabeleceu que "As partes têm o direito de obter em prazo razoável a solução

---

[584] MARINONI, Luiz Guilherme (dir.); ARENHART, Sérgio Cruz; MITIDIERO, Daniel (coord.). *Comentários ao Código de Processo Civil*. São Paulo: RT, 2016, v. XIV, p. 41.
[585] MARINONI, Luiz Guilherme (dir.); ARENHART, Sérgio Cruz; MITIDIERO, Daniel (coord.). *Comentários ao Código de Processo Civil*. São Paulo: RT, 2016, v. XIV, p. 130.
[586] Artigo 765 da CLT: "Os Juízos e Tribunais do Trabalho terão ampla liberdade na direção do processo e velarão pelo andamento rápido das causas, podendo determinar qualquer diligência necessária ao esclarecimento delas".

integral do mérito, incluída a atividade satisfativa", enfatizando como direito de ambos os litigantes a resolução da questão de fundo e entrega efetiva da tutela jurisdicional final. Poder-se-ia objetar quanto à necessidade do preceito, na medida em que o legislador afirmou o óbvio. É verdade. O direito da parte à prestação jurisdicional inclui a satisfação do julgado, e não se concebe que possa ser diferente.[587] Entretanto, a explicitação adotada pelo legislador carrega uma simbologia de finalidade pedagógica e expressa a coerência normativa do legislador com o compromisso do novo Código em favor da efetividade da execução, além de demarcar uma clara distinção com a imprecisão técnica em que incidira o Código anterior no particular.

O CPC revogado estabelecera, no seu art. 463, a previsão de que "Ao publicar a sentença de mérito, o juiz cumpre e acaba o ofício jurisdicional (...)". A leitura do preceito sugeria que o ofício jurisdicional findava com a sentença, como se a execução do julgado não fosse ato do ofício jurisdicional. A imprecisão técnica chegou a ser percebida como lapso significativo de um ato falho representativo da concepção de que a execução não constituiria ato de jurisdição. Passaram-se mais de trinta anos até que a imprecisão técnica do art. 463 do CPC de 1973 fosse corrigida. No ano de 2005, a Lei nº 11.232 alterou a redação do art. 463 do CPC, para excluir a expressão de que o juiz, ao publicar a sentença, "acaba o ofício jurisdicional".

Seja como for, a redação do art. 4º do CPC de 2015 tem o mérito de explicitar que o direito da parte à prestação jurisdicional inclui a satisfação do credor, deixando implícita a assimilação da lição doutrinária segundo a qual a garantia constitucional à prestação jurisdicional implica o reconhecimento da existência de um direito fundamental à tutela executiva correspondente.[588] Além disso, esse preceito permite compreender mais adequadamente a concepção de 'processo sincrético' adotada pelo CPC contemporâneo, assim compreendido o processo que se divide em fases sem solução de continuidade, articulando atividades de cognição simultaneamente a atividades de execução.[589] No processo do trabalho, a norma de sobredireito do art. 765 da CLT sintetiza, desde 1943, a opção do subsistema processual trabalhista pela completa satisfação do julgado, ao incumbir o magistrado do dever de velar pela rápida solução da causa, conforme preleciona *José Antônio Ribeiro de Oliveira Silva*.[590]

---

[587] No dizer de Luiz Guilherme Marinoni e Daniel Mitidiero, "(...) interessa a realização do direito da parte. Essa é a razão pela qual o legislador explicita que o direito à duração razoável do processo necessariamente inclui a atividade executiva (MARINONI, Luiz Guilherme (dir.); ARENHART, Sérgio Cruz; MITIDIERO, Daniel (coord.). *Comentários ao Código de Processo Civil*. São Paulo: RT, 2016, v. I, p. 135).

[588] José Rogério Cruz e Tucci pondera "(...) que, apesar de intuitivo, a regra do art. 4º, para não deixar margem a qualquer dúvida, estende-se, de forma expressa, à fase de cumprimento de sentença e, por certo, também ao processo de execução, vale dizer, a toda 'atividade satisfativa' em prol da parte vencedora". (MARINONI, Luiz Guilherme (dir.); ARENHART, Sérgio Cruz; MITIDIERO, Daniel (coord.). *Comentários ao Código de Processo Civil*. São Paulo: RT, 2016, v. VIII, p. 251).

[589] Cassio Scarpinella Bueno. *Novo Código de Processo Civil anotado*. São Paulo: Saraiva, 2015, p. 44.

[590] *Comentários ao novo CPC e sua aplicação ao processo do trabalho*. José Antônio Ribeiro de Oliveira Silva (coord.). São Paulo: LTr, 2016, v. I, p. 24.

Outra demonstração da alteração de paradigma teórico é identificada no fato de que *o CPC de 2015 estende à execução das obrigações por quantia certa o exercício dos poderes gerais de efetivação* conferidos ao magistrado pelo novo sistema de processo comum. Tratava-se de histórica postulação de segmento considerável da doutrina do processo civil já à época das minirreformas do CPC de 1973. O Código atual assimilou tal postulação, contemplando a execução por quantia certa com os mecanismos de efetivação que no CPC de 1973 aplicavam-se apenas à execução de obrigação de fazer.[591] Tais mecanismos estão previstos no art. 139, IV, do CPC, preceito que o art. 3º da Instrução Normativa nº 39/2016 do TST reputa aplicável ao processo do trabalho.[592]

16.3 Art. 139, IV, do CPC: inspiração no *Civil Contempt* da *common law*

O relatório do CNJ Justiça em números de 2020 indica que o número de processos baixados na fase de conhecimento é mais que o dobro do número de processos baixados na fase de execução.[593] Considerando que o processo somente é baixado de fase quando essa fase se encerra, conclui-se que o processo no Brasil vive uma crise de finalidade, porquanto não consegue reparar/entregar de forma efetiva ao credor o bem da vida violado. Além disso, a fase de conhecimento tem tempo médio menor de tramitação que a fase de execução, o que constitui verdadeira inversão de valores, na medida em que a fase de conhecimento demanda ampla dilação probatória para demonstração do direito em si, além do esgotamento da fase recursal, ao passo que na execução não só os recursos são em menor número, como também o são as matérias passíveis de discussão e as provas que poderiam afastar a execução.

Visando justamente a modificar essa realidade, o CPC de 2015 trouxe alteração de paradigma, centrando o processo na sua efetividade, afinal, "Um sistema processual civil que não proporcione à sociedade o reconhecimento e a realização dos direitos, ameaçados ou violados, que têm cada um dos jurisdicionados, não se harmoniza com as garantias constitucionais de um Estado Democrático de Direito. Sendo ineficiente o sistema processual, todo o

---

[591] Hermes Zaneti Jr. preleciona: "O art. 139, IV, do CPC estabelece um novo modelo de execução civil no Brasil. Ao prever a atipicidade dos meios executivos ligada ao controle da adequada e efetiva tutela pelo juiz, o CPC migra de um modelo exclusivo de execução rígida, de obrigações-tipo e execuções-tipo (germânico), para um modelo combinado de execuções tipo flexíveis, tutela adequada (*commom law*) e generalização das *astreintes* (francês)" (MARINONI, Luiz Guilherme (dir.); ARENHART, Sérgio Cruz; MITIDIERO, Daniel (coord.). *Comentários ao Código de Processo Civil*. São Paulo: RT, 2016, v. XIV, p. 113.

[592] A Instrução Normativa nº 39/2016 foi aprovada pela Resolução nº 203 do TST, de 15-03-2016.

[593] Disponível em: https://www.cnj.jus.br/wp-content/uploads/2020/08/WEB-V3-Justi%C3%A7a-em-N%C3%BAmeros-2020-atualizado-em-25-08-2020.pdf.

ordenamento jurídico passa a carecer de real efetividade. De fato, as normas de direito material se transformam em pura ilusão, sem a garantia de sua correlata realização, no mundo empírico, por meio do processo".[594]

O efetivo cumprimento das decisões judiciais interessa não apenas às partes do processo, como à própria sociedade, porquanto a garantia de que a lei será cumprida e respeitada é fundamental para a pacificação social, a qual, por sua vez, é essencial à manutenção da Democracia e do desenvolvimento sustentável da economia. Para atingir esse desiderato, o jurista da *common law* conta com o instituto do *Contempt of Court*,[595] aplicado na Inglaterra desde o século XII e nos EUA, a partir de 1789, quando promulgada pelo Congresso a Seção 17 do *Judicature Act* 1789, segundo o qual "Todas as cortes dos Estados Unidos devem ter poder para (...) punir através de multas ou prisão, à discrição da própria corte, todas as ameaças à autoridade em quaisquer casos ou audiências ante as mesmas".[596]

O *Contempt* pode ter caráter civil ou criminal, consistindo em ambos os casos em cominação ao pagamento de multa ou prisão. O *Criminal Contempt* é punitivo e se dá em razão do crime de desobediência. Sua imposição requer processo específico, com prova cabal do descumprimento, inclusive do agir intencional do réu, cabendo recurso de imediato. O julgamento, de regra, se dá pelo tribunal do júri e refere-se a atos passados.

Já o *Civil Contempt* trata-se de medida coercitiva, que atua na psique do réu, constrangendo-o ao cumprimento espontâneo, ainda que forçado, da decisão judicial. É aplicado sempre que estiver nas mãos do devedor a possibilidade de evitar sua incidência, porquanto a satisfação da obrigação está ao seu alcance. Observada a ordem judicial, mesmo após o prazo concedido, haverá suspensão da medida. Não visa retribuir, tampouco compensar perdas que o autor e/ou o Estado-juiz tenham sofrido pelo descumprimento da ordem. No caso de decretação de prisão, não configura prisão por dívida, na medida em que a prisão não ocorre em substituição à dívida, mas como forma de coagir o devedor ao cumprimento da obrigação estabelecida pelo juízo. Ademais, o réu tem a chave da prisão nas mãos, pois, satisfeita a ordem, a soltura ocorre de imediato.

No magistério de *Margit Livinston*, "O *civil contempt* visa obter cumprimento, não tendo por objetivo punir ou retribuir. Assim, talvez seria mais adequado chamarmos a medida de *equitable enforcement* ou, ainda, 'sanções em ajuda a um litigante'. Um nome diferente iria auxiliar os juízes a entender que o uso do *Civil*

---

[594] Exposição de motivos do CPC de 2015.
[595] *Contempt* significa desdém, desprezo. *Contempt of court* significa desacato a tribunal. LONGMAN: Dicionário Escolar. Inglês-Português. Português-inglês. Pearson Education Limited 2002, p. 82.
[596] Apud MILLER, C.J. *Contempt of Court*. 3th ed. New York: Oxford, 2000, p. 133, em BAUERMANN, Desirê. *Cumprimento das obrigações de fazer ou não fazer*: estudo comparado: Brasil e Estados Unidos. Porto Alegre: Sergio Antonio Fabris Editor, 2012, p. 30. No original: "That all the said courts of United States shall have power to ... punish by fine or imprisonment, at the discretion of said courts, all contempts of authority in any cause or hearing before the same".

Contempt não se baseia na atitude de desprezo do réu para com o tribunal, ou na sua desobediência intencional a uma ordem judicial, mas, sim, na necessidade de conceder ao autor o resultado que o juízo lhe reconheceu como devido".[597]

O *Civil Contempt* é aplicado no próprio processo, por decisão fundamentada do juiz, que deverá conter de forma clara a obrigação a ser satisfeita, bem como a medida a ser aplicada em caso de não cumprimento. O réu deve ser intimado pessoalmente dessa decisão, que é recorrível apenas quando do julgamento final da causa. Para incidência da medida não se exige prova da má-fé do devedor, mas tão somente do descumprimento da ordem judicial, podendo, porém, o réu comprovar que não dispunha de meios para o atendimento da decisão jurisdicional, hipótese em que a medida será suspensa.[598]

Observando-se a finalidade e os requisitos para sua aplicação, é possível intuir que o art. 139, IV, do CPC foi inspirado no *Civil Contempt* da *common law*, em especial porque, apesar das diferenças entre os sistemas da *common law* e da *civil law* (que é o sistema adotado no Brasil), a aproximação e o diálogo entre esses sistemas têm sido uma tendência, com a adoção de institutos típicos de um pelo outro, na busca do aprimoramento de ambos.

E como nos ensina Desirê Bauermann, "No direito norte-americano considera-se imprescindível e natural que os juízes tenham poder para impor respeito tanto ao próprio Judiciário como às decisões por eles emanadas, posto haver entendimento aceito por todos no sentido de que o poder de fazer cumprir as ordens proferidas pelo Judiciário é vital para o exercício de todos os seus poderes. Não há como pensar o Poder Judiciário sem que se lhe reconheça o poder para fazer cumprir na prática os seus julgados, usando formas eficientes para tanto.

---

[597] Tradução livre. No original, "In reality, civil contempt serves remedial, not punitive or retributory, goals. As such, perhaps ir should more properly be labeled 'equitable enforcement' or 'sanctions in aid of a litigant'. A different name might assist the courts in understanding that civil contempt, although denominated a form of 'contempt', does not in the end rest upon defendant's contemptuous attitude toward the court or its willful disobedience of a judicial order, but instead upon the need of afford plaintiffs the remedy that the court has determined they desserve". *Apud* Disobedience and contempt, Whashington Law Review, nº 345, Apr. 2000. Disponível em: www.lexisnexis.com. Acesso em: 9 mar. 2005. BAUERMANN, Desirê. *Cumprimento das obrigações de fazer ou não fazer*: estudo comparado: Brasil e Estados Unidos. Porto Alegre: Sergio Antonio Fabris Editor, 2012, p. 32.

[598] A partir do caso Re Bramblevale Ltd – *leading case* – fixou-se como requisito para aplicação do *civil contempt* prova de que o réu intencionalmente deixou de cumprir a ordem. No *leading case*, o réu alegou que não poderia entregar os livros comerciais determinados pelo juiz, porquanto estes haviam sido extraviados num acidente de carro. No julgamento, ficou estabelecido que, apesar de a alegação poder ser mentirosa, tal fato não provava que os livros efetivamente estivessem em posse do réu e este deliberadamente se negava a exibi-los, na medida em que poderia estar dizendo a verdade e, de fato, não entregar os livros, porque não os tinha mais. Ficou definido, então, que enquanto houvesse duas possibilidades, ambas podendo ser verdadeiras, não era possível decidir além de uma dúvida razoável, sendo necessário, portanto, prova clara que demonstrasse que a posse dos livros pelo réu. Não havendo dita prova, não caberia a incidência do *civil contempt*. Convém, referir, por oportuno, que os juristas da *common law* também discutem o tempo em que o réu pode ficar na prisão em razão do *civil contempt*. A maioria do Estados Americanos têm lei específica e limitam esse tempo, citando como exemplo o Estado da Califórnia, que fixa como prazo máximo o período de um ano. Se dentro do prazo fixado em lei, o réu não cumprir a ordem, ele é solto, podendo, porém, ocorrer nova prisão, pelo mesmo descumprimento, em razão da aplicação do *criminal contempt*, devendo, apenas, observar o rito próprio para referida medida.

Portanto, a ideia geradora do *Contempt of Court* está intimamente ligada a essa premissa, porque de nada adiantaria a obtenção de decisões judiciais se não fossem cumpridas na prática. 'Negar instrumentos de força ao judiciário é o mesmo que negar a sua existência'".[599]

O novo paradigma trazido pelo CPC de 2015 alinha-se ao sistema da *common law,* na perspectiva da justa e pacífica solução dos conflitos, garantindo a todos que os direitos violados serão, de fato, recompostos.

16.4 O Código de Processo Civil de 2015 apresenta-se *novo* no art. 139, IV

Se o olhar moldado na vigência do CPC revogado prevalecer entre os juristas, implicará renunciar à esperança de melhorar a performance da Jurisdição Trabalhista na execução: continuaremos conformados com o fato de que, em média, apenas duas (2) execuções, de cada dez (10), são efetivas; as outras oito (8) execuções vão para o arquivo com a dívida não satisfeita, conforme informa o Relatório Geral da Justiça do Trabalho de 2020, elaborado pelo Tribunal Superior do Trabalho.[600] Contudo, se prevalecer um novo olhar para abordar a execução a partir do CPC de 2015, a esperança de melhorar a performance da execução conta com um arcabouço legislativo capaz de alterar a atual realidade da execução trabalhista. No que respeita à promessa de fecundidade à execução, é necessário destacar que a principal novidade do CPC de 2015 radica no art. 139, IV, do CPC, preceito que, no dizer de *Daniel Amorim Assumpção Neves,* "pode gerar mudanças substanciais no plano da efetivação das decisões judiciais".[601] Referindo-se ao CPC de 2015 de forma mais genérica, *Nancy Andrighi* destaca que o novo Código está orientado por "novas lógicas fundamentais", na perspectiva da superação dos entraves da execução no CPC de 1973. No julgamento do Recurso em Habeas Corpus nº 99.606/SP – STJ, assenta a Ministra no particular: "A efetiva entrega dos resultados de direito material esperados por meio do processo ganha novas cores sob a égide do CPC/15, que passou a prever, de modo expresso, novas lógicas fundamentais, capazes de alterar significativamente os parâmetros vigentes na ordem processual revogada".

Ao comentar o art. 139, IV, do CPC de 2015, depois de fazer remissão à norma do art. 125 do CPC de 1973, *Daniel Amorim Assumpção Neves* sublinha

---

[599] BAUERMANN, Desirê. *Cumprimento das obrigações de fazer ou não fazer:* estudo comparado: Brasil e Estados Unidos. Porto Alegre: Sergio Antonio Fabris Editor, 2012, p. 30. A última frase é citação da GRINOVER, Ada Pelegrini. Ética, abuso do processo e resistência às ordens judiciárias: O *Contempt of Court. Revista de Processo,* São Paulo, n. 102, p. 222, abr./jun. 2001.

[600] Relatório Geral da Justiça do Trabalho de 2020. Disponível em https://www.tst.jus.br/web/estatística/jt/relatório-geral. Acesso em: 22 jul. 2021.

[601] *Novo Código de Processo Civil comentado artigo por artigo.* Salvador: Juspodivm, 2016, p. 230.

que são "sensíveis as novidades" trazidas pelo novo preceito. Após afirmarem que o art. 139, IV, do CPC "explicita os poderes de *imperium* conferidos ao juiz para concretizar suas ordens", *Marinoni, Arenhart* e *Mitidiero* destacam a finalidade do preceito: "dotar o magistrado de amplo espectro de instrumentos para o cumprimento das ordens judiciais, inclusive para a tutela de prestações pecuniárias".[602] A amplitude do espectro de instrumentos postos a serviço da efetividade da jurisdição no art. 139, IV, do CPC é tamanha que *Daniel Amorim Assumpção Neves* afirma que se trata "da consagração legislativa do princípio da atipicidade das formas executivas, de forma que o juiz poderá aplicar qualquer medida executiva".[603]

Nas palavras de *Renato Beneduzi*, a aplicação do princípio da *atipicidade dos meios executivos* veio a ser generalizada pelo CPC de 2015 a todas as espécies de execução, inclusive a pecuniária.[604] O que significa dizer que a execução não se encontra mais restrita aos meios típicos da execução direta mediante penhora de bens e sua posterior expropriação em hasta pública. O CPC contemporâneo faz conviverem simultaneamente meios típicos de execução direta (penhora e expropriação) com meios atípicos de execução indireta (medidas coercitivas). Quando os meios típicos de execução direta (penhora e expropriação) não se mostram eficazes à satisfação da obrigação fixada, recorre-se aos meios atípicos de execução indireta (medidas coercitivas), com vistas à realização do direito material.

Nos comentários ao art. 139, IV, do CPC, *Cassio Scarpinella Bueno* destaca que se trata de "verdadeira regra de flexibilização das técnicas executivas, permitindo ao magistrado, consoante as peculiaridades de cada caso concreto, modificar o modelo preestabelecido pelo Código, determinando a adoção, sempre de forma fundamentada, dos mecanismos que se mostrem mais adequados para a satisfação do direito, levando em conta as peculiaridades do caso concreto. Um verdadeiro 'dever-poder geral executivo' ou de efetivação, portanto".[605]

O jurista esclarece que o magistrado não está mais vinculado apenas aos meios típicos de execução direta, podendo recorrer aos meios atípicos de execução indireta quando aqueles não forem frutíferos: quando a execução típica, prevista nos arts. 513 a 538 do CPC, não se mostra eficaz para satisfazer o crédito exequendo, será correto ao magistrado flexibilizar as regras previstas naqueles dispositivos codificados, consoante se verifiquem insuficientes para a efetivação da tutela jurisdicional.

Sede normativa do poder geral de efetivação do magistrado, o art. 139, IV, do CPC elenca os poderes-deveres do juiz, "incumbindo-lhe" do encargo

---

[602] *Novo Código de Processo Civil comentado*. 2 ed. São Paulo: RT, 2016. p. 273.
[603] *Novo Código de Processo Civil comentado artigo por artigo*. Salvador: Juspodivm, 2016, p. 231.
[604] *Comentários ao Código de Processo Civil*, v. II. São Paulo: RT, 2016, p. 282.
[605] *Manual de Direito Processual Civil*. 4. ed. São Paulo: Saraiva, 2018, p. 207.

de "determinar todas as medidas indutivas, coercitivas, mandamentais ou sub-rogatórias necessárias para assegurar o cumprimento de ordem judicial, inclusive nas ações que tenham por objeto prestação pecuniária". Mais do que *facultar* ao magistrado a assim agir, o preceito legal insta o juiz à iniciativa de ofício, na medida em que o comando normativo diz *incumbir* ao magistrado determinar *todas as medidas necessárias* ao cumprimento dos provimentos jurisdicionais. O vocábulo *incumbência* significa *encargo*. O verbo incumbir significa encarregar; ser da obrigação, do dever; encarregar-se. O verbo incumbir está a indicar a existência de dever funcional do magistrado expressamente previsto no preceito legal em questão. A doutrina de *Cleber Lúcio de Almeida* é categórica ao afirmar que, na intepretação do preceito do art. 139, IV, do CPC, há dever do magistrado de ordenar as medidas necessárias para a satisfação da obrigação. Quanto à implementação das medidas coercitivas previstas no art, 139, IV, do CPC, o jurista ensina que o juiz "tem o dever de determinar aquelas que sejam *necessárias* para o cumprimento das ordens judiciais...".[606]

A significativa introdução do vocábulo *todas* no art. 139, IV, do CPC de 2015 – *todas* as medidas necessárias – demarca uma nova postura do legislador em relação ao diploma processual anterior cuja ineficácia o CPC de 2015 quer superar.[607] Além da significativa inclusão do vocábulo *todas*, o legislador optou por explicitar de forma ampla as medidas legais necessárias ao cumprimento dos provimentos jurisdicionais, relacionando praticamente todas as providências possíveis, ao dizer que está compreendido no poder geral de efetivação do magistrado determinar "todas as medidas indutivas, coercitivas, mandamentais ou sub-rogatórias necessárias" (CPC, art. 139, IV). Por fim, o legislador faz referência expressa à execução por quantia certa no art. 139, IV, do CPC, assimilando a crítica doutrinária que reivindicava estender a atipicidade dos meios executivos também ao cumprimento de obrigação de prestação pecuniária.[608] O protagonismo atribuído ao juiz mediante a previsão legal de que agora o sistema processual está "incumbindo-lhe" do encargo de "determinar todas as medidas" necessárias ao cumprimento das determinações judiciais completa o cenário procedimental com que o legislador pretende retirar a execução do ambiente de letargia a que fora relegada pela tradição de privilegiar a cognição, em detrimento da execução.

Complementando a diretriz geral de efetivação da jurisdição prevista no art. 139, IV, do CPC, o art. 297 do novo diploma processual prevê que *o juiz poderá*

---

[606] *Direito Processual do Trabalho*. 7. ed. Salvador: Juspodivm, 2019, p. 800. Itálico no original.

[607] Como as "medidas necessárias" do CPC de 1973 não foram suficientes, o legislador do CPC de 2015 viu-se na contingência de explicitar seu propósito de mais efetividade pela opção da utilização da locução "*todas* as medidas necessárias".

[608] Daniel Amorim Assumpção Neves pondera que, com o advento do art. 139, IV, "(...) é possível concluir que a resistência à aplicação das astreintes nas execuções de pagar quantia certa perdeu sua fundamentação legal, afastando-se assim o principal entrave para a aplicação dessa espécie de execução indireta em execuções dessa espécie de obrigação (*Novo Código de Processo Civil comentado artigo por artigo*. Salvador: Juspodivm, 2016, p. 231).

determinar as medidas que considerar adequadas para efetivação da tutela provisória. Embora o preceito do art. 297 do CPC não tenha reproduzido o vocábulo *todas*, a amplitude do poder geral de efetivação do magistrado na tutela provisória é extraída da dicção da genérica locução adotada pelo legislador – *medidas que considerar adequadas*. Demais disso, a interpretação sistemática recomenda compreender o *comando específico* do art. 297 do CPC sob a inspiração da *cláusula geral* do art. 139, IV, do mesmo diploma legal. A relação de complementaridade existente entre tais preceitos inspirou *Hermes Zaneti Jr.* a extrair do art. 297 o alcance do art. 139, IV: "Parafraseando o art. 297 do CPC, podemos dizer que: *o juiz poderá determinar as medidas que considerar adequadas para a efetivação da tutela de crédito (poder geral de tutela efetiva)*".[609]

A locução *todas as medidas necessárias* expressa uma cláusula geral dirigida ao exercício da jurisdição de forma mais incisiva, o que evoca a lição doutrinária de *Edilton Meireles*. Ao comentar o alcance do art. 139, IV, do CPC, o jurista recorre ao vocábulo imaginação. É à imaginação que o magistrado deve recorrer quando se tratar de fazer cumprir a decisão judicial. Diz o jurista: "O legislador, todavia, não limita as medidas coercitivas àquelas mencionadas no Código de Processo Civil. Logo, outras podem ser adotadas, a critério da imaginação do juiz".[610] Exatamente em razão da abrangência do comando legal, o preceito do art. 139, IV, do CPC, na produtiva observação de *Manoel Carlos Toledo Filho*, "(...) pode ser considerado um adequado *desdobramento supletivo e subsidiário* do comando contido no art. 765 da CLT, na medida em que complementa e reforça a expressão 'qualquer diligência' a que o dispositivo consolidado faz menção".[611]

É certo, porém, que o amplo poder geral de efetivação do magistrado previsto no art. 139, IV, do CPC está limitado pelo dever jurídico de respeito aos direitos fundamentais do executado. O limite do poder geral de efetivação do magistrado está na Constituição: as medidas coercitivas do art. 139, IV, do CPC não podem implicar violação a direito fundamental do executado. A locução "todas as medidas necessárias" deve ser compreendida com a inequívoca abrangência que lhe confere o deliberado emprego dos vocábulos "todas" (todas as medidas) e "necessárias" (todas as medidas necessárias), sem, contudo, autorizar medida que viole direito fundamental do executado previsto na Constituição, como ocorre, por exemplo, quando é determinada a medida coercitiva de apreensão da Carteira Nacional de Habilitação do executado pessoa natural que agora atua profissionalmente na atividade de vendedor-viajante. Diante da necessidade de conduzir veículo automotor para o desempenho de atividade profissional

---

[609] MARINONI, Luiz Guilherme (dir.); ARENHART, Sérgio Cruz; MITIDIERO, Daniel (coord.). *Comentários ao Código de Processo Civil.* São Paulo: RT, 2016, v. XIV, p. 113).

[610] Medidas sub-rogatórias, coercitivas, mandamentais e indutivas no Código de Processo Civil de 2015. *Revista de Processo*, São Paulo, RT, ano 40, v. 247, p. 231-246, set. 2015, p. 237.

[611] *Comentários ao novo CPC e sua aplicação ao processo do trabalho.* José Antônio Ribeiro de Oliveira Silva (coord.). São Paulo: LTr, 2016, v. I, p. 200.

necessária à sobrevivência do vendedor-viajante, a apreensão da CNH do executado violaria o direito fundamental do executado ao exercício de atividade profissional (CF, art. 5º, XIII[612]).

Ao tratar do tema do poder geral de efetivação previsto no art. 139, IV do CPC, *Edilton Meireles* relaciona algumas medidas restritivas de direito que podem ser determinadas pelo juiz, com fundamento no referido preceito, para estimular o devedor ao cumprimento dos provimentos jurisdicionais: "a) proibição do devedor pessoa física poder exercer determinadas funções em sociedades empresariais, em outras pessoas jurídicas ou na Administração Pública; b) proibição de efetuar comprar com uso de cartão de crédito; c) suspensão de benefício fiscal; d) suspensão dos contratos, ainda que privados, de acesso aos serviços de telefonia, *Internet*, televisão a cabo etc., desde que não essenciais à sobrevivência (tais como os de fornecimento de energia e água); e) proibição de frequentar determinados locais ou estabelecimentos; f) apreensão de passaporte (se pode prender em caso de prestações alimentares, pode o menos, isto é, restringir parte do direito de ir e vir); g) apreensão temporária, com desapossamento, de bens de uso (exemplo: veículos), desde que não essenciais (exemplo: roupas ou equipamentos profissionais); h) suspensão da habilitação para dirigir veículos; i) bloqueio da conta corrente bancária, com proibição de sua movimentação; j) embargo da obra; k) fechamento do estabelecimento; l) restrição ao horário de funcionamento da empresa etc.".[613]

O variado rol de medidas coercitivas apresentado por *Edilton Meireles* pode impressionar à primeira vista. Entretanto, guarda harmonia com a abrangência da cláusula geral capitulada no art. 139, IV, do CPC, pois o preceito legal em estudo incumbe ao magistrado o encargo de "determinar todas as medidas indutivas, coercitivas, mandamentais ou sub-rogatórias necessárias para assegurar o cumprimento de ordem judicial, inclusive nas ações que tenham por objeto prestação pecuniária". Nesse particular, é necessário lembrar que é inerente ao sistema procedimental do CPC de 2015 conferir liberdade ao magistrado para a eleição das medidas coercitivas que se façam necessárias no caso concreto. No exercício da interpretação sistemática do Código de Processo Civil de 2015, o jurista se deparará, por exemplo, com a abrangente previsão do art. 536, §1º, do CPC, verdadeiro desdobramento do art. 139, IV, do CPC no âmbito das obrigações de fazer e de não fazer.

Conforme ensina *Renato Beneduzi* nos comentários ao art. 139, IV, do CPC, as medidas coercitivas especificadas no art. 536, §1º, do CPC, incidentes para obrigações de fazer e não fazer, *têm caráter apenas exemplificativo*, na medida

---

[612] "Art. 5º. XIII – é livre o exercício de qualquer trabalho, ofício ou profissão, atendidas as qualificações profissionais que a lei estabelecer;"
[613] Medidas sub-rogatórias, coercitivas, mandamentais e indutivas no Código de Processo Civil de 2015. *Revista de Processo*, São Paulo, RT, ano 40, v. 247, p. 231-246, set. 2015, p. 237.

em que o legislador, ao empregar a locução "entre outras medidas", quando arrola algumas medidas mais frequentes nesses casos, deixou expressa, mais uma vez, a opção normativa de conferir liberdade ao magistrado para a eleição da medida necessária ao cumprimento das obrigações de fazer e de não fazer. *Renato Beneduzi* ensina que, conforme esclarece o art. 536, §1º, do CPC, em caráter exemplificativo, "o juiz poderá determinar, entre outras medidas, a imposição de multa, a busca e apreensão, a remoção de pessoas e coisas, o desfazimento de obras e o impedimento de atividade nociva, podendo, caso necessário, requisitar o auxílio de força policial".[614]

A relação sistemática que o autor estabelece entre o art. 139, IV, do CPC e o art. 536, §1º, do CPC é também identificada na doutrina de *Daniel Amorim Assumpção Neves*. Esse último jurista, nos comentários ao art. 536, §1º, do CPC, pondera:

> A doutrina é tranquila no entendimento de que o rol de formas executivas previsto pelo dispositivo legal é exemplificativo, o que é corroborado pela utilização da expressão 'entre outras medidas' antes da descrição específica das formas executivas constantes do texto legal e diante da generalidade da previsão contida no art. 139, IV, do Novo CPC.[615]

Para o juslaboralista *Wolney de Macedo Cordeiro*, o princípio da máxima efetividade da tutela executiva impõe ao juízo da execução a adoção de todas as medidas possíveis para a conquista do desiderato constitucional da satisfação do crédito exequendo. Embora o jurista não esteja se referindo especificamente ao art. 139, IV, do CPC na seguinte passagem, é inevitável fazer a respectiva correlação: "O conjunto procedimental executivo, dentro desta perspectiva, não se afigura como mera estrutura formal a ser seguida pelo magistrado, mas sim um arsenal de medidas que devem ser utilizadas de forma racional com o fito de se promover a efetivação da jurisdição".[616]

Vale sinalar, por relevante, que ao aplicar de ofício as medidas coercitivas atípicas previstas no art. 139, inciso IV, do CPC, o Juiz do Trabalho não desrespeita o disposto no art. 878 da CLT. Leitura apressada do referido dispositivo pode levar o intérprete a concluir que o Juiz do Trabalho estaria autorizado ao impulso oficial durante o processo de satisfação do direito reconhecido em título executivo apenas nas hipóteses em que o reclamante estivesse fazendo uso do *jus postulandi*.

Ocorre que o ordenamento jurídico precisa ser interpretado de forma sistêmica. Nos termos do art. 139, inciso II, do CPC, incumbe ao Juiz velar pela

---

[614] MARINONI, Luiz Guilherme (dir.), ARENHART, Sérgio Cruz; MITIDIERO, Daniel (coord.). *Comentários ao Código de Processo Civil*. São Paulo: RT, 2016, v. II, p. 282.
[615] *Novo Código de Processo Civil comentado artigo por artigo*. Salvador: Juspodivm, 2016, p. 946.
[616] *Execução no processo do trabalho*. 4. ed. Salvador: Juspodivm, 2017, p. 59.

razoável duração do processo, direito constitucional, assegurado no art. 5º, inciso LXXVIII. Ao escolher o verbo incumbir, o legislador deixou claro que se trata de um dever funcional, como acima já mencionado. Dever funcional imposto a todo e qualquer juiz, independente da sua competência funcional, material e territorial. Encerra, portanto, dever exigível do Juiz do Trabalho. Não fosse isso, o processo do trabalho instrumentaliza direito material de natureza alimentar, fundamental para a subsistência do trabalhador. Em última análise, os direitos assegurados na legislação do trabalho são os que conferem vida digna ao trabalhador, o que constitui fundamento do Estado Democrático Brasileiro (art. 1º, inciso III, da CF). Corrobora esse raciocínio o tratamento privilegiado conferido pelo ordenamento jurídico ao crédito trabalhista (art. 186 do CTN e arts. 83, inciso I, e 151, ambos da Lei 11.101/2005), que, por mais razão, deve ser satisfeito com a maior celeridade possível.

Por fim, o art. 876, parágrafo único, da CLT, determina a execução de ofício das contribuições previdenciárias relativas ao objeto da condenação constante nas sentenças que o juiz proferir e nos acordos que homologar. As contribuições previdenciárias constituem crédito acessório do crédito trabalhista. Considerando que o acessório segue a sorte do principal (CC, arts. 92, 232, 287, 822, 878, 1392, 1435 inciso IV, 1454, 1474, 1712, 1937), somente haverá execução de ofício da contribuição previdenciária, havendo a do principal.

16.5 A coerção indireta é meio lícito de execução

Diante do compromisso com a execução efetiva prometida pela Constituição (CF, art. 5º, XXXV) e pelo CPC (art. 4º), é necessário afirmar que a coerção indireta é lícita no sistema de direito processual civil brasileiro. Não se pode mais, sobretudo depois do advento do CPC de 2015, estar preso à superada concepção de que a execução é apenas patrimonial e que somente pode ser realizada por meio da execução direta implementada mediante penhora e expropriação de bens. Escrevendo sob a vigência do CPC revogado, *Luiz Guilherme Marinoni* e *Sérgio Cruz Arenhart* já antecipavam o perfil de execução atípica que o Código de 2015 viria a incorporar ao sistema de direito processual civil brasileiro: "se o que importa, para a jurisdição bem cumprir o seu dever, é a efetividade da tutela dos direitos, e essa apenas pode – ou, em outros casos, melhor pode – ser efetivada caso o demandado seja convencido a cumprir a decisão, não há como negar que a coerção indireta ou a multa constituem autênticas formas de execução".[617]

Em julgado da Seção de Execução do Tribunal Regional do Trabalho do Paraná, o voto vencido da desembargadora relatora sustentou que as medidas

---

[617] *Curso de Processo Civil:* execução. 6. ed. São Paulo: RT, 2014, v. 3, p. 71.

coercitivas do art. 139, IV, do CPC "são excepcionais e não comportam coerção pessoal, mas apenas patrimonial".[618] As medidas legais do art. 139, IV, do CPC visam fazer cumprir as determinações judiciais. São estruturantes da funcionalidade do Código. Devem ser compreendidas como subsidiárias da execução típica, mas não devem ser consideradas excepcionais, sob pena de a jurisdição ficar privada das medidas executivas *necessárias* à realização do direito material, num contexto de sistemático descumprimento às decisões judiciais. Sob a inspiração do princípio da eficácia da jurisdição (CF, art. 5º, XXXV) e do princípio da eficiência da administração pública (CF, art. 37, *caput*), a noção de devido processo legal vem se transformando: abandona-se a ideia de que o conceito de devido processo legal seja compreendido apenas sob a óptica do devedor, para adotar-se a positiva concepção enunciada por *Cleber Lúcio de Almeida*: "devido processo é aquele apto à realização da adequada, justa e efetiva tutela dos direitos atribuídos pela ordem jurídica".[619]

É importante reiterar que o legislador utiliza o vocábulo "necessárias" quando se refere às medidas legais que incumbem ao juiz adotar no desempenho do seu dever funcional de fazer cumprir as decisões judiciais. Está escrito no art. 139, IV, do CPC que incumbe ao juiz determinar as *medidas necessárias* – "todas as medidas indutivas, coercitivas, mandamentais ou sub-rogatórios *necessárias* para assegurar o cumprimento de ordem judicial (...)". No preceito em questão, o legislador apenas concretizou a produtiva lição doutrinária, segundo a qual o meio executivo adequado é corolário do direito fundamental à tutela jurisdicional.

A leitura do CPC de 2015, quando feita sob a perspectiva do CPC de 1973, tem esvaziado potencialidades do novo Código. A interpretação do art. 139, IV, do CPC é um desses casos. Quando se interpreta que as medidas legais do preceito em questão "não comportam coerção pessoal, mas apenas patrimonial", é inegável que se está esvaziando a potencialidade do art. 139, IV, do CPC. Como é evidente, a medida restritiva de direito é modalidade – lícita – de medida de coerção pessoal. A suspensão da Carteira Nacional de Habilitação (CNH) do executado inadimplente é um exemplo. E, como esclarece a *Ministra Nancy Andrighi* na fundamentação do acórdão proferido no Recurso em Habeas Corpus nº 99.606-SP, não configura ofensa direta e imediata à liberdade de locomoção do paciente, conforme assentado nos precedentes HC nº 411.519-SP, Terceira Turma, *DJe* 03.10.2017; RHC nº 97.876-SP, Quarta Turma, *DJe* 09.08.2018. Em decisão proferida em 20.12.2020, de relatoria da *Ministra Delaíde Miranda Arantes*, a Segunda Subseção de Direitos Individuais (SBDI-II), do Tribunal Superior do Trabalho, negou provimento a recurso ordinário em mandado de segurança, para manter decisão regional que denegara a segurança contra a ordem de suspensão e recolhimento de CNH. A

---

[618] TRT 00970-2007-021-09-00-1 (AP), julgado em 14-11-2017.
[619] *Direito Processual do Trabalho*. 7. ed. Salvador: Juspodivm, 2019, p. 136.

exemplo do julgado do STJ, o acórdão do TST assentou que a suspensão da CNH não viola o direito de ir e vir do executado.

Conforme explica *Daniel Amorim Assumpção Neves*, quando a medida de coerção gera pressão psicológica para que o executado cumpra a obrigação, não se trata de coerção corporal; mas é inegável de que se trata de coerção pessoal – e não patrimonial. Diz o autor: "a adoção de medidas executivas coercitivas que recaiam sobre a pessoa do executado não significa que seu corpo passa a responder por suas dívidas", eis que, na verdade, "são apenas medidas executivas que pressionam psicologicamente o devedor para que esse se convença de que o melhor a fazer é cumprir voluntariamente a obrigação".[620]

Portanto, é necessário perceber que o CPC de 2015 superou a concepção de que a execução é exclusivamente patrimonial. Tal superação decorre da adesão do Código ao modelo de execução atípica, com expressa previsão para o emprego de medidas executivas de caráter coercitivo, conforme o legislador positivou no art. 139, IV, do CPC. A doutrina de *Marinoni*, *Arenhart* e *Mitidiero* identifica a superação do paradigma – de execução típica – do CPC de 1973 com as seguintes palavras: "Com exceção da execução contra a Fazenda Pública, o novo Código quebrou integralmente o sistema de tipicidade da técnica processual, permitindo o emprego do meio executivo mais adequado para a tutela do direito em toda e qualquer situação substancial (art. 139, IV, CPC)".[621] Ao comentar o preceito em questão, *Cassio Scarpinella Bueno* adota a mesma perspectiva, dizendo que se trata de "verdadeira regra de flexibilização das técnicas executivas, permitindo ao magistrado, consoante as peculiaridades de cada caso concreto, modificar o modelo preestabelecido pelo Código, determinando a adoção, sempre de forma fundamentada, dos mecanismos que se mostrem mais adequados para a satisfação do direito, levando em conta as peculiaridades do caso concreto".[622]

Essa quebra de paradigma visa à promoção da tutela dos direitos, defendida pela doutrina comprometida com a efetividade do processo. Neste particular, é de suma importância compreender que o modelo de execução típica facilita – concretamente – a resistência do executado ao cumprimento de sua obrigação, na medida em que lhe permite antecipar quais serão os atos executivos futuros. Sabedor dos atos executivos que estão por vir, o executado logra oferecer todas as medidas de resistência ao cumprimento da obrigação, sejam medidas legais de resistência, sejam medidas de resistência prática, entre as quais desponta a ocultação de bens. Essa questão não escapou à arguta percepção de *Luiz Guilherme Marinoni* e *Sérgio Cruz Arenhart*, que adotaram o seguinte subtítulo para introduzir o tema: "O princípio da tipicidade como obstáculo à efetividade do direito de ação".

---

[620] Medidas executivas coercitivas atípicas na execução de obrigação de pagar quantia certa: art. 139, IV, do novo CPC. *Revista de Processo*: RePro, São Paulo, v. 42, n. 265, p. 107-150, mar. 2017.
[621] *Novo Código de Processo Civil comentado*. 2. ed. São Paulo: RT, 2016, p. 379.
[622] *Manual de Direito Processual Civil*. 4. ed. São Paulo: Saraiva, 2018, p. 207.

No franco enfrentamento dessa sensível questão, os juristas ponderam: "Note-se que se o jurisdicionado sabe, diante de previsão legal, que a sua esfera jurídica somente poderá ser invadida através de determinadas modalidades executivas, confere-se a ele a possibilidade de antever a reação ao seu inadimplemento, bem como a garantia de que a jurisdição não determinará ou permitirá a utilização de meio executivo diverso daqueles previstos".[623] Conhecendo os limites legais para a atuação do juízo executor e agindo em arrepio aos deveres legais de atuação leal e de boa fé, o devedor executado pode adotar posturas estratégicas para dificultar a satisfação do julgado, ameaçando a efetividade do processo.

16.6 A execução indireta atua sobre a vontade do executado para obter o cumprimento da obrigação

Se na execução direta as medidas executivas – penhora e alienação de bens – realizam o cumprimento coativo da obrigação à revelia da vontade do executado, na execução indireta as medidas executivas não realizam o direito material diretamente, limitando-se a atuar sobre a vontade do devedor com o objetivo de convencê-lo a cumprir a obrigação. Essa lição de *Marinoni* e *Arenhart* sintetiza a teoria jurídica sobre a natureza da execução indireta, também denominada de coerção indireta.[624]

À lição de *Marinoni* e *Arenhart*, soma-se o pensamento de *Nancy Andrighi*. Na fundamentação do acórdão do Recurso em Habeas Corpus nº 99.606-SP-STJ, a Ministra do Superior Tribunal de Justiça pondera que a atipicidade dos meios executivos permite ao juiz adotar meios coercitivos indiretos sobre o ânimo do executado para que ele, voluntariamente, satisfaça a obrigação de pagar a quantia devida. As medidas de coerção indireta são adotadas, portanto, com a finalidade de persuadir o executado ao cumprimento voluntário da obrigação. Consoante ensinam *Marinoni*, *Arenhart* e *Mitidiero*, as medidas coercitivas previstas no art. 139, IV, do CPC são espécies de medidas indutivas (as medidas indutivas podem ser de pressão positiva quando se oferece uma vantagem para o cumprimento da ordem judicial, ou coercitiva, quando se ameaça com um mal para a obtenção da satisfação do comando).[625]

Depois de afirmar que na execução indireta não são as medidas executivas típicas que satisfazem o direito inadimplido, *Nancy Andrighi* sublinha que as medidas executivas atípicas atuam sobre a vontade do devedor, para que esse cumpra a obrigação, ainda que não espontaneamente, concluindo a Ministra

---

[623] *Curso de Processo Civil. Execução.* 6. ed. São Paulo: RT, 2014, v. 3, p. 60.
[624] *Curso de Processo Civil. Execução.* 6. ed. São Paulo: RT, 2014, v. 3, p. 71.
[625] *Novo Código de Processo Civil comentado.* 2. ed. São Paulo: RT, 2016, p. 273.

do STJ, no julgamento do Recurso em Habeas Corpus nº 99.606-SP – STJ, que a coerção psicológica sobre o devedor agora é a regra geral da execução civil, pelo que se pode enunciar que, na ordem do CPC/15, vige o princípio da prevalência do cumprimento voluntário, ainda que não espontâneo, da obrigação.

Sobre a questão em estudo, cumpre dar a palavra a *Daniel Amorim Assumpção Neves*. O jurista é didático, ao explicar a natureza da execução indireta e a respectiva atuação sobre a vontade do executado na perspectiva do cumprimento do comando judicial: "As medidas coercitivas (execução indireta) são aquelas que pressionam psicologicamente o devedor para que cumpra a obrigação, ou seja, que ele, sendo pressionado, adeque sua vontade à vontade do Direito".[626]

16.7 A licitude da interdição de direitos não fundamentais do executado para assegurar o cumprimento da obrigação

É lícito *interditar direitos* na execução, quando caracterizado que o executado ostenta padrão de vida incompatível com a dívida trabalhista em execução ou quando há ocultação patrimonial. A medida da interdição de direitos visa induzir o executado ao cumprimento da obrigação em execução. O fundamento legal para tanto está na norma do art. 139, IV, do CPC. A prática da lícita interdição de direitos é há muito conhecida no direito brasileiro. Não deveria causar resistência. É da jurisprudência do Supremo Tribunal Federal o entendimento de que o *habeas corpus* "não se presta à impugnação de *interdição de direito* consistente em suspensão de habilitação para dirigir veículos automotores" (STF, HC nº 73.655, Primeira Turma, *DJ* de 13.09.1996).

A juridicidade da *interdição de direitos* na execução era defendida por *Luiz Guilherme Marinoni* e *Sérgio Cruz Arenhart* ainda na vigência do CPC de 1973. Os juristas sustentavam que, para a prestação jurisdicional ser concreta, é possível, sempre com o objetivo de dar efetividade à decisão, *interditar direitos*, a exemplo da cassação de licença especial, da proibição de contratar com o Poder Público, da proibição de certa atividade por um período de tempo. Desde que o meio executivo não viole garantia constitucional, sua utilização é perfeitamente possível. É possível, também, efetuar o bloqueio de verbas, até que o requerido cumpra certa determinação judicial.

Por vezes, a doutrina utiliza-se da locução *restrição de direitos*. Trata-se de locução sinônima à expressão *interdição de direitos*. Nada obstante essa última possa parecer mais severa, ambas são utilizadas com o mesmo sentido de medidas legais coercitivas (CPC, art. 139, IV). Nesta passagem, *Marinoni* e *Arenhart* empregam

---

[626] *Novo Código de Processo Civil comentado artigo por artigo*. Salvador: Juspodivm, 2016, p. 231.

a locução *restrição de direitos*, ao tratar da aplicação de medidas executivas de natureza coercitiva: "Ao invés de ameaçar o requerido com um mal (multa coercitiva, *restrição de direitos* etc.), poderá ser acenado com um benefício para o imediato cumprimento da ordem".[627]

Ao comentar as medidas restritivas de direito mais frequentes na aplicação do art. 139, IV, do CPC, *Cleber Lúcio de Almeida* relata que, entre as medidas indutivas atípicas que vêm sendo consagradas pela jurisprudência, podem ser citadas as seguintes: "a) apreensão de Carteira Nacional de Habilitação, desde que o executado não a utilize para desempenhar suas atividades econômicas. Trata-se de medida que não afeta o direito de locomoção, mas que incide sobre a comodidade representada pela sua realização em veículo próprio, valendo observar que o STJ já decidiu que a suspensão da Carteira Nacional de Habilitação não configura ameaça ao direito de ir e vir do titular (STJ, 4ª Turma, Recurso em *habeas corpus* nº 97876-SP, Rel. Min. Luis Felipe Salomão e STJ, 3ª Turma, Recurso em *habeas corpus* nº 99.606-SP, Rel. Min. Nancy Andrighi); b) apreensão de passaporte. A adoção desta medida é justificada pelo fato de as viagens internacionais serem realizadas, em regra, para passeio, o que significa que a intenção é restringir a possibilidade de passeio com o objetivo de garantir a satisfação do crédito trabalhista; c) bloqueio de cartão de crédito. Esta medida visa dificultar o acesso ao crédito, ou seja, tem o mesmo objetivo do protesto da decisão judicial e inclusão do nome do executado em órgão de proteção ao crédito e no Banco Nacional de Devedores Trabalhistas, que são expressamente autorizados pelo Direito Processual do Trabalho".[628]

Necessário frisar que tais restrições não representam ofensa a direito fundamental da pessoa. Vale recordar que a suspensão do direito de dirigir é possibilidade prevista no Código Brasileiro de Trânsito, não sendo, nem de longe, direito fundamental. O mesmo vale para a obtenção de passaporte, que não será concedido para os brasileiros em débito com as obrigações eleitorais ou militares, dentre outras hipóteses. Quanto ao cartão de crédito, a situação também não difere, porquanto sua concessão depende do alvedrio da Instituição Financeira.[629]

Evidente, portanto, que eventual limitação no gozo de determinados direitos, como os acima elencados, não constitui violação a direito fundamental.

---

[627] *Curso de Processo Civil*: execução. 6. ed. São Paulo: RT, 2014, v. 3, p. 90.
[628] *Direito Processual do Trabalho*. 7. ed. Salvador: Juspodivm, 2019, p. 803.
[629] "O pensar a execução sem meios executivos tipificados, autorizando o uso dos mais variados meios processuais executórios, justifica-se para garantir na prática o cumprimento das decisões jurisdicionais que se refiram aos mais variados direitos materiais, não encontrando óbices na legislação se o caso concreto não se encaixar perfeitamente na moldura legal. As formalidades apenas se justificam para servir à justa composição do caso posto sob análise do Judiciário, não devendo prevalecer caso o rígido procedimento imposto pelas regras processuais não se mostrar apto para tanto". (BAUERMANN, Desirê. *Cumprimento das obrigações de fazer ou não fazer*: estudo comparado: Brasil e Estados Unidos. Porto Alegre: Sergio Antonio Fabris Editor, 2012, p. 22-23.)

16.8 Não basta o mero inadimplemento: é necessário o abuso de direito

A incidência das medidas coercitivas de que trata o art. 139, IV, do CPC tem cabimento quando se revela infrutífera a execução direta. Em outras palavras, a adoção dos meios de execução indireta tem ocasião após caracterizado o insucesso da execução realizada por meio de penhora de bens e respectiva expropriação em hasta pública. O que significa dizer que a execução indireta, mediante o emprego das medidas coercitivas do art. 139, IV, do CPC, é sucedâneo da execução direta malograda.

É minoritária a posição sustentada pela *Min. Nancy Andrighi* no julgamento do Recurso de Habeas Corpus nº 99.606 – SP – STJ (2018/0150671-9). Por ocasião do referido julgamento, a jurista sustentou que a execução indireta infrutífera é que abriria ensejo à execução direta, exemplificando com a execução de alimentos do direito de família. Na fundamentação do acórdão, a *Min. Nancy Andrighi* sustenta:

> Realmente, de maneira análoga ao que ocorre na dívida de alimentos, a aplicação de medidas coercitivas indireta pode ser realizada anteriormente aos meios de excussão patrimonial, a exemplo do que determina o art. 530 do CPC/15, segundo qual, após as medidas coercitivas indiretas e o desconto em folha de pagamento é que se passa ao procedimento de execução forçada, com a penhora e hasta pública dos bens, dos art. 831 e ss. do CPC/15.

Embora a posição da jurista tenha a virtude de apostar numa execução ainda mais eficaz e merecesse prevalecer, predomina o entendimento de que a execução indireta, mediante a adoção das medidas coercitivas previstas no art. 139, IV do CPC, deve ser superveniente à execução direta infrutífera. É o que sustenta a doutrina predominante, aqui representada nos posicionamentos de *Daniel Amorim Assumpção Neves*[630] e *Cassio Scarpinella Bueno*.[631] Também foi nesse sentido a conclusão adotada pelo Fórum Permanente de Processualistas Civis (FPPC) no Enunciado nº 12: "A aplicação das medidas atípicas sub-rogatórias e coercitivas é cabível em qualquer obrigação no cumprimento de sentença ou execução de título executivo extrajudicial. Essas medidas, contudo, serão *aplicadas de forma subsidiária* às medidas tipificadas, com observação do contraditório, ainda que diferido, e por meio de decisão à luz do art. 489, §1º, I e II".

Contudo, a passagem da execução direta à execução indireta, mediante o emprego das medidas coercitivas previstas no art. 139, IV, do CPC, não decorre automaticamente do insucesso da execução típica. Não basta que a execução

---

[630] *Novo Código de Processo Civil comentado artigo por artigo*. Salvador: Juspodivm, 2016, p. 231.
[631] *Manual de Direito Processual Civil*. 4. ed. São Paulo: Saraiva, 2018, p. 207.

direta tenha se revelado infrutífera. À execução direta infrutífera há de somar-se um segundo elemento – a conduta abusiva do executado, que voluntariamente se recusa a pagar, não obstante pudesse fazê-lo. Em outras palavras, não é suficiente o elemento objetivo da execução infrutífera para que as portas do sistema se abram às medidas coercitivas do art. 139, IV, do CPC. Faz-se necessário o elemento subjetivo da voluntariedade do executado na deliberação de recusar-se a cumprir a obrigação. É esse elemento subjetivo que dá ensejo à adoção das medidas coercitivas do art. 139, IV, do CPC, conforme preleciona *Renato Beneduzi*: "O mero inadimplemento não autoriza sua cominação; exige-se a comprovação, ao menos indiciariamente, de que o executado pode pagar, mas se recusa abusivamente a fazê-lo".[632]

É o abuso de direito do executado que, segundo o autor, enseja a passagem da execução direta infrutífera à execução indireta objeto do art. 139, IV, do CPC contemporâneo. A conduta abusiva do executado radica na recusa ao pagamento que poderia realizar, configurando violação ao dever de cooperação exigido no art. 6º do CPC de 2015. O executado poderia realizar o pagamento do qual se omite, faltando ao dever de cooperação processual. Para que tal abuso de direito seja reconhecido, é necessário que o executado esteja a ignorar deliberadamente a execução, atuando voluntariamente numa perspectiva de renitência para com sua dívida.

O abuso de direito do executado tem sido compreendido como caracterizado, na jurisprudência da Seção de Execução do Tribunal Regional do Trabalho da 9ª Região, "na evidência de que o devedor ostenta alto padrão de vida, incompatível com o débito trabalhista que lhe recai". No caso abaixo identificado, a Seção de Execução daquele Tribunal deu provimento ao agravo de petição da exequente para determinar a expedição de ofício à Polícia Federal, solicitando a retenção dos passaportes das executadas, bem como a não concessão de novos passaportes até a satisfação integral do débito exequendo. Assim, decidiu, porque as fotos carreadas aos autos, extraídas de rede sociais das executadas, "demonstram o elevado padrão social vivido pelas executadas, ostentado através de viagens internacionais, nacionais, passeios de iate e visita a haras" (Processo nº 1576700-83.2007.5.09.0013 (AP). Relator: Des. Cassio Colombo Filho. 18.06.2019).

Como se recolhe da precitada doutrina de *Renato Beneduzzi*, é acertado o entendimento de que o abuso de direito do executado pode ser comprovado mediante indícios, porquanto prova robusta do abuso de direito praticado pelo executado constitui ônus probatório de difícil desencargo pelo exequente. Havendo indícios de que o executado ostenta padrão social incompatível com a pendência da dívida trabalhista exequenda, poderá o juízo, no caso concreto, mediante decisão

---

[632] MARINONI, Luiz Guilherme; ARENHART Sérgio Cruz; MITIDIERO, Daniel (coord.). *Comentários ao Código de Processo Civil*. São Paulo: RT, 2016, v. II, p. 283.

fundamentada, atribuir o ônus da prova ao executado, com fundamento no art. 818, §1º, da CLT, lhe oportunizando a produção da prova respectiva; como é evidente, ao exequente será oportunizada a produção da contraprova. A mesma inversão do ônus da prova terá cabimento quando houver indícios de ocultação patrimonial pelo executado. Caso o executado não se desincumba do ônus da prova, o juízo poderá adotar as medidas coercitivas de que trata o art. 139, IV, do CPC.

Em contrapartida, quando evidenciado que o devedor não possui as mínimas condições financeiras de arcar com a satisfação da dívida executada, como no típico exemplo em que o empresário, após ser assolado com as dívidas de sua empresa que fechou, passa a trabalhar como empregado para se sustentar, é de se presumir que a aplicação das medidas coercitivas do art. 139, inciso IV, do CPC não terá utilidade, porquanto o devedor carece de recursos para a satisfação da dívida.

16.9 A necessidade de primeiro ouvir o executado

Diante da previsão dos arts. 9º e 10 do CPC, para evitar a denominada decisão surpresa, ganha corpo o entendimento de que, diante das restrições que implicam, as medidas coercitivas do art. 139, IV, do CPC devem ser adotadas após a oitiva do executado acerca da medida coercitiva postulada pelo credor. Essa posição restou assentada no julgamento do Recurso em Habeas Corpus nº 99.606-SP – STJ, de relatoria da *Ministra Nancy Andrighi*: "Assim, somente após a prévia oitiva do executado é que se abrirá a possibilidade de aplicação de medidas coercitivas indiretas, de modo a induzir ao cumprimento voluntário, ainda que não espontâneo, do direito exigido".

Quando, porém, a prévia oitiva do executado puder frustrar o resultado útil do provimento judicial na execução, o contraditório deve ser postecipado, a fim de fazer prevalecer a garantia constitucional da efetividade da jurisdição no caso concreto (CF, art. 5º, XXXV). Assim era a regra na vigência do CPC de 1973 no que respeitava à tutela cautelar:

> Art. 804. É lícito ao juiz conceder liminarmente ou após justificação prévia a medida cautelar, sem ouvir o réu, quando verificar que este, sendo citado, poderá torná-la ineficaz; caso em que poderá determinar que o requerente preste caução real ou fidejussória de ressarcir os danos que o requerido possa vir a sofrer.

Regra semelhante encontra-se no parágrafo único do art. 9º do CPC de 2015. O contraditório diferido justifica-se, na lição de *Marinoni*, *Arenhart* e *Mitidiero*, quando há necessidade de tutelar o direito de imediato, hipótese em que se posterga o contraditório para o momento imediatamente posterior à realização da tutela de urgência. Afirmam os juristas: "Pode ocorrer, por exemplo, quando o juiz antecipa a tutela (presta a tutela provisória, na acanhada linguagem do novo

Código, arts. 294 e seguintes). O contraditório aí fica postergado – diferido – para depois da concessão da tutela jurisdicional. A restrição ao contraditório ocorre em função da necessidade de adequação e efetividade da tutela jurisdicional. Não há qualquer inconstitucionalidade na postergação do contraditório. Sendo necessária a concessão de tutela antecipada antes da oitiva do demandado, essa se impõe como decorrência do direito à tutela adequada dos direitos".[633] Assim, justifica-se conferir interpretação extensiva ao parágrafo único do art. 9º do CPC, para que nele se tenham por compreendidas as medidas coercitivas do art. 139, IV, do CPC que restariam frustradas pela prévia oitiva do executado. Quando, entretanto, as medidas coercitivas do art. 139, IV, do CPC puderem ser implementadas posteriormente ao exercício do contraditório, sem prejuízo à utilidade do provimento jurisdicional, a regra do contraditório prévio deve prevalecer.

Salta aos olhos a necessidade de que, nas hipóteses de algumas das medidas atípicas mais conhecidas, como a apreensão de passaporte, a restrição ao uso de cartão de crédito e a suspensão da CNH, a ordem judicial deva ser previamente comunicada ao devedor, viabilizando o cumprimento voluntário da obrigação executiva em prazo razoável, sob pena de efetivação da medida anunciada. Veja-se que a comunicação prévia dificilmente oportunizaria manobra evasiva do devedor, como poderia ocorrer nos atos executórios típicos de cunho patrimonial, em que a ciência prévia poderia facilitar a ocultação de bens. Sendo assim, o contraditório prévio não acarretaria nenhum prejuízo à efetividade da execução.

Portanto, o devedor não seria surpreendido com a determinação judicial atípica, servindo a notícia precedente como mais uma oportunidade de cumprimento da obrigação ou de indicação de meio menos gravoso,[634] como também seria ocasião de anunciar eventual circunstância que tivesse força de inibir a decisão a ser proferida, como o exercício de atividade econômica que exija ter habilitação para dirigir ou necessidade de viagem ao exterior para trabalhar ou mesmo realizar tratamento de saúde, situações que, como já visto, seriam potencialmente ofensivas de direitos fundamentais.

16.10 Dever jurídico de o executado apresentar sugestão de meio executivo alternativo

Diante de medida coercitiva adotada com fundamento no art. 139, IV, do CPC de 2015, é frequente a alegação defensiva de que a execução está sendo

---

[633] *Novo Código de Processo Civil comentado*. 2. ed. São Paulo: RT, 2016, p. 161.
[634] CPC de 2015: "Art. 805. Quando por vários meios o exequente puder promover a execução, o juiz mandará que se faça pelo modo menos gravoso para o executado. Parágrafo único. Ao executado que alegar ser a medida executiva mais gravosa incumbe indicar outros meios mais eficazes e menos onerosos, sob pena de manutenção dos atos executivos já determinados".

realizada por modo mais gravoso para o executado, numa sugestão de que haveria modo menos oneroso para realizar a execução. Essa sugestão apresentava-se vazia na maioria dos casos, à época do CPC de 1973. Foi isso o que levou à alteração da lei (CPC, art. 805, parágrafo único). A novidade está no parágrafo único do art. 805 do CPC vigente. O art. 805 do CPC de 2015 é a reprodução do art. 620 do CPC de 1973. O que não existia no CPC revogado era a norma saneadora do parágrafo único, introduzida pelo legislador de 2015 para inibir as vazias alegações de execução mais gravosa.

Agora, na vigência do CPC de 2015, sempre que o executado alegar que a execução está sendo feita por modo mais gravoso, incumbir-lhe-á indicar – de imediato; na mesma peça processual – outro modo para se realizar a execução, sob pena de ser mantido o modo executivo adotado. Isso porque, agora, a alegação de execução mais gravosa atrai de imediato a incidência da norma saneadora do parágrafo único do art. 805 do CPC, expressão normativa concreta dos princípios da boa-fé processual (CPC, art. 5º) e da cooperação das partes para a satisfação da obrigação dentro da razoável duração do processo (CPC, art. 6º).

Aliás, o parágrafo único do art. 805 do CPC de 2015 é uma das normas representativas da virada hermenêutica pretendida pelo novo Código, as quais têm por finalidade promover a efetividade processual. Na mesma peça processual em que impugna o meio executivo empregado pelo juízo, o devedor deverá indicar meio executivo que seja menos oneroso e, ao mesmo tempo, mais eficaz do que o meio executivo empregado pelo juízo, por força do comando normativo de ordem pública do referido parágrafo único do art. 805 do CPC de 2015. Em outras palavras, o executado não se poderá limitar à vazia alegação comum à época do CPC de 1973, de que a execução é realizada por meio mais gravoso. Se o executado não indicar alternativa de meio executivo, o mérito de sua impugnação sequer será conhecido pelo juízo.

O descumprimento ao dever legal de colaboração evidenciará a conduta processual inidônea do devedor que, nada obstante alegue execução mais gravosa, deixa de apresentar alternativa de meio menos gravoso e mais eficaz do que aquele adotado, violando a saneadora norma de ordem pública do art. 805, parágrafo único, do CPC. Caso o executado ofereça alternativa de meio executivo menos oneroso, esta oferta somente será acolhida quando se mostrar mais eficaz do que o meio executivo empregado pelo juízo.

Examinando esta questão – então situada no âmbito do Recurso de Habeas Corpus nº 99.606 SP – STJ (2018/0150671-9) –, a *Ministra Relatora Nancy Andrighi* negou provimento ao recurso no qual o executado impugnava medida coercitiva adotada pelo juízo da execução, aplicada com fundamento no art. 139, IV, do CPC. Na fundamentação, a magistrada assentou: "como reflexo da boa-fé e da cooperação direcionados ao executado, sua impugnação à adoção de medidas coercitivas indiretas deve ser acompanhada de sugestão de meio executivo alternativo mais eficaz, porquanto sua alegação estará baseada no princípio da menor onerosidade da execução".

Depois, na contextualização da situação concreta, a *Ministra Nancy Andrighi* ponderou: "na hipótese dos autos, na impugnação apresentada pelo impetrante em favor do paciente (e-STJ, fls. 1-15), a determinação do art. 805, parágrafo único, do CPC/2015 não foi atendida, o que também representa violação aos deveres de boa-fé processual e colaboração, previstos nos arts. 5º e 6º do CPC/2015. Desse modo, a despeito de se poder questionar a validade do ato que impôs a medida constritiva indireta, como o impetrante ou mesmo o paciente, ao arguirem violação ao princípio da menor onerosidade da execução para o executado, não propuseram meio menos gravoso e mais eficaz ao cumprimento da obrigação exigida, a única solução aplicável ao caso concreto é a manutenção da medida restritiva impugnada (anotação de restrição à saída do país sem prévia garantia da execução), ressalvada a possibilidade de sua modificação superveniente pelo juízo competente na hipótese de ser apresentada sugestão de meio alternativo. Com efeito, sob a égide do CPC/2015, não pode mais o executado se limitar a alegar a invalidade dos atos executivos, sobretudo na hipótese de adoção de meios que lhe sejam gravosos, sem apresentar proposta de cumprimento da obrigação exigida de forma que lhe seja menos onerosa, mas, ao mesmo tempo, mais eficaz à satisfação do crédito reconhecido do exequente. Como esse dever de boa-fé e de cooperação não foi atendido na hipótese concreta, não há manifesta ilegalidade ou abuso de poder a ser reconhecido pela via do *habeas corpus*, razão pela qual a ordem não pode ser concedida no ponto".

Por tais razões, a alegação de execução mais gravosa somente será avaliada pelo juízo quando o devedor oferecer, já na sua peça de impugnação, sugestão de meio executivo alternativo àquele adotado pelo juízo da execução. Além do ônus processual de indicar meio executivo alternativo, recai sobre o executado o encargo processual de demonstrar que o meio executivo alternativo indicado atende à exigência legal de se tratar de meio executivo menos gravoso e, simultaneamente, mais eficaz do que o meio executivo empregado pelo juízo da execução, sob pena de manutenção do meio executivo adotado.

16.11 Necessidade de limitação temporal da medida coercitiva. Razoabilidade e proporcionalidade

As decisões judiciais devem se pautar não apenas pela legalidade e constitucionalidade, incluindo a ética e a moralidade, mas também pela observância dos princípios gerais de direito e pelos princípios jurídicos específicos ao ramo jurídico respectivo. Dentre os princípios, existem aqueles que se sobressaem pela importância que exercem, permitindo a análise e a compreensão das normas jurídicas, mas também por servirem de inspiração para a criação de normas legais e de critério balizador de interpretação do texto da lei. Nesse cenário, os princípios da proporcionalidade e razoabilidade assumem papel relevante para a adequada fundamentação necessária à aplicação das medidas legais coercitivas do art. 139, IV, do CPC.

A noção de proporcionalidade é empregada em praticamente todas as áreas do estudo jurídico e assume especial destaque ao ser invocado como princípio norteador do direito, detendo papel de proteção dos direitos fundamentais e na harmonização de interesses, com o objetivo de conferir sensatez, equilíbrio, coerência, razão e, sobretudo, justiça, no sentido valorativo dessa expressão. De acordo com Paulo Bonavides,[635] é mais fácil compreender o princípio da proporcionalidade do que explicá-lo, ou seja, trata-se daqueles princípios cujo teor se torna mais simples de se entender o que ele é do que explicá-lo.

Interessante que se faça uma pequena distinção entre os princípios da razoabilidade e proporcionalidade, visto que, embora possuam semelhanças, não significam a mesma coisa.

A razoabilidade, originária do direito norte-americano e atrelada ao conceito de *substantive due process of law*, possui um espectro mais subjetivo e busca estruturar a aplicação de normas, princípios e regras dentro de critérios de igualdade e congruência, com o objetivo de evitar prática de atos que destoem do senso comum, exigindo harmonia entre a medida adotada e o critério que a dimensiona. Já a proporcionalidade surge no direito alemão e tem uma análise mais direta e sistematizada, com característica de maior objetividade, com vistas à aferição de constitucionalidade de normas a partir de sua adequação e necessidade, além da proporcionalidade em sentido estrito, tendo um campo maior de atuação do que a razoabilidade.

O problema que surge em uma medida indireta de execução, que tenha por objeto a restrição, ainda que temporária, de algum direito não fundamental do devedor, pode estar no lapso temporal pelo qual a medida coercitiva perdurará, muitas vezes significando meses ou até mais de ano, o que poderá arranhar a noção de proporcionalidade e razoabilidade que toda decisão judicial deve observar.

Por isso, em respeito aos referidos princípios, seria sensato e prudente que as medidas coercitivas não se perpetuassem indefinidamente no tempo, ou seja, o ideal é que fossem determinações temporárias, com período de duração ajustado à necessidade verificada no respectivo processo. Não se propõe a fixação de um lapso temporal predeterminado, até porque a verificação do tempo necessário para que seja cumprida a obrigação judicial é circunstância a ser verificada no caso concreto. Em determinadas circunstâncias, um mês de restrição do direito de

---

[635] *Curso de direito constitucional*. 4. ed. São Paulo: Malheiros, 1993.

dirigir veículo automotor pode ser o suficiente, enquanto que em outro cenário o lapso temporal deva ser de seis meses. Essa modulação temporal da medida coercitiva é, portanto, casuística.

O aspecto relevante não é propriamente que o ato executório tenha prazo de validade previamente estabelecido, mas sim que ele não se alongue indefinidamente no tempo, dando a sensação de que se trata muito mais de uma punição (e não é) do que uma medida coercitiva, que é o verdadeiro objetivo da norma legal.

Nesse sentido, tão logo o julgador perceba que a medida de execução indireta não surtiu o efeito desejado dentro de um prazo razoável, ou seja, não atuou psicologicamente no sentido de induzir o devedor ao pagamento de sua dívida, deverá de imediato revogar a ordem executória. Isso se faz necessário para que a decisão judicial não macule os princípios da proporcionalidade e da razoabilidade. Neste particular, vem a propósito a lição de Canotilho:

> Quando se chegar à conclusão da necessidade e adequação do meio para alcançar determinado fim, mesmo neste caso deve perguntar-se se o resultado obtido com a intervenção é proporcional à "carga coativa" da mesma. Meios e fim são colocados em equação mediante um juízo de ponderação, a fim de se avaliar se o meio utilizado é ou não desproporcionado em relação ao fim. Trata-se, pois, de uma questão de "medida", ou "desmedida", para se alcançar um fim: pesar as desvantagens dos meios em relação às vantagens do fim".[636]

Se a ordem de execução atípica surtir o efeito desejado, dentro de um espaço razoável e proporcional de tempo, não há dúvida de que o meio utilizado foi adequado ao fim pretendido. Entretanto, se o devedor, mesmo sofrendo uma restrição temporária de algum direito não fundamental, não cumprir a obrigação judicial, talvez porque não tenha condições financeiras para tanto, e, ainda assim, permanecer sujeito à medida coercitiva por desarrazoado lapso temporal, certamente não há a adequação do meio utilizado para alcançar o objetivo final.

E a limitação temporal da medida de execução indireta faz ainda mais sentido quando se trata uma fase processual que pode perdurar alguns anos, caso sejam adotadas as inúmeras medidas executórias, diretas e indiretas, possíveis. Não seria razoável nem proporcional que uma medida de execução indireta permanecesse vigente durante todo, ou mesmo boa parte, o período de tramitação executiva.

Na verdade, trata-se de verificação da própria utilidade da medida judicial. Não fará sentido manter a determinação restritiva de direito quando restar demonstrado que o devedor é pessoa insolvente ou que o valor da execução

---

[636] *Direito Constitucional*. 6. ed. Lisboa: Almedina, 1993, p. 383/384.

é desproporcional à sua capacidade de pagamento. Claro que essa prova é de incumbência do executado, não bastando mera alegação, no que o contraditório prévio pode ser importante também para essa finalidade.

Nessa quadra, a questão temporal é um bom termômetro para que o juiz analise se a ordem atípica está servindo como medida útil à efetividade da execução, porquanto se já decorreu demasiado período de restrição de direito sem que a dívida seja paga, afigura-se que ela não está adequada, e, portanto, caracterizar-se-á como desproporcional e não razoável.

16.12 Um novo modelo

Em que pese a aceitação das medidas atípicas do art. 139, IV, do CPC no âmbito da Justiça Comum, inclusive com decisões paradigmáticas no STJ, já citadas, os Tribunais Trabalhistas, em sua maioria, têm sido refratários à aplicação das medidas coercitivas do art. 139, IV, do CPC. O próprio TST tem decisões admitindo a possibilidade de uso das medidas coercitivas, mas ainda timidamente.

Necessário reconhecer de que se trata de uma medida incisiva, contundente, mas, sem dúvida, necessária em muitas situações. Por isso, imperioso que tal decisão seja precedida de cautela e prudência, o que significa, em termos jurídicos, a estrita observância dos princípios do contraditório, da ampla defesa e da proporcionalidade e razoabilidade.

E é o que propõe o presente estudo: que a decisão judicial que restrinja determinado direito não fundamental do executado observe critérios que assegurem, ao mesmo tempo, o respeito ao devido processo legal, no que se insere o contraditório e a ampla defesa, sem ferir os postulados da proporcionalidade e razoabilidade, mas que assegure um "processo justo", o que equivale a conceder tutela efetiva àquele que detêm o título judicial, ou seja, ao credor.

Para tanto, é fundamental que a medida executiva indireta seja precedida da execução típica, isto é, da busca patrimonial. Somente com o esgotamento das medidas de localização de bens do devedor é que será possível passar para a etapa da execução atípica. Contudo, não será a mera verificação de inexistência patrimonial que autorizará a adoção das medidas executivas indiretas, vez que a insuficiência de bens deverá estar associada a outros elementos, a serem verificados no caso concreto.

Após o esgotamento da pesquisa sobre a existência de patrimônio do devedor, impõe-se verificar, ainda que por prova indiciária, se o devedor goza de padrão de vida incompatível com a aparente ausência de bens, de modo que se caracterize abuso de direito na conduta do executado, que se recusa voluntariamente a cumprir a obrigação, que seu padrão de vida sugere poderia cumprir.

Com efeito, antes de se determinar a efetivação da ordem judicial coercitiva, deverá ser proporcionada a oportunidade de manifestação ao devedor, estabelecendo um contraditório prévio, momento em que ele poderá indicar modo alternativo de cumprimento da execução, inclusive dentro do espírito do princípio da execução menos gravosa e da cooperação, ou mesmo apontar condição pessoal que exija, por hipótese, a manutenção do direito de dirigir.

E, por fim, é importante que a decisão judicial não se estenda no tempo de modo indefinido, revelando-se muito mais como uma mera punição do que um meio coercitivo de indução ao cumprimento da obrigação. Ainda que não seja um requisito essencial a definição de um período temporal de vigência da ordem restritiva e, talvez, seja até importante que a ordem judicial não contenha inicialmente um período predeterminado, é fundamental que esse período não se prolongue exageradamente. Neste quadro, a discricionariedade do juiz, definindo o tempo necessário de vigência da medida executiva indireta, deve se pautar pelo respeito aos princípios da razoabilidade e proporcionalidade.

CAPÍTULO 17

A FRAUDE À EXECUÇÃO NO PROCESSO DO TRABALHO[637]

As conclusões por analogia não têm apenas cabimento dentro do mesmo ramo do Direito, nem tão-pouco dentro de cada Código, mas verificam-se também de um para outro Código e de um ramo do Direito para outro.
Karl Engisch

17.1 Fraude à execução, fraude contra credores, ineficácia da alienação de bem gravado por constrição judicial e simulação

O Direito pressupõe a boa-fé das pessoas na vida de relação. É a boa-fé que fundamenta o princípio da responsabilidade patrimonial. De acordo com esse princípio, o patrimônio do contratante responde por suas obrigações: o patrimônio do sujeito obrigado é expropriado pelo Estado, para satisfazer coercitivamente a obrigação não adimplida espontaneamente, restabelecendo-se o equilíbrio da relação contratual e a integridade da ordem jurídica. Para coarctar condutas de má-fé do devedor, a teoria jurídica extraiu do princípio de responsabilidade patrimonial vários institutos jurídicos destinados a combater as fraudes patrimoniais praticadas pelo sujeito passivo da obrigação.

Nada obstante seja algo frequente confundir-se os atos ilícitos item 17.1 *supra*, tais vícios jurídicos são distintos. Fixar essa distinção é o próximo objetivo deste estudo.

A fraude à execução é ato ilícito *processual*. Estava capitulada no artigo 593 do CPC de 1973 e está atualmente capitulada no art. 792 do CPC de 2015.[638]

---

[637] O presente estudo foi elaborado em conjunto com o jurista, professor e magistrado Júlio César Bebber e foi publicado, originalmente, sob o título "Teoria do diálogo das fontes: a fraude à execução trabalhista na perspectiva do Código Tributário Nacional".

[638] CPC de 1973: "Art. 593. Considera-se em fraude à execução a alienação ou oneração de bens:
I – quando sobre eles pender ação fundada em direito real;
II – quando, ao tempo de alienação ou oneração, corria contra o devedor demanda capaz de reduzi-lo à insolvência;

Caracteriza-se quando já tramitava ação contra o devedor na ocasião em que esse aliena[639] seus bens e torna-se insolvente em razão dessa alienação. A fraude à execução caracteriza conduta atentatória à dignidade da justiça (CPC, art. 774, I) sancionada pela aplicação de multa de até 20% do valor em execução (CPC, art. 774, parágrafo único).[640] Por fim, a ordem jurídica reprime a fraude à execução, tipificando a *fraude de execução* como ilícito penal capitulado no art. 179 do Código Penal.[641] A fraude à execução tem como consequência jurídica a ineficácia da alienação fraudulenta (CPC, art. 792, §1º). Estabelece o preceito legal citado: "§1º. A alienação em fraude à execução é ineficaz em relação ao exequente". Vale dizer, o exequente pode desconhecer a alienação ocorrida e fazer penhorar o bem em questão. A doutrina costuma se utilizar de uma locução didática para explicar o alcance deste §1º do art. 792 do CPC: *"é como se, para o credor, a alienação não tivesse acontecido".*[642] Por derradeiro, a fraude à execução pode ser declarada de ofício pelo juízo da execução nos próprios autos, mediante simples decisão interlocutória, não sendo necessária a propositura de uma ação específica para tanto. A fraude à execução viola tanto o interesse privado dos credores quanto a autoridade estatal da jurisdição. No que respeita à distribuição do ônus da prova na fraude à execução, o legislador de 2015 positivou a orientação da jurisprudência no §2º do art. 792 do CPC[643] e, assim, repartiu o ônus da prova a partir do critério da existência de assento público de registro do bem penhorado: a) atribuiu o ônus da

---

III – nos demais casos expressos em lei".
CPC de 2015: "Art. 792. A alienação ou a oneração é considerada fraude à execução:
I – quando sobre o bem pender ação fundada em direito real ou com pretensão reipersecutória, desde que a pendência do processo tenha sido averbada no respectivo registro público, se houver;
II – quando tiver sido averbada, no registro do bem, a pendência do processo de execução, na forma do art. 828;
III – quando tiver sido averbado, no registro do bem, hipoteca judiciária ou outro ato de constrição judicial originário do processo onde foi arguida a fraude;
IV – quando, ao tempo de alienação ou da oneração, tramitava contra o devedor ação capaz de reduzi-lo à insolvência;
V – nos demais casos expressos em lei".

[639] A simples oneração também caracteriza a fraude à execução. A oneração ocorre, por exemplo, quando o devedor dá seus bens em hipoteca ou penhor. A constituição dessas modalidades de ônus real caracterizam fraude à execução quando estabelecidas após a propositura da demanda contra o devedor, se tal oneração tornar o devedor insolvente.

[640] CPC de 2015: "Art. 774. Considera-se atentatório à dignidade da justiça a conduta comissiva ou omissiva do executado que:I – fraude a execução.
(...)
Parágrafo único. Nos casos previstos neste artigo, o juiz fixará multa em montante não superior a vinte por cento do valor atualizado do débito em execução, a qual será revertida em proveito do exequente, exigível nos próprios autos do processo, sem prejuízo de outras sanções de natureza processual ou material".

[641] CP: "Art. 179. Fraudar execução, alienando, desviando, destruindo ou danificando bens, ou sumulando dívida: Pena – detenção, de seis meses a dois anos, ou multa.
Parágrafo único – Somente se procede mediante queixa".

[642] *Curso de Processo Civil*: execução. 6. ed. São Paulo: RT, 2014, v. 3, p. 268: Ao comentar a ineficácia cominada no §1º do art. 792 do CPC, *Marinoni* e *Arenhart* elucidam: "caracterizada a fraude à execução, o ato praticado – embora válido e eficaz entre as partes que o celebraram – *não surte qualquer efeito em relação à execução movida*, podendo o bem ser penhorado normalmente. É como se, *para a execução*, a alienação ou a oneração do bem não tivesse ocorrido" (os grifos são do original).

[643] CPC: "Art. 792. (...) §2º. No caso de aquisição de bem não sujeito a registro, o terceiro adquirente tem o ônus de provar que adotou as cautelas necessárias para a aquisição, mediante a exibição das certidões pertinentes, obtidas no domicílio do vendedor e no local onde se encontra o bem".

prova ao exequente quanto aos bens com registro (S-375-STJ[644]); b) atribui o ônus da prova ao terceiro adquirente quanto aos bens sem registro (CPC, art. 792, §2º).

Já a fraude contra credores é ato ilícito *civil*. Está capitulada nos arts. 158 e 159 do Código Civil.[645] Caracteriza-se quando o devedor se torna insolvente ao alienar seus bens (*eventus damni*) e o terceiro adquirente está ciente de que o devedor tem o propósito de fraudar credores com a alienação de seus bens (*consilium fraudis*). Constitui hipótese de anulabilidade do negócio jurídico. A fraude contra credores requer ação própria para sua declaração.[646] A fraude contra credores viola o interesse privado dos credores.

A fraude à execução também não se confunde com a hipótese de alienação de bem gravado por constrição judicial. A doutrina tem destacado que a alienação de bem objeto de constrição judicial (penhora, arresto, hipoteca judiciária, indisponibilidade de bens) não se trata de hipótese de fraude à execução, muito embora tais situações sejam comumente associadas. Tal associação decorre do fato de que ambas as hipóteses se caracterizam pela ineficácia do ato de alienação do bem. Entretanto, há diferença marcante entre as duas hipóteses: na alienação de bem sob constrição judicial não se indaga quanto à insolvência do devedor, elemento cuja presença, todavia, é imprescindível à tipificação da fraude à execução. Na hipótese de alienação de bem gravado por constrição judicial a ineficácia da alienação decorre da circunstância de o bem estar submetido ao poder jurisdicional do Estado. Tratando-se de bem objeto de constrição judicial, ainda que o devedor tenha outros bens integrantes de seu patrimônio suficientes à satisfação do crédito exequendo, o bem penhorado permanece vinculado à execução.

A simulação também se distingue da fraude à execução. Na simulação, o negócio jurídico não passa de uma *mera aparência para enganar credores (alienação inautêntica)*, ao passo que na fraude à execução a alienação do bem pelo devedor é verdadeira (alienação autêntica), conquanto seja ilícita. A simulação costuma ser confundida com a fraude contra credores. Se o devedor aliena seus bens em negócios jurídicos verdadeiros (alienação autêntica), nos quais o adquirente está realmente adquirindo os bens, caracteriza-se apenas fraude contra credores, quando o devedor se torna insolvente em decorrência dessa alienação de seus

---

[644] Súmula nº 375 do STJ: "O reconhecimento da fraude à execução depende do registro da penhora do bem alienado ou da prova da má-fé do terceiro adquirente".

[645] CC: "Art. 158. Os negócios de transmissão gratuita de bens ou remissão de dívida se os praticar o devedor já insolvente, ou por eles reduzido à insolvência, ainda quando o ignore, poderão ser anulados pelos credores quirografários, como lesivos de seus direitos. Art. 159. Serão igualmente anuláveis os contratos onerosos do devedor insolvente, quando a insolvência for notória, ou houver motivo para ser conhecida do outro contratante".

[646] Trata-se de uma ação anulatória para desconstituir o negócio jurídico ocorrido em fraude contra credores. Julgada procedente a ação anulatória, o bem alienado em fraude contra credores retorna ao patrimônio do devedor e poderá, então, ser penhorado. Essa ação anulatória é denominada na doutrina de ação pauliana. Conhecida inicialmente pela denominação de ação rutiliana, essa ação era assim denominada em homenagem ao jurisconsulto Paulus Rutilius. Posteriormente, passou a ser denominada de ação pauliana, no Direito Romano. A nova denominação foi uma iniciativa do imperador Gaius.

bens. Se, porém, o devedor apenas simula a alienação de seus bens (alienação inautêntica), para escamotear seu patrimônio, o negócio jurídico não passa de uma aparência formal, não passa de uma simulação. À época do Código Civil de 1916, a fraude e a simulação eram defeitos jurídicos que sujeitavam o negócio à anulabilidade. A anulação do negócio jurídico dependia da procedência da respectiva ação anulatória. Com o advento do Código Civil de 2002, a simulação e a fraude contra credores passaram a ter regimes jurídicos distintos. A fraude contra credores permaneceu sendo hipótese de anulabilidade (CC, arts. 158 e 159). Já a simulação deixou de ser hipótese de anulabilidade e passou a ser hipótese de nulidade de pleno direito (CC, art. 167).[647] Portanto, basta que o juízo a identifique para que possa declarar a simulação na própria execução, sem necessidade de ação anulatória desconstitutiva do negócio jurídico simulado. O magistério é de José Augusto Rodrigues Pinto.[648]

Fixada a distinção entre fraude à execução, fraude contra credores, ineficácia da alienação de bem gravado por constrição judicial e simulação, cumpre enfrentar a tarefa de inventariar as modalidades de fraude à execução que se encontram capituladas no direito positivo brasileiro.

17.2 As modalidades de fraude à execução no direito positivo brasileiro

Ao lado da *modalidade geral* de fraude à execução prevista no inciso II do art. 593 do CPC de 1973, o sistema legal de então previa uma *modalidade específica* de fraude à execução no inciso I do art. 593 do CPC de 1973 e abrangia as demais modalidades de fraude à execução previstas em diversas leis na *genérica hipótese* do inciso III do art. 593 do CPC de 1973.[649] Atualmente, a *modalidade geral* de fraude à execução está capitulada no inciso IV do art. 792 do CPC de 2015, enquanto as demais modalidades de fraude à execução previstas em diversas leis estão capituladas na *genérica hipótese* do inciso V do art. 792 do CPC de 2015.[650]

---

[647] CC: "Art. 167. É nulo o negócio jurídico simulado, mas subsistirá o que se dissimulou, se válido for na substância e na forma".

[648] *Execução trabalhista*. 11. ed. São Paulo: LTr, 2006, p. 480-482.

[649] CPC de 1973: "Art. 593. Considera-se em fraude à execução a alienação ou oneração de bens:
I – quando sobre eles pender ação fundada em direito real;
II – quando, ao tempo de alienação ou oneração, corria contra o devedor demanda capaz de reduzi-lo à insolvência;
III – nos demais casos expressos em lei".

[650] CPC de 2015: "Art. 792. A alienação ou a oneração é considerada fraude à execução:
I – quando sobre o bem pender ação fundada em direito real ou com pretensão reipersecutória, desde que a pendência do processo tenha sido averbada no respectivo registro público, se houver;
II – quando tiver sido averbada, no registro do bem, a pendência do processo de execução, na forma do art. 828;
III – quando tiver sido averbado, no registro do bem, hipoteca judiciária ou outro ato de constrição judicial originário do processo onde foi arguida a fraude;

A fraude à execução capitulada no inciso II do art. 593 do CPC de 1973 era considerada a *modalidade geral* de fraude à execução por se tratar do tipo de fraude à execução que ocorria com maior frequência. Caracteriza-se quando, ao tempo da alienação do bem, já tramitava demanda capaz de reduzir o demandado à insolvência. Essa hipótese está agora prevista no art. 792, IV, do CPC de 2015.

Menos frequente é a modalidade de fraude à execução prevista no inciso I do art. 593 do CPC de 1973, que se caracteriza quando o devedor aliena determinado bem sobre o qual há ação judicial fundada em direito real. Essa modalidade de fraude à execução decorre do direito de sequela próprio ao direito real. Nesse caso, a configuração da fraude à execução independe do estado de insolvência do devedor. Essa hipótese está agora prevista no art. 792, I, do CPC de 2015.

Entretanto, as modalidades de fraude à execução são mais numerosas do que normalmente se percebe. É o que o jurista observa quando atenta para as *diversas modalidades* de fraude à execução esparsas em distintos diplomas legais. Nada obstante passem despercebidas algumas vezes, as demais modalidades de fraude à execução previstas em distintos diplomas legais foram consideradas pelo legislador na abrangente previsão do inciso III do art. 593 do CPC de 1973, preceito que faz remissão a outras modalidades de fraude à execução, assim consideradas aquelas previstas "nos demais casos expressos em lei". O CPC de 2015 faz referência às *demais modalidades* de fraude à execução no art. 792, V. As hipóteses abaixo relacionadas auxiliarão na fixação dessas outras modalidades de fraude à execução capituladas no direito positivo; ora dispersas em outros diplomas legais, ora previstas em institutos outros no próprio Código de Processo Civil.

Ao legislador é dado estabelecer, para a tutela do princípio da responsabilidade patrimonial, hipóteses outras em que a conduta do devedor caracterize fraude patrimonial a ser rejeitada pelo sistema normativo, tipificando novas modalidades de fraude à execução com o objetivo último de assegurar a integridade da ordem jurídica. Entre as demais modalidades de fraude à execução tipificadas em distintos diplomas legais, a teoria jurídica tem identificado – sem prejuízo de outras modalidades dessa espécie de ato ilícito[651] – as seguintes hipóteses:

a) há fraude à execução quando, na *penhora de crédito*, o terceiro deixa de depositar em juízo a importância por ele devida ao executado, nada

---

IV – quando, ao tempo de alienação ou da oneração, tramitava contra o devedor ação capaz de reduzi-lo à insolvência;
V – nos demais casos expressos em lei".

[651] Araken de Assis relaciona outras hipóteses de fraude à execução, que costumam passar despercebidas: "Além disso, atos de índole diversa, como a dação em pagamento, a renúncia à herança, a interrupção da prescrição e, conforme caso julgado pela 3ª Câmara Cível do extinto TARS, a partilha de bens em separação consensual, igualmente representam fraude contra a execução" (*Manual da Execução*. 14. ed. São Paulo: RT, 2012, p. 303).

obstante intimado pelo juízo para assim proceder. A hipótese está prevista nos arts. 855 e 856, §§2º e 3º, do CPC de 2015;[652]

b) há fraude à execução quando já há registro de *averbação premonitória* de existência de ação à época da alienação do bem. A hipótese está prevista no art. 828, §4º, do CPC de 2015;[653]

c) há fraude à execução quando a alienação do bem é superveniente ao registro da hipoteca judiciária. O ilícito processual também caracteriza na superveniência de alienação de bem gravado por qualquer outro ato de constrição judicial do bem alienado. Essas hipóteses estão previstas no art. 792, III, do CPC;

d) há fraude à execução quando o *executado insolvente adquire bem residencial mais valioso*, hipótese em que não poderá mais fazer prevalecer a alegação de impenhorabilidade de bem de família no que respeito ao imóvel mais valioso adquirido em detrimento da satisfação de seus credores. A hipótese está prevista no art. 4º, *caput* e §1º, da Lei nº 8.009/90;[654]

d) há fraude à execução fiscal quando o crédito tributário já se encontrava regularmente inscrito como dívida ativa à época da alienação do bem pelo executado. A hipótese está prevista no art. 185, *caput*, do CTN.[655]

Esse resumido inventário das modalidades de fraude à execução autoriza a conclusão de que o sistema legal incluía a fraude à execução fiscal entre os casos de fraude à execução capitulados no inciso III do art. 593 do CPC de 1973 e agora a inclui no inciso V do art. 792 do CPC de 2015, identificando, ambos os diplomas

---

[652] CPC de 2015: "Art. 855. Quando recair em crédito do executado, enquanto não ocorrer a hipótese prevista no art. 856, considerar-se-á feita a penhora pela intimação:
I – ao terceiro devedor para que não pague ao executado, seu credor;
II – ao executado, credor do terceiro, para que não pratique ato de disposição do crédito.
Art. 856. A penhora de crédito representado por letra de câmbio, nota promissória, duplicata, cheque ou outros títulos far-se-á pela apreensão do documento, esteja ou não em poder do executado.
(...)
§2º. O terceiro só se exonerará da obrigação depositando em juízo a importância da dívida.
§3º. Se o terceiro negar o débito em conluio com o devedor, a quitação, que este lhe der, considerar-se-á em fraude à execução".

[653] CPC de 2015: "Art. 828. O exequente poderá obter certidão de que a execução foi admitida pelo juiz, com identificação das partes e do valor da causa, para fins de averbação no registro de imóveis, de veículos ou de outros bens sujeitos à penhora, arresto ou indisponibilidade.
(...)
§4º. Presume-se em fraude à execução a alienação ou a oneração de bens efetuada após a averbação".

[654] Lei nº 8.009/90: "Art. 4º. Não se beneficiará do disposto nesta Lei aquele que, sabendo-se insolvente, adquire de má-fé imóvel mais valioso para transferir a residência familiar, desfazendo-se ou não da moradia antiga.
§1º. Neste caso poderá o juiz, na respectiva ação do credor, transferir a impenhorabilidade para a moradia familiar anterior, ou anular-lhe a venda, liberando a mais valiosa para execução ou concurso, conforme a hipótese".

[655] CTN: "Art. 185. Presume-se fraudulenta a alienação ou oneração de bens ou rendas, ou seu começo, por sujeito passivo em débito para com a fazenda Pública, por crédito tributário regularmente inscrito como dívida ativa. Parágrafo único. O disposto neste artigo não se aplica na hipótese de terem sido reservados, pelo devedor, bens ou rendas suficientes ao total pagamento da dívida inscrita".

processuais, na previsão do art. 185, *caput*, do CTN, particular modalidade de fraude à execução inserida pelo direito positivo entre os "demais casos expressos em lei". Nessa modalidade de fraude à execução a presunção de fraude é considerada absoluta, o que significa dizer que é irrelevante a boa-fé do terceiro adquirente. Um resumo das modalidades de fraude à execução antes indicadas será proveitoso se for possível indicar os fundamentos jurídicos correspondentes. Esse é o objetivo do item seguinte.

17.3 A fraude à execução na penhora de crédito

A hipótese de fraude à execução na penhora de crédito está capitulada nos arts. 855 e 856, §§2º e 3º, do CPC de 2015.[656] Essa hipótese de fraude à execução caracteriza-se quando o terceiro descumpre a determinação judicial de depositar em juízo o valor de sua obrigação; mais precisamente, quando o terceiro deixa de depositar em juízo o valor objeto de sua obrigação para com o executado devedor. Há uma relação jurídica de direito material entre o executado e terceiro. Trata-se de uma relação jurídica de crédito, na qual o executado é credor de terceiro. É sobre essa relação jurídica de direito material que incide a penhora de crédito. A penhora recai sobre o crédito devido pelo terceiro ao executado.

Um exemplo ajuda no esclarecimento dessa questão jurídica. Tome-se o caso da penhora de crédito de aluguéis.[657] O executado aluga imóvel para terceiro. O contrato de locação tem o executado na condição de locador e o terceiro na condição de locatário. O juízo penhora o crédito dos aluguéis devidos ao executado e intima o terceiro (o locatário) para depositar em juízo o valor dos aluguéis, sob as penas legais do art. 856, §3º, do CPC.[658]

A hipótese de fraude à execução na penhora de crédito está capitulada no §3º do art. 856 do CPC. Esse preceito estabelece que, "se o terceiro negar o débito em conluio com o devedor, a quitação, que este lhe der, considerar-se-á

---

[656] CPC de 2015: "Art. 855. Quando recair em crédito do executado, enquanto não ocorrer a hipótese prevista no art. 856, considerar-se-á feita a penhora pela intimação:
I – ao terceiro devedor para que não pague ao executado, seu credor;
II – ao executado, credor do terceiro, para que não pratique ato de disposição do crédito.
Art. 856. A penhora de crédito representado por letra de câmbio, nota promissória, duplicata, cheque ou outros títulos far-se-á pela apreensão do documento, esteja ou não em poder do executado.
(...)
§2º. O terceiro só se exonerará da obrigação depositando em juízo a importância da dívida.
§3º. Se o terceiro negar o débito em conluio com o devedor, a quitação, que este lhe der, considerar-se-á em fraude à execução".

[657] Idêntico raciocínio aplica-se ao arrendamento.

[658] Na prática, o juízo penhora o crédito dos aluguéis do executado e intima o terceiro (o locatário) para depositar em juízo o valor dos aluguéis, sob pena de responder pela respectiva obrigação com seus próprios bens. Essa consequência jurídica será demonstrada na sequência da exposição dos efeitos jurídicos da recusa do terceiro-locatário ao cumprimento do dever legal de depositar os aluguéis em juízo.

em fraude à execução". Da interpretação desse preceito legal, a teoria jurídica extrai a hipótese de fraude à execução agora estudada. Intimado para depositar os aluguéis em juízo em razão da penhora de crédito, a ordem jurídica estabelece, para o terceiro-locatário, o dever legal de depositar em juízo o valor dos aluguéis. Esse dever legal do terceiro-locatário está estabelecido no §2º do art. 856 do CPC, preceito segundo o qual "o terceiro só se exonerará da obrigação depositando em juízo a importância da dívida".

Para conferir eficácia ao instituto da penhora de crédito, o legislador veda ao terceiro-locatário seguir pagando os aluguéis ao executado-locador. Para tanto, o legislador estabelece que o terceiro-locatário permanecerá na condição de obrigado enquanto não depositar o valor dos aluguéis em juízo (§2º do art. 856 do CPC). À condição de permanecer obrigado pelos aluguéis, agrega-se a sanção da ineficácia do pagamento dos aluguéis que o terceiro-locatário faça em favor do executado-locador. A ineficácia do negócio é a consequência jurídica com a qual a ordem jurídica sanciona o ato de fraude à execução (CPC, art. 792, §1º). Na penhora de crédito, a sanção jurídica está na ineficácia da quitação outorgada pelo executado-locador em favor do terceiro-locatário (CPC, 856, §3º). A menção à caracterização de fraude à execução não deixa dúvida quanto à ineficácia da quitação outorgada, conclusão que guarda coerência sistemática com a premissa legal de que o terceiro só se exonerará da obrigação depositando em juízo a importância da dívida.

Para completar o arcabouço jurídico apto a tornar eficaz o instituto da penhora de crédito, o legislador confere ao credor prejudicado os direitos que o executado-locador teria contra o terceiro-locatário inadimplente. É o que prevê o art. 857 do CPC. Estabelece esse preceito legal: "Feita a penhora em direito e ação do executado, e não tendo este oferecido embargos, ou sendo estes rejeitados, o credor ficará sub-rogado nos direitos do executado até a concorrência de seu crédito". Entre os direitos que o locador teria contra o locatário inadimplente, está o direito à execução do valor dos aluguéis. Esse direito passa a assistir ao credor por força da sub-rogação prevista no art. 857 do CPC. A sub-rogação é artifício jurídico pelo qual o credor substitui o locador, passando a deter os direitos que eram do locador em relação ao locatário inadimplente. A consequência jurídica que então se estabelece é a de que o terceiro-locatário responde com seus bens quando descumpre o dever legal de depositar em juízo os aluguéis objeto da penhora de crédito. Como essa afirmação costuma gerar alguma perplexidade, é de bom aviso investigar o que dizem a doutrina e a jurisprudência sobre o preceito legal que conduz à consequência jurídica de responsabilização pessoal do terceiro-locatário.

Na interpretação do art. 857 do CPC, *Araken de Assis* assenta que "o preceito legal em questão prevê a sub-rogação do executado pelo exequente na titularidade do crédito ou da ação, não tendo aquele 'oferecido embargos, ou sendo estes rejeitados'. Operada a substituição, o inadimplemento da dívida permitirá ao credor pleitear a providência cabível em face do *debitor debitoris*, realizando-o, se necessário, mediante execução forçada".[659] Significa dizer: a ação de execução forçada dos aluguéis inadimplidos que assistiria ao locador passa a assistir ao exequente credor do locador que penhorou tal crédito.

Idêntica interpretação é encontrada na doutrina de *Manoel Antonio Teixeira Filho*. Sobre o preceito legal do art. 857 do CPC, afirma o jurista: "Recaindo a penhora em direito e ação do devedor, e não tendo sido opostos embargos, ou sendo estes rejeitados, o credor fica sub-rogado nos direitos do devedor até a concorrência do seu crédito (CPC, art. 673, *caput*); assim, o credor poderá exercer, em face do terceiro, as ações que cabiam ao devedor".[660]

A doutrina de *Sergio Pinto Martins* assim define o alcance do preceito legal do art. 857 do CPC: "Estando o crédito penhorado, não mais poderá ser transferido pelo credor que tiver conhecimento da penhora, como menciona o artigo 298 do Código Civil, pois o crédito estará indisponível, vinculado ao resgate da obrigação. Se houver transferência, implicará fraude à execução. Intimado da penhora não mais poderá haver transferência do bem".[661]

Wolney de Macedo Cordeiro ensina que, "realizada a penhora de crédito, a exigibilidade do cumprimento da obrigação volta-se para o terceiro que, conforme afirmamos acima, tem o dever de cumprir a obrigação em favor do juízo da execução. Na realidade, o exequente sub-roga-se na condição de credor do terceiro (NCPC, art. 857) e poderá adotar as medidas necessárias à obtenção das parcelas creditícias".[662]

Por derradeiro, será útil trazer a exame jurisprudência específica sobre penhora de crédito. Neste julgado, é afirmada a responsabilidade pessoal que recai sobre o terceiro quando este deixa de cumprir o dever legal de depositar em juízo o valor objeto da penhora de crédito realizada: "PENHORA DE CRÉDITOS. DESCUMPRIMENTO DA ORDEM JUDICIAL. APREENSÃO DO VALOR DIRETAMENTE DA CONTA BANCÁRIA DO TERCEIRO. LEGITIMIDADE. Em se tratando de penhora de crédito decorrente da prestação de serviços (cuja existência foi confessada expressamente pelo terceiro devedor) – hipótese em que ele assume a condição de depositário da respectiva importância – é legítima a *apreensão* do valor diretamente em sua conta corrente bancária, em hipótese de descumprimento da ordem judicial, conforme a interpretação sistêmica dos artigos 671, inciso I, 672, §§1º, 2º e 3º, do Código de Processo Civil. Agravo de petição acolhido". (TRT 6ª Região. Processo nº 000071-66.2010.506.0341. Primeira Turma. Rel. Nelson Soares Júnior. Julgamento: 02.02.2012. DEJTPE: 15.02.2012. p. 38).

---

[659] *Manual da execução*. 11. ed. São Paulo: RT, 2007, p. 646.
[660] *Curso de Direito Processual do Trabalho*. São Paulo: LTr, 2009, v. III, p. 2163.
[661] *Comentários à CLT*. 11. ed. São Paulo: Atlas, 2007, p. 920.
[662] *Execução no processo do trabalho*. 2. ed. Salvador: Juspodivm, 2016, p. 303.

O julgado é do ano de 2012. Daí por que há referência aos arts. 671 e 672 do CPC de 1973. No CPC de 2015, tais dispositivos correspondem aos arts. 855 e 856 do código vigente.

17.4 Fraude à execução na averbação premonitória

A hipótese de fraude à execução na averbação premonitória está capitulada no art. 828, §4º, do CPC de 2015.[663] Esse dispositivo deve ser compreendido à luz da norma do art. 792, II, do CPC.[664] O legislador articulou esses dois preceitos legais. Por isso, esses dispositivos devem ser estudados mediante interpretação sistemática.[665]

A fraude à execução gerada pela existência de averbação premonitória da ação *prévia* à alienação do bem não requer explicação maior. Isso porque é o próprio ato jurídico da averbação premonitória da ação que dá causa à fraude à execução. É necessário sublinhar este aspecto cronológico: a averbação premonitória deve ocorrer de forma *prévia* à alienação do bem para que se caracterize o ilícito processual da fraude à execução. Dito de outra forma, a fraude à execução caracteriza-se quando ocorre *superveniente* alienação do bem gravado pela averbação premonitória. Vale dizer, desde que a averbação premonitória seja *anterior* à alienação do bem, essa alienação estará sob a mácula jurídica da fraude à execução cominada no §4º do art. 828 do CPC. Por conseguinte, essa alienação será considerada ineficaz em relação ao credor prejudicado. Essa sanção jurídica à fraude à execução está expressamente cominada no §1º do art. 792 do CPC: "§1º. A alienação em fraude à execução é ineficaz em relação ao exequente".

O legislador, para reforçar o dever de responsabilidade patrimonial e oferecer tutela mais ampla aos credores, instituiu essa *nova modalidade* de fraude à execução, instituindo a faculdade de averbação premonitória da ação nos assentos públicos em que se registra a existência de bens. Como a existência de bens é registrada em assentos públicos, a averbação premonitória da ação também opera para alertar terceiros de boa-fé quando à situação patrimonial do alienante.

A finalidade da averbação premonitória é a de "garantia para o credor, que poderá evitar a alienação indevida de bens no curso da execução, pelo

---

[663] CPC de 2015: "Art. 828. O exequente poderá obter certidão de que a execução foi admitida pelo juiz, com identificação das partes e do valor da causa, para fins de averbação no registro de imóveis, de veículos ou de outros bens sujeitos à penhora, arresto ou indisponibilidade.
(...)
§4º. Presume-se em fraude à execução a alienação ou a oneração de bens efetuada após a averbação".

[664] CPC de 2015: "Art. 792. A alienação ou a oneração de bem é considerada em fraude à execução:
(...)
II – quando tiver sido averbada, no registro do bem, a pendência do processo de execução, na forma do art. 828;".

[665] O leitor encontrará outros subsídios sobre o instituto da averbação premonitória no capítulo XI.

desestímulo do adquirente cuidadoso",[666] conforme a lição de *Nelson Nery Junior* e *Rosa Maria de Andrade Nery*. De acordo com a doutrina de *Marinoni, Arenhart* e *Mitidiero*, também é finalidade da averbação premonitória "antecipar o marco a partir do qual se pode considerar em fraude à execução alienações ou onerações realizadas pelo demandado".[667] Neste particular, cumpre observar que a averbação premonitória pode ser realizada tão logo ajuizada a execução, o que permite antecipar concretamente a caracterização de eventual fraude à execução.

É importante destacar que a presunção de fraude à execução positivada no §4º do art. 828 do CPC tem sido considerada, pela doutrina, espécie de *presunção absoluta de fraude à execução*, em razão de o art. 792, II, do CPC estabelecer que a alienação é considerada em fraude à execução quando tiver sido realizada a averbação premonitória da existência do processo de execução, sem a exigência de qualquer outro requisito. Basta a existência de averbação premonitória prévia à alienação do bem gravado. O fato de a presunção de fraude à execução ser considerada absoluta tem o condão de dispensar a demonstração insolvência do executado. Ou seja, trata-se de nova espécie de fraude à execução *especificamente tipificada* pelo legislador (CPC, art. 792, II), capitulada em inciso diverso daquele no qual o legislador exige, para a caracterização do ilícito processual da fraude à execução, o *eventus damni* da insolvência do devedor (CPC, art. 792, IV). Conforme preleciona *Daniel Amorim Assumpção Neves* na intepretação do art. 792, II, do CPC, o legislador "aparentemente criou espécie de fraude à execução que não depende de *eventus damni* para se configurar. Dessa forma, parece mais acertado falar-se em presunção absoluta de fraude na hipótese de alienação ou oneração de bem que tenha a averbação ora analisada em seu registro".[668]

Na medida em que a presunção de fraude à execução é considerada absoluta pelo sistema legal, o terceiro adquirente já não poderá alegar a condição de terceiro adquirente de boa-fé. Na medida em que a publicidade dos registros de bens lhe permitia averiguar a existência da averbação premonitória no órgão de registro do bem, estará esvaziada a alegação de boa-fé do terceiro na aquisição do bem gravado por essa averbação. Isso significa dizer que os embargos de terceiro opostos pelo terceiro adquirente serão rejeitados.

Ainda na vigência do art. 615-A do CPC de 1973, a jurisprudência do Superior Tribunal de Justiça já identificava *presunção absoluta de fraude à execução* quando a alienação do bem ocorria posteriormente à averbação da certidão comprobatória do ajuizamento da execução, conforme revela a seguinte ementa de acórdão: "Presunção absoluta. A averbação no registro próprio da certidão de inscrição em dívida ativa, ou da certidão comprobatória do ajuizamento da

---

[666] *Comentários ao Código de Processo Civil*. São Paulo: RT, 2015, p. 1699.
[667] *Novo Código de Processo Civil comentado*. 2. ed. São Paulo: RT, 2016, p. 892.
[668] *Novo Código de Processo Civil comentado artigo por artigo*. Salvador: Juspodivm, 2016, p. 1307.

execução, ou da penhora cria a presunção absoluta de que a alienação posterior se dá em fraude à execução em que incorrem o alienante e o adquirente" (STJ, 2ª Turma, REsp nº 751.481/RS, rel. Min. Mauro Campbell Marques, julgado em 25.11.2008, DJUE 17.12.2008.

17.5 Fraude à execução na hipoteca judiciária ou outro ato de constrição judicial

A hipótese de fraude à execução na hipoteca judiciária ou outro ato de constrição judicial está capitulada no art. 792, III, do CPC.[669] Essa espécie de fraude à execução caracteriza-se quando a alienação do bem é superveniente ao registro da hipoteca judiciária. O ilícito processual também caracterizar-se-á se, à época da alienação, já havia sido registrado qualquer outro ato de constrição judicial do bem alienado.

Capitulada no art. 495 do CPC, a hipótese judiciária é efeito anexo da sentença condenatória e, uma vez registrada na matrícula do imóvel do executado, passa a gerar em favor do credor direito de sequela sobre o bem gravado, de modo que o credor poderá submeter à penhora e à execução o bem objeto da hipoteca judiciária registrada, conclusão que decorre da interpretação sistemática do ordenamento jurídico brasileiro. Assim é porque a hipoteca é espécie de direito real de garantia capitulada nos arts. 1.225, IX, 1.419 e 1.422 do Código Civil. A natureza de direito real da hipoteca transmite-se ao instituto da hipoteca judiciária (CPC, art. 495), que é considerada, consequentemente, também uma garantia de direito real.

Na hipoteca judiciária, é o direito de real sequela que permite ao credor submeter à execução o bem gravado. Não é propriamente a ocorrência de fraude à execução que possibilita ao credor o exercício de tal poder jurídico. Essa matéria foi examinada no Capítulo 9 deste livro. Porém, o legislador optou por positivar hipótese de fraude à execução nesta situação (CPC, art. 792, III), certamente com a finalidade de conferir mais respeitabilidade ao dever de responsabilidade patrimonial e à própria execução forçada.

Essa deliberação do legislador também transparece na opção por estabelecer que a existência de qualquer outro registro prévio de constrição judicial é causa geradora de fraude à execução, conforme capitulado na parte final do inciso III do art. 792 do CPC. O legislador foi genérico: estabeleceu que haverá fraude à

---

[669] CPC de 2015: "Art. 792. A alienação ou a oneração é considerada fraude à execução:
(...)
III – quando tiver sido averbado, no registro do bem, hipoteca judiciária ou outro ato de constrição judicial originário do processo onde foi arguida a fraude;

execução se a alienação do bem ocorrer após o registro de "outro ato de constrição judicial". Entre tais constrições judiciais aí genericamente previstas, podem ser lembradas as seguintes: penhora, arresto, sequestro, protesto contra a alienação de bens, indisponibilidade de bens.

17.6 Fraude à execução na aquisição de bem de família mais valioso

A hipótese de fraude à execução na aquisição de bem de família mais valioso está capitulada no art. 4º, *caput* e §1º, da Lei nº 8.009/90. Essa hipótese de fraude à execução caracteriza-se quando o executado insolvente adquire bem residencial mais valioso. Ao invés de satisfazer seus credores, utiliza-se dos recursos com os quais deveria honrar suas dívidas, para adquirir imóvel residencial mais valioso. Caracterizada essa hipótese de fraude à execução, o executado não poderá mais fazer prevalecer a alegação de impenhorabilidade do bem de família no que respeita ao imóvel mais valioso adquirido em detrimento da satisfação de seus credores.

O legislador tutelou o núcleo familiar, tornando impenhorável o bem de família, assim considerado o bem imóvel no qual reside o casal ou a entidade familiar (Lei nº 8.009/90, art. 1º, *caput*). O legislador, entretanto, estabeleceu exceções a essa impenhorabilidade no art. 3º da Lei nº 8.009/90. E, para coartar o abuso de direito, instituiu hipótese de fraude à execução, que se tipifica quando o executado, "sabendo-se insolvente, adquire de má-fé imóvel mais valioso para transferir a residência familiar" (Lei nº 8.009/90, art. 4º, *caput*).

Nada obstante o legislador não tenha se utilizado da locução *fraude à execução* ao sancionar a conduta ilícita do executado que deixa de pagar seus credores e utiliza-se dos recursos disponíveis para adquirir imóvel residencial mais valioso, a teoria jurídica é pacífica quanto ao reconhecimento de que tal conduta do executado caracteriza o ilícito processual de fraude à execução, visto que a artificiosa conduta do executado de fato frustra a execução de forma deliberada, em clara violação ao dever de boa-fé do executado. Depois de afirmar que "o art. 4º, *caput*, da Lei nº 8.009/1990 contemplou nova hipótese de fraude à execução", *Araken de Assis* ensina que "a fraude consiste em criar impenhorabilidade aparente de residência familiar, adquirida para tal fim, nela concentrando valores antes dispersos em outros bens móveis ou imóveis".[670]

Como é sabido, a ordem jurídica sanciona a fraude à execução, reputando ineficaz o negócio jurídico fraudulento em relação ao credor prejudicado (CPC,

---
[670] *Manual da execução*. 11. ed. São Paulo: RT, 2007, p. 258.

art. 792, §1º). No caso da fraude à execução capitulada no art. 4º, *caput*, da Lei nº 8.009/90, a ineficácia do negócio jurídico realizado em fraude à execução trasmuda-se na sanção de privar o executado do benefício da impenhorabilidade do bem mais valioso adquirido em detrimento de seus credores. Nessa particular hipótese de fraude, o ilícito processual da fraude à execução torna ineficaz a alegação de impenhorabilidade que, em situação de boa-fé, tutelaria o bem de família.

Caso não houvesse o executado desviado os recursos com os quais deveria honrar suas obrigações para com seus credores, a alegação da impenhorabilidade capitulada no art. 4º, *caput*, da Lei nº 8.009/90 guardaria toda a sua eficácia jurídica. Ao desviar tais recursos para lograr alcançar artificiosa aquisição de bem residencial mais valioso na expectativa de transferir a impenhorabilidade para esse imóvel de maior valor, o executado viola seu dever legal de boa-fé em detrimento de seus credores, tendo sua conduta sancionada pela ordem jurídica mediante a privação de eficácia jurídica quanto a sua alegação de impenhorabilidade do imóvel mais valioso.

Diante da peculiaridade dessa espécie de fraude à execução, o legislador foi pragmático, ao estabelecer, no §1º do art. 4º da Lei nº 8.009/90, que o juiz pode "transferir a impenhorabilidade para a moradia familiar anterior, ou anular-lhe a venda, liberando a mais valiosa para execução ou concurso, conforme a hipótese". Vale dizer, o juiz conduzir-se-á conforme o caso concreto recomendar. *Araken de Assis*, ao comentar o preceito em questão, explica como poderá o magistrado agir: "Na primeira hipótese, que apenas confirma a diretriz do art. 5º, parágrafo único, da Lei 8.009/1990, segundo o qual a impenhorabilidade da residência familiar recai sobre o imóvel menos valioso, a moradia 'mais valiosa' se exporá à expropriação em execução singular ou coletiva ('concurso'). Terceiros, principalmente, permanecem indiferentes à manobra fraudulenta e às suas consequências. Mas, desfazendo-se o devedor da moradia antiga, através de negócio paralelo e autônomo, ou pela inclusão da mesma no preço do novo imóvel, o ato judicial que 'anular' a alienação atingirá, fatalmente, o adquirente. Solução bem mais vantajosa, do ponto de vista técnico, residiria na simples eliminação da impenhorabilidade da nova moradia, deixando o terceiro em paz. Como está redigida a regra já assegura esta consequência, pois aqui também o juiz liberará a nova moradia para expropriação em execução singular ou coletiva".[671]

17.7 Fraude à execução na execução fiscal

A hipótese de fraude à execução na execução fiscal está capitulada no art. 185, *caput*, do Código Tributário Nacional – CTN. Essa hipótese de fraude à execução

---
[671] *Manual da execução*. 11. ed. São Paulo: RT, 2007, p. 258.

caracteriza-se quando o crédito tributário já se encontrava regularmente inscrito como dívida ativa à época da alienação do bem pelo executado, ou seja, não é mais necessário o ajuizamento da ação de execução fiscal para que se tenha por caracterizada a fraude à execução. Essa inovação foi introduzida no CTN pela Lei Complementar nº 118/2005.

Neste particular, a lição de Humberto Teodoro Júnior é elucidativa quanto à nova situação jurídica estabelecida pelo legislador complementar no que respeita à fraude à execução em matéria tributária. Preceitua o jurista: "Com a redação do art. 185 do CTN, dada pela Lei Complementar nº 118, de 9 de fevereiro de 2005, a fraude de execução não depende mais do ajuizamento da execução fiscal, podendo configurar-se a partir da inscrição do crédito tributário em dívida ativa".[672]

Tratando-se de execução fiscal, a súmula nº 375 do STJ não tem aplicação. A súmula nº 375 do STJ aplica-se à execução civil. Entretanto, não se aplica quando o credor for o fisco. Essa é a interpretação que restou assentada pelo Superior Tribunal de Justiça, no julgamento abaixo mencionado. Vale recordar o teor da Súmula nº 375 do STJ: "O reconhecimento da fraude à execução depende do registro da penhora do bem alienado ou da prova da má-fé do terceiro adquirente". A 1ª Seção do Superior Tribunal de Justiça assentou que a Súmula nº 375 aplica-se à execução civil e não se aplica à execução fiscal no julgamento do REsp nº 1.141.990/SP, Rel. Min. Luiz Fux, *DJe* 19.11.2010, submetido ao regime de recursos repetitivos.

Ao comentar a referida súmula e o julgamento do precitado Recurso Especial nº 1.141.990/SP, *Daniel Amorim Assumpção Neves* assim sintetiza o entendimento adotado pelo STJ sobre a matéria: "O Superior Tribunal de Justiça tem entendimento no sentido de que o enunciado da súmula não se aplica às execuções fiscais em razão do previsto no art. 185 do CTN, de forma que, na hipótese de crédito tributário em favor da Fazenda Pública, os atos de alienação fraudulenta serão considerados fraude à execução desde a inscrição do débito na Dívida Ativa (STJ, 1ª Seção, REsp 1.141.990/SP, rel. Min. Luiz Fux, j. 10.11.2010, *DJe* 19.11.2010)".[673] Sobre essa espécie de fraude à execução e sobre o referido julgamento, o leitor encontrará subsídios no item subsequente.

Examinadas as diversas modalidades de fraude à execução capituladas no direito positivo brasileiro, passa-se a estudar a aplicabilidade do regime especial da fraude à execução fiscal à execução trabalhista. Mais vantajoso para o credor do que o regime da fraude à execução civil, o regime especial da fraude à execução aportaria maior efetividade à execução trabalhista. Esse estudo principia pela

---

[672] *Lei de execução fiscal*. 11. ed. São Paulo: Saraiva, 2009, p. 67.
[673] *Novo Código de Processo Civil comentado artigo por artigo*. Salvador: Juspodivm, 2016, p. 1256.

consideração de que, no regime legal da fraude à execução fiscal, a presunção de fraude é absoluta – a boa-fé do terceiro adquirente é irrelevante e, por isso, o terceiro adquirente não logra êxito nos embargos de terceiro, perdendo o bem para a execução caso não faça a remição do bem.

17.8 Fraude à execução fiscal: a presunção de fraude é absoluta; não se admite prova em contrário

No debate que conduziu à edição da Súmula nº 375 do STJ,[674] a doutrina e a jurisprudência desenvolveram, na vigência do art. 593 do CPC de 1973, rica controvérsia acerca da natureza jurídica da fraude à execução.

De um lado, alinhou-se a corrente tradicional de opinião, sustentando que a fraude à execução continuava a caracterizar-se de forma objetiva (*in re ipsa*), exigindo apenas:

a) litispendência por ocasião da alienação do bem: demanda já ajuizada em face do demandado à época do negócio fraudulento;

b) alienação essa capaz de reduzir o demandado à insolvência.

Para essa corrente de opinião, não se conhece do elemento subjetivo da boa-fé do terceiro adquirente na fraude à execução, ou seja, dispensa-se a prova acerca de *consilium fraudis*, requisito exigível, de acordo com essa corrente de opinião, apenas para a caracterização do ilícito civil da fraude contra credores (CC, arts. 158 e 159). No âmbito da teoria justrabalhista, essa corrente de opinião tem em *Manoel Antonio Teixeira Filho* um histórico representante.[675]

De outro lado, articulou-se o entendimento de que a fraude à execução somente configurar-se-ia na hipótese de estar caracterizada – ao lado dos demais elementos objetivos mencionados – a má-fé do terceiro adquirente, assim compreendida quando há ciência do terceiro adquirente quanto à existência da ação movida em face do executado-alienante; ou seja, o elemento subjetivo (má-fé do terceiro adquirente) teria passado a ser exigível para a caracterização de fraude à execução. Em outras palavras: o elemento subjetivo do "consilium fraudis" teria passado a integrar o suporte fático da fraude à execução, conforme indica o enunciado da Súmula nº 375 do STJ, "in litteris": "O reconhecimento da fraude à execução depende do registro da penhora do bem alienado ou da prova da má-fé do terceiro adquirente".

---

[674] Súmula nº 375 do STJ: "O reconhecimento da fraude à execução depende do registro da penhora do bem alienado ou da prova da má-fé do terceiro adquirente". A Súmula nº 375 do STJ foi editada em 30.3.2009.
[675] *Execução no processo do trabalho*. 11. ed. São Paulo: LTr, 2013, p. 200.

A jurisprudência trabalhista predominante assumiu essa última posição sob inspiração da Súmula nº 375 do STJ, cuja orientação passou a ser adotada por ocasião do julgamento de embargos do terceiro adquirente do bem.

Enquanto o primeiro entendimento faz o resgate do compromisso da ordem jurídica com o princípio da responsabilidade patrimonial (CPC de 1973, art. 591; CPC de 2015, art. 789) em detrimento da boa-fé do terceiro adquirente, o segundo entendimento tutela a boa-fé do terceiro adquirente, privilegiando o interesse privado deste último e a estabilidade da transmissão de bens, em detrimento do princípio da responsabilidade patrimonial.

A concepção de fraude à execução fiscal, todavia, passou praticamente incólume por tal controvérsia.[676] Isso porque a teoria jurídica do Direito Tributário sempre identificou na *supremacia do interesse público* tutelado pelo direito fiscal o histórico fundamento segundo o qual a fraude à execução fiscal configura-se de forma objetiva (*in re ipsa*) e caracteriza hipótese de presunção absoluta de fraude, não abrindo ensejo à discussão acerca da conduta subjetiva do terceiro adquirente, de modo a impedir a hipótese jurídica de convalidação do negócio fraudulento pela boa-fé do terceiro adquirente. Sequer a possibilidade da respectiva hipótese jurídica é admitida na fraude à execução fiscal; num autêntico resgate da categoria dos deveres patrocinado pela verticalização do princípio de responsabilidade patrimonial, que se alicerça na boa-fé indispensável à construção de uma vida de relação fundada na honestidade dos contratantes.[677]

É da lição clássica de *Aliomar Baleeiro* que a fraude à execução fiscal não admite prova em contrário precisamente por se caracterizar como ato ilícito cujo vício faz constituir presunção absoluta de fraude contra o interesse tributário. Segundo o autor:

> O CTN, no art. 185, estabelece uma presunção geral, *iuris et de iure*, isto é, sem possibilidade de prova em contrário, de que é fraudulenta contra o Fisco, a alienação de bens ou rendas, ou seu começo, por sujeito passivo, desde que o crédito tributário contra ele esteja regularmente inscrito (CTN, arts. 201 a 204) e em fase de execução. Mas entender-se-á que esta presunção absoluta está limitada ao caso de o sujeito passivo alienar seus bens ou rendas em tal proporção, que não lhe reste o suficiente para o total pagamento da dívida em execução.[678]

No mesmo sentido, alinha-se praticamente toda a doutrina do Direito Tributário. Depois de assinalar que o art. 185 do Código Tributário Nacional

---

[676] Em 19.11.2010, o STJ uniformiza sua jurisprudência para afirmar ser inaplicável à execução fiscal a S-375-STJ, editada em 30-03-2009.

[677] A responsabilidade socioeconômica dos sujeitos funda-se na boa-fé exigida pelo art. 422 do CC de 2002, preceito que irradia saneador efeito ético aos contratos em geral e a toda a vida de relação.

[678] *Direito Tributário brasileiro*. 11. ed. Rio de Janeiro: Forense, 1999, p. 970. O autor está a comentar o art. 185 do CTN, na redação anterior à Lei Complementar nº 118, de 09.02.2005, quando se exigia estivesse já ajuizado o executivo fiscal para configurar-se a fraude à execução.

estabelece presunção de fraude à execução quando ocorre alienação de bem por sujeito passivo em débito para com a Fazenda Pública, por crédito tributário regularmente inscrito como dívida ativa, o tributarista *Hugo de Brito Machado* afirma que "tal presunção é absoluta. Uma presunção de direito contra a qual não cabe nenhuma espécie de prova".[679] O autor volta a explicitar referido entendimento quando contextualiza o tema do interesse do terceiro adquirente de boa-fé no âmbito da fraude à execução fiscal à luz da atual redação do art. 185 do CTN:[680]

> No âmbito do Direito Privado, a lei protege o terceiro de boa-fé, estabelecendo que são anuláveis os contratos onerosos de devedor insolvente, quando a insolvência for notória, ou houver motivo para ser conhecida do outro contratante. O fato de ser devedor de um tributo com crédito tributário inscrito em dívida ativa, todavia, não pode ser considerado indicador de notória insolvência, e mesmo assim o Código Tributário Nacional considera sem validade, em face da presunção de fraude, a alienação ou oneração do bem, sem qualquer consideração para com o terceiro de boa-fé.

Em sintonia com *Aliomar Baleeiro* e *Hugo de Brito Machado*, *Zelmo Denari* também identifica a presunção absoluta de fraude na fraude à execução fiscal[681] e a irrelevância da conduta subjetiva do terceiro-adquirente para o reconhecimento de ineficácia do negócio fraudulento. A presunção absoluta de fraude, segundo ele, opera de tal modo que não é facultado ao terceiro adquirente produzir prova de sua eventual boa-fé.[682] *In litteris*:

> A presunção acautelatória aqui estabelecida é *juris et de jure*, isto é, não admite prova em contrário. Irrelevante, portanto, se de boa ou má-fé o adquirente do bem ou o titular do direito real de garantia. A fraude se presume e a presunção é absoluta".[683]

Na medida em que a fraude à execução fiscal é interpretada como hipótese de presunção absoluta de fraude no Direito Tributário, a vantagem jurídica com que essa concepção de fraude à execução tutela o crédito fiscal conduz o operador

---

[679] *Comentários ao Código Tributário Nacional*. 2. ed. São Paulo: Atlas, 2009, v. III, p. 649.

[680] *Comentários ao Código Tributário Nacional*. 2. ed. São Paulo: Atlas, 2009, v. III, p. 677.

[681] Enquanto *Aliomar Baleeiro* escreveu à época da redação anterior do art. 185 do CTN, *Zelmo Denari* escreve sob a nova redação do art. 185 do CTN, introduzida pela Lei Complementar nº 118, de 09.02.2005. Contudo, ambos chegam à conclusão idêntica: a fraude à execução fiscal caracteriza hipótese de presunção absoluta de fraude e não admite prova em contrário.

[682] Nesse mesmo sentido orienta-se o entendimento de *Mauro Luís Rocha Lopes*. Comentando o art. 185 do CTN, o autor observa que a doutrina do Direito Tributário considera absoluta a presunção de fraude, sendo dispensável a prova do "consílio fraudulento" à sua caracterização (*Processo judicial tributário: execução fiscal e ações tributárias*. 7. ed. Niterói/RJ: Impetus, 2012, p. 106).

[683] MARTINS, Ives Gandra da Silva (coord.). *Comentários ao Código Tributário Nacional*. 3. ed. São Paulo: Saraiva, 2002, v. 2, p. 496.

do processo do trabalho a interrogar-se acerca da juridicidade da extensão dessa concepção de fraude à fraude à execução ao processo do trabalho – quem sabe se conduzido pelas mãos de *Karl Engisch*[684] – mediante recurso à analogia e com os olhos postos na promessa constitucional de jurisdição efetiva (CF, art. 5º, XXXV). Para tanto, é intuitivo ao operador do processo do trabalho dirigir especial atenção à histórica opção da teoria jurídica brasileira de conferir ao crédito trabalhista privilégio legal superior àquele reconhecido ao crédito fiscal.

17.9 A histórica opção da teoria jurídica brasileira de conferir ao crédito trabalhista privilégio legal superior àquele reconhecido ao crédito fiscal

O privilégio do crédito trabalhista tem por fundamento próximo a natureza alimentar dos créditos decorrentes do trabalho,[685] enquanto que o fundamento remoto radica na dignidade humana da pessoa do trabalhador cuja prestação laboral transforma-se em riqueza apropriada pelo tomador de serviços inadimplente.

Mesmo na jurisdição fiscal, encarregada de fazer valer o privilégio legal assegurado ao crédito fiscal pelo art. 186 do CTN, o crédito trabalhista tem sido historicamente reconhecido como privilegiado em face deste, em razão da sua qualidade de crédito *necessarium vitae* (STJ. 1ª Turma. REsp nº 442.325. Relator Min. Luiz Fux. *DJU* 25.11.2002, p. 207).

A ponderação de se tratar de um crédito necessário à subsistência do ser humano que vive do próprio trabalho integra o arcabouço axiológico sob o qual a consciência jurídica tem conformado a estrutura hierárquica normativa em que são classificadas as diversas espécies de créditos ao longo da tradição jurídica brasileira. Com efeito, o predicado de crédito *necessarium vitae* tem sido, na verdade, o principal fundamento material da opção da consciência jurídica nacional de privilegiar o crédito trabalhista na concorrência com os demais créditos previstos no sistema legal brasileiro, ratificando nessa histórica opção da teoria jurídica brasileira a primazia da dignidade da pessoa humana

---

[684] "Toda a regra jurídica é susceptível de aplicação analógica – não só a lei em sentido estrito, mas também qualquer espécie de estatuto e ainda a norma de Direito Consuetudinário. As conclusões por analogia não têm apenas cabimento dentro do mesmo ramo do Direito, nem tão-pouco dentro de cada Código, mas verificam-se também de um para outro Código e de um ramo do Direito para outro" (*Introdução ao pensamento jurídico*. 10. ed. Lisboa: Fundação Calouste Gulbenkian, 2008, p. 293).

[685] CF: "Art. 100. (...)
§1º. Os débitos *de natureza alimentícia* compreendem aqueles decorrentes *de salários*, vencimentos, proventos, pensões e suas complementações, benefícios previdenciários, e indenizações por morte e invalidez, fundadas em responsabilidade civil, em virtude de sentença judicial transitada em julgado, e serão pagos com preferência sobre todos os demais débitos, exceto sobre aqueles referidos no §2º deste artigo".

do trabalhador enquanto valor superior que viria a ser eleito pela Constituição como fundamento da República.[686]

Nada obstante o reconhecimento doutrinário de que a relevância do crédito tributário funda-se na *supremacia do interesse público* que lhe é imanente,[687] ainda assim a consciência jurídica nacional tem posicionado o crédito trabalhista num patamar superior àquele conferido ao crédito fiscal, sugerindo concretamente possa a supremacia do interesse público vir a ser superada em determinada situação especial, na qual a ordem jurídica identifique interesse ainda mais relevante a tutelar – no caso do privilégio do crédito trabalhista, o *interesse fundamental social* a tutelar é satisfação prioritária dos créditos decorrentes da prestação do trabalho humano. Desse interesse fundamental social deriva a formulação conceitual que conduziria a teoria jurídica a conceber a expressão *superprivilégio* para dar concretude ao significado da primazia conferida ao crédito trabalhista pelo sistema de direito brasileiro.

Essa tradição histórica de a ordem jurídica nacional conferir primazia ao crédito trabalhista sofreu revés significativo com o advento da Lei de Falências e Recuperação Judicial, a Lei nº 11.101/2005. Entre outros preceitos representativos dessa nova orientação, o art. 83, I, da Lei nº 11.101/2005 limitou o privilégio do crédito trabalhista ao valor de 150 (cento e cinquenta) salários mínimos na falência, classificando como quirografário o crédito trabalhista excedente desse montante. A possibilidade de limitação do privilégio do crédito trabalhista a determinado montante foi reservada ao legislador ordinário pela Lei Complementar nº 118, também da data de 09-02-2005, que introduziu parágrafo único no art. 186 do CTN para conferir a prerrogativa que o legislador comum exerceria nessa mesma data mediante a edição da Lei nº 11.101/2005. Daí a eficácia que a medida legal da hipoteca judiciária pode conferir à exequibilidade do crédito trabalhista na hipótese de superveniência de falência da empresa, conforme a arguta lição de *Élisson Miessa*.[688]

Na legislação anterior, não havia limitação do privilégio do crédito trabalhista a determinado valor (Decreto-Lei nº 7.661/45). A alteração em questão

---

[686] CF: "Art. 1º. A República Federativa do Brasil, formada pela união indissolúvel dos Estados e Municípios e Distrito Federal, constitui-se em Estado Democrático de Direito e tem como fundamentos:
(...)
III – a dignidade da pessoa humana".

[687] Cf. MACHADO, Hugo de Brito. *Comentários ao Código Tributário Nacional.* 2. ed. São Paulo: Atlas, 2009, v. III, p. 660.

[688] Hipoteca judiciária e protesto da decisão judicial no novo CPC e seus impactos no processo do trabalho. *In:* . MIESSA, Élisson (org.). *O novo Código de Processo Civil e seus reflexos no processo do trabalho.* Salvador: Juspodivm, 2015, p. 475-6: "No entanto, conforme se verifica pelo art. 83, inciso I, da Lei nº 11.101/05, a preferência apenas é observada no limite de 150 salários-mínimos. Dessa forma, o valor restante poderá ser analisado em consonância com o inciso II de referido dispositivo que determina que, logo após os créditos trabalhistas até o limite de 150 salários-mínimos, possuem preferência os créditos com garantia real até o limite do valor do bem gravado. Com efeito, na falência, a hipoteca judiciária produzirá duas preferências ao credor trabalhista. Uma em decorrência [da natureza jurídica alimentar] de seu crédito, limitada ao montante descrito na lei. E outra em razão da hipoteca judiciária, limitada ao valor do bem hipotecado".

foi recebida com reservas por expressiva parte da doutrina, tendo *Francisco Antonio de Oliveira* registrado ser essa restrição, imposta ao privilégio do crédito trabalhista pela nova Lei de Falências, desejo de setores empresariais e do próprio governo sob a alegação infundada de excesso de vantagens trabalhistas.[689] Depois de identificar afronta da nova Lei de Falências e Recuperação Judicial aos princípios constitucionais da dignidade da pessoa humana, da valorização do trabalho e da submissão da propriedade à sua função social, *Mauricio Godinho Delgado*[690] assevera com sua reconhecida autoridade teórica:

> A Lei n. 11.101, de 2005, *ignorando a filosofia e a determinação constitucionais*, confere enfática prevalência aos interesses essencialmente econômicos, em detrimento dos interesses sociais. Arrogantemente, *tenta inverter a ordem jurídica do País*. (...) A nova Lei de Falências, entretanto, com vigência a partir de 9.6.05, abrangendo, essencialmente, processos novos (art. 201, combinado com art. 192, Lei n. 11.101/05), *manifesta direção normativa claramente antitética à tradicional do Direito brasileiro*, no que tange à hierarquia de direitos e créditos cotejados no concurso falimentar.

Em sentido contrário, *André de Melo Ribeiro* posiciona-se a favor da orientação adotada pela Lei nº 11.101/2005, destacando que a Convenção nº 95 da Organização Internacional do Trabalho autoriza a lei nacional a limitar o privilégio do crédito trabalhista a determinado valor. A nova Lei de Falências e Recuperação Judicial "consolida no ordenamento jurídico brasileiro – no entender do autor[691] – a orientação axiológica pela manutenção e recuperação das unidades produtivas viáveis, enquanto núcleo de um feixe de interesses sociais". Essa orientação, o autor reputa amparada nos valores eleitos pelo legislador constitucional relacionados à valorização do trabalho e da livre iniciativa, bem como na função social da propriedade e na busca do pleno emprego. Para o jurista, o legislador definiu a recuperação da atividade econômica como o objetivo precípuo:

> Tal objetivo busca preservar a empresa – enquanto atividade econômica – por reconhecê-la como núcleo de um feixe de interesses sociais, mais amplo do que aquele composto pelos interesses patrimoniais individuais dos credores (resguardado o limite do crédito privilegiado dos credores trabalhistas), da Fazenda ou do empresário.

Na fundada crítica do tributarista *João Damasceno Borges de Miranda* à nova diretriz adotada pela Lei de Falências e Recuperação Judicial (Lei nº 11.101/2005),

---

[689] *Execução na Justiça do Trabalho*. 6. ed. São Paulo: RT, 2008, p. 257.
[690] *Curso de Direito do Trabalho*. 10. ed. São Paulo: LTr, 2011, p. 793-5; sem itálico no original.
[691] "O novo eixo axiológico de interpretação do fenômeno da empresa e a modulação necessária entre o direito do trabalho e o direito concursal após a Lei nº 11.101/2005". In: GARCIA, Gustavo Filipe Barbosa; ALVARENGA, Rúbia Zanotelli de (org.). *Direito do Trabalho e Direito Empresarial sob o enfoque dos direitos fundamentais*. São Paulo: LTr, 2015, p. 166.

de privilegiar, na falência, os créditos dotados de garantia real em detrimento do crédito fiscal, o autor conclui que "jamais se poderia deferir privilégio aos credores financeiros com garantia real, pois os mesmos estão alocados no ramo do Direito Privado e devem ser tratados com as regras próprias". A consistência da fundamentação adotada pelo autor para chegar à referida conclusão justifica – note-se que se trata de jurista do campo do direito tributário – a reprodução do argumento cuja extração sistemática implícita é revelada pela ponderação do privilégio do crédito trabalhista:[692]

> Pacífico o entendimento quanto à prevalência do crédito trabalhista por se tratar de crédito social com natureza alimentar e ser, reconhecidamente, a contraprestação pelo esforço físico posto em função da riqueza de outrem. D'outra banda, o crédito tributário diz respeito ao interesse público e coletivo, de interesse geral da sociedade, e, sendo assim, conforme a previsão principiológica constitucional, este tem prevalência sobre os interesses privados.

O argumento do jurista faz evocar o acórdão do STJ anteriormente referido, porquanto à natureza alimentar do crédito trabalhista destacada por *João Damasceno Borges de Miranda* corresponde a identificação pretoriana – estamos a examinar jurisprudência cível – do crédito trabalhista na qualidade de crédito *necessarium vitae* (STJ. 1ª Turma. Recurso Especial nº 442.325. Relator Min. Luiz Fux. *DJU* 25.11.2002, p. 207). Além disso, o argumento do tributarista tem o mérito de colocar em destaque relevante componente hermenêutico de feição socioeconômica, ao sublinhar a circunstância de que o crédito trabalhista é consequência da exploração econômica do trabalho humano e do inadimplemento da devida contraprestação ao trabalhador – *a contraprestação pelo esforço físico posto em função da riqueza de outrem*, na feliz síntese do tributarista.

Com efeito, o crédito trabalhista tem natureza jusfundamental (CF, art. 7º) e constitui-se como expressão objetiva de inadimplemento à contraprestação devida ao trabalhador pelo tomador dos serviços, trabalho esse cuja prestação incorpora-se ao patrimônio do tomador de serviços na condição de riqueza apropriada sob a forma de mais-valia. É o fato objetivo de que essa apropriação faz-se inexorável na relação de produção capitalista que conduz a consciência jurídica a sobrevalorizar o crédito trabalhista na disputa com outras espécies de créditos, reconhecendo-lhe posição de superprivilégio indispensável à concretização do valor da dignidade da pessoa humana que vive do próprio trabalho. É nesse ambiente axiológico que se contextualiza o desafio hermenêutico de compatibilizar os arts. 29 da Lei nº 6.830/80 e 186 do CTN sob a condução do postulado da unidade do sistema jurídico.

---

[692] PEIXOTO, Marcelo Magalhães LACOMBE, Rodrigo Santos Masset (coord.). *Comentários ao Código Tributário Nacional*. São Paulo: Magalhães Peixoto Editora Ltda., 2005, p. 1319.

17.10 Hermenêutica e método sistemático de interpretação: do postulado da unidade do sistema jurídico à compatibilização dos arts. 29, da Lei nº 6.830/80, e 186 do CTN

A hermenêutica jurídica é a ciência da interpretação das leis. Para cumprir o objetivo de definir o alcance dos preceitos legais, a hermenêutica jurídica estuda os diversos métodos de interpretação da lei e as respectivas interações. O método sistemático disputa – a observação é de *Luís Roberto Barroso* – com o teleológico a primazia no processo interpretativo.[693] Se o método teleológico de interpretação orienta-se à *finalidade* da norma jurídica interpretada, o método sistemático de interpretação orienta-se à *unidade* do sistema de direito e funda-se na ideia de que o ordenamento jurídico constitui um "sistema de preceitos coordenados ou subordinados, que convivem harmonicamente".[694]

Conformando uma estrutura orgânica que pressupõe *ordem e unidade*, esse organismo jurídico unitário relaciona suas partes ao todo, de tal modo que o dispositivo legal interpretado o seja em harmonia com o contexto normativo no qual está compreendido. O postulado da unidade do ordenamento normativo enquanto sistema é conformado pela lógica da não contradição: as partes são interpretadas em harmonia com o seu conjunto, superando-se eventuais contradições por uma interpretação preordenada a reconduzir o dispositivo interpretado à unidade do sistema e de sua autopoiética coerência interna.

O fato de o art. 29 da Lei de Executivos Fiscais estabelecer que o crédito fiscal não está sujeito a concurso de credores e não se submete à habilitação em falência, concordata, liquidação, inventário ou arrolamento[695] acabou dando ensejo a interpretações no sentido de que, nada obstante o privilégio assegurado ao crédito trabalhista sobre o crédito fiscal no art. 186 do CTN, o crédito tributário poderia ser satisfeito no juízo fiscal de forma definitiva, inclusive sem observância ao pagamento prioritário devido ao crédito trabalhista em decorrência do privilégio legal previsto na precitada regra do Código Tributário Nacional, o art. 186 do CTN.

Humberto Theodoro Júnior relata, no particular, que, diante dos termos exageradamente amplos do art. 29 da Lei nº 6.830/80, entendeu *Ricardo Mariz de Oliveira*[696] que até as garantias legais de preferência dos créditos trabalhistas teriam sido preteridas pelo preceito da Lei de Executivos Fiscais, com o abandono da sistemática do próprio Código Tributário Nacional (art. 186). Contudo, o processualista mineiro demonstra o equívoco da interpretação postulada por

---

[693] *Interpretação e aplicação da Constituição*. 7. ed. São Paulo: Saraiva, 2010, p. 140.
[694] Idem, ibidem.
[695] A previsão do art. 187 do CTN é semelhante à previsão do art. 29 da Lei nº 6.830/80.
[696] "Dívida Ativa da Fazenda Pública". *RT Informa*, 261:5.

Ricardo Mariz de Oliveira, ao esclarecer que o art. 29 da Lei de Execução Fiscal quis apenas excluir a Fazenda Pública da participação nos juízos universais como o da falência e o do concurso civil de credores. Entretanto, não entrou em linha de cogitação alterar privilégios instituídos pelas leis de direito material em vigor. Isso porque – pondera *Humberto Theodoro Júnior* – não seria razoável que, em questão de direito material como essa, pudesse ocorrer revogação de uma lei complementar, como é o Código Tributário Nacional, por uma simples lei ordinária,[697] como é a Lei nº 6.830/80.

A interpretação postulada por *Ricardo Mariz de Oliveira* somente pode ser compreendida como fruto de uma concepção não sistemática do ordenamento jurídico, interpretação que incorre no equívoco de tomar isoladamente o preceito do art. 29 da LEF quando deveria considerá-lo – o método sistemático de interpretação visa a preservar a unidade do ordenamento normativo – no contexto dos demais diplomas legais correlatos, especialmente o Código Tributário Nacional, sob pena de se perder de vista o fato de que esse "diploma legal predica a prevalência dos créditos trabalhistas sobre os créditos fiscais", conforme preleciona *João Damasceno Borges de Miranda* ao examinar a correlata antinomia também sugerida pela primeira leitura do art. 187 do CTN.[698]

A interpretação de uma norma isolada do contexto no qual está compreendida pode conduzir o intérprete a equívoco, como geralmente acontece quando se despreza o elemento contextual na interpretação da lei. Isso ocorre porque "a interpretação de uma norma – a observação é do tributarista *Hugo de Brito Machado*[699] – não deve ser feita fora do contexto em que se encarta, mas tendo-se em consideração outras normas com as quais se deve harmonizar". Por vezes identificada como a mais racional e científica, à interpretação sistemática importa a coerência interna do ordenamento jurídico, conforme revela a didática lição de *Luís Roberto Barroso*[700] sobre a interpretação da Constituição: "Mesmo as regras que regem situações específicas, particulares, devem ser interpretadas de forma que não se choquem com o plano geral da Carta".

A precisão da interpretação sistemática sustentada por *Humberto Theodoro Júnior* acerca do art. 29 da Lei de Executivos Fiscais pode ser aferida tanto na doutrina quanto na jurisprudência. Na doutrina, essa aferição é obtida nos comentários de *Anderson Soares Madeira* acerca da relação de coordenação com

---

[697] *Lei de execução fiscal.* 11. ed. São Paulo: Saraiva, 2009, p. 179.
[698] PEIXOTO, Marcelo Magalhães LACOMBE, Rodrigo Santos Masset (coord.). *Comentários ao Código Tributário Nacional.* São Paulo: Magalhães Peixoto Editora Ltda., 2005, p. 1315.
[699] *Comentários ao Código Tributário Nacional.* 2. ed. São Paulo: Atlas, 2009, v. III, p. 676.
[700] *Interpretação e aplicação da Constituição.* 7. ed. São Paulo: Saraiva, 2010, p. 141-2. O autor informa que devemos a Pietro Merola Chiercia o mais amplo estudo sobre interpretação sistemática do direito constitucional, destacando que o jurista italiano atribui à interpretação sistemática uma posição de "prioridade lógica com respeito a outros critérios interpretativos" (*L'interpretazione sistemática della Constituzione*, Padova: CEDAM, 1978, p. 243 e s.).

que o art. 186 do CTN conforma a interpretação do art. 29 da Lei nº 6.830/80. Ao comentar a interpretação dada ao art. 29 da Lei nº 6.830/80 pelos tribunais, o autor observa que a "jurisprudência se quedou a entender que não poderia o fisco se sobrepor à preferência dos credores protegidos pela legislação trabalhista".

A acertada observação de *Anderson Soares Madeira* decorre da supremacia da legislação complementar sobre a legislação ordinária. O autor contextualiza o dispositivo do art. 29 da LEF no âmbito do *sistema dos executivos fiscais*, identificando na supremacia do Código Tributário Nacional o consagrado critério hermenêutico que orienta a subordinar a lei ordinária (Lei nº 6.830/80 – LEF, art. 29) à lei complementar (Lei nº 5.174/66 – CTN, art. 186). Na harmonização dos preceitos legais em cotejo, a interpretação sistemática conduz o autor à consideração de que, "sendo a Lei de Execução Fiscal lei ordinária, esta não poderia se sobrepor à lei complementar, como assim foi recepcionado pela Constituição Federal, o CTN, que em seu art. 186 prevê a ressalva de preferência da legislação do trabalho".[701]

Na jurisprudência, o acerto da interpretação sistemática com a qual *Humberto Theodoro Júnior* harmoniza os arts. 29 da LEF e 186 do CTN pode ser apurado no julgamento do Recurso Especial nº 188.148-RS realizado pela Corte Especial do STJ. A síntese do julgamento da Corte Especial do STJ é a de que os créditos fiscais não estão sujeitos à habilitação, mas se submetem à classificação, para disputa de preferência com os créditos trabalhistas. Eis a ementa do acórdão:

PROCESSUAL – EXECUÇÃO FISCAL – MASSA FALIDA – BENS PENHORADOS – DINHEIRO OBTIDO COM A ARREMATAÇÃO – ENTREGA AO JUÍZO UNIVERSAL – CREDORES PRIVILEGIADOS. I – A decretação da falência não paralisa o processo de execução fiscal, nem desconstitui a penhora. A execução continuará a se desenvolver, até à alienação dos bens penhorados. II – *Os créditos fiscais não estão sujeitos a habilitação no juízo falimentar, mas não se livram de classificação, para disputa de preferência com créditos trabalhistas* (DL 7.661/45, art. 126). III – *Na execução fiscal contra falido*, o dinheiro resultante da alienação de bens penhorados deve ser entregue ao juízo da falência, para que se incorpore ao monte e *seja distribuído, observadas as preferências* e as forças da massa. (STJ. Corte Especial. Recurso Especial nº 188.148-RS. Relator Min. Humberto Gomes de Barros. DJU 27.05.2002, p. 121 – sem grifo no original).

As considerações da tributarista *Valéria Gutjahr* sobre precitado acórdão da Corte Especial do STJ revelam-se didáticas à compreensão da matéria. Tais considerações estão situadas nos comentários da autora aos arts. 186 e 187 do CTN. Observa a jurista que, na falência, o produto arrecadado com a alienação de bens deve ser entregue ao juízo falimentar, para que este faça a posterior distribuição dos respectivos valores conforme a classificação dos créditos em disputa.

---

[701] *Lei de Execuções Fiscais*. Rio de Janeiro: Lumen Juris, 2001, p. 214.

Nesse julgamento da Corte Especial do STJ – prossegue *Valéria Gutjahr* – consolidou-se o entendimento que reconhece a independência *da processualística* do executivo fiscal. Contudo, essa independência *procedimental* da Lei de Executivos Fiscais não assegura a *imediata satisfação do crédito tributário* quando houver credores preferenciais – e esse é o caso dos credores trabalhistas, por força do art. 186 do CTN. Vale dizer, observam-se as *normas procedimentais* da Lei de Executivos Fiscais, o que significa excluir o crédito fiscal de habilitação; mas à distribuição do valor apurado aplicam-se as *normas de direito material* (CC, arts. 957, 958 e 961) que classificam os créditos em disputa e observam-se os respectivos privilégios legais (CTN, art. 186) ao estabelecer a ordem de prioridade a ser observada no pagamento dos credores concorrentes. Preleciona a jurista:[702]

> Em outras palavras, trata-se do reconhecimento do princípio de que a lei especial (Lei de Execuções Fiscais) sobrepõe-se à geral (Lei de Falências) *na aplicação do procedimento* por aquela instituído, passando-se, após, à observância das normas gerais aplicáveis ao processo falimentar e obedecendo-se, inclusive, o disposto no próprio Código Tributário Nacional (art. 186 e seu Parágrafo único).

É de ver que a solução preconizada para a hipótese de falência do devedor também se aplica quando a disputa entre crédito fiscal e crédito trabalhista ocorre perante devedor solvente. "Haverá, então, um concurso de penhoras de natureza particular (e não um concurso universal) entre a Fazenda e o credor trabalhista, devendo aquela – na lição de *Humberto Theodoro Júnior* – respeitar a preferência legal deste no pagamento que se realizar com o produto do bem penhorado por ambos".[703] Também aqui o comando do art. 186 do CTN protagoniza a interpretação sistemática do ordenamento jurídico em aplicação.

Nesse particular, cumpre observar que, ao protagonismo do comando do art. 186 do CTN na regência jurídica da classificação dos créditos, a interpretação sistemática do ordenamento normativo revela confluírem tanto o art. 30 da Lei de Executivos Fiscais quanto o art. 711 do Código de Processo Civil de 1973 (no CPC de 2015, trata-se do art. 908), preceitos que reconduzem o intérprete à diretriz superior de se fazer respeitar, na disputa entre credores, a primazia assegurada aos créditos dotados de privilégio legal pelo direito material (CC, arts. 957, 958 e 961).

Enquanto o art. 30 da LEF afirma que o devedor responde pelo pagamento da Dívida Ativa com a totalidade de seus bens, ressalvando, contudo, que a responsabilidade do devedor é apurada *"sem prejuízo dos privilégios especiais sobre determinados bens, que sejam previstos em lei"* (Lei nº 6.830/80, art. 30, parte final),

---

[702] PEIXOTO, Marcelo Magalhães LACOMBE, Rodrigo Santos Masset (coord.). *Comentários ao Código Tributário Nacional*. São Paulo: Magalhães Peixoto Editora Ltda., 2005, p. 1337.
[703] *Lei de execução fiscal*. 11. ed. São Paulo: Saraiva, 2009, p. 180.

colmatando a lacuna do art. 29 da LEF que teria induzido *Ricardo Mariz de Oliveira* ao equívoco apontado por *Humberto Theodoro Júnior*, o art. 711 do CPC de 1973 colmata a lacuna dos arts. 612 e 613 do CPC de 1973 para esclarecer que o critério cronológico da anterioridade da penhora somente define a ordem de pagamento aos credores se não houver, entre eles, credores detentores de crédito dotado de privilégio legal: "Concorrendo vários credores, o dinheiro ser-lhes-á distribuído e entregue consoante a ordem das respectivas prelações; *não havendo título legal à preferência*, receberá em primeiro lugar o credor que promoveu a execução, cabendo aos demais concorrentes direito sobre a importância restante, observada a anterioridade de cada penhora" (CPC de 1973, art. 711 – sem destaque no original). No CPC de 2015, o preceito do art. 908 corresponde ao art. 711 do CPC de 1973.

Se à compatibilização dos arts. 29 da LEF e 186 do CTN o método sistemático de interpretação faz prevalecer o postulado da unidade do sistema jurídico mediante o resgate de sua coerência interna sob a condução dirigente do comando superior do art. 186 do CTN, o desafio subsequente que a presente pesquisa propõe é responder se à execução trabalhista aplicam-se apenas os preceitos da Lei nº 6.830/80 ou se há um *sistema* legal de executivos fiscais a aplicar à execução trabalhista por força da previsão do art. 889 da CLT.

17.11 A teoria do diálogo das fontes

A teoria do diálogo das fontes formais de direito, concebida por *Claudia Lima Marques* como novo método da teoria geral do direito,[704] constitui um desenvolvimento superior da interpretação sistemática, que, informado por fundamentos axiológicos,[705] opera como fator de harmonização dos diversos ramos do Direito, na perspectiva humanista da realização dos direitos fundamentais previstos na Constituição.[706]

De forma específica ao tema objeto de estudo no presente artigo, é de se registrar que as *três dimensões* da teoria do diálogo das fontes contribuem para responder – positivamente – à pergunta sobre a aplicação do art. 185 do CTN no âmbito do Processo do Trabalho, porquanto a questão examinada mantém interface tanto com o *diálogo sistemático de coerência* quanto com o *diálogo de complementaridade*

---

[704] O 'diálogo das fontes' como método da nova teoria geral do direito: um tributo a Erik Jaime. *In:* MARQUES, Claudia Lima (coord.). *Diálogo das fontes*: do conflito à coordenação de normas do direito brasileiro. São Paulo: RT, 2012, p. 21.

[705] MIRAGEM, Bruno. *Eppur si mouve*: diálogo das fontes como método de interpretação sistemática no direito brasileiro. *In:* MARQUES, Claudia Lima (coord.). *Diálogo das Fontes*: do conflito à coordenação de normas do direito brasileiro. São Paulo: RT, 2012, p. 78.

[706] BENJAMIN Antonio Herman. Prefácio, p. 6. *In:* MARQUES, Claudia Lima (coord.). *Diálogo das fontes*: do conflito à coordenação de normas do direito brasileiroSão Paulo: RT, 2012.

e subsidiariedade e, ainda, com o *diálogo de coordenação e adaptação sistemática*.[707] O diálogo normativo entre diferentes fontes formais de direito tem em *Karl Engisch* um de seus mais importantes defensores.[708] O doutrinador liberta os juristas para uma utilização mais ampla da analogia quando sustenta que "toda a regra jurídica é susceptível de aplicação analógica – não só a lei em sentido estrito, mas também qualquer espécie de estatuto e ainda a norma de Direito Consuetudinário. As conclusões por analogia não têm apenas cabimento dentro do mesmo ramo do Direito, nem tão-pouco dentro de cada Código, mas verificam-se também de um para outro Código e de um ramo do Direito para outro".[709]

Como observa *Élisson Miessa*, no estudo sobre a integração do ordenamento jurídico, "(...) em alguns casos não se faz necessária a aplicação dos critérios hierárquico, cronológico e especial. Isto porque, em determinadas situações, além de não se verificar verdadeiras antinomias, há necessidade de harmonização entre as normas do ordenamento jurídico e não sua exclusão. Nessas hipóteses, faz-se necessária a coordenação das diferentes normas para que ocorra o chamado 'diálogo das fontes', possibilitando uma aplicação 'simultânea, coerente e coordenada das plúrimas fontes legislativas convergentes.' Noutras palavras, no diálogo das fontes, as normas não se excluem, mas se complementam, permitindo uma visão unitária do ordenamento jurídico".[710]

A teoria do diálogo das fontes tem sido acolhida no âmbito da jurisprudência do Superior Tribunal de Justiça, de forma ampla, com a finalidade de preservar a coerência do sistema normativo e na perspectiva de potencializar a efetividade da jurisdição, conforme se recolhe das seguintes ementas:

> A antinomia aparente entre o art. 185-A do CTN (que cuida da decretação da indisponibilidade de bens e direitos do devedor executado) e os artigos 655 e 655-A do CPC (penhora de dinheiro em depósito ou aplicação financeira) é superada com a aplicação da Teoria pós-moderna do Diálogo das Fontes, idealizada pelo alemão Erik Jayme e aplicada, no Brasil, pela primeira vez, por Cláudia Lima Marques, a fim de preservar a coexistência entre o Código de Defesa do Consumidor e o novo Código Civil. Com efeito, consoante a Teoria do Diálogo das Fontes, as normas mais benéficas supervenientes preferem à norma especial (concebida para conferir tratamento privilegiado a determinada categoria), a fim de preservar a coerência do sistema normativo. Deveras, a *ratio essendi* do art. 185-A, do CTN, é erigir hipótese de privilégio do crédito tributário, não se revelando coerente 'colocar o credor privado em situação melhor que o credor público, principalmente no

---

[707] Luciano Athayde Chaves desenvolveu esse tema no artigo "O novo Código de Processo Civil e o processo do trabalho: uma análise sob a óptica do cumprimento da sentença e da execução forçada". O artigo é uma versão adaptada da exposição realizada no I Seminário Nacional sobre a Efetividade da Execução Trabalhista, promovido pelo Conselho Superior da Justiça do Trabalho (CSJT) e pela Escola Nacional de Formação e Aperfeiçoamento de Magistrados do Trabalho (ENAMAT), no dia 7 de maio de 2015. *mimeo*.

[708] Cf. CLAUS, Ben-Hur Silveira. Execução trabalhista: da desconsideração clássica à desconsideração inversa da personalidade jurídica. *Revista do Tribunal Regional do Trabalho da 4ª Região*, Porto Alegre, n. 42, p. 48-73, 2014.

[709] *Introdução ao pensamento jurídico*. 10. ed. Lisboa: Fundação Calouste Gulbenkian, 2008, p. 293.

[710] *Impactos do novo CPC nas súmulas e orientações jurisprudenciais do TST*. Salvador: Juspodivm, 2016, p. 65-66.

que diz respeito à cobrança do crédito tributário, que deriva do dever fundamental de pagar tributos (artigos 145 e seguintes da Constituição Federal de 1988)' (REsp 1.074.228/ MG, Rel. Min. Mauro Campbell Marques, 2ª Turma, j. 07.10.2008, DJe 05.11.2008). Assim, a interpretação sistemática do artigo 185-A do CTN, com os artigos 11, da Lei 6.830/80, e 655 e 655-A do CPC, autoriza a penhora eletrônica de depósitos ou aplicações financeiras independentemente do exaurimento das diligências extrajudiciais por parte do exequente. (STJ – REsp nº 1184765/PA, 1ª Seção, Rel. Min. Luiz Fux, j. 03.12.2010)

PROCESSUAL CIVIL. TRIBUTÁRIO. RECURSO REPRESENTATIVO DA CONTROVÉRSIA. ART. 543-C, DO CPC. APLICABILIDADE DO ART. 739-A DO CPC ÀS EXECUÇÕES FISCAIS. NECESSIDADE DE GARANTIA DA EXECUÇÃO E ANÁLISE DO JUIZ A RESPEITO DA RELEVÂNCIA DA ARGUMENTAÇÃO (*FUMUS BONI IURIS*) E DA OCORRÊNCIA DE GRAVE DANO DE DIFÍCIL OU INCERTA REPARAÇÃO (*PERICULUM IN MORA*) PARA A CONCESSÃO DE EFEITO SUSPENSIVO AOS EMBARGOS DO DEVEDOR OPOSTOS EM EXECUÇÃO FISCAL. 1. A previsão no ordenamento jurídico pátrio da regra geral de atribuição de efeito suspensivo aos embargos do devedor somente ocorreu com o advento da Lei n. 8.953, de 13 de dezembro de 1994, que promoveu a reforma do Processo de Execução do Código de Processo Civil de 1973 (Lei 5.869, de 11 de janeiro de 1973 – CPC/73), nele incluindo o §1º ao art. 739, e inciso I do art. 791. 2. Antes dessa reforma, e inclusive na vigência do Decreto-lei n. 960, de 17 de dezembro de 1938, que disciplinava a cobrança judicial da dívida ativa da Fazenda Pública em todo o território nacional, e do Código de Processo Civil de 1939 (Decreto-lei n. 1.608/39), nenhuma lei previa expressamente a atribuição, em regra, de efeitos suspensivos aos embargos do devedor, somente admitindo-os excepcionalmente. Em razão disso, o efeito suspensivo derivava de construção doutrinária que, posteriormente, quando suficientemente amadurecida, culminou no projeto que foi convertido na citada Lei 8.953/94, conforme o evidencia sua Exposição de Motivos – Mensagem n. 237, de 7 de maio de 1993, DOU de 12.04.1994, Seção II, p. 1696. Sendo assim, resta evidente o equívoco da premissa de que a LEF e a Lei 8.212/91 adotaram a postura suspensiva dos embargos do devedor antes mesmo de essa postura ter sido adotada expressamente pelo próprio CPC/73, com o advento da Lei n. 8.953/94, fazendo tábula rasa da história legislativa. 4. Desta feita, à luz de uma interpretação histórica e dos princípios que nortearam as várias reformas nos feitos da Fazenda Pública e no próprio Código de Processo Civil de 1973, mormente a eficácia material do feito executivo à primazia do crédito público sobre o privado e a especialidade das execuções fiscais, é ilógico concluir que a Lei n. 6.830/80, de 22 de setembro de 1980 – Lei de Execuções Fiscais – LEF e o art. 53, §4º, da Lei n. 8.212, de 24 de julho de 1991 foram em algum momento ou são incompatíveis com a ausência de efeito suspensivo aos embargos do devedor. Isto porque quanto ao regime dos embargos do devedor invocavam – com derrogações específicas sempre no sentido de dar maiores garantias ao crédito público – a aplicação subsidiária do disposto no CPC/73 que tinha redação dúbia a respeito, admitindo diversas interpretações doutrinárias. 5. Desse modo, tanto a Lei n. 6.830/80 – LEF quanto o art. 53, §4º, da Lei n. 8.212/91 não fizeram a opção por um ou por outro regime, isto é, são compatíveis com a atribuição de efeitos suspensivo ou não aos embargos do devedor. Por essa razão, não se incompatibilizam com o art. 739-A do CPC/73 (introduzido pela Lei n. 11.382/2006) que condiciona a atribuição de efeitos suspensivos aos embargos do devedor a três requisitos: apresentação de garantia; verificação pelo juiz da relevância da fundamentação (*fumus boni iuris*) e perigo de dano irreparável ou de difícil reparação (*periculum in mora*). 6. Em atenção ao princípio da especialidade da LEF, mantido com a reforma do CPC/73, a nova redação do art. 736 do CPC, dada pela Lei n. 11.382/2006 – artigo que dispensa a garantia como condicionante dos embargos – não se aplica às execuções fiscais diante de dispositivo específico, qual seja, o art. 16, §1º, da Lei n. 6.830/80, que exige expressamente a garantia para a apresentação dos embargos à execução fiscal. 7. Muito embora por fundamentos variados – ora fazendo uso da interpretação sistemática da LEF e do CPC, ora trilhando o inovador caminho da teoria do 'Diálogo das Fontes', ora utilizando-se de interpretação histórica dos dispositivos (o que se faz agora) – essa conclusão tem sido a alcançada pela jurisprudência predominante, conforme ressoam os seguintes precedente de ambas as Turmas deste Superior Tribunal de Justiça. (...). Recurso especial provido. Acórdão submetido ao regime do art. 543-C, do CPC, e da Resolução STJ n. 8/2008". (REsp nº 1272827/PE, Rel. Ministro Mauro Campbell Marques, 1ª Seção, j. 22.05.2013, DJe 31.05.2013).

Tem razão *Luciano Athayde Chaves* quando critica a resistência do TST em assimilar a teoria do diálogo das fontes na vigência do CPC de 1973.[711] Essa resistência, que se manifestou sobretudo no âmbito da execução trabalhista, pode vir a ser superada, se o Tribunal Superior do Trabalho acolher com amplitude o conceito de aplicação supletiva previsto no art. 15 do CPC de 2015. Nada obstante o diálogo das fontes proposto no presente estudo tenha por objeto o tema específico da fraude à execução trabalhista mediante a assimilação do art. 185 do CTN pelo Processo do Trabalho, não há dúvida de que o advento de um novo diploma legal, aberto à assimilação da teoria do diálogo das fontes, conforme a produtiva lição de *Carlos Henrique Bezerra Leite*,[712] opera como um alento hermenêutico tanto para o TST fazer evoluir sua jurisprudência acerca da execução quanto para que se receba com abertura a proposta aqui defendida.

17.12 A aplicação do *sistema* legal dos executivos fiscais à execução trabalhista: uma proposta de diálogo das fontes

À primeira vista, pode parecer que a incidência subsidiária prevista no art. 889 da CLT estaria limitada a aplicarem-se à execução trabalhista apenas os dispositivos da Lei de Executivos Fiscais. A interpretação literal do art. 889 da CLT poderia conduzir a essa estrita compreensão do preceito. Entretanto, mais do que aplicar à execução trabalhista apenas os dispositivos da Lei de Executivos Fiscais, a necessidade de potencializar o direito fundamental à tutela jurisdicional efetiva (CF, art. 5º, XXXV) tem fomentado interpretação extensiva do comando do art. 889 da CLT, na perspectiva de se compreender que todo o *sistema* dos executivos fiscais seria aplicável à execução trabalhista.[713]

---

[711] "O novo Código de Processo Civil e o processo do trabalho: uma análise sob a óptica do cumprimento da sentença e da execução forçada". O artigo é uma versão adaptada da exposição realizada no I Seminário Nacional sobre a Efetividade da Execução Trabalhista, promovido pelo Conselho Superior da Justiça do Trabalho (CSJT) e pela Escola Nacional de Formação e Aperfeiçoamento de Magistrados do Trabalho (ENAMAT), no dia 7 de maio de 2015. *mimeo*, p. 6.

[712] *Curso de Direito Processual do Trabalho*. 14. ed. São Paulo: Saraiva, 2016, p. 125-126.

[713] Sem prejuízo da aplicação subsidiária do CPC quando mais apta a fazer realizar a efetividade da execução prometida tanto na legislação ordinária (CLT, art. 765) quanto na legislação constitucional (CF, art. 5º, XXXV). Essa assertiva não é inovadora. A jurisprudência já atua no sentido de sobrepor algumas regras processuais

Se pode ser controvertida a proposta de conferir interpretação extensiva ao art. 889 da CLT, parece razoável considerar que da teoria jurídica recolhe-se o reconhecimento implícito de que os executivos fiscais constituem um *sistema*. Se a própria natureza sistemática ínsita ao ordenamento jurídico em geral é indicativo teórico de que também os executivos fiscais em particular podem ser compreendidos enquanto *sistema,* uma percepção ainda mais clara de que se estaria a tratar de *um sistema de execução fiscal* pode ser haurida da relação de coordenação e complementaridade existente entre os diplomas legais incidentes na matéria, como ressalta Humberto Theodoro Júnior nas sucessivas edições de sua clássica obra *Lei de execução fiscal*.

Já na introdução a essa obra, o jurista mineiro adota a precaução científica de sublinhar o fato de que seus comentários à Lei nº 6.830/80 não poderiam ser desenvolvidos sem o necessário recurso aos preceitos do Código Tributário Nacional correlatos à execução fiscal, deixando implícita a consideração de que os executivos fiscais, por conformarem-se à interpretação imposta pelo CTN, constituiriam um verdadeiro *sistema*. Essa implícita consideração parece decorrer da mencionada advertência com a qual o autor inaugura seus comentários:[714]

> Também, os dispositivos do Código Tributário Nacional serão colocados em confronto com o texto da nova Lei, sempre que se fizer aconselhável para a melhor interpretação das regras que comandam o processo da execução judicial da Dívida Ativa.

O fato de a Exposição de Motivos nº 223 da Lei nº 6.830/80 fazer remissão ao Código Tributário Nacional diversas vezes também sugere a relação de coordenação e de complementaridade com qual o CTN conforma a Lei de Executivos Fiscais, a indicar a conformação de um verdadeiro *sistema de executivos fiscais,* complementado pela aplicação subsidiária do CPC (Lei nº 6.830/80, art. 1º), sistema esse que encontra na sua compatibilidade com a Constituição Federal o fundamento de sua validade na ordem jurídica nacional.

No âmbito da teoria jurídica do processo do trabalho, a doutrina *Luciano Athayde Chaves* também parece sugerir a existência desse sistema de execução fiscal, na medida em que o processualista sustenta, com fundamento na interpretação sistemática do art. 186 do Código Tributário Nacional ao processo do trabalho, a aplicação da medida legal de indisponibilidade de bens prevista no art. 185-A

---

comuns às trabalhistas sempre que aquelas se mostrarem mais efetivas, no escopo de fazer justiça, à moda do Tribunal Constitucional da Espanha, que enunciou o dever dos juízes de promover e colaborar ativamente para a realização da efetividade da tutela jurisdicional. Esse dever, segundo a corte espanhola, é um dever jurídico-constitucional, uma vez que os juízes e tribunais têm a "obrigação de proteção eficaz do direito fundamental" (BERNAL, Francisco Chamorro. *La Tutela Judicial Efectiva*: Derechos y garantias procesales derivados del artículo 24.1 de La Constitución. Barcelona: Bosch, 1994, p. 329).

[714] *Lei de execução fiscal.* 11. ed. São Paulo: Saraiva, 2009, p. 3; sem grifo no original.

do CTN à execução trabalhista.⁷¹⁵ Em outras palavras, ao sustentar a aplicação subsidiária de providência legal não prevista na Lei nº 6.830/90 – a respectiva previsão legal consta do Código Tributário Nacional⁷¹⁶ – à execução trabalhista com suporte jurídico no art. 186 do CTN, o jurista parece estar a reconhecer implicitamente a existência desse *sistema* de executivos fiscais, cuja incidência subsidiária ao processo do trabalho alicerça-se no solo hermenêutico em que se conformará então a necessidade de conferir interpretação extensiva à norma do art. 889 da CLT, na perspectiva da promoção da efetividade da jurisdição trabalhista (CF, art. 5º, XXXV; CLT, art. 765).

A jurisprudência trabalhista tem reconhecido a juridicidade da aplicação da medida legal de indisponibilidade de bens capitulada no art. 185-A do CTN ao processo do trabalho, autorizando o entendimento de que, mais do que apenas os preceitos da Lei nº 6.830/80, também preceitos do CTN correlatos à execução fiscal aplicam-se à execução trabalhista, o que parece corroborar a ideia de que há mesmo um *sistema de executivos fiscais* e que é todo esse sistema que ingressa no âmbito da execução trabalhista pelas portas abertas pelo permissivo do art. 889 da CLT. A seguinte ementa é ilustrativa dessa perspectiva de interpretação extensiva:

> CONTRIBUIÇÕES PREVIDENCIÁRIAS. IMPOSSIBILIDADE DE PROSSEGUIMENTO REGULAR DA EXECUÇÃO. APLICAÇÃO DO ART. 185-A DO CTN. A ausência de bens em nome do executado constitui justamente o pressuposto para a determinação de indisponibilidade de bens, nos termos do disposto no *caput* do novel art. 185-A do Código Tributário Nacional. Trata-se, enfim, de medida a ser tomada na hipótese de impossibilidade de prosseguimento regular da execução, servindo como garantia de que bens futuros possam ser objeto de apreensão judicial. Isto é o que, aliás, está preceituado, há muito tempo, no art. 591 do CPC, que registra que 'o devedor responde, para o cumprimento de suas obrigações, com todos os seus bens presentes e futuros, salvo as restrições estabelecidas em lei.' O art. 646 do mesmo Diploma de Lei respalda este entendimento, na medida em que fixa que 'a execução por quantia certa tem por objeto expropriar bens do devedor, a fim de satisfazer o direito do credor (art. 591).' Veja-se, com isto, que, mais que se discutir sobre a perspectiva da moralidade – dar efetividade à jurisdição conferida à parte – tem-se uma questão de interpretação literal do texto de lei, não sendo demais praticar atos expropriatórios contra quem se nega, mesmo que seja forçado, a cumprir o que lhe foi determinado por sentença. A expropriação não se traduz em ato brutal contra o devedor e, muito menos, a decretação de indisponibilidade dos seus bens futuros, já que, quanto a estes, não há, nem mesmo, a suposição de que são essenciais à sobrevivência, não fazendo parte do que é esperado pelo devedor, diariamente. Cumpre ressaltar que o Direito Processual Moderno – especialmente, o do Trabalho – admite este

---

⁷¹⁵ Ferramentas eletrônicas na execução trabalhista. *In:* CHAVES, Luciano Athayde (org.).*Curso de processo do trabalho*. São Paulo: LTr, 2009, p. 968.

⁷¹⁶ Atualmente, a medida legal de indisponibilidade de bens pode ser ordenada pelo magistrado mediante comando eletrônico por meio da Central Nacional de Indisponibilidade de Bens – CNIB, providência que representa considerável aporte à efetividade da execução, na medida em que atinge bens imóveis registrados em nome do executado em todo o território nacional. O comando de indisponibilidade é realizado mediante informação do CNPJ/CPF do executado. Para mais informações, consultar o Provimento CNJ nº 39/2014 da Corregedoria Nacional de Justiça (CNJ) e o *site* http://www.indisponibilidade.org.br.

tipo de procedimento. O juiz tem de buscar os bens do devedor e a efetividade da justiça, que deve ser buscada. (TRT3 (MG) – AP-00264-1995-038-03-00-0, Terceira Turma, Rel. Milton Vasques Thibau de Almeida, data de publicação: 05.08.2006, *DJMG*)

Parece razoável concluir, portanto, que os executivos fiscais constituem propriamente um *sistema*,[717] conformado pela Lei de Executivos Fiscais (Lei nº 6.830/80), pelo Código Tributário Nacional (Lei nº 5.172/66), pelo CPC de aplicação subsidiária à LEF (Lei nº 6.830/80, art. 1º) e pela Constituição Federal, essa última a conferir validade a todo o *sistema de executivos fiscais*.

Assimilada a ideia de que os executivos fiscais constituem verdadeiramente um *sistema*, é razoável concluir então que esse sistema – *e não apenas os preceitos da Lei nº 6.830/80* – aplica-se subsidiariamente à execução trabalhista, por força da previsão do art. 889 da CLT, preceito a ser compreendido em interpretação extensiva.[718] Essa conclusão acaba por colocar a relevante questão de saber se, na omissão da Consolidação das Leis do Trabalho sobre a matéria de fraude à execução (CLT, arts. 769 e 889), aplicar-se-ia ao processo do trabalho o regime jurídico especial da fraude à execução fiscal previsto no art. 185 do CTN.[719] A aplicação da teoria do diálogo das fontes contribui para se responder – positivamente – à pergunta sobre a aplicação do art. 185 do CTN à execução trabalhista.

17.13 A jurisprudência do STJ acerca da aplicação da Súmula nº 375: fraude à execução fiscal *x* fraude à execução civil

Em 30.03.2009, o Superior Tribunal de Justiça editou a Súmula nº 375, fixando importante diretriz acerca do instituto da fraude à execução, com o seguinte enunciado: "O reconhecimento da fraude à execução depende do registro da penhora do bem alienado ou da prova da má-fé do terceiro adquirente".

A diretriz da Súmula nº 375 do STJ é controvertida, na medida em que tutela a posição jurídica do terceiro de boa-fé à custa da posição jurídica do credor-exequente, estimulando – involuntariamente, é certo – indireta desconstituição

---

[717] Francisco Antonio de Oliveira sugere essa ideia de *sistema* quando, ao afirmar que a indisponibilidade de bens prevista no §1º do art. 53 da Lei nº 8.212/91 não exclui os respectivos bens da execução trabalhista, sustenta que esse preceito da Lei de Custeio da Previdência Social deve ser interpretado " em consonância com o art. 100 da CF, o art. 29 da Lei 6.830/80 (LEF) e os arts. 186 e 187 do CTN, *os quais informam sobre a execução trabalhista (art. 889, da CLT)*". (Cf. *Execução na Justiça do Trabalho*. 6. ed. São Paulo: RT, 2008, p. 196 – sem grifo no original).

[718] De acordo com o ensinamento de Luís Roberto Barroso, a interpretação extensiva tem cabimento diante de situação em que o legislador disse menos, quando queria dizer mais. Nesse caso, a correção da imprecisão linguística do dispositivo legal ocorre então mediante a adoção de " uma interpretação extensiva, com o alargamento do sentido da lei, pois este ultrapassa a expressão literal da norma (*Lex minus scripsit quam voluit*)". (Cf. *Interpretação e aplicação da Constituição*. 7. ed. São Paulo: Saraiva, 2010, p. 125)

[719] Observadas as adaptações necessárias. Entre elas, a distinta definição do marco temporal a partir do qual se configura a fraude à execução trabalhista.

do princípio da responsabilidade patrimonial do executado (CPC de 1973, art. 591; CPC de 2015, art. 789). Com isso, estimula o executado à prática da fraude patrimonial, em conduta de autotutela. Conforme foi observado por *Manoel Antonio Teixeira Filho* em análise crítica à Súmula nº 375 do STJ, "a orientação jurisprudencial cristalizada nessa Súmula estimula as velhacadas do devedor ao tornar mais difícil a configuração do ilícito processual da fraude à execução".[720]

Deveras, consoante já foi ponderado alhures, ao executado, em face dos termos da S-375-STJ, certamente ocorrerá alienar seus bens antes do registro da penhora. Fará isso intuitivamente para não perder seus bens; alienará seus bens e desviará o dinheiro apurado. Como o terceiro adquirente terá êxito nos embargos de terceiro em face da aplicação da diretriz da Súmula nº 375 do STJ, o executado se safará ileso, sem ter que assumir perante o terceiro adquirente a responsabilidade regressiva que decorreria da declaração de ineficácia jurídica da alienação realizada em prejuízo ao credor. A experiência ordinária fartamente revela essa conduta de autotutela dos executados em geral e não apenas dos devedores contumazes, uma vez que desviar imóveis e veículos é muito mais difícil do que desviar o dinheiro apurado com a alienação particular dos bens.[721] Não há exagero quando *Manoel Antonio Teixeira Filho* perscruta na S-375-STJ estímulo à desonestidade do devedor – embora o estímulo seja involuntário.

Até o advento do Recurso Especial nº 1.141.990-PR, julgado pela 1ª Seção, tendo como Relator o Min. Luiz Fux, *DJe* 19-11-2010, a jurisprudência do Superior Tribunal de Justiça oscilava na aplicação da Súmula nº 375 do STJ à execução fiscal.

No julgamento do referido recurso, realizado sob o rito do regime dos recursos repetitivos representativos de controvérsia (CPC de 1973, art. 543-C),[722] o Superior Tribunal de Justiça definiu a sua jurisprudência acerca da aplicabilidade da Súmula nº 375 do STJ na hipótese de fraude à execução, estabelecendo posicionamento distinto *conforme a modalidade de fraude à execução* caracterizada no caso concreto, a partir de distinção estabelecida entre *fraude à execução fiscal* e *fraude à execução civil*, nos seguintes termos:

a) *inaplicabilidade* da Súmula nº 375 do STJ *à execução fiscal;*

b) *aplicabilidade* da Súmula nº 375 do STJ *à execução civil.*

---

[720] *Execução no processo do trabalho.* 11. ed. São Paulo: LTr, 2013, p. 19. O autor sustenta a incompatibilidade da S-375-STJ com o processo do trabalho, ponderando ser da tradição jurídica considerar-se que a fraude à execução caracteriza-se pelos fatos objetivos da alienação do bem e da consequente insolvência do devedor, com presunção de má-fé do devedor. Na sequência, argumenta que o art. 593 do CPC não exige o registro da penhora ou má-fé do terceiro adquirente para a configuração de fraude à execução; e recusa se transferir ao credor o ônus da prova quanto à existência de má-fé do terceiro adquirente, por ser ônus probatório de difícil atendimento.

[721] FIOREZE, Ricardo; CLAUS, Ben-Hur Silveira. Execução efetiva: A aplicação da averbação premonitória do art. 615-A do CPC ao processo do trabalho, de ofício. *Justiça do Trabalho*, Porto Alegre, HS Editora, n. 366, p. 8, nota 37, jun. 2014.

[722] STJ-REsp nº 1.141.990-PR, 1ª Seção, Relator Min. Luiz Fux, *DJe* 19-11-2010.

No item 17.5 da ementa do acórdão proferido no julgamento do referido REsp nº 1.141.990-PR, identifica-se a distinção de tratamento conferido à fraude à execução fiscal, na comparação com a fraude à execução civil, na diferença de qualidade do interesse jurídico tutelado em cada uma das modalidades de fraude:

> 5. A diferença de tratamento entre a fraude civil e a fraude fiscal justifica-se pelo fato de que, na primeira hipótese, afronta-se interesse privado, ao passo que na segunda, interesse público, porquanto o recolhimento de tributos serve à satisfação das necessidades coletivas.

A distinção estabelecida pelo STJ partiu da premissa de que na fraude à execução fiscal há afronta a interesse público, que justifica sujeitá-la ao *regime jurídico especial do art. 185 do CTN*,[723] sendo irrelevante, então, a boa-fé do terceiro adquirente. Daí a conclusão de ser inaplicável a S-375-STJ à execução fiscal. Nesse caso, subsistirá a penhora do bem alienado e eventuais embargos do terceiro adquirente serão rejeitados, prosseguindo-se a execução fiscal com o leilão do bem e o pagamento do credor tributário.

Já no caso de *fraude à execução civil*, em que a execução se sujeita ao *regime jurídico geral do art. 593, II, do CPC de 1973*,[724] o STJ considerou existente afronta a *interesse privado*, fundamento pelo qual concluiu não haver presunção absoluta de fraude, situação em que a boa-fé do terceiro adquirente descaracteriza o ilícito. Daí a conclusão de ser aplicável a S-375-STJ à execução civil. Nesse caso, não subsistirá a penhora do bem alienado, e eventuais embargos do terceiro adquirente serão acolhidos, com livramento do bem constrito.

Pode-se argumentar que a parte final S-375-STJ abre à possibilidade de que a penhora venha a subsistir e de que os embargos de terceiros venham a ser rejeitados caso o credor prejudicado logre comprovar que o terceiro adquirente tinha conhecimento da existência da demanda quando da aquisição do bem do executado.[725] De fato, a parte final da súmula – "ou da prova da má-fé do terceiro adquirente" – opera como uma espécie de válvula de escape à restrição que a S-375-STJ impõe à esfera jurídica do credor-exequente civil. Entretanto, o ônus da prova ali atribuído ao credor-exequente é de tão difícil atendimento que, se não evoca a figura da chamada prova diabólica, remete o intérprete a perguntar-se sobre a razoabilidade da atribuição desse ônus de prova ao credor em sistema processual que reputa nula a convenção que distribui de

---

[723] No item 1 da ementa, o STJ começa por afirmar que a lei especial prevalece sobre a lei geral, numa referência à prevalência do *regime jurídico especial do art. 185 do CTN* sobre *regime jurídico geral do art. 593, II, do CPC*, no que respeita à regência jurídica da fraude à execução.
[724] No CPC de 2015, o regime geral de fraude à execução está previsto no art. 792, IV.
[725] Na inteligência S-375-STJ, reputa-se verificada a má-fé do terceiro adquirente quando comprovado que esse tinha ciência da existência da demanda contra o executado à época da aquisição do bem.

maneira diversa o ônus da prova quando tornar excessivamente difícil a uma parte o exercício do direito (CPC de 1973, art. 333, parágrafo único, II; CPC de 2015, art. 373, §3º, II).

Daí a importância – no combate à fraude de execução – do resgate do instituto da hipoteca judiciária, mediante subsidiária aplicação de ofício dessa medida legal pelo juiz do trabalho na sentença,[726] orientação assumida por *Manoel Antonio Teixeira Filho* na 11ª edição de sua obra clássica *Execução no processo do trabalho*, a primeira edição posterior ao advento da Súmula nº 375 do STJ.[727] Conforme interpretação extensiva do instituto, a hipoteca judiciária poderá recair inclusive sobre bens móveis.[728] Também de ofício, o magistrado poderá se utilizar de outras duas medidas legais correlatas que ingressam subsidiariamente no processo do trabalho pelas portas que lhes abrem os arts. 769 e 889 da CLT:

a) fazer registrar averbação premonitória da existência de ação trabalhista contra o demandado nos órgãos de registro de propriedade de bens (CPC de 1973, art. 615-A; CPC de 2015, art. 828);[729]

b) fazer registrar ordem de indisponibilidade de bens do executado nos órgãos de registro de propriedade de bens (CTN, art. 185-A).[730]

A orientação adotada no julgamento realizado sob o rito do regime dos recursos repetitivos representativos de controvérsia no REsp nº 1.141.990-PR uniformizou a jurisprudência do STJ na matéria, conforme exemplificam os julgamentos posteriores realizados nos seguintes processos: AgRg no REsp nº 241.691-PE, Relator Min. Humberto Martins, 2ª Turma, publicado em 04.12.2012; REsp nº 1.347.022-PE, Relator Min. Castro Meira, 2ª Turma, publicado em 10.04.2013; AgRg no REsp nº 289.499-DF, Relator Min. Napoleão Nunes Maia Filho, 1ª Turma, publicado em 24.04.2013; AgRg no REsp nº 212.974-AL, Rel. Min. Eliana Calmon, 2ª Turma, publicado em 29.11.2013. Essa orientação consolidou-se em definitivo, na medida em que o Supremo Tribunal Federal nega seguimento ao respectivo recurso extraordinário: o exame da matéria de

---

[726] CLAUS, Ben-Hur Silveira. Hipoteca judiciária: a (re)descoberta do instituto diante da Súmula 375 do STJ – Execução efetiva e atualidade da hipoteca judiciária. *In Revista do Tribunal Regional do Trabalho da 4ª Região*, Porto Alegre, HS Editora, n. 41, p. 45-60, 2013.

[727] *Execução no processo do trabalho.* 11. ed. São Paulo: LTr, 2013, p. 201/2: "Considerando que o nosso entendimento quanto à inaplicabilidade da Súmula n. 375, do STJ, ao processo do trabalho possa não vir a ser aceito, seria o caso de valorizar-se a hipoteca judiciária de que trata o art. 466, do CPC".

[728] BORGES, Aline Veiga; CLAUS, Ben-Hur Silveira. Hipoteca judiciária sobre bens não elencados no art. 1.473 do Código Civil – A efetividade da jurisdição como horizonte hermenêutico. *Suplemento Trabalhista*, São Paulo, LTr, n. 059, p. 267-72, 2014.

[729] FIOREZE, Ricardo; CLAUS, Ben-Hur Silveira. Execução efetiva: A aplicação da averbação premonitória do art. 615-A do CPC ao processo do trabalho, de ofício. *In Justiça do Trabalho*, Porto Alegre, HS Editora, n. 366, p. 7-29, jun, 2014.

[730] CLAUS, Ben-Hur Silveira. A aplicação da medida legal de indisponibilidade de bens prevista no art. 185-A do CTN à execução trabalhista: uma boa prática a serviço do resgate da responsabilidade patrimonial futura. *In Revista do TRT da 8ª Região*, n. 92, p. 111-18, 2014.

fraude à execução implicaria análise de legislação infraconstitucional (CPC e CTN),[731] não se configurando nessa matéria a contrariedade à Constituição que o art. 102, III, "a", da CF estabelece como pressuposto ao conhecimento de recurso extraordinário (STF – AI nº 712245-RS, Relatora Min. Ellen Gracie, publicado em 27.03.2010; STF – ARE nº 793809-PE, Relator Min. Roberto Barroso, publicado em 05.09.2014).

Analisada a jurisprudência do Superior Tribunal de Justiça acerca da aplicabilidade da Súmula nº 375 e a distinção estabelecida entre fraude à execução fiscal e fraude à execução civil, cumpre saber se é aplicável ao processo do trabalho o regime jurídico especial da fraude à execução fiscal previsto no art. 185 do CTN.

É positiva nossa resposta, tendo por fundamento a aplicação analógica[732] da orientação jurisprudencial adotada no precitado acórdão STJ, REsp nº 1.141.990-PR. Concorre, ainda, para tal aplicação analógica a inflexão da interpretação sistemática do art. 186 do CTN que se impõe ao intérprete nesse tema, submetido que está ao cânone hermenêutico da lógica da não contradição com o qual o método sistemático de interpretação se impõe à racionalidade jurídica, por força de sua "prioridade lógica com respeito a outros critérios interpretativos" (*Pietro Merola Chiercia*).[733]

A recusa a essa conclusão significaria dar ao crédito tributário tutela jurídica superior àquela assegurada ao crédito trabalhista. Com efeito, recusar essa conclusão importaria indireta – mas inequívoca – preterição do crédito trabalhista pelo crédito tributário, em contradição lógico-sistemática à previsão do art. 186 do Código Tributário Nacional, preceito de *direito material* cujo comando acabaria por ser obliquamente violado. A preterição do crédito trabalhista pelo crédito tributário expressar-se-ia no grau inferior de tutela jurídica que então seria atribuído ao crédito trabalhista por força de seu enquadramento no regime jurídico geral de fraude à execução previsto no art. 593, II, do CPC de 1973 (CPC de 2015, art. 792, IV), regime jurídico no qual a jurisprudência do STJ exclui a presunção absoluta de fraude, submetendo o credor civil à restritiva diretriz da Súmula nº 375 do STJ.

A questão faz lembrar a doutrina de *Francisco Antonio de Oliveira* acerca de dois problemas jurídicos correlatos cuja solução o jurista constrói pela sistemática

---

[731] Cf. BEBBER, Júlio César. *Recursos no processo do trabalho*. 2. ed. São Paulo: LTr, 2009, p. 344.

[732] Ovídio Baptista da Silva, assíduo leitor de Karl Engisch e Arthur Kaufmann, rompe os grilhões que negam aos juristas o recurso à analogia: "Ao socorrer-nos, na exposição precedente, das lições dos grandes filósofos do Direito contemporâneo, tivemos a intenção de mostrar que, como diz Kaufmann, a analogia não deve ser utilizada apenas como um instrumento auxiliar, de que o intérprete possa lançar mão, para a eliminação das lacunas. Ao contrário, o raciocínio jurídico será sempre analógico, por isso que as hipóteses singulares nunca serão entre si idênticas, mas apenas 'afins na essência'". (*Processo e ideologia*: o paradigma racionalista. Rio de Janeiro: Forense, 2004, p. 285).

[733] *L'interpretazione sistemática della Constituzione*. Padova: CEDAM, 1978, p. 243 e s.

interpretação do mesmo preceito legal. O primeiro problema jurídico é saber se lícito ao credor hipotecário obter a adjudicação de bem quando concorre com credor trabalhista. Na solução desse problema jurídico, é o art. 186 do CTN que o jurista invoca para fundamentar o entendimento de que não é dado ao credor hipotecário obter a adjudicação quando há disputa com credor trabalhista.[734] Ao recusar juridicidade à pretensão do credor hipotecário, *Francisco Antonio de Oliveira* obtempera "que a tanto se opõe a preferência do crédito trabalhista (art. 186, CTN)", explicitando sua conclusão nestes termos:

> A permissão legal (art. 1.483, parágrafo único) somente terá lugar em se cuidando de execução que não envolva créditos preferenciais (acidentário – art. 83, I, Lei 11.101/2005 (LF) –, trabalhista e executivos fiscais), pena de frustrar-se a execução.[735]

O segundo problema consiste em definir o alcance da medida legal de indisponibilidade de bens prevista na Lei de Custeio da Previdência Social perante o credor trabalhista. Quando afirma que os bens declarados indisponíveis pelo §1º do art. 53 da Lei nº 8.212/91 não estão excluídos da execução trabalhista, a doutrina de *Francisco Antonio de Oliveira* está fundada no método sistemático de interpretação do ordenamento jurídico, porquanto o jurista subordina o preceito da Lei de Custeio da Previdência Social ao comando superior do art. 186 do CTN. Outrossim, alarga a interpretação sistemática à consideração do art. 100, §1º, da Constituição Federal, trazendo à ponderação a natureza alimentícia que a própria Constituição reconhece ao crédito trabalhista.

Com efeito, caso a aplicação da norma do §1º do art. 53 da Lei nº 8.212/91 pudesse excluir – por força de sua interpretação literal e isolada – da execução trabalhista os bens tornados indisponíveis em execução previdenciária, estaríamos então diante de contradição lógico-sistemática caracterizada pela indireta preterição do privilégio do crédito trabalhista em favor do crédito previdenciário, com subversão à ordem preferencial dos créditos estabelecida no Direito Brasileiro (CC, arts. 957, 958 e 961; CTN, art. 186).

Essa contradição lógico-sistemática instalaria uma crise no ordenamento jurídico cuja superação somente poderia ser alcançada mediante o restabelecimento da coerência interna do conjunto normativo conduzida pelo método sistemático de interpretação do ordenamento jurídico, de modo a, harmonizando as partes ao todo, restaurar a unidade do sistema jurídico mediante o resgate de sua unitária estrutura hierárquica. A didática lição do processualista paulista justifica a reprodução do argumento:[736]

---

[734] Na verdade, quando há disputa com credor dotado de privilégio superior ao credor hipotecário.
[735] *Execução na Justiça do Trabalho*. 6. ed. São Paulo: RT, 2008, p. 163.
[736] *Execução na Justiça do Trabalho*. 6. ed. São Paulo: RT, 2008, p. 196.

Dispõe a Lei 8.212, de 24.07.1991, art. 53, que, 'na execução judicial da dívida ativa da União, suas autarquias e fundações públicas, será facultado ao exeqüente indicar bens à penhora, a qual será efetivada concomitantemente com a citação inicial do devedor. §1º. Os bens penhorados nos termos deste artigo ficam desde logo indisponíveis.' Evidentemente, referidos preceitos deverão ser interpretados em consonância com o art. 100 da CF, o art. 29 da Lei 6.830/80 (LEF) e os arts. 186 e 187 do CTN, os quais informam sobre a execução trabalhista (art. 889, da CLT). Vale dizer, a 'indisponibilidade' de que fala o §1º retrocitado diz respeito àqueles créditos cuja preferência não esteja acima do crédito tributário. (...) Mirando-se por outra ótica, tem-se que a 'indisponibilidade' de que fala a lei diz respeito ao proprietário. Os bens declarados indisponíveis pela Lei 8.212/91 não estão e não poderiam estar alijados da execução trabalhista. Essa não foi a *mens legislatoris* e não poderia sê-lo em face do superprivilégio e da natureza jurídica do crédito trabalhista.

Com efeito, somente uma resposta positiva à pergunta acerca da aplicabilidade do regime jurídico especial da fraude à execução fiscal previsto no art. 185 do CTN à execução trabalhista pode conferir sentido à seguinte passagem do item 4 da Exposição de Motivos nº 223 da Lei nº 6.830/80, na qual o legislador dos executivos fiscais, logo após sublinhar o predomínio de interesse público na realização do crédito tributário, afirma que "nenhum outro crédito deve ter, *em sua execução judicial, preferência, garantia* ou *rito processual* que supere os do crédito público, à exceção de alguns créditos trabalhistas" (grifamos).

À construção sistemática semelhante seria conduzido o Superior Tribunal de Justiça quando defrontado com o desafio hermenêutico de superar a aparente antinomia existente entre o art. 185-A do CTN (indisponibilidade de bens e direitos do devedor executado) e os arts. 655 e 655-A do CPC de 1973 (penhora de dinheiro em depósito ou aplicação financeira). Enquanto ao credor comum se assegura a tutela jurídica da penhora eletrônica de depósitos ou aplicações financeiras independentemente do exaurimento das diligências extrajudiciais por parte do exequente (CPC de 1973, arts. 655 e 655-A), ao credor tributário não se assegurava essa tutela jurídica desde logo, exigindo-se-lhe o exaurimento de tais diligências para só depois poder chegar à penhora eletrônica de numerário. Isso nada obstante o privilégio legal que o ordenamento jurídico confere ao crédito tributário no art. 186 do CTN.

Diante da necessidade de preservar a coerência do sistema normativo, o STJ recorreu à aplicação da *Teoria do Diálogo das Fontes*, que visa a harmonizar preceitos de diplomas legais distintos, para concluir que a interpretação sistemática do artigo 185-A do CTN, com os artigos 11, da Lei 6.830/80, e 655 e 655-A do CPC de 1973, autoriza a penhora eletrônica de depósitos ou aplicações financeiras independentemente do exaurimento das diligências extrajudiciais por parte do credor fiscal, porquanto se faltaria à coerência sistemática ao dar a credor comum tutela jurídica superior àquela dada a credor privilegiado por norma de direito material (CTN, art. 186).

A reprodução da ementa do acórdão justifica-se em razão da consistência de sua fundamentação e visa a permitir ao leitor avaliar se de fato há semelhança entre a construção sistemática proposta no presente estudo e a construção sistemática adotada no referido julgamento do Superior Tribunal de Justiça. Eis a ementa do acórdão:

> A antinomia aparente entre o art. 185-A do CTN (que cuida da decretação da indisponibilidade de bens e direitos do devedor executado) e os artigos 655 e 655-A do CPC (penhora de dinheiro em depósito ou aplicação financeira) é superada com a aplicação da Teoria pós-moderna do Diálogo das Fontes, idealizada pelo alemão Erik Jayme e aplicada, no Brasil, pela primeira vez, por Cláudia Lima Marques, a fim de preservar a coexistência entre o Código de Defesa do Consumidor e o novo Código Civil. Com efeito, consoante a Teoria do Diálogo das Fontes, as normas mais benéficas supervenientes preferem à norma especial (concebida para conferir tratamento privilegiado a determinada categoria), a fim de preservar a coerência do sistema normativo. Deveras, a *ratio essendi* do art. 185-A, do CTN, é erigir hipótese de privilégio do crédito tributário, não se revelando coerente 'colocar o credor privado em situação melhor que o credor público, principalmente no que diz respeito à cobrança do crédito tributário, que deriva do dever fundamental de pagar tributos (artigos 145 e seguintes da Constituição Federal de 1988)' (REsp 1.074.228/ MG, Rel. Min. Mauro Campbell Marques, 2ª Turma, j. 07.10.2008, DJe 05.11.2008). Assim, a interpretação sistemática do artigo 185-A do CTN, com os artigos 11, da Lei 6.830/80, e 655 e 655-A do CPC, autoriza a penhora eletrônica de depósitos ou aplicações financeiras independentemente do exaurimento das diligências extrajudiciais por parte do exequente (STJ – REsp nº 1184765/PA, 1ª Seção, Relator Min. Luiz Fux, j. 03.12.2010)

As razões expostas conduzem à conclusão de que relegar a fraude à execução trabalhista ao regime jurídico geral do art. 593, II, do CPC de 1973 (CPC de 2015, art. 792, IV), enquadrando-a na modalidade geral de fraude à execução civil, significaria negar – ainda que indiretamente – a primazia do crédito trabalhista sobre o crédito fiscal prevista no art. 186 do CTN. Para restabelecer a primazia do crédito trabalhista sobre o crédito fiscal também no relevante tema da fraude à execução é necessário estender à execução trabalhista o regime jurídico especial da fraude à execução fiscal previsto no art. 185 do CTN mediante interpretação sistemática dos arts. 889 da CLT e 186 do CTN – a interpretação sistemática como ponte hermenêutica à assimilação produtiva do regime jurídico especial da fraude à execução prevista no art. 185 do CTN à execução trabalhista.

17.14 A fraude à execução no novo CPC

O novo Código de Processo Civil tratou da fraude à execução no art. 792 e exigirá a revisão da Súmula nº 375 do STJ, uma vez que disse textualmente o que parte da doutrina adverte há tempo: a fraude à execução pela alienação de bem no curso de demanda capaz de reduzir o alienante à insolvência (CPC de

2015, art. 792, IV) *não se confunde* com a fraude à execução pela alienação de bem quando tiver sido averbado, em seu registro, ato de constrição judicial (CPC de 2015, art. 792, III).[737]

A fraude à execução pela alienação de bem no curso de demanda capaz de reduzir o alienante à insolvência tem como elementos caracterizadores: a) a litispendência (demanda pendente); b) a alienação no curso da demanda; e c) a redução do alienante à insolvência. Não cogita, portanto, do *consilium fraudis*, uma vez que sanciona o intento de subtração do executado ao Poder Jurisdicional.[738] Como dizia Amílcar de Castro, "a responsabilidade processual é sujeição inelutável ao poder do Estado (...). E por isso mesmo devem ser tratadas com maior severidade as manobras praticadas pelo devedor, para fugir daquela responsabilidade, isto é, para suprimir efetivamente, ou sabendo que praticamente suprime, os efeitos de sua sujeição ao poder do Estado".[739]

A fraude à execução pela alienação de bem quando tiver sido averbado, em seu registro, ato de constrição judicial (CPC de 2015, art. 792, III) tem como elementos caracterizadores: a) a litispendência (demanda pendente); b) a constrição judicial de bem; c) a averbação da constrição judicial junto ao registro do bem; e d) a alienação no curso da demanda. Independe, portanto, da redução do alienante à insolvência, uma vez que sanciona a afronta à individualização do bem e sua separação do patrimônio pelo ato de constrição, e pressupõe o *consilium fraudis*, diante da averbação do ato de constrição no registro. Se o bem se encontra sob o império da apreensão judicial, "não pode sofrer qualquer limitação decorrente de ato voluntário do devedor e de outrem".[740] Por isso, o ato de constrição que grava o bem o acompanha, "perseguindo-o no poder de quem quer que o detenha, mesmo que o alienante seja um devedor solvente".[741]

---

[737] Da distinção entre fraude à execução prevista no inciso II do art. 593, do CPC de 1973 e alienação de bem penhorado "resultam importantes consequências: se o devedor for *solvente*, a alienação de seus bens é válida e eficaz a não ser que (a) se trate de bem já penhorado ou, por qualquer outra forma, submetido a constrição judicial, e (b) que o terceiro adquirente tenha ciência – pelo registro ou por outro meio – da existência daquela constrição; mas, se o devedor for *insolvente*, a alienação será ineficaz em face da execução, independentemente de constrição judicial do bem ou da cientificação formal da litispendência e da insolvência ao terceiro adquirente" (ZAVASKI, Teori Albino. *Comentários ao Código de Processo Civil*. São Paulo: RT, 2000, v. 8, p. 286).

[738] A fraude de execução caracteriza "ato de rebeldia à autoridade estatal exercida pelo juiz no processo", uma vez que, "alienar bens na pendência deste e reduzir-se à insolvência significaria tornar inútil o exercício da jurisdição e impossível a imposição do poder sobre o patrimônio do devedor" (DINAMARCO, Cândido Rangel. *Execução Civil*. 3. ed. São Paulo: Malheiros, 1993, p. 275). A alienação e a oneração (CPC, art. 593) "dos bens do devedor vem constituir verdadeiro atentado contra o eficaz desenvolvimento da função jurisdicional já em curso, porque subtrai o objeto sobre o qual a execução deverá recair" (LIEBMAN, Enrico Tullio. *Processo de execução*. 4. ed. São Paulo: Saraiva, 1980, p. 108).

[739] *Comentários ao Código de Processo Civil*. 3. ed. São Paulo: RT, 1983, v. VIII, p. 84.

[740] GRECO, Leonardo. *O processo de execução*. Rio de Janeiro: Renovar, 2001, v. 2, p. 46.

[741] THEODORO JÚNIOR, Humberto. *Curso de Direito Processual Civil*. 14. ed. Rio de Janeiro: Forense, 1995, v. II, p. 111. Os atos executórios continuam a incidir sobre o bem em razão de um vínculo que o prende "ao processo, e que pré-existe à aquisição do terceiro. A propriedade deste já nasceu limitada" (GRECO, Leonardo. *O processo de execução*. Rio de Janeiro: Renovar, 2001, v. 2, p. 46).

17.15 O marco temporal a partir do qual a alienação é considerada ocorrida em fraude à execução trabalhista: ajuizamento x citação

Diversamente do que ocorre no Direito Tributário atual,[742] em que a presunção absoluta de fraude à execução fiscal configura-se quando o crédito tributário já se encontrava inscrito em dívida ativa à época da alienação do bem, no Direito do Trabalho não há uma fase administrativa de pré-constituição do crédito trabalhista; há, apenas, a fase judicial, que tem início com a propositura da ação reclamatória trabalhista e prossegue com a citação do reclamado e demais atos processuais.

No Direito Tributário, há um livro de lançamento da dívida ativa, registro público que permite aos interessados livre consulta para saber se o alienante é sujeito passivo de obrigação tributária pendente. A referência doutrinária é do tributarista *Paulo de Barros Carvalho*:[743]

> (...) inscrito o débito tributário pela Fazenda Pública, no livro de registro da dívida ativa, fica estabelecido o marco temporal, após o que qualquer alienação de bens ou rendas, ou seu começo, pelo sujeito devedor, será presumida como fraudulenta.

No Direito do Trabalho, a ausência de uma fase administrativa de pré-constituição do crédito trabalhista mediante registro público acaba por conduzir o operador jurídico a cogitar de dois momentos possíveis para adotar-se como marco temporal a partir do qual há presunção de fraude na alienação do bem pelo reclamado: 1) o ajuizamento da demanda; 2) a citação do devedor.

No âmbito do processo civil, a doutrina inclina-se a identificar na citação do réu o marco temporal definidor da fraude à execução. *Luiz Guilherme Marinoni* e *Sérgio Cruz Arenhart* ponderam que, embora toda ação se considere proposta no momento em que é distribuída (art. 263 do CPC de 1973), a caracterização da fraude à execução depende da ciência do réu da existência da demanda. "Assim – argumentam *Marinoni* e *Arenhart* – a alienação ou oneração de bens é considerada em fraude à execução apenas após a citação válida (art. 219 do CPC de 1973)".[744]

No âmbito do processo do trabalho, a elaboração teórica tem se inclinado a identificar tal marco temporal na data do ajuizamento da demanda. Isso porque o art. 593, II, do CPC de 1973 (CPC de 2015, art. 792, IV), exige apenas a existência de uma ação pendente (*corria contra o devedor demanda*), não fazendo referência ao fato de que

---

[742] Desde o advento da Lei Complementar nº 118, de 09-06-2005.
[743] *Curso de Direito Tributário.* 19. ed. São Paulo: Saraiva, 2007, p. 558.
[744] *Curso de processo civil:* execução. 6. ed. São Paulo: Forense, 2014, v. 3, p. 267.

nela o réu já deva ter sido citado. Tem-se ação pendente desde o momento em que ela é ajuizada pelo autor[745] (ou exequente)[746], nada obstante a tríplice angularização venha a ocorrer somente em momento posterior, com a citação do réu (ou executado).[747] Portanto, se a alienação ocorreu posteriormente ao ajuizamento da ação, caracterizada estará a fraude de execução.[748] A distribuição da ação "é o quanto basta para o reconhecimento da configuração da fraude de execução, pouco importando que a própria citação do devedor e a própria penhora do bem houvessem ocorrido após a alienação, que, na linguagem desenganada da lei, foi efetuada quando já em curso demanda capaz de reduzir o executado à insolvência".[749]

A opinião de *Manoel Antonio Teixeira Filho* em favor da adoção da data do ajuizamento da demanda como marco temporal a partir do qual se presume a fraude à execução do reclamado tem por fundamento o fato de que a doutrina justrabalhista não exige ato citatório para considerar interrompida a prescrição e estabelecida a prevenção, reputando suficiente, para tanto, o ajuizamento da demanda.[750] O autor argumenta que a exigência de citação poderia permitir que o devedor se beneficiasse da própria torpeza, exemplificando com situação em que o devedor, antes da citação, viesse a alienar todos os bens após dispensar os empregados, frustrando a execução dos respectivos créditos trabalhistas.

Diante da omissão da CLT e da LEF sobre a matéria, parece razoável adotar a data do ajuizamento da demanda como o marco temporal a partir do qual se tem por caracterizado o ilícito de fraude à execução trabalhista.

17.16 Acórdãos pioneiros prenunciam debate na jurisprudência

No ano de 2016, o Enunciado nº 74 do Fórum Nacional de Processo do Trabalho (FNPT), realizado em Curitiba (PR), nos dias 04 e 05 de março de 2016,

---

[745] CPC, art. 263. Considera-se proposta a ação, tanto que a petição inicial seja despachada pelo juiz, ou simplesmente distribuída, onde houver mais de uma vara. A propositura da ação, todavia, só produz, quanto ao réu, os efeitos mencionados no art. 219 depois que for validamente citado.

[746] CPC, art. 617. A propositura da execução, deferida pelo juiz, interrompe a prescrição, mas a citação do devedor deve ser feita com observância do disposto no art. 219.

[747] "FRAUDE À EXECUÇÃO – Débito fiscal – Caracterização – Transferência de uso de linha telefônica objeto de penhora – Antecedência de três meses depois da propositura da execução fiscal – Fraude que se caracteriza com a propositura da ação – Irrelevância do devedor ter ou não tomado ciência da citação – Aplicação dos artigos 185 do CTN e 593 do CPC – Recurso não provido" (TJSP, Apelação Cível n. 228.959-2, Rel. Des. Ricardo Brancato).

[748] Nesse sentido: Alcides de Mendonça Lima (*Comentários ao Código de Processo Civil*. 6. ed. Rio de Janeiro: Forense, v. VI, p. 452); Belmiro Pedro Welter (*Fraude de execução*. Porto Alegre: Síntese, 1997, p. 37); Ronaldo Brêtas de Carvalho Dias (*Fraude à execução*: digesto de processo. Rio de Janeiro: Forense, 1985, vol. 3, p. 6); Maria Berenice Dias (Fraude à execução. Revista Ajuris 50/75).

[749] CAHALI, Yussef Said. *Fraudes contra credores*. São Paulo: RT, 1989, p. 464.

[750] *Execução no processo do trabalho*. 11. ed. São Paulo: LTr, 2013, p. 204.

aprovado por unanimidade, sintetizou a tese do presente artigo, tese que já fora acolhida em dois pioneiros acórdãos proferidos pelo Tribunal Regional do Trabalho da 12ª Região (SC) sobre o tema.

Apresentado por iniciativa do Magistrado Reinaldo Branco de Moraes, o Enunciado 74 do Fórum Nacional de Processo do Trabalho foi aprovado com a seguinte redação:

> Enunciado 74: CLT, ART. 889; CTN, ART. 185. NCPC, ART. 792, IV; CPC/1973, ART. 593, II. FRAUDE À EXECUÇÃO. REGIME DO ART. 185 DO CTN. INAPLICABILIDADE DO REGIME DO ART. 792 DO NCPC. Nas execuções trabalhistas, aplica-se o regime especial da fraude à execução fiscal previsto no art. 185 do CTN e não o regime geral da fraude à execução previsto no art. 792, IV, do NCPC, tendo como marco inicial a notificação válida do executado.

Nos mencionados dois pioneiros acórdãos proferidos pelo TRT da 12ª Região, a tese foi acolhida. O mesmo Magistrado que apresentaria a proposta do Enunciado nº 74 no ano de 2016, já atuará como relator nos dois agravos de petição acima mencionados, julgamentos ocorridos no ano de 2015, em Câmaras distintas, cujas ementas são a seguir reproduzidas:

> FRAUDE À EXECUÇÃO – DIFERENÇA ENTRE A APLICAÇÃO DESSE INSTITUTO PROCESSUAL QUANDO CARACTERIZADA NA EXECUÇÃO CIVIL X EXECUÇÃO FISCAL. APLICAÇÃO DO REGIME ESPECIAL REGULADOR DO CRÉDITO FISCAL AO CRÉDITO TRABALHISTA PARA MANUTENÇÃO DA PREFERÊNCIA DESTE ÀQUELE. MARCO INICIAL DA FRAUDE À EXECUÇÃO TRABALHISTA. Até o advento do julgamento do Recurso Especial nº 1.141.990-PR, Relator Ministro LUIZ FUX, DJE de 19.11.2010, a jurisprudência do STJ oscilava na aplicação da Súmula 375 à execução fiscal. Nesse julgamento ficou definida a diferença de tratamento conferido à fraude à execução fiscal em comparação à fraude à execução civil. Nesta há afronta ao interesse privado e naquela ao interesse público, daí por que, na fraude à execução fiscal, impõe-se sujeitá-la ao regime jurídico especial do art. 185 do CTN e, por consequência, irrelevante a boa-fé do terceiro adquirente (presunção absoluta de fraude à execução). Por isso, a partir de então, passou-se a entender pela inaplicabilidade nas execuções fiscais da Súmula 375 do STJ devendo ser mantida penhora efetuada, com a rejeição de eventuais embargos de terceiro pelo adquirente, prosseguindo a execução, independentemente da existência ou não de boa-fé do comprador. Idêntica interpretação deve ser aplicada no reconhecimento de fraude à execução na seara trabalhista a fim de que ao crédito trabalhista seja garantido o mesmo regime especial previsto ao fiscal, sob pena de negar a preferência daquele a este, inclusive como forma de manter hígido o indispensável diálogo das fontes e a interpretação sistemática (CPC/1973, art. 593, III, NCPC – lei 13.105/2015, art. 792, V, CLT, art. 889 e CTN, arts. 185 e 186), além da necessária coerência do conjunto de normas reguladoras do mesmo instituto processual (fraude à execução) a credores com preferência especial. A aplicação do instituto processual da fraude à execução nas causas trabalhistas, apenas com base no art. 593, II, do CPC, ou art. 792, IV, do NCPC (que conduz à presunção relativa daquela fraude por força do entendimento objeto da Súmula 375 do STJ- consoante entendimento hodierno –, colocaria o crédito trabalhista em situação inferior ao tributário, pois a este

a lei prevê presunção absoluta da prefalada fraude desde momento anterior à existência da execução fiscal (CTN, art. 185). Equivale dizer: o credor fiscal receberá seu crédito (por força de presunção absoluta de fraude) e o credor trabalhista estaria compelido a provar a má-fé do adquirente (presunção relativa de fraude) e, pois, sujeitando-se aos mais diversos expedientes normalmente utilizados pelos envolvidos no negócio jurídico (comprador e vendedor) a fim de obstar a efetividade da execução trabalhista, em completa subversão da preferência do crédito trabalhista sobre o fiscal (CTN, art. 186). O marco inicial da fraude à execução trabalhista é o ajuizamento da ação – fase de conhecimento (inteligência CPC/1973, art. 263 e NCPC, art. 312), até pela inexistência da constituição do crédito trabalhista em fase anterior à judicial, como ocorre com o crédito tributário. (TRT12 – AP-0010026-38.2015.5.12.0013, Rel. REINALDO BRANCO DE MORAES, 1ª Câmara, Data de Assinatura: 18.09.2015)

FRAUDE À EXECUÇÃO – DIFERENÇA ENTRE A APLICAÇÃO DESSE INSTITUTO PROCESSUAL QUANDO CARACTERIZADA NA EXECUÇÃO CIVIL X EXECUÇÃO FISCAL. APLICAÇÃO DO REGIME ESPECIAL REGULADOR DO CRÉDITO FISCAL AO CRÉDITO TRABALHISTA PARA MANUTENÇÃO DA PREFERÊNCIA DESTE ÀQUELE. MARCO INICIAL DA FRAUDE À EXECUÇÃO TRABALHISTA.

Até o advento do julgamento do Recurso Especial nº 1.141.990-PR, Relator Ministro LUIZ FUX, DJE de 19.11.2010, a jurisprudência do STJ oscilava na aplicação da Súmula 375 à execução fiscal. Nesse julgamento ficou definida a diferença de tratamento conferido à fraude à execução fiscal em comparação à fraude à execução civil. Nesta há afronta ao interesse privado e naquela ao interesse público, daí por que, na fraude à execução fiscal, impõe-se sujeitá-la ao regime jurídico especial do art. 185 do CTN e, por consequência, irrelevante a boa-fé do terceiro adquirente (presunção absoluta de fraude à execução). Por isso, a partir de então, passou-se a entender pela inaplicabilidade nas execuções fiscais da Súmula 375 do STJ devendo ser mantida penhora efetuada, com a rejeição de eventuais embargos de terceiro pelo adquirente, prosseguindo a execução, independentemente da existência ou não de boa-fé do comprador. Idêntica interpretação deve ser aplicada no reconhecimento de fraude à execução na seara trabalhista a fim de que ao crédito trabalhista seja garantido o mesmo regime especial previsto ao fiscal, sob pena de negar a preferência daquele a este, inclusive como forma de manter hígido o indispensável diálogo das fontes e a interpretação sistemática (CPC/1973, art. 593, III, NCPC – lei 13.105/2015, art. 792, V, CLT, art. 889 e CTN, arts. 185 e 186), além da necessária coerência do conjunto de normas reguladoras do mesmo instituto processual (fraude à execução) a credores com preferência especial. A aplicação do instituto processual da fraude à execução nas causas trabalhistas, apenas com base no art. 593, II, do CPC, ou art. 792, IV, do NCPC (que conduz à presunção relativa daquela fraude por força do entendimento objeto da Súmula 375 do STJ – consoante entendimento hodierno –, colocaria o crédito trabalhista em situação inferior ao tributário, pois a este a lei prevê presunção absoluta da prefalada fraude desde momento anterior à existência da execução fiscal (CTN, art. 185). Equivale dizer: o credor fiscal receberá seu crédito (por força de presunção absoluta de fraude) e o credor trabalhista estaria compelido a provar a má-fé do adquirente (presunção relativa de fraude) e, pois, sujeitando-se aos mais diversos expedientes normalmente utilizados pelos envolvidos no negócio jurídico (comprador e vendedor) a fim de obstar a efetividade da execução trabalhista. O marco inicial da fraude à execução trabalhista é o ajuizamento da ação – fase de conhecimento (inteligência CPC/1973, art. 263 e NCPC, art. 312), até pela inexistência da constituição do crédito trabalhista em fase anterior à judicial, como ocorre com o crédito tributário. (TRT12 – AP-0001224-13.2014.5.12.0037, Rel. REINALDO BRANCO DE MORAES, 5ª Câmara, Data de Assinatura: 20.05.2015)

Trata-se de jurisprudência benfazeja ao debate que o tema está a exigir tanto dos teóricos do Direito Processual do Trabalho quanto dos operados jurídicos da Jurisdição Trabalhista.

O sistema legal inclui a fraude à execução fiscal entre os casos de fraude à execução capitulados no inciso III do art. 593 do CPC de 1973 (CPC de 2015, art. 792, V), identificando na previsão do art. 185, *caput*, do CTN, particular modalidade de fraude à execução inserida pelo direito positivo entre os "demais casos expressos em lei"; modalidade de fraude à execução em que a presunção de fraude é considerada absoluta.

O crédito trabalhista é expressão objetiva de inadimplemento à contraprestação devida ao trabalhador pelo tomador dos serviços, trabalho esse cuja prestação incorpora-se ao patrimônio do tomador de serviços na condição de riqueza apropriada sob a forma de mais-valia. É o fato objetivo de que essa apropriação faz-se inexorável na relação de produção capitalista que conduz a consciência jurídica a sobrevalorizar o crédito trabalhista na disputa com outras espécies de créditos, reconhecendo-lhe posição de superprivilégio indispensável à concretização do valor da dignidade da pessoa humana que vive do trabalho.

Relegar a fraude à execução trabalhista ao regime jurídico geral do art. 593, II, do CPC de 1973 (CPC de 2015, art. 792, IV), enquadrando-a na modalidade de fraude à execução civil, significaria negar a primazia do crédito trabalhista sobre o crédito fiscal prevista no art. 186 do CTN. Para restabelecer a primazia do crédito trabalhista sobre o crédito fiscal também no relevante tema da fraude à execução é necessário estender à execução trabalhista o regime jurídico especial da fraude à execução fiscal previsto no art. 185 do CTN mediante interpretação sistemática dos arts. 889 da CLT e 186 do CTN.

CAPÍTULO 18

A PRESCRIÇÃO INTERCORRENTE NA EXECUÇÃO DEPOIS DA REFORMA TRABALHISTA INTRODUZIDA PELA LEI Nº 13.467/2017

> *Nenhum outro crédito deve ter, em sua execução judicial, preferência, garantia ou rito processual que supere os do crédito público, à exceção de alguns créditos trabalhistas.*
>
> (Item 4 da Exposição de Motivos da Lei nº 6.830/80)

18.1 A jurisprudência do TST sobre a prescrição intercorrente na execução

O presente capítulo tem por objetivo estudar a prescrição intercorrente prevista no art. 11-A da CLT e sua aplicação à execução trabalhista. O preceito foi introduzido na Consolidação das Leis do Trabalho pela Lei nº 13.467/2017 (Reforma Trabalhista) e apresenta a seguinte redação:

> Art. 11-A. Ocorre a prescrição intercorrente no processo do trabalho no prazo de dois anos.
>
> §1º. A fluência do prazo prescricional intercorrente inicia-se quando o exequente deixa de cumprir determinação judicial no curso da execução.
>
> §2º. A declaração da prescrição intercorrente pode ser requerida ou declarada de ofício em qualquer grau de jurisdição.

Parece adequado iniciar esse estudo pelo exame da jurisprudência do Tribunal Superior do Trabalho sobre o tema da prescrição intercorrente e sobre as perspectivas da jurisprudência diante da introdução da prescrição intercorrente na execução trabalhista no direito positivo do trabalho.

No período anterior à denominada Reforma Trabalhista, o Tribunal Superior do Trabalho uniformizou sua jurisprudência no sentido de que a prescrição intercorrente era inaplicável à execução trabalhista. A originária redação súmula nº 114 do TST sintetizava esse posicionamento. Aprovada no ano de 1980, a Súmula nº 114 do TST tinha a seguinte redação: "PRESCRIÇÃO INTERCORRENTE. É inaplicável na Justiça do Trabalho a prescrição intercorrente".

Em que pese a possibilidade de arguição de prescrição intercorrente estivesse prevista, de acordo com parte expressiva da doutrina, no art. 884, §1º, da CLT,[751] o Tribunal Superior do Trabalho construiu sua jurisprudência na perspectiva de afirmar a inaplicabilidade da prescrição intercorrente à execução trabalhista. Mesmo quando a paralisação da execução decorria da inércia do exequente, ainda assim a jurisprudência do TST afirmava ser inaplicável a prescrição intercorrente ao processo do trabalho na fase de execução, orientação pretoriana da qual é paradigma o acórdão proferido no julgamento do Recurso de Revista nº TST-RR-20400-07.1995.5.02.0074, Relator Ministro João Oreste Dalazen, *DEJT* 27.02.2015.

De outra parte, a jurisprudência do Tribunal Superior do Trabalho reputava insubsistente fazer a distinção, algumas vezes estabelecida na teoria jurídica, entre prescrição intercorrente e prescrição da ação executiva, sob o fundamento de que essa distinção "traz subjacente a superada ideia de bipartição entre ação de conhecimento e ação de execução, que já não existia no Processo do Trabalho, caracterizado por uma relação processual única, mesmo antes das reformas do CPC, que implicaram a consolidação do chamado processo sincrético, identificado pela união de tutelas cognitivas e executivas" (TST-RR-72600-08.1989.5.02.0007, 2ª Turma, Rel. Min. José Roberto Freire Pimenta, *DEJT* 13.03.2015).

Fundada na possibilidade de o juiz promover a execução de ofício por força da previsão originária do art. 878, *caput*, da CLT, a jurisprudência do TST foi estruturada axiologicamente sobre uma concepção *substancialista* do Direito do Trabalho, com o evidente propósito de consagrar ao crédito trabalhista a hierarquia própria a sua condição de crédito representativo do direito fundamental previsto no art. 7º da Constituição Federal, dotado do superprivilégio legal previsto no art. 186 do Código Tributário Nacional. Para *André Araújo Molina*, o TST realizou uma metainterpretação da jurisprudência para os casos em que a execução ficava parada em razão de omissão de ato do juízo ou da prática de ato da defesa. Essa interpretação conduzia ao afastamento da prescrição intercorrente, já que a paralisação do processo não era causada pela omissão do exequente.[752]

---

[751] "Art. 884. Garantida a execução ou penhorados os bens, terá o executado cinco dias para apresentar embargos, cabendo igual prazo ao exequente para impugnação.
§1º. A matéria de defesa será restrita às alegações de cumprimento da decisão ou do acordo, quitação ou *prescrição da dívida*".

[752] A prescrição intercorrente na execução trabalhista. *Revista Jurídica Luso-Brasileira*, ano 3, n. 2, p. 124, 2017.

A concepção *substancialista* que conformava a jurisprudência do Tribunal Superior do Trabalho sobre o tema revela-se evidente quando se observa que o TST admitia Recurso de Revista contra a decisão regional que acolhia a arguição de prescrição intercorrente. Essa concepção *substancialista* torna-se ainda mais evidente quando o estudo da jurisprudência do TST revela que o Tribunal admitia o Recurso de Revista sob fundamento de violação a três distintos dispositivos da Constituição Federal. Em outras palavras, o TST reputava caracterizada ofensa direta e literal a três dispositivos da Constituição Federal quando o Tribunal Regional do Trabalho declarava prescrição intercorrente na execução.

Como é sabido, o cabimento de Recurso de Revista na fase de execução está restrito à hipótese de violação literal e direta de norma da Constituição Federal. Com efeito, a teor do art. 896, §2º, da CLT, não cabe Recurso de Revista das decisões proferidas em execução de sentença, "salvo na hipótese de ofensa direta e literal de norma da Constituição Federal".[753]

A pesquisa realizada na jurisprudência revela que o Tribunal Superior do Trabalho admitia Recurso Revista nessa hipótese tanto sob o fundamento de violação ao art. 5º, XXXVI, da Constituição Federal (coisa julgada) quanto sob o fundamento de violação ao art. 5º, XXXV, da Constituição Federal (cláusula da inafastabilidade da jurisdição); bem como sob o fundamento de violação ao art. 7º, XXIX, da Constituição Federal (previsão de prescrição bienal e quinquenal apenas para a fase de cognição).

As ementas a seguir sintetizam a concepção *substancialista* que se formara na jurisprudência do Tribunal Superior do Trabalho acerca da matéria, na medida em que essas ementam revelam que o TST admitia o recurso de revista por:

a) ofensa ao inciso XXXVI do art. 5º da Constituição Federal (coisa julgada):

RECURSO DE EMBARGOS INTERPOSTO SOB A ÉGIDE DA LEI Nº 11.496/2007. EXECUÇÃO. PRESCRIÇÃO INTERCORRENTE. ALEGAÇÃO DE AFRONTA À COISA JULGADA. Afronta o art. 5º, XXXVI, da Constituição da República decisão por meio da qual se extingue a execução com resolução do mérito, em virtude da incidência da prescrição intercorrente, uma vez que tal conduta impede indevidamente a produção dos efeitos materiais da coisa julgada, tornando sem efeitos concretos o título judicial transitado em julgado. Recurso de embargos conhecido e provido. (E-RR-4900-08.1989.5.10.0002, Relator Ministro Lelio Bentes Corrêa, SBDI – 1, *DEJT* 29.06.2012)

---

[753] "Art. 896. Cabe Recurso de Revista... .
§2º. *Das decisões proferidas* pelos Tribunais Regionais do Trabalho ou por suas Turma, *em execução de sentença*, inclusive em processo incidente de embargos de terceiro, *não caberá Recurso de Revista, salvo na hipótese de ofensa direta e literal de norma da Constituição Federal*".

b) ofensa ao inciso XXXV do art. 5º da Constituição Federal (cláusula da inafastabilidade da jurisdição):

RECURSO DE REVISTA INTERPOSTO NA VIGÊNCIA DA LEI Nº 13.015/2014. FASE DE EXECUÇÃO. INÉRCIA DO EXEQUENTE. JUSTIÇA DO TRABALHO. PRESCRIÇÃO INTERCORRENTE. INAPLICABILIDADE. ART. 5º, XXXV, DA CONSTITUIÇÃO FEDERAL. 1. A jurisprudência do Tribunal Superior do Trabalho consolidou o entendimento de que não se aplica a prescrição intercorrente na Justiça do Trabalho, sob pena de ineficácia da coisa julgada material. Precedentes. 2. A diretriz perfilhada na Súmula nº 114 do TST também incide no caso de paralisação do processo decorrente de inércia do exequente. Ressalva de entendimento pessoal do Relator. 3. <u>Viola o art. 5º, XXXV, da Constituição Federal acórdão regional que mantém a declaração de prescrição intercorrente, ante a inércia do Exequente</u>. 4. Recurso de revista do Exequente de que se conhece a que se dá provimento para afastar a prescrição intercorrente e determinar a remessa dos autos à Vara do Trabalho de origem, para que prossiga na execução. (RR-162700-04.1997.5.03.0103, Relator Ministro João Oreste Dalazen, 4ª Turma, *DEJT* 17.06.2016)

c) ofensa ao inciso XXIX do art. 7º da Constituição Federal (previsão de prescrição bienal e quinquenal apenas para a fase de cognição):

RECURSO DE REVISTA. FASE DE EXECUÇÃO. INÉRCIA DO EXEQUENTE. JUSTIÇA DO TRABALHO. PRESCRIÇÃO INTERCORRENTE. INAPLICABILIDADE SÚMULA Nº 114 DO TRIBUNAL SUPERIOR DO TRABALHO. 1. A jurisprudência do Tribunal Superior do Trabalho consolidou o entendimento de que não se aplica a prescrição intercorrente na Justiça do Trabalho. 2. A diretriz perfilhada na Súmula nº 114 do TST também incide no caso de paralisação do processo decorrente de inércia do exequente. Ressalva de entendimento pessoal do Relator. 3. O art. 7º, XXIX, da Constituição Federal prevê a contagem da prescrição bienal e quinquenal na Justiça do Trabalho em relação à data de extinção da relação de trabalho e do ajuizamento da ação, *não durante seu trâmite*. 4. *Viola o art. 7º, XXIX, da Constituição Federal acórdão regional que mantém a declaração de prescrição intercorrente*, ante a inércia do Exequente. 5. Recurso de revista de que se conhece e a que se dá provimento para afastar a prescrição intercorrente e determinar a remessa dos autos à Vara do Trabalho de origem, para que prossiga na execução (RR-20400-07.1995.5.02.0074, Relator Ministro João Oreste Dalazen, *DEJT* 27.02.2015).

No primeiro julgado, o TST reputou violado o art. 5º, XXXVI, da Constituição Federal por entender que a declaração de prescrição intercorrente pelo Tribunal Regional esvaziava a coisa julgada material estabelecida no título executivo judicial em execução; para reproduzir os termos da ementa: porque a pronúncia da prescrição intercorrente pelo Tribunal Regional "impede indevidamente a produção dos efeitos materiais da coisa julgada, tornando sem efeitos concretos o título judicial transitado em julgado".

No segundo julgado, o TST reputou violado o art. 5º, XXXV, da Constituição Federal por entender que a declaração de prescrição intercorrente pelo Tribunal Regional não se aplicava na Justiça do Trabalho, "sob pena de ineficácia da coisa julgada material".

É questionável a conclusão pela ocorrência de ofensa direta e literal aos dois preceitos constitucionais em questão; a ofensa poderia ser considerada apenas reflexa (indireta). Merece registro o fato de que o TST não admitia prescrição intercorrente mesmo na hipótese de inércia do exequente. O fato de o relator ter registrado entendimento pessoal em sentido contrário confirma que era majoritário no Tribunal o entendimento de que não se aplicava prescrição intercorrente ainda que a paralisação da execução decorresse da inércia do exequente. Tanto o primeiro julgado quanto o segundo julgado têm por propósito evitar a ineficácia da coisa julgada material que a declaração da prescrição intercorrente acarretaria em termos concretos. Daí a razão por que reputo *substancialista* a concepção da antiga jurisprudência do Tribunal Superior do Trabalho acerca da matéria, na medida em que a conclusão pela ocorrência de ofensa direta e literal dos incisos XXXVI e XXXV revelar-se-ia controvertida em face da tradição da teoria constitucional. A antiga jurisprudência do TST superava o entendimento estrito de que a ofensa aos referidos preceitos constitucionais seria apenas reflexa (indireta), para divisar ofensa direta e literal à *substância* dos incisos XXXVI e XXXV do art. 5º da Constituição Federal quando a decisão regional declarava prescrição intercorrente na execução trabalhista.

No terceiro julgado, o TST reputou violado o art. 7º, XXIX, da Constituição Federal por entender que não se pode extrair deste preceito constitucional a existência de prescrição intercorrente. Na fundamentação do julgado, está assentado o entendimento de que a previsão do preceito da Constituição Federal não trata de prescrição durante o trâmite do processo. Isso porque tanto a prescrição bienal quanto a prescrição quinquenal vinculam-se à extinção do contrato de trabalho e à data da propositura da demanda. Vale transcrever esta parte da ementa: "3. O art. 7º, XXIX, da Constituição Federal prevê a contagem da prescrição bienal e quinquenal na Justiça do Trabalho em relação à data de extinção da relação de trabalho e do ajuizamento da ação, *não durante seu trâmite*" (grifei).

Em outro acórdão em que o TST reputou violado o inciso XXIX do art. 7º da Constituição Federal, da lavra do Min. José Roberto Freire Pimenta, essa fundamentação foi mais especificamente detalhada, tendo o Tribunal assentado que o instituto da prescrição trabalhista tem como fonte normativa principal a própria Constituição Federal. Na ocasião, asseverou-se: "esta Corte assentou o entendimento de que não se aplica ao processo trabalhista a prescrição intercorrente, porquanto o instituto da prescrição no Direito do Trabalho possui como fonte principal o artigo 7º, inciso XXIX, da Constituição Federal, do qual, absolutamente, não se extrai nem se deduz a incidência da prescrição intercorrente" (TST-RR-72600-08.1989.5.02.0007, 2ª Turma, Rel. Min. José Roberto Freire Pimenta, *DEJT* 13.03.2015).

Se nos dois primeiros julgados o intérprete depara-se com dúvida razoável acerca do controvertido problema da caracterização de ofensa direta e literal à norma constitucional, no terceiro julgado e no último julgado mencionado parece mais razoável divisar violação direta e literal a preceito constitucional, sobretudo quando o Tribunal afirma que o instituto da prescrição no Direito do Trabalho tinha como fonte principal o art. 7º, inciso XXIX, da Constituição Federal.

Se o entendimento que se extrai desses dois últimos julgados permanecer subsistente no âmbito do TST mesmo após a revogação da faculdade de o magistrado promover a execução de ofício pela Lei nº 13.467/2017, que confere nova redação ao art. 878 da CLT, é razoável admitir que a jurisdição trabalhista poderá vir a declarar a inconstitucionalidade do art. 11-A da CLT, em razão do entendimento de que então o art. 11-A da CLT violaria o preceito constitucional do art. 7º, inciso XXIX, da Constituição Federal, na medida em que do preceito constitucional não se extrairia interpretação acerca de existência prescrição intercorrente no Direito do Trabalho, conforme a jurisprudência do Tribunal Superior do Trabalho então consolidada. Entretanto, é necessário refletir sobre a eventual opção pela declaração incidental de inconstitucionalidade do preceito do art. 11-A da CLT, na medida em que uma reação previsível seria o recurso das entidades patronais ao controle concentrado de constitucionalidade acerca do preceito em questão mediante Ação Direta de Constitucional do art. 11-A da CLT, situação na qual a tendência natural do Supremo Tribunal Federal seria a de referendar sua própria jurisprudência, corroborando a diretriz hermenêutica assentada na Súmula nº 372, súmula na qual o STF assentou, em 1963, que "o direito trabalhista admite a prescrição intercorrente".[754]

A jurisprudência do TST acerca do tema da prescrição intercorrente foi construída sob o pressuposto de que o juiz estava autorizado a promover a execução de ofício, a teor do art. 878, *caput*, da CLT, na redação anterior à Lei nº 13.467/2017. A denominada Reforma Trabalhista pretendeu retirar esse poder de iniciativa do magistrado, alterando a redação do dispositivo legal em questão. Com a alteração da redação do art. 878 da CLT, a Reforma Trabalhista pretendeu limitar a iniciativa do juiz para promover a execução à hipótese em que as partes não estão representadas por advogado. Essa hipótese é exceção; em regra, as partes têm advogado constituído nos autos do processo.

Resta saber se o TST vai manter a diretriz de sua jurisprudência acerca da prescrição intercorrente após a modificação introduzida na redação do art. 878 da CLT pela Lei nº 13.467/2017 e após a introdução de previsão expressa de prescrição intercorrente na execução trabalhista pelo art. 11-A da CLT reformada. Isso porque a jurisprudência do Tribunal foi estruturada sob a vigência da redação anterior do art. 878 da CLT, preceito revogado pela legislação que introduziu a denominada Reforma Trabalhista na CLT. Para *Manoel Antonio Teixeira Filho*, a

---

[754] Súmula nº 327 do STF: "PRESCRIÇÃO INTERCORRENTE. O direito trabalhista admite a prescrição intercorrente" (1963).

superveniência do art. 11-A da CLT reformada deverá implicar o cancelamento da Súmula nº 114 do TST.[755]

Chamada a adequar a jurisprudência uniforme do TST à Reforma Trabalhista instituída pela Lei nº 13.467/2017, a Comissão de Jurisprudência do Tribunal propôs a seguinte redação para a Súmula nº 114 do TST: "PRESCRIÇÃO INTERCORRENTE. Aplica-se a prescrição intercorrente na fase de execução do processo do trabalho, nos termos do art. 11-A da CLT, acrescido pela Lei nº 13.467/2017". A redação proposta ainda não foi aprovada, devendo ser submetida à análise do Tribunal nos próximos meses. A proposta da Comissão de Jurisprudência não é de cancelamento da súmula, mas, sim, de adequação da redação do verbete sumular à previsão do art. 11-A da CLT, conforme sugeriram os juristas *Rodolfo Pamplona Filho* e *Leandro Fernandez*.[756]

Embora a nova redação proposta para a Súmula nº 114 do TST não tenha sido ainda analisada, o TST sinalizou posição favorável a sua aprovação ao editar a Instrução Normativa nº 41/2018. Destinada a estabelecer diretrizes sobre a aplicabilidade das normas da Reforma Trabalhista ao processo do trabalho, a Instrução Normativa nº 41/2018 do TST enfrentou o tema da aplicação da prescrição intercorrente na execução trabalhista. No art. 2º da referida instrução normativa, o TST assentou a seguinte diretriz: "Art. 2º. O fluxo da prescrição intercorrente conta-se a partir do descumprimento da determinação judicial a que alude o §1º do art. 11-A da CLT, desde que feita após 11 de novembro de 2017 (Lei nº 13.467/2017)".

A diretriz adotada na instrução normativa acaba por excluir a interpretação de que a determinação judicial prevista no §1º do art. 11-A da CLT pudesse ser compreendida como ordem judicial determinada *antes* da vigência da lei. Havia a interpretação de que determinação judicial anterior à vigência da Lei nº 13.467/2017 poderia ser considerada válida para preencher o suporte fático do §1º do art. 11-A da CLT, hipótese em que a fluência do biênio teria início a partir da vigência da lei. Essa vertente interpretativa era questionada sob a perspectiva da irretroatividade da lei. Os defensores dessa vertente interpretativa argumentavam que não haveria aplicação retroativa da lei porque o fluxo prescricional teria início apenas a partir da vigência da lei, embora a determinação judicial tivesse sido anterior à vigência da lei. Para superar divergências interpretativas, a instrução normativa adotou assertiva oração com a qual localiza no tempo a determinação judicial apta a preencher o suporte fático do preceito legal, esclarecendo que se trata de determinação judicial "feita após 11 de novembro de 2017".

Outro aspecto sobre o qual a comunidade jurídica aguarda pelo posicionamento do TST diz respeito ao itinerário procedimental a ser observado na aplicação da prescrição intercorrente introduzida pelo art. 11-A da CLT reformada.

---

[755] *O processo do trabalho e a reforma trabalhista*. São Paulo: LTr, 2017, p. 39.
[756] *Tratado da prescrição trabalhista*: aspectos teóricos e práticos. São Paulo: LTr, 2017, p. 87.

Neste particular, cumpre registrar que a Instrução Normativa nº 39/2016 do TST definira posição pela não aplicação dos arts. 921 e 924 do CPC de 2015 ao processo do trabalho, fazendo-o de forma coerente com a jurisprudência que se uniformizara na vigência da redação originária da Súmula nº 114 do TST – "É inaplicável na Justiça do Trabalho a prescrição intercorrente". Porém, é necessário registrar o elemento cronológico de que esse posicionamento foi adotado pelo TST *antes* do advento da Reforma Trabalhista. Com a superveniência da Reforma Trabalhista instituída pela Lei nº 13.467/2017, foi alterada a redação do art. 878 da CLT e foi introduzida a prescrição intercorrente na execução trabalhista pela redação do art. 11-A, o que torna atual a questão de definir o procedimento a ser observado para a pronúncia da prescrição intercorrente na execução trabalhista.

No que diz respeito ao procedimento a ser observado para a pronúncia da prescrição intercorrente prevista no art. 11-A da CLT, a Corregedoria Geral da Justiça do Trabalho tomou a iniciativa de editar, em 24 de julho de 2018, a Recomendação nº 3/2018. Nas *consideranda*, o operador jurídico encontrará as diretrizes jurídicas que orientaram a Corregedoria Geral na edição da Recomendação nº 3/2018. Entre tais *consideranda*, merece destaque a expressa referência à necessidade de harmonização da CLT ao art. 40 da Lei nº 6.830/1980 e ao art. 921 do Código de Processo Civil. Nessa *consideranda*, resta implícita a insuficiência da regra do art. 11-A da CLT para disciplinar o instituto da prescrição intercorrente e a consequente necessidade da heterointegração do art. 11-A da CLT com o referido dispositivo da Lei de Executivos Fiscais (art. 40) e com o referido dispositivo do CPC (art. 921), mediante a indispensável aplicação subsidiária e supletiva prevista no art. 899 da CLT e no art. 15 do CPC. Nos artigos 1º a 7º, o operador jurídico encontrará o itinerário procedimental recomendado pela Corregedoria Geral. A Recomendação nº 3/2018 da Corregedoria-Geral da Justiça do Trabalho tem a seguinte redação:

> RECOMENDAÇÃO Nº 3/CGJT, DE 24 DE JULHO DE 2018
>
> O MINISTRO CORREGEDOR-GERAL DA JUSTIÇA DO TRABALHO, no uso das atribuições legais e regimentais,
>
> Considerando o disposto no artigo 11-A da CLT e a previsão do artigo 2º da Instrução Normativa n.º 41/2018, do Tribunal Superior do Trabalho;
>
> Considerando a necessidade de harmonização do texto consolidado com outros dispositivos legais aplicáveis ao Processo do Trabalho, como o artigo 40 da Lei n.º 6.830/80 e o artigo 921 do Código de Processo Civil;
>
> Considerando a ausência de previsão de procedimento a ser adotado para o reconhecimento da prescrição intercorrente;
>
> Considerando a necessidade de adoção de procedimentos uniformes pelos magistrados do trabalho na condução das execuções trabalhistas;
>
> Considerando a competência regimental do Corregedor-Geral da Justiça do Trabalho para expedir recomendações aos Tribunais Regionais do Trabalho, referentes à regularidade dos serviços judiciários;

RESOLVE:

RECOMENDAR aos Juízes e Desembargadores do Trabalho a observância dos seguintes procedimentos em relação à prescrição intercorrente:

Art. 1º. A prescrição intercorrente prevista no artigo 11-A da CLT somente deverá ser reconhecida após expressa intimação do exequente para cumprimento de determinação judicial no curso da execução.

Art. 2º. O juiz ou relator indicará, com precisão, qual a determinação deverá ser cumprida pelo exequente, com expressa cominação das consequências do descumprimento.

Art. 3º. O fluxo da prescrição intercorrente contar-se-á a partir do descumprimento da determinação judicial, desde que expedida após 11 de novembro de 2017 (artigo 2º da IN-TST n.º 41/2018).

Art. 4º. Antes de decidir sobre a ocorrência da prescrição intercorrente, o juiz ou o relator deverá conceder prazo à parte interessada para se manifestar sobre o tema, nos termos dos artigos 9º, 10 e 921, §5º, do Código de Processo Civil (artigo 4º da IN-TST n.º 39/2016, e artigo 21 da IN-TST n.º 41/2018).

Art. 5º. Não correrá o prazo de prescrição intercorrente nas hipóteses em que não for localizado o devedor ou encontrados bens sobre os quais possa recair a penhora, devendo o juiz, nesses casos, suspender o processo (artigo 40 da Lei n.º 6.830/80).

§1º Na hipótese do caput deste artigo, os autos poderão ser remetidos ao arquivo provisório (artigo 85 da Consolidação dos Provimentos da Corregedoria-Geral da Justiça do Trabalho), assegurando-se ao credor o desarquivamento oportuno com vistas a dar seguimento à execução (§3º do artigo 40 da Lei n.º 6.830/80).

§2º Decidindo o juízo da execução pelo arquivamento definitivo do feito, expedirá Certidão de Crédito Trabalhista, sem extinção da execução (artigos 86 e 87 da Consolidação dos Provimentos da CGJT).

§3º Não se determinará o arquivamento dos autos, provisório ou definitivo, antes da realização dos atos de Pesquisa Patrimonial, com uso dos sistemas eletrônicos, como o BACENJUD, o INFOJUD, o RENAJUD e o SIMBA, dentre outros disponíveis aos órgãos do Poder Judiciário; e da desconsideração da personalidade jurídica da sociedade reclamada, quando pertinente.

§4º Antes do arquivamento, provisório ou definitivo, o juízo da execução determinará a inclusão do nome do(s) executado(s) no Banco Nacional dos Devedores Trabalhistas – BNDT e nos cadastros de inadimplentes, e promoverá o protesto extrajudicial da decisão judicial, observado o disposto no artigo 883-A da CLT e o artigo 15 da IN-TST n.º 41/2018.

§5º Uma vez incluído(s) o(s) nome(s) do(s) executado(s) no BNDT e nos cadastros de inadimplentes, sua exclusão só ocorrerá em caso de extinção da execução, conforme as hipóteses do artigo 86 da Consolidação dos Provimentos da CGJT.

Art. 6º. Reconhecida a prescrição intercorrente, nos termos desta Recomendação, será promovida a extinção da execução, consoante dispõe o artigo 924, V, do CPC (artigo 21, da IN-TST n.º 41/2018).

Art. 7º. Esta Recomendação entra em vigor na data de sua publicação. Publique-se. Dê-se ciência aos Desembargadores Presidentes dos Tribunais Regionais do Trabalho e aos Corregedores Regionais, do inteiro teor desta Recomendação, por meio eletrônico.

Ministro LELIO BENTES CORRÊA

Corregedor-Geral da Justiça do Trabalho

A Recomendação nº 3/2018 da Corregedoria-Geral da Justiça do Trabalho é, até agora, a principal diretriz fixada para a aplicação da prescrição intercorrente na Jurisdição Trabalhista prevista no art. 11-A da CLT. A Recomendação nº 3/2018 apresenta as seguintes orientações à magistratura do trabalho nessa matéria:

a) o reconhecimento da prescrição intercorrente deve ser precedido de expressa intimação do exequente para cumprimento de específica determinação judicial no curso da execução (art. 1º);

b) deve ser indicada de forma expressa qual a determinação judicial deverá ser cumprida pelo exequente e qual será a consequência jurídica do descumprimento da determinação judicial (art. 2º);

c) o fluxo do prazo da prescrição intercorrente da execução trabalhista só pode ocorrer em relação a determinações judiciais ordenadas após a vigência da Lei da Reforma Trabalhista, 11 de novembro de 2017. O que significa dizer que a ocorrência de descumprimento de determinações judiciais anteriores a 11.11.2017 não têm eficácia jurídica para fazer iniciar o fluxo do prazo prescricional intercorrente (art. 3º);

d) o juízo deverá conceder prazo ao exequente para manifestação sobre a prescrição intercorrente da execução antes de deliberar sobre esse tema (art. 4º);

e) o juiz deverá suspender o processo, nos termos do art. 40 da LEF, quando não for localizado o devedor ou quando não forem localizados bens para a penhora, hipóteses em que não correrá o prazo de prescrição intercorrente (art. 5º);

f) descumprida a determinação judicial pelo exequente, o juízo poderá determinar o arquivamento provisório dos autos, facultado ao exequente o desarquivamento dos autos para postular o prosseguimento da execução trabalhista, nos termos do art. 40, §3º, da LEF (art. 5º, §1º);

g) caso o juízo decida pelo arquivamento definitivo do feito, deverá expedir certidão de crédito trabalhista, o que não implicará a extinção da execução (art. 5º, §2º);

h) o arquivamento dos autos, seja provisório seja definitivo, deve ser antecedido de ampla pesquisa patrimonial eletrônica e da desconsideração da personalidade jurídica da sociedade executada (art. 5º, §3º);

i) o arquivamento dos autos, seja provisório seja definitivo, deve ser antecedido da inclusão do nome do executado no Banco Nacional de Devedores Trabalhistas (BNDT) e nos cadastros de inadimplentes e do protesto extrajudicial da decisão judicial em execução (art. 5º, §4º);

j) a exclusão do nome do executado no BNDT e nos cadastros de inadimplentes somente ocorrerá em caso de extinção da execução, nas hipóteses do art. 86 da Consolidação dos Provimentos da Corregedoria Geral da Justiça do Trabalho (art. 5º, §5º);

k) a declaração da prescrição intercorrente implicará a extinção da execução, nos termos do art. 924, V, do CPC.

À jurisprudência, na interpretação do art. 11-A da CLT e da Recomendação nº 3/2018 da Corregedoria Geral da Justiça do Trabalho, caberá estabelecer o modo pelo qual se aplicará a prescrição intercorrente da execução trabalhista – seus requisitos e seus limites. Uma das questões mais polêmicas radica na compatibilização do art. 11-A da CLT com o art. 40, §3º, da Lei nº 6.830/80.

18.2 A prescrição intercorrente na Lei de Executivos Fiscais

A previsão de incidência da Lei de Executivos Fiscais na execução trabalhista, estabelecida no art. 889 da CLT,[757] recomenda o estudo do tema da prescrição intercorrente no âmbito dos executivos fiscais, a fim de melhor compreender o alcance do art. 11-A da CLT, preceito introduzido pela denominada Reforma Trabalhista, instituída pela Lei nº 13.467/2017.

Nada obstante a antiga jurisprudência uniformizada do TST tenha assentado na redação originária da Súmula nº 114 o entendimento de que a prescrição intercorrente não se aplica ao processo do trabalho, não se desconhece o fato de que setores consideráveis da magistratura do trabalho, acompanhados da doutrina trabalhista majoritária acerca da interpretação do art. 884, §1º, da CLT, vinham sustentando a aplicabilidade da prescrição intercorrente na execução, fazendo-o mediante a adoção do itinerário procedimental estabelecido no art. 40 da Lei nº 6.830/80, sob a invocação da aplicação da Lei de Executivos Fiscais à execução trabalhista, a teor do art. 889 da CLT.

Na redação originária do art. 40 da Lei nº 6.830/80 havia apenas três (3) parágrafos. Não havia o §4º, que viria a ser introduzido pela Lei 11.051/2004, de 29 de dezembro de 2004:

A redação originária do art. 40 da LEF era a seguinte:

> Art. 40. O juiz suspenderá o curso da execução, enquanto não for localizado o devedor ou encontrados bens sobre os quais possa recair a penhora, e, nesses casos, não correrá o prazo de prescrição.
> §1º. Suspenso o curso da execução será aberta vista dos autos ao representante judicial da Fazenda Pública.
> §2º. Decorrido o prazo máximo de 1 (um) ano, sem que seja localizado o devedor ou encontrados bens penhoráveis, o Juiz ordenará o arquivamento dos autos.

---

[757] "Art. 889. Aos trâmites e incidentes do processo da execução são aplicáveis, naquilo que não contravierem ao presente Título, os preceitos que regem o processo dos executivos fiscais para a cobrança judicial da dívida ativa da Fazenda Pública Federal".

§3º. Encontrados que sejam, a qualquer tempo, o devedor ou os bens, serão desarquivados os autos para prosseguimento da execução.

A interpretação *gramatical* da redação originária do art. 40 da Lei nº 6.830/80 dava margem ao entendimento de que o direito à exigibilidade da obrigação tributária tornar-se-ia imprescritível na hipótese de não localização do devedor ou de bens penhoráveis. Isso porque o §3º do art. 40 da LEF previa o desarquivamento dos autos para prosseguimento da execução quando encontrados, a qualquer tempo, o devedor ou bens a penhorar. A locução "a qualquer tempo" induzia ao entendimento pela imprescritibilidade do direito a exigir a obrigação tributária, pois sugeria que a execução fiscal poderia ser retomada no futuro sem nenhum limite temporal; encontrado o devedor ou localizados bens a penhorar, a referida locução sugeria a possibilidade de ser retomada a execução fiscal no futuro, indefinidamente. Essa interpretação, contudo, não se conforma à norma de ordem pública do art. 202, parágrafo único, do Código Civil, preceito segundo o qual "a prescrição interrompida recomeça a correr da data do ato que a interrompeu, ou do último ato para a interromper".

A regra é a prescritibilidade das pretensões. A imprescritibilidade é exceção. A Constituição Federal estabelece algumas hipóteses de imprescritibilidade: a) crime de racismo (CF, art. 5º, XLII); b) crime de ação armada contra a ordem constitucional e o Estado Democrático (CF, art. 5º, XLIV); c) ação de ressarcimento por prejuízos causados ao erário (CF, art. 37, §5º). São hipóteses excepcionais *expressamente* previstas no direito positivo. As ações declaratórias também são imprescritíveis, por construção doutrinária. As ações condenatórias estão sujeitas à prescrição. As ações reclamatórias trabalhistas são, via de regra, espécie do gênero das ações condenatórias.

Na doutrina, a interpretação pela imprescritibilidade do direito à obrigação tributária foi desde logo rejeitada. *Humberto Theodoro Júnior*, ao comentar o art. 40 da Lei nº 6.830/80, foi categórico sobre o tema, assentando "a necessidade de evitar-se a interpretação literal, pois essa acabaria provocando a aberração de criar-se direito obrigacional imprescritível em favor da Fazenda Pública".[758]

A tese da imprescritibilidade também foi rejeitada pela jurisprudência. A matéria chegou ao STF. O Supremo Tribunal Federal assentou no particular: "A interpretação dada, pelo acórdão recorrido, ao art. 40 da Lei 6.830/80, recusando a suspensão da prescrição por prazo indefinido, é a única susceptível de torná-lo compatível com a norma do art. 174, parág. único, do Cód. Tributário Nacional, a cujas disposições gerais é reconhecida a hierarquia da lei complementar" (STF, RE nº 106.217-SP, Rel. Min. Octávio Galotti, ac. de 9-9-1986, RTJ 119:328).

---

[758] *Lei de Execução Fiscal*. 11. ed. São Paulo: Saraiva, 2009, p. 229.

O Superior Tribunal de Justiça também recusou a tese da imprescritibilidade da ação relativa a obrigação tributária, rejeitando o entendimento a que a interpretação gramatical do §3º do art. 40 da Lei de Executivos Fiscais poderia conduzir o intérprete desavisado: "O art. 40 da Lei nº 6.830/80 é silente quanto ao prazo máximo da suspensão do curso da execução. Todavia, cumpre afastar interpretação que a identifique à imprescritibilidade. Analogicamente, considerar-se-á o prazo de um ano" (STJ, 2ª T., REsp nº 6.783-RS, Rel. Min. Vicente Cernicchiaro, ac. de 17.12.1990, *DJU* 4.3.1991).

Na solução do aparente conflito entre o art. 174 do CTN e o art. 40 da LEF, a jurisprudência do STJ conferiu prevalência ao preceito do Código Tributário Nacional, em detrimento à literalidade do art. 40 da Lei nº 6.830/80, consolidando a diretriz hermenêutica antes referida, segundo a qual o sistema tributário não se compatibiliza com a noção de imprescritibilidade.

Em acórdão do ano de 2003, a matéria em questão foi solucionada neste sentido: "4. Os casos de interrupção do prazo prescricional estão previstos no art. 174 do CTN, nele não incluídos os do artigo 40, da Lei nº 6.830/80. Há de ser sempre lembrado que o art. 174, do CTN tem natureza de Lei Complementar. 5. O art. 40, da Lei nº 6.830/80, nos termos em que admitido em nosso ordenamento jurídico, não tem prevalência. Sua aplicação há de sofrer os limites impostos pelo art. 174, do CTN. 6. Repugna aos princípios informadores do nosso sistema tributário a prescrição indefinida. Após o decurso de determinado tempo sem promoção da parte interessada, deve-se estabilizar o conflito, pela via da prescrição, impondo segurança jurídica aos litigantes" (STJ, 1ª T., REsp nº 388.000/SP, Rel. Min. José Delgado, ac. de 21-2-2003, *RJTAMG* 85:386).

No final do ano de 2004 e na linha da orientação que se consolidara na jurisprudência, a Lei nº 11.051/2004 alterou a redação originária da Lei nº 6.830/80, para introduzir o §4º no art. 40 da LEF, positivando previsão de aplicação de prescrição intercorrente nos executivos fiscais de forma expressa. E essa aplicação ocorre de ofício. Para tanto, basta que tenha ocorrido o arquivamento provisório dos autos e, após, que tenha decorrido o prazo prescricional quinquenal aplicável à execução fiscal.

Com o acréscimo do §4º introduzido pela Lei nº 11.051/2004, a redação do art. 40 da Lei nº 6.830/80 passou a ser a seguinte:

Art. 40. O juiz suspenderá o curso da execução, enquanto não for localizado o devedor ou encontrados bens sobre os quais possa recair a penhora, e, nesses casos, não correrá o prazo de prescrição.
§1º. Suspenso o curso da execução será aberta vista dos autos ao representante judicial da Fazenda Pública.
§2º. Decorrido o prazo máximo de 1 (um) ano, sem que seja localizado o devedor ou encontrados bens penhoráveis, o Juiz ordenará o arquivamento dos autos.

§3º. Encontrados que sejam, a qualquer tempo, o devedor ou os bens, serão desarquivados os autos para prosseguimento da execução.

§4º. Se da decisão que ordenar o arquivamento tiver decorrido o prazo prescricional, o juiz, depois de ouvida a Fazenda Pública, poderá, de ofício, reconhecer a prescrição intercorrente e decretá-la de imediato.

Trata-se de positivação legislativa significativa. Comentando o preceito, *Humberto Theodoro Júnior* registra que as dificuldades encontradas pela jurisprudência na aplicação do art. 40 da LEF foram superadas pela Lei nº 11.051/2004, que acrescentou o §4º. Ao analisar o referido §4º acrescentado à LEF pela Lei nº 11.051/2004, o jurista mineiro preleciona que, "uma vez arquivados os autos e transcorrido o prazo prescricional, o juiz ficará autorizado a decretar a prescrição intercorrente, de ofício".[759]

A jurisprudência do STJ confirmou a interpretação de *Humberto Theodoro Júnior* acerca do alcance do §4º do art. 40 da Lei nº 6.830/80: "O atual §4º do art. 40 da LEF, acrescentado pela Lei 11.051, de 29.12.04 (art. 6º), viabiliza a decretação da prescrição intercorrente por iniciativa judicial, com a única condição de ser previamente ouvida a Fazenda Pública, permitindo-lhe arguir eventuais causas suspensivas ou interruptivas do prazo prescricional. Tratando-se de norma de natureza processual, tem aplicação imediata, alcançando inclusive os processos em curso". (STJ-1ª T., REsp nº 735.220, Min. Teori Zavascki, j. 3.3.05, *DJU* 16.05.05).

A Súmula nº 314 do STJ sintetiza a atual jurisprudência do tribunal acerca da prescrição intercorrente no âmbito dos executivos fiscais, ao assentar que: "Em execução fiscal, não localizados bens penhoráveis, suspende-se o processo por um ano, findo o qual se inicia o prazo da prescrição quinquenal intercorrente". Essa súmula foi aprovada no final do ano de 2005 e publicada no início do ano de 2006.

A maior novidade a acrescentar à súmula nº 314 do STJ é, na observação de *Humberto Theodoro Júnior*, a autorização legal conferida ao juiz para declarar a prescrição intercorrente de ofício, com fundamento no §4º do art. 40 da Lei nº 6.830/80, preceito introduzido na Lei de Executivos Fiscais pela Lei nº 11.051/2004.[760]

Como se viu, tanto a doutrina quanto a jurisprudência rejeitaram a tese da imprescritibilidade no âmbito da execução fiscal. Não há dúvida de que a formulação doutrinária e jurisprudencial sobre a matéria serviu de subsídio à legislação que viria alterar a redação originária do art. 40 da Lei nº 6.830/80, mediante a introdução do §4º, inserido pela Lei nº 11.051/2004, para positivar a aplicabilidade da prescrição intercorrente aos executivos fiscais de forma induvidosa, inclusive de ofício.

---

[759] *Lei de Execução Fiscal*. 11. ed. São Paulo: Saraiva, 2009, p. 230.
[760] *Lei de Execução Fiscal*. 11. ed. São Paulo: Saraiva, 2009, p. 236.

Há outro elemento cronológico importante para a compreensão do tema. Esse elemento cronológico sobrevém cinco (5) anos após o advento da Lei nº 11.051/2004, que acrescentara o §4º ao art. 40 da LEF. Trata-se do advento da Lei nº 11.960/2009, que acrescentou o §5º ao art. 40 da Lei nº 6.830/80. Nessa lei nº 11.960/2009, o legislador corrobora a opção pela aplicação da prescrição intercorrente na execução fiscal, estabelecendo hipótese em que a declaração da prescrição intercorrente pode ser realizada sem a prévia intimação da Fazenda Pública. A redação do §5º do art. 40 da Lei nº 6.830/80 foi dada pela Lei nº 11.960/2009 e é a seguinte: "§5º. A manifestação prévia da Fazenda Pública prevista no §4º deste artigo será dispensada no caso de cobranças judiciais cujo valor seja inferior ao mínimo fixado por ato do Ministro de Estado da Fazenda".

Vale dizer, a superveniência da Lei nº 11.960/2009 opera como fator de reiteração da opção do legislador pela aplicação de prescrição intercorrente na execução fiscal, restando definitivamente insubsistente a tese da imprescritibilidade a que poderia conduzir a interpretação literal do §3º do art. 40 da LEF.

A doutrina resume assim o itinerário procedimental a ser percorrido para a aplicação da prescrição intercorrente na execução fiscal: "Como acontece em qualquer processo, na execução fiscal, o despacho que ordena a citação interrompe a prescrição, e a efetivação do ato citatório faz com que os efeitos interruptivos retroajam até a data da propositura da demanda (interpretação sistemática da LEF (art. 8º, §2º), do CTN (art. 174, § único), do CPC (art. 240, §1º) e do CC (art. 202, I). Tal interrupção não se dá indefinidamente e, nos casos de não localização do executado ou de bens penhoráveis, obedece regras próprias para a execução fiscal. Nessas circunstâncias, passado um ano da suspensão da execução nessas hipóteses (§1º) e persistindo o insucesso na localização do executado ou de bens penhoráveis, deve haver *a remessa dos autos ao arquivo (§2º), fato que deflagra o prazo prescricional anteriormente interrompido (§4º)*".[761]

Por fim, cumpre registrar que requerimentos infrutíferos quanto à localização de bens à penhora não têm o condão de interromper o curso do prazo da prescrição intercorrente iniciado com o arquivamento provisório da execução fiscal. É o que afirma a doutrina de *Ari Pedro Lorenzetti*: "são irrelevantes as buscas ou quaisquer outros atos promovidos pela Fazenda Pública durante o período, *a menos que sejam encontrados bens penhoráveis*. Todavia, por mais atos que a Fazenda Pública pratique após o arquivamento, se não obtiver êxito, não conseguirá obstar a liberação do executado".[762]

A jurisprudência orienta-se no mesmo sentido: "*Os requerimentos de bloqueios de bens, negativamente respondidos, não têm o condão de suspender ou interromper o*

---

[761] NEGRÃO, Theotonio et al. *Novo Código de Processo Civil e legislação processual em vigor*. 47. ed. São Paulo: Saraiva, 2016, p. 1.351.
[762] *A prescrição e a decadência na Justiça do Trabalho*. São Paulo: LTr, 2009, p. 303.

prazo prescricional. Antes, comprovam que a exequente não logrou êxito no seu mister de localizar bens penhoráveis do devedor". (STJ-2ª T., REsp nº 1.305.755, Min. Castro Meira, j. 3.5.12, *DJU* 10.5.12).

Por derradeiro, cumpre observar que a legislação fiscal abandona o modelo anterior de prescrição intercorrente, no qual se reputava relevante a conduta subjetiva do exequente no processo, para redefinir a prescrição intercorrente sob uma *perspectiva objetivista*, na qual interessam apenas dois (2) elementos objetivos – a) a inexistência de bens para penhorar e b) o decurso do tempo. A lição é de *André Araújo Molina*. Para o jurista, o modelo adotou uma *perspectiva objetivista*, independentemente do elemento subjetivo da inércia do exequente, para considerar apenas os critérios objetivos da inexistência de bens e da passagem do tempo, ainda que o exequente demonstre real interesse (frustrado) nas diligências para a busca de bens penhoráveis.[763]

Em outras palavras, já não mais se exige tenha o exequente incorrido em conduta negligente caracterizadora de inércia processual injustificada para se ter por iniciada a fluência do prazo prescricional intercorrente na execução fiscal. Esse elemento subjetivo é definitivamente abandonado pelo legislador tanto na edição da Lei nº 11.051/2004 quanto na edição Lei nº 11.960/2009, as quais acrescentaram ao art. 40 da Lei nº 6.830/80 os §§4º e 5º, respectivamente.

Afirma-se, por isso, que a prescrição intercorrente na execução fiscal assumiu *perspectiva objetivista*: mesmo que a conduta subjetiva do exequente não possa ser identificada como conduta negligente caracterizadora de inércia processual injustificada, a inexistência de bens para penhorar é o fato objetivo que faz disparar a fluência do prazo prescricional intercorrente na execução fiscal, desde já tenha ocorrido o arquivamento provisório dos autos (Lei nº 6.830/80, art. 40, §4º). A adoção dessa perspectiva objetiva é confirmada no enunciado da Súmula nº 314 do STJ: "Em execução fiscal, não localizados bens penhoráveis, suspende-se o processo por um ano, *findo o qual se inicia o prazo da prescrição quinquenal intercorrente*". O fato de o exequente fazer sucessivos requerimentos infrutíferos não interrompe a fluência do prazo da prescrição intercorrente na execução fiscal.

O prazo de prescrição intercorrente que começa a fluir, nos executivos fiscais, após o arquivamento provisório dos autos, somente é interrompido quando a penhora de bens ocorre e se logra promover a satisfação da execução mediante a alienação judicial do bem penhorado. Vale dizer, na execução fiscal, ainda que a Fazenda Pública faça requerimentos ao juízo com a finalidade de se fazer realizar a penhora de bens, essa pró-atividade processual não tem eficácia jurídica para fazer interromper o curso do prazo da prescrição intercorrente se a penhora não for exitosa.

---

[763] A prescrição intercorrente na execução trabalhista. *Revista Jurídica Luso-Brasileira*, ano 3, n. 2, p. 143, 2017.

Essa digressão é necessária porque parece que a Reforma Trabalhista instituída pela Lei nº 13.467/2017 não adotou a *mera perspectiva objetivista* de prescrição intercorrente imposta aos executivos fiscais pelas Leis nº 11.051/2004 e nº 11.960/2009. A Reforma Trabalhista, ao introduzir a prescrição intercorrente na execução de forma expressa, adotou o modelo de prescrição intercorrente no qual se toma em consideração a *conduta subjetiva do exequente que permanece inerte mesmo após instado pelo juízo a promover a execução*. É o que indica a dicção do §1º do art. 11-A da CLT, ao estabelecer expressamente que "a fluência do prazo prescricional intercorrente inicia-se quando o exequente *deixa de cumprir determinação judicial no curso da execução*" (sem grifo no original). Voltaremos a essa questão depois de examinar o tratamento que o Código de Processo Civil 2015 conferiu ao tema da prescrição intercorrente.

18.3 A prescrição intercorrente na execução no CPC de 2015

A prescrição intercorrente na execução no CPC de 2015 tem regência legal semelhante àquela adotada nos executivos fiscais, sobretudo depois das explicitações trazidas à execução fiscal com o advento das Leis nºs 11.051/2004 e 11.960/2009, revelando que o tema da prescrição intercorrente recebeu disciplina normativa comum nesses dois diplomas legais.

O CPC disciplina a prescrição intercorrente nos seguintes termos:

Art. 921. Suspende-se a execução:

(...)

III – quando o executado não possuir bens penhoráveis;

(...)

§1º. Na hipótese do inciso III, o juiz suspenderá a execução pelo prazo de 1 (um) ano, durante o qual se suspenderá a prescrição.

§2º. Decorrido o prazo máximo de 1 (um) ano sem que seja localizado o executado ou que sejam encontrados bens penhoráveis, o juiz ordenará o arquivamento dos autos.

§3º. Os autos serão desarquivados para prosseguimento da execução se a qualquer tempo forem encontrados bens penhoráveis.

§4º. Decorrido o prazo de que trata o §1º sem manifestação do exequente, começa a correr o prazo de prescrição intercorrente.

§5º. O juiz, depois de ouvidas as partes, no prazo de 15 (quinze) dias, poderá, de ofício, reconhecer a prescrição de que trata o §4º e extinguir o processo.

(...)

Art. 924. Extingue-se a execução quando:

(...)

V – ocorrer a prescrição intercorrente.

O art. 924, V, do CPC estabelece que a prescrição intercorrente é causa extintiva da execução. A previsão legal é suficiente para afastar interpretação em favor da tese imprescritibilidade da execução no processo civil. Se a interpretação isolada do §3º do art. 921 pode conduzir o intérprete desavisado à tese da imprescritibilidade, a interpretação sistemática dos arts. 921 e 924 do CPC revela a insubsistência da ideia de imprescritibilidade. Se a prescrição intercorrente pode ser declarada de ofício (CPC, art. 921, §5º), a interpretação que se impõe, para harmonizar os preceitos em questão, é aquela segundo a qual a locução "a qualquer tempo" há de que compreendida no sentido de que o desarquivamento dos autos previsto no §3º do art. 921 do CPC é possível *enquanto não consumada a prescrição*. É dizer, o desarquivamento dos autos será possível *se o prazo prescricional não tiver transcorrido por inteiro*. A leitura sistemática seria então: o desarquivamento dos autos será possível a qualquer tempo *desde que não consumada a prescrição*.

Os §§1º e 2º do art. 921 do CPC fixam o arquivamento provisório como marco inicial para a retomada da contagem do prazo prescricional na execução civil, a exemplo do que ocorre no âmbito dos executivos fiscais (Lei nº 6.830/80, art. 40, §§2º e 4º).

Esse arquivamento provisório dos autos deve ocorrer um ano após a suspensão da execução.

A suspensão da execução ocorre quando o executado não possuir bens penhoráveis (CPC, art. 921, III), tal qual ocorre nos executivos fiscais (Lei nº 6.830/80, art. 40, *caput*). O prazo de suspensão da execução é de um (1) ano (CPC, art. 921, §1º). Durante esse prazo de um (1) ano de suspensão da execução, a prescrição estará suspensa (CPC, art. 921, §1º). Entretanto, decorrido esse prazo de um (1) ano, sem que sejam encontrados bens penhoráveis, o juiz ordenará o arquivamento provisório dos autos (CPC, art. 921, §2º), data a partir da qual terá início o curso do prazo prescricional intercorrente na execução civil. E o §5º do art. 921 do CPC prevê que o juiz poderá reconhecer a prescrição intercorrente de ofício e extinguir o processo, depois de ouvidas as partes. Trata-se de disciplina legal semelhante à adotada na Lei de Executivos Fiscais (Lei nº 6.830/80, art. 40, §4º). As partes são ouvidas apenas para indicar eventual causa de suspensão ou interrupção da prescrição e não para requerer novas diligências de penhora. Isso porque o prazo prescricional já estará consumado, salvo a caracterização de causa de suspensão ou interrupção da prescrição.

Assim como ocorre no âmbito dos executivos fiscais (Lei nº 6.830/80, art. 40, §3º), somente se forem encontrados bens penhoráveis do executado é que a execução civil terá prosseguimento (CPC, art. art. 921, §3º). Daí a percepção de que também o CPC adota a *perspectiva objetivista* para a aplicação da prescrição intercorrente.

A previsão do §3º do art. 921 do CPC é de que "Os autos serão desarquivados para prosseguimento da execução se a qualquer tempo forem encontrados bens penhoráveis". Conforme já afirmado, a locução "se a qualquer tempo forem encontrados bens penhoráveis" deve ser interpretada de forma sistemática com os demais preceitos dos arts. 921 e 924 do CPC, de modo a evitar que a interpretação literal e isolada dessa locução conduza à tese da imprescritibilidade da execução. Trata-se de conferir à matéria no CPC a mesma interpretação sistemática que a doutrina e a jurisprudência outorgam ao §3º do art. 40 da LEF, conformando a exegese da locução "a qualquer tempo" aos demais preceitos legais incidentes, de modo a submeter a interpretação dessa locução à supremacia da diretriz hermenêutica da prescritibilidade do direito a exigir pretensão relativa à obrigação de natureza civil.

Desta forma, assim compreendida a questão em razão da interpretação sistemática a ser observada na execução civil, a retomada da execução pode ser feita a qualquer tempo, *mas desde que antes da consumação do prazo da prescrição intercorrente*. Para a retomada da execução civil, o exequente deve indicar bens à penhora. Mas não basta a mera indicação; a simples apresentação de petição não interrompe a prescrição intercorrente que começou a correr quando do arquivamento provisório dos autos. É necessário que a penhora seja realizada de fato, de modo que a execução civil tenha efetivo prosseguimento, com a alienação do bem penhorado e a satisfação da execução.

É ilustrativa a doutrina de *André Araújo Molina* no particular: "Com o arquivamento provisório e reinício da contagem do prazo para a prescrição, a existência de pedidos reiterados, ainda que diligências inúteis tenham sido realizadas, não suspendem ou interrompem o prazo da prescrição que voltou a correr, sendo decisivo que o exequente encontre novos bens e instigue o juiz para a realização da penhora e alienação (art. 40 da Lei 6.830 de 1980 c/c 921, §3º, do CPC de 2015), extinguindo-se a execução pelo pagamento ou pela transação (art. 924, II e III, do CPC de 2015), antes da consumação do prazo de prescrição".[764]

Na execução fiscal, somente a efetivação da penhora interrompe o curso do prazo prescricional intercorrente iniciado com o arquivamento provisório dos autos. Na execução civil ocorre o mesmo. Assim, requerimentos infrutíferos de penhora de bens não interrompem o curso prescricional já iniciado, seja na execução fiscal, seja na execução civil.

18.4 A prescrição intercorrente na execução trabalhista – Aspectos gerais

Antes do advento da denominada Reforma Trabalhista, instituída pela Lei nº 13.467/2017, embora a doutrina majoritária manifestasse, com fundamento

---

[764] A prescrição intercorrente na execução trabalhista. *Revista Jurídica Luso-Brasileira*, ano 3, n. 2, p. 143, 2017.

na previsão do art. 884, §1º, da CLT,⁷⁶⁵ posicionamento a favor da aplicabilidade da prescrição intercorrente à execução trabalhista (*Mozart Victor Russomano, Valentin Carrion, Wilson de Souza Campos Batalha, Alice Monteiro de Barros, Amauri Mascaro Nascimento, Francisco Antonio de Oliveira, Manoel Antonio Teixeira Filho, Carlos Henrique Bezerra Leite, Sérgio Pinto Martins, Amador Paes de Almeida, Júlio César Bebber, Vitor Salino de Moura Eça, Rodolfo Pamplona Filho* e *Mauro Schiavi*), a jurisprudência do Tribunal Superior do Trabalho orientava-se em sentido contrário na Súmula nº 114. O enunciado originário da Súmula nº 114 do TST era no sentido de que "É inaplicável na Justiça do Trabalho a prescrição intercorrente". Essa Súmula nº 114 do TST foi aprovada no ano de 1980.

A Lei nº 13.467/2017 acrescentou à CLT o art. 11-A, positivando a aplicação da prescrição intercorrente na execução trabalhista. A redação do preceito é a seguinte:

> Art. 11-A. Ocorre a prescrição intercorrente no processo do trabalho no prazo de dois anos.
> §1º. A fluência do prazo prescricional intercorrente inicia-se quando o exequente deixa de cumprir determinação judicial no curso da execução.
> §2º. A declaração da prescrição intercorrente pode ser requerida ou declarada de ofício em qualquer grau de jurisdição.

Em que pese a consistência da ponderação de retrocesso social em relação à orientação estabelecida na redação originária da Súmula nº 114 do TST acerca da matéria da prescrição intercorrente na execução trabalhista, o primado da legalidade (CF, art. 5º, II) impõe a observância da nova legislação, já que parece de difícil sustentação a tese da inconstitucionalidade do art. 11-A da CLT reformada. Afirma-se que parece de difícil sustentação a tese da inconstitucionalidade do art. 11-A da CLT reformada porque se imagina que essa interpretação não teria acolhida no âmbito nos Tribunais Superiores e no âmbito dos Tribunais Regionais do Trabalho, seja em face da literalidade do art. 11-A da CLT reformada, seja em face da previsão do §1º do art. 884 da CLT; seja em face da jurisprudência do Supremo Tribunal Federal (S-372-STF). Aliás, o legislador pretendeu positivar a diretriz da Súmula nº 372 do STF no art. 11-A da CLT.

É preciso tentar compreender o alcance do novo dispositivo legal.

O prazo de dois (2) anos é um elemento objetivo. Esse prazo está previsto no *caput* do art. 11-A da CLT reformada, de forma expressa. O prazo de dois (2) anos aplica-se quando a ação reclamatória trabalhista é proposta após a extinção

---

⁷⁶⁵ "Art. 884. Garantida a execução ou penhorados os bens, terá o executado cinco dias para apresentar *embargos*, cabendo igual prazo ao exequente para impugnação.
§1º. A matéria de defesa será restrita às alegações de cumprimento da decisão ou do acordo, quitação ou *prescrição da dívida*".

do contrato de trabalho. Entretanto, quando o contrato de trabalho estiver em curso, o prazo será de cinco (5) anos, de forma a fazer valer o prazo prescricional quinquenal estabelecido na Constituição Federal (art. 7º, XXIX) e na CLT (art. 11), conclusão que decorre da hermenêutica imposta pelo método sistemático de interpretação do ordenamento jurídico.

Maior celeuma também não deve gerar a previsão de declaração de ofício da prescrição intercorrente na execução trabalhista, seja porque a literalidade do preceito assim o estabelece (CLT, art. 11-A, §2º), seja porque a declaração da prescrição intercorrente de ofício tornou-se regra legal tanto nos executivos fiscais (Lei nº 6.830/80, art. 40, §4º) quanto na execução cível (CPC, art. 921, §5º). O sistema jurídico nacional registra uma tendência legislativa no sentido do pronunciamento da prescrição de ofício. A Lei nº 11.280/2006 introduziu o §5º no art. 219 do CPC de 1973, para estabelecer que "O juiz pronunciará, de ofício, a prescrição". Essa tendência orienta também o CPC de 2015. O CPC vigente prevê que haverá resolução do mérito quando o juiz "decidir, de ofício ou a requerimento, sobre a ocorrência de decadência ou de prescrição" (CPC, art. 487, II).

Cumpre enfrentar agora o alcance da previsão legal do §1º do art. 11-A da CLT. Trata-se do preceito que enseja maior controvérsia. O preceito está assim redigido: "§1º. A fluência do prazo prescricional intercorrente inicia-se quando o exequente deixa de cumprir determinação judicial no curso da execução".

O preceito legal prevê a existência de um fato jurídico que determina o início da fluência do prazo prescricional intercorrente na execução trabalhista. Esse fato jurídico é o *descumprimento de determinação judicial pelo exequente*. Significa dizer que o art. 11-A, §1º, da CLT encerra um *requisito normativo adicional* em relação à regência legal do tema estabelecida na LEF e no CPC para a prescrição intercorrente, pois prevê que uma específica determinação judicial tenha sido estabelecida pelo juízo da execução e que essa determinação não tenha sido cumprida pelo exequente.

Na LEF e no CPC, não há tal previsão; de tal modo que a fluência do prazo de prescrição intercorrente inicia-se com o fato objetivo do arquivamento provisório dos autos tanto nos executivos fiscais (Lei nº 6.830/80, art. 40, §4º) quanto na execução civil (CPC, art. 921, §§2º e 4º). Em outras palavras, nos executivos fiscais e na execução civil não há previsão legal para a realização de um *novo ato* pelo qual o juízo insta o exequente a cumprir determinada ordem judicial, de tal modo que a fluência do prazo prescricional tem início – imediata e automaticamente – com o arquivamento provisório dos autos. Esse fato objetivo – o arquivamento provisório dos autos – é suficiente para, isoladamente, fazer disparar a fluência do prazo prescricional intercorrente tanto no âmbito da execução fiscal quanto no âmbito da execução civil.

Na execução trabalhista, contudo, a disciplina da matéria é diversa, porquanto o legislador introduziu na CLT o *requisito normativo adicional* de que tenha havido o *descumprimento, pelo exequente, de uma específica determinação judicial*, para que então – e só daí então – se tenha por iniciada a fluência do prazo prescricional intercorrente de dois (2) anos. O problema está em saber de que espécie de determinação judicial cuida o legislador no §1º do art. 11-A da CLT.

Parece razoável concluir que se trata de determinação judicial para o exequente impulsionar a execução. Vejamos algumas espécies de determinação judicial de que se pode cogitar.

A primeira hipótese é a da necessidade de apresentação de artigos de liquidação pelo exequente.[766] Diante da previsão de execução de ofício existente na redação originária do art. 878, *caput*, da CLT, a jurisprudência do TST foi construída na perspectiva de que não se poderia cogitar de prescrição intercorrente, na medida em que se compreendia ser incumbência do juízo promover a execução de ofício, não podendo o exequente ser prejudicado pela inércia estatal ou por medidas protelatórias adotadas pelo executado, consoante se recolhe dos precedentes que conduziram à edição da Súmula nº 114 do TST. Entretanto, como o juízo da execução não pode substituir a parte exequente na apresentação de artigos de liquidação diante da necessidade de *alegar e provar* fatos novos nessa modalidade de liquidação de sentença, a jurisprudência do TST identificou nessa situação hipótese para realizar uma *distinção* – no âmbito da aplicação da Súmula nº 114 do TST – quando a necessidade de apresentação de artigos de liquidação impunha a necessária iniciativa do exequente, admitindo então que nessa particular situação a inércia injustificada do exequente teria o efeito de fazer iniciar a fluência do prazo prescricional intercorrente, pois, do contrário, o processo ficaria indefinidamente pendente de solução.[767] Vale dizer, sendo a apresentação artigos de liquidação indispensável ao prosseguimento da execução, sobre o exequente recai o ônus processual de dar prosseguimento à execução mediante a apresentação da petição inicial da liquidação por artigos necessária ao andamento processual. Como ao juízo não é dado substituir o exequente no desempenho de tal ônus processual, sob pena de restar comprometido o predicado da imparcialidade do juízo da execução, somente o exequente poderá cumprir o ônus processual de dar início à liquidação por artigos necessária ao prosseguimento do processo. Quando, porém, o exequente, instado a dar prosseguimento ao processo mediante a apresentação dos artigos de liquidação, restar inerte, a sua inércia não pode perdurar indene indefinidamente no tempo. Daí a conclusão jurídica de que o prazo prescricional intercorrente deverá passar a transcorrer quando o exequente, intimado para proceder à apresentação dos artigos de liquidação, permanecer inerte, deixando de praticar o ato processual indispensável à marcha processual.

---

[766] A liquidação por cálculos pode continuar sendo determinada de ofício pelo juízo da execução, pois nessa modalidade de liquidação de sentença não há necessidade de alegar e provar fato novo, diversamente do que ocorre na modalidade de liquidação da sentença por artigos.

[767] TST-SBDI1 – ERR 0693039-80.2005.10.0004 – Rel. Min. João Oreste Dalazen – *DJE* 08.05.2009. No mesmo sentido, TST-SBDI2 – RO nº 0000014-17.2014.5.02.0000 – Rel. Min. Douglas Alencar Rodrigues – DEJT 06.000003.2015.

Certamente, a determinação judicial para que o exequente apresente artigos de liquidação é uma hipótese em que se tem por preenchido o suporte fático da norma do §1º do art. 11-A da CLT quando o exequente permanecer inerte diante da ordem do juízo. A previsão legal, contudo, abrange outras hipóteses de descumprimento de determinação judicial. Essa interpretação decorre do enunciado genérico da locução empregada pelo legislador no preceito em exame – "quando o exequente deixa de cumprir *determinação judicial* no curso da execução". *Mauro Schiavi* cita os seguintes exemplos: "indicação de bens do devedor, informações necessárias para o registro da penhora, instauração do incidente de desconsideração da personalidade jurídica etc.".[768]

Conquanto o preceito legal em estudo possa ser considerado como expressão normativa de uma espécie de cláusula geral em face do enunciado genérico de sua redação, não parece razoável se deva admitir que o juízo da execução possa invocar o preceito do §1º do art. 11-A da CLT para se desvencilhar do dever funcional previsto no art. 765 da CLT de determinar as diligências necessárias – "qualquer diligência necessária" – a assegurar o resultado útil do processo, para transferir para o exequente a incumbência de realizar desde as primeiras pesquisas de bens à penhora, quando é o juízo da execução que tem acesso aos sistemas informatizados de pesquisa patrimonial eletrônica capaz de descobrir a existência de bens e, em alguns casos, até o acesso eletrônico que permite promover a própria constrição de patrimônio necessária à satisfação da dívida trabalhista.

Como exemplo, vem à lembrança a capacidade do juízo da execução de inserir restrição de circulação e de transferência de veículo do executado junto ao DETRAN mediante o manejo remoto do sistema eletrônico de restrições realizado por meio do convênio RenaJud. Outro exemplo radica na capacidade do juízo da execução de inserir ordem de indisponibilidade de imóvel do executado mediante o manejo remoto do sistema eletrônico de indisponibilidade de bens realizado por meio da Central Nacional de Indisponibilidade de bens imóveis indeterminados – CNIB. Outros exemplos poderiam ser lembrados. Basta, porém, mencionar o acesso que o juízo da execução tem à declaração de bens da executada pessoa jurídica e dos executados pessoais naturais, no sistema de assento de bens da Receita Federal, mediante a consulta às respectivas declarações de renda dos executados.

Tal interpretação contrariaria – além do princípio da proteção (CLT, art. 9º[769]) – tanto a norma de sobredireito do art. 765 da CLT[770] quanto a norma do

---

[768] *A reforma trabalhista e o processo do trabalho*. São Paulo: LTr, 2017, p. 76.
[769] "Art. 9º. Serão nulos de pleno direito os atos praticados com o objetivo de desvirtuar, impedir ou fraudar a aplicação dos preceitos contidos na presente Consolidação".
[770] "Art. 765. Os juízos e Tribunais do Trabalho terão ampla liberdade na direção do processo e velarão pelo andamento rápido das causas, podendo determinar qualquer diligência necessária ao esclarecimento delas".

art. 139, IV, do CPC,⁷⁷¹ aplicável ao processo do trabalho (CLT, art. 769; CPC, art. 15; Instrução Normativa nº 39/2016 do TST, art. 3º, III⁷⁷²), acarretando maltrato também ao princípio de direito administrativo da eficiência da administração pública (CF, art. 37, *caput*;⁷⁷³ CPC, art. 8º⁷⁷⁴).

Cumpre observar que o art. 139, IV, do CPC estabelece ser incumbência do magistrado determinar *todas* as medidas necessárias ao cumprimento das decisões judiciais. Essa incumbência do magistrado aplica-se também na execução por quantia, aspecto em relação ao qual é de se registrar que o novo tratamento da matéria no CPC de 2015 denota a superação do paradigma restritivo que orientava o CPC revogado. O novo paradigma visa à efetividade da execução de crédito, inserindo-se numa clara perspectiva de ruptura com o modelo anterior, que ficara identificado pela marca da ineficácia da execução de crédito, conforme se recolhe do magistério de *Hermes Zaneti Jr.*⁷⁷⁵ O preceito do 139, IV, do CPC "(...) pode ser considerado um adequado *desdobramento supletivo e subsidiário* do comando contido no art. 765 CLT, na medida em que complementa e reforça a expressão 'qualquer diligência' a que o dispositivo consolidado faz menção", conforme a produtiva observação de *Manoel Carlos Toledo Filho*.⁷⁷⁶

De outra parte, não se deve cogitar de fluência do prazo de prescrição intercorrente antes de terem sido esgotadas – pelo juízo da execução, de ofício, – as demais providências necessárias à satisfação da execução, entre as quais figuram – além da pesquisa patrimonial eletrônica de bens – tanto o redirecionamento da execução contra os sócios da sociedade executada quanto a pesquisa acerca de existência de grupo econômico, caso não encontrados bens da sociedade executada; o protesto extrajudicial da sentença; a inscrição do nome do executado em cadastro de inadimplentes; a indisponibilidade de bens via Central Nacional de Indisponibilidade de Bens imóveis indeterminados – CNIB, dentre outras providências. Nesse particular, merece registro o fato de que a Corregedoria Geral

---

⁷⁷¹ "Art. 139. O juiz dirigirá o processo conforme as disposições deste Código, incumbindo-lhe: (...)
IV – determinar todas as medidas indutivas, coercitivas, mandamentais ou sub-rogatórias necessárias para assegurar o cumprimento de ordem judicial, inclusive nas ações que tenham por objeto prestação pecuniária;".

⁷⁷² "Art. 3º. Sem prejuízo de outros, *aplicam-se* ao processo do trabalho, em face de omissão e compatibilidade, os preceitos do Código de Processo Civil que regulam os seguintes temas: (...)
III – art. 139, exceto a parte final do inciso V (poderes, deveres e responsabilidades do juiz);".

⁷⁷³ "Art. 37. A administração pública direta e indireta de qualquer dos Poderes da União, dos Estados, do Distrito Federal e dos Municípios obedecerá aos princípios da legalidade, impessoalidade, moralidade, publicidade e *eficiência* e, também, ao seguinte: ."...

⁷⁷⁴ "Art. 8º. Ao aplicar o ordenamento jurídico, o juiz atenderá aos fins sociais e às exigências do bem comum, resguardando e promovendo a dignidade da pessoa humana, e observando a proporcionalidade, a razoabilidade, a legalidade, a publicidade e a *eficiência*".

⁷⁷⁵ Hermes Zaneti Jr. preceitua: "(...) o processo de execução deverá ser pensado, estruturado e efetivado de maneira a garantir o direito à tutela do crédito adequada, tempestiva e efetiva" (MARINONI, Luiz Guilherme (dir.); ARENHART, Sérgio Cruz; MITIDIERO, Daniel (coord.). *Comentários ao Código de Processo Civil*. São Paulo: RT, 2016, v. XIV, p. 41).

⁷⁷⁶ SILVA, José Antônio Ribeiro de Oliveira (coord.). *Comentários ao novo CPC e sua aplicação ao processo do trabalho*. São Paulo: LTr, 2016, v. I, p. 200.

da Justiça do Trabalho orientou a magistratura trabalhista à adoção de diversas iniciativas dirigidas à pesquisa eletrônica de bens do executado, com vistas a conferir efetividade à execução, conforme orienta a Recomendação nº 3/2018, anteriormente examinada no presente capítulo.

18.5 A prescrição intercorrente na execução trabalhista – Aspectos específicos: a questão da execução de ofício

A Reforma Trabalhista pretendeu articular a introdução da prescrição intercorrente, na CLT, com a eliminação da execução de ofício. O propósito teria sido o de retirar eficiência da jurisdição trabalhista, nada obstante a Administração Pública seja regida pelo princípio da eficiência (CF, art. 37, *caput;* CPC, art. 8º). A Lei nº 13.467/2017 contraria o princípio da eficiência na Justiça do Trabalho. A Reforma Trabalhista é uma espécie de punição à eficiência da Justiça do Trabalho, o ramo mais eficiente da jurisdição brasileira. A Reforma Trabalhista objetiva uma jurisdição menos eficiente, na contramão do projeto constitucional de construção de um aparato judiciário eficiente.

O impulso do processo do trabalho pelo magistrado é uma característica histórica do sistema processual do trabalho no Brasil. Daí afirmar-se que a execução de ofício é um dos princípios do Direito Processual do Trabalho. A acertada observação é de *Homero Batista Mateus da Silva*.[777] Eliminar a execução de ofício significa descaracterizar um dos elementos essenciais do Direito Processual do Trabalho. Não é só o aspecto conceitual da autonomia científica do processo do trabalho que restou mutilado, a Reforma foi pragmática na realização do desiderato de enfraquecer o Direito Processual do Trabalho na prática, suprimindo uma das principais virtudes do procedimento trabalhista. Entretanto, foi mantida a possibilidade de execução de ofício do crédito previdenciário. O crédito principal não pode ser executado de ofício (o crédito trabalhista), enquanto que o crédito acessório (crédito previdenciário) deve ser executado de ofício (CLT, art. 876, parágrafo único[778]). É um contrassenso. Não é racional que no mesmo processo se possa executar de ofício o crédito previdenciário acessório e não se possa executar de ofício o crédito trabalhista principal, sobretudo quando se considera que o crédito trabalhista serve como base de cálculo à apuração das contribuições previdenciárias. Trata-se de uma alteração legislativa ilógica, conforme sublinham *Mauricio Godinho Delgado* e *Gabriela Neves Delgado*.[779]

---

[777] *Comentários à reforma trabalhista*. São Paulo: RT, 2017, p. 169.
[778] "Art. 876. (...)
Parágrafo único. *A Justiça do Trabalho executará, de ofício, as contribuições sociais* previstas na alínea *a* do inciso I e no inciso II do *caput* do art. 195 da Constituição Federal, e seus acréscimos legais, relativas ao objeto da condenação constante das sentenças que proferir e dos acordos que homologar".
[779] *A reforma trabalhista no Brasil*. São Paulo: LTr, 2017, p. 356.

Além de ilógica, a alteração legislativa em questão não resiste à interpretação sistemática da própria CLT. Conforme destaca *Wolney de Macedo Cordeiro*, "é a própria norma processual trabalhista que determina o julgamento conjunto (art. 884, §4º) dos embargos e das impugnações relativas aos créditos previdenciário e trabalhista. Esse julgamento simultâneo só será possível caso as execuções sejam processadas conjuntamente. Logo, tendo o juiz do trabalho iniciado a execução previdenciária de ofício, por força de determinação constitucional, deverá também provocar a execução trabalhista, a fim de possibilitar a aplicação do disposto no art. 884, §4º".[780]

É uma incógnita saber se os magistrados do trabalho vão acatar essa mutilação do processo do trabalho. Isso porque continua vigente a norma de sobredireito processual do art. 765 da CLT, a qual atribui ao juiz o dever de velar pela rápida solução da causa. Essa mesma norma legal atribui ao magistrado a incumbência de "determinar qualquer diligência necessária". A interpretação desse preceito da CLT deve ser realizada em conformidade com a Constituição Federal. A Constituição estabelece que os cidadãos têm direito à razoável duração do processo (CF, art. 5º, LXXVIII). A interpretação do art. 765 da CLT conforma-se à previsão constitucional apenas quando se assegura às partes a rápida solução da causa em concreto. Daí por que não parece conforme à Constituição a interpretação de que a execução trabalhista seja realizada apenas se houver iniciativa do exequente. De outra parte, o novo Código de Processo Civil atribui ao juiz a incumbência de adotar todas as medidas necessárias ao cumprimento das determinações judiciais (CPC, art. 139, IV), evidenciando que a sociedade quer pronto cumprimento das decisões judiciais.

O processo do trabalho apresenta particularidades que motivam a atuação de ofício do juiz do trabalho na execução. Entre essas particularidades está a natureza alimentar do crédito trabalhista. A estatura jurídica conferida ao crédito trabalhista na ordem de classificação dos créditos no direito brasileiro levou a Superior Tribunal de Justiça a qualificar o crédito trabalhista como crédito *necessarium vitae*.[781] Posicionado no ápice da classificação de créditos na ordem jurídica nacional (CTN, art. 186), o superprivilégio legal do crédito trabalhista constitui uma expressão pela qual se manifesta o primado da dignidade da pessoa humana no sistema de Direito brasileiro. Trata-se de um tipo de crédito especial, ao qual a ordem jurídica confere primazia ainda quando em cotejo com o crédito fiscal, cuja característica é expressar o interesse público que o Estado tem na arrecadação de tributos necessária à consecução da vida em sociedade (CTN, art. 186). Em resumo, a ordem jurídica brasileira confere primazia ao crédito trabalhista no cotejo com o crédito fiscal.

Observo que a Lei nº 6.830/80 representou importante passo na desburocratização do processo,[782] ao prever que o despacho do juiz que deferir a inicial importa

---

[780] *Execução no processo do trabalho*. 4. ed. Salvador: Juspodivm, 2017, p. 55.
[781] STJ. 1ª Turma. REsp nº 442.325. Relator Min. Luiz Fux. DJU 25.11.2002, p. 207.
[782] ALBUQUERQUE, Marcos Cavalcanti de. *Lei de Execução Fiscal*. São Paulo: Madras, 2003, p. 30.

em ordem para citação, penhora, arresto, registro da penhora ou do arresto, independentemente do pagamento de despesas, e avaliação dos bens. Trata-se do art. 7º da Lei nº 6.830/80.[783] Deferida a petição inicial – e a regra é o deferimento –, os atos necessários à execução fiscal são realizados automaticamente, de ofício. Salvo a rara hipótese de indeferimento da petição inicial, basta o ajuizamento da ação para que todos os demais atos necessários à execução fiscal sejam realizados de ofício – como consequência natural da propositura da execução fiscal. A norma visa à concreta realização do crédito fiscal, cuja satisfação atende ao interesse público de prover as políticas de Estado. A simplificação procedimental justifica-se diante do privilégio legal que o crédito fiscal ostenta na ordem jurídica nacional (CTN, art. 186[784]). É intuitiva a conclusão de que ao crédito trabalhista deve ser assegurada sua execução de ofício, à semelhança do que ocorre nos executivos fiscais, na medida em que a ordem jurídica posiciona o crédito trabalhista acima do crédito fiscal na classificação dos créditos, conferindo-lhe o superprivilégio legal que levou o Superior Tribunal de Justiça a identificá-lo como crédito necessário à vida.

Têm razão *Antonio Umberto de Souza Júnior, Fabiano Coelho de Souza, Ney Maranhão* e *Platon Teixeira de Azevedo Neto* quando ponderam que a Reforma Trabalhista também contraria os arts. 4º e 6º do CPC,[785] de aplicação supletiva no processo do trabalho (CLT, art. 769; CPC, art. 15). O art. 4º do CPC é contrariado porque se trata de norma que estabelece o direito de as partes obterem solução integral do mérito em prazo razoável, *incluída a atividade satisfativa*. O art. 6º é contrariado porque estabelece que todos os sujeitos do processo devem cooperar para obter-se uma decisão justa e *efetiva*. Esses dispositivos integram as normas fundamentais do novo CPC, conformando a teoria geral do processo civil.

A aparente antinomia de normas de mesma hierarquia deve ser resolvida por uma interpretação sistemática e por uma hermenêutica principiológica. O acertado magistério é de *Antonio Umberto de Souza Júnior, Fabiano Coelho de Souza, Ney Maranhão* e *Platon Teixeira de Azevedo Neto*.[786] Acrescento que a teoria do diálogo das fontes pode ser útil à conformação da interpretação sistemática postulada pelos referidos juristas, na medida em que o recurso à norma de ordem pública do art. 186 do Código Tributário Nacional pode permitir conformar interpretação sistemática no sentido de conferir dimensão também processual à primazia do crédito *necessarium vitae*, sobretudo se

---

[783] "Art. 7º. O despacho do Juiz que deferir a inicial importa em ordem para:
I – citação, pelas sucessivas modalidades previstas no art. 8º;
II – penhora, se não for paga a dívida, nem garantida a execução, por meio de depósito ou fiança;
III – arresto, se o executado não tiver domicílio ou dele se ocultar;
IV – registro da penhora ou do arresto, independentemente do pagamento de custas ou outras despesas, observado o disposto no art. 14; e
V – avaliação dos bens penhorados ou arrestados".

[784] "Art. 186. O crédito tributário prefere a qualquer outro, seja qual for a sua natureza o tempo de sua constituição, ressalvados os créditos decorrentes da legislação do trabalho ou do acidente do trabalho".

[785] *Reforma trabalhista*: análise comparativa e crítica da Lei nº 13.467/2017. São Paulo: Rideel, 2017, p. 455.

[786] *Reforma trabalhista*: análise comparativa e crítica da Lei nº 13.467/2017. São Paulo: Rideel, 2017, p. 456.

os juristas trabalharem com interpretação conforme à Constituição, na perspectiva da razoável duração do processo e da eficiência da atividade estatal judicial.

Por derradeiro, impõe-se uma ponderação de matiz consequencialista. O impulso da execução de ofício pelo juiz do trabalho não acarretará nulidade processual. A nulidade processual caracteriza-se quando o ato processual acarretar manifesto prejuízo para a parte. Essa saneadora norma jurídica está capitulada no art. 794 da CLT.[787] O prejuízo de que se cogita aqui é prejuízo de *natureza processual*. O prejuízo de natureza processual caracteriza-se apenas quando o exercício de *determinada faculdade processual da parte lhe for negado* pelo juízo. Na medida em que se assegure ao executado – como, aliás, ordinariamente é mesmo assegurado – a faculdade processual de opor embargos à execução após a realização da penhora, não se poderá cogitar de nulidade processual, porquanto nessa situação não caracterizar-se-á o manifesto prejuízo processual de que trata o art. 794 da CLT. Isso porque a faculdade processual do executado é a de se opor à execução mediante a apresentação dos embargos previstos no art. 884 da CLT.

Assegurado ao executado o exercício da faculdade processual de opor embargos à execução, prevista no art. 884 da CLT, já não mais se poderá cogitar de nulidade processual em decorrência do fato de a execução ter sido impulsionada de ofício diante da ausência de prejuízo processual. E, ainda que se pudesse cogitar de nulidade processual, eventual nulidade processual restaria convalidada por ter sido assegurado ao executado o exercício do contraditório na execução, como, aliás, é da experiência ordinária no foro trabalhista. Incide, aqui, a teoria teleológica das nulidades processuais: se a finalidade foi alcançada, o ato é considerado válido, mesmo que o itinerário processual observado não seja exatamente aquele prescrito em lei. A teoria processual contemporânea tem relativizado progressivamente as nulidades processuais, priorizando a solução de mérito mediante o abrandamento do rigor formal processual, aproximando-se cada vez mais da noção de simplicidade processual e da deformalização das controvérsias, de que falava a saudosa Professora Ada Pellegrini Grinover.

18.6 A prescrição intercorrente na execução trabalhista –
Aspectos específicos: a prescrição intercorrente não retroage

No caso de nova hipótese de prescrição instituída por lei superveniente, a fluência do prazo prescricional somente pode ter início a partir da vigência da nova lei. É lição clássica que a instituição de novo prazo prescricional não pode

---

[787] "Art. 794. Nos processos sujeitos à apreciação da Justiça do Trabalho só haverá nulidade quando resultar dos atos inquinados manifesto prejuízo às partes litigantes".

ter efeito retroativo. Mais do que isso: o novo lapso prescricional somente pode ser contado para frente – é a partir da vigência da nova lei que pode ter início a fluência do prazo prescricional fixado na lei que estabelece a nova hipótese de prescrição. A lição decorre do postulado da segurança jurídica.

Assim sendo, na hipótese da prescrição intercorrente instituída pelo art. 11-A da CLT reformada, a fluência do prazo prescricional somente pode ter início a partir da vigência da Reforma Trabalhista. A Lei nº 13.467 foi publicada em 14 de julho de 2017, tendo sido previsto um período de *vacacio legis* de 120 dias, no seu art. 6º. Assim, a Lei nº 13.467/2017 entrou em vigor em data de 11 de novembro de 2017. Portanto, não poderá o magistrado, a pretexto de aplicar a nova lei, procurar processos parados há dois anos e declarar a prescrição intercorrente de forma retroativa. Isso porque se trata de nova hipótese de prescrição, situação em que os respectivos efeitos se projetam – necessária e exclusivamente – para o futuro; nessa hipótese não se pode atribuir efeito retroativo à lei, sob pena de maltrato ao postulado da segurança jurídica. A lição doutrinária é de *Homero Batista Mateus Silva*. O autor invoca o magistério em que Pontes de Miranda afirma que esse tipo de situação – lei que institui nova hipótese de prescrição – equivale à criação de uma nova modalidade de prescrição sobre a pretensão deduzida pela parte. Logo, o novo prazo prescricional somente tem aplicação a partir da vigência da nova hipótese de prescrição instituída, sem possibilidade de operar efeito retroativo; e com início da contagem do prazo apenas para o futuro, a partir da vigência da lei instituidora da nova modalidade de prescrição criada pelo legislador.[788]

Mesmo aqueles magistrados que aplicavam a prescrição intercorrente na execução trabalhista antes do advento da Lei nº 13.467/2017, fazendo-o mediante a aplicação subsidiária do art. 40 da Lei de Executivos Fiscais, com fundamento na previsão do art. 889 da CLT, devem considerar que a Lei nº 13.467/2017 instituiu nova hipótese de prescrição, a ser aplicada a partir da vigência da lei e sem caráter retroativo, de modo a evitar seja o exequente surpreendido por prematura declaração de prescrição intercorrente da execução, quando a jurisprudência uniformizada na redação originária da Súmula nº 114 do TST afirmava não ser aplicável a prescrição intercorrente na Justiça do Trabalho.

Essa mesma diretriz hermenêutica foi adotada no CPC de 2015 no que diz respeito à prescrição intercorrente na execução. No art. 921 do CPC, o novo diploma processual civil explicitou a aplicabilidade da prescrição intercorrente à execução civil. O CPC de 1973 não havia explicitado a aplicabilidade da prescrição intercorrente na execução. Nos estudos em que são comparados ambos os códigos, a doutrina é pacífica ao afirmar que o CPC de 1973 não tinha dispositivo equivalente aos §§1º, 2º, 3º, 4º e 5º do inciso III do art. 921 do CPC de 2015.

---

[788] *Comentários à reforma trabalhista*. São Paulo: RT, 2017, p. 203/204.

No art. 1.056 do CPC de 2015, o legislador houve por bem inserir norma de direito intertemporal destinada a promover segurança jurídica na aplicação da prescrição intercorrente na execução civil. É interessante observar – sob a perspectiva da tópica – que se trata de norma integrante das Disposições Finais e Transitórias do CPC de 2015. Tendo explicitado a hipótese de aplicação de prescrição intercorrente na execução civil no art. 921, o legislador do CPC de 2015 adotou a cautela de definir o termo inicial do prazo prescricional em questão, com o evidente propósito de evitar surpresa ao exequente e com a finalidade de promover segurança jurídica na aplicação da nova norma, ciente de que a instituição de nova hipótese de prescrição reclamava dispositivo definidor do termo inicial do prazo prescricional explicitado no art. 921 do CPC.

A norma de direito intertemporal em questão tem a seguinte redação: "Art. 1.056. Considerar-se-á como termo inicial do prazo da prescrição prevista no art. 924, inciso V, inclusive para as execuções em curso, a data de vigência deste Código".

É interessante reiterar que o CPC de 1973 não tinha norma explícita acerca de prescrição intercorrente na execução civil. Nada obstante o silêncio do CPC de 1973, a doutrina e a jurisprudência enfrentaram o tema mediante interpretação sistemática e sempre concluíram pela aplicabilidade da prescrição intercorrente na execução civil, apesar da omissão do Código revogado acerca da matéria. O fato de a doutrina e a jurisprudência terem concluído pela aplicabilidade da prescrição intercorrente na execução civil não dispensou o legislador do CPC de 2015 da cautela de definir, para promover segurança jurídica, que a prescrição intercorrente na execução, explicitada no art. 921 do CPC, somente tem sua fluência a partir da data de vigência do CPC de 2015.

O mesmo raciocínio jurídico é válido para a aplicação da prescrição intercorrente na execução trabalhista. A exemplo da previsão do art. 1.056 do CPC, no caso de prescrição intercorrente na execução trabalhista somente se pode cogitar do início da fluência do prazo prescricional a partir da vigência da Lei nº 13.467/2017. Significa dizer que não se pode aplicar o art. 11-A da CLT reformada de forma retroativa; mais do que isso, é só a partir da vigência da Lei nº 13.467/2017 que se pode cogitar do início da fluência do prazo prescricional de dois (2) anos estabelecido no art. 11-A da CLT. Recorrendo à fórmula adotada na redação do art. 1.056 do CPC, pode-se enunciar a regra de que o termo inicial do prazo de prescrição prevista no art. 11-A da CLT reformada, inclusive para as execuções em curso, não poderá ocorrer senão depois da data de vigência da Lei nº 13.467/2017.

A fórmula adotada pelo legislador na redação do art. 1.056 do CPC tem a virtude de promover segurança jurídica ao definir que o termo inicial do novo prazo prescricional somente pode começar a fluir depois da vigência da lei que instituiu a nova modalidade de prescrição no sistema jurídico, o que significa dizer que não há possibilidade de aplicação retroativa do novo prazo prescricional instituído.

Contudo, é preciso ponderar que essa fórmula se apresenta incompleta – insuficiente – para disciplinar a adequada aplicação da prescrição intercorrente na execução trabalhista, na medida em que o art. 11-A da CLT reformada exige a conformação do *elemento normativo adicional* do descumprimento de uma específica determinação judicial pelo exequente, para que somente após esse descumprimento tenha início a fluência do prazo prescricional bienal (CLT, art. 11-A, §1º). Na regência do CPC de 2015, não se exige a conformação desse *elemento normativo adicional*, bastando o fato objetivo do arquivamento provisório dos autos para que tenha início a fluência do prazo prescricional intercorrente (CPC, art. 921, §§1º, 2º e 3º). Na regência da Lei dos Executivos Fiscais, também não se exige a conformação desse *elemento normativo adicional*, bastando o fato objetivo do arquivamento provisório dos autos para que tenha início a fluência do prazo prescricional intercorrente (Lei nº 6.830/80, art. 40, §§2º e 4º). Na execução trabalhista, a prescrição intercorrente tem regência legal distinta daquela prevista para a execução fiscal e civil, respectivamente, na LEF e no CPC.

O legislador reformista da CLT, ciente de que fragilizava a tutela do crédito trabalhista ao instituir a prescrição intercorrente na execução trabalhista quando a jurisprudência uniformizada na Súmula nº 114 do TST excluía essa modalidade de prescrição, houve por bem, presumivelmente para estabelecer alguma compensação, adotar perspectiva distinta da *perspectiva objetivista* que foi adotada nos executivos fiscais e na execução civil, ao estabelecer como *requisito normativo adicional* para a fluência do prazo prescricional o descumprimento, pelo exequente, de especifica determinação judicial no curso da execução.

Diversamente do que alguns juristas sustentaram nos debates iniciais acerca da Reforma Trabalhista, a determinação judicial deve em questão ocorrer *após* a vigência da Lei nº 13.467/2017. Conforme ponderação feita anteriormente, a diretriz adotada na Instrução Normativa nº 41/2018 do TST parece excluir a interpretação de que a determinação judicial prevista no §1º do art. 11-A da CLT pudesse ser compreendida como ordem judicial determinada *antes* da vigência da lei. Havia a interpretação de que a determinação judicial anterior à vigência da Lei nº 13.467/2017 poderia ser considerada válida para preencher o suporte fático do §1º do art. 11-A da CLT, hipótese em que a fluência do biênio teria início a partir da vigência da lei.

Essa vertente interpretativa era questionada sob a perspectiva do primado da irretroatividade do art. 11-A da CLT. Os defensores dessa vertente interpretativa argumentavam que não haveria aplicação retroativa porque o fluxo do prazo prescricional teria início apenas *a partir* da vigência da lei, embora a determinação judicial tivesse sido *anterior* à vigência da lei. Na construção dessa hermenêutica, os defensores dessa vertente interpretativa tomavam combinavam dois elementos: a) a determinação judicial poderia ser *anterior* à Lei nº 13.467/2017; b) a contagem do prazo prescrição intercorrente de dois anos *não poderia ser anterior* à vigência da Lei nº 13.467/2017. Em outras palavras, sustentavam que a contagem do prazo prescricional teria início com a vigência da lei; porém, admitiam que a determinação judicial pudesse estar situada em período anterior à vigência da Lei nº 13.467/2017.

Para superar divergências interpretativas, a precitada instrução normativa adotou assertiva oração com a qual localiza no tempo a determinação judicial apta a preencher o suporte fático do preceito legal, esclarecendo que se trata de determinação judicial "feita após 11 de novembro de 2017" (art. 2º da IN 41/2018 do TST), data a partir da qual ganhou vigência a chamada Reforma Trabalhista. Assim sendo, a determinação judicial a ser considerada eficaz para gerar prescrição intercorrente é aquela que tenha sido ordenada após a vigência da Lei nº 13.4672017. Significa dizer que não se pode, de acordo com a Instrução Normativa nº 41/2018 (art. 2º), adotar como determinação judicial capaz de preencher o suporte fático do §1º do art. 11-A da CLT eventual determinação judicial ordenada pelo juízo da execução *antes* da vigência da Lei nº 13.467/2017. Como a Lei nº 13.467/2017 entrou em vigor em data de 11 de novembro de 2017, a determinação judicial capaz de fazer iniciar o prazo prescricional intercorrente é a determinação judicial ordenada no dia 11.11.2017 ou em data posterior – *se a determinação judicial for descumprida pelo exequente*.

18.7 Em favor da aplicação combinada da LEF e do art. 11-A da CLT

A aplicação do art. 40 da Lei de Executivos Fiscais à prescrição intercorrente na execução trabalhista é defendida tanto por *Francisco Meton Marques de Lima* e *Francisco Péricles Rodrigues Marques de Lima*[789] quanto por *André Araújo Molina*.[790] *Manoel Antonio Teixeira Filho* também defende essa aplicação.[791] *Raphael Miziara* segue o mesmo caminho, ponderando que a aplicação da LEF à execução trabalhista não dispensa adaptações necessárias.[792] Para *Mauro Schiavi*, o itinerário procedimental da LEF também seria aplicável à prescrição intercorrente. Embora faça menção ao procedimento instituído no art. 921 do CPC de 2015, o itinerário

---

[789] *Reforma trabalhista*: entenda por ponto. São Paulo: LTr., 2017, p. 28.

[790] A prescrição intercorrente na execução trabalhista. *Revista Jurídica Luso-Brasileira*, ano 3, n. 2, p. 143, 2017.

[791] *O processo do trabalho e a reforma trabalhista*. São Paulo: LTr, 2017, p. 38: "consideramos aplicável ao processo do trabalho a disposição encartada no art. 40 da Lei nº 6.830/80, segundo a qual o juiz suspenderá o curso da execução: a) enquanto não for localizado o devedor; ou b) não forem encontrados bens sobre os quais possa recair a penhora (*caput*); decorrido o prazo de um ano, sem que o devedor tenha sido localizado ou os bens encontrados, determinará o arquivamento dos autos (§2º)".

[792] "A tutela da confiança e a prescrição intercorrente na execução trabalhista: o equívoco da instrução normativa nº 39 do TST". *Revista eletrônica do Tribunal Regional do Trabalho da 9ª Região*, Curitiba, PR, v. 5, n. 50, p. 204-222, maio de 2016.

procedimental que o jurista entende aplicável é o mesmo previsto na Lei nº 6.830/80[793] Isso decorre da similitude que se registra na LEF e no CPC acerca da disciplina do tema da prescrição intercorrente da execução.

Para *Francisco Meton Marques de Lima* e *Francisco Péricles Rodrigues Marques de Lima* essa aplicação tem natureza subsidiária. Embora os juristas não o explicitem, presume-se que estão a trabalhar com a previsão do art. 889 da CLT, quando afirmam que se deve aplicar o rito do art. 40 da LEF na execução trabalhista para efeito de incidência da prescrição intercorrente, com exceção do prazo, que é de dois anos. Os juristas explicam o itinerário procedimental a ser observado: "Então, primeiro se suspende a execução por um ano. Não sendo encontrado o devedor ou bens penhoráveis, inicia-se a contagem do prazo para a prescrição intercorrente".[794] Embora tenham escrito já na vigência do art. 11-A da CLT, os referidos juristas não abordam o papel adicional que poderia estar reservado à norma do §1º do art. 11-A da CLT reformada para o equacionamento do tema, ou seja, não abordam a influência do descumprimento da determinação judicial na contagem do prazo prescricional intercorrente.

André Araújo Molina escreveu sobre o tema prescrição intercorrente na execução *antes* da Reforma Trabalhista e sustentou, na ocasião, que se aplicavam, além do art. 40 da LEF, o art. 202, parágrafo único, do Código Civil, o art. 844, §1º, da CLT e o art. 924, V, do CPC, tendo concluído, à época, que o procedimento seria então o seguinte: "1) não localizados bens do devedor, deve o magistrado determinar a suspensão da execução pelo prazo de 1 (um) ano; 2) havendo persistência na situação de não encontrar bens penhoráveis, o passo seguinte é a remessa dos autos ao arquivo provisório; 3) esgotado o prazo de prescrição de 2 ou 5 anos (conforme o caso), deverá o juiz intimar o exequente para se manifestar se ocorreu alguma das causas suspensivas; 4) ao final, pronunciar a prescrição intercorrente da pretensão".[795] Como destacado, no artigo pesquisado, o jurista não tinha conhecimento do teor que viria ser atribuído pela Lei nº 13.467/2017 ao art. 11-A da CLT reformada, de modo que suas ponderações tiveram em consideração a legislação vigente à época da publicação do artigo.

Ao atualizar seu artigo jurídico à previsão do art. 11-A da CLT, o referido autor fez alteração do itinerário procedimental a ser observado para a aplicação da prescrição intercorrente na execução trabalhista: "1) o exequente deverá indicar as diretrizes e requerer as diligências para a satisfação da execução (art. 878 da CLT, com a nova redação dada pela Lei 13.467/2017); 2) não localizados bens do devedor,

---

[793] *A reforma trabalhista e o processo do trabalho*. São Paulo: LTr, 2017, p. 77: "quando o executado não possuir bens penhoráveis, ou não for localizado, pensamos que as providências preliminares do art. 921 do CPC (suspensão da execução por um ano, sem manifestação do exequente) devem ser aplicadas pela Justiça do Trabalho antes do início da fluência do prazo prescricional".

[794] *Reforma trabalhista*: entenda por ponto. São Paulo: LTr., 2017, p. 28.

[795] A prescrição intercorrente na execução trabalhista. *Revista Jurídica Luso-Brasileira*, Lisboa, ano 3, n. 2, p. 141-142, 2017.

deve o magistrado determinar a suspensão da execução pelo prazo de 1 (um) ano; 3) havendo persistência na situação de não encontrar bens penhoráveis, o passo seguinte é a intimação do exequente para indicar novos bens ou novas diretrizes; 4) permanecendo silente o exequente (ou não indicando diretrizes efetivas), tem-se o início da prescrição intercorrente; 5) esgotado o prazo da prescrição, o juiz deve intimar o exequente para se manifestar se ocorreu alguma das causas suspensivas; 6) ao final, pronunciar, de ofício, a prescrição".[796]

A primeira alteração consistiria no reconhecimento, pelo referido autor, da existência de um encargo processual, atribuído ao exequente, supostamente por força da nova redação do art. 878 da CLT, de "indicar as diretrizes e requerer as diligências para a satisfação da execução". A segunda alteração consiste no fato de que não mais ocorreria a remessa dos autos ao arquivo provisório; haveria apenas a suspensão da execução pelo prazo de 1 (um) ano se não fossem localizados bens penhoráveis. A terceira alteração parece adequadamente inspirada na previsão do §1º do art. 11-A da CLT e consiste na "intimação do exequente para indicar novos bens ou novas diretrizes"; adequadamente inspirada na previsão do §1º do art. 11-A da CLT porque esse preceito estabelece um *elemento normativo adicional*, qual seja, a existência de uma determinação judicial descumprida pelo exequente.

Entendo que a declaração da prescrição intercorrente na execução trabalhista deve obedecer – combinadamente – tanto à previsão do art. 11-A, §1º, da CLT quanto ao itinerário procedimental previsto no art. 40 da LEF, por força da previsão do art. 889 da CLT, dispositivo que manda aplicar à execução trabalhista os preceitos que regem os executivos fiscais naquilo que não contravierem ao Título do Processo Judiciário do Trabalho (arts. 763 a 910 da CLT). Assim entendo porque o art. 11-A da CLT mostra-se sintético e genérico, apresentando-se incompleto para disciplinar o complexo tema da prescrição intercorrente na execução trabalhista, como se conclui ao cotejar a regência legal do tema na CLT e na LEF e no CPC.

Além de apresentar-se fundada na previsão do art. 889 da CLT, essa interpretação em favor da aplicação combinada da LEF e do art. 11-A, §1º, da CLT é consentânea com a norma de direito material do art. 186 do CTN, que posiciona o crédito trabalhista no ápice da ordem de classificação de créditos no sistema de direito do país, colocando-se, essa interpretação, outrossim, na perspectiva da teoria do diálogo das fontes formais de direito que tratam da prescrição intercorrente no ordenamento jurídico nacional, de modo a evitar que créditos classificados em posição jurídica inferior tenham tutela jurídica superior àquela conferida ao crédito trabalhista no que diz respeito ao tema da prescrição intercorrente na execução.

---

[796] A prescrição trabalhista: pretensões condenatória, executiva e intercorrente. *Revista de Direito do Trabalho*, ano 44, v. 185, p. 51, jan. 2018.

Assim, por força da aplicação do art. 40 da LEF à execução trabalhista (CLT, art. 889), a declaração de prescrição intercorrente na fase de execução da sentença trabalhista também deve ser *antecedida* do arquivamento provisório dos autos.[797]

E, antes do arquivamento provisório dos autos, o juiz deverá, para observar o itinerário procedimental previsto no art. 40 da LEF, de aplicação supletiva à execução trabalhista, suspender o curso da execução se não for localizado o devedor ou se não forem encontrados bens para a penhora (Lei nº 6.830/80, art. 40, *caput*) e intimar o exequente da suspensão da execução (Lei nº 6.830/80, art. 40, §1º).

Somente depois do decurso do prazo de um (1) ano sem que tenha sido localizado o devedor ou encontrados bens penhoráveis é que o juiz determinará o arquivamento provisório dos autos na execução fiscal (Lei nº 6.830/80, art. 40, §2º). Durante esse prazo de um (1) ano, a execução ficará suspensa e o prazo prescricional ficará igualmente suspenso (Lei nº 6.830/80, art. 40, *caput*; CPC, art. 921, §1º).

É depois desse período de um (1) ano que ocorre o arquivamento provisório dos autos. E é somente a partir do arquivamento provisório dos autos que se pode cogitar da fluência do prazo prescricional intercorrente de dois (2) anos previsto no art. 11-A da CLT; mas apenas *após* a ocorrência de específica determinação judicial para que o exequente cumpra ordem judicial para impulsionar a execução. Sem essa determinação judicial, expressamente prevista no art. 11-A, §1º, da CLT reformada, não se pode cogitar do início da fluência do prazo de prescrição intercorrente de dois (2) anos previsto no preceito legal em estudo. Isso porque o dispositivo legal de regência estabelece que o termo inicial desse prazo prescricional ocorre somente "quando o exequente deixa de cumprir determinação judicial no curso da execução" (CLT, art. 11-A, §1º).

Tratando-se, a prescrição intercorrente, de hipótese legal restritiva de direito, a interpretação da lei há de ser realizada de modo estrito, para que a restrição de direito seja mitigada na aplicação da nova hipótese legal de prescrição. Para que a fluência do prazo prescricional tenha início é necessário, portanto, que *antes* ocorra uma determinação judicial para que o exequente impulsione a execução e que essa determinação judicial não seja cumprida pelo exequente. É a partir daí que poderá ter início o prazo prescricional intercorrente na execução trabalhista. Antes disso, não. Do contrário, a se entender que a prescrição teria início automático com o arquivamento provisório dos autos, não teria sentido a previsão do legislador reformista, que estabeleceu, no art. 11-A, §1º, da CLT, a exigência de descumprimento de específica ordem judicial, pelo exequente,

---

[797] A exceção é a hipótese de necessidade de apresentação de artigos de liquidação pelo exequente, uma vez que essa providência é antecedente lógico do arquivamento provisório dos autos; e sem a apresentação de artigos de liquidação pelo exequente o processo não pode prosseguir. Nesse caso específico, caracteriza-se situação que a doutrina identifica sob a denominação de prescrição da pretensão executiva.

para que então tivesse início o curso do prazo prescricional intercorrente – "§1º A fluência do prazo prescricional *inicia-se quando o exequente deixa de cumprir determinação judicial no curso da execução*" – grifei.

Outra interpretação possível seria a de se entender que não se aplica ao credor trabalhista a disciplina do art. 40 da LEF no que diz respeito à prescrição intercorrente, aplicando-se tão somente o art. 11-A da CLT reformada, de modo que bastaria então uma – única e isolada – determinação judicial descumprida pelo exequente para que a fluência do prazo de prescrição intercorrente de dois (2) anos tivesse início, sem necessidade de prévia suspensão da execução por um ano (Lei nº 6.830/80, art. 40, *caput*); e sem necessidade de prévio arquivamento provisório dos autos (Lei nº 6.830/80, art. 40, §2º) – arquivamento provisório esse realizado depois de um ano de suspensão da execução.

Essa interpretação não parece adequada do ponto de vista sistemático porque, em afronta substancial – conquanto indireta, é verdade – à norma de ordem pública do art. 186 do CTN, colocaria o credor trabalhista em posição desvantajosa em relação ao credor fiscal, incidindo numa verdadeira contradição axiológico-sistemática no ordenamento jurídico nacional. Essa interpretação teria como consequência autorizar a declaração de prescrição intercorrente de ofício depois de dois (2) anos na execução trabalhista, enquanto que o credor fiscal teria, pelo menos, seis (6) anos para promover a execução tributária (um ano de suspensão da execução; mais cinco anos, depois de realizado o arquivamento provisório dos autos). O mesmo raciocínio vale para cotejar a prescrição intercorrente do crédito trabalhista com a prescrição intercorrente do crédito quirografário na execução civil. O credor quirografário, a exemplo do credor fiscal, contará com a suspensão da execução por um (1) ano e, depois, com o arquivamento provisório dos autos durante o prazo de prescrição da respectiva pretensão, sendo que é a partir desse último – o arquivamento provisório dos autos – que se contará o prazo prescricional intercorrente para o credor quirografário. Vale dizer, o credor quirografário também teria tratamento vantajoso em relação ao credor trabalhista.

A propósito da relação de coerência axiológica que o ordenamento jurídico impõe entre direito material e direito processual no sistema de direito, vem a propósito recordar a lição que se recolhe do item 4 da Exposição de Motivos nº 223 da Lei nº 6.830/80 e que serve de fundamento à proposta adotada no presente artigo para a resolução da questão em estudo: " nenhum outro crédito deve ter, em sua execução judicial, preferência, garantia ou rito processual que supere os do crédito público, à exceção de alguns créditos trabalhistas".

Poder-se-ia pretender afastar a aplicação do art. 40 da LEF à execução trabalhista no tema da prescrição intercorrente sob o argumento de que a CLT não é omissa, na medida em que a matéria foi disciplinada no art. 11-A da CLT reformada. Entretanto, essa não parece ser a melhor interpretação, porquanto o art. 11-A da CLT apresenta-se extremamente sintético quando comparado com a disciplina adotada no art. 40 da LEF para o tema da prescrição intercorrente. O mesmo ocorre quando o art. 11-A da CLT é comparado com o art. 921 do CPC.

Admitido o entendimento de que se aplica a Lei de Executivos Fiscais à prescrição intercorrente na execução trabalhista, cumpre retornar à crucial questão da *oportunidade* em que a determinação judicial prevista no art. 11-A da CLT pode ser ordenada pelo juiz. A questão é crucial porque é a partir do descumprimento dessa determinação judicial que tem início a fluência do prazo prescricional intercorrente na execução trabalhista, a teor do §1º do art. 11-A da CLT.

Penso que a determinação judicial em questão *não pode ser anterior ao arquivamento provisório dos autos*, sob pena de se conferir ao crédito fiscal e ao crédito quirografário tutela jurídica superior àquela assegurada ao crédito trabalhista, em afronta à norma de ordem pública do art. 186 do CTN. Assim, penso que essa determinação deva ser ordenada ou na mesma oportunidade da decisão em que o juiz do trabalho determina o arquivamento provisório dos autos; ou em momento posterior a esse arquivamento provisório; mas nunca antes do arquivamento provisório dos autos. Essa decisão deve explicitar, para promover segurança jurídica, que o prazo prescricional intercorrente terá curso caso não cumprida a determinação judicial ordenada com fundamento no art. 11-A, §1º, da CLT, de tal modo que o exequente tenha consciência de que lhe incumbe diligenciar para cumprir a determinação judicial, com a finalidade de evitar a consumação da prescrição intercorrente, sob pena de extinção de sua execução com julgamento de mérito. Para tanto, a intimação respectiva deve ser feita tanto ao procurador quanto ao exequente; quanto a esse último, pessoalmente.

18.8 A necessidade de intimar também a parte exequente pessoalmente

Tanto na doutrina quanto na jurisprudência prevalece o entendimento de que a parte exequente deve ser intimada pessoalmente, para que tenha fluência o prazo prescricional, medida que se revela consentânea com o instituto da prescrição intercorrente, já que a pronúncia da prescrição tem como consequência severa restrição de direito – a extinção do processo com resolução do mérito. Essa providência deve ser adotada pelo juízo trabalhista quando esse último der cumprimento à norma do art. 11-A da CLT.

É hora de dar voz à doutrina. Para *Manoel Antonio Teixeira Filho*, a intimação também da parte é indispensável para que tenha curso a prescrição intercorrente: "Mesmo nos casos em que a norma legal autoriza o juiz a agir de ofício será indispensável a intimação da parte para que a prescrição intercorrente se constitua. Essa prévia intimação, que figura como requisito ou pressuposto da *praescriptio*, se destina a atribuir segurança jurídica à parte, uma vez que terá ciência de que praticar determinado ato, no prazo previsto em lei ou assinado pelo juiz, sob pena de o seu direito de estar em juízo ser fulminado pelo termo prescricional".[798]

Mauro Schiavi também sustenta a necessidade de que tanto o advogado quanto o exequente sejam intimados para cumprir a determinação judicial: "pensamos cumprir ao magistrado, antes de reconhecer a prescrição intimar o exequente, por seu advogado e, sucessivamente, pessoalmente, para que pratique o ato processual adequado ao prosseguimento da execução, sob consequência de se iniciar o prazo prescricional".[799]

A mesma posição é adotada por *Raphael Miziara*. Para o jurista, a intimação pessoal do exequente é indispensável.[800] A jurisprudência pesquisada por *Raphael Miziara* confirma que essa posição é adotada também no âmbito do Superior Tribunal de Justiça: "De acordo com precedentes do Superior Tribunal de Justiça, a prescrição intercorrente só poderá ser reconhecida no processo executivo se, após a intimação pessoal da parte exequente para dar andamento ao feito, a mesma permanece inerte (AgRg no AREsp 131.359-GO, relator Ministro Marco Buzzi, 4ª Turma, julgado em 20 de novembro de 2014, DJe 26 de novembro de 2014). Na hipótese, não tendo havido intimação pessoal da parte exequente para dar andamento ao feito, não há falar em prescrição" (AgRg no REsp nº 1.245.41-MT, relator Ministro Luis Felipe Salomão, 4ª Turma, julgado em 8.8.2015, *DJe* 31.8.2015).

18.9 Consumado o prazo prescricional, não cabe nova diligência para penhora

Se o prazo prescricional intercorrente de dois (2) se consumar, o juiz poderá então decretar a prescrição e extinguir o processo com julgamento do mérito. Entretanto, o exequente poderá impedir a consumação desse prazo prescricional, indicando bens à penhora que levem à efetiva constrição do patrimônio de executado; e pode fazê-lo a qualquer tempo (Lei nº 6.830/80, art. 40, §3º) enquanto não consumado o prazo prescricional de dois (2) anos previsto no art. 11-A da CLT. Mas vale repetir, deverá fazê-lo antes de terminado o prazo prescricional intercorrente. Consumado o prazo prescricional intercorrente de dois (2) anos,

---

[798] *O processo do trabalho e a reforma trabalhista*. São Paulo: LTr, 2017, p. 39.
[799] *A reforma trabalhista e o processo do trabalho*. São Paulo: LTr, 2017, p. 77.
[800] "A tutela da confiança e a prescrição intercorrente na execução trabalhista: o equívoco da instrução normativa nº 39 do TST". *Revista eletrônica do Tribunal Regional do Trabalho da 9ª Região*, Curitiba, PR, v. 5, n. 50, p. 204-222, maio 2016.

novo requerimento de penhora de bens não terá o condão de desconstituir a prescrição já consumada, cujo efeito é o de extinguir o processo com julgamento de mérito (CPC, art. 924, V). A doutrina de *André Araújo Molina* é precisa no particular: "Consumada a prescrição, é evidente que a intimação do exequente não é para dar seguimento à fase de execução, com requerimento de novas diligências, mas apenas para que exercite o contraditório substancial, precisamente indicando alguma causa suspensiva da prescrição intercorrente".[801]

---

[801] "A prescrição intercorrente na execução trabalhista". *Revista Jurídica Luso-Brasileira*, ano 3, n. 2, p. 143, 2017.

CAPÍTULO 19

BOAS PRÁTICAS
NA EXECUÇÃO

> *O Código não pode ser lido com os olhos apenas voltados para nossa experiência brasileira e passada, mas deve voltar os olhos para o futuro, através de um direito processual que sirva às finalidades constitucionais que o comandam.*
> Hermes Zaneti Jr.

O objetivo deste capítulo é o de sintetizar práticas que melhoram o desempenho da execução trabalhista. Reúne práticas adotadas por inúmeros juízes do trabalho brasileiros e por juízes de outras jurisdições também. Essas práticas ficaram conhecidas como Boas Práticas na Execução. Sistematizam práticas judiciárias bem sucedidas, realizadas no esforço da jurisdição de melhorar a performance da fase de execução do processo.

19.1 Reunião de execuções contra o mesmo executado

Muitos juízes utilizam essa prática, com bons resultados.

A reunião de execuções contra o mesmo executado tem fundamento na aplicação do art. 28 da Lei nº 6.830/1980 à execução trabalhista. Essa aplicação subsidiária da LEF tem fundamento no art. 889 da CLT. Prevê o preceito da Lei de Executivos Fiscais:

> Art. 28. O Juiz, a requerimento das partes, poderá, por conveniência da unidade da garantia da execução, ordenar a reunião de processos contra o mesmo devedor.

A boa prática visa racionalizar a execução trabalhista, evitando desperdício de atos processuais. Impede a manipulação da execução pelo executado, que já não poderá – uma vez adotada a reunião de execuções – mais optar pelo pagamento de determinada execução que se encontra em fase mais adiantada, enquanto protela a execução que se encontra em fase anterior.

A medida de reunião das execuções vincula os processos a uma mesma penhora e facilita o controle das execuções que tramitam contra determinado executado. Evita despesas e reduz diligências.

A medida de reunião das execuções pode ser realizada numa mesma Vara do Trabalho ou em Varas do Trabalho distintas.

19.2 Audiência de conciliação

A boa prática de realizar audiências de conciliação na fase de execução do processo contribui para suprimir etapas procedimentais, agilizando a tramitação do processo. Contribui para o desenvolvimento de uma cultura favorável à solução negociada na Vara do Trabalho. A técnica é útil também na fase final de liquidação de sentença, para definir o valor da execução, quando as partes divergem acerca do tema.

19.3 Delegação de autorização aos servidores da Vara do Trabalho para a prática de atos ordinatórios na execução

Para conferir maior agilidade à execução, é necessário delegar os atos *ordinatórios* de execução aos Servidores da Vara do Trabalho. Compartilhar com os Servidores essa importante responsabilidade reforça o sentido do trabalho em equipe, estimulando a iniciativa dos Servidores. A delegação não inclui atos *decisórios*.

A execução torna-se mais lenta quando os atos ordinatórios ficam exclusivamente aos cuidados do Magistrado.

Essa delegação está *expressamente* prevista no inciso XIV do art. 93 da Constituição Federal, preceito que trata da organização do Poder Judiciário:

> Art. 93. (...)
> XVI – Os servidores receberão delegação para a prática de atos de administração e atos de mero expediente sem caráter decisório.

É preciso *desmistificar* as ferramentas eletrônicas de pesquisa patrimonial e compreender que *tais ferramentas são indispensáveis* à atividade rotineira dos Servidores na execução trabalhista.

19.4 Hipoteca judiciária

A decisão trabalhista condenatória é título constitutivo de hipoteca judiciária, cujo registro pode ser ordenado pelo magistrado de ofício, conforme jurisprudência pacífica do Tribunal Superior do Trabalho.[802]

A boa prática desestimula recurso protelatório, alerta terceiros de boa-fé, previne fraude à execução e cria, para o credor, direito de sequela sobre o bem objeto da hipoteca, ampliando a possibilidade de êxito da execução.

Prevista no art. 466 do CPC de 1973, a hipoteca judiciária foi mantida no CPC de 2015 (art. 495):

> Art. 495. A decisão que condenar o réu ao pagamento de prestação consistente em dinheiro e a que determinar a conversão de prestação de fazer, de não fazer ou de dar coisa em prestação pecuniária valerão como título constitutivo de hipoteca judiciária.

A Instrução Normativa nº 39/2016 do TST considera a hipoteca judiciária aplicável ao Processo do Trabalho:

> Art. 17. Sem prejuízo da inclusão de devedor no Banco Nacional de Devedores Trabalhistas (CLT, art. 642-A), aplicam-se à execução trabalhista as normas dos artigos 495, 517 e 782, §§3º, 4º e 5º do CPC, que tratam respectivamente da hipoteca judiciária, do protesto de decisão judicial e da inclusão do nome do executado em cadastros de inadimplentes.

A atual jurisprudência do TST é pacífica quanto ao cabimento da hipoteca judiciária de ofício no processo do trabalho:

> EMENTA: "AGRAVO DE INSTRUMENTO EM RECURSO DE REVISTA. 1. HORAS EXTRAS. (...). 2. HIPOTECA JUDICIÁRIA. A hipoteca judiciária é consectária da condenação a dinheiro ou coisa, consoante o disposto no art. 495 do CPC, sendo perfeitamente aplicável no Processo do Trabalho, a teor do art. 769 da CLT. Ademais, cabe ao juiz ordenar a constituição de hipoteca judiciária, independentemente de requerimento do credor. Agravo de instrumento conhecido e não provido. (TST-AIRR-1001057-33.2015.5.02.0712. 8ª Turma. Min. Dora Maria da Costa. Julgado em 11.04.2018)

Uma vez que o preceito legal se refere à *decisão condenatória* (CPC, art. 495), também a decisão condenatória de concessão de tutela provisória é título constitutivo de hipoteca judiciária; o mesmo ocorre com o julgamento antecipado parcial de mérito.

Essa boa prática é objeto de estudo no Capítulo 9 deste livro.

---

[802] Também pode ser realizada pelo próprio autor, a quem a lei faculta a iniciativa no §2º do art. 495 do CPC.

19.5 Remoção imediata de bens móveis penhorados

A imediata remoção dos bens móveis penhorados da posse do executado é uma exigência para efetividade da execução e corresponde – você já tinha percebido este detalhe? – ao próprio conceito de penhora, modalidade de constrição que se caracteriza pela *apreensão e depósito* dos bens – "Considerar-se feita a penhora mediante a *apreensão e o depósito dos bens...*". (CPC, art. 839).

A imediata remoção dos bens móveis penhorados é a regra legal em vigor na legislação em geral (Lei nº 6.830/1980, art. 11, §3º; Lei nº 8.212/1991, art. 98, §10; CPC, art. 840, II). Ao permanecer na posse dos bens penhorados, o executado tende a utilizar todas as medidas de resistência para procrastinar o cumprimento da obrigação. A imediata remoção do bem móvel penhorado estimula ao cumprimento da obrigação e à conciliação.

A regra da remoção imediata dos bens móveis foi mantida no CPC de 2015 (art. 840, II):

> Art. 840. Serão preferencialmente depositados:
> II – os móveis, semoventes, os imóveis urbanos e os direitos aquisitivos sobre imóveis urbanos, em poder do depositário judicial.

Avalie também esta alternativa: *o exequente pode ser nomeado depositário do bem penhorado quando não houver depositário judicial*:

> CPC, art. 840. (...)
> §1º. No caso do inciso II do *caput*, se não houver depositário judicial, os bens ficarão em poder do exequente.

19.6 Alienação *antecipada* de bens móveis

O suporte fático da depreciação econômica dos bens móveis penhorados está presente na *generalidade dos casos*. Essa é uma contingência da sociedade tecnológica de consumo veloz na qual vivemos: os bens perdem valor com grande velocidade. Logo, tornam-se obsoletos; em seguida, viram "sucata".

Se esperarmos para alienar o bem após o trânsito em julgado dos incidentes da execução, vários anos vão se passar e o valor apurado no leilão será menor e a execução tornar-se-á mais gravosa para o devedor. Daí a conclusão pelo preenchimento do suporte fático da alienação antecipada: a *depreciação econômica* caracterizar-se-á como regra geral quando se tratar de penhora de bem móvel.

Passamos a compreender que a dinâmica da sociedade tecnológica de consumo reconfigurou o paradigma de envelhecimento dos bens: é cada vez maior a velocidade com que os bens se tornam obsoletos. A depreciação econômica tornou-se regra. Daí a alienação antecipada poder ser adotada como *regra geral*.

O CPC de 2015 tem previsão específica que torna imperativa a alienação antecipada quando a penhora recair sobre *veículos automotores* e *outros bens móveis sujeitos à depreciação econômica*. Trata-se da previsão do art. 852, I, do NCPC:

> Art. 852. O juiz *determinará* a alienação antecipada dos bens penhorados quando:
> I – se tratar de veículos automotores, de pedras e metais preciosos e de outros bens móveis sujeitos à depreciação ou à deterioração.

O novo preceito do CPC permite adotar uma política judiciária de maior efetividade focada na penhora de veículos automotores: penhora, remoção *imediata* e alienação *antecipada* do veículo. Será ainda mais eficaz quando o melhor veículo for *previamente pesquisado* no sistema Renajud, com *imediata* inserção de restrição *de circulação*.

Essa boa prática é objeto de estudo no Capítulo 14.

19.7 Adjudicação antecipada

A adjudicação antecipada do bem do executado pelo exequente é uma forma simplificada e rápida de solução da execução. Deve ser estimulada. Evita despesas e agiliza a execução. A medida tem fundamento no art. 876 do CPC:

> Art. 876. É lícito ao exequente, oferecendo preço não inferior ao da avaliação, requerer que lhe sejam adjudicados os bens penhorados.

O novo CPC estimula essa boa prática quando estabelece a possibilidade de ser o exequente o depositário do bem penhorado quando não houver depositário judicial (CPC, art. 840, §1º: "§1º. No caso do inciso II do *caput*, se não houver depositário judicial, os bens ficarão em poder do exequente").

19.8 Adjudicação por 50% do valor da avaliação

Avalie utilizar essa boa prática *pontualmente*.

Aplicável subsidiariamente à execução trabalhista por força da previsão do art. 889 da CLT, a adjudicação por 50% da avaliação está prevista na Lei de

Executivos Previdenciários e pode ser adotada como boa prática na execução trabalhista infrutífera (Lei nº 8.212/91, art. 98, §7º), para dar *solução pontual* àqueles casos específicos em que o credor trabalhista não tem condições de pagar a diferença entre o valor de seu crédito e o valor da avaliação do bem penhorado.

A medida tem fundamento na Lei nº 8.212/91:

> Art. 98. Nas execuções fiscais da dívida ativa do INSS o leilão judicial dos bens penhorados realizar-se-á por leiloeiro oficial, (...): (...)
>
> §7º. Se no primeiro ou no segundo leilões a que se refere o *caput* não houver licitante, o INSS poderá adjudicar o bem por cinquenta por cento do valor da avaliação.

19.9 Indisponibilidade de bens imóveis via CNIB

Prevista no art. 185-A do Código Tributário Nacional, a medida legal de indisponibilidade de bens pode ser aplicada subsidiariamente à execução trabalhista com fundamento no art. 889 da CLT, na medida em que o art. 185-A do CTN integra "os preceitos que regem o processo dos executivos fiscais" (CLT, art. 889).

Confira a previsão legal do CTN:

> Art. 185-A. Na hipótese de o devedor tributário, devidamente citado, não pagar nem apresentar bens à penhora no prazo legal e não forem encontrados bens penhoráveis, o juiz determinará a indisponibilidade de seus bens e direitos, comunicando a decisão, preferencialmente por meio eletrônico, aos órgãos e entidades que promovem registros de transferência de bens, especialmente ao registro público de imóveis e às autoridades supervisoras do mercado bancário e do mercado de capitais, a fim de que, no âmbito de suas atribuições, façam cumprir a ordem judicial.

A indisponibilidade de bens alcança *bens presentes e futuros*. A indisponibilidade de bens tem uma *dimensão prospectiva*, alcançando bens *futuros* que venham a ingressar depois no patrimônio do devedor.

Destinada a *quaisquer bens* passíveis de constrição, a medida legal de indisponibilidade de bens passou a contar com a Central Nacional de Indisponibilidade de Bens – CNIB, para realizar a indisponibilidade de *bens imóveis em todo o território nacional*, de forma eletrônica, mediante a inserção do CPF ou do CNPJ do devedor.

A CNIB foi instituída pelo Provimento nº 39/2014 da Corregedoria Nacional de Justiça – CNJ, de 25.07.2014, e já conta com centenas de milhares de ordens eletrônicas de indisponibilidade de bens imóveis efetuadas por juízes de todos os ramos da Jurisdição.

Para os demais bens, a ordem de indisponibilidade de bens pode ser feita *mediante ofício*. Vamos pensar em outras hipóteses de indisponibilidade de bens:

a) de quotas sociais perante a Junta Comercial do Estado;

b) de marcas e patentes perante o Instituto de Nacional Propriedade Industrial (INPI);

c) de aeronaves perante a Agência Nacional de Aviação Civil (ANAC);

d) de embarcações perante a Capitania dos Portos;

e) de ações de sociedades anônimas de capital aberto perante a Comissão de Valores Mobiliários (CVM);

f) de veículos perante o Departamento de Trânsito (DETRAN).

Essa boa prática é objeto de estudo no Capítulo 12 deste livro.

19.10 Protesto extrajudicial de decisão judicial

A boa prática tem por fundamento o fato de que a decisão judicial transitada em julgado é título representativo de dívida e, portanto, pode ser levada a protesto no Cartório de Títulos e Documentos (Lei nº 9.492/1997, art. 1º). A jurisprudência é pacífica a respeito.

O novo CPC tem previsão expressa nesse sentido. Trata-se do art. 517 do CPC:

> Art. 517. A decisão judicial transitada em julgado poderá ser levada a protesto, nos termos da lei, depois de transcorrido o prazo para pagamento voluntário previsto no art. 523.

A Reforma Trabalhista instituída pela Lei nº 13.467/2017 prevê o protesto extrajudicial de decisão judicial no art. 883-A CLT:

> Art. 883-A. A decisão judicial transitada em julgado somente poderá ser levada a protesto, gerar inscrição do nome do executado em órgãos de proteção ao crédito ou no Banco Nacional de Devedores Trabalhistas (BNDT), nos termos da lei, depois de transcorrido o prazo de quarenta e cinco dias a contar da citação do executado, se não houver garantia do juízo.

O julgamento antecipado parcial de mérito também pode ser levado a protesto após o trânsito em julgado. Confira a doutrina:

> A decisão de julgamento antecipado parcial do mérito (v. art. 356) também pode ser levada a protesto, uma vez transitada em julgado, ainda que o processo não tenha chegado ao fim

no que diz respeito aos demais pedidos (*Novo Código de Processo Civil e legislação processual em vigor*. Theotonio Negrão, José Roberto F. Gouveia, Luis Guilherme A. Bondioli e João Francisco N. da Fonseca. 47 ed. São Paulo: Saraiva, 2016. p. 551).

19.11 Inclusão do devedor em cadastro de inadimplentes

Essa boa prática estimula o devedor trabalhista ao pagamento de débito diante das restrições de crédito que decorrem de sua inclusão em cadastro de devedores (CADIN, SPC, SERASA, ETC.).

Com o advento do CPC de 2015, essa medida de execução indireta foi expressamente prevista no art. 782, §3º:

> Art. 782. (...)
> §3º. A requerimento da parte, o juiz pode determinar a inclusão do nome do executado em cadastros de inadimplentes.

O CNJ celebrou convênio com a SERASA EXPERIAN em 2015, para possibilitar aos órgãos do Poder Judiciário promoverem a inclusão do nome do devedor judicial em cadastro de inadimplentes. Trata-se do convênio SerasaJud. O convênio tem fundamento no art. 782, §3º, do CPC.

O §4º do art. 782 do CPC de 2015 prevê as hipóteses em que a inscrição será cancelada:

> Art. 782. (...)
> §4º. A inscrição será cancelada imediatamente se for efetuado o pagamento, se for garantida a execução ou se a execução for extinta por qualquer outro motivo.

A Instrução Normativa nº 39/2016 do TST considera a inscrição do nome do executado em cadastro de inadimplentes aplicável ao Processo do Trabalho:

> Art. 17. Sem prejuízo da inclusão de devedor no Banco Nacional de Devedores Trabalhistas (CLT, art. 642-A), aplicam-se à execução trabalhista as normas dos artigos 495, 517 e 782, §§3º, 4º e 5º do CPC, que tratam respectivamente da hipoteca judiciária, do protesto de decisão judicial e da inclusão do nome do executado em cadastros de inadimplentes.

A Reforma Trabalhista da Lei nº 13.467/2017 prevê a inscrição do nome do executado em cadastro de inadimplentes (art. 883-A da CLT):

> Art. 883-A. A decisão judicial transitada em julgado somente poderá ser levada a protesto, gerar inscrição do nome do executado em órgãos de proteção ao crédito ou no Banco

Nacional de Devedores Trabalhistas (BNDT), nos termos da lei, depois de transcorrido o prazo de quarenta e cinco dias a contar da citação do executado, se não houver garantia do juízo.

19.12 Receber os embargos do executado sem suspender a execução

Entre as medidas adotadas pelas minirreformas do CPC de 1973 para conferir mais eficácia à jurisdição estava a de permitir o prosseguimento da execução quando da oposição de embargos à execução. O *prosseguimento da execução* tornou-se *regra geral* tanto no procedimento de cumprimento da sentença (CPC/1973, art. 475-M) quanto na execução de título extrajudicial (CPC/1973, art. 739-A).

A *suspensão* da execução tornou-se *exceção*, exigindo fundamentação jurídica – ônus da argumentação – em que se demonstre a *relevância* dos fundamentos e situação de *manifesta* possibilidade de dano *de difícil reparação* (CPC, arts. 475-M, segunda parte, e 739-A, §1º). Essa minirreforma do CPC de 1973 visou evitar que os embargos à execução continuassem a ser utilizados como medida voltada ao retardamento da execução.

Também no CPC de 2015, *a regra é não suspender a execução* (CPC, art. 525, §6º; art. 919).

Confira os preceitos do CPC:

> Art. 525. (...)
> §6º. A apresentação de impugnação não impede a prática dos atos executivos, inclusive os de expropriação, podendo o juiz, a requerimento do executado e desde que garantido o juízo com penhora, caução ou depósito suficientes, atribuir-lhe efeito suspensivo, se seus fundamentos forem relevantes e se o prosseguimento da execução for manifestamente suscetível de causar ao executado grave dano de difícil ou incerta reparação.
> Art. 919. Os embargos à execução não terão efeito suspensivo. §1º. O juiz poderá, a requerimento do embargante, atribuir efeito suspensivo aos embargos quando verificados os requisitos para a concessão da tutela provisória e desde que a execução já esteja garantida por penhora, depósito ou caução suficientes.

Veja a doutrina trabalhista:

Wolney de Macedo Cordeiro:

> Hoje em dia, no entanto, não prevalece a regra da suspensividade *ope legis*, tendo em vista que o direito processual não mais a estabelece para nenhuma das modalidades de execução. Em todas as hipóteses de execução, a suspensão da execução em decorrência do manejo dos embargos depende de deliberação judicial, conforme se vê do CPC, arts. 525, §§6º e

7º e 919, *caput* e §1º. Inexiste, portanto, no ordenamento jurídico laboral qualquer norma prevendo a suspensão imediata da execução em função do manejo da impugnação ou dos embargos. (*Execução no Processo do Trabalho*. 4. ed. Salvador: Juspodivm, 2017. p. 433-4)

Cleber Lúcio de Almeida:

Os embargos à execução não terão efeito suspensivo, não impedindo a prática de atos executivos, inclusive os de expropriação (arts. 475-M e 739-A do CPC de 1973 e arts. 525, §6º, e 919 do CPC de 2015). (*Direito Processual do Trabalho*. 6. ed. São Paulo: LTr, 2016. p. 818)

19.13 Adotar, na execução trabalhista, o regime especial de fraude à execução previsto no art. 185 do CTN

O regime especial de fraude à execução fiscal previsto no art. 185 do Código Tributário Nacional pode ser aplicado subsidiariamente à execução trabalhista, por força da previsão do art. 889 da CLT.

O regime *especial* de fraude à execução fiscal previsto no art. 185 do CTN é mais vantajoso para o credor do que o regime *geral* de fraude à execução civil previsto no art. 593, II, do CPC de 1973 e no art. 792, IV, do CPC de 2015.

De acordo com o STJ – REsp nº 1.141.990-PR, 1ª Seção, Rel. Min. Luiz Fux, *DJe* 19.11.2010, em recurso julgado sob o rito dos recursos representativos de controvérsia, a Súmula nº 375 do STJ não se aplica à execução *fiscal*, mas aplica-se à execução *civil*.

A adoção do regime especial de fraude à execução fiscal no processo do trabalho permite combater a fraude à execução com maior eficácia e melhorar a performance da execução trabalhista. Há acórdãos pioneiros do Tribunal Regional do Trabalho de Santa Catarina nesse sentido (TRT12 – AP-0010026-38.2015.5.12.0013, Rel. Reinaldo Branco de Moraes, 1ª Câmara, Data de Assinatura: 18.09.2015; TRT12 – AP-0001224-13.2014.5.12.0037, Rel. Reinaldo Branco de Moraes, 5ª Câmara, Data de Assinatura: 20.05.2015).

Essa boa prática é objeto de estudo no Capítulo 12 deste livro.

19.14 Sentença líquida

A boa prática da prolação de sentença líquida agiliza a execução, reduz incidentes na fase de execução e estimula à conciliação, contribuindo para a razoável duração do processo.

19.15 Penhora da totalidade do bem imóvel do condômino

Não é eficaz penhorar fração ideal de imóvel: não aparecem licitantes na hasta pública. O que fazer quando o devedor tem apenas fração ideal de imóvel? Penhora-se a totalidade (100%) do imóvel.

A penhora da totalidade do imóvel tem se revelado medida eficaz na execução, na medida em que os demais condôminos tentam preservar a propriedade do bem imóvel no âmbito da família, ora auxiliando o executado, ora adjudicando a fração do executado pelo valor da avaliação, com a preferência assegurada no art. 1332 do Código Civil.

Caso não adjudiquem a fração do executado, os demais condôminos recebem as respectivas cotas-partes em dinheiro após a alienação da totalidade do bem, de modo a serem contemplados ambos os interesses contrapostos.

A medida não costuma gerar incidentes e tem apresentado resultado positivo diante dos laços de solidariedade que une os condôminos. A solução tinha fundamento jurídico analógico no art. 655-B do CPC de 1973, preceito que autorizava a alienação do imóvel do casal, preservando-se a meação do cônjuge não devedor mediante o pagamento da respectiva cota-parte em dinheiro.

Já tínhamos jurisprudência trabalhista anterior ao CPC de 2015:

> EMENTA: "ALIENAÇÃO JUDICIAL. BEM IMÓVEL INDIVISÍVEL. POSSIBILIDADE. Recaindo a penhora sobre fração ideal de bem imóvel recebida pela executada em razão de sucessão hereditária, poderão os demais herdeiros, quando da alienação do bem, exercer seu direito de preferência, na forma do artigo 1322 do Código Civil. E, caso não desejem adquirir o bem, em sua integralidade, receberão suas respectivas quotas sobre o produto da arrematação, não se verificando, assim, qualquer ofensa ao seu direito de propriedade. O que não se pode admitir é que, em função desse direito, fique o reclamante sem receber seu crédito, de natureza sabidamente alimentar, não se vislumbrando qualquer óbice legal a que seja a penhora assim realizada". (TRT 3ª Região/MG, n. 00341-2005-008-03-00-2 AP, 5ª Turma, Rel. Des. José Roberto Freire Pimenta, publicado em 11.03.2007)

O novo CPC ampliou essa solução, estendendo-a a qualquer coproprietário e não apenas ao cônjuge:

> Art. 843. Tratando-se de penhora de bem indivisível, o equivalente à quota-parte do coproprietário ou do cônjuge alheio à execução recairá sobre o produto da alienação do bem.

Veja como a doutrina acolheu positivamente a novidade:

Daniel Amorim Assumpção Neves:

Trata-se de uma sensível inovação, porque, nos termos da nova regra, qualquer coproprietário que não seja devedor não terá como excluir da constrição judicial e futura expropriação sua cota-parte do imóvel. (*Novo CPC comentado artigo por artigo*. Salvador: Juspodivm, 2016. p. 1342)

19.16 Desconsideração da personalidade jurídica

O magistrado do trabalho pode determinar a desconsideração da personalidade jurídica quando a sociedade executada não tem bens para responder pela dívida tanto com fundamento na Lei nº 6.830/1980 (art. 4º, V, §3º) quanto com fundamento no CDC (art. 28, §5º; CLT).

Também pode determinar a desconsideração *inversa* da personalidade quando o sócio desvia seus bens para o patrimônio de determinada sociedade de que participa (CC, art. 50, em interpretação teleológica – STJ REsp nº 948.117-MS).

A desconsideração da personalidade jurídica também pode ser adotada no caso de falência (CDC, art. 28, *caput*) e no caso de recuperação judicial (CDC, art. 28, §5º), na medida em que os preceitos do Código de Defesa do Consumidor integram o chamado direito processual comum e como tal podem ser aplicados subsidiariamente ao processo do trabalho, de acordo com a previsão dos arts. 769 e 889 da CLT.

A jurisprudência do Superior Tribunal de Justiça consolidou-se no sentido de que não se estabelece Conflito de Competência com o juízo da falência (STJ AgRg no CC nº 860.096-MG) ou com o juízo da recuperação judicial (STJ AgRg no CC nº 121.636-SP) quando o juízo do trabalho penhora *bens da pessoa natural do sócio* mediante aplicação da técnica da desconsideração da personalidade jurídica da massa falida e da empresa em recuperação judicial. Assim, o exame da juridicidade do ato de penhora determinado pelo juízo do trabalho fica circunscrito ao âmbito da Jurisdição Trabalhista, sem interferência da Justiça Comum.

19.17 Grupo econômico trabalhista. Evolução

A norma do §2º do art. 2º da CLT tem origem na Lei nº 435/1937. Essa lei definira o grupo econômico como *empregador único*, para estabelecer que esse ente de imputação de responsabilidade trabalhista deveria ser considerado como uma grande e única empresa, uma empresa indivisa, para garantir a solvabilidade dos créditos do trabalho.

A afirmação doutrinária de que o legislador de 1943 disse menos do que deveria ao definir o conceito jurídico de grupo econômico no art. 2º, §2º, da CLT vem ganhando sucessivos reforços hermenêuticos, os quais procuram dar conta do dinâmico fenômeno da concentração econômica na atualidade.

A denominada *despersonalização do empregador* visa responsabilizar o próprio empreendimento econômico pelos créditos trabalhistas, secundarizando a figura do sujeito aparente quando esse não tem capacidade econômica para responder pelas obrigações trabalhistas derivadas da exploração da atividade empresarial.

Decretada em 1943, a CLT definia que há grupo econômico quando houver direção, controle ou administração de uma empresa sobre a outra, conceito jurídico que se revelava restritivo – insuficiente – diante da complexidade do multiforme fenômeno da concentração econômica.

Com o advento da Lei do Trabalho Rural (Lei nº 5.889/1973), o conceito de grupo econômico foi atualizado em relação à previsão originária do art. 2º, §2º, da CLT. A redação do dispositivo da Lei nº 5.889/1973 serviria de inspiração para o legislador da Reforma Trabalhista. Confira a redação do art. 3º, §2º, da Lei nº 5.889/1973:

> Art. 3º. (...)
> §2º. Sempre que uma ou mais empresas, embora tendo cada uma delas personalidade jurídica própria, estiverem sob direção, controle ou administração de outra, ou ainda quando, mesmo guardando cada uma delas sua autonomia, integrem grupo econômico ou financeiro rural, serão responsáveis solidariamente nas obrigações decorrentes da relação de emprego.

Em 2010, a Resolução nº 750/1993 do Conselho Federal de Contabilidade foi atualizada para incorporar o denominado *princípio da entidade*, trazendo novo elemento hermenêutico para o cenário do fenômeno da concentração econômica.

Essa modernização conceitual incidiu sobre as Sociedades Anônimas, cuja legislação foi atualizada para incorporar o conceito de *influência significativa* ao subsistema jurídico comercial brasileiro. Essa atualização da Lei nº 6.404/1976 foi introduzida pela Lei nº 11.941/2009. A redação do §1º do art. 243 da Lei das Sociedades Anônimas passou a ser a seguinte:

> Art. 243. (...)
> §1º. São coligadas as sociedades nas quais a investidora tenha *influência significativa*.

O §4º do art. 243 da Lei das Sociedades Anônimas estabeleceu um modo para reconhecer-se a caracterização de *influência significativa*, ao prever que:

> Art. 243. (...)
> §4º. Considera-se que há influência significativa quando a investidora detém ou exerce poder de *participar nas decisões* das políticas financeira ou operacional da investida, sem controlá-la.

E o §5º do art. 243 da Lei das Sociedades Anônimas fixou presunção de *influência significativa* mediante adoção de critério de caráter quantitativo em relação ao capital votante:

> Art. 243. (...)
> §5º. É presumida influência significativa quando a investidora for titular de 20% (vinte por cento) ou mais do capital votante da investida, sem controlá-la.

A denominada Lei Anticorrupção trouxe mais um elemento hermenêutico para a flexibilização do conceito de grupo econômico. A Lei nº 12.846/2013, no seu art. 16, §5º, admite que o grupo econômico pode se caracterizar tanto como grupo econômico *de fato* quanto como grupo econômico *de direito*, emprestando ao conceito jurídico de grupo econômico uma maior relativização inspirada no princípio da primazia da realidade e na criativa dinâmica econômica interempresarial.

Confira a redação do preceito da Lei nº 12.846/2013:

> Art. 16. A autoridade máxima de cada órgão ou entidade pública poderá celebrar acordo de leniência com as pessoas jurídicas responsáveis pela prática de atos previstos nesta Lei que colaborem efetivamente com as investigações e o processo administrativo, sendo que dessa colaboração resulte: (...)
> §5º. Os efeitos de acordo de leniência serão estendidos às pessoas jurídicas que integram o mesmo grupo econômico, de fato e de direito, desde que firmem o acordo em conjunto, respeitadas as condições nele estabelecidas.

Com o advento da Lei nº 13.467/2017, mais um passo foi dado. A Reforma Trabalhista deu nova redação do §2º do art. 2º da CLT, incorporando a figura do *grupo econômico por coordenação* (grupo econômico horizontal), superando o conceito estrito de *grupo econômico por subordinação* (grupo econômico vertical), segundo o qual a configuração do grupo econômico exigia relação de subordinação entre as empresas do grupo. Agora, *basta a existência de coordenação interempresarial*.

A atual redação do §2º do art. 2º da CLT é a seguinte:

> Art. 2º. (...)
> §2º. Sempre que uma ou mais empresas, tendo, embora, cada uma delas personalidade jurídica própria, estiverem sob a direção, controle ou administração de outras, ou ainda quando, mesmo guardando cada uma sua autonomia, integrem grupo econômico, serão responsáveis solidariamente pelas obrigações decorrentes da relação de emprego".

Acompanhe a doutrina sobre o novo preceito:

> Pelo novo texto do §2º do art. 2º da CLT, fica claro que o grupo econômico para fins trabalhistas mostra-se configurado ainda quando as relações interempresariais sejam de mera *coordenação*, ou seja, mesmo guardando cada entidade empresarial a sua autonomia. (DELGADO, Mauricio Godinho; DELGADO, Gabriela Neves. *A Reforma Trabalhista no Brasil*. São Paulo: LTr, 2017. p. 100)

No que diz respeito ao novo §3º do art. 2º da CLT, a doutrina sustenta que se trata de *norma excetiva* que deve ser interpretada *de forma estrita*, uma vez que *a identidade de sócios* é importante *indício de existência de grupo econômico*. Vejamos a lição da teoria jurídica:

> (...) a interpretação lógico-racional, sistemática e teleológica da *regra excetiva* lançada no novo §3º do art. 2º da CLT conduz ao não enquadramento no grupo econômico no *conceito geral* exposto no §2º do mesmo art. 2º *apenas situações efetivamente artificiais*, em que a participação societária de um ou outro sócio nas empresas envolvidas seja minúscula, irrisória, absolutamente insignificante, inábil a demonstrar a presença 'do interesse integrado, a efetiva comunhão de interesses e a atuação conjunta das empresas dele integrantes' (§3º, *in fine*, do art. 2º da CLT)". (DELGADO, Mauricio Godinho; DELGADO, Gabriela Neves. *A Reforma Trabalhista no Brasil*. São Paulo: LTr, 2017, p. 100)

Essa boa prática é objeto de estudo no Capítulo 12 deste livro.

19.18 Poder geral de efetivação do magistrado

Assim como *Marinoni* e *Arenhart* identificaram no sistema executivo dos arts. 461 e 461-A do CPC revogado a evolução do processo civil brasileiro em direção à atipicidade dos meios executivos, identifica-se o incremento dessa perspectiva hermenêutica no CPC de 2015.

O art. 139, IV, do NCPC preceitua:

> Art. 139. O juiz dirigirá o processo conforme as disposições deste Código, incumbindo-lhe: (...)

IV – determinar *todas as medidas* indutivas, coercitivas, mandamentais ou sub-rogatórias *necessárias* para assegurar o cumprimento de ordem judicial, *inclusive nas ações que tenham por objeto prestação pecuniária*.

Mediante a aplicação subsidiária desse preceito do CPC à execução trabalhista (CLT, arts. 769 e 889; CPC, art. 15), o Juiz do Trabalho pode incorporar à execução os meios de execução indireta previstos no art. 139, IV, do CPC.

A Instrução Normativa nº 39/2016 do TST considera o art. 139, IV, do CPC aplicável ao Processo do Trabalho:

> Art. 3º. Sem prejuízo de outros, aplicam-se ao Processo do Trabalho, em face de omissão e compatibilidade, os preceitos do Código de Processo Civil que regulam os seguintes temas: (...)
> III – art. 139, exceto a parte final do inciso V (poderes, deveres e responsabilidades do juiz);

Analise alguns meios de execução indireta na execução de quantia certa, identificados pelo processualista civil *Armênio Clovis Jouvin Neto*, Professor Assistente na PUC-SP:

> a) multa (astreintes);
> b) restrição de direitos do executado:
> 1) restrição ao direito de contratar com o poder público;
> 2) restrição ao direito de conduzir veículo (apreensão da CNH);
> 3) restrição ao direito de viajar para o exterior (apreensão do passaporte).[803]

Considere mais alguns meios de execução indireta, apontados pelo processualista do trabalho *Edilton Meireles*, Desembargador do Trabalho e Professor:

> a) a proibição do devedor pessoa física poder exercer determinadas funções em sociedades empresariais, em outras pessoas jurídicos ou na Administração Pública;
> b) proibição de efetuar comprar com uso de cartão de crédito; suspensão de benefício fiscal;
> c) suspensão dos contratos, ainda que privados, de acesso aos serviços de telefonia, Internet, televisão a cabo etc., desde que não essenciais à sobrevivência (tais como os de fornecimento de energia e água);
> d) proibição de frequentar determinados locais ou estabelecimentos;

---

[803] Efetividade da fase executiva (quantia certa): propostas de instrumentos de coerção. In: *O novo Código de Processo Civil Brasileiro:* estudos dirigidos. ALVIM, Thereza; CAMARGO, Luiz Henrique Volpe; SCHMITZ, Leonard Ziesemer; CARVALHO, Nathália Gonçalves de Macedo (coord.). Rio de Janeiro: Forense, 2015. p. 343.

e) apreensão temporária, com desapossamento, de bens de uso (exemplo: veículos), desde que não essenciais (exemplo: roupas ou equipamentos profissionais);

f) suspensão da habilitação para dirigir veículos;

g) bloqueio da conta corrente bancária, com proibição de sua movimentação;

h) embargo da obra;

i) fechamento do estabelecimento;

j) restrição ao horário de funcionamento da empresa etc.[804]

19.19 Falência. Redirecionamento da execução contra o responsável subsidiário de imediato

A presunção de incapacidade econômica da Massa Falida justifica o imediato redirecionamento da execução ao responsável subsidiário condenado na sentença, sendo incompatível com a garantia constitucional da razoável duração do processo subordinar tal redirecionamento ao término do moroso processo falimentar.

Cabe ao responsável subsidiário habilitar-se perante a Massa Falida após realizar o pagamento devido ao credor trabalhista.

A jurisprudência está assentada no sentido de que tal redirecionamento pode ser feito de imediato e não viola a coisa julgada:

> EMENTA: "RECURSO DE REVISTA. AGRAVO DE PETIÇÃO. CONDENAÇÃO SUBSIDIÁRIA. FALÊNCIA DO DEVEDOR PRINCIPAL EXECUÇÃO IMEDIATA DO DEVEDOR ACESSÓRIO. INOCORRÊNCIA DE VIOLAÇÃO DA COISA JULGADA. Prevendo o título judicial, transitado em julgado, condenação subsidiária do beneficiário direto do trabalho, sobrevindo falência do tomador dos serviços, não fere a coisa julgada a execução direta e imediato do devedor acessório. A quebra é o reconhecimento judicial da insolvência do devedor, ou seja, muito mais que inadimplência ou inidoneidade financeira, que justificaram a condenação subsidiária. A promoção da execução contra o responsável subsidiário não significa violação da coisa julgada, mas seu exato cumprimento. (TST, RR nº 580.012/99, Ac. 2ª T., 13.12.2000, Rel. José Pedro de Camargo, *DJU* 16.02.2001, p. 701)

19.20 Penhora de bens de outros familiares beneficiários do serviço do empregado doméstico

Não apenas o sujeito aparente da relação de emprego doméstico responde pela dívida trabalhista do empregado doméstico. Tal responsabilidade pode ser atribuída também aos familiares maiores que, nada obstante não tenham anotado a

---

[804] Medidas sub-rogatórias, coercitivas, mandamentais e indutivas no Código de Processo Civil de 2015. *Revista de Processo*, São Paulo, RT, ano 40, v. 247, p. 231-246, set. 2015. p. 237.

CTPS, foram beneficiários diretos do serviço prestado pelo empregado doméstico, compreendendo-se a *família* como espécie de ente coletivo de índole parental. Embora não tenha personalidade jurídica própria, a doutrina considera a família ente de imputação de responsabilidade.

Considere-se a doutrina de *Edilton Meireles*:

> Diga-se, inclusive, que no Direito do Trabalho há muito a família já foi elevada a ente sujeito de direitos e obrigações. Isso ocorre nas relações de emprego com os trabalhadores domésticos, pois o art. 1º da Lei nº 5.859/72 define como empregado doméstico 'aquele que presta serviços de natureza contínua e de finalidade não lucrativa a pessoa ou *família*, no âmbito residencial destas(...)'. Daí, pode-se deduzir que o empregador, conforme dicotomia da lei, será a *pessoa* ou *família* tomadora dos serviços domésticos. Assim, se o devedor for a família, caberá, então, ao seu chefe ou administrador representá-la judicialmente, em aplicação analógica à representação processual das sociedades de fato. Aliás, no dia-a-dia da família, percebe-se, claramente, que seus membros, quando plenamente capazes, agem em verdadeira sociedade de fato, em diversas situações da vida. São diversas pessoas, ligadas por laços de família, que convergem suas atividades para fins comuns, muitas vezes adquirindo bens e contraindo dívidas, através do esforço comum de todos os seus membros. Constituem, através de seus esforços, do ponto de vista jurídico-patrimonial, mais do que uma simples família, mas uma verdadeira sociedade de fato.[805]

19.21 Penhora de bem particular do condômino por dívida do condomínio empregador

Em face da condição de coproprietário do condomínio devedor, o condômino pode ser chamado a responder – *pessoal e individualmente* – pela dívida do condomínio com sua propriedade particular, responsabilidade que decorre da previsão do art. 3º da Lei nº 2.757/1956:

> Art. 3º. Os condôminos responderão, proporcionalmente, pelas obrigações previstas nas leis trabalhistas, inclusive as judiciais e extrajudiciais.

Veja como a doutrina interpreta o preceito legal em questão:

Francisco Antonio de Oliveira:

> Assim, na ausência de bens comuns do condomínio, que possam ser penhorados, *penhorar-se-ão bens de qualquer condômino*, que bastem a levar a bom termo a execução. Praceados os bens paga-se a dívida ou recolhida a importância da dívida para evitar a

---

[805] *Legitimidade na execução civil e trabalhista*. São Paulo: LTr, 2001. p. 61.

venda em hasta pública, o condômino sub-roga-se no direito do credor em relação aos outros coobrigados.[806]

Edilton Meireles:

De preferência, a execução deverá recair sobre os bens comuns dos condôminos, ou seja, sobre aqueles que não pertencem exclusivamente ao condômino, mas, sim, à coletividade. Contudo, na falta de bens suficientes, é lógico que o credor poderá se voltar *contra os bens particulares de cada condômino*, pois este é, sim, titular da obrigação, em solidariedade com os demais coproprietários.[807]

19.22 Penhora de bem de família suntuoso

A regra da impenhorabilidade do bem de família prevista na Lei nº 8.009/1990 pode ser *relativizada* quando se tratar de *bem imóvel suntuoso*, mediante a aplicação dos princípios da razoabilidade e da proporcionalidade.[808]

Considerem-se alguns antecedentes de Tribunais Regionais:

EMENTA: "BEM DE FAMÍLIA. Aplicação do princípio da proporcionalidade ou razoabilidade que pauta a interpretação e aplicação das normas em confronto, do qual emanam ideias de bom senso, justiça e moderação, a autorizar a manutenção da penhora de bem de família considerado suntuoso para garantia de dívida de natureza alimentar de pequeno valor". (TRT 4ª Região, AP-90225-1995-202-04-00-7, Ac. 2ª T., Rel. Desembargador João Pedro Silvestrin)

EMENTA: "AÇÃO RESCISÓRIA. VIOLAÇÃO À LITERAL DISPOSIÇÃO DE LEI. BEM DE FAMÍLIA. LEI 8.009/90. A violação literal de dispositivo de lei exige, para sua configuração, a ocorrência de contrariedade de forma direta a um determinado dispositivo legal, seja negando-lhe a vigência, seja deixando de aplicá-lo. A decisão rescindenda, ao determinar a execução de imóvel que reconhece ser de família, privando os proprietários do direito à moradia, viola o disposto no art. 1º da Lei 8.009/90. O ordenamento jurídico brasileiro assegura aos cidadãos o direito à moradia e à impenhorabilidade do bem de família. Por outro lado, não se apresenta razoável permitir que os devedores permaneçam residindo em imóvel suntuoso, enquanto se furtam ao pagamento de créditos alimentares. Aplicação dos princípios da Proteção e da Efetividade das Decisões Judiciais. Ação rescisória procedente para desconstituir o acórdão rescindendo e, em juízo rescisório, julgar parcialmente procedente o agravo de petição dos executados para determinar a reserva em seu favor de 50% do produto da alienação do imóvel; a fim de possibilitar a aquisição de nova residência". (TRT 4ª Região, AR nº 0089100-18.2009.5.04.000, Ac. 2ª SDI, unânime, Rel. Desembargadora Ana Rosa Pereira Zago Sagrilo)

---

[806] *Execução na Justiça do Trabalho*. 7 ed. São Paulo: LTr, 2013, p. 299.
[807] *Legitimidade na execução civil e trabalhista*. São Paulo: LTr, 2001, p. 102.
[808] A jurisprudência do Tribunal Superior do Trabalho orienta-se no sentido de que a impenhorabilidade do bem de família não pode ser relativizada em caso de imóvel luxuoso, porque a legislação não indica o valor a partir do qual se teria por caracterizada a condição do imóvel como imóvel luxuoso, não cabendo ao intérprete fazer a referida ponderação em cada caso concreto.

EMENTA: "BEM DE FAMÍLIA. IMPENHORABILIDADE RELATIVA. A impenhorabilidade assegurada pela Lei 8.009/90 não pode conduzir ao absurdo de se permitir que o devedor mantenha o direito de residir em imóvel suntuoso, de elevado valor, se com a alienação judicial desse bem resta numerário suficiente para a aquisição de outro que lhe proporcione digna e confortável moradia". (TRT 2ª. Região, Acórdão nº 20090624780, Processo nº 00164200004802004 AP, Rel. Desembargador Wilson Fernandes)

19.23 Penhora de bem de família na execução de condenação decorrente de obrigação alimentar fundada em responsabilidade civil do empregador

A regra é a impenhorabilidade do bem de família. A previsão do inciso III do art. 3º da Lei nº 8.009/1990 constitui *exceção* à regra da impenhorabilidade do bem de família. A exceção ganha relevo em face da competência da Justiça do Trabalho para julgar as ações de indenização movidas contra o empregador em razão de acidente do trabalho/doença ocupacional, nas quais tenha havido condenação decorrente de obrigação alimentar fundada em responsabilidade civil do empregador.

A redação do preceito legal é a seguinte:

> Art. 3º. A impenhorabilidade é oponível em qualquer processo de execução civil, fiscal, previdenciária, trabalhista ou de outra natureza, salvo se movido: (...)
> III – pelo credor da *pensão alimentícia*.

Veja a doutrina de *Araken de Assis*:

> Em primeiro lugar, convém notar que se trata de impenhorabilidade relativa: o art. 3º, I a VII, exclui a oponibilidade desta restrição à garantia patrimonial genérica nas seguintes hipóteses: a) (...); c) *obrigação alimentar, abrangendo os alimentos indenizativos.*[809]

O §1º do art. 100 da Constituição Federal também serve de fundamento jurídico a essa interpretação, na medida em que adota, no pagamento mediante precatório, a premissa de que

> §1º. *Os débitos de natureza alimentícia compreendem aqueles decorrentes de* salários, vencimentos, proventos, pensões e suas complementações, benefícios previdenciários e *indenizações por morte ou invalidez, fundadas em responsabilidade civil* (...).

---

[809] *Manual da execução*. 11 ed. São Paulo: RT, 2007, p. 237.

Confira a jurisprudência do Superior Tribunal de Justiça:

> EMENTA: "DIREITO PROCESSUAL CIVIL. *BEM DE FAMÍLIA. OBRIGAÇÃO ALIMENTAR DECORRENTE DE ATO ILÍCITO. EXCEÇÃO À IMPENHORABILIDADE.* 1. A impenhorabilidade do bem de família prevista no art. 3º, III, da Lei nº 8.009/90 não pode ser oposta ao credor de pensão alimentícia decorrente de indenização por ato ilícito. Precedentes. 2. Embargos de Divergência rejeitados". (STJ. EREsp nº 679.456/SP. Embargos de Divergência em Recurso Especial 2008/0008124-7. Min. Sidnei Beneti. 2ª Seção. j. 08.06.2011. *DJe* 16.06.2011).

Por conseguinte, é lícito determinar a penhora de bem de família quando se tratar de execução de pensão alimentícia decorrente de responsabilidade civil do empregador (acidente do trabalho, por exemplo).

19.24 Execução contra espólio

Nessa espécie de execução não se deve limitar a atuação do juízo à habilitação do crédito trabalhista no inventário dos bens deixados pelo executado, porquanto o procedimento cível é moroso e, não raro, ineficaz quando há oposição dos herdeiros do executado à habilitação do crédito trabalhista no inventário.

Nesses casos, pode-se aplicar o art. 29 da Lei nº 6.830/1980, com fundamento no art. 889 da CLT:

> Art. 29. A cobrança da Dívida Ativa da Fazenda Pública *não é sujeita a* concurso de credores ou habilitação em falência, concordata, liquidação, *inventário* ou arrolamento.

Portanto, é lícito aplicar subsidiariamente à execução trabalhista a previsão do art. 29 da Lei nº 6.830/1980 (CLT, art. 889), para concluir que a execução trabalhista não está sujeita à habilitação em inventário e para penhorar bem do espólio identificado pelo Oficial de Justiça no rol de bens a inventariar; para remover o bem penhorado de imediato e levá-lo a leilão na Vara do Trabalho. Paga-se o credor trabalhista e entrega-se o saldo ao juízo do inventário.

19.25 Penhora no rosto dos autos de ações movidas pelo executado em outros ramos da jurisdição

A pesquisa de ações movidas pelo executado trabalhista noutros ramos da Jurisdição (Justiça Federal e Justiça Estadual) pode permitir a penhora no rosto dos autos, podendo solucionar demandas nas quais não são localizados outros bens para penhorar.

O endereço para pesquisar varia conforme o Estado da Federação. No Estado do Rio Grande do Sul, por exemplo, a pesquisa é feita nos seguintes endereços:

a) Justiça Estadual Comum: http://www.tjrs.jus.be/busca/?tb=proc;

b) Justiça Federal Comum: http://www2.jfrs.jus.br/consulta-processual/.

19.26 Mandado de diligência. Medida preparatória à penhora de veículo na posse do executado, mas registrado em nome de terceiro

O mandado de diligência é boa prática destinada a pré-constituir a prova de que o executado detém a *posse* do veículo que se encontra registrado em nome de terceiro, mas que é utilizado pelo executado cotidianamente. Caracterizada a posse, o veículo poderá ser penhorado.

A prova da *posse* do veículo pelo executado permite ao juízo adotar a *presunção ordinária* (CPC, art. 375) de que o veículo é de *propriedade* do executado, a teor dos arts. 1.226 e 1.267 do Código Civil, na medida em que, desses preceitos, a teoria jurídica extrai a conclusão de que os *bens móveis* são transmitidos pela *tradição*. Tratando-se de bem móvel, estar o bem na posse de terceiro é fato extraordinário, conforme revela a experiência ordinária (CPC, art. 375). Daí a *presunção ordinária de que seja proprietária do veículo a pessoa que está na posse do veículo.*

Essa conclusão da teoria jurídica decorre da interpretação sistemática dos citados preceitos legais do Código Civil:

> Art. 1226. Os direitos reais sobre coisas móveis, quando constituídos, ou transmitidos por atos entre vivos, só se adquirem com a tradição.
> Art. 1267. A propriedade das coisas não se transfere pelos negócios jurídicos antes da tradição.

O mandado de diligência visa reunir informações acerca da posse do veículo em poder do executado e poderá fundamentar tanto a decisão que determina a penhora do veículo quanto a sentença que julgará eventual ação de embargos de terceiro.

Há jurisprudência nesse sentido:

> EMENTA: "PENHORA. BENS MÓVEIS. PROPRIEDADE. Presume-se pertencerem ao executado os bens penhorados no seu estabelecimento. Para elidir tal presunção

legal é necessário que o terceiro comprove, inequivocamente, a propriedade dos bens penhorados, uma vez que esta, em relação a bens móveis, aperfeiçoa-se com a simples tradição, consoante os arts. 620 e 675 da norma civil vigente. (TRT 18ª. Região, AP nº 817/2001, Rel. Juiz Octávio José Magalhães Drummond Maldonado. *DJE* 12.11.2001, p. 112). Observação: publicado em 2001, o acórdão cita os arts. 620 e 675 do CC/1916, cujas normas correspondem aos arts. 1.226 e 1.267 do CC/2002.

19.27 Penhora de salários, de subsídios, de proventos de aposentadoria e de valor depositado em caderneta de poupança.

O CPC avançou na tutela do crédito identificado como *prestação alimentícia, independentemente de sua origem*.

Vamos começar pelos dispositivos legais do art. 833 do CPC que tratam dessa matéria:

Art. 833. São impenhoráveis:

IV – os vencimentos, os subsídios, os soldos, os salários, as remunerações, os proventos de aposentadoria, pensões, pecúlios e os montepios, bem como as quantias recebidas por liberalidade de terceiro e destinadas ao sustento do devedor e sua família, os ganhos de trabalhador autônomo e os honorários de profissional liberal, ressalvado o §2º;

X – a quantia depositada em caderneta de poupança, até o limite de 40 (quarenta) salários mínimos;

§2º. O disposto nos incisos IV e X do *caput* não se aplica à hipótese de penhora para pagamento de prestação alimentícia, *independentemente de sua origem*, bem como às importâncias excedentes a 50 (cinquenta) salários mínimos mensais, devendo a constrição observar o disposto no art. 528, §8º e no art. 529, §3º.

A Instrução Normativa nº 39/2016 do TST estabelece que o art. 833 do CPC é aplicável ao Processo do Trabalho:

Art. 3º. Sem prejuízo de outros, aplicam-se ao Processo do Trabalho, em face de omissão e compatibilidade, os preceitos do Código de Processo Civil que regulam os seguintes temas: (...)
XV – art. 833, incisos e parágrafos (bens impenhoráveis).

O TST atualizou a redação da Orientação Jurisprudencial 153 da SDI-II à previsão do art. 833, §2º, do CPC. Embora os debates no Tribunal tenham sido profundos, a mudança na redação do verbete foi tão sutil que muitos não perceberam o alcance do novo verbete na primeira leitura – isso porque apenas acrescentou-se ao título do verbete a seguinte expressão, entre parênteses: "(atualizada em decorrência do CPC de 2015)". Veja a atual redação da OJ nº 153 da SDI-II do TST:

> MANDADO DE SEGURANÇA. EXECUÇÃO. ORDEM DE PENHORA SOBRE VALORES EXISTENTES EM CONTA SALÁRIO. ART. 649, IV, DO CPC DE 1973. ILEGALIDADE. (atualizada em decorrência do CPC de 2015) – Res. 220/2017, *DEJT* divulgado em 21, 22 e 25.09.2017
>
> Ofende direito líquido e certo decisão que determina o bloqueio de numerário existente em conta salário, para satisfação de crédito trabalhista, ainda que seja limitado a determinado percentual dos valores recebidos ou a valor revertido para fundo de aplicação ou poupança, visto que o art. 649, IV, do CPC de 1973 contém norma imperativa que não admite interpretação ampliativa, sendo a exceção prevista no art. 649, §2º, do CPC de 1973 espécie e não gênero de crédito de natureza alimentícia, não englobando o crédito trabalhista.

De acordo com a nova redação da OJ nº 153 da SDI-II do TST, duas diretrizes hermenêuticas foram assentadas pelo Tribunal:

a) a *impenhorabilidade* de salários, subsídios, proventos de aposentadoria e valor em caderneta de poupança para pagamento de crédito trabalhista, *na vigência do CPC de 1973*;

b) a *penhorabilidade* de salários, subsídios, proventos de aposentadoria e valor em caderneta de poupança para pagamento de crédito trabalhista, *na vigência do CPC de 2015*.

A consequência da adoção dessas duas diretrizes hermenêuticas pode ser assim resumida:

a) a OJ nº 153 da SDI-II do TST aplica-se quando a penhora foi realizada *na vigência do CPC de 1973*;

b) a OJ nº 153 da SDI-II do TST não se aplica quando a penhora foi realizada *na vigência do CPC de 2015*.

Porém, o alcance da alteração introduzida no verbete da OJ nº 153 da SDI-II do TST somente viria a ser explicitado nos julgamentos que se sucederam à nova redação da Orientação Jurisprudencial.

Chamada a aplicar a OJ nº 153 da SDI-II do TST, na nova redação adotada em data de 18-09-2017, a Subseção II Especializada em Dissídios Individuais assentou a juridicidade da penhora de salários/proventos/poupança para pagamento de crédito trabalhista, revelando o alcance da nova redação da OJ, nos seguintes termos:

> EMENTA: "RECURSO ORDINÁRIO EM MANDADO DE SEGURANÇA. *ATO COATOR PROFERIDO NA VIGÊNCIA DO CPC DE 2015*. DETERMINAÇÃO DE PENHORA SOBRE

PERCENTUAL DA APOSENTADORIA. LEGALIDADE. AUSÊNCIA DE OFENSA A DIREITO LÍQUIDO E CERTO DOS IMPETRANTES. ART. 833, §2º, DO CPC DE 2015. NÃO APLICAÇÃO DA ORIENTAÇÃO JURISPRUDENCIAL 153 DA SBDI-2. 1 – Não se constata ofensa a direito líquido e certo dos impetrantes em decorrência da determinação judicial, *proferida na vigência do CPC de 2015*, de bloqueio e penhora de percentual sobre proventos de aposentadoria, tendo em vista o disposto no art. 833, §2º, do CPC de 2015. 2 – *Inaplicabilidade da Orientação Jurisprudencial 153 da SBDI-2, porque a diretriz ali definida incide apenas nas hipóteses de penhoras efetuadas quando em vigor o CPC de 1973"*. Recurso ordinário conhecido e não provido". (RO nº 20605-38.2017.5.04.0000, Relatora Ministra: Delaídes Miranda Arantes, Data de Julgamento: 17.10.2017, Subseção II Especializada em Dissídios Individuais, Data de Publicação: *DEJT* 20.10.2017)

Os acórdãos que se seguiram reiteraram a mesma interpretação no âmbito do TST. Veja a parte em destaque:

EMENTA: "RECURSO ORDINÁRIO EM MANDADO DE SEGURANÇA. PENHORA DE 20% DO SALÁRIO. *ATO IMPUGNADO PRATICADO NA VIGÊNCIA DO CPC/15. ORIENTAÇÃO JURISPRUDENCIAL Nº 153 DA SBDI-2 INAPLICÁVEL.* ABUSIVIDADE NÃO DEMONSTRADA. PREVISÃO LEGAL. ARTIGOS 529, §3º, E 833, §2º, DO CPC/15. Conquanto não houvesse previsão legal no Código de Processo Civil de 1973, o novo Código de Processo Civil, em seu art. 833, ao prever a impenhorabilidade dos vencimentos, subsídios, soldos, salários, remunerações, proventos de aposentadoria, pensões, pecúlios e montepios, expressamente estabelece ressalva no §2º relativamente "à hipótese de penhora para pagamento de prestação alimentícia, independentemente de sua origem", no que se incluem, portanto, os créditos de natureza trabalhista. O art. 529, §3º, também do CPC/15, por seu turno, limita o percentual de penhora a 50% do ganho líquido do executado, revelando, dessa forma, a preocupação do legislador em também não desprover o devedor de quantia minimamente necessária a sua subsistência. *Diante da inovação legislativa trazida com o CPC/15, e com o fim de evitar aparente antinomia, o Tribunal Pleno, por meio da Resolução 220, de 18.9.2017, alterou a redação da Orientação Jurisprudencial nº 153 da SBDI-2, de modo a adequá-la, limitando sua aplicação aos atos praticados na vigência do CPC/73, o que não é o caso dos autos, haja vista que o ato inquinado de coator se deu na vigência no CPC/15*. No caso concreto, a constrição ficou limitada a 20% do valor da aposentadoria, muito aquém do limite máximo previsto no já referido dispositivo. Assim, não há ilegalidade ou abusividade no ato impugnado a justificar a ação mandamental. Recurso ordinário conhecido e desprovido". (Processo: RO nº 1153-49.2016.5.05.0000 Data de Julgamento: 20.03.2018, Relator Ministro: Alexandre de Souza Agra Belmonte, Subseção II Especializada em Dissídios Individuais, Data de Publicação: *DEJT* 23.03.2018)

EMENTA: "RECURSO ORDINÁRIO EM MANDADO DE SEGURANÇA. PENHORA INCIDENTE SOBRE PERCENTUAL DO SUBSÍDIO RECEBIDO MENSALMENTE PELO IMPETRANTE. *DETERMINAÇÃO EXARADA NA VIGÊNCIA DO CPC DE 2015.* ARTIGO 833, IV E §2º, DO CPC DE 2015. OJ 153 DA SBDI-2 DO TST. LEGALIDADE. 1. A Corte Regional denegou a ordem postulada no mandado de segurança, impetrado contra ato judicial, exarado sob a égide do CPC de 2015, em que determinado o bloqueio mensal de 20% do subsídio do Impetrante. 2. *Com o advento do CPC de 2015, o debate sobre a impenhorabilidade dos salários, subsídios e proventos de aposentadoria ganhou novos contornos, pois, nos termos do §2º do artigo 833 do CPC de 2015, tal impenhorabilidade não se aplica "à hipótese de penhora para pagamento de prestação alimentícia, independentemente de sua origem, bem como às importâncias excedentes a 50 (cinquenta) salários-mínimos mensais"*. Em conformidade com a inovação legislativa, a par de viável a apreensão judicial mensal dos valores remuneratórios do executado que excederem

50 (cinquenta) salários mínimos mensais, tratando-se de execução de prestação alimentícia, qualquer que seja sua origem, também será cabível a penhora, limitado, porém, o desconto em folha de pagamento a 50% (cinquenta por cento) dos ganhos líquidos do devedor, por força da regra inserta no §3º do artigo 529 do NCPC, compatibilizando-se os interesses legítimos de efetividade da jurisdição no interesse do credor e de não aviltamento ou da menor gravosidade ao devedor. A norma inscrita no referido §2º do artigo 833 do CPC de 2015, ao excepcionar da regra da impenhorabilidade as prestações alimentícias, qualquer que seja sua origem, autoriza a penhora de percentual de salários e proventos de aposentadoria com o escopo de satisfazer créditos trabalhistas, dotados de evidente natureza alimentar. *De se notar que foi essa a compreensão do Tribunal Pleno desta Corte ao alterar, em setembro de 2017, a redação da OJ 153 da SBDI-2, visando a adequar a diretriz ao CPC de 2015, mas sem interferir nos fatos ainda regulados pela legislação revogada. À luz dessas considerações, é de se concluir que a impenhorabilidade prevista no inciso IV do artigo 833 do CPC de 2015 não pode ser oposta na execução para satisfação do crédito trabalhista típico,* devendo ser observado apenas que o desconto em folha de pagamento estará limitado a 50% (cinquenta por cento) dos ganhos líquidos do devedor, na forma do §3º do artigo 529 do mesmo diploma legal. 3. No caso, na decisão censurada, exarada na vigência do CPC de 2015, foi determinado o bloqueio de 20% sobre o subsídio do Impetrante, até o limite de R$48.667,65, junto ao Tribunal de Contas do Estado do Amapá-AP, razão pela qual não há direito líquido e certo à desconstituição da constrição judicial. Recurso ordinário conhecido e não provido". (Processo: RO nº 340-38.2016.5.08.0000. Data de Julgamento: 20.03.2018, Relator Ministro: Douglas Alencar Rodrigues, Subseção II Especializada em Dissídios Individuais, Data de Publicação: *DEJT* 23.03.2018)

A mudança veio para melhorar a performance da execução de crédito no CPC e pode ser adotada na execução trabalhista, mediante a aplicação subsidiária do art. 833, §2º, do CPC ao Processo do Trabalho (CLT, arts. 769 e 889; CPC, art. 15), aplicação essa autorizada pela Instrução Normativa nº 39/2016 do TST (art. 3º, XV).

19.28 Execução provisória. Dispensa de caução. Licitude

A caução pode ser dispensada no caso de execução provisória de crédito trabalhista.[810] A conclusão decorre da aplicabilidade supletiva do art. 521, I, do CPC à execução trabalhista (CLT, arts. 769 e 889; CPC, art. 15). Embora a CLT tenha estabelecido, sob a inspiração do CPC de 1939, que a execução provisória poderia ser processada apenas até a penhora (CLT, art. 899), com o advento do CPC de 2015 essa limitação restou superada pela previsão da aplicação supletiva do CPC ao Processo do Trabalho, estabelecida no art. 15 do CPC de 2015.

A aplicação supletiva é a aplicação que *completa* o instituto jurídico processual que se apresente incompleto no âmbito do Processo do Trabalho. Tal complementação do instituto jurídico visa a sua plena operatividade e eficácia no sistema de direito. Com a aplicação supletiva do CPC ao Processo do Trabalho, a execução provisória

---

[810] A matéria é polêmica. O TST resiste para aceitar a aplicação supletiva do CPC à execução provisória no processo do trabalho.

no Processo do Trabalho passou a ser complementada pelos arts. 520 e 521 do CPC, os quais tutelam mais adequadamente o interesse do exequente e não limitam a execução provisória à penhora. Continuar interpretando no sentido que a execução provisória está limitada à penhora no Processo do Trabalho após o advento do CPC de 2015 e de sua aplicação supletiva ao Processo do Trabalho (art. 15), significa, na prática, conferir ao credor quirografário tutela jurídica superior (CPC, arts. 520 e 521) à tutela jurídica conferida ao credor privilegiado (CTN, art. 186), esvaziando o conceito de aplicação supletiva do CPC ao Processo do Trabalho.

Esta conclusão torna-se evidente quando se imagina que tanto o credor quirografário quanto o credor trabalhista tenham penhorado o mesmo único bem do devedor comum. O credor quirografário obteria a satisfação de seu crédito, desde que prestasse caução, logrando levar o bem à alienação e receber seu crédito; ao passo que o credor trabalhista teria sua execução provisória paralisada na penhora, nada obstante o privilégio legal que o seu crédito ostenta no direito material (CTN, art. 186). O crédito quirografário seria satisfeito, em detrimento do crédito trabalhista dotado privilégio. Esta contradição do ordenamento jurídico somente encontra solução na aplicação supletiva do CPC de 2015 à execução provisória trabalhista, afastando-se limite previsto no art. 899 da CLT, para o que o intérprete há de recorrer à teoria do diálogo das fontes formais de direito.

No art. 521, I, do CPC, o legislador dispensou a exigência de caução quando se tratar de crédito de natureza alimentar. Eis a redação do dispositivo do CPC:

> Art. 521. A caução prevista no inciso IV do art. 520 poderá ser dispensada nos casos em que:
> I – o crédito for de natureza alimentar, independentemente de sua origem.

A doutrina orienta-se nesse sentido tanto no âmbito do processo civil quanto no âmbito do processo do trabalho:

Daniel Amorim Assumpção Neves:

> Nos termos do art. 521, I, do Novo CPC, dispensa-se a caução independentemente da origem da dívida alimentar. Não interessa, portanto, se o crédito decorre de relação de parentesco, matrimônio, *remunerações por trabalho* ou de responsabilidade civil.[811]

Mauro Schiavi:

> O art. 521 do CPC, de aplicação subsidiária ao Processo do Trabalho, possibilita a liberação de valores em execução provisória, independentemente de caução quando: a) o crédito

---

[811] *Novo CPC comentado artigo por artigo*. Salvador: Juspodivm, 2016, p. 898.

for de natureza alimentar, independentemente de sua origem: aqui, indiscutivelmente, está incluído o crédito trabalhista, de natureza alimentar.[812]

19.29 Execução provisória. Alienação do bem. Licitude

O juiz pode mandar alienar o bem penhorado de imediato na execução provisória trabalhista. A conclusão decorre da aplicabilidade supletiva do art. 520, IV, do CPC à execução trabalhista (CLT, arts. 769 e 889; CPC, art. 15).[813]

Confira o dispositivo legal que assim autoriza:

> Art. 520. O cumprimento provisório da sentença impugnada por recurso desprovido de efeito suspensivo será realizado da mesma forma que o cumprimento definitivo, sujeitando ao seguinte regime: (...)
> IV – o levantamento de depósito em dinheiro e a prática de atos que importem transferência de posse ou alienação de propriedade ou de outro direito real, ou dos quais possa resultar grave dano ao executado, dependem de caução suficiente e idônea, arbitrada de plano pelo juiz e prestada nos próprios autos.

19.30 Execução provisória. Levantamento do depósito em dinheiro. Licitude

Além de alienar o bem penhorado de imediato, o juiz pode avaliar determinar o pagamento ao credor na execução provisória. A conclusão decorre da aplicabilidade supletiva do art. 520, IV, do CPC à execução trabalhista (CLT, arts. 769 e 889; CPC, art. 15). Conforme observado nos itens precedentes sobre execução provisória, o TST resiste para aceitar a proposta de aplicação supletiva do CPC à execução trabalhista. Contudo, é necessário refletir sobre o tema.

Veja o dispositivo legal correspondente:

> Art. 520. O cumprimento provisório da sentença impugnada por recurso desprovido de efeito suspensivo será realizado da mesma forma que o cumprimento definitivo, sujeitando ao seguinte regime: (...)
> IV – o levantamento de depósito em dinheiro e a prática de atos que importem transferência de posse ou alienação de propriedade ou de outro direito real, ou dos quais possa resultar grave dano ao executado, dependem de caução suficiente e idônea, arbitrada de plano pelo juiz e prestada nos próprios autos.

---

[812] *Execução no Processo do Trabalho*. 8. ed. São Paulo: LTr, 2016, p. 248.
[813] A matéria é polêmica. O TST resiste para aceitar a aplicação supletiva do CPC à execução provisória no processo do trabalho.

A doutrina de *Mauro Schiavi* merece registro novamente:

> O art. 521 do CPC, de aplicação subsidiária ao Processo do Trabalho, possibilita a liberação de valores em execução provisória, independentemente de caução quando: a) o crédito for de natureza alimentar, independentemente de sua origem: aqui, indiscutivelmente, está incluído o crédito trabalhista, de natureza alimentar.[814]

Caso o magistrado assim entenda, poderá, por cautela, relegar a liberação do valor obtido com a alienação judicial para momento oportuno. A determinação da alienação judicial do bem penhorado do executado, mesmo que não se determine a liberação do valor de imediato, muitas vezes acabará por fazer precipitar tanto a remição quanto a conciliação.

19.31 Execução mais eficaz *x* execução menos gravosa. O resgate da primazia da regra geral da execução mais eficaz

Confira os dispositivos legais do CPC de 2015 nesta matéria:

> Art. 797. Ressalvado o caso de insolvência do devedor, em que tem lugar o concurso universal, *realiza-se a execução no interesse do credor* que adquire, pela penhora, o direito de preferência sobre os bens penhorados.
>
> Art. 805. Quando por vários meios o exequente puder promover a execução, o juiz mandará que se faça pelo modo menos gravoso para o executado.
>
> Parágrafo Único. *Ao executado* que alegar ser a medida executiva mais gravosa *incumbe indicar outros meios mais eficazes e* menos onerosos, sob pena de *manutenção dos atos executivos* já determinados.

A Instrução Normativa nº 39/2016 do TST estabelece que o art. 805 do CPC é aplicável ao Processo do Trabalho:

> Art. 3º. Sem prejuízo de outros, aplicam-se ao Processo do Trabalho, em face de omissão e compatibilidade, os preceitos do Código de Processo Civil que regulam os seguintes temas: (...)
>
> XIV – art. 805 e parágrafo único (obrigação de o executado indicar outros meios mais eficazes e menos onerosos para promover a execução).

Observe: o art. 797 do CPC de 2015 corresponde ao art. 612 do CPC revogado – sede normativa da regra geral de que a execução se realiza no interesse do exequente.

---

[814] *Execução no Processo do Trabalho*. 8. ed. São Paulo: LTr, 2016, p. 248.

O art. 805 do CPC de 2015 corresponde ao art. 620 do CPC revogado – sede normativa da regra exceptiva da execução menos gravosa. O que não existia no CPC anterior é a *previsão saneadora* do parágrafo único do art. 805 do CPC de 2015, a qual atribui ao executado o *encargo processual* de indicar *meio executivo mais eficaz* quando alegar que a execução está sendo realizada por meio mais gravoso, sob pena de manutenção da medida executiva adotada pelo juízo.

Veja os comentários de *Manoel Antonio Teixeira Filho*:

> Se o executado não se desincumbir desse encargo processual, a consequência será a manutenção dos atos executivos já determinados pelo juiz.[815]

---

[815] *Comentários ao novo Código de Processo Civil sob a perspectiva do processo do trabalho*. 2. ed. São Paulo: LTr, 2016, p. 893.

REFERÊNCIAS

ALBUQUERQUE, Marcos Cavalcanti. *Lei de Execução Fiscal*. São Paulo: Madras, 2003.

ALMEIDA, Amador Paes de. *Execução de bens dos sócios*. 7. ed. São Paulo: Saraiva, 2004.

ALMEIDA, Cleber Lúcio de. Incidente de desconsideração da personalidade jurídica. *In:* MIESSA, Elisson (org.). *Novo Código de Processo Civil e seus reflexos no Processo do Trabalho*. Salvador: Juspodivm, 2015.

ALMEIDA, Cleber Lúcio de. *Direito Processual do Trabalho*. 6. ed. São Paulo: LTr, 2016.

ALMEIDA, Wânia Guimrães Rabêllo de. A teoria dinâmica do ônus da prova. *In:* MIESSA, Elisson (org.). *Novo Código de Processo Civil e seus reflexos no Processo do Trabalho*. Salvador: Juspodivm, 2015.

AMARAL, Guilherme Rizzo. *Comentários às alterações do novo CPC*. São Paulo: RT, 2015.

ARANTES, Delaídes Alves Miranda; DUARTE, Radson Rangel Ferreira Duarte. Execução trabalhista célere e efetiva: um sonho possível. São Paulo: LTr, 2002.

ASSIS, Araken de. *Manual da Execução*. 14. ed. São Paulo: RT, 2012.

ASSMANN, Rosâne Marly Silveira. Responsabilidade do sócio e do administrador na sociedade limitada. *Revista do Tribunal Regional do Trabalho da 4ª Região*, Porto Alegre, n. 36, p. 102-117 2008.

BALEEIRO, Aliomar. *Direito Tributário Brasileiro*. 11. ed. Rio de Janeiro: Forense, 1999.

BAPTISTA DA SILVA, Ovídio A. *Processo e ideologia:* o paradigma racionalista. Rio de Janeiro: Forense, 2004.

BAPTISTA DA SILVA, Ovídio A. *Curso de Processo Civil*. 2. ed. Porto Alegre: Sergio Antonio Fabris Editor, 1991. v. I.

BAPTISTA DA SILVA, Ovídio A. *Sentença e coisa julgada*. 2. ed. Porto Alegre: Sergio Antonio Fabris Editor, 1988.

BARACAT, Eduardo Milléo. Desconsideração da personalidade jurídica da sociedade limitada no processo do trabalho: interpretação à luz do princípio de dignidade da pessoa humana. *In:* SANTOS, José Aparecido dos (coord.) *Execução trabalhista*. 2. ed. São Paulo: LTr, 2010, p. 182-203.

BARBAGELATA, Héctor-Hugo. *El particularismo del derecho del trabajo y los derechos humanos laborales*. 2. ed. Montevideo: Fundación de cultura universitária, 2009.

BARROSO, Luís Roberto. *Interpretação e aplicação da Constituição*. 7. ed. São Paulo: Saraiva, 2010.

BASTOS, Bianca. Grupo econômico na fase de execução e o princípio do contraditório. *Revista de Direito do Trabalho*, a. 47, n. 215, p. 265-294, jan./fev. 2001. São Paulo: RT.

BASTOS, Bianca. *Limites da responsabilidade trabalhista na sociedade empresária*: a despersonalização do empregador como instrumento para vinculação do patrimônio do sócio. São Paulo: LTr, 2011, p. 56 *et seq*.

BATALHA, Wilson de Souza Campos. Desconsideração da personalidade jurídica na execução trabalhista: responsabilidade dos sócios em execução trabalhista contra a sociedade. *Revista LTr*, 297, p. 58-11.

BAUERMANN, Desirê. *Cumprimento das obrigações de fazer ou não fazer*: estudo comparado: Brasil e Estados Unidos. Porto Alegre: Sergio Antonio Fabris Editor. 2012.

BAUMAN, Zygmunt. *Amor líquido*: sobre a fragilidade dos laços humanos. Rio de Janeiro: Jorge Zahar Editor, 2004.

BEBBER, Júlio César. Execução de título provisório: instrumento de efetividade e tempestividade processuais. *In*: VELOSO, Gabriel; MARANHÃO, Ney (org.). *Contemporaneidade e trabalho*: aspectos materiais e processuais. São Paulo: LTr, 2010.

BEBBER, Júlio César. *Princípios do processo do trabalho*. São Paulo: LTr, 1997.

BEBBER, Júlio César. *Recursos no processo do trabalho*. 2. ed. São Paulo: LTr, 2009.

BENEDUZI, Renato. *Comentários ao Código de Processo Civil*. Luiz Guilherme Marinoni (diretor). Sérgio Cruz Arenhart e Daniel Mitidiero (coordenadores). São Paulo: RT, 2016. vol. II.

BENJAMIN, Antonio Herman. Prefácio, p. 6. In: MARQUES Claudia Lima (coord.). *Diálogo das fontes:* do conflito à coordenação de normas do direito brasileiro. São Paulo: RT, 2012.

BERALDO, Leonardo de Faria. *Comentários às inovações do Código de Processo Civil*. Belo Horizonte: Del Rey, 2015.

BERNAL, Francisco Chamorro (Bernal). *La tutela judicial efectiva*: derechos y garantias procesales derivados del artículo 24.1 de La Constitución. Barcelona: Bosch, 1994.

BONAVIDES, Paulo. *Curso de direito constitucional*. 4. ed. São Paulo: Malheiros, 1993.

BORGES, Aline Veiga; CLAUS, Ben-Hur Silveira. Hipoteca judiciária sobre bens não elencados no art. 1.473 do Código Civil: a efetividade da jurisdição como horizonte hermenêutico. *Suplemento Trabalhista*, São Paulo, LTr, n. 059, 2014.

BORGES, Leonardo Dias. *O moderno processo do trabalho*. São Paulo: LTr, 1997.

BUENO, Cassio Scarpinella. *A nova etapa da reforma do Código de Processo Civil*. São Paulo: Saraiva, 2007. vol. 3.

BUENO, Cassio Scarpinella. *Manual de Direito Processual Civil*. 4. ed. São Paulo: Saraiva, 2018.

BUENO, Cassio Scarpinella. *Novo Código de Processo Civil anotado*. São Paulo: Saraiva, 2015.

BUENO, Cassio Scarpinella. *Partes e terceiros no processo civil brasileiro*. São Paulo: Saraiva, 2003.

BUENO, Cassio Scarpinella. *Projetos de novo Código de Processo Civil comparados e anotados*. São Paulo: Saraiva, 2014.

BUZAID, Alfredo. Exposição de Motivos do Código de Processo Civil de 1973, item 18.

CAHALI, Yussef Said. *Fraudes contra credores*. São Paulo: RT, 1989.

CANOTILHO, José Joaquim Gomes. *Direito Constitucional*. 6. ed. Lisboa: Almedina, 1993.

CAPPELLETTI, Mauro. Proceso, ideologías e sociedad. Buenos Aires: Ediciones Jurídicas Europa-América, 1974.

CARREIRA ALVIM, J. E. *Comentários ao Código de Processo Civil brasileiro*. Curitiba: Juruá, 2011. v. 5.

CARREIRA ALVIM, J. E. *Comentários ao Código de Processo Civil brasileiro*. Curitiba: Juruá, 2011. v. 8.

CARRION, Valentin. *Comentários à CLT*. 38. ed. Atualizado por Eduardo Carrion. São Paulo: Saraiva, 2013.

CARVALHO, Paulo de Barros. *Curso de Direito Tributário*. 19. ed. São Paulo: Saraiva, 2007.

CASTELO, Jorge Pinheiro. *O direito material e processual do trabalho e a pós-modernidade*. São Paulo: LTr, 2003.

CASTRO, Amílcar de. *Comentários ao Código de Processo Civil*. 3. ed. São Paulo: RT, 1983. v. VIII.

CAVALARO NETO, Arlindo. A sentença trabalhista como título constitutivo de hipoteca judiciária. *In:* SANTOS, José Aparecido dos (coord.). *Execução trabalhista*. 2. ed. São Paulo: LTr, 2010.

CHAVES, Luciano Athayde. Ferramentas eletrônicas na execução trabalhista. In: CHAVES, Luciano Athayde (org.). *Curso de Processo do Trabalho*. São Paulo: LTr, 2009.

CHAVES, Luciano Athayde. O novo Código de Processo Civil e o Processo do Trabalho: uma análise sob a óptica do cumprimento da sentença e da execução forçada. O artigo é uma versão adaptada da exposição realizada no I Seminário Nacional sobre a Efetividade da Execução Trabalhista, promovido pelo Conselho Superior da Justiça do Trabalho (CSJT) e pela Escola Nacional de Formação e Aperfeiçoamento de Magistrados do Trabalho (ENAMAT), no dia 7 de maio de 2015. mimeo.

CHAVES, Luciano Athayde. Interpretação, aplicação e integração do Direito Processual do Trabalho. In: CHAVES, Luciano Athayde (org.). *Curso de Processo do Trabalho*. São Paulo: LTr, 2009.

CHAVES, Luciano Athayde. Os desafios da Execução na Justiça do Trabalho. *Revista do Tribunal Regional do Trabalho da 15ª Região*, n. 3, p. 656, 2010.

CHIERCHIA, Pietro Merola. *L'interpretazione sistemática della Constituzione*. Padova: CEDAM, 1978.

CLAUS, Ben-Hur Silveira *et all*. A função revisora dos tribunais: a questão da valorização das decisões de primeiro grau: uma proposta *de lege ferenda*: a sentença como primeiro voto no colegiado. CLAUS, Ben-Hur Silveira (coord.). *A função revisora dos tribunais*: por uma nova racionalidade recursal. São Paulo: LTr, 2016.

CLAUS, Ben-Hur Silveira. A aplicação da medida legal de indisponibilidade de bens prevista no art. 185-A do CTN à execução trabalhista: uma boa prática a serviço do resgate da responsabilidade patrimonial futura. *Revista do TRT da 8ª Região*, n. 92, 2014.

CLAUS, Ben-Hur Silveira. Execução trabalhista: da desconsideração clássica à desconsideração inversa da personalidade jurídica. *Revista do Tribunal Regional do Trabalho da 4ª Região*, Porto Alegre, n. 42, p. 48-73, 2014.

CLAUS, Ben-Hur Silveira. Hipoteca judiciária: a (re)descoberta do instituto diante da Súmula 375 do STJ: execução efetiva e atualidade da hipoteca judiciária. *Revista do Tribunal Regional do Trabalho da 4ª. Região*, Porto Alegre, HS Editora, n. 41, 2013.

CLAUS, Ben-Hur Silveira. O grupo econômico trabalhista após a Lei n. 13.467/2017. *Revista LTr*, ano 83, p. 140-152, fev. 2019.

CLAUS, Ben-Hur Silveira. O incidente de desconsideração da personalidade jurídica previsto no CPC de 2015 e o Direito Processual do Trabalho. *Revista LTr*, São Paulo, n. 1, p. 70-86, jan. 2016.

CLAUS, Ben-Hur Silveira. A desconsideração da personalidade jurídica na execução trabalhista: aspectos teóricos e aplicação em situações concretas. *Revista do Tribunal Regional do Trabalho da 4ª. Região*, Porto Alegre, HS Editora, n. 38, 2010.

CLAUS, Ben-Hur Silveira. A desconsideração inversa da personalidade jurídica da execução trabalhista e a pesquisa eletrônica de bens de executados. *Revista LTr*, São Paulo, LTr, ano 77, n. 1, jan. 2012.

CLAUS, Ben-Hur Silveira. A execução trabalhista não se submete à regra exceptiva da execução menos gravosa: a efetividade da jurisdição como horizonte hermenêutico. *Revista Síntese*, São Paulo, n. 306, p. 9-24, dez. 2014.

CLAUS, Ben-Hur Silveira. *Execução trabalhista em perguntas e respostas*. Porto Alegre: HS, 2015.

CLAUS, Ben-Hur Silveira. *Substituição processual trabalhista*: uma elaboração teórica para o instituto. São Paulo: LTr, 2003.

CLAUS, Ben-Hur Silveira. TST atualiza sua jurisprudência: penhora em dinheiro na execução provisória. *Suplemento Trabalhista*, São Paulo, LTr, ano 52, n. 105/16, p. 601-603, 2016.

COELHO, Fábio Ulhoa. *Curso de direito comercial*. 13. ed. São Paulo: Saraiva. 2009. v. 2.

COELHO, Fábio Ulhoa. *Manual de direito comercial*. 16. ed. São Paulo: Saraiva, 2005.

CONTI, Paulo Henrique. A nova sentença condenatória: uma abordagem ideológica. *In*: SANTOS, José Aparecido dos (coord.). *Execução trabalhista*: Amatra IX. 2. ed. São Paulo: LTr.

CORDEIRO, Wolney de Macedo. Causas de impenhorabilidade perante a execução trabalhista e o novo Código de Processo Civil. *In*: DALLEGRAVE NETO, José Affonso; GOULART, Rodrigo Fortunato (coord.). *Novo CPC e o processo do trabalho*. São Paulo: LTr, 2016.

CORDEIRO, Wolney de Macedo. *Execução no processo do trabalho*. 2. ed. Salvador: Juspodivm, 2016.

CORDEIRO, Wolney de Macedo. *Execução no processo do trabalho*. 4. ed. Salvador: Juspodivm, 2017.

CORRÊA, Alcione Niederauer. Ben-Hur Silveira Claus (org.). *As ações cautelares no processo do trabalho*. 2. ed. São Paulo: LTr, 2015.

CRUZ E TUCCI, José Rogério. MARINONI, Luiz Guilherme (dir.). ARENHART, Sérgio Cruz; MITIDIERO, Daniel (coord.). *Comentários ao Código de Processo Civil*. São Paulo: RT, 2016. v. VIII.

DALLARI, Dalmo de Abreu. *O poder dos juízes*. 3. ed. 3 t. São Paulo: Saraiva, 2010.

DE PLÁCIDO E SILVA. *Vocabulário jurídico*. v. 1. 7. ed. Rio de Janeiro: Forense, 1982.

DELGADO, Mauricio Godinho. *Curso de Direito do Trabalho*. 10. ed. São Paulo: LTr, 2011.

DELGADO, Mauricio Godinho. *Curso de Direito do Trabalho*. 17. ed. São Paulo: LTr, 2018.

DELGADO, Maurício Godinho; DELGADO, Gabriela Neves. *A reforma trabalhista no Brasil*. São Paulo: LTr, 2017.

DENARI, Zelmo. In: MARTINS, Ives Gandra da Silva (coord.). *Comentários ao Código Tributário Nacional*. 3. ed. São Paulo: Saraiva, 2002. v. 2.

DIAS, Carlos Eduardo Oliveira Dias; FELICIANO, Guilherme Guimarães; SILVA, José Antônio Ribeiro de Oliveira; TOLEDO FILHO, Manoel Carlos. *Comentários à Lei da Reforma Trabalhista*: dogmática, visão crítica e interpretação constitucional. São Paulo: LTr, 2018.

DIAS, Carlos Eduardo Oliveira. O novo CPC e a preservação ontológica do processo do trabalho. *Revista Justiça do Trabalho*, Porto Alegre, HS Editora, n. 379, jul. 2015.

DIAS, Carlos Eduardo Oliveira; MARTINS, Ana Paula Alvarenga. *Os abusos do devedor na execução trabalhista*: estudos de processo de execução. São Paulo: LTr, 2001.

DIAS, Maria Berenice. Fraude à Execução. *Revista Ajuris*, 50/75.

DIAS, Ronaldo Brêtas de Carvalho. *Fraude à execução:* digesto de processo. Rio de Janeiro: Forense, 1985, v. 3.

DIDIER JR, Fredie et al. *Curso de direito processual civil:* execução. 4. ed. Salvador: Juspodivm. 2012. v. 5.

DINAMARCO, Cândido Rangel. *Execução civil*. 3. ed. São Paulo: Malheiros, 1993.

DINAMARCO, Cândido Rangel. *Instituições de direito processual civil*. 3. ed. São Paulo: Malheiros, 2009, v. 4.

ENGISCH, Karl. *Introdução ao pensamento jurídico*. 10. ed. Lisboa: Fundação Calouste Gulbenkian, 2008.

FAVA. Marcos Neves. *Execução trabalhista efetiva*. São Paulo: LTr, 2009.

FELICIANO, Guilherme Guimarães. O princípio do contraditório no novo Código de Processo Civil: aproximações críticas. In: MIESSA, Elisson (org.). *Novo Código de Processo Civil e seus reflexos no Processo do Trabalho*. Salvador: Juspodivm, 2015.

FERREIRA, Waldemar. *Tratado de sociedades mercantis*. 4. ed. Rio de Janeiro: Freitas Bastos, 1952. v. 1.

FIOREZE, Ricardo; CLAUS, Ben-Hur Silveira. Execução efetiva: a aplicação da averbação premonitória do art. 615-A do CPC ao processo do trabalho, de ofício. *Justiça do Trabalho*, Porto Alegre, HS Editora, n. 366, jun. 2014.

FIOREZE, Ricardo. O processo do trabalho e as alterações do processo civil promovidas pela Lei nº 11.382/2006. *Justiça do Trabalho*, Porto Alegre, v. 278, p. 12-36, 2007.

FONSECA, Bruno Gomes Borges. Reflexos do novo Código de Processo Civil na atuação do Ministério Público do Trabalho. In: MIESSA, Elisson (org.). *Novo Código de Processo Civil e seus reflexos no Processo do Trabalho*. Salvador: Juspodivm, 2015.

GASPAR, Danilo Gonçalves. Noções conceituais sobre tutela provisória no novo CPC e suas implicações no Processo do Trabalho. In: MIESSA, Elisson (org.). *Novo Código de Processo Civil e seus reflexos no Processo do Trabalho*. Salvador: Juspodivm, 2015.

GEMIGNANI, Tereza Aparecida Asta; GEMIGNANI, Daniel. Litisconsórcio e intervenção de terceiros: o novo CPC e o processo do trabalho. In: MIESSA, Elisson (org.). *Novo Código de Processo Civil e seus reflexos no processo do trabalho*. Salvador: Juspodivm, 2015.

GIGLIO, Wagner D. *Direito Processual do Trabalho*. 15. ed. São Paulo: Saraiva, 2005.

GIGLIO, Wagner D. Efetividade da execução trabalhista. *Revista Síntese Trabalhista*, Porto Alegre, n. 172, out. 2003.

GIGLIO, Wagner D. A reforma da execução trabalhista. *Revista LTr*, 44/1, 364.

GOMES, Dinaura Godinho Pimentel. Execução de empresa do mesmo grupo econômico para garantir a efetiva satisfação dos direitos do trabalhador. In: SANTOS, José Aparecido dos (coord.). *Execução trabalhista*. 2. ed. São Paulo: LTr, 2010.

GRECO, Leonardo. *O processo de execução*. Rio de Janeiro: Renovar, 2001, v. 2.

GRINOVER, Ada Pellegrini. Processo do trabalho e processo comum. *Revista de Direito do Trabalho*, 1993, 15:87.

GUTJHAR, Valéria. In: PEIXOTO, Marcelo Magalhães; LACOMBE, Rodrigo Santos Masset (coord.). *Comentários ao Código Tributário Nacional*. São Paulo: Magalhães Peixoto Editora Ltda., 2005.

HACKRADT, Hermann de Araújo. Princípios da execução e o art. 620 do CPC. *In:* CASTRO, Maria do Perpétuo Socorro Wanderley de. *Processo de execução*: homenagem ao Ministro Francisco Fausto. São Paulo: LTr, 2002, p. 24.

HENZEL, Luiz Fernando Bonn. A indisponibilidade dos bens do devedor no processo de execução como forma de efetividade das decisões judiciais trabalhistas. Dissertação (Mestrado) – Fundação Getúlio Vargas – FGV. 2008. Disponível em: http://bibliotecadigital.fgv.br/dspace/handle/10438/2760.

IMHOF, Cristiano; REZENDE, Bertha Stecker. *Comentários às alterações do novo CPC*. São Paulo: RT, 2015.

JAKUTIS, Paulo Sérgio. A influência do novo CPC no ônus da prova trabalhista. *In:* MIESSA, Elisson (org.). *Novo Código de Processo Civil e seus reflexos no Processo do Trabalho*. Salvador: Juspodivm, 2015.

JORGE NETO, Francisco Ferreira. *Sucessão trabalhista*. São Paulo: LTr, 2001.

JOUVIN NETO, Armênio Clóvis. Efetividade da fase executiva (quantia certa): propostas de instrumentos de coerção. *In: O novo Código de Processo Civil Brasileiro*: estudos dirigidos. ALVIM, Thereza; CAMARGO, Luiz Henrique Volpe; SCHMITZ, Leonard Ziesemer; CARVALHO, Nathália Gonçalves de Macedo (coord.). Rio de Janeiro: Forense, 2015.

KOURY, Luiz Ronan Neves. *Estudos de Direito Processual*: a relação do processo do trabalho com o processo civil. Rio de Janeiro: Lumen Juris, 2021.

KOURY, Suzy Elizabeth. Direito do Trabalho e grupos de empresas: aplicação da *disregard doctrine*. *Revista LTr*, v. 54, n. 10, out. 1990.

KÜLZER, José Carlos. *A contribuição dos princípios para a efetividade do processo de execução na Justiça do Trabalho no Brasil*. São Paulo: LTr, 2008.

LACERDA, Galeno. *Comentários ao Código de Processo Civil*. 3. ed. Rio de Janeiro: Forense, 1990. v. VIII. t. I.

LEDUR, José Felipe. *Direitos fundamentais sociais:* efetivação no âmbito da democracia participativa. Porto Alegre: Livraria do Advogado, 2009.

LEITE, Carlos Henrique Bezerra. *Direito Processual do Trabalho*. 8. ed. São Paulo: LTr, 2010.

LIEBMAN, Enrico Tullio. *Processo de execução*. 4. ed. São Paulo: Saraiva, 1980.

LIMA, Francisco Meton Marques de. *Manual sintético de processo e execução do trabalho*. São Paulo: LTr, 2004.

LIMA. Alcides de Mendonça. *Comentários ao Código de Processo Civil*. 6. ed. Rio de Janeiro: Forense. v. VI.

LONGMAN. Dicionário Escolar. Inglês-Português. Português-inglês. Pearson Education Limited 2002.

LOPES, Mauro Luís Rocha. *Processo judicial tributário*: execução fiscal e ações tributárias. 7. ed. Niterói: Impetus, 2012.

LORENZETTI, Ari Pedro. *A prescrição e a decadência na Justiça do Trabalho*. São Paulo: LTr, 2009.

LORENZETTI, Ari Pedro. *A responsabilidade pelos créditos trabalhistas*. São Paulo: LTr, 2003.

LUDWIG, Guilherme Guimarães. O princípio da eficiência como vetor de interpretação da norma processual trabalhista e a aplicação subsidiária e supletiva do novo Código de Processo Civil. *In:* MIESSA, Elisson (org.). *Novo Código de Processo Civil e seus reflexos no processo do trabalho*. Salvador: Juspodivm, 2015.

MACHADO, Hugo de Brito. *Comentários ao Código Tributário Nacional*. 2. ed. São Paulo: Atlas, 2009. v. III.

MADEIRA, Anderson Soares. *Lei de execuções fiscais*. Rio de Janeiro: Lumen Juris, 2001.

MAGANO, Octávio Bueno. *Os grupos de empresas no Direito do Trabalho*. São Paulo: RT, 1979.

MARANHÃO, Délio. *Instituições de Direito do Trabalho*. 22. ed. São Paulo: LTr, 2005, v. I.

MARINONI, Luiz Guilherme; ARENHART, Sérgio Cruz. *Curso de Processo Civil:* execução. 6. ed. São Paulo: RT, 2014. v. 3.

MARINONI, Luiz Guilherme. Coisa julgada sobre questão em favor de terceiros e precedentes obrigatórios. *Revista de Processo*, São Paulo, RT, ano 42, n. 284, out. 2018.

MARINONI, Luiz Guilherme; MITIDIERO, Daniel. *Código de Processo Civil*: comentado artigo por artigo. 4. ed. São Paulo: RT, 2012.

MARINONI, Luiz Guilherme. *Técnica processual e tutela dos direitos*. 4. ed. São Paulo: Revista dos Tribunais, 2013.

MARINONI, Luiz Guilherme; ARENHART, Sérgio Cruz e MITIDIERO, Daniel. *Novo Código de Processo Civil comentado*. 2. ed. São Paulo: RT, 2016.

MARQUES DE LIMA, Francisco Meton; MARQUES DE LIMA, Francisco Péricles Rodrigues. *Reforma Trabalhista*: entenda ponto por ponto. São Paulo: LTr, 2017.

MARQUES, Claudia Lima. O 'diálogo das fontes' como método da nova teoria geral do direito: um tributo a Erik Jaime. In: MARQUES, Claudia Lima (coord.). *Diálogo das Fontes:* do conflito à coordenação de normas do direito brasileiro. São Paulo: RT, 2012.

MARTINS, Sergio Pinto. Novos rumos do processo do trabalho. *Justiça do Trabalho*, Porto Alegre, n. 325, p. 74, jan. 2011.

MEDINA, José Miguel Garcia. *Código de Processo Civil comentado*. São Paulo: RT, 2011.

MEIRELES, Edilton. *Legitimidade na execução civil e trabalhista*. São Paulo: LTr, 2001.

MEIRELES, Edilton. Medidas sub-rogatórias, coercitivas, mandamentais e indutivas no Código de Processo Civil de 2015. *Revista de Processo*, São Paulo, RT, ano 40, v. 247, p. 231-246, set. 2015.

MEIRELES, Edilton. O novo CPC e sua aplicação supletiva e subsidiária no processo do trabalho. *In:* MIESSA, Elisson (org.). *Novo Código de Processo Civil e seus reflexos no Processo do Trabalho*. Salvador: Juspodivm, 2015.

MENEZES, Cláudio Armando Couce de. *Teoria geral do processo e a execução trabalhista*. São Paulo: LTr, 2003.

MIESSA, Élisson. Hipoteca judiciária e protesto da decisão judicial no novo CPC e seus impactos no Processo do Trabalho. *Novo Código de Processo Civil e seus reflexos no Processo do Trabalho*. Salvador: Juspodivm, 2015.

MIESSA, Élisson. *Impactos do novo CPC nas súmulas e orientações jurisprudenciais do TST*. Salvador: Juspodivm, 2016.

MIESSA, Élisson. O *novo Código de Processo Civil e seus reflexos no processo do trabalho*. MIESSA, Élisson (org.). Salvador: Juspodivm, 2015.

MIRAGEM, Bruno. *Eppur si mouve*: diálogo das fontes como método de interpretação sistemática no direito brasileiro. In: MARQUES, Claudia Lima (coord.). *Diálogo das fontes*: do conflito à coordenação de normas do direito brasileiro. São Paulo: RT, 2012.

MIRANDA, João Damasceno Borges de. *In:* PEIXOTO, Marcelo Magalhães; LACOMBE, Rodrigo Santos Masset (coord.). *Comentários ao Código Tributário Nacional*. São Paulo: Magalhães Peixoto Editora Ltda., 2005.

MIZIARA, Raphael. A tutela da confiança e a prescrição intercorrente na execução trabalhista: o equívoco da instrução normativa nº 39 do TST. *Revista eletrônica do Tribunal Regional do Trabalho da 9ª Região*, Curitiba, PR, v. 5, n. 50, p. 204-222, maio 2016.

MOLINA, André Araújo. A prescrição intercorrente na execução trabalhista. *Revista Jurídica Luso-Brasileira*, ano 3, n. 2, 2017.

MOLINA, André Araújo. A prescrição trabalhista: pretensões condenatória, executiva e intercorrente. *Revista de Direito do Trabalho*, ano 44, v. 185, p. 21-55, jan. 2018.

MONTENEGRO FILHO, Misael. *Código de Processo Civil comentado e interpretado*. 12. ed. Barueri: Manole, 2013.

MORI, Amaury Haruo. Execução provisória. In: SANTOS, José Aparecido dos (coord.). *Execução trabalhista*. 2. ed. São Paulo: LTr, 2010.

NAHAS, Thereza. *Novo Direito do Trabalho*: institutos fundamentais. São Paulo: RT, 2017.

NASCIMENTO, Amauri Mascaro. *Iniciação ao Direito do Trabalho*. 32. ed. São Paulo, 2006.

NEGRÃO, Theotonio *et all*. *Novo Código de Processo Civil e legislação processual em vigor*. 47. ed. São Paulo: Saraiva, 2016.

NERY JUNIOR, Nélson; NERY, Rosa Maria de Andrade. *Comentários ao Código de Processo Civil*: novo CPC: Lei 13.105/2015. São Paulo: Revista dos Tribunais, 2015.

NEVES, Daniel Amorim Assumpção. Medidas executivas coercitivas atípicas na execução de obrigação de pagar quantia certa: art. 139, IV, do novo CPC. *Revista de Processo: RePro*, São Paulo, v. 42, n. 265, p. 107-150, mar. 2017.

NEVES, Daniel Amorim Assumpção. *Novo Código de Processo Civil comentado artigo por artigo*. Salvador: Juspodivm, 2016.

OLIVEIRA, Carlos Ramos. Justiça do Trabalho. *Revista do Trabalho*, fev. 1938.

OLIVEIRA, Francisco Antonio de. *Comentários às súmulas do TST*. 9. ed. São Paulo: RT, 2008.

OLIVEIRA, Francisco Antonio de. *Execução no processo do trabalho*. 9. ed. São Paulo: LTr, 2017.

OLIVEIRA, Francisco Antonio de. *Reforma trabalhista*. São Paulo: LTr, 2017.

OLIVEIRA, Francisco Antonio de. *Execução na Justiça do Trabalho*. 6. ed. São Paulo: Revista dos Tribunais, 2007.

OLIVEIRA, Ricardo Mariz de. Dívida Ativa da Fazenda Pública. *RT Informa*, 261:5.

PAMPLONA FILHO, Rodolfo; FERNANDEZ, Leandro. *Tratado da prescrição*: aspectos teóricos e práticos. São Paulo: LTr, 2017., LTr, 2017.

PEREIRA, Ricardo José Macedo de Britto. O novo Código de Processo Civil e seus possíveis impactos nos recursos trabalhistas. *In*: MIESSA, Elisson (org.). *Novo Código de Processo Civil e seus reflexos no Processo do Trabalho*. Salvador: Juspodivm, 2015.

PINHEIRO, Iuri Pereira. Reflexões acerca da penhorabilidade de bens à luz do novo CPC: avanços, retrocessos e a possibilidade da derrocada de alguns mitos. *In*: MIESSA, Elisson (org.). *Novo Código de Processo Civil e seus reflexos no processo do trabalho*. Salvador: Juspodivm, 2015.

PINTO, José Augusto Rodrigues. *Execução trabalhista*. 11. ed. São Paulo: LTr, 2006.

PONTES DE MIRANDA. *Comentários ao Código de Processo Civil*. Rio de Janeiro: Forense, 1974. t. V.

PRITSCH, César Zucatti; DESTRO, Gilberto. BACEN CCS: Cadastro de Clientes do Sistema Financeiro Nacional: uma valiosa ferramenta para a execução efetiva. *Revista Eletrônica do TRT4*, Porto Alegre, ano 8, n. 140, 1ª quinzena jun. 2012. Disponível em: http://www.trt4.jus.br/portal/trt4/consultas/jurisprudência/revistaeletronica.

RIBEIRO, André de Melo. O novo eixo axiológico de interpretação do fenômeno da empresa e a modulação necessária entre o direito do trabalho e o direito concursal após a Lei n. 11.101/2005. *In*: GARCIA, Gustavo Filipe Barbosa; ALVARENGA, Rúbia Zanotelli de (org.). *Direito do Trabalho e Direito Empresarial sob o enfoque dos direitos fundamentais*. São Paulo: LTr, 2015.

RODRIGUEZ, Américo Plá. *Princípios de Direito do Trabalho*. 1ª. ed., 4ª tir. São Paulo: LTr, 1996.

ROMITA, Arion Sayão. Aspectos do processo de execução trabalhista à luz da Lei n. 6.830. *Revista LTr*, 45-91/1.039.

RUSSOMANO, Mozart Victor. *Comentários à CLT*. 16. ed. Rio de Janeiro: Forense, ano 1994. v. 1.

RUSSOMANO, Mozart Victor. *Direito Processual do Trabalho*. 2. ed. São Paulo: LTr, 1977.

SAAD, Eduardo Gabriel. *CLT comentada*. 41. ed. São Paulo: LTr, 2008.

SALOMÃO FILHO, Calixto. *O novo direito societário*. 3. ed. São Paulo: Malheiros, 2006.

SANTOS, Boaventura de Sousa. *Introdução a uma ciência pós-moderna*. 2. ed. Porto: Afrontamento, 1990.

SANTOS, Moacyr Amaral. *Comentários ao Código de Processo Civil*. Rio de Janeiro: Forense, 1988. v. IV.

SCHIAVI, Mauro. A aplicação supletiva e subsidiária do Código de Processo Civil ao processo do trabalho. *In*: MIESSA, Elisson (org.). *Novo Código de Processo Civil e seus reflexos no processo do trabalho*. Salvador: Juspodivm, 2015.

SCHIAVI, Mauro. *Execução no processo do trabalho*. 8. ed. São Paulo: LTr, 2016.

SCHIAVI, Mauro. *A reforma trabalhista e o processo do trabalho*. São Paulo: LTr, 2017.

SCHIAVI, Mauro. *Execução no Processo do Trabalho*. 9. ed. São Paulo: LTr, 2017.

SÉROUSSI, Roland. *Introdução ao direito inglês e norte-americano*. São Paulo: Landy, 2006.

SILVA, Antônio Álvares da. *Execução provisória trabalhista depois da Reforma do CPC*. São Paulo: LTr, 2007.

SILVA, Fábio Luiz Pereira da. Necessária revisão da aplicabilidade da hipoteca judiciária no processo judiciário do trabalho. *Revista LTr*, São Paulo, v. 75, n, 8, p. 959-962, ago. 2011.

SILVA, Homero Batista Mateus da. *Comentários à reforma trabalhista*. São Paulo: RT, 2017.

SILVA, Homero Batista Mateus da. *Curso de direito do trabalho aplicado*. 2. ed. São Paulo: Revista dos Tribunais, 2015. v. 9: Processo do trabalho.

SILVA, José Antônio Ribeiro de Oliveira. *Comentários ao novo CPC e sua aplicação ao Processo do Trabalho*. José Antônio Ribeiro de Oliveira Silva (coord.). São Paulo: LTr, 2016. v. I.

SOUTO MAIOR, Jorge Luiz. A radicalidade do art. 769 da CLT como salvaguarda da Justiça do Trabalho. *Justiça do Trabalho*, ano 32, n. 384, p. 32-42, mar. 2015.

SOUTO MAIOR, Jorge Luiz; SEVERO, Valdete. O acesso à justiça sob a mira da reforma trabalhista: ou como garantir o acesso à justiça diante a reforma trabalhista. Disponível em: http://www.jorgesoutomaior.com/blog. Acesso em: 28 jul. 2017.

SOUZA JÚNIOR, Antonio Umberto de; SOUZA, Fabiano Coelho de; MARANHÃO, Ney. AZEVEDO NETO, Platon Teixeira. *Reforma Trabalhista: Análise comparativa e crítica da Lei nº 13.467/2017*. São Paulo: Rideel, 2017.

STEIN, Ernildo. *A questão do método na filosofia*: um estudo do modelo heideggeriano. 3. ed. Porto Alegre: Movimento.

SÜSSEKIND, Arnaldo; MARANHÃO, Délio; VIANNA, Segadas; TEIXEIRA FILHO, João de Lima. *Instituições de Direito do Trabalho*. 22. ed. São Paulo: LTr, 2005. v. I.

TEIXEIRA FILHO, Manoel Antonio. *Comentários ao novo Código de Processo Civil sob a perspectiva do Processo do Trabalho*. 2. ed. São Paulo: LTr, 2016.

TEIXEIRA FILHO, Manoel Antonio. *Curso de direito processual do trabalho*. São Paulo: LTr, 2009. v. II.

TEIXEIRA FILHO, Manoel Antonio. *Execução no processo do trabalho*. 9. ed. São Paulo: LTr, 2005.

TEIXEIRA FILHO, Manoel Antonio. *Execução no processo do trabalho*. 11. ed. São Paulo: LTr, 2013.

TEIXEIRA FILHO, João de Lima. *et al. Instituições de direito do trabalho*. 22. ed. São Paulo: LTr, 2005, v. 2.

TEIXEIRA FILHO, Manoel Antonio. *O processo do trabalho e a reforma trabalhista*. São Paulo: LTr, 2017.

THEODORO JÚNIOR. Humberto. *Curso de Direito Processual Civil*. 14. ed. Rio de Janeiro: Forense, 1995. v. II.

THEODORO JÚNIOR. Humberto. *Lei de execução fiscal*. 11. ed. São Paulo: Saraiva, 2009.

TOLEDO FILHO, Manoel Carlos. *Comentários ao novo CPC e sua aplicação ao processo do trabalho*. José Antônio Ribeiro de Oliveira Silva (coordenador). São Paulo: LTr, 2016. v. I.

TOLEDO FILHO, Manoel Carlos. Os poderes do juiz do trabalho face ao novo Código de Processo Civil. In: MIESSA, Elisson (org.). *Novo Código de Processo Civil e seus reflexos no Processo do Trabalho*. Salvador: Juspodivm, 2015.

VILHENA, Paulo Emílio Ribeiro de. *Relação de emprego*. São Paulo: Saraiva, 1975. V

WALDRAFF, Célio Horst. Os poderes mandamentais do juiz no novo CPC e a superação da multa do art. 475-J do CPC/1973. *Revista Eletrônica do Tribunal Regional do Trabalho da 3ª Região*, v. 5, n. 50, p. 113-130, maio 2016.

WELTER, Belmiro Pedro. *Fraude de execução*. Porto Alegre: Síntese, 1997.

ZANETI JR, Hermes. Luiz Guilherme Marinoni (diretor). Sérgio Cruz Arenhart e Daniel Mitidiero (coord.). *Comentários ao Código de Processo Civil*. São Paulo: RT, 2016. v. XIV.

ZANGRANDO, Carlos. *Processo do trabalho:* processo de conhecimento. São Paulo: LTr, 2009. v. 2.

ZAVASCHI, Teori Albino. *Comentários ao Código de Processo Civil*. São Paulo: RT, 2000. v. 8.

ÍNDICE ONOMÁSTICO

página

A

ALBUQUERQUE, Marcos Cavalcanti 301, 404
ALMEIDA, Cleber Lúcio de 64, 139, 145, 190, 197, 312, 317, 321, 428
ALMEIDA, Wânia Guimrães Rabêllo de 36, 37
AMARAL, Guilherme Rizzo 129, 142, 154, 289
ASSIS, Araken de 267, 268, 337, 340, 345, 346, 438
ASSMANN, Rosâne Marly Silveira 116
AZEVEDO NETO, Platon Teixeira 72, 74, 75, 78, 79, 81, 90, 162, 167, 168, 179, 187, 182, 183, 186, 188, 204, 206, 208, 209, 301, 405

B

BALEEIRO, Aliomar. 349
BAPTISTA DA SILVA, Ovídio A. 44, 99, 228, 246, 258, 369,
BARACAT, Eduardo Milléo. 119
BARBAGELATA, Héctor-Hugo 31, 227
BARROSO, Luís Roberto. 355, 356, 365
BASTOS, Bianca 55, 66, 199, 201
BATALHA, Wilson de Souza Campos 100
BAUERMANN, Desirê 308, 309, 321
BAUMAN, Zygmunt 286
BEBBER, Júlio César 33, 369
BENEDUZI, Renato 126, 311, 314, 323
BENJAMIN, Antonio Herman 156, 359
BERALDO, Leonardo de Faria 52, 142, 154, 289
BERNAL, Francisco Chamorro Bernal 363
BONAVIDES, Paulo 328

BORGES, Aline Veiga 255, 368
BORGES, Leonardo Dias 56
BUENO, Cassio Scarpinella 59, 125, 133, 137, 154, 189, 233, 234, 267, 306, 311, 318, 322
BUZAID, Alfredo 49

página

C

CAHALI, Yussef Said 375
CANOTILHO, José Joaquim Gomes 329
CAPPELLETTI, Mauro 30, 31
CARREIRA ALVIM, J. E. 262, 267, 269
CARRION, Valentin 39, 40
CARVALHO, Paulo de Barros 374
CASTELO, Jorge Pinheiro 96
CASTRO, Amílcar de 373
CAVALARO NETO, Arlindo 254, 249, 256, 261
CHAVES, Luciano Athayde 33, 61, 67, 121, 140, 157, 192, 244, 246, 248, 249, 266, 267, 271, 272, 275, 279, 360, 362, 363, 364
CHIERCHIA, Pietro Merola 369
CLAUS, Ben-Hur Silveira 117, 122, 131, 136, 140, 141, 151, 157, 187, 253, 286, 360, 366, 368
COELHO, Fábio Ulhoa 114, 116, 117, 214
CONTI, Paulo Henrique 47
CORDEIRO, Wolney de Macedo 134, 145, 146, 155, 157, 210, 226, 228, 232, 315, 341, 404, 427
CORRÊA, Alcione Niederauer .... 140, 191.
CRUZ E TUCCI, José Rogério 125, 131, 134, 230, 232, 234, 235, 306

D

DALLARI, Dalmo de Abreu 211, 223
DE PLÁCIDO E SILVA 263
DELGADO, Mauricio Godinho .... 91, 92, 161, 168, 178, 204, 205, 207, 209, 218, 353, 403, 433.
DENARI, Zelmo 350
DIAS, Carlos Eduardo Oliveira .... 31, 34, 355, 36, 37, 56.
DIAS, Maria Berenice 375
DIAS, Ronaldo Brêtas de Carvalho 375

página	página
DIDIER JR, Fredie 248, 251, 252, 267, 268, 271, 273	LOPES, Mauro Luís Rocha 350
DINAMARCO, Cândido Rangel 46, 47, 52, 61, 154, 233, 234, 280, 373	LORENZETTI, Ari Pedro .... 98, 101, 109, 111, 115, 120, 203, 206, 209, 210, 393.
	LUDWIG, Guilherme Guimarães 35

E
ENGISCH, Karl 106, 157, 259, 351, 360

M
MACHADO, Hugo de Brito 268, 280, 350, 352, 356

MADEIRA, Anderson Soares 357

F
FAVA. Marcos Neves 46, 48, 260
FELICIANO, Guilherme Guimarães 36
FERREIRA, Waldemar 96
FIOREZE, Ricardo 265, 366, 368
FONSECA, Bruno Gomes Borges 34, 35

MAGANO, Octávio Bueno 113, 160, 194, 200
MARANHÃO, Délio 160, 162, 194, 206, 207
MARANHÃO, Ney 72, 74, 75, 78, 79, 81, 90, 162, 167, 168, 179, 187, 182, 183, 186, 188, 204, 206, 208, 209, 301, 405
MARINONI, Luiz Guilherme 45, 50, 51, 51, 124, 127, 135, 150, 152, 154, 157, 229, 231, 233, 242, 243, 244, 251, 259, 262, 268, 270, 271, 304, 305, 306, 311, 316, 318, 319, 320, 321, 324, 334, 342, 374

G
GASPAR, Danilo Gonçalves 37
GEMIGNANI, Tereza Aparecida Asta 39
GIGLIO, Wagner D 31, 32, 41, 42, 62, 105
GRECO, Leonardo 373
GRINOVER, Ada Pellegrini 31
GUTJAHR, Valéria 357

MARQUES, Claudia Lima 156, 359
MARQUES DE LIMA, Francisco Meton 57, 174, 410, 411
MARTINS, Sergio Pinto 58, 341
MEDINA, José Miguel Garcia 269
MEIRELES, Edilton 38, 466, 127, 139, 190, 313, 314, 436, 437
MENEZES, Cláudio Armando Couce de 57
MIESSA, Élisson 33, 38, 136, 139, 143, 146, 188, 190, 290, 352, 360
MIRAGEM, Bruno 156
MIRANDA, João Damasceno Borges de .... 353, 354, 356.
MIZIARA, Raphael 174, 410, 416
MOLINA, André Araújo 174, 380, 394, 397, 410, 411, 412, 417
MONTENEGRO FILHO, Misael 267

H
HACKRADT, Hermann de Araújo........................ 55
HENZEL, Luiz Fernando Bonn 285

I
IMHOF, Cristiano 52, 154

J
JAKUTIS, Paulo Sérgio 34
JORGE NETO, Francisco Ferreira 199

K
KOURY, Luiz Ronan Neves 29
KOURY, Suzy Elizabeth 198
KÜLZER, José Carlos 58

N
NASCIMENTO, Amauri Mascaro 161, 197, 202, 226
NEGRÃO, Theotonio 136, 188, 393
NERY JUNIOR, Nélson 36, 131, 133, 342
NERY, Rosa Maria de Andrade 36, 131, 133, 342
NEVES, Daniel Amorim Assumpção 46, 127, 134, 142, 146, 150, 289, 310, 312, 315, 318, 320, 322, 342, 347, 430, 445

L
LACERDA, Galeno 140, 191
LEDUR, José Felipe 277
LEITE, Carlos Henrique Bezerra 31, 57, 362
LIEBMAN, Enrico Tullio 373
LIMA. Alcides de Mendonça 375
LONGMAN 308

O

OLIVEIRA, Carlos Ramos 33
OLIVEIRA, Francisco Antonio de 49, 51, 56,
113, 153, 161, 162, 163, 202, 205, 210, 211,
223, 228, 245, 353, 365, 369, 370, 436
OLIVEIRA, Ricardo Mariz de 355

P

PAMPLONA FILHO, Rodolfo 170, 385
PEREIRA, Ricardo José Macedo de Britto 37
PINHEIRO, Iuri Pereira 38
PINTO, José Augusto Rodrigues 42, 57, 96,
98, 100, 103, 1066, 120, 121, 139, 190, 336
PONTES DE MIRANDA 239, 240, 244,
247, 253
PRITSCH, César Zucatti 121

R

REQUIÃO, Rubens. 97
REZENDE, Bertha Stecker 52, 154
RIBEIRO, André de Melo 353
RODRIGUEZ, Américo Plá 32
ROMITA, Arion Sayão 98, 105
RUSSOMANO, Mozart Victor 31, 161,
194, 196

S

SAAD, Eduardo Gabriel 198, 213
SANTOS, Boaventura de Sousa 55
SANTOS, Moacyr Amaral 244, 247,
250, 251, 253
SCHIAVI, Mauro 35, 37, 38, 82, 115, 139,
161, 165, 171, 174, 190, 203,
205, 401, 416, 445, 447
SÉROUSSI, Roland 293
SILVA, Antônio Álvares da 48, 241, 244,
245, 252, 260
SILVA, Homero Batista Mateus da 34, 366, 81,
92, 168, 172, 209,
299, 403, 407
SILVA, José Antônio Ribeiro de Oliveira 125, 180,
182, 302, 295, 306, 313
SOUTO MAIOR, Jorge Luiz 37, 206
SOUZA JÚNIOR, Antonio Umberto de 72, 74,
75, 78, 79, 81, 90, 162, 167, 168,
179, 187, 182, 183, 186, 188,
204, 206, 208, 209, 301, 405

SOUZA, Fabiano Coelho de 72, 74, 75,
78, 79, 81, 90, 162, 167, 168,
179, 187, 182, 183, 186, 188,
204, 206, 208, 209, 301, 405
SÜSSEKIND, Arnaldo 29, 199, 201

T

TEIXEIRA FILHO, João de Lima 106
TEIXEIRA FILHO, Manoel Antonio 51, 53, 76,
80, 82, 138, 153, 155, 162, 164,
167, 168, 178, 190, 208, 220, 226,
242, 248, 250, 273, 341, 348, 366,
368, 375, 384, 410, 415, 448
THEODORO JÚNIOR. Humberto 278, 280, 347,
355, 356, 358, 363, 373, 390, 392
TOLEDO FILHO, Manoel Carlos 31, 34, 36,
127, 185, 313, 402

V

VIANNA, Segadas 29, 199, 201
VILHENA, Paulo Emílio Ribeiro de 198

W

WALDRAFF, Célio Horst 132
WELTER, Belmiro Pedro 375

Z

ZANETI JR, Hermes 123, 126, 131,
304, 305, 307, 313, 402
ZANGRANDO, Carlos 242, 246, 252
ZAVASCHI, Teori Albino 373

ÍNDICE DE MATÉRIAS

A

Alienação
- antecipada de bens 293
- antecipada de veículos 296
- fraude à execução 336
- ineficácia 333

Averbação
- da alteração contratual 77
  - Junta Comercial 78
- premonitória 265
- sócio retirante 72

B

Bem
- de família 438
  - dos sócios 68
- fraude à execução 345

C

Cartão de crédito
- suspensão 310

Compatibilidade 34
CNH 310
Condomínio 436
Condômino 429
Crédito trabalhista 441
Credor trabalhista com hipoteca judiciária
- preferência 245

D

Desconsideração da personalidade jurídica
- clássica 95
- inversa 116
  - confusão patrimonial 117
  - pesquisa eletrônica de bens 121
  - IDPJ 122

Direito
- de excussão 245
- de preferência 245
- de sequela 245
- material 29

E

Execução
- alienação antecipada 293
- de ofício e nulidade processual 299
- efeito dos embargos à 427
- mais eficaz 49
- menos gravosa 57
- penhora de dinheiro 287

F

Fraude
- à execução 333
  - na aquisição de bem de família mais valioso 333
  - na averbação premonitória 342
  - na execução fiscal 346
  - na hipoteca judiciária 344
  - na penhora de crédito 339
- bem de família 345
  - ilícito processual 333
  - ineficácia da alienação 335
  - institutos afins 333
  - regência legal 333
  - requisitos 333
  - Súmula nº 375 do STJ 365
- contra credores 334
  - ação anulatória 334
  - ilícito civil 334
  - regência legal 334
  - requisitos 334

G

Grupo econômico trabalhista
- antecedentes legislativos 199
- anteprojeto Süssekind 200
- caracterização 202

	página
coisa julgada e questão prejudicial	221
e grupos de empresa em geral	197
empregador único	197
ferramentas eletrônicas para pesquisa	218
finalidade	193
função social da propriedade	197
princípio da primazia da realidade	196
ônus da prova	207
prova de sua existência	206
responsabilidade solidária	209
sujeito aparente	199
súmula 205 do TST	211

H
Hipoteca
- judiciária 239
- efeito anexo 243
- direito de excussão 245
- direito de preferência 245
- direito de sequela 245
- sobre outros bens 255
- legal

I
Impenhorabilidade
- bem de família 345
- bem de família suntuoso 437

Indisponibilidade de bens 277
- CNIB 284

J
Junta Comercial
- averbação da alteração contratual 77
- eficácia da saída do sócio retirante 78
- ônus do sócio retirante 77

L
Liquidação de sentença
- desnecessária à hipoteca judiciária 243

M
Medidas coercitivas 303
- coerção indireta 316
- execução direta e execução indireta .. 319

	página

N
Nulidade processual
- não se caracteriza na execução de ofício 299

O
Ônus da prova
- grupo econômico
  - inversão 207
  - fraude do sócio retirante 81
  - fraude na sucessão empresarial 177

P
Passaporte
- suspensão 320

Paradigma científico 55

Penhora
- bem de família 345
- bem móvel na posse do executado ... 440
- de dinheiro na execução provisória .. 440
- de salário 287

Prescrição intercorrente 379

Propriedade
- função social 197

R
Responsabilidade
- da sociedade 63
- dos sócios 66
- do sucedido 177
- do sucessor 177
- objetiva 74
- patrimonial 63
- sócios atuais 68
- sócios retirantes 72
- solidária 79
- subsidiária 74

S
Salário
- penhora de 441

Seguro garantia judicial
- na execução 183
- no recurso 184

                                            página

Sentença
- cumprimento de 123
- protesto extrajudicial 135
- titulo constitutivo de hipoteca judiciária 243

Simulação 335

Sociedade
- anônima autêntica 107
- falsa S/A 109
- limitada 103

Sócio(s)
- atuais 63
  - benefício de ordem 72
  - desconsideração da personalidade jurídica 103
  - passivo anterior ao ingresso 71
  - responsabilidade objetiva 74
  - teoria maior 114
  - teoria menor 114
- retirante(s) 74
  - ações ajuizadas até dois anos 90
  - averbação da alteração contratual 77
  - decadência do direito 90
  - direito de regresso. Competência. Prescrição 93
  - extensão da responsabilidade do 83
  - fraude na retirada 79
  - reforma trabalhista 72
  - responsabilidade objetiva 74
  - responsabilidade solidária 79
  - responsabilidade subsidiária 74

T

Teoria do diálogo das fontes 359

Esta obra foi composta em fonte Palatino Linotype, corpo 10,5
e impressa em papel Offset 75g (miolo) e Supremo 250g (capa)
pela Gráfica Forma Certa, em Belo Horizonte/MG.